U0525132

**中国人民大学"985"工程国学院青年教师培养计划资助项目**

# 秦汉军制演变史稿

孙闻博 著

中国社会科学出版社

## 图书在版编目(CIP)数据

秦汉军制演变史稿/孙闻博著. —北京：中国社会科学出版社，2016.4（2022.6 重印）

ISBN 978 - 7 - 5161 - 7216 - 3

Ⅰ.①秦… Ⅱ.①孙… Ⅲ.①军事制度—研究—中国—秦汉时代 Ⅳ.①E293.2

中国版本图书馆 CIP 数据核字（2015）第 291850 号

| | | |
|---|---|---|
| 出 版 人 | 赵剑英 | |
| 责任编辑 | 吴丽平 | |
| 责任校对 | 郝阳洋 | |
| 责任印制 | 李寡寡 | |

| | | |
|---|---|---|
| 出　　版 | 中国社会科学出版社 | |
| 社　　址 | 北京鼓楼西大街甲 158 号 | |
| 邮　　编 | 100720 | |
| 网　　址 | http://www.csspw.cn | |
| 发 行 部 | 010 - 84083685 | |
| 门 市 部 | 010 - 84029450 | |
| 经　　销 | 新华书店及其他书店 | |
| 印　　刷 | 北京明恒达印务有限公司 | |
| 装　　订 | 廊坊市广阳区广增装订厂 | |
| 版　　次 | 2016 年 4 月第 1 版 | |
| 印　　次 | 2022 年 6 月第 3 次印刷 | |
| 开　　本 | 710×1000　1/16 | |
| 印　　张 | 28.25 | |
| 插　　页 | 2 | |
| 字　　数 | 489 千字 | |
| 定　　价 | 86.00 元 | |

凡购买中国社会科学出版社图书，如有质量问题请与本社营销中心联系调换
电话：010 - 84083683
**版权所有　侵权必究**

# 说　　明

一、本书征引传世文献与研究论著均注明出处。每节首次引用时，均注明出版信息或文章发表情况；再次引用，省略出版、发表情况。古籍省略作者时代、国别，常用古籍并酌情省略作者；而出版信息中的国家、地区括注，亦予省略。

二、本书征引出土文献为求简洁及查找方便，在每节初引时，注明出处、页码，之后随文写明原简编号。遇提行引用简牍时，每节根据实际需要，酌情在引文前统一加流水编号，如（1）（2）（3），且为方便排版与阅读，有时适当调整字体大小。古书、法律类文书原无句读者，尝试加以断句。西北汉简为代表的行政文书类，仍从其旧；需要时，于下文作进一步解读、分析。

三、参考文献分基本文献、考古文物资料、论著、论文四类。前两类大致按类别排序。研究论著、论文则按编著者中文姓名或单位名的汉语拼音音序排列。论文形式的发掘简报、资料介绍及初步研究为方便查阅，权归入论文类。参考文献所列，多为本书"绪论"以外诸章所直接征引者。

四、除后记所及，文中引用前辈时贤的观点时，均直称姓名，不加"先生""老师"等尊语，敬希见谅。

# 目 录

序 …………………………………………………… 王子今 （1）

绪 论 ……………………………………………………………（1）
 一　研究的对象和意义 ………………………………………（1）
 二　研究史回顾与问题所在 …………………………………（5）
 三　研究思路与章节安排 ……………………………………（30）

**第一章　武官制度的演进** ………………………………………（35）
 第一节　爵、官转移与文武分职：秦国相、将的出现 ………（35）
  一　爵、官转移：大良造到相邦 ……………………………（36）
  二　相邦与左、右丞相设置考辨 ……………………………（41）
  三　文武分职：庶长到将军 …………………………………（51）
 第二节　秦汉太尉、将军演变考
    ——以玺印资料为中心 ………………………（57）
  一　邦尉、大尉关系考——以印制变动为背景 …………（57）
  二　从太尉到中朝将军 ………………………………………（63）
  三　"节约之制"下的东汉太尉与将军 ……………………（66）
 第三节　秦汉中央宿卫武官演变考论
    ——以宿卫体系确立与中郎将、校尉的发展为中心 …（69）
  一　秦及汉初宦者的宿卫职能 ………………………………（70）
  二　郎中令"掌官殿掖门户"辨 ……………………………（74）
  三　殿门之外：卫尉、中尉补考 ……………………………（79）
  四　武帝更增与中郎将、校尉系统的发展 …………………（83）
  五　东汉中央宿卫武官的演进 ………………………………（89）

六　汉末军制变动：中郎将与校尉 …………………………………（96）
　第四节　秦汉"内史—诸郡"武官演变考
　　　　　——以军国体制向日常行政体制的转变为背景 ………（98）
　　一　秦及汉初"内史—诸郡"武官的平等格局 ………………（99）
　　二　武帝以降地方武官的"边地化"趋势 ……………………（106）
　　三　东汉军事组织的"边地化"发展与地方屯兵 ……………（113）

第二章　军队的构成与演变 ………………………………………（119）
　第一节　从"南北军"到"禁兵"：两汉京师宿卫的
　　　　　统合与演变 …………………………………………（119）
　　一　引言 ……………………………………………………（119）
　　二　汉初南北军与期门的出现 ………………………………（121）
　　三　羽林前身："建章营骑"的增设 …………………………（125）
　　四　郎中令更名与军事地位下降 ……………………………（129）
　　五　东汉虎贲、羽林与"禁兵"名号 …………………………（132）
　　六　中朝将军与禁兵掌控 ……………………………………（134）
　　七　"省禁"宦者参与禁兵争夺 ………………………………（136）
　　八　禁兵外出征、戍的变化 …………………………………（141）
　　九　官显职闲及禁兵军力变化 ………………………………（146）
　　一〇　结论 …………………………………………………（148）
　第二节　两汉的郡兵调动
　　　　　——以"郡国""州郡"的行政变化为背景 ……………（150）
　　一　也说西汉的地方兵性质 …………………………………（151）
　　二　郡界与秦、西汉的郡兵调动 ……………………………（156）
　　三　"州"地位发展与东汉郡兵 ………………………………（162）
　　四　东汉州郡军事活动例释 …………………………………（166）
　　五　结论 ……………………………………………………（173）
　第三节　秦汉帝国"新地"与徙、戍的推行
　　　　　——兼论秦汉时期的内外观念与内外政策特征 ……（174）
　　一　秦"新地""新地吏"与徙、戍推行 ………………………（174）
　　二　汉代的徙、戍互补与边策选择 …………………………（178）
　　三　秦汉内外之别与内外政策差异 …………………………（182）

四　边政运行及与邻郡、中央之关系 …………………………………（185）
　第四节　汉代边地胡骑的使用
　　　　　——侧重两汉变化及其原因 ……………………………………（191）
　　一　西汉前期的边地胡骑——以"臣邦"到"属国"的内附管理
　　　　为背景 …………………………………………………………（192）
　　二　西汉末迄东汉的边地胡骑发展——以凉州为中心 ……………（195）
　　三　胡骑使用原因补释：技术与财政 …………………………………（199）
　第五节　族群活动与两汉北边防线变动 ……………………………………（204）
　　一　两汉前期东北防线新探 ……………………………………………（205）
　　二　东汉西北防线的收缩及特征 ………………………………………（209）
　　三　东汉弃地内徙的发生及其背景 ……………………………………（212）

**第三章　军队组建背景：爵制、法制下的社会身份** …………………………（219）
　第一节　秦汉爵制结构演变新考
　　　　　——从侯卿大夫士四分层的确立说起 ……………………………（219）
　　一　从商鞅爵制到二十等爵：秦汉爵制结构的再思考 ……………（220）
　　二　秦及汉初两种爵制分层的并存及特征 …………………………（225）
　　三　附丽爵制之要素脱离与官、民爵分层的凸显 …………………（228）
　　四　东汉爵制分层的继续发展与五等爵复兴 ………………………（232）
　第二节　秦及汉初的司寇与徒隶 ……………………………………………（236）
　　一　引言 …………………………………………………………………（236）
　　二　旧题新探：司寇的社会身份 ………………………………………（238）
　　三　同中求异：隶臣妾与城旦舂、鬼薪白粲的身份差别 …………（243）
　　四　赏罚之间：爵制、刑罚序列衔接的若干问题考析 ……………（254）

**第四章　军事征发：徭戍与军兴** ………………………………………………（263）
　第一节　秦及汉初"徭"的内涵与组织管理
　　　　　——兼论"月为更卒"的性质 ………………………………………（264）
　　一　广义"徭"的含义——兼论奴徭与吏徭 …………………………（264）
　　二　狭义"徭"内涵及与"月为更卒"的关系 …………………………（273）
　　三　狭义"徭"的组织与管理 ……………………………………………（285）
　　四　结语 …………………………………………………………………（289）

## 第二节　秦行戍群体考
　　——以里耶秦简为中心 …………………………………（290）
　　一　里耶简所见"屯戍"新辨 ………………………………（291）
　　二　"更戍""冗戍"考 ………………………………………（293）
　　三　"罚戍""適戍"及其他 …………………………………（296）

## 第三节　秦汉"军兴"、《兴律》考辨 ………………………………（300）
　　一　"戍""兴"新辨 …………………………………………（300）
　　二　汉《兴律》到唐《擅兴律》 ……………………………（303）
　　三　张家山汉简《奏谳书》中的"发屯" …………………（304）

# 第五章　军事生活的制度史考察：性别、时序与军政运作 …………（307）
## 第一节　性别与家庭：秦汉的女子参战与亲属随军 ……………（307）
　　一　也说"女子从军"——从城守史料切入 ……………（308）
　　二　军人与亲属的异处与共居 ……………………………（316）
　　三　军人家属的连坐变化 …………………………………（325）

## 第二节　节奏与效率：河西汉塞军人的生活时间表 ……………（329）
　　一　作息时间：办公与当直 ………………………………（330）
　　二　工作节奏：籍帐制作的周期性 ………………………（343）
　　三　劳作定额：日常工作的种类与效率 …………………（353）
　　四　余论 ……………………………………………………（368）

## 第三节　音声与军政：论秦汉军鼓及相关问题 …………………（370）
　　一　"金鼓"辨正——以简牍、图像为中心 ………………（370）
　　二　鼓下卒、鼓史及歌人身份考析 ………………………（377）
　　三　征行、城守与军鼓使用 ………………………………（382）
　　四　驻屯候望、传置送迎中的鼓与鼓令 …………………（386）

**结　语** ……………………………………………………………………（391）
**参考文献** …………………………………………………………………（398）
**后　记** ……………………………………………………………………（437）

# 图表目录

图1—1　文武分职示意图……………………………………（56）
图1—2　东汉洛阳卫尉屯巡示意图…………………………（94）
图2—1　两汉京师宿卫统属关系图…………………………（150）
图5—1　巴蜀铜印……………………………………………（386）


表2—1　东汉禁兵征、戍表…………………………………（144）
表3—1　秦及汉初爵、吏、宦对照表………………………（227）
表3—2　西汉宣帝"诏复家"群体旧有爵位表………………（234）
表3—3　徒作簿所见劳作机构、调拨机构关系表…………（251）
表4—1　松柏汉墓47号木牍醴阳、秭归县"卒更"记录……（282）
表5—1　战国城守犯罪连坐表………………………………（325）
表5—2　悬泉木牍三十二时(冬季)与今时对应表…………（332）
表5—3　居延甲渠候官部吏诣官月时表……………………（333）
表5—4　廪名籍呈报日期表…………………………………（348）
表5—5　日迹簿呈报日期表…………………………………（349）
表5—6　敌人攻、退城池信号示意表………………………（385）

# 序

## 王子今

秦汉时期是中国古代历史发展进程中的重要阶段。回顾秦汉史，就其中政治建设、经济开发、民族交往、社会进步多方面进行考察，自司马迁时代起，就是史家重视的任务。秦汉历史文化的魅力，吸引历代学者倾注心力思考研究。就近世史坛而言，多有治其他断代史研究的大家曾在个人学术历程的早期发表秦汉史论作的情形。秦汉史这一学术园地，有的朋友以为屡经熟耕，土壤的生力已经有限。这样的认识已经逐渐被证明是一种偏见，这是由于新出考古资料的不断发现，亦由于几代研究人员的辛勤工作，高水准的论著层出不穷。

特别值得我们高兴的，是近年一代学术新锐逐渐脱颖而出，他们运用新方法，开拓新视角，推出新见识，成就新收获，使得我们对秦汉史的学术进步，可以满怀乐观的期待。孙闻博著《秦汉军制演变史稿》即是秦汉史学界近年新人新作中值得重视的一种。

《秦汉军制演变史稿》以闻博的博士学位论文《秦汉军制演变研究》为基础修改成书。《秦汉军制演变研究》选题的设定，完全出自作者自己的意见。起先我曾以为，秦汉军制研究已经多有学者著书立说，反复探索，其实出新不易。然而闻博论文主题设计的出发点，包含对秦汉社会军事生活的制度史考察的关注。立意已体现出创新追求。就若干相关学术问题，作者已经有前期研究成果在兰州、香港、咸阳等地召开的较高水准的学术研讨会上发表，在一定意义上得到了学界的检验。论文初稿通过阎步克、陈苏镇、罗新、叶炜等先生参与预答辩，给予了诸多指导，亦对闻博的学业有所勉励。《秦汉军制演变研究》的作者认真考察了秦汉军制基本形式在秦至西汉早期、西汉中晚期和东汉不同时期的主要演变历程，同时注重联系影响其变化的政治形态和社会变迁诸因素。在若干具体考论过程中，发表了有学术意义的新见，例如对某些地方军事组织"边地化"趋势的形成，"胡骑"作用的原因和意义，禁兵外出征戍形式，"戍"和"军兴"制度的关系等学术问题，都提出了富有新意的见解。对于秦汉军人日常生活，前人少有论说。就此进行的考察和说明，也是值得称许的学术贡献。作者注重对出土简牍、玺印、封泥等文物资料的利用，同时注意考古调查发掘所获得的秦汉遗址和秦汉墓葬资料中所包含的军制史信息，结合史籍记录，多有学术发现。对于英文和日文相关重要论著予以参考。以往相关研究成果的成就和不足，作者的把握也比较到位。对论文自身因各种原因导致的局限，作者也有清醒的认识，并且对这一研究主题后来的充实、拓展和突破，有切实可行的准备。匿名评审专家的意见对这篇论文给予了充分肯定，以为"选题视野独到""内容颇为充实"，进行了"极富新意和深度的探索，具有重要的学术价值"，"在研究层面与深度上均有较大力度的推进"，为复原"秦汉军事文化"的"实态""提供了立体印象"。40 项学术评阅评分中，5 项为"良"，35 项为"优"。在学术评阅书中，有学者指出，"本文以对传世文献史料的考辨分析为基础，同时大量使用简牍、玺印、封泥等出土文献资料，与传世文献互相印证，同时亦不放过考古调查发掘所获遗址、墓葬等信息。这是本文的特点和优势所在，也是其取得突破创新的基础"。这也是中肯的评判。

2013 年 6 月 7 日《秦汉军制演变研究》通过答辩。答辩委员会主席阎步克教授，委员陈苏镇教授、罗新教授、彭卫研究员、宋超编审一致认为这篇论文"选题重要且富有新意"，"揭示秦汉军制若干重大问题，体现出开阔的学术视野"。"作者注意将细密考证和宏观论叙相结合，进行深入研究"，就若干问题"提出了不少新见"，"是一篇优秀的博士学位论文"。《秦汉军制演变研究》被评为 2013 年度北京大学优秀博士论文。

从《秦汉军制演变研究》到《秦汉军制演变史稿》，闻博又在较全面掌握相关文献资料和考古资料的基础上，克服多种困难，进行了认真的修改、充实和提升的努力。这本书在以下诸方面的创新意义更为突出：爵官转移与文武分职：秦相、将的出现；邦尉、太尉职任；郎中令"掌宫殿掖门户"事；"内史—诸郡"武官制度演变（"边地化"）；从"南北军"到"禁兵"，京师宿卫的统合与演变；"郡国""州郡"行政变化背景下的地方郡兵调动；秦及汉初司寇、徒隶身份；"徭"内涵的重新考察与"月为更卒"的性质等。此外，关于女子参战与亲属随军，关于河西汉塞

## 序

军人的生活时间表以及劳作定额和工作节奏，关于军鼓及"鼓下卒""鼓史"等问题，也都发表了经过深刻思考得出的意见。

学人无论老少，一定各有得失。通过我们的经验教训可以得知，平素以为常见的史料，经认真研读，可以透见精彩的内质；看起来陈旧的话题，经努力考索，可以获得可贵的新知。也就是说，很多老的材料，老的题目，是可以发现新异，提出新见的。《秦汉军制演变史稿》书中讨论的有些问题，能够实现积极的学术推进，证明了这一点。

闻博2002年秋季入学北京师范大学历史系考古学与博物馆学专业。我则在2003年3月调入北京师范大学。后来由我指导，他在北京师范大学历史学院攻读硕士学位，又在北京大学历史学系攻读博士学位，努力学习，勤于思考，进步比较突出。他在这本书的"后记"中说到读《裘锡圭自述》的感受："裘先生在结尾处这样说到：'今天处在学习和研究岗位上的青年们，你们现在的条件，总的来看，比我们的青年时代已经好得多了。你们一定要抓紧时间，克服困难，为祖国为人民作出与时代相称的好成绩来。'平实的话语给我以莫大的触动。是的，现实批判应该与对自我的批判结合起来。我愿意以此自警并不懈努力。"我相信闻博所说"自警""自我的批判"的真诚，也相信他学术创新的动力不会轻易消减。但是也希望他能够调整工作节奏，注意劳逸结合，不要过于劳累，以从容的态度面对教学和科研。

许多学术评判文本都要求写是否"具有独力从事科学研究的能力"一条。我们的学生走上工作岗位，多已具备了这样的能力。刘邦对晚辈有"羽翼已成"的感叹。又有歌诗："鸿雁高飞，一举千里。羽翮已就，横绝四海。"（《史记》卷五五《留侯世家》，《汉书》卷四〇《张良传》作"鸿鹄高飞，一举千里。羽翼以就，横绝四海"）看到学生们的进步，有终至"高飞"的期待，内心是欣慰的。青年学人虽然没有经历我们这一代人曾经的艰辛，但是大家都看到，他们今天又面对着新的相当沉重的生存压力。借用秦汉军事术语，怎样在被动情境中谋求"破围"，又怎样在主动出击时力争"先登"，要看每个人的努力了。说来惭愧，因为不懂英语，经常要麻烦学生做书题、目录以及论文标题、摘要和关键词的英译。想到他们现在承担的工作量与其他各种负担，心中每每不安。而对于我的论著，闻博等学生们提出的意见和建议，也往往有积极意义予以采纳。也许我们相当一个时期各自的学术成果，都可以作为师生之情的一种纪

3

念吧。

　　说到这里，还有一层意思必须表达。几位学生在北京大学历史学系就读，阎步克、陈苏镇、辛德勇、刘浦江、罗新、蒋非非、刘华祝等先生多有关照，并辛勤指教，子今深表感谢。胡平生、李均明、宋杰、孙家洲、彭卫、宋超、杨振红等先生为我的学生开题、答辩、解疑，不同形式的教示亦付出种种辛劳。我的多数学生均参与活动地点在北京师范大学历史学院的"京师出土文献研读班"，马怡教授和张荣强教授实际上多年为我承担了指导工作。当然还有其他许多朋友为我的学生的进步多曾费心，这里恕不一一举名，谨此亦深致谢忱！

　　希望闻博和他的同学们永远记得这些老师们的关心和爱恤，不懈努力，作出与时代相称的好成绩来。

2015 年 1 月 16 日初稿，1 月 18 日改定

# 绪　　论

## 一　研究的对象和意义

本书以秦汉军事制度为研究对象，探讨这四百年间武官制度、军队构成、兵员征集、军政运作的特征、演变，并在此基础上，思考秦汉帝国确立的历史"变革"意义，西汉、东汉之间的社会历史变化。

时间范围因需要，有时会延伸至秦统一前及魏晋时期。全书共五章，前四章为一组，具体可分为二：一是考察武官与军事组织的结构及发展、军队的构成及演变（第一、二章）；二是思考社会身份结构、军事组织方式在前期的阶段特征（第三、四章）。前者侧重"京师—内郡—边郡"的地域特征及彼此关系，后者侧重社会身份与人员征发。两组并非各自孤立一隅，而是在互动中呈现整体面貌的变化。第五章兼及军事生活的制度史考察，注意对军事群体的地位、关系及军政运作进行思考。[①]

本书讨论秦汉历史，参考当今学界习惯，使用了"帝国"（empire）一词。"帝国"的早期用法，强调征服与统治他人的武力机制，如与秦汉大体同时的罗马帝国。[②] 西方中世纪以来，具有"君权神授"特点，指通过政治、宗教、文化的方式，对异教徒进行征服、支配。18 世纪以后更

---

[①] 近年有学者提出，制度史研究应强调"过程"的观察角度。参见邓小南《走向"活"的制度史——以宋代官僚政治制度史研究为例的点滴思考》第二节；平田茂树《日本宋代政治制度史研究述评》第二节，均收入包伟民主编《宋代制度史研究百年》，商务印书馆 2004 年版，第 13—15、45—47 页。侯旭东近年对秦汉六朝"国家日常统治机制""政治进程"进行了一系列思考，相关论述值得充分重视。

[②] Alejandro Colás, *Empire*, Polity Press, 2007, pp. 5–11.

多指进行殖民扩张的西方资本主义国家。① 这里则使用一般意义上的界定,指领土广阔、统治民族众多、具有悠久传统的强大"集权君主制"国家。② 当时该国虽然不一定使用这一用语,但它在当时世界或地区的影响力却得到普遍承认。

此外,书中还使用了"军国体制""日常行政体制"、地方军事组织的"边地化""军政""皇权"等语词,似也有必要稍作说明。秦政治文化中的军国主义特征,学者已有极为精彩的揭示与论说。③ 这里将秦与西汉早期帝国的体制特征,从某种意义上称为"军国体制",以与之后更为常见的"日常行政体制"相对。④ 有学者在研究十六国汉赵国史时,已使用"军国体制"一语,主要指"明显带有军事化特征的官制类型",⑤ 其中有着旧有胡族部落军民一体的背景。而这里的使用,更偏重军事组织行政化下的形式及特征。"军政"一语,亦非近代始现,实际在先秦以来历代文献中多有使用。"军政运作"偏重指军事事务的管理及运行。这里所使用的"边地化",并非指内郡或其他地区出现边地的军事组织设置,而是指军事机构日益集中在与京师、内郡相对的边郡地区。⑥ 至于书中谈及的皇权扩张,则主要指相对宰相为首官僚行政组织的君主权力发展。

国家之"兴亡治乱","自战国、秦、汉以来,鲜不以兵"。⑦ 帝国时代的开启者——秦,在战国激烈的铁血战争中出现。军事制度不但在其中发挥着关键作用,而且实际参与帝国体制的构建。军制后续的演进,亦对汉王朝的历史走向多有影响。两汉之际人即云"兵者,帝王之大器,古

---

① James Bryce, *The Holy Roman Empire*, The Macmillan Company, 1901, pp. 91-121;戴维·米勒、韦农·波格丹诺编:《布莱克维尔政治学百科全书》"帝国"条,中国问题研究所等译,中国政法大学出版社1992年版,第226页。

② "集权君主制"概念的提出及探讨,参见阎步克《政体类型学视角中的"中国专制主义"问题》,《北京大学学报》(哲学社会科学版)2012年第6期。

③ 阎步克:《士大夫政治演生史稿》第六章,北京大学出版社1996年版,第224—267页。

④ 此承阎步克提示。

⑤ 陈勇:《汉赵史论稿——匈奴屠各建国的政治史考察》,商务印书馆2009年版,第11页。

⑥ 相关亦可表述为:由于内郡去军事化,逐步废除多数武职,而边郡的军事功能加强、凸显,地方军事组织整体呈现边地化的趋势。此承游逸飞帮助。

⑦ 《新唐书》卷五〇《兵志》,中华书局1975年点校本,第1319页。

## 绪 论

今所不能废也"。① 秦汉军事制度的调整与变动，与当时的社会结构、"边界"变动关系密切。由征兵到募兵为主，平民番上到大量使用罪徒、外族兵，对于认识西汉、东汉间的历史变化，汉族在东亚世界与胡族的共存问题，也有帮助。

酷急严苛已然成为秦政之标签。但如果仔细分析，就会发现：律令严酷，罪徒群体庞大，多以甲盾为罚金；奴婢买卖盛行，被普遍拥有并使用于各生产领域，且可从军参战；以及国家多行授田，商品经济发达等特征，不独在秦，实际在战国时期其他各诸侯国，多普遍存在。因此，秦政的确立及向汉政演变，实际体现着"战国模式"向"帝国模式"转型的探索与尝试。而这其中，军制变化是一条重要线索。

战争本身是复杂的事物，一方面如克劳塞维茨所言"是政治的延续"。② 但在某种意义上，"战争是一种文化活动"，有时可以这样理解："它们是另外一个世界，一个非常古老的世界的东西，那与日常世界平行存在，但不属于它。"③ 军事制度在某些基础性层面，或许存在这种特征。然而，在更多方面，特别是军制的较大调整与变动，却往往是政治、社会、族群形势变化的敏感反映，对认识社会变动而言，更为直接，也更有帮助。

相对日本学界的"唐宋变革论"，中国学界近年揭举"制度史观"，尝试从中国史自身的发展逻辑，用"常态—变态—回归"模式对两千年帝制中国的发展、演进进行思考与把握。④ 在此观照视角下，战国、秦汉作为帝国体制得以确立的关键时期，就显得十分重要。而理解帝国从"军国体制"向"日常行政体制"的演进及相关问题，秦汉军制研究成为一个基础的方面。

19 世纪以来，视秦至清的帝制时代政体为专制政体的论断流行不衰，影响广泛。近年，侯旭东从思想史角度，用知识考古学的方法，对这一成说有所批判，认为此论断并非科学研究的结果。⑤ "在近代接触西方之前，

---

① 《后汉书》卷一三《公孙述传》，中华书局 1965 年点校本，第 539 页。
② 其实，中国很早即持这种认识。《商君书·战法》云"凡战法必本于政"，《文子·上义》《淮南子·兵略》亦云"兵之胜败，（习）皆在于政"，"兵之胜败，本在于政"。
③ 约翰·基根：《战争史》"导言"，时殷弘译，商务印书馆 2010 年版，第 5 页。
④ 阎步克：《中国古代官阶制度引论》第一章，北京大学出版社 2010 年版，第 7—9 页；阎步克：《川本芳昭的〈中华的崩溃与扩大〉》，《读书》2012 年第 4 期。
⑤ 侯旭东：《中国古代专制说的知识考古》，《近代史研究》2008 年第 4 期。

中国人头脑中并没有政体的观念","中国知识分子从听说到接受'中国专制'说历时甚短，前后不过一二年。短短一二年显然不可能对秦以来二千年的中国政治史做充分的研究"。① 而如何把握"中国专制主义"，阎步克在《政体类型学视角中的"中国专制主义"问题》一文中指出，"应通过各个同类政权的综合比较，在'系谱'中予以判断"。"'专制'指君主的无限权力，可以从权力集中化程度"等多个识别标准来把握。作者最后提出，"专制"现象可历史地看待，用作中性概念，并可用"集权君主制"替代。② 上述工作非常值得重视。而欲重新检讨帝制时代中国的国家形态与统治机制，从战国、秦汉入手，以军事制度切入，或是一个可能的思考方向。

  以往治秦汉史学者多偏重秦、西汉，治魏晋史者则上及东汉，关于两汉之间历史变化的研究相对薄弱。③ 以往从传世文献出发的议论，多倾向典制上东汉以沿袭西汉为主，社会整体变化不大。与此相对，从考古学出发的探讨，多认为两个时代的社会面貌相差很大。如李学勤多次提到，东汉相对西汉，发生了较大变化。差异大小的问题基点在于变动何在。先后完成多部东汉史籍整理的周天游，④ 提出"东汉门阀"概念，对东汉时期的"世家大族"有细致分析。⑤ 吕思勉早年著《秦汉史》，开篇即指出："自来治史学者，莫不以周、秦之间为史事之一大界，此特就政治言之

---

  ① 侯旭东：《中国古代专制说的知识考古》，第14、26页。此说引起学界的热烈讨论，相关成果兹不赘举。
  ② 阎步克：《政体类型学视角中的"中国专制主义"问题》，第28—40页。
  ③ 田余庆曾提到："将近四十年前，在翦伯赞先生领导下为《中国史纲要》撰写秦汉史纲要和魏晋南北朝史纲要两部分时，把过去积累的教材重新整理、查证、订补、加工，感到所写成的这八百年历史书中最为薄弱的部分，无过于东汉和北魏。"《关于子贵母死制度研究的构思问题》，收入所著《拓跋史探》，生活·读书·新知三联书店2003年版，第92—93页。
  ④ 主要有《八家后汉书辑注》，上海古籍出版社1986年版；《七家后汉书》（校），河北人民出版社1987年版；《后汉纪校注》，天津古籍出版社1987年版；《西京杂记》（校注），三秦出版社2006年版。
  ⑤ 周天游：《论东汉门阀的形成》，收入《中国人文社会科学博士硕士文库（历史卷）》，浙江教育出版社1998年版。后以论文形式发表有：《论东汉门阀形成的标志——东汉门阀问题研究之一》，《西北大学学报》（哲学社会科学版）1989年第3期；《论东汉门阀形成的经济因素——东汉门阀问题研究之二》，《史林》1989年增刊；《东汉门阀形成的上层建筑诸因素——东汉门阀问题研究之三》，《学术界》1989年第5期。这一理路取径，属于魏晋史问题的上溯。《东晋门阀政治》一书，1989年由北京大学出版社出版。而核心论述此前已发表问世。参见田余庆《释"王与马共天下"》，《中国史研究》1979年第3期；《论东晋门阀政治》，《北京大学学报》（哲学社会科学版）1987年第2期。

耳。若就社会组织言，实当以新、汉之间为一大界"，① 颇具启示意义。"魏晋封建说"的主要倡导者何兹全是较早重视两汉历史变化的学者，并从社会经济史角度提出了若干发展线索，如"由城市交换经济到农村自然经济"，"由自由民、奴隶到部曲"，"由土地兼并到人口争夺"等。② 这些命题十分值得参考。相关线索在搜集史据基础上，实际可作进一步论证。③ 刘修明关注两汉变化，并鲜明使用"历史转折"一语。④ 20 世纪 90 年代以后，有学者通过对两汉、特别东汉史料的细致研读，在坚实论证基础上尝试提出整体性看法。所著从"政治文化"视角，在政治史与经学研究中找到可以交结的关键点，以《公羊学》及"汉道"为核心概念，对"以春秋学为主的经学如何诉诸'大一统'帝国的创制立法，如何影响汉帝国的实际历史进程"，进而"为中国古代政治文化确立了基本模式"，进行了精彩的分析与描述。⑤ 本书对两汉间的历史变化，也注意进行思考。

## 二 研究史回顾与问题所在

秦汉史研究中，学界以往对秦汉军事制度的学术史梳理与评述，措意较少。考虑到秦汉军制研究涉及武官制度、军队构成、集兵方式、军事编制、财政后勤、军事装备制造与管理、军事设施与军事交通、军法军纪等多个方面，这里主要侧重武官系统、军队构成、集兵方式及军事编制等最

---

① 吕思勉：《秦汉史》第一章《总论》，上海古籍出版社 2005 年版，第 1 页。此条下并注"民族关系两汉魏晋间为一大界"。

② 何兹全数十年来发表一系列论述，初始提出的论点，后来基本没有改变，具体见《汉魏之际封建说》《汉魏之际社会经济的变化》《两汉豪族发展的三个时期》《战国秦汉商品经济及其与社会生产、社会结构变迁的关系》《战国秦汉时代的交换经济和自然经济，自由民小农和依附性佃农》等，均收入《何兹全文集》第一卷，中华书局 2006 年版；体系性论述，又可参见何兹全《中国古代社会》，北京师范大学出版社 2001 年版，后编为《何兹全文集》第三卷。

③ 参见《李根蟠给何兹全先生的回信》，收入何兹全《战国秦汉时代的交换经济和自然经济，自由民小农和依附性佃农》"附录"；张继海《汉代城市社会》"导论"，社会科学文献出版社 2006 年版，第 15—16 页。

④ 刘修明：《两汉的历史转折》，《历史研究》1987 年第 6 期；《从崩溃到中兴——两汉的历史转折》，上海古籍出版社 1989 年版。相关书评见易冰《评〈从崩溃到中兴〉》，《中国史研究》1991 年第 3 期。

⑤ 陈苏镇：《〈春秋〉与"汉道"：两汉政治与政治文化研究》，中华书局 2011 年版。

为重要的方面，来开展工作。

**（一）传统学术下的兵志撰写与秦汉军制研究**

先秦以降，特别是战国、楚汉战争纷扰之时，催生很多兵书问世。这类书籍在当时图书著录中，是较为突出的。"兵书"可为刘歆《七略》图书六大分类之一，非后世所能相较，即是体现。西汉帝国建立后，官方对兵书有多次整理，"汉兴，张良、韩信序次兵法"，"武帝时，军政杨仆捃摭遗逸，纪奏兵录"，"至于孝成，命任宏论次兵书为四种"。① 而具体到兵书内部分类，班固在刘向、刘歆父子所著基础上，并有进一步调整。②

东周秦汉子书中，对军制也有一些涉及。除《管子》《商君书》《荀子》《鹖冠子》《淮南子》中相关的熟知材料外，《吕氏春秋·孟秋纪》之《荡兵》《振乱》《禁塞》《怀宠》四篇，《仲秋纪》之《论威》《简选》《决胜》《爱士》四篇，③ 对战国的军事活动，有多层面论说，其中一些包含军制方面信息。《潜夫论·劝将》《救边》《边议》《实边》四篇，④ 议东汉羌乱时的边政情形，则对东汉边郡军制与军事活动，有所涉及。⑤

而正史中，《史记》对军制相关内容，实际已有所涉及。《太史公自序》言"非兵不彊，非德不昌，黄帝、汤、武以兴，桀、纣、二世以崩，可不慎欤？《司马法》所从来尚矣，太公、孙、吴、王子能绍而明之，切近世，极人变。作《律书》第三"，"礼乐损益，律历改易，兵权山川鬼神，⑥ 天

---

① 《汉书》卷三〇《艺文志》，中华书局1962年点校本，第1762—1763页。
② 李零：《兰台万卷：读〈汉书·艺文志〉》，生活·读书·新知三联书店2011年版，第150—169、219—220页。
③ 许维遹撰，梁运华整理：《吕氏春秋集释》卷七、卷八，中华书局2009年版，第157—193页。
④ 王符著，汪继培笺，彭铎校正：《潜夫论笺校正》卷五，中华书局1985年版，第244—290页。
⑤ 先秦典籍中，其若干篇章涉及军制者，还需提到《逸周书》。按《武称》等十余篇一般认为是兵家之作。时代在春秋早中期。黄怀信：《〈逸周书〉源流考辨》，西北大学出版社1992年版，第95—126页。
⑥ 梁玉绳按："兵权即《律书》，似复出，当衍'兵权'二字。"以"《索隐》言《兵书》亡，妄也。"《史记志疑》卷三六，中华书局1981年版，第1486页。

## 绪　论

人之际，承敝通变，作八书"。学者多认为《律书》应作《兵书》，[①] 今文乃取它文补作，[②] 非原貌。按《自序》"作《律书》第三"下，紧接着说到，"律居阴而治阳，历居阳而治阴，律历更相治，间不容翲忽。五家之文怫异，维太初之元论。作《历书》第四"。《历书》本应"律""历"并论。今《历书》有"历"无"律"，且篇末无"太史公曰"。而《律书》则出现两则"太史公曰"。前则在叙"兵"结尾处出现，后则为"律""历"并论。故今《律书》包含《历书》内容，应无问题。[③] 此外，前则"太史公曰"之上，虽杂有音律议论，但自"兵者"以下皆为叙"兵"，且自黄帝迄于西汉前期的论述形式，与《汉书·刑法志》叙"兵"部分有类似之处。余嘉锡对洪颐煊、张文虎说，固然多有驳议，[④] 但从上述分析看，现存《律书》其实仍保存有史迁叙"兵"的部分内容。

《汉书》卷二三《刑法志》对此也有涉及。《刑法志》开篇序说后，

---

[①] 曹魏人张晏注《汉书·司马迁传》有此说，影响很大。《史记》卷一三〇《太史公自序》，点校本二十四史修订本校勘记"律书　耿本、黄本、彭本、柯本、殿本作'兵书'"（中华书局 2013 年点校本，第 4005 页）。赵翼、余嘉锡、傅斯年、王叔岷等学者均持此看法。参见赵翼著，王树民校证《廿二史札记校证》（订补本）卷一"史记律书即兵书"条，中华书局 1984 年版，第 10—11 页；余嘉锡：《太史公书亡篇考》"兵书第六"条，收入《余嘉锡论学杂著》，中华书局 2007 年版，第 50—58 页；王叔岷：《史记斠证》，中华书局 2007 年版，第 1061—1062、3487 页。按：《索隐》所谓"师出以律"，似当理解作法律而非音律（此又可参见余嘉锡《太史公书亡篇考》，第 57—58 页；宋镇豪主编：《商代史》卷九《商代的战争与军制》，罗琨撰，中国社会科学出版社 2010 年版，第 548—550 页）。参诸内容，《史记》这里或取音律义。名篇以"律"，并非没有可能。文中"而音尚宫"语，《正义》引《兵书》以解。此《兵书》亦见于《周礼·春官·大师》郑玄注引，内容与《律书》明显有异（《史记》，第 1474 页）。目前《兵书》说的直接论据，仅张晏一条，属孤证。《殿本考证》即云："律之为用，兵其大者，张晏或即以《律书》为《兵书》，未可知也。其文固太史公之文，非后人所能补。"（《廿二史札记校证》王树民引，第 23 页）。王鸣盛亦云"但今《律书》见存，即是《兵书》不亡，而张晏何以云亡，《索隐》亦误会也"（《十七史商榷》卷一"十篇有录无书"条，黄曙辉点校，上海古籍出版社 2013 年版，第 9 页）。是否因此即改《律书》篇名，还可以讨论。

[②] 关于现存《律书》的形成，具体又有褚少孙所补、后人裁截《历书》（又分全部截取与部分截取）、后人取《汉书》诸志补之等多种意见。参见杨慎《丹铅总录》，转引自泷川资言《史记会注考证》（附校补）卷二五，上海古籍出版社 1986 年版，第 710 页；洪颐煊：《读书丛录》一（原卷一七），中华书局丛书集成初编本 1985 年版，第 14 页；赵翼著，王树民校证：《廿二史札记校证》卷一"史记律书即兵书"条，第 10—11 页；余嘉锡：《太史公书亡篇考》，第 50—58 页；崔适：《史记探源》，张烈点校，中华书局 1986 年版，第 100 页。

[③] 洪颐煊：《读书丛录》，第 14 页；余嘉锡：《太史公书亡篇考》，第 53、55、58 页。

[④] 余嘉锡：《太史公书亡篇考》，第 55—56 页。

具体内容实为先"兵"后"刑"。① 前者对黄帝至秦的军事制度有简略述说。② 按上古兵、刑不分，《刑法志》将"兵""刑"一并叙述，是以"刑"为篇名。这种"不分"，不能简单地理解为《兵志》附于《刑法志》内。班固言撰写缘起作"雷电皆至，天威震耀，五刑之作，是则是效，威实辅德，刑亦助教。季世不详，背本争末，吴、孙狙诈，申、商酷烈。汉章九法，太宗改作，轻重之差，世有定籍。述《刑法志》第三"。③ 其中仅"吴、孙狙诈"句，与"兵"相涉。然从对仗表述及强调"狙诈"一面看，亦属"刑"之范畴。在班固看来，它们当时可以纳入广义的"刑法"。

政书立"兵"目始于唐。杜佑《通典》卷二八、二九《职官典》部分，特列"武官"；卷一四八至一六二《兵典》十五卷，则与卷一六三至一七〇《刑法典》八卷顺次叙述。先"兵"后"刑"体例，或远受汉《志》影响，且对后世断代会要影响较大。④ 而"武官"部分及《兵典》所述，虽以唐代为主，但也兼及前代。故对思考秦汉军制的相关方面，也多具参考价值。⑤

有关"兵志"的撰述，两宋以后更为重视。这与赵宋国家"积弱"，军事不振，士大夫思谋改革颇有关系。《通典》叙兵，取舍上详于兵法战术，于制度颇为简略。政书言"兵"，且涉及较广泛军制内容，则以五代、宋初人王溥所撰《唐会要》为较早。⑥ 是书卷七一"十二卫""东宫诸卫"，卷七二"京城诸军""府兵""军杂录""马""诸监马印""诸藩马印"，对唐代军制有较全面论说。军制这些内容紧接职官后，武官系

---

① 朱一新：《无邪堂答问》卷二"答问汉书刑法志"条，问语提到"大刑用甲兵，其次用鈇戉。班《志》故先兵后刑"，中华书局2000年版，第85页。

② 王鸣盛对《刑法志》兵刑合一体例及具体撰述，多有批评。朱一新《无邪堂答问》及《汉书知意》已驳王说。相关参见《十七史商榷》卷一一"刑法志三非"条，第124—125页。

③ 《汉书》卷一〇〇下《叙传下》，第4242页。

④ 如《宋会要辑稿》为刑法八册、兵十五册紧接叙述；《西汉会要》《东汉会要》《七国考》及《战国会要》等均按兵、刑法顺次叙述。

⑤ 即便《兵典》中偏重兵法战术、军事技术的内容，如果从变动小、稳定性高的层面，亦可为秦汉军事史研究，提供启示。如《通典》卷一六二《兵十五》"风云气候杂占"条（第4177—4183页），就对考释、研究长沙马王堆汉墓帛书《天文气象杂占》《日月风雨云气占》等，多有帮助。

⑥ 会要体史书最早大致出现于唐代中期。王溥在唐人苏冕《会要》四十卷、崔铉《续会要》四十卷基础上，编次厘定，又增补唐宣宗以后事而撰成《唐会要》一百卷。参见王溥《唐会要》前言及"题辞"，上海古籍出版社2006年版，第2页。

## 绪 论

统已叙在前。而正史设立《兵志》，自宋人撰《新唐书》以下，① 开始变得普遍。《宋史》《金史》《元史》《明史》《清史稿》等，多立有《兵志》一目。而所列门类，已非《通典》体例，而明显受到《唐会要》影响。《新唐书·兵志》附有马政，体例与《唐会要》叙"兵"以"马""诸监马印""诸藩马印"作结，有类似处。而南宋出现的不少著作，除专论国朝外，更有通论历代兵制，而兼及秦汉者，如陈傅良《历代兵制》卷一至卷三，章如愚《山堂考索》卷三八至卷四〇、卷四四至卷五〇《兵门》，卷四一至卷四三《兵制门》，王应麟《玉海》卷一三六至卷一五一，《文献通考》卷一四九至卷一五〇/卷一五五至卷一六一，以及程大昌《雍录》卷八"汉南北军及畿内军制"等。② 这其中，马氏素以博通见长。所著"兵"门通论军制沿革，对秦汉武官系统、军队构成，有不少可取意见。现代学者未能多予留意，或有遗憾。

专论两汉军制的论著这时也首次出现，即为人熟知的《补汉兵志》。全书篇幅短小，只一卷。取材据两汉书，"附以考证论断"。纲目顺序为：兵员征集、军队构成、部分中级武官。作为钱文子门人的陈元粹，在所作序文中全言两宋军制积弊，则如四库馆臣所总结，该书同样"盖为宋事立议，非为《汉书》补亡也"。③ 不过，钱氏所做工作，仍然为后来研究开启了先声。

据陈序"永嘉白石先生往为大都授时所著""嘉定甲戌谨序"，④《补汉兵志》刊刻当在嘉定七年（1214）及稍后。而与此同时或稍晚，徐天麟则有著名的《西汉会要》七十卷、《东汉会要》四十卷，先后问世。前者"兵"门四卷三十七目，后者三卷二十七目，将正史等文献中有关军制的材料搜集编排起来，颇便查检。据进书表，《西汉会要》大体完成于嘉定四年（1211），书刊于嘉定八年（1215），而《东汉会要》完成于理宗宝庆二年（1226）。需要提到的是，徐天麟除在上述二书中对两汉军制资料有专门搜集外，还曾著有《汉兵本末》一卷。该书似已不传，据周

---

① 《新唐书》卷五〇《兵志》的考释与研究，参见唐长孺《唐书兵志笺正》（外二种），中华书局2011年版，第1—138页。
② 程大昌：《雍录》，黄永年点校，中华书局2002年版，第172—173页。
③ 相关评述又见《十七史商榷》卷一一"补汉兵志"条。王鸣盛亦提到"文子考古以讽时，有心哉"，并批评"《宋史·艺文志》以此书编入类书一门"，第124页。
④ 钱文子：《补汉兵制》，中华书局丛书集成初编本1985年版，第3、4页。

必大《汉兵本末序》"凡中外诸军若将帅之名，与夫赏功罚罪，鳞成简稽，兵器马政，参互讨论，略无遗书"，其书内容可窥一二。

自宋以下，前述的探讨格局变化不大。① 明清、民国学人使用"兵制"，当是承自两宋以来的用语习惯及概念范畴。不过，战国秦汉语境中，"兵"以"武器"的字源本义，单独使用较多，而"军制"一语已出现，如《荀子·议兵》中记临武君曾"请问王者之军制"，及《吕氏春秋·孟冬纪·节丧》"以军制立之然后可"。考虑到"兵制"概念出现略晚，而采用"军制"一语，也便于同现代军事史研究的"军事制度"（military system）概念相衔接。故我们讨论秦汉时代相关问题，主要使用了"军制"一语。②

**（二）民国时期的秦汉军制研究**

真正现代学术意义上的秦汉军制研究，大体出现于20世纪30年代后期。这与当时民族危机加剧，国内战事不休同样关系颇深。雷海宗是这一领域研究的先驱。他在1935年至1936年先后发表《中国的兵》《无兵的文化》等长文，③ 以社会史的眼光看军事史，通过研究"兵的精神"即兵的成分、纪律、风气、心理，来考察军制变化，是"把军事和社会文化打通来研究的经典之作"。④ 他认为：春秋时上等社会全体当兵。至战国除少数文人外，全体文人当兵，近乎征兵制。汉代改行"更赋"制，上等社会不服兵役，终于实行募兵制，将卫国责任移到职业兵肩上。由军民不分，经军民分立，到军民对立，专靠羌胡兵，以致国势日衰，社会病弱，中原终于成了汉代那些属国的属国。在此基础上，雷文对这一时期王朝的历史地位也有所概括："在二千年的统一中，以秦、西汉及东汉中兴的三百年间的统一为最长、最稳固、最光荣。二千年来的中国的基础可说都立于这三个世纪。"⑤ 需要提到的是，作者在《中国的兵》开篇，已交

---

① 参见许保林《中国兵书知见录》，解放军出版社1988年版；许保林《中国兵书通览》，解放军出版社2002年版。

② 战国秦汉有"兵法""军法"等用语。兵法多与兵书相关，"专指讲谋略的书"；而军法则指"军中的一切制度和规定"，包括"军队的征集，军队的组建，军队的管理，军队的后勤保障，军队的技术训练"等。参见李零《兵以诈立——我读〈孙子〉》，中华书局2006年版，第4—5页。

③ 雷海宗：《中国的兵》，《社会科学》第1卷第1期，1935年；《无兵的文化》，《社会科学》第1卷第4期，1936年，后集合他篇编为《中国文化与中国的兵》，由商务印书馆于1940年出版。

④ 邵鸿：《张家山汉简〈盖庐〉研究》"后记"，文物出版社2007年版，第85页。

⑤ 此据雷海宗《中国文化与中国的兵》，商务印书馆2007年版，第149页。

## 绪 论

代"本文范围以内的兵的制度,《文献通考》一类的书已经叙述甚详",多为后来研读、利用者忽视。雷文重视在传统学术脉络中去思考与发掘新意,是我们应当特别注意的。

孙毓棠在同时期也发表《西汉的兵制》与《东汉兵制的演变》。① 两篇长文均试图综论关涉汉代军制的数个方面。前者分八个部分,依次对西汉的徭役、兵役制度,"中央和地方兵制的概况","内郡与国邑的兵士的大概",中央武官,武帝兵制改革("募兵、囚犯、属国兵"及常备军的出现),"边防的兵士","一般军队与行军的状况"等问题,进行了讨论。后者则分六个部分,具体涉及东汉的光武兵制改革,征兵制度,"中央常备军"的构成,边防,囚徒、属国兵、募兵,汉末"州任之重"等问题。所著对两汉军制发展脉络进行了全面勾勒,同属相关研究的奠基之作。此外,武宗灿《西汉兵制考》、谷霁光《汉代兵制考略》,也是较早通论汉代军制的文章。承旧有传统,研究虽侧重军队构成,但整体上仍牵涉较广。②

至40年代,对秦汉军制通论性成果,有吕思勉《秦汉史》第六节"兵制"。③ 此书最初由上海开明书店1947年3月发行。几乎同时,劳榦发表著名长文《汉代兵制及汉简中的兵制》,④ 对相关传世文献有较全面梳理,并结合30年代所出居延汉简,对兵种变化、武官设置、兵员征集、地方与边郡兵及国防政策等问题,做了仔细探讨。研究仍然沿袭对军制各方面尽可能做全面考述的理路,影响较大,成为后来学者研究汉代军制的基本参考。⑤ 徐德嶙于40年代后期发表《西汉兵制及其国防》《东汉兵制

---

① 孙毓棠:《西汉的兵制》《东汉兵制的演变》,《中国社会经济史集刊》,1936年、1937年,后均收入吴树平编《孙毓棠学术论文集》,中华书局1995年版,第200—287页。

② 武宗灿:《西汉兵制考》,《国专月刊》第3卷第3期,1936年4月;谷霁光:《汉代兵制考略》,《益世报·史学》第39卷,1936年10月12日。

③ 此据吕思勉《秦汉史》,上海古籍出版社2005年版,第607—619页。

④ 劳榦:《汉代兵制及汉简中的兵制》,《历史语言研究所集刊》第十本,1948年。

⑤ 贺昌群在20世纪60年代初为原中国科学院历史所讲课所做《汉简的发现和研究(提纲)》,或因政治环境影响,对此文多有批评:"他有几篇论文如《从汉简所见之边郡制度》[《历史语言研究所集刊》第二本第二分,1939年(笔者按:当作第八本第二分)]、《汉代兵制及汉简中的兵制》(同上书,第十本,1948年)等,在思想方法上他的观点是根本错误的,没有基本的历史联系,孤立地看问题。汉的兵制分裂为中央与边郡,不是从屯戍的生活过程来研究汉简所反映的历史实际。他的文章没有什么结论,他的结论也应用不到汉代的通史上去。一些僵硬的事实的堆砌是不能说明问题的。"《贺昌群文集》第一卷《史学丛论》,商务印书馆2003年版,第125页。其中谈到的一些方面,可能需要后来研究者注意,但整体评价或欠公允。

及其国防》两文，① 对两汉军制的演进也有梳理。而杜畏之《战国时期军事之研究》、罗志渊《西周春秋战国兵役制度研究》所做的稍早时段讨论，② 对把握秦汉相关问题的渊源也多有帮助。特别杜文是在研读西方军事史著作基础上开展尝试，分析时注意中西对比，视野较为开阔。刘公任则对汉代的征兵有专门关注。③

军队构成方面，贺昌群《汉初之南北军》一文，是现代学术研究中较早专论西汉中央军者。④ 该文立足"前汉之由征兵而入于募兵，由兵民合一而至于兵民分离"的思考背景，研究建立在广泛参考王应麟、程大昌、吴仁杰、马端临、朱礼、俞正燮、陈树镛等人工作的基础之上。这种对自宋迄清研究成果的吸收与参考，值得后来秦汉军制研究者学习与重视。何兹全发表有《魏晋的中军》。⑤ 该文不仅对魏晋中军的发展、构成及统领者等问题做了开创性的工作，而且注意与两汉京师宿卫的比较。研究涉及边郡军事问题的，则有家械《东汉王符的救边论》、容肇祖《东汉时关于边事之舆论》，⑥ 以及立意关系密切的史念海《秦汉时代关西人民的尚武精神》一文。⑦ 这些讨论均透露出深刻的现实关怀。涉及西域者，有于鹤年《汉代西域行政制度沿革述略》与韩儒林《西汉西域屯田与车师伊吾的争夺》等文。⑧ 对于武器装备的专论，则有陶元甘《西汉兵器之造作守藏禁制与迷信》。⑨

## （三）20 世纪 50 年代以来秦汉军制研究：综论性成果

---

① 徐德嶙：《西汉兵制及其国防》，《文化先锋》第 6 卷第 8 期，1946 年；徐德嶙：《东汉兵制及其国防》，《政治季刊》第 5 卷第 1、2 期，1947 年。

② 杜畏之：《战国时期军事之研究》，《中山文化教育馆季刊》第 3 卷第 1 期，1936 年；罗志渊：《西周春秋战国兵役制度研究》，《新政治》第 2 卷第 5、6 期，1939 年。

③ 刘公任：《汉代之征兵制度》，《广西大学周刊》第 2 卷第 8 期，1940 年 5 月。

④ 贺昌群：《汉初之南北军》，《中国社会经济史集刊》第 5 卷第 1 期，1937 年，后收入《贺昌群文集》第一卷《史学丛论》，商务印书馆 2003 年版，第 288—296 页。

⑤ 何兹全：《魏晋的中军》，《历史语言研究所集刊》第十七本，1948 年；后收入所著《读史集》，上海人民出版社 1982 年版，第 242—268 页。

⑥ 容肇祖：《东汉时关于边事之舆论》，《大公报·史地周刊》84 卷，1936 年；家械：《东汉王符的救边论》，《行健月刊》第 4 卷第 3 期，1934 年。

⑦ 史念海：《秦汉时代关西人民的尚武精神》，《东方杂志》第 41 卷第 22 期，1945 年。

⑧ 于鹤年：《汉代西域行政制度沿革述略》，《文史学研究所月刊》第 2 卷第 5 期，1934 年；韩儒林：《西汉西域屯田与车师伊吾的争夺》（及《补记》），《文史杂志》1942 年第 2、4 期，后均收入所著《穹庐集》，上海人民出版社 1982 年版，第 444—458 页。

⑨ 陶元甘：《西汉兵器之造作守藏禁制与迷信》，《责善半月刊》第 1 卷第 10 期，1940 年。

## 绪 论

20世纪50年代以后，有关秦汉军制的综合性研究，大陆、中国台湾及日本学界进行得更为广泛深入。迄今较为系统的阶段性总结，可参见《中国大百科全书·军事》《中国历史》分册的有关词条。[①] 而时代较早、探讨较为全面的论著，当推滨口重国于1966年出版的《秦汉隋唐史研究》。[②] 该书的"第一部""第二部"，对秦汉军制诸多基本问题，均有较好讨论，至今仍有重要参考价值。日本学界后续研究，也多在滨口氏所做基础上展开。[③] 而除1949年后不断再版的《秦汉史》外，吕思勉所著《中国社会史》第十七章"兵制"，综论历代军制，而于先秦、秦汉部分着墨尤多。[④]

引人注目的还包括几种秦汉军制论著的出现。首先提到李玉福博士论文《秦汉兵制研究》。[⑤] 全文分为四章，主要选择对秦汉士兵组成体制、建军体制、法律及监军制度作了论述，工作较为扎实。其中，在期门、羽林及南北军问题上，作者有较新看法。熊铁基《秦汉军事制度史》分十一章，从"兵士""军队""装备""军马""给养""营垒""军费"及"军法"诸方面进行史料梳理与分析。[⑥] 作者尝试将"军队"一目分成常备军、野战军与边防军，并注意对军事组织作日常系统与行军系统的区分。此外，该书对给养的分类梳理，对营垒的专题分析，以及注意兵法在

---

[①] 《中国大百科全书·军事》，中国大百科全书出版社1989年版；《中国大百科全书·中国历史》（缩印本），中国大百科全书出版社1997年版。

[②] 滨口重国：《秦漢隋唐史の研究》，东京大学出版会1966年版。

[③] 相关内容参见重近启树《围绕秦汉兵制的若干问题》，佐竹靖彦主编《殷周秦汉史学的基本问题》，中华书局2008年版，第253—261页；小林文治《算赋、徭役、兵役》，阎瑜译，收入工藤元男编《日本秦简研究现状》，武汉大学简帛研究中心主办《简帛》第六辑，上海古籍出版社2011年版，第160—163页。又，渡边信一郎先前发表秦汉相关问题论文，近年已收入所著《中國古代の財政と國家》第一部，汲古书院2010年版；杨振红《渡辺信一郎〈中国古代の財政と国家〉评介》，《中国中古史研究：中国中古史青年学者联谊会会刊》（第三卷），中华书局2013年版，第328—341页；鹫尾祐子《汉代的更卒——试论徭役、兵役制度》，杨振红译，卜宪群、杨振红主编《简帛研究二〇一二》，广西师范大学出版社2013年版，第200—205页，则较作者日文稿又有修订。

[④] 吕思勉：《中国社会史》，上海古籍出版社2007年版，第552—560页。此书之前曾题《中国制度史》，由上海教育出版社于1985年出版。

[⑤] 李玉福：《秦汉兵制研究》，博士学位论文，山东大学，1988年，指导老师：田昌五、韩连琪；后改题"秦汉军事制度论"收入所著《秦汉制度史论》下编，山东大学出版社2002年版，第205—364页。又，李著《秦汉制度史论》上篇"秦汉军事法律制度"（第50—98页）对秦汉军法、军纪的考察，亦值得重视。

[⑥] 熊铁基：《秦汉军事制度史》，广西人民出版社1990年版。

实战中的运用等，皆颇有新意。黄今言《秦汉军制史论》几乎同时问世，① 影响更大。该书一大特色，是注意参考现代军事学中军事制度分类来设计章节，体系性较好。作者于 80 年代参与《中国军制史》项目，积累了充实的秦汉军事史资料，② 又在之前开展有秦汉赋役制度研究，③ 为相关写作提供了较好条件。该书资料丰富，论述全面。作者之后又陆续发表多篇军制论文，收入所著《秦汉史丛考》"军事篇"，④ 同样应当参考。此外，作者还参与《中国军事通史》的编写，所主持撰写的《东汉军事史》分册也可供参考。⑤ 这一通史系列每卷前半部分为军事史，后半部分为军事制度，多依史料叙述，考证辨析较少。其中的四、五两卷涉及秦与西汉，可以关注。⑥

交通的发展历来与军事活动关系密切。王子今所著《秦汉交通史稿》一书，⑦ 不但全面推进秦汉史、中国古代交通史的相关研究，而且书中很多章节，如第一章"秦汉交通道路建设"、第三章"秦汉车辆制作"、第四章"陆路运输动力的开发"、第十章"秦汉仓制与主要粮路"、第十二章"秦汉运输业"、第十三章"人口迁移与人口流动"、第十四章"秦汉通信形式"等，对涉及军事制度的有关问题也多有较好分析，值得后来研究者充分重视。

需要提到，以往所谓"秦汉"军制研究，实多偏重两汉。故对秦军制的综合研究，有必要专做介绍。以往秦史的研究范围，不局限于秦王朝建立后的十余年，而往往上溯至秦国阶段。因此，从学界的实际研究出发，这里对战国军制、秦军制的综合成果，略做述说。

战国史方面，首先需提到杨宽等学者的工作。杨宽名著《战国史》问世较早，受到学界广泛好评，后来不断增补改写，而成今貌。《战国史》第六章之五"郡县征兵制度的推行和常备兵制度的建立"，第七章之

---

① 黄今言：《秦汉军制史论》，江西人民出版社 1993 年版。
② 黄今言：《秦汉军制史论》"后记"，第 376 页。
③ 黄今言：《秦汉赋役制度研究》，江西教育出版社 1988 年版。
④ 黄今言：《秦汉史丛考》，经济日报出版社 2008 年版，第 203—309 页。
⑤ 黄今言等：《中国军事通史》第六卷《东汉军事史》，军事科学出版社 1998 年版。
⑥ 霍印章：《中国军事通史》第四卷《秦代军事史》，军事科学出版社 1998 年版；陈梧桐等：《中国军事通史》第五卷《西汉军事史》，军事科学出版社 1998 年版。
⑦ 王子今：《秦汉交通史稿》，中共中央党校出版社 1994 年版；中国人民大学出版社 2013 年增订本。

## 绪 论

三"武器的进步和战争规模的扩大以及战争方式的变化"、四"战争中防御手段的进步"、五"兵法的讲求和军事学的发展"、六"马的外形学《相马法》的进步",① 对战国军事学相关方面,做了较为全面的论说。后来由杨氏主编、吴浩坤等复旦大学学者编纂并易稿数次的《战国会要》,对进一步推动战国军制研究,亦多有助力。② 此书在明人董说《七国考》及今人缪文远订补基础上,③ 广泛搜集各种传世文献、考古材料,对战国典制进行全新辑考,分目更细,史料更全,利用考古收获也更多。"兵"门15卷,涉及议战、兵种、装备、武器、集兵、作战、兵法、兵制、军法、军令、合纵连横、灭国族等二十多个子目,为后来研究者提供了便利。不过,战国史料颇为零散,考古文物资料又不断涌现,涉及具体问题时,学者除参照此书外,进行更广泛的搜集与排比,显然是必要的。

此外,缪文远研治《战国策》及战国史多年,相关辑考工作亦需关注。除订补《七国考》外,所著《战国制度通考》卷四"兵制考",依国别对战国七雄军制进行了考察,可资参考。④《中国军事通史》第三卷《战国军事史》,涉及战国军制主要为第二、三章"军制与国防(上)(下)"。此部分具体由黄朴民负责,相关结构设计较为合理,史料参考充分,论说清晰,可备查检。⑤ 晁福林在《夏商西周的社会变迁》基础上,新撰《春秋战国的社会变迁》。该书第四章第二节"军制与军赋的发展与变化",对春秋战国的军制、军种变化、军赋做了史料梳理与分析。⑥ 此外,许倬云《周礼中的兵制》一文,对《周礼》中军制材料进行了考辨,并分成乡军、都鄙之师、贵族宿卫扈从三个系统,颇具启发性。⑦ 而沈长云等所著《赵国史稿》第十一章"赵国的军事制度",则对赵国的"军事领导体制""兵役制度""兵种""设防""军事赏罚制度""武库制度"

---

① 杨宽:《战国史》,上海人民出版社2003年版,第247—251、303—340页。
② 杨宽、吴浩坤主编:《战国会要》,上海古籍出版社2005年版。
③ 董说原著,缪文远订补:《七国考订补》,上海古籍出版社1987年版。
④ 缪文远:《战国制度通考》,巴蜀书社1998年版,第241—266页。
⑤ 吴如嵩等:《中国军事通史》第三卷《战国军事史》,军事科学出版社1998年版,第50—125页。
⑥ 晁福林:《春秋战国的社会变迁》,商务印书馆2011年版,第755—776页。
⑦ 许倬云:《周礼中的兵制》(原刊《大陆杂志》9卷3期),收入所著《求古编》,新星出版社2006年版,第211—226页。

进行了考察。① 这类对战国各国进行的专题研究，目前开展仍显不足。

自清末孙楷编纂《秦会要》以降，②在秦史资料搜集、考析上较有成绩的成果，当推马非百所著《秦集史》。此书原本计划的一些篇章虽然未能完成，但《职官志》"武官"部分，《国防志》从关、塞、城、战国及秦长城、驰道、兵备几方面对秦军制的军事设施、军队构成、集兵方式所做辑考，仍多有参考价值。③ 而王蘧常《秦史》卷一四《制度考》"三武职"，亦可参阅。④

此外，林剑鸣《秦史稿》第九章之三"兵制和军队"，主要从"兵役制度""秦军的编制和统辖""秦国军队的战斗力"三个方面展开。其中所论兵役制度"实际执行往往超过规定"，"秦国兵役制度凡爵自不更以下、十五岁以上的男子，随时皆有被征调当兵的可能"。"秦国的军队分正规军与地方武装两部分。正规军包括边防、野战及首都的警卫部队"，"地方军队由郡县尉统率"等意见，值得重视。⑤ 杜正胜《编户齐民——传统政治社会结构之形成》第二章"全国皆兵的新军制"，侧重从集兵方式、军队编制、作战方式三个变化明显且重要的方面，来开展工作。⑥ 此书观照不仅限于秦汉史研究，副标题"传统政治社会结构之形成"即提示，作者注重这一关键时期诸方面制度设计及社会变动，对此后两千年帝制中国社会结构的深远影响。全书九章中，军制紧接第一章"编户齐民的出现"而展开，更显示作者问题关怀的意味深长。

睡虎地秦简公布后，于豪亮、李均明《秦简所反映的军事制度》对秦军制中"兵役""军队的训练和军纪""军功"等问题进行了集中探

---

① 沈长云、魏建震、白国红、张怀通、石延博：《赵国史稿》，中华书局2000年版，第327—384页。
② 孙楷著，杨善群校补：《秦会要》，上海古籍出版社2004年版。按此书先后由徐复、杨善群订补。涉及秦军制有卷一四《职官上》、卷一八《兵上》、卷一九《兵下》等相关部分。
③ 马非百：《秦集史》，中华书局1982年版，第480—497、678—704页。
④ 王蘧常：《秦史》，上海古籍出版社2000年版，第135—136页。唯该书卷一六《兵卫考》原阙，略显遗憾。
⑤ 林剑鸣：《秦史稿》，上海人民出版社1981年版；此据中国人民大学出版社2009年版，第178—181页。
⑥ 杜正胜：《编户齐民——传统政治社会结构之形成》，联经出版事业公司1990年版，第49—96页。

## 绪 论

讨。① 于豪亮复作《云梦秦简所见职官述略》，②对睡虎地秦简中涉及的邦司空、县司空、县司马、发弩等军事职官进行了讨论，且多有新意。而余宗发《〈云梦秦简〉中思想与制度钩摭》第三章第二节"军事制度"，对"兵役制度之建立""作战之训练制度""严明之军纪制""军功爵制度"等问题，有所考述。③ 徐富昌对相关问题，也多有探讨。

秦始皇陵兵马俑发现后，围绕这一珍贵文物群的秦军制研究，更得到进一步展开。因涉及成果众多，④ 这里择要列举。陕西省考古研究所秦汉研究室编有《秦物质文化史》。⑤ 该书第四章"军事"，包括"军事制度、装备、军防设施"等内容。袁仲一著有《秦始皇陵兵马俑研究》。⑥ 该书第二部分，有以考古学方法研究俑坑出土的战车、骑俑、步兵俑、兵器，并对秦军事制度做了进一步探讨，涉及兵役制度、军队编制、奖惩制度、供给制度等。此外，围绕秦俑的研究专著还有王学理《秦俑专题研究》、《轻车锐骑带甲兵——秦始皇陵兵马俑发现与研究》，刘占成《秦俑秦文化研究》等，⑦ 其中也涉及秦军制的探讨。

欧美学者的相关研究也值得注意。《剑桥中国秦汉史》这一20世纪国外秦汉史研究的代表性综合论著中，第一章"秦国和秦帝国"（卜德撰）有"军事的壮大""最后的征服与胜利"等子目，第七章"政府的机构与活动"（鲁惟一撰）有"武装力量"讨论西汉，第八章"后汉的制度"（毕汉斯撰）有"军队"讨论东汉。⑧ 鲁惟一《秦汉帝国政府》，

---

① 于豪亮、李均明：《秦简所反映的军事制度》，中华书局编辑部编：《云梦秦简研究》，中华书局1981年版，第152—170页。
② 于豪亮：《云梦秦简所见职官述略》（原刊《文史》第八辑，中华书局1980年版），收入《于豪亮学术文存》，中华书局1985年版，第88—115页。
③ 余宗发：《〈云梦秦简〉中思想与制度钩摭》，文津出版社1992年版，第113—126页。
④ 田静：《秦史研究论著目录》，陕西教育出版社1999年版；张卫星、陈治国、王煊：《秦考古学文献叙录》，三秦出版社2010年版。
⑤ 陕西省考古研究所秦汉研究室编：《秦物质文化史》，三秦出版社1994年版。
⑥ 袁仲一：《秦始皇陵兵马俑研究》，文物出版社1990年版。
⑦ 王学理：《秦俑专题研究》，三秦出版社1994年版；王学理：《轻车锐骑带甲兵——秦始皇陵兵马俑发现与研究》，百花文艺出版社2002年版；刘占成：《秦俑秦文化研究》，陕西人民出版社2000年版。
⑧ Denis Twitchett and Michael Loewe, *The Cambridge History of China*: Volume I: *The Ch'in and Han Empires*, 221 B.C – A.D. 220, Cambridge University Press, 1986, pp. 40 – 45、479 – 482、512 – 515；崔瑞德、鲁惟一编：《剑桥中国秦汉史（公元前221—公元220年）》，杨品泉等译，中国社会科学出版社1992年版，第53—61、516—519、549—552页。

或源于对《剑桥中国秦汉史》相关章节的撰写与思考。其中专设"军队"一节进行了全景式论说。① 狄宇宙主编《帝制中国的军事文化》一书,则汇集了西方研究中国军事史学者的专题讨论 14 篇。其中,前 4 篇均与秦汉军事问题相关。②

（四）20 世纪 50 年代以来秦汉军制研究：专题性成果

具体到专题研究,这里主要从武官制度、军队构成及集兵方式、军队编制等方面展开。前述秦汉军制的综论性成果,已涉及其中一个或几个专门领域。因此,对于专题研究的学术史把握,必须结合上面已进行的工作。

1. 武官制度

秦的武官制度及军队构成,以往研究开展较少。③ 这固然受到材料方面的制约,但也与人们对制度演进由简而繁的先入之见,不无关系。实际上,秦官僚组织的复杂特征,早年已引起学者注意。李学勤提到"秦的职官系统非常庞大复杂,汉初制度虽由之脱胎,但似已多有减省"。④ 而扩大史料来源,发掘、辨析传统史料,可以做的工作还有很多。兵器题铭与封泥玺印,就是研究秦武官制度的珍贵史料。李学勤是相关研究的开创者,20 世纪五六十年代之交即发表《战国题铭概述》《补论战国题铭的一些问题》。⑤ 此外,黄盛璋、袁仲一、陈平、王辉等学者对战国、秦兵器多有探讨,亦取得很多成绩。⑥ 其中,王辉所作

---

① Michael Loewe, *The Government of the Qin and Han Empires*, 221BCE—220CE, Hackett Publishing Company, 2006, pp. 56 – 70.

② Nicola Di Cosmo, *Military Culture in Imperial China*, Harvard University Press, 2011, pp. 1 – 111.

③ 黄今言：《秦代中央军的组成和优势地位——兼说秦兵马俑所反映的军制内涵》（原刊《文博》1994 年第 6 期, 收入《秦俑学研究》, 陕西人民教育出版社 1996 年版）, 收入所著《秦汉史丛考》, 第 218—226 页。

④ 李学勤：《张家山汉简研究的几个问题》,《郑州大学学报》（哲学社会科学版）2002 年第 3 期, 第 6 页。

⑤ 李学勤：《战国题铭概述》,《文物》1959 年第 5—9 期；《补论战国题铭的一些问题》,《文物》1960 年第 7 期, 均又收入《李学勤早期文集》, 河北教育出版社 2008 年版, 第 301—330 页。

⑥ 黄盛璋：《新出秦兵器铭刻新探》,《文博》1988 年第 6 期；黄盛璋：《秦兵器分国、断代与有关制度的研究》,《古文字研究》第二十一辑, 中华书局 2001 年版, 第 227—285 页；袁仲一：《秦中央督造的兵器刻辞综述》,《考古与文物》1984 年第 5 期；陈平：《燕秦文化研究——陈平学术文集》, 北京燕山出版社 2003 年版；王辉：《一粟集——王辉学术文存》, 艺文印书馆 2002 年版；王辉：《高山鼓乘集——王辉学术文存二》, 中华书局 2009 年版。

## 绪 论

《秦铜器铭文编年集释》《秦文字集证》《秦出土文献编年》及《订补》,①为相关资料的利用提供了较多便利。秦封泥发现后,②学人结合以往秦汉玺印资料,③亦有条件对不少旧有问题重做考察。④董珊撰写的博士论文《战国题铭与工官制度》,⑤分国别对战国兵器题铭,进行了较为全面的考察,推进了相关领域的研究。苏辉、王伟以学位论文为基础修订出版的《秦三晋纪年兵器研究》《秦玺印封泥职官地理研究》,⑥亦为相关研究提供了参考。

学者对两汉时期相关问题,关注较早,也较为集中。首先需提到劳榦所作《论汉代的卫尉与中尉兼论南北军制度》。⑦该文在孙毓棠、贺昌群等前人研究基础上重新梳理史料,提出不少新的认识,如"凡是卫士都只替皇帝服役","实际上中尉是承秦时旧制,专来管理秦本国军队的"等。但如"秦时……假如郎及大夫各有一令,其上必有一卿来做主持的事。这一个卿可能就是卫尉,郎中令本为卫尉下的一个令"等认识,⑧尚需进一步讨论。⑨此外,大庭脩对西汉将军、东汉将军与将军假节、两汉

---

① 王辉:《秦铜器铭文编年集释》,三秦出版社1990年版;王辉、程学华:《秦文字集证》,艺文印书馆1999年版;王辉:《秦出土文献编年》,新文丰出版公司2000年版;王辉、王伟:《秦出土文献编年订补》,三秦出版社2014年版。

② 孙慰祖主编:《古封泥集成》,上海书店1994年版;周晓陆、路东之:《秦封泥集》,三秦出版社2000年版;刘庆柱、李毓芳:《西安相家巷遗址秦封泥考略》,《考古学报》2001年第4期;傅嘉仪:《秦封泥汇考》,上海书画出版社2007年版;杨广泰:《新出封泥汇编》,西泠印社2010年版,等等。

③ 罗福颐编:《汉印文字征》,文物出版社1978年版(近年所出《罗福颐集》整理为《增订汉印文字征》,紫禁城出版社2010年版);罗福颐编:《汉印文字征补遗》,文物出版社1982年版;罗福颐主编:《秦汉南北朝官印征存》,文物出版社1987年版。

④ 参见本书第一章诸节。

⑤ 董珊:《战国题铭与工官制度》,博士学位论文,北京大学中国语言文学系,2002年。

⑥ 苏辉:《秦三晋纪年兵器研究》,上海古籍出版社2013年版;王伟:《秦玺印封泥职官地理研究》,中国社会科学出版社2014年版。

⑦ 劳榦:《论汉代的卫尉与中尉兼论南北军制度》,《历史语言研究所集刊》第二十九本下册,1958年。

⑧ 劳榦:《论汉代的卫尉与中尉兼论南北军制度》,第453页。

⑨ 关于卫尉的其他讨论,除《秦汉官制史稿》、《汉魏制度丛考》相关部分外,尚有朱绍侯《汉"卫尉八屯"小考》,《南都学坛》1991年第3期;孙福喜《秦汉卫尉六百石以下属官吏考论》,《商丘师专学报》1999年第5期;万尧绪《汉初卫尉属官考》,杨振红、邬文玲主编《简帛研究二〇一五》(春夏卷),广西师范大学出版社2015年版,第112—120页,等等。

中郎将与校尉的研究，[1] 在相关领域取得较大推进，值得研究者充分重视。而廖伯源对两汉将军、郎将制度演变的探讨，亦贡献良多。[2] 文末如日本学人习惯将相关史料制成表格，便于后人使用。此外，张艳国对武帝时期将军制度的探讨，[3] 邵台新、陈勇对中郎将、郎中骑的论述，[4] 也很值得关注。张金龙《魏晋南北朝禁卫武官制度研究》一书，用力时段虽在魏晋南北朝，但作者在第一编"概念与前史"，对两汉及汉魏之际的禁卫武官也有较详细考述。[5] 而关于期门、羽林、司隶校尉等武官的专论，也有大量问世。[6]

相对而言，对地方特别内郡军事组织的讨论仍然不多。除严耕望《中国地方行政制度史》甲部秦汉分册，及前举《汉魏制度丛考》《秦汉官制史稿》列有条目进行论述外，值得注意的还有陈梦家《西汉都尉考》。[7] 该文据文献、碑刻、封泥等资料，较早对西汉都尉设置、治所、前后变化进行系统考察。又，施丁《秦汉郡守兼掌军事略说》、[8] 邹水杰

---

[1] 大庭脩：《秦汉法制史研究》第四篇第一、二、三章，林剑鸣等译，上海人民出版社1991年版，第288—400页。日本学界后来多有关注，参见佐藤直人《前漢後半期における前後左右將軍について》，《名古屋大學東洋史研究報告》25，2001年；久村因：《郎中將と中郎將——漢代郎官の一側面について—》，收入山本博士还历记念东洋史论丛编纂委员会编《山本博士還曆記念東洋史論叢》，山川出版社1972年版，第381—396页，等等。

[2] 廖伯源：《试论西汉诸将军之制度及其政治地位》（原刊《徐复观先生纪念论文集》，学生书局1986年版），《东汉将军制度之演变》（原刊《历史语言研究所集刊》第六十本第一分，1989年），均收入所著《历史与制度：汉代政治制度试释》，台湾商务印书馆1998年版，第138—308页；廖伯源：《从汉代郎将职掌之发展论官制演变》（原刊《历史语言研究所集刊》第六十五本第四分，1994年），修订稿收入所著《秦汉史论丛》（增订本），中华书局2008年版，第37—103页。

[3] 张艳国：《论汉武帝时代将军制度的缘起》，《学术月刊》1989年第3期；张艳国：《汉武帝时代将军制度研究》，《武汉大学学报》（社会科学版）1989年第6期。

[4] 邵台新：《汉代中郎将的地位与政争关系》，《辅仁历史学报》第4期，1992年；陈勇：《郎中骑考》，《文史》2005年第3辑。

[5] 张金龙：《魏晋南北朝禁卫武官制度研究》，中华书局2004年版，第28—98页。

[6] 相关数量较多，这里择要列举。涉及期门、羽林，有黄今言《汉代期门、羽林考释》（原刊《历史研究》1996年第2期），收入所著《秦汉史丛考》，第227—238页。涉及司隶校尉，有朱绍侯《浅议司隶校尉初设之谜》，《学术研究》1994年第1期；《西汉司隶校尉职务及地位的变化》，《史学月刊》1994年第4期；《浅议司隶校尉在东汉的特殊地位——司隶校尉研究之三》，《南都学坛》（哲学社会科学版）1997年第1期，等等。

[7] 陈梦家：《西汉都尉考》，收入《汉简缀述》，中华书局1980年版，第125—134页。据文末题记，该文为"一九六一年初稿，一九六五年一月改作"。此外，市川任三《前漢辺郡都尉考》，《立正大學教養部紀要》2，1968年，也值得注意。

[8] 施丁：《秦汉郡守兼掌军事略说》，《文史》第十三辑，中华书局1982年版。

## 绪 论

《秦汉县丞尉设置考》,[①] 对郡县长吏中涉及武职者进行了考察。

而关于边郡军事组织的研究,则要集中得多。日本学者藤枝晃1954年发表《汉简职官表》,[②] 对居延、敦煌、楼兰简所见边郡官府机构、职官地位及职能有全面梳理,工作扎实,至今仍多被参考。米田贤次郎《秦汉帝国的军事组织》虽题为综论,但主要据居延汉简,讨论边地军事防御及屯田等问题。[③] 陈梦家于20世纪60年代完成的《汉简所见居延边塞与防御组织》《汉武边塞考略》等文,[④] 利用西北汉简并结合文献,对西汉武帝以来的边防设置与边地军事组织建制进行了全面研究,虽限于条件,一些方面有待完善,但推进良多,对后来的影响也较大。这一时期较重要的相关工作,尚有陈直《西汉屯戍研究》[⑤]《居延汉简综论》等。[⑥]

伴随帝国向西域扩展,北边族群内附,两汉王朝在西边、北边先后设置一系列领护武职。这些职务及机构的设置,也是边地军制研究的重要内容。自劳榦《汉代的西域都护与戊己校尉》以下,[⑦] 多年来对西域都护、戊己校尉的研究与争论一直持续。[⑧] 特别后者,由于机构、人员组成及治

---

① 邹水杰:《秦汉县丞尉设置考》,《南都学坛》(人文社会科学学报) 2006 年第 2 期。
② 藤枝晃:《汉简职官表》(原刊《東方學報》第 25 册,1954 年),收入《简牍研究译丛》第一辑,孙言诚译,中国社会科学出版社 1983 年版,第 129—170 页。
③ 米田贤次郎:《秦汉帝国的军事组织》(原刊《古代史講座》第 5 号,学生社,1962年),收入《简牍研究译丛》第二辑,余太山译,中国社会科学出版社 1987 年版,第 164—189 页。又,米田贤次郎:《漢代辺境防備のについて》,《史學雜誌》61 - 12,1952 年;《漢代の辺境組織—隊の配置について—》,《東洋史研究》12 - 3,1953 年。
④ 陈梦家:《汉简所见居延边塞与防御组织》,《考古学报》1964 年第 1 期;《汉武边塞考略》,均收入《汉简缀述》,第 205—219 页。后者据题记,为"一九六一年三月至六月初稿,一九六三年终改作,一九六四年终重录"。
⑤ 收入所著《两汉经济史料论丛》,中华书局 2008 年版,第 1—74 页。题"一九五五年八月初稿","一九五七年一月修补"。
⑥ 收入所著《居延汉简研究》,中华书局 2009 年版。题"一九六一年九月二日于西大新村"。
⑦ 劳榦:《汉代的西域都护与戊己校尉》,《历史语言研究所集刊》第二十八本上册,1957 年。
⑧ 关于西域都护,近年成果主要有李大龙《西汉西域都护略论》,《中国边疆史地研究》1991 年第 2 期;洪涛:《汉西域都护府的建立及其历史地位》,《西域研究》1999 年第 3 期;刘国防:《汉西域都护的始置及其年代》,《西域研究》2002 年第 3 期;李炳泉:《关于汉代西域都护的两个问题》,《民族研究》2003 年第 6 期。

所位置前后有所变化，尤为学人关注。① 此外，有关护羌校尉、护乌桓校尉、使匈奴中郎将及度辽将军的研究成果，亦较丰富。② 又，廖伯源《从汉代郎将职掌之发展论官制演变》一文，③ 从中央郎将职掌的历史变化来看使匈奴中郎将的出现及特征，并对任职者有仔细的梳理。

2. 军队构成

秦汉时期的军队构成涉及京师宿卫（中央军）、内郡兵及边兵。

讨论秦汉中央军，④ 核心部分在与皇帝密切的宿卫系统上。而要明确宿卫系统，首先需弄清当时的宫省制度。大陆与台湾学界在80年代不约而同地关注到这一问题，并有很大推进。前者如杨鸿年《汉魏制度丛考》"宫省制度""宫卫制度""南军北军"等部分的论述，⑤ 依中央官吏府寺所在及办公区域，将相关官吏分为宫外的外官、宫内省外的宫官、省中的省官。⑥

---

① 林剑鸣：《西汉戊己校尉考》，《历史研究》1990年第2期；余太山：《两汉西域戊己校尉考》，《史林》1994年第1期；李炳泉：《两汉戊己校尉建制考》，《史学月刊》2002年第6期；孟宪实：《西汉戊己校尉新论》，《广东社会科学》2004年第1期；王素：《高昌戊己校尉的设置——高昌戊己校尉系列研究之一》，《新疆师范大学学报》（哲学社会科学版）2005年第3期；王素：《高昌戊己校尉的组织——高昌戊己校尉系列研究之二》，《中国历史文物》2005年第4期；刘国防：《西汉比胥鞬屯田与戊己校尉的设置》，《西域研究》2006年第4期。

② 这里择要列举，研究护羌校尉者有边章《两汉的护羌校尉》，《西北师大学报》（社会科学版）1991年第1期；高荣《汉代护羌校尉述论》，《中国边疆史地研究》1995年第3期；李大龙《东汉王朝护羌校尉考述》，《民族研究》1996年第2期；谢绍鹢《两汉护羌校尉略考》，《人文杂志》2009年第1期；刘国防《西汉护羌校尉考述》，《中国边疆史地研究》2010年第3期。研究护乌桓校尉者主要有林幹《两汉时期"护乌桓校尉"略考》，《内蒙古社会科学》1987年第1期；李俊方、魏舶《汉晋护乌桓校尉职官性质演变探析》，《北方文物》2009年第4期。研究使匈奴中郎将者有何天明《东汉使匈奴中郎将探讨》，《北方文物》1990年第4期；李大龙《东汉王朝使匈奴中郎将略论》，《中国边疆史地研究》1994年第4期；韩香《试论"使匈奴中郎将"的来源及演变》，《新疆大学学报》（哲学社会科学版）1995年第1期。研究度辽将军者有何天明《两汉北方重要建制"度辽将军"探讨》，《北方文物》1988年第3期；李大龙《东汉度辽将军述论》，《内蒙古社会科学》1992年第2期；黄今言《汉代度辽将军考》（原刊《安作璋先生从教50周年纪念文集》，泰山出版社2001年版），收入所著《秦汉史丛考》，第273—285页，等等。

③ 廖伯源：《从汉代郎将职掌之发展论官制演变》（原刊《历史语言研究所集刊》第六十五本第四分，1994年），修订稿收入所著《秦汉史论丛》（增订本），中华书局2008年版，第37—103页。

④ 黄今言：《秦代中央军的组成和优势地位——兼说秦兵马俑所反映的军制内涵》，《文博》1994年第6期。

⑤ 杨鸿年：《汉魏制度丛考》，武汉大学出版社2005年版，第1—33、171—190页。据序言，书稿完成于1982年以前。

⑥ 杨鸿年：《汉魏制度丛考》，第13页。

## 绪 论

即将宫内分为宫内省外与省中两部分。廖伯源《西汉皇宫宿卫警备杂考》直接从宿卫制度入手,将宫内分为三重体系:卫尉主宫内殿外,光禄勋主殿内省外,少府(主要指宦者)主黄门之中的省中。[1] 相关梳理、辨析还有苏诚鉴《西汉南北军的由来及其演变》,[2] 安作璋、熊铁基《秦汉官制史稿》相关部分,[3] 及邹本涛《西汉南北军考辨》等。[4] 此外,近年大陆、台湾青年学人成果也值得注意。谢彦明《秦汉京师治安制度研究》、[5] 李昭毅《西汉前期京师侍卫与警备体系研究》、[6] 曲柄睿《汉代宫省宿卫的四重体系研究》,[7] 均措意于中央宿卫制度的检讨,在史料占有与分析细致上,迈入新阶段。此外,郭茵对汉初南北军的重新思考,[8] 黄今言对北军统属、任务、兵力及其地位发展演变的考察,[9] 也多有参考价值。东汉都城洛阳的政治空间与宫省制度,日本学界关注较多,相关可参考渡邊将智的最新研究。[10]

除空间角度外,学界对中央军在两汉魏晋间的转变也颇为关注。如臧知非《试论汉代中尉、执金吾和北军的演变》、[11] 黄今言《东汉中央直辖军的改革》、[12] 张焯《汉代北军与曹魏中军》等。[13]

---

[1] 廖伯源:《历史与制度——汉代政治制度试释》,台湾商务印书馆1998年版,第15页。
[2] 苏诚鉴:《西汉南北军的由来及其演变》,《安徽师范大学学报》(哲学社会科学版)1980年第3期。
[3] 安作璋、熊铁基:《秦汉官制史稿》,齐鲁书社1984年版,上册;2007年第2版。
[4] 邹本涛:《西汉南北军考辨》,《中国史研究》1988年第1期。
[5] 博士学位论文,首都师范大学历史学院,2008年。
[6] 博士学位论文,台湾中正大学历史研究所,2011年。作者陆续修订发表的单篇成果又有《楚汉之际刘邦集团亲卫组织成员的动向及其职能考述——以郎和将为中心》,《早期中国史研究》第二卷第一期,2010年;《试释〈二年律令·秩律〉所见卫尉五百将、卫尉士吏和卫官校长》,《早期中国史研究》第三卷第二期,2011年;《汉初郎吏系统侍卫化发展下的科层化历程》,《中国中古史研究》(第十一期),兰台出版社2011年版;《西汉前期卫尉组织的司法职掌——以诉讼程序为中心的考察》,《中国中古史研究》(第十二期),兰台出版社2012年版;《西汉卫尉令长类属官的建置与职掌——以公车司马和旅贲为中心的考察》,《兴大历史学报》第26期,2013年。
[7] 曲柄睿:《汉代宫省宿卫的四重体系研究》,《古代文明》2012年第3期。
[8] 郭茵:《汉初的南北军—诸吕之乱を手がかりに—》,《東洋學報》82-4,2001年。
[9] 黄今言:《两汉京师戍卫军制中若干问题探微》(原刊《文史》2002年第1辑),收入所著《秦汉史丛考》,第239—257页。
[10] 渡邊将智:《东汉洛阳城内皇帝与官员的政治空间》,《中国中古史研究:中国中古史青年学者联谊会会刊》(第三卷),中华书局2013年版,第58—88页。
[11] 臧知非:《试论汉代中尉、执金吾和北军的演变》,《益阳师专学报》1989年第2期。
[12] 黄今言:《东汉中央直辖军的改革》,《安徽史学》1996年第2期。
[13] 张焯:《汉代北军与曹魏中军》,《中国史研究》1994年第3期。

地方兵制方面的较重要成果，也多集中于秦汉向魏晋的转变问题。张焯《从东汉督军制到魏晋都督制》、高敏《东汉魏晋时期州郡兵制度的演变》两文，① 是相关方面较有代表性的研究。

而涉及边兵者，具体讨论多与武帝以来的西北屯戍相结合，进而展开分析。值得注意的研究长文有张春树《汉代河西四郡的建置年代与开拓过程的推测：兼论汉初西向扩张的原始与发展》。② 该文在讨论河西四郡建置年代、边境开拓中行政制度演化同时，对汉代开拓河西地区的整个过程有所考述。而伴随上述过程的屯田问题，学界研究成果也十分可观。除前举陈梦家文有较好涉及外，管东贵在 70 年代发表《汉代的屯田与开边》《汉代屯田的组织与功能》，③ 对此也有详细阐述。两文将屯田组织的发展置于当时大的历史背景之下，溯源析流，考证扎实，对屯田的人员构成、征集方式，也做了前人未及的细致工作。大陆学界方面，刘光华所著《汉代西北屯田研究》亦有集中关注。④ 后续考察边防军的成果，更多见于 20 世纪 90 年代以来的近 20 年。黄今言、陈晓鸣的系列探讨多集中于这一方面。⑤ 而宋超等学者的研究也值得注意。⑥

这里还需提到近年出版的王子今著《秦汉边疆与民族问题》⑦《秦

---

① 张焯：《从东汉督军制到魏晋都督制》，《史学月刊》1994 年第 6 期；高敏：《东汉魏晋时期州郡兵制度的演变》（原刊《历史研究》1996 年第 3 期），收入所著《魏晋南北朝兵制研究》，大象出版社 2003 年版，第 17—43 页。

② 张春树：《汉代河西四郡的建置年代与开拓过程的推测：兼论汉初西向扩张的原始与发展》（原刊《历史语言研究所集刊》第三十七本第二分，1967 年），后附以"补记"收入所著《汉代边疆史论集》，食货出版社 1977 年版，第 19—121 页。

③ 管东贵：《汉代的屯田与开边》，《历史语言研究所集刊》第四十五本第一分，1974 年；《汉代屯田的组织与功能》，《历史语言研究所集刊》第四十八本第四分，1977 年。

④ 刘光华：《汉代西北屯田研究》，兰州大学出版社 1988 年版。

⑤ 黄今言、陈晓鸣：《汉朝边防军的规模及其养兵费用之探讨》，《中国经济史研究》1997 年第 1 期；黄今言：《两汉边防战略思想的发展及其主要特征》（原刊《中国边疆史地研究》2004 年第 1 期），收入所著《秦汉史丛考》，第 350—374 页；陈晓鸣：《秦汉边防兵的特点及其作用》，《江西师范大学学报》（哲学社会科学版）1992 年第 3 期；《两汉边防兵制若干问题之比较——以西、北地区为中心》，《史学月刊》2001 年第 2 期；《两汉北部边防若干问题之比较》，《中国边疆史地研究》2002 年第 3 期；《筹边失当与东汉衰亡》，《江西师范大学学报》（哲学社会科学版）2002 年第 4 期；陈晓鸣、王福昌：《两汉边防集兵方式述论》，《湖南文理学院学报》（社会科学版）2004 年第 1 期。

⑥ 宋超：《汉匈战争与北边郡守尉》[原刊《南都学坛》（人文社会科学学报）2005 年第 3 期]，收入所著《秦汉史论丛》，中国社会科学出版社 2012 年版，第 100—110 页；臧知非：《"偃武修文"与东汉边防》，《人文杂志》2008 年第 4 期。

⑦ 王子今：《秦汉边疆与民族问题》，中国人民大学出版社 2011 年版。《秦

## 绪 论

汉称谓研究》。① 两书在开拓秦汉史相关领域、推动秦汉史相关研究同时，所探讨"秦汉长城与北边交通""汉代北边的'关市'""两汉时期的北边军屯论议""杨仆击朝鲜楼船军'从齐浮渤海'及相关问题""龙川秦城的军事交通地位""中江塔梁子崖墓壁画榜题大鸿芦拥兵平羌事考论"，及"'小子军'考议""'车父'与《车父名籍》""'马医'和'马下卒'""走马楼简所见'邮卒'与'驿兵'""汉代军队中的'卒妻'身份""胡越骑：汉军中的少数民族军人""居延汉简'校士'身份与'拘校'制度"等问题，对于思考秦汉军制相关问题，同样多有帮助。

3. 集兵方式

关于集兵方式，有延续之前传统而进行的思考，如孙言诚《秦汉的戍卒》、黄今言《汉代征兵制度中若干问题考辨》、臧知非《汉代兵役制度演变论略》等。② 孙文特别关注秦汉戍卒与骑士在各方面的差别，尝试重新检讨兵役制度。黄文通过对"凡民皆兵""衣粮自备""东汉废除征兵制"三个问题的辨析，对征兵制与募兵问题做了仔细分析。臧文则指出了汉代兵役制度由汉初的征兵制演变为征兵、募兵、少数民族兵、刑徒兵诸种方式并存，最后征兵制名存实亡。后者在一些具体问题上提出新看法，如认为"东汉刑徒兵远较西汉为多，戍卒几乎都由刑徒担任"。陈玉屏《魏晋南北朝兵户制度研究》③，在集兵制度、兵户形成及地位与身份问题，均上溯周秦两汉，有助于增进对秦汉军制相关问题的思考。

而对某种集兵方式进行探讨的专论，则更为多见。关注谪戍与刑徒兵问题者，有高敏《秦汉史杂考十二题》"'谪戍'制非始于秦始皇而始于商鞅说"条④，臧知非《"谪戍制"考析》⑤，胡大贵《关于秦代谪戍制的

---

① 王子今：《秦汉称谓研究》，中国社会科学出版社 2014 年版。
② 孙言诚：《秦汉的戍卒》，《文史哲》1988 年第 5 期；黄今言：《汉代征兵制度中若干问题考辨》（原刊《江西师范大学学报》1989 年第 2 期），收入所著《秦汉史丛考》，第 258—272 页；臧知非：《汉代兵役制度演变论略》，《山东大学学报》（哲学社会科学版）1991 年第 1 期。
③ 陈玉屏：《魏晋南北朝兵户制度研究》，巴蜀书社 1988 年版。
④ 高敏：《秦汉史论集》，中州书画社 1982 年版，第 370—372 页。
⑤ 臧知非：《"谪戍制"考析》，《徐州师范学院学报》（哲学社会科学版）1984 年第 3 期。商榷意见见屈建军《〈"谪戍制"考析〉一文质疑》，《青海师范大学学报》（哲学社会科学版）1988 年第 2 期。

几个问题》①，蒋非非《秦代谪戍、赘婿、闾左新考》②，李玉福《论秦汉时代的谪发兵制和刑徒兵制》③，及陈晓鸣、饶国宾《汉代刑徒兵论略》等。④ 睡虎地秦简公布后，《编年记》中的官吏从军也引起学者注意，熊克《"吏谁从军"解——读秦简〈编年记〉札记》⑤，有所解读。关于外族兵，代表性研究如陈连庆《西汉与新莽时期的少数民族士兵》《东汉时期的少数民族士兵》⑥，王子今《两汉军队中的"胡骑"》《汉王朝军制中的"越骑"部队》⑦，以及常彧有关"突骑"方面的论述。⑧ 讨论募兵的有黄今言《汉代型募兵试说》⑨，张鹤泉《东汉募兵论略》⑩，以及黄留珠《从〈屯表律〉看募兵开始的时间》⑪。讨论东汉屯驻营兵的，有张鹤泉《东汉时期的屯驻营兵》⑫ 等。东汉时引人注目的还有家兵的出现。学者亦有关注，并注意探讨它与世兵制的联系，如臧知非《汉代家兵初探》⑬，黄今言《东汉末季之家兵与世兵制的初步形成》⑭，以及郭利《论东汉的私家武装》⑮ 等。另外，廖伯源从将军领兵制度的变化着眼，关注了私人

---

① 胡大贵：《关于秦代谪戍制的几个问题》，《西南师范大学学报》（人文社会科学版）1991年第1期。

② 蒋非非：《秦代谪戍、赘婿、闾左新考》，《北京大学学报》（哲学社会科学版）1995年第5期。

③ 李玉福：《论秦汉时代的谪发兵制和刑徒兵制》，《政法论丛》2002年第6期。

④ 陈晓鸣、饶国宾：《汉代刑徒兵论略》，《抚州师专学报》1992年第1期。

⑤ 熊克：《"吏谁从军"解——读秦简〈编年记〉札记》，《中国史研究》1979年第3期。

⑥ 陈连庆：《西汉与新莽时期的少数民族士兵》，《史学集刊》1984年第2期；《东汉时期的少数民族士兵》，《中国古代史研究——陈连庆教授学术论文集》，吉林文史出版社1991年版，第280—294、443—457页。

⑦ 《中国史研究》2007年第3期，《史学月刊》2010年第2期，修订稿收入所著《秦汉边疆与民族问题》，第332—347、357—369页。

⑧ 常彧：《从突骑到甲骑具装——魏晋南北朝骑兵之演进》，《中国中古史研究》（第九期），兰台出版社2009年版；《汉画像石中"胡汉交战"图与两汉的突骑——两汉骑兵变革与中国古代骑兵分类》，《国学研究》第二十八卷，北京大学出版社2011年版，第77—103页。

⑨ 黄今言：《汉代型募兵试说》，《中国史研究》1989年第3期。

⑩ 张鹤泉：《东汉募兵论略》，《史学集刊》1988年第4期。

⑪ 黄留珠：《从〈屯表律〉看募兵开始的时间》，《周秦汉唐研究》第一册，三秦出版社1998年版。

⑫ 张鹤泉：《东汉时期的屯驻营兵》，《史学集刊》2006年第3期。

⑬ 臧知非：《汉代家兵初探》，《史林》1988年第3期。

⑭ 黄今言：《东汉末季之家兵与世兵制的初步形成》[原刊《南昌大学学报》（人文社会科学版）2008年第5期]，收入所著《秦汉史丛考》，第328—349页。

⑮ 郭利：《论东汉的私家武装》，硕士学位论文，江西师范大学历史文化与旅游学院，2006年。

## 绪 论

武装的发展与"兵为将有"的形成。①

4. 军队编制

先秦军事史研究中,有关军队编制问题,曾有颇为突出的成绩。蓝永蔚著《春秋时期的步兵》,②对这一时期步兵的组成、编制、战阵及野战、要塞战情形,做有开创性工作,产生了良好的学术影响。《中国大百科全书·中国历史》"典章制度"类先秦部分在"先秦兵制"外,设有"车战""徒兵"条,③即是体现。秦汉军事编制研究,则随着秦汉兵马俑及青海大通上孙家寨木简的发现,逐渐展开。除杨泓在兵器研究中,对作战方式、军队编制有所讨论外,④王学理、朱国炤、宋治民、李零、白建钢、曾布川宽、陈公柔、藤田胜久、久保田宏次、刘占成等学者均对此做过专题讨论。⑤

其中,李零《中国古代居民组织的两大类型及其不同来源》《〈商君书〉中的土地人口政策与爵制》《青海大通县上孙家寨汉简性质小议》等

---

① 廖伯源:《论汉末"兵为将有"之形成》[原刊《中国中古史研究》(第二期),兰台出版社 2004 年版],修订稿收入所著《秦汉史论丛》(增订本),第 328—351 页。

② 蓝永蔚:《春秋时期的步兵》,中华书局 1979 年版。

③ 《中国大百科全书·中国历史》(缩印本)"车战"条、"徒兵"条,蓝永蔚撰,第 54—55、732 页。

④ 杨泓:《中国古兵器论丛》(增订本),中国社会科学出版社 2007 年版。

⑤ 秦鸣(王学理):《秦俑坑兵马俑军阵内容及兵器试探》(原刊《文物》1975 年第 11 期),收入《秦俑研究文集》,陕西人民美术出版社 1990 年版;秦鸣(王学理):《秦兵和秦卒——由秦俑谈起》,《西北大学学报》1978 年第 1 期;朱国炤:《上孙家寨木简初探》,《文物》1981 年第 2 期;宋治民:《关于汉代军队编制的几个问题——兼与贺官保等同志商榷》(原刊《考古与文物》1982 年第 5 期),收入《宋治民考古文集》,科学出版社 2004 年版,第 251—257 页;白建钢:《秦俑步兵的射击技术》,《文博》1985 年第 2 期;白建钢:《青海木简与汉代军队》,《文博》1986 年第 1 期;白建钢:《论西汉步、骑兵的兵种、编制和战术》,收入王子今、白建刚、彭卫主编《纪念林剑鸣教授史学论文集》,中国社会科学出版社 2002 年版,第 123—149 页;曾布川宽:《秦始皇陵と兵馬俑に關する試論》,《東方學報》58,1986 年;陈公柔、徐元邦、曹延尊、格桑本:《青海大通马家墓出土汉简的整理与研究》,《考古学集刊》第 5 集,中国社会科学出版社 1987 年版;藤田胜久:《戰國·秦代の軍事構成》(原刊《東洋史研究》46-2,1987 年),收入所著《中国古代国家と郡县社会》第三章,汲古书院 2005 年版,第 124—163 页;久保田宏次:《青海省大通县上孙家寨———五号汉墓出土木简の考察—特に汉代の部队编成を中心として—》,《駿台史學》74,1988 年;刘占成:《试论秦俑战车编制诸问题》,西北大学文博学院编:《考古与文物研究——纪念西北大学考古专业成立四十周年文集(1956—1996)》,三秦出版社 1996 年版。

文，① 工作深入，揭示出军队编制特征的基本内涵，是相关思考的重要参考。李氏上述诸文的研究特点有：（1）春秋战国军队编制的有关史料向来纷杂，研究注意将史料根据来源划分为齐系、秦系等不同系统；（2）将军队编制的研讨与早期居民组织、爵位制度、土地授给等重大问题相联系；（3）上孙家寨简与传世文献资料的充分结合，并注意同一编制下官称可能数种并存的情形。这些均予后来研究者以极大启发。

当然，这一问题，随着后来西北汉简，特别是肩水金关汉简等新资料的发表，仍存开拓空间。汪桂海《汉代军队编制、军阵及二者之关系》，②注意将新、旧史料结合，对《续汉书》《通典》"五五制""二二制"的差异做了更深入分析，并将其与步兵、骑兵、车兵的作战编制及军阵问题相联系，颇有新意。

关于秦汉军队编制问题的研究，未来应注意两个方面：一是出土文献、传世文献相关内容指代的时间范围、涉及的兵种特征；二是文献梳理、辨析与数种秦汉兵马俑坑史料发掘的并重。

（五）存在的问题与展望

通过上面的讨论，我们可以看到，秦汉军制研究，源远流长，积累丰厚，对于秦汉史、中国军事史、中国政治制度史研究的推进，贡献良多。而研究中可能存在的问题，这里也略作思考，并谈谈对未来的展望。

秦汉军制问题虽然很早就为学人所重视，积累有大量成果，但迄今为

---

① 李零：《中国古代居民组织的两大类型及其不同来源——春秋战国时期齐国居民组织试析》（原刊《文史》第二十八辑，中华书局1987年版，第59—75页），收入《李零自选集》，广西师范大学出版社1998年版，第148—168页；李零：《〈商君书〉中的土地人口政策与爵制》（原刊《古籍整理与研究》1991年第6期），收入所著《待兔轩文存：读史卷》，广西师范大学出版社2011年版，第181—192页；李零：《青海大通县上孙家寨汉简性质小议》（原刊《考古》1983年第6期），收入所著《〈孙子〉十三篇综合研究》，中华书局2006年版，第384—391页。

② 汪桂海：《汉代军队编制、军阵及二者之关系》（初宣读于"新出简帛讨论会"会议论文，首都师范大学历史学院，2014年6月），杨振红、邬文玲主编：《简帛研究二〇一五》（春夏卷），广西师范大学出版社2015年版，第142—151页。

## ∽ 绪 论 ∾

止，相关研究在开展的同时，却往往缺少基本的学术史梳理与回顾。① 即便之前提到的几种专著，也很少对前人研究有所参考与总结。这是我们尝试进行相关梳理工作的初衷所在。

马克思、恩格斯曾为《美国新百科全书》撰写大量军事学词条，对战争的历史、军队产生和发展的历史有较全面阐释。而这些讨论，多有上溯古代者。② 恩格斯在研究中强调，"某一军队的状况和它的战斗力，首先取决于社会制度和政治制度，取决于军队产生和活动的社会条件"，而"某一军队的战斗素质，同装备一样，取决于军队的组成，军队招募的社会成分，战斗训练的程度，战士的觉悟水平和精神面貌"。③ 这些宏观概括多给人以启发。而克劳塞维茨《战争论》、约翰·基根《战争史》，及美国学者杰弗里·帕克等所著《剑桥插图战争史》，④ 苏联组织编写的《苏联军事百科全书》，⑤ 也具有相当的参考意义。目前学界研究虽对西方军事学、战争学著作有所参考，但多为借用现代军事学理论对古代军事制度进行基本分类梳理，缺乏制度演变的整体性观察。

以往研究，虽使用了包括出土文献在内的考古文物资料，但多以简单引用已有研究成果，或离散提取相关简文作辅助说明者为多。较少对简牍帛书、玺印封泥、器物题铭、石刻资料及其他考古文物资料进行充分搜集

---

① 近年始有宫宅洁《中国古代军事史研究の现状》；Enno Giele《中国古代の战争史·军事史に関する欧米での研究》；金秉骏《韓國における中國軍事史研究（秦漢～南北朝時代）の概観》，均收入宫宅洁主编《中国古代军事制度の総合的研究（研究课题番号：20320109）》（平成20～24年度科学研究费補助金基盤研究（B）研究成果报告书），京都大学人文科学研究所2013年版，第1—28页。相对而言，国内对中国军事史整体研究的学术回顾，要更多一些。如刘苏《1988—1989年中国古代军事史研究概述》，《中国史研究动态》1990年第9期；童超《80年代以来的中国古代军事历史研究》，《中国史研究动态》1995年第6期；江英《近两年中国近代军事史研究新进展（一）》《近两年中国近代军事史研究新进展（二）》，《军事历史研究》1995年第4期、1996年第1期；黄朴民、谢宝耿《中国军事史研究：史学研究新的生长点——黄朴民教授访谈》，《学术月刊》2003年第12期；黄朴民《中国军事史研究的困境与转机》，《史学月刊》2005年第11期；黄朴民《建国以来的中国古代军事史研究》，《史学理论研究》2009年第3期。

② 《马克思恩格斯全集》第十四卷，人民出版社1964年版，第1—396页。

③ 《马克思恩格斯全集》第十四卷"说明"，第14页。

④ 杰弗里·帕克等：《剑桥插图战争史》，傅景川等译，山东画报出版社2004年版。中文书评见李零《读〈剑桥战争史〉——杀人艺术的"主导传统"和"成功秘密"》，收入所著《何枝可依：待兔轩读记》，第221—252页。此外又有R. E. 杜派、T. N. 杜派《哈珀—柯林斯世界军事历史全书》，传海等译，中国友谊出版公司1998年版，等等。

⑤ 中国人民解放军军事科学院编译：《苏联军事百科全书》（中译本），中国人民解放军战士出版社1982年版。

与综合分析。

对传世史料的爬梳已较为细致，宏观论说也较多，但仍有一些基本问题尚未理清。如，材料的使用上，不够注意年代、地理方面的时空性把握。

相对军制个别问题的论述而言，对军制演变的探讨，似乎并不充分。无论是综论军事各个方面，还是某一专题下的细节梳理、文献辨析，都不同程度呈现出此问题。学者很少注意关注各制度间的相互作用与影响。例如社会身份结构变化与军事组织结构、军队构成的互动，就具有较大的思考空间，可以尝试进行综合分析与阐述。

有鉴于此，未来的秦汉军制研究，或可有这样几个努力方向：

1. 在深入理解传统史料，广泛搜集、分析包括出土文献在内的考古文物资料基础上，厘清秦汉军事制度研究的一些基础性问题。

2. 加强战国、秦军事制度的系统性研究。

3. 尝试开展对秦汉军事文化的制度史考察。

4. 注重秦汉军事制度的发展演变及与其他制度间的互动关系。尝试从军制演变角度思考西汉、东汉社会的历史变化。

5. 思考军制对秦汉帝国体制构建的作用与影响，重新认识秦汉大一统集权帝国确立的历史"变革"意义。

## 三　研究思路与章节安排

以往军制讨论，成果极为丰富。前辈学者几乎对相关各类具体问题，都有涉及。秦从一隅之地卓然而起，扩展确立起幅员广阔的统一国家，在之前绝无仅有，对后世的影响则垂二千年而未歇。而秦汉帝国建立初始，面对的最基本问题是地域管理、人口掌控与权力分配；具体而言，则分别对应内史与诸郡关系、法定社会等级秩序、官僚组织与皇帝的协作，涉及地域、身份、皇权等问题。《国语·齐语》引管子曰"作内政而寄军令"，[①] 其实可以借以指称军制对于帝国体制构建的深刻影响。

秦汉军制涉及的问题十分广泛，这里研究不求面面俱到，而是着重选取与所关注问题牵涉较大，且本身较为重要的几个方面：（1）武官制度与军事组织体系；（2）军队构成（禁兵、内郡兵、边兵）；（3）军队组建的

---

① 《管子·小匡》作"作内政而寓军令"，义同。

## 绪 论

社会背景（社会身份结构）；（4）军事征发（徭、戍、兴）；（5）军事生活的制度史考察，而依次论述。

以往研究多从兵员征集开始。不过，征兵、募兵的集兵方式在当时通常并存。而无论公、私视角下的家兵，还是良、贱视角下的刑徒兵，在长时段内也都有较稳定存在。故笔者这里先从组织机构入手，思考秦汉武官制度的演变。中央、内郡、边郡军事组织在很多方面有密切关系，讨论中注意彼此的联系，通过对各时段材料的排比、考证，以揭示相关变化。在理清武官制度及军事组织之后，思考军队构成的变化，分地域观察军队在各自范围如何发展与整合。在此基础上，进一步注意军队组建的社会背景及具体组织方式，实际涉及爵制、法制与军制，徭役制度与军制的关系。最后选取角度，对军事生活进行制度史专题考察，以期呈现更为立体全面的相关面貌。具体写作中，笔者立足于对基本史料的分析、解释，并在此基础上，谨慎提出看法。

资料主要来自传世文献（经书的汉魏注疏，史部的正史、编年、别史、载记、地理、职官、政书；诸子、类书；集部诗歌等），与考古文物资料［简牍、帛书、玺印、封泥、器物（包括青铜器、漆器、陶器等）题铭、石刻、画像及城址、墓葬］两方面。前人已使用者，则尝试做更深入的工作。在史学"尚新"的当下，旧有治学传统更应得到特别的坚持。研究注意从治史四把钥匙入手，在对职官、地理、年代、目录充分把握的基础上展开分析。而运用"二重证据法"时，并不盲目以文献为经。简帛等出土文献具有独特的史料特征，相对于著述意义的正史，某种程度上是真正的史料。讨论时，笔者尽量避免将文献与考古资料进行简单整合，而是注意时间、地域因素，并充分考虑同一用语可能存在的多义性和含义边界伸缩等问题。

具体章节的论述思路。

武官制度的变化。笔者首先从文武分职角度，对秦相邦的确立，左右丞相与相邦关系，将、尉的出现等传统问题进行重新梳理、考察，在把握分职实际情形同时，充分重视爵位与职官的变动背景。随后，将中央、内郡、边郡武官纳入一个整体的系统中考察，并重点关注：太尉到将军的发展；中郎将、校尉系统的变化；京师、内郡、边郡军事组织的演变。后者，特别关注地方军事组织的"边地化"趋势。如司马、发弩、司空、候、士吏等职官，在帝国确立的初始阶段于京师、内郡普遍设置。景武以后，发弩、司空等有的取消、改称、上移，而司马、候、士吏在边郡特别都尉府系统中仍然存在，事实上使旧有地方军事组织呈现"边地化"特征。以往学者多有对西北汉简"士吏"的讨论，[①] 其实可以纳入上述的发展脉络，看作中间的一环。东汉光武以降，在承袭西汉武官的同时，又有着实际调整。这一时期司马、候之上的都尉，在边郡始保持常设，旧有的"边地化"趋势进一步发展。

军队构成的变化。按地域分京师宿卫、内郡兵、边兵进行讨论。

以西汉初"南北军"到东汉的"禁兵"为线索，考察京师宿卫系统的统合与演变。具体涉及期门、羽林如何出现及光禄勋的军事地位；将军、宦者对禁军掌控权的争夺；禁兵外出征、戍及军力变化等问题。

以两汉间地方行政组织由郡国向州郡的演变为背景，分别考察内郡兵的构成、调动及与郡界的关系；州的地位发展与东汉郡兵的使用。这里需要提到战国、秦、汉时期，县、郡、州的性质与地位变化。对此问题，应分别理清县、郡的各自出现，再看相互关系。张家山汉简《二年律令·秩律》中县分等级，且详细罗列，而郡不分等，亦不列举，情形迥异。秦汉地方行政制度经历过一个县为重心向郡为重心的转变，有学者曾结合《史记》《汉书》对人物的籍贯书写讨论过这一问题，[②] 这里则作进一步思考。秦汉地方军依郡划分，称郡兵，即使出界征行，各郡兵亦保持原有编组。而县称"卒"，不称"兵"，至孙吴依然。吴简所见"士"主要为"郡士"，而"卒"则州、郡、县各级皆有。

关于内外之别背景下的边兵构成，依次论述帝国"新地"开拓中的徙、戍推行及边策选择，秦汉内外观念与内外政策特征，边兵构成与胡骑的使用，族群活动与边地防线变动。关注秦从王国向帝国急剧开拓中的"新地"治理与徙、戍推行。这是讨论帝国边郡、边界、边军问题的起点。关注对秦汉边兵组建、管理有直接影响的内外观念与内外政策。此问

---

[①] 相关学术回顾及推进参见黎明钊《士吏的职责与工作：额济纳汉简读记》，《中国文化研究所学报》第48期，2008年。

[②] 胡宝国：《汉唐间史学的发展》，商务印书馆2003年版，第1—9页。

## 绪 论

题学界关注较早，并有很多积累。① 目前来看，相对于学人重视的简牍资料，传世文献的相关记录，反而有做更仔细梳理讨论的必要。此外，思考边郡兵与屯戍卒在边地防卫体系下的作用与相互关系，特别注意胡骑的使用。而结合边地的族群活动，以往学界对领护武职的讨论较多，对于边兵防线的变动则重视不足。这里也特别加强这方面的思考。

军队组建背景：爵制、法制下的社会身份。秦汉间集兵方式得以由征兵向募兵演变、发展，与早期的军队组建背景较之后有别，多有关系。而国家法定的社会身份结构，则以秦与西汉早期为关键时期。具体又分为爵制及爵制以下的刑罚序列。前者依次讨论商鞅变法到二十等爵的确立，卿大夫士分层到侯卿大夫士的变化，侯卿大夫士四分层与官、民爵分层的关系及互动，旧有爵制日益等齐化与魏晋五等爵的复兴。刑罚序列则注意司寇与徒隶，徒隶中城旦舂、鬼薪白粲与隶臣妾的差别，以及刑罚序列与爵制的衔接等问题。

军事征发：徭戍与军兴。重新考察秦汉"徭"的含义，兼及广义范围下的奴徭、吏徭，与狭义范围下的相关组织管理。"月为更卒"的性质与兵役问题，也是其中重点考察的内容。与"徭"相对的"戍"，在秦代涉及多种身份。笔者以里耶秦简为中心进行集中考察。这些与纳钱代戍及东汉发刑徒戍边，可以形成前后对照。与"徭戍"相对的临时军事征发称"军兴"，与"从军"关系密切。至于军兴与秦汉《兴律》的关系，《兴律》与唐代《擅兴律》的比较，也是值得注意的方面。

军事生活的制度史考察。主要选取性别与家庭、节奏与效率、音声与

---

① 如余英时《汉代的贸易与扩张》"第四章 归降的胡族人及其待遇"，邬文玲等译，上海古籍出版社2005年版，第60—78页，1967年英文版初版；孙言诚《秦汉的属邦和属国》，《史学月刊》1987年第2期；王宗维《汉代的属国》，《文史》第二十辑，中华书局1988年版；王宗维《汉代属国制度探源》，王宗维、周伟洲主编《马长寿纪念文集》，西北大学出版社1993年版；刘瑞《秦"属邦"、"臣邦"与"典属国"》，《民族研究》1999年第4期；陈力《试论秦国之"属邦"与"臣邦"》，《民族研究》1997年第4期；刘瑞《秦、西汉的"内臣"与"外臣"》，《民族研究》2003年第3期。日人学者近年研究主要有工藤元男《睡虎地秦简所见秦代国家与社会》第三章，广濑薫雄、曹峰译，上海古籍出版社2010年版，第73—104页，1998年日文版初版；高津纯也《戦国秦漢こ支配構造に関する一考察—"外臣"、"外国"と"諸夏"—》，池田温编《日中律令制の諸相》，东方书店2002年版；阿部幸信《漢帝国の内臣—外臣構造形成過程に関する一試論》，《歴史学研究》2004年第1期；饭田祥子《前漢後半期における郡県民支配の変化—内郡・辺郡の分化から—》，《東洋学報》86-3，2004年；饭田祥子《後漢辺郡支配に関する一考察—放棄と再建を手がかりとして—》，《名古屋大學東洋史研究報告》30，2006年；渡边英幸《秦律の夏と臣邦》，《東洋史研究》66-2，2007年。

33

军政三个主题。

秦汉军事史以往研究，较少关注军人亲属这一群体。实际上，无论她们留守后方，还是随军在边，都为军事活动的开展提供重要的支撑与保障。秦汉政府也积极通过律令与行政措施，对她们进行管理、供给与抚恤。笔者尝试从性别史与交通史"军役之路"角度对秦汉时期军人亲属群体进行研究，考察东汉妻子随夫戍边诏令的颁行情况及其背景；边地军事机构对吏卒亲属住所、廪食的管理状况；日常戍守中吏卒亲属的事务参与、角色扮演及边地的社会生态情形。[1]

两汉时期河西汉塞的军务制度呈现怎样的节奏与效率？半世纪前，杨联陞作《帝制中国的作息时间表》，[2] 分两部分对中国两千年来皇帝、官员的办公时间与假日，农人、商人等普通社会群体的营业与劳动时间，做了通贯而简要的考察，于汉代有所涉及。此节尝试开展更细致的工作，思考在边塞守卫的常态情形下，军人的作息时间与生活节奏呈现怎样的面貌；平时各级防御组织间的军务处理与文书传递，表现出怎样的时间样态，又体现出何种效率；日常劳作从事哪些工作，工作定额的具体情况又是怎样的。

最后一节，从音声角度讨论秦汉时期的军鼓使用。这里对简牍、图像资料中的"金鼓"进行辨正；对鼓下卒、鼓史与歌人身份进行考析；同时对征行、城守时的军鼓使用，驻屯候望、传置送迎中的鼓与鼓令进行探讨。

---

[1] 参见王子今《汉代军队中的"卒妻"身份》［原刊《南都学坛》（人文社会科学学报）2009年第1期］，修订稿收入所著《秦汉称谓研究》"三 称谓与家庭结构"，第271—283页。

[2] Lien-sheng Yang, Schedules of Work and Rest in Imperial China, *Harvard Journal of Asiatic Studies*, Vol. 18, No. 3/4, 1955, pp. 301-325, 收入所著《中国制度史研究》，彭刚、程钢译，江苏人民出版社2007年版，第17—38页，又收入所著《国史探微》，辽宁教育出版社1998年版，第44—65页。相关评述及最新推进参见葛兆光《严昏晓之节——古代中国关于白天与夜晚观念的思想史分析》（原刊《台大历史学报》第32期，2003年，第33—55页），收入所著《思想史研究课堂讲录：视野、角度与方法》第十讲《在法律史、社会史与思想史之间——以传统社会中白天与黑夜的时间分配为例》，生活·读书·新知三联书店2005年版，第242—265页。

# 第一章

# 武官制度的演进

秦汉军事制度与秦汉帝国的建立、政治制度的发展及社会变迁密切相关。以往研究秦汉军制，多从兵员征集开始。不过，细按文献并参之考古文物资料，征兵、募兵的集兵方式在当时通常并存。而无论公、私视角下的家兵，还是良、贱视角下的刑徒兵，在长时段内也都有较稳定存在。为更好对秦汉军制演变相关问题进行把握，这里尝试先从组织机构入手，思考秦汉武官制度的发展变化。

秦制虽后进于山东诸国，但对后世的影响更为直接，也更为深远。本章首先从文武分职角度，对秦相邦的确立，左右丞相与相邦关系，将、尉的出现等基本问题进行重新梳理、论述。中央、内郡、边郡武官及军事组织在很多方面有密切联系，这里置于一个整体的系统中考察，而重点关注的问题有三：一是太尉到将军的发展；二是中郎将、校尉系统的变化；三是京师、内郡、边郡军事组织的演进。文中关注地方军事组织的"边地化"趋势。如前所述，这里的"边地化"，非指内郡或其他地区出现边地的军事组织设置，而是指军事机构日益集中在与京师、内郡相对的边郡地区。

## 第一节 爵、官转移与文武分职：秦国相、将的出现

秦及汉初武官制度的发展，首先涉及相邦、丞相、将、尉的出现及相互关系。这一文武分职问题，在以往军制研究中多归入"统御机构"或

"军事领导体制"之下,[1] 而有所交代。不过,相关勾勒多就春秋、战国时期各诸侯国的普遍情况而论,略显宏观、宽泛。对后世影响直接的战国秦文武分职怎样出现,发展过程如何,又呈现怎样的具体特征?相对而言,则较少有集中探讨。[2] 本节利用传世文献与考古文物资料展开分析,并在梳理、考证时,充分重视爵制与职官变动之间的关系。

阎步克在《品位与职位——秦汉魏晋南北朝官阶制度研究》《中国古代官阶制度引论》中提出了著名的"中国官阶发展的五阶段"与"职阶转化律"理论。[3] 深受这一理论影响,本节所做尝试,实际在这些理论框架下进行。由此层面言之,本节主要就先秦"爵本位""爵—食体制",怎样向战国秦汉"军爵与禄秩支撑的'爵—秩体制'"发展演变,在某一侧面上的具体思考。而在职位向品位的"职阶转化"大背景下,关注在上述发展过程中,以爵位为重到新职名出现的变动情形。

## 一 爵、官转移:大良造到相邦

秦孝公时,商鞅实行变法,三年,被任为左庶长;十年,更为大良造。[4] "大良造"一名于文献始见。而战国秦器题铭较早者,正为大良造商鞅所监造之兵器、量器。有此称者监管国家兵器、度量衡器制造,为当时君主之下的最高主政者。孝公时题铭铜器目前公布者已有九件(兵器8,量器1),依以往学界习惯,或称"商鞅九器"。其中,有与文献所载相合,作"大良造"者:

十三年大良造鞅之造戟[5](戟)

---

[1] 黄今言:《秦汉军制史论》第一章,江西人民出版社1993年版,第16—19页;刘昭祥:《中国军事制度史:军事组织体制编制卷》,大象出版社1997年版。

[2] 森谷一树:《戰國秦の相邦について》,《東洋史研究》60-1,2001年。

[3] 参见阎步克《品位与职位——秦汉魏晋南北朝官阶制度研究》第一章,中华书局2002年版,第48—71页;《中国古代官阶制度引论》第十三章、第八章,北京大学出版社2010年版,第469—483、294—299页。

[4] 《史记》卷五《秦本纪》、卷一五《六国年表》、卷六八《商君列传》,中华书局1982年点校本,第203、722、2232页。

[5] 中国社会科学院考古研究所编:《殷周金文集成》(修订增补本)11279,中华书局2007年版,第6065页。按:以下简写作"《集成》器号"。"十三",图版不清。李学勤指出,此器中"十三"二字,为锈掩覆,近年始得辨出,蒙上海博物馆马承源馆长见告。李学勤:《秦孝公、惠文王时期铭文研究》,《中国社会科学院研究生院学报》1995年第5期,第19页。

## 第一章　武官制度的演进

十四年大良造鞅之造，咸阳右支府①（殳镦）
十六年大良造鞅之造，咸阳愔②（殳镦）

但不少则作"大良造庶长"，计有 5 例：

十六年大良造庶长鞅之造，雍甝③（镦）
十六年大良造庶长鞅之造，毕湍侯之铸④（铍）
十七年大良造庶长鞅之造殳，雎爽⑤（殳镦）
十九年大良造庶长鞅之造殳，犛郑⑥（殳镦）
□造庶长鞅之造殳，雍骄□⑦（殳镦）

又，商鞅方升提到：

十八年，齐𨟭卿大夫众来聘，冬十二月乙酉，大良造鞅，爰积十六尊（寸）五分尊（寸）一为升 ╲ 临 ╲ 重泉（下略）⑧（方升）

作"大良造"。而开篇书写格式与此颇为近似的秦封宗邑瓦书云：

四年，周天子使卿夫=（大夫）辰来致文武之酢（胙），冬十一

---

① 北京息见堂藏。释文据照片、拓本录出。又，命名暂取学界习惯。不过，据朱凤瀚意见，此类可能为殳首的圆筒形帽。朱凤瀚：《中国青铜器综论》第四章，上海古籍出版社 2009 年版，第 404—406 页。
② 北京息见堂藏。释文据照片、拓本录出。此二器均承熊长云惠示。
③ 《集成》11911。"甝"，于省吾、李学勤、何琳仪、王辉原释作"矛"。王辉《秦出土文献编年》改释作"甗"（新文丰出版公司 2000 年版，第 53 页）。按：施谢捷《东周兵器铭文考释（三则）》（《南京师大学报》2002 年第 2 期）作"甝"。11911 图版作"🦌"，与秦系"甝"、及"甗"字下半部相同，当从《集成》作"甝"为是，亦即"甝"。
④ 《首阳吉金——胡盈莹、范季融藏中国古代青铜器》，上海古籍出版社 2008 年版，第 182—183 页。
⑤ 吴振烽：《商周青铜器铭文暨图像集成》18549，上海古籍出版社 2012 年版。
⑥ 咸阳市文物考古研究所：《咸阳石油钢管钢绳厂秦墓清理简报》，《考古与文物》1996 年第 5 期，第 3、5 页。
⑦ 李学勤后目验原物，言"大""良""鞅"等字，只存残笔，但依稀可辨。李学勤：《秦孝公、惠文王时期铭文研究》，第 20 页。
⑧ 《集成》10372。"𨟭"，释文原作"遭"，据图版及前人研究改，通"率"。

月辛酉，大良造庶长游出命曰："取杜才（在）丰丘到于潏水，以为右庶长歜宗邑。"乃为瓦书，卑司御不更顝封之……以四年冬十一月癸酉封之（下略）①（瓦书）

据此内容，此陶瓦题铭为秦惠文王前元四年（前334），时代紧接孝公。它与商鞅方升的题铭格式相同，"都是当年大事，以之系年，和楚国文字常以大事纪年（如'献鼎之岁'等）意同"。② 此处又是作"大良造庶长"的。

综合参考上述两组的情形，"大良造"即"大良造庶长"，前者实为后者之省称。不过，以省称视之，仍存在两种情况。一是"大良造庶长"连读，为一名。③ 二是将"大良造庶长"断作"大良造、庶长"，视作两个称呼，一为官称、一为爵称，④ 或是两官而一人兼之。⑤ 前者更为尊显，书写时就常省略掉后者。

第二类认识的三种解读，需要进一步考虑。如以"大良造"为官名、"庶长"为爵名，与《商君书》的相关记载不尽符合。《商君书·境内》在爵称序列中明确提到了"大良造"："故四更也，就为大良造。"⑥ 当时确作"大良造"，而非"大上造"。联系二十等爵虽有左、右、驷马、大庶长等，但却没有仅称"庶长"的，则如将当时爵制序列中明确存在的"大良造"当作官称，却将非属确指的"庶长"当作爵称，是很难说通的。此外，《境内》篇中同时存在有关"五百主""六百之令""七百之

---

① 前人录文多种，此据王辉《秦出土文献编年》，第56页。
② 李学勤：《战国秦四年瓦书考释》（原刊《联合书院三十周年纪念论文集》，香港中文大学1987年版），收入《李学勤学术文化随笔》，中国青年出版社1999年版，第336页。
③ 李学勤：《战国秦四年瓦书考释》，第337页；黄盛璋：《秦封宗邑瓦书及其相关问题考辨》，《考古与文物》1991年第3期；杜正胜：《编户齐民——传统政治社会结构之形成》第八章，联经出版事业公司1990年版，第331页注6。
④ 袁仲一、张占民、尚志儒以"大良造"为官名、"庶长"为爵名；郭子直、王辉以"大良造"为爵名、"庶长"为官名，相关学术梳理又可参见尚志儒《秦相的设置及相关问题》，《文博》1997年第2期，第30页。
⑤ 汪中文持此说。尚志儒：《秦相的设置及相关问题》，第30页。又，黄盛璋于1988年提交会议论文，后修订刊出的《秦兵器分国、断代与有关制度的研究》（《古文字研究》第二十一辑，中华书局2001年版，第230—232页），又改变前说而持此观点。
⑥ 高亨：《商君书注译》，中华书局1974年版，第149页。

## 第一章　武官制度的演进

令"至"国（封）尉""将"依等级配备"短兵"卫队的记载。① 这说明商鞅时期及稍后的秦国，虽然附丽于爵位的要素众多，社会重爵取向明显，领兵作战将领多以爵称标识，但是在军事系统中并非爵、职不分，混而为一。军功爵与军职仍然是区分的。在此情况下，将某一爵称简单地转作官称，恐亦有不妥。

如以"大良造"为爵名、"庶长"为官名，则在称呼的先后排序上似也存在疑问。之前研究常举秦封宗邑瓦书出现的"司御不更顝"："司御"为官，"不更"乃爵。"大良造庶长"的构成似可与之对应。不过，"司御不更顝"是"○官○爵○名"。而依上述理解，"大良造庶长"作"○爵○官○名"，官、爵顺序相反。而战国、秦汉时期，爵位一般都紧接人名之上书写，大致作"○官（或身份）（○籍贯）○爵（或刑罚等级）○名"。因此，上述爵称远离人名而排在官称之前，不尽符合当时较通行的书写习惯。至于以"大良造""庶长"均为官称，则因"大良造"是当时颇尊显称号，"以为大良造"作为升迁，还兼任相对略低的"庶长"，也较难理解。

战国秦兵器有"相邦樛游二戈"，② 题铭为：

四年相邦樛斿之造，栎阳工上造間（内正）吾（内背）③（戈）
四年相邦樛斿之造，栎阳工上造間④（戈）

"四年"当为秦惠文王前元四年（前334）。⑤ 依据为：1. 铭文字体不早

---

① 高亨：《商君书注译》，第147页。又，李零：《〈商君书〉中的土地人口政策与爵制》（原刊《古籍整理与研究》1991年第6期），收入所著《待兔轩文存：读史卷》，广西师范大学出版社2011年版，第188—189页。
② 有学者认为内上有刃者均属于戟，内上无刃者才是戈（张政烺：《文史讲义》之《中国古代的礼器和日用物》，中华书局2012年版，第402页；董珊：《读珍秦斋秦铜器札记》，《珍秦斋藏金〔秦铜器编〕》，澳门基金会2006年版，第220页）。笔者倾向这一认识。唯目前考古发掘中配套戟刺的资料很少，证据有待充实，这里从学界以往意见，除自铭或有配套器外，均暂称为戈。
③ 《集成》11361。
④ 黄盛璋：《秦兵器分国、断代与有关制度的研究》，第233页引传世拓本。
⑤ 相关梳理、评述参见董珊《战国题铭与工官制度》，博士学位论文，北京大学中国语言文学系，2002年，第209页。作者并推断"樛斿"是文献中的"樛留"（又作"摎留"、"缪留"），韩人，惠文王后元四年已往韩宣惠王身边任职。

39

于孝公；2. 形制为中长胡、宽阑、三穿均位于阑上，乃秦早期戈特点；3. 瓦书记周天子致文武胙事与文献记载一致，年代为秦惠文王前元四年，瓦书所记人名"游"与此"樛斿"相合；4. 秦惠文王后元称王，目前所见后元时兵器，"某年"前皆有王字，作"王某年"；5. 虽然《史记》卷一五《六国年表》、卷七〇《张仪列传》记张仪于秦惠文王后元三年（前322）免相，但《列传》"免相"下，紧接有"相魏以为秦，欲令魏先事秦而诸侯效之"语。而广州南越王墓出土有"王四年相邦张义戟"。① 这显示，秦惠文王后元四年张仪虽然在魏，却仍然为秦国相邦。

由此来看，"大良造庶长游"就是"相邦樛斿"。按秦封宗邑瓦书记事在"冬十一月癸酉"。是年（前334）十一月甲辰朔，②"癸酉"为三十日。秦行颛顼历，以十月为岁首。参本纪"五年，阴晋人犀首为大良造"，"相邦"在稍后予以任命的可能性，虽然存在，但相对较小。换言之，樛斿当是同时拥有"相邦"称号。"相邦"，乃秦国后期设置的最高官职。汉代称"相国"，或因避"邦"讳改。"相邦"既然是官称，则如将"大良造庶长"分成两称，那么无论哪一名称都不便再视作官称。而这里"相邦"所相对应的，又是"大良造庶长"这一名称整体，而非其中"大良造"抑或"庶长"的"某一个称谓"。因此，前述对"大良造庶长"的第二类理解或难成立。"大良造庶长"当连读，为一名，即爵称"大良造"之全称。③

周代是一元的"爵本位"品位结构。④ 秦居周之故地，受周传统影响，重爵取向明显。春秋战国之际，偏处西隅的秦，在官僚制度发展上落后于关东诸国。至惠文王世，秦国在制度上开始多有推进。有学者认为，"此时的改变对于后来秦国影响之大，不下于秦孝公变法。这种改变，在

---

① 广州市文物管理委员会等：《西汉南越王墓》，文物出版社1991年版，图版二二。
② 张培瑜：《三千五百年历日天象》，大象出版社1997年版，第45页。
③ 杜正胜曾推测："二十等爵之大上造、少上造皆省略'庶长'二字，而且左、中、右三更上下皆称庶长，全名可能也当是左更庶长之类。杨宽推断从第十级到第十八级是庶长（《商鞅变法》，第29页），颇为合理。"杜正胜：《编户齐民——传统政治社会结构之形成》第八章，第331页。又，杨宽：《战国史料编年辑证》卷八，上海人民出版社2001年版，第407—408页。
④ "爵本位"概念的提出及论述，参见阎步克《从爵本位到官本位：秦汉官僚品位结构研究》上编第二章，生活·读书·新知三联书店2009年版，第34—44页。

考古工作和古文字材料的研究上，是可以看得到的"。① 孝公时商鞅只称大良造（后为封君），未见称相邦。惠文王前元四年，樛斿官为相邦，而爵为大良造庶长。惠文王前元十年（前328），张仪为相。直至始皇一统，文献与题铭均以相邦及丞相称之，而不再仅以爵称。故惠文王前元四年前后是个关键时期：秦开始设置"相邦"，官僚组织顶端由爵官不分、以爵统摄，逐步向爵官两立、以官定位发展。这一背景下，国家最高官员逐步以官称而非爵称，来标示身份。当然，相邦、丞相以下，秦国官员仍多使用爵称，史书中例证很多，整体的重爵取向依然是明显的。但上述最高官职"相邦"的出现，仍然意义重大。这是落后关东、但终将引领历史的秦国，在中央官僚组织建设上迈出的关键一步，也可视作秦军事组织系统的新开端。

## 二 相邦与左、右丞相设置考辨

秦武王"二年（前309），初置丞相。以樛里疾、甘茂为左右丞相"。② 秦设相邦，多受三晋官制影响。但左、右丞相的创置，更多来自秦国本身。③ 据战国题铭，赵国在相邦之外，代理者称"守相"，文献作"假相"。④ 目前仅有蔺相如一例在任相邦前称"丞"，或为丞相之省，⑤ 时间且较秦为晚。秦相邦与丞相的关系，以往有多种意见。（1）相邦、丞相为一职，不并置。称呼虽异，但没有差别。⑥（2）相邦、丞相为一职，不并置。相邦地位较丞相更高。⑦（3）相邦、丞相为两职，不并置。相邦与丞相"定员和权力大小不同"，"初置丞相是作为相邦的代理形式

---

① 董珊：《战国题铭与工官制度》，第209页。
② 《史记》卷五《秦本纪》，第209页。
③ 李玉福：《战国时代两种相制简论》，《史学月刊》1986年第3期。
④ 董珊：《战国题铭与工官制度》，第20—22页；《论春平侯及其相关问题》，《考古学研究（六）：庆祝高明先生八十寿辰暨从事考古研究五十年论文集》，科学出版社2006年版，第450—452页。
⑤ 董珊：《战国题铭与工官制度》，第17页。
⑥ 杨宽：《战国史》第六章，上海人民出版社2003年版，第221—222页；马非百：《秦集史》，中华书局1982年版，第479页；韩养民：《秦置相邦丞相渊源考》，《人文杂志》1982年第2期；林剑鸣：《秦代中央官制简论》，《西北大学学报》（哲学社会科学版）1983年第1期；安作璋、熊铁基：《秦汉官制史稿》，齐鲁书社2007年版，第13—18页。
⑦ 尚志儒：《秦相的设置及相关问题》，《文博》1997年第2期。

出现的"。①（4）相邦、丞相为两职，可以并置，属多相制度。"丞相最初设置时是辅佐相邦的"，而不是"掌丞天子，助理万机"。"在相邦去职，暂时找不到合适人选时，丞相也代行相邦的职责。"② 将传世文献与秦出土文献资料对照，秦国相邦与丞相为两职，且均为正式官称。这在"物勒工名"、用语明确的器物题铭中是很清楚的。《汉书》卷一九上《百官公卿表上》记"相国、丞相，皆秦官，金印紫绶"。它们各有印绶，自然是两官。"相邦"除前举樛斿外，还涉及张仪、樗里疾、薛君、魏冉、吕不韦等，不仅有六国人，亦有秦人。"丞相"的资料则不少为近年新出，这里整理如下：

七年丞相奂殳造咸□（阳）工帀（师）啄工游 \ 公（内正）沙羡（内背）③（戈）

八年相邦辪（薛）君造，雍工帀（师）效，工大人申 \ 八年丞相殳造，雍工师效，工大人申（盘底）大官 \ 同（足座底部）④（漆豆）

□年丞相冉造雍工师广隶臣鸷（戈）⑤

〔十六〕年丞相触（寿烛）造，咸〔阳工〕师叶，工（内正）武（内背）⑥（戈）

十二年，丞相启、颠造，诏事成，丞迫，工印（内背）诏吏（事）\ 属邦（内正）⑦（戈）

十二年丞相启、颠造，少府工室□，丞弱，工窆（内背）少府

---

① 聂新民、刘云辉：《秦置相邦丞相考异》，《人文杂志》1984年第2期；梁云：《秦戈铭文考释》，《中国历史文物》2009年第2期。

② 刘翔：《"相国"、"丞相"官称考》，《人文杂志》1987年第4期；王辉：《秦铜器铭文编年集释》，三秦出版社1990年版，第42—43页；陈治国：《秦相邦与丞相之关系及相关问题辨析》，《咸阳师范学院学报》2009年第1期；王辉、尹夏清、王宏：《八年相邦薛君、丞相殳漆豆考》，《考古与文物》2011年第2期；董珊：《战国题铭与工官制度》。

③ 梁云：《秦戈铭文考释》，第56—57页。按："沙羡"，原作"□义"，据石继承意见改。《加拿大苏氏藏秦戈铭文补释》，《中国国家博物馆馆刊》2011年第5期。

④ 王辉、尹夏清、王宏：《八年相邦薛君、丞相殳漆豆考》，第63—64页。

⑤ 《飞诺藏古兵拓精粹》之"十六"，北京大学图书馆古籍部特藏库，典藏号H3021。

⑥ 《集成》11294。按：〔十六〕，据图版，二字已无法辨识。〔阳工〕，原释作"阳工"。此器残断，参上下文推补。

⑦ 彭适凡：《秦始皇十二年铜戈铭文考》，《文物》2008年第5期。

## 第一章 武官制度的演进

(内正)① (戈)

十七年丞相启、状造，邰阳嘉、丞兼、库脾、工邢 (内正) 邰阳 (内背)② (戈)

元年丞相斯造，栎阳左工去疾，工上 (内正) 武库 (内背) 石邑 (阑下)③ (戈)

这里共涉及8件。④ 其中，刻写丞相一人者3例，两人者4例6人，相邦、丞相者1例。首先是题铭中左、右丞相的认定，学界意见基本一致，如黄盛璋、王辉、梁云、董珊、彭适凡等学者，皆以前者为左丞相、后者为右丞相。需提到，之前存在"秦代尚左，汉代尚右"的认识。此说较早见钱大昭《汉书辨疑》卷九"相国丞相"条"秦武王二年置丞相，以樗里疾、甘茂为左右丞相。……秦以左为上，汉以右为尊也"。⑤ 钱氏以下，陈直、安作璋、熊铁基、庄春波、王利器皆主此说。⑥ 其实，武王时丞相何者为左、何者为右有明确记载："以甘茂为左丞相，以樗里子为右丞相。"⑦ 前引虽泛称"左右丞相"，但排序上实际仍以右丞相居前。故秦左、右丞相以右为尊，是明显的。秦杜虎符、新郪虎符、阳陵虎符分别提到"右才（在）君，左才（在）杜""右才（在）王，左才（在）新

---

① 北京息见堂藏。此戈胡部残断，存一上穿，所处位置偏上，原或为长胡四穿。全长25.5厘米，援长16.0厘米、宽3.4厘米，内长9.5厘米、宽3.0厘米，阑残高4.5厘米。释文据照片、拓本录出。"夋"字则取陶安、陈剑意见[《〈奏谳书〉校读札记》，《出土文献与古文字研究》（第四辑），上海古籍出版社2011年版，第413页]。此器材料承熊长云惠助。

② 《集成》11379。

③ 许玉林、王连春：《辽宁宽甸县发现秦石邑戈》，《考古与文物》1983年第3期。按："上"下原录"□□"，以为连读为"上造+名"，不妥。"上"为造工名字。

④ 陕西宝鸡凤阁岭乡曾出所谓"廿六年丞相戈"，旧时图版不清，释文皆据摹本得出。今依宝鸡青铜器博物院提供清晰照片，正面实为"廿六年，临相（湘）守藉造，右工室阖，工□"（郭永秉、广濑熏雄：《绍兴博物馆藏西施山遗址出土二年属邦守蓐戈研究——附论所谓秦廿二年丞相戈》，《出土文献与古文字研究》第四辑，上海古籍出版社2011年版，第124—127页）。"临相守"以郡治代称郡，即长沙郡守。此为长沙郡监造之戈，非丞相戈，更非所谓"陇西守戈"。

⑤ 钱大昭：《汉书辨疑》，中华书局丛书集成初编1985年版，第129页。

⑥ 陈直：《汉书新证》，中华书局2008年版，第17页；安作璋、熊铁基：《秦汉官制史稿》，第18页；庄春波：《也谈汉代官制的尚左与尚右》，《历史研究》1988年第3期；王利器：《颜氏家训集解》（增补本）卷六，中华书局1993年版，第458页。

⑦ 《史记》卷七一《樗里子甘茂列传》，第2311页。

鄍""右才（在）皇帝，左才（在）阳陵"，① 显示从称君（公）、称王至称皇帝，秦虎符一直都是以右为尊，且书写顺序为先右后左。岳麓秦简《奔敬（警）律》又提到"为五寸符，人一，右在（□），左在黔首"（1252）。② 二十等爵中，右庶长、右更皆居左庶长、左更之上，同样如此。当时关东诸国情况大体与秦接近。魏襄王九年（前310），魏相田需死，楚国担心魏国起用张仪、公孙衍或孟尝君中一人为相。苏代劝楚相昭鱼无忧，曾有"张仪相，必右秦而左魏。犀首相，必右韩而左魏。薛公相，必右齐而左魏。梁王，长主也，必不便也"语。③ 上述记载出纵横家书，史实未必尽合，但有关当时关东人"左""右"尊卑的说法，应与实际相去不远。西汉初曾设左、右丞相，以右者为上，汉既承秦制，秦也当如此。由此而言，所谓"秦以左为上"之说，恐怕较难成立。

前述研究中，有明确以右丞相为尊，但仍将并列人名中后者定为右丞相，称此为"依通例"。④ 则所谓"通例"，指丞相排序时，为左丞相、右丞相即尊者居后的顺序。西汉右丞相陈平与周勃等平诸吕之乱后，曾说"高祖时，勃功不如臣平。及诛诸吕，臣功亦不如勃。愿以右丞相让勃"，于是"徙为左丞相，位次第二"。⑤ 据此，西汉排序以右丞相居前，与前述"樗里疾、甘茂"的记叙顺序一致。而除前举虎符、秦简外，秦代较明确史料又见《史记》卷六《秦始皇本纪》"右丞相去疾，左丞相斯，将军冯劫进谏曰"，司马迁系此事于秦二世二年（前208）。

不过，秦二世刻石及复申度量衡的诏书也提到冯去疾、李斯，却作"丞相臣斯、臣去疾、御史大夫臣德昧死言""元年制诏丞相斯、去疾"。⑥ 按"三十七年（前210）十月癸丑，始皇出游。左丞相斯从，右丞相去疾守"，⑦ 前引二世二年谏言，任职也是如此，李斯似乎一直担任左丞相。那么，上述两则题名就与前论完全相反，是左丞相居前了。我们知道秦二世这两种举动，都是追随始皇。而始皇琅邪刻石与度量衡器所存

---

① 王辉：《秦出土文献编年》，第58、109、122页。
② 陈松长：《岳麓书院所藏秦简综述》，《文物》2009年第3期，第86页。
③ 《史记》卷四四《魏世家》，第1851页。又见《战国策·魏二》，文字稍异。诸祖耿：《战国策集注汇考》，江苏古籍出版社1985年版，第1224页。
④ 王辉、尹夏清、王宏：《八年相邦薛君、丞相殳漆豆考》，第65页。
⑤ 《史记》卷五六《陈丞相世家》，第2061页。
⑥ 《史记》卷六《秦始皇本纪》，第267页；王辉：《秦出土文献编年》，第269—273页。
⑦ 《史记》卷六《秦始皇本纪》，第260页。

## 第一章 武官制度的演进

廿六年诏书均留下有丞相名姓，即熟知的"丞相隗林（状）、丞相王绾、卿李斯、卿王戊"，"乃诏丞相状、绾"。① 以如此重大事件为内容的刻石、诏书中，官员排序不会随意。而二世所刻就附在始皇刻文旁边。这四类恰好两两对应：李斯对应隗状，冯去疾对应王绾。按上述判断，前者均为左丞相，后者右丞相，尊者居后。事实是否如此呢？恐怕并非。一是琅邪刻石记录从臣，依次是列侯、伦侯、丞相、卿、五大夫，前举二世补刻文是丞相、御史大夫，皆依尊卑位次，由高到低。秦及汉初，法重于礼，九卿中常以廷尉而非太常居首。② 琅邪刻石提名中卿一级以李斯为首，当时他正担任廷尉。在此情形下，丞相一组反而由低到高排列，就显得十分突兀。二是上所整理的"十二年丞相启、颠戈""十七年丞相启、状戈"如遵循右者居后的顺序，与"丞相状、绾"可以排出下列迁转（左例）。始皇十七年（前230），右丞相颠已卸任，这一职位由隗状担任；而五年以来一直担任左丞相的启，却没有递补迁任。至二十六年统一天下，右丞相人员变动，王绾接任；原来不经左丞相职，而直接担任右丞相的隗状，这次却又被降为了左丞相。迁转任命，不尽符合常情。而如以前者为右、后者为左（右例），人员更迭更显合理。③

| 始皇十二年 | 十七年 | 二十六年 | 始皇十二年 | 十七年 | 二十六年 |
|---|---|---|---|---|---|
| 右丞相颠 | 右丞相状 | 右丞相绾 | 右丞相启 → | 右丞相状 | 右丞相状 |
| 左丞相启 → | 左丞相启 ↘ | 左丞相状 | 左丞相颠 | 左丞相状 ↗ | 左丞相绾 |

由上述讨论，秦二世元年出现看似相反的题名顺序，很可能是此时李斯曾迁右丞相。政局变动之际，重要官员职务常会出现调整。高帝去世，惠帝登基，陈平为左丞相。吕后主政后，免右丞相王陵职，用审食其为左丞相，陈平迁为右丞相。平诸吕之乱后，代王刘恒入继大统，陈平推让功

---

① 《史记》卷六《秦始皇本纪》，第246页；王辉：《秦出土文献编年》，第122—134页。
② 参见《二年律令·秩律》简四四〇，彭浩、陈伟、工藤元男主编《二年律令与奏谳书——张家山二四七号汉墓出土法律文献释读》，上海古籍出版社2007年版，第258页。
③ 湖南省文物考古研究所《里耶秦简（壹）》前言提到"在简文中保存有二十五年三月时秦中央公卿的情况，当时的丞相是启和王绾"（文物出版社2012年版，第5页）。承张春龙告知，所涉及的简文内容实为"臣绾与丞相执法"，"……大啬夫及尉臣绾与丞相启廷尉守叶议之……如丞相绾等议可二十五年三月己酉御史大夫绾……"。由此，尚无法得出"启"与"绾"同时任职丞相，且为始皇二十五年左、右丞相的认识。

劳，使周勃居右丞相，自己复徙为左丞相。后周勃免相，陈平专为丞相。可见惠帝至文帝间，陈平就先后经历过"左丞相—右丞相—左丞相"的任职。二世得登帝位，多得赵高、李斯之助。元年始即位时，赵高已由中车府令升为郎中令。原为左丞相的李斯此时改居冯去疾之上，是有可能的。赵高后来欲垄断权力，在胡亥面前诽谤李斯，曾有"今陛下已立为帝，而丞相贵不益，此其意亦望裂地而王矣"语。① 丞相地位如"益"，就迈到了"裂地而王"，则所居相位似为更尊者。近年所见简牍也提供一些启示。里耶秦简8-159所记制书残篇有"卅二年二月丁未朔□亥，御史丞去疾"。研究者认为应当就是后来担任丞相的冯去疾。② 而据北大入藏西汉竹书《赵正书》，胡亥被立为帝是始皇听从李斯等大臣建议所为，相关简文作"丞相臣斯、御史臣去疾昧死顿首言曰……"③ 所记当时任职情形与以往认识有异。李斯当时并非左丞相而是丞相，冯去疾也并非右丞相而仅是御史大夫，且二人是一同随行。此书撰写早于《史记·秦始皇本纪》，提供了一个新的文本。上举"元年丞相斯戈"为二世元年李斯所督造，只题写一人而未及冯去疾。依兵器题铭的书写习惯，当时丞相只有一人的可能性更大。这与《赵正书》较合。而上举里耶简始皇三十二年（前215）"御史丞去疾"的记录，同样可与《赵正书》所载较好衔接。目前虽不宜以此即否定《史记》记载，但它提到始皇、二世之际，李斯任职曾尊于冯去疾的情形，却可为一参考。

秦代官、爵同样是以右为尊的。左右丞相书写，一般遵循右先左后的顺序。前举秦器题铭所涉左右丞相的旧有认识，一定意义上应当调整。

关于秦相邦、丞相并置的问题。相邦樗里疾卒于昭王七年（前300），④《六国年表》记是年"魏冉为相"，多有学者赞同，⑤ 有魏冉五次

---

① 《史记》卷八七《李斯列传》，第2558页。
② 陈伟主编，何有祖、鲁家亮、凡国栋撰著：《里耶秦简牍校释（第一卷）》，武汉大学出版社2012年版，第96—97页。
③ 赵化成：《北大藏西汉竹书〈赵正书〉简说》，《文物》2011年第6期，第65页。
④ 《史记》卷五《秦本纪》、卷一五《六国年表》、卷七一《樗里子甘茂列传》，第210、736、2310页。
⑤ 马非百：《秦集史》，第181页；杨宽：《战国史料编年辑证》卷一三，第658页；安作璋、熊铁基：《秦汉官制史稿》，第19页；林剑鸣：《秦史稿》，中国人民大学出版社2009年版，第208、221页。

## 第一章　武官制度的演进

相秦说。但《史记索隐》本传述赞明确说"四登相位，再列封疆"。① 四言体述赞为唐人司马贞反复斟酌所作，当有所据。而"七年丞相殳、芝戈"在揭示殳、芝任左右丞相外，不仅不能说明魏冉当时可能任相邦，反而显示当时可能未设此职。因为秦国京师地区兵器多由最高官员督造。

昭王八年漆豆同时记"相邦辥（薛）君"与"丞相殳"。"辥（薛）君"即孟尝君田文。"殳"与"七年丞相殳、芝戈"之"殳"为同一人，即《秦本纪》"薛文以金受免"之"金受"，《战国策》写作"金投"。② 孟尝君为秦相，《史记》卷一五《六国年表》系于昭王八年（前299），③ 与此器合。《秦本纪》作"九年，孟尝君薛文来相秦。殳攻楚，取八城，杀其将景快"。"九年"或当作"八年"。"殳攻楚，取八城"，《六国年表》作"秦取我八城"，系于楚怀王三十年，当秦昭王八年，亦相合。而《秦本纪》下句"十年……薛文以金受免。楼缓为丞相"，当从《六国年表》复前提一年，作"九年"。

《秦本纪》又记"六年……庶长殳伐楚，斩首二万。泾阳君质于齐。日食，昼晦。七年，拔新城。樗里子卒"。按泾阳君质齐事，《穰侯列传》作"昭王七年，樗里子死，而使泾阳君质于齐"。《六国年表》亦置于昭王七年。而"斩首二万"，《楚世家》云"（怀王）二十九年，秦复伐楚，大破楚军，楚军死二万，杀我将军景缺"。楚怀王二十九年当秦昭王七年。《六国年表》此年也说"秦拔我襄城，杀景缺"。则本纪六年所引，似当为七年事。不过，本纪所言"七年，拔新城"，也即年表"拔我襄城"事，④ 睡虎地秦简《编年记》有载，作："六年，攻新城。七年，新城陷。八年，新城归。"⑤ 则攻新城战事六年已起，本纪系庶长殳伐楚于六年实不误。待战事延续到七年，始攻克新城。所谓"斩首二万"，"杀其将景快"（又作"缺"），当在此时。本纪此条在时间上仍然存在出入。

---

① 《史记》卷七二《穰侯列传》，第2330页。
② 王辉、尹夏清、王宏：《八年相邦薛君、丞相殳漆豆考》，第64—65页。
③ 《史记》卷七五《孟尝君列传》系于齐湣王二十五年，实对应齐湣王二年，当秦昭王八年。参见杨宽《战国史料编年辑证》卷一三及附录，第673、1188页；陈梦家：《西周年代考·六国年表》，中华书局2005年版，第92页。又，平势隆郎《新编史记东周年表》（东京大学出版会1995年版）所排秦昭王元年当楚怀王二十一年，齐湣王十四年，于昭王初年所涉秦、楚、齐间事多不合，此暂不取。
④ "襄城"即"新城"，参见《史记》卷五《秦本纪》《正义》，第210页。
⑤ 睡虎地秦墓竹简整理小组：《睡虎地秦墓竹简》，文物出版社1990年版，释文4页。

之后不久，樗里疾去世，立下战功的庶长奂入为丞相。至八年孟尝君入相时，庶长奂已去相，复领兵攻楚，有取八城之事。文献中有关庶长奂的记载可考订整理如下：

  昭王六年  庶长奂伐楚，攻新城。
  昭王七年  庶长奂拔新城，斩首二万，杀楚将景缺。相邦樗里疾卒，庶长奂、金殳为左右丞相。泾阳君质于齐。
  昭王八年  庶长奂去相，复领兵攻楚，取八城。金殳为丞相。后孟尝君入秦为相邦。

那么，昭王八年时应为怎样情形？仔细对照摹本，八年漆豆两条长铭的文字写法有别，非出自一人之手，当是两次刻写。而如是几位官员共同负责器物制造，按习惯，题铭应制为一条。如"王四年相邦义戟"作：王四年，相邦张义，内史□（都？）操之造□冪戟□（工师）贱工卯（内正）锡（内背）。① 内史"□（都？）操"当断开，② 为两人，紧接相邦张仪后书写。按，奂实在八年复伐楚，身份冠以"庶长"而非丞相，则出征时已去相。孟尝君入秦为相邦，很可能使金受（殳）亦免相。按，殳在七年居奂下，如八年仍任相，改居孟尝君下，并不致与孟尝君构衅，进而向秦王进言，夺其相位。两条题铭的出现，更大可能是八年殳专为丞相不久，孟尝君来相秦，代其而为相邦。

不过，秦末汉初军事纷扰之季，确出现一些相国、丞相并置史例，值得注意。高帝元年（前206），沛公刘邦接受项羽分封，于当年四月入汉中就国，称汉王，萧何为丞相。高帝九年（前198），③ 萧何进一步

---

  ① 广州市文物管理委员会等：《西汉南越王墓》。按："内史"，原作"庶长"，据图版改。
  ② 董珊：《读珍秦斋秦铜器札记》，《珍秦斋藏金〔秦铜器编〕》，澳门基金会2006年版，第213页。
  ③ 《史记》卷一八《高祖功臣侯者年表》、卷二二《汉兴以来将相名臣年表》，《汉书》卷一九下《百官公卿表下》系于高祖九年；《史记》卷五三《萧相国世家》、《汉书》卷一九上《百官公卿表上》，荀悦《汉纪》系于高祖十一年。《资治通鉴》、万斯同《汉将相大臣年表》取前说。王先谦《汉书补注》引齐召南曰、泷川资言《史记会注考证》取后说。《史记》卷九三《淮阴侯列传》云"吕后欲召，恐其党不就，乃与萧相国谋，诈令人从上所来，言豨已得死，列侯群臣皆贺。相国绐（韩）信曰：'虽疾，强入贺'"，然据同书卷九八《傅靳蒯成列传》记傅宽"属淮阴，击破齐历下军，击田解。属相国参，残博，益食邑"。则所谓"相国"，如若排除追记可能，似以前说为是。

## 第一章　武官制度的演进

迁为相国。至惠帝二年（前193）七月病故，相位始由曹参接替。故传统认识上，刘邦时期的丞相、相国担任者，只有萧何。不过，《史记》卷五四《曹相国世家》"高祖（三）〔二〕年，拜（曹参）为假左丞相，入屯兵关中。月余，魏王豹反，以假左丞相别与韩信东攻魏将军孙遬军东张，大破之"，显示高祖二年（前205）曹参入屯关中及东出击魏，身份都是"假左丞相"。由此推之，当时正职丞相应也分为左、右。下文所记，似即证实这一推想："韩信已破赵，为相国，东击齐。参以右丞相属韩信，攻破齐历下军，遂取临菑。"从之后"韩信徙为楚王，齐为郡。参归汉相印。高帝以长子肥为齐王，而以参为齐相国"的表述看，"假左丞相"曹参后来所任"右丞相"，全称正为"汉右丞相"。

至于曹参的上司韩信，《史记》卷九二《淮阴侯列传》记"汉王使郦生说豹，不下。其八月，以（韩）信为左丞相，击魏"。下文又云"汉王夺两人军，即令张耳备守赵地，拜韩信为相国，收赵兵未发者击齐"。则韩信在率曹参攻魏时，是汉左丞相，破赵后晋升为相国。《汉书补注》虽引钱大昕曰"前为左丞相，位萧何下。今为相国，位何上"，但紧接复引周寿昌曰"此说误。汉左右丞相设于孝惠、高皇后时。前'左丞相'，虚称也。樊哙亦为之相国，设于高祖十一年。此拜信为赵相国也"，[①] 显然赞同后说。不过，后来有学者指出，"从刘邦必须以香饵引诱韩信继续为自己效力的角度来推测，将韩信由左丞相晋职为汉之相国，似乎更在情理之中"。[②] 上引曹参以汉右丞相改任齐相国时，职官特别提示"汉""齐"的属性。《史记》卷九〇《魏豹彭越列传》记彭越情形："拜彭越为魏相国，擅将其兵。"特别在"相国"前书有"魏"字。而除前述所举外，《史记》卷九五《樊郦滕灌列传》又记"以骑渡河南，送汉王到雒阳，使北迎相国韩信军于邯郸。还至敖仓，婴迁为御史大夫。……以御史大夫受诏将郎中骑兵东属相国韩信，击破齐军于历下"。"相国"韩信所统领者，不仅有汉右丞相曹参的军队，而且进一步包括汉御史大夫灌婴的军队。且无论涉及前者抑或后者时，"相国"前均未出现"赵"字以示区别。由此来看，韩信当时所任

---

① 王先谦：《汉书补注》，中华书局1983年影印本，第935页下栏。
② 孙家洲：《汉初以丞相、相国统兵考》，《军事历史》1998年第6期，第21页。

49

之职为汉相国。高帝四年（前203）二月，韩信被封为齐王，而在此之前的一段时期，汉廷存在相国、丞相并置情形。

高帝二年十月，破赵，曹参为右丞相；高帝六年（前201），参归相印，任齐相国。《史记》卷九五《樊郦滕灌列传》记"燕王臧荼反……（郦商）迁为右丞相……以右丞相别定上谷，因攻代，受赵相国印。以右丞相赵相国别与绛侯等定代、雁门……又以右丞相从高帝击黥布"。据此，自高帝五年（前202）九月至十一年（前196），郦商除短暂护卫太上皇外，一直担任汉右丞相。《史记》卷九五《樊郦滕灌列传》记"（樊哙）残东垣，迁为左丞相。……其后燕王卢绾反，哙以相国击卢绾"。又，《史记》卷五六《陈丞相世家》"燕王卢绾反，上使樊哙以相国将兵攻之"，及同书卷五七《绛侯周勃世家》"燕王卢绾反，勃以相国代樊哙将"。由上，高帝十年（前197），樊哙击陈豨，破东垣，迁为左丞相。十二年（前195），樊哙、周勃又先后被短暂任为相国。参之以萧何同时任职，则高帝九年至十二年，复出现相国、丞相并置情形。①

这类情形在汉初东方诸侯国亦有存在。《史记》卷九三《韩信卢绾列传》记陈豨"以赵相国将监赵、代边兵，边兵皆属焉"。下文又云"豨常告归过赵，赵相周昌见豨宾客随之者千余乘，邯郸官舍皆满"。赵国当时既有相国陈豨，又有丞相赵昌。②《史记》卷九八《傅靳蒯成列传》记傅宽"属淮阴，击破齐历下军，击田解。属相国参，残博，益食邑。……为齐右丞相，备齐。五岁为齐相国"。《正义》指出，"齐右丞相""为齐王韩信相"。参上论曹参归汉右丞相印，任齐相国事。这里齐国也既有曹参，又有傅宽。③ 而吕后遗诏以吕王吕产为相国时，审食其、陈平亦尚为左、右丞相。

此外，相、守相在一些情况下似也有并置情形。《史记》卷九四

---

① 樊哙、周勃短暂以相国征讨时，萧何是相国抑或丞相，史载不明。有学者称上述情形为"汉初曾有设置军中相职的权宜之举"，并认为"至少有几个月的时间，是两位相国并存的"（孙家洲：《汉初以丞相、相国统兵考》，第23页）。不过，中央列卿、地方郡守将兵征行，一般需加将军号。而太尉、御史大夫则可以本官出征（参见本书第一章第二节），相国、丞相也当如此。故相关问题尚需进一步考察。

② 前者任职在高帝九年至十年，后者在九年至十二年。游逸飞：《严耕望〈两汉太守刺史表〉订正》，《早期中国史研究》（第一卷），早期中国史研究会2009年版，第4、10页。

③ 前者任职在高帝六年至十二年，后者在六年至十年。游逸飞：《严耕望〈两汉太守刺史表〉订正》，第5—6、10页。

《田儋列传》"齐王广东走高密，相横走博，守相田光走城阳，将军田既军于胶东"，同时提到齐相田横与齐守相田光。又，《史记》卷九五《樊郦滕灌列传》记燕王臧荼反，"（郦商）以右丞相赵相国别与绛侯等定代、雁门，得代丞相程纵、守相郭同、将军已下至六百石十九人"。至于《史记》卷五七《绛侯周勃世家》燕王卢绾反，"（周勃）击下蓟，得（卢）绾大将抵、丞相偃、守陉、太尉弱、御史大夫施"，"守陉"叙述顺序在"丞相偃"下，"太尉弱、御史大夫施"上，可能为"守相陉"省写。

### 三 文武分职：庶长到将军

秦多见名"庶长"者，专论者皆以之为有异于爵称的官称，[①] 对此可以历史地来看待。历史早期就出现了众多专业职名，且以中低级居多，甲骨金文均见。"庶长"最初应当也是领兵军职。不过，根据"职阶转化律"，[②] 很多最初的职位，后来却变成了品位，具体过程为："职位"→"个别性的职位用如品位"→"品位性官号"→"品位序列"。[③] 就我们这里所涉及者，阎步克已有精辟阐说："秦汉二十等爵，来自军职。魏人刘劭《爵制》一文，就是用军职来解释二十等爵名的来源的。那些爵名，本来是步卒、军吏、军将的职名；在频繁战争中，它们被当成衔号来奖励军功；商鞅变法时，再把那些有名无实的衔号变成爵号，另以五百主、二五百主、百将、国尉、大将等职名来编制军队。由此军职就完成了'军爵化'的过程，与军职分离开来了。"[④] 故这里所论，已属后来用作爵位的阶段。周代"爵本位"品位结构下，较高层人员爵、官本不甚分，且表示身份时一般多尊用爵称。二十等爵确立后，第十至十八级分别为左庶长、右庶长、左更、中更、右更、少上造、大上造、驷车庶长、大庶长，高低两端皆称"庶长"，而为大上造旧称的大良造，全称大良造庶长，实际也有"庶长"名。因此，所谓"庶长"，很可能是左右庶长以上诸庶长爵的泛称。而我们又注意到，"庶长"的使用，主要是在商鞅变法至二十

---

① 胡大贵：《庶长考》，《四川师范大学学报》（社会科学版）1990 年第 4 期；刘芮方：《秦庶长考》，《古代文明》2010 年第 3 期。
② 阎步克：《中国古代官阶制度引论》第八章，第 294—299 页。
③ 阎步克：《中国古代官阶制度引论》第八章，第 298 页。
④ 阎步克：《中国古代官阶制度引论》第八章，第 295 页。

等爵形成前的一段时间。从此类"庶长"到"将军"的发展变动，正是职阶转化后，重阶向重新职名的进一步演进。由于侧重了后一过程的考察，这里权称"爵官转移"。而在此视角下，整体的发展过程或可概括为：

职→爵→新职名（将、尉等）。

又，这一时期的爵制情况见《商君书·境内》篇，文字多有错简、脱简，这里初步尝试一种复原思路：①

……行间之吏也，故爵公士也，就为上造也。故爵上造，就为簪裹。〔故爵簪裹，〕就为不更。故爵〔不更，就〕为大夫。爵吏而为县尉，则赐虏六，加五千六百。（爵大夫而为国治，）

〔故爵大夫，〕就为〔官〕大夫。故爵〔官〕大夫，就为公大夫。〔故爵公大夫，〕就为公乘。〔故爵公乘，〕就为五大夫。爵大夫而为国治，则税邑三百家。

故爵五大夫，就为大庶长。故大庶长，就为左更。故四更也，就为大良造。皆有赐邑三百家，有赐税三百家。（爵五大夫，）有税邑六百家者，受客。

大将御、参皆赐爵三级。故客卿相，论盈，就正卿。（就为大庶长。故大庶长就为左更。故四更也就为大良造。）

此记军队在战斗中杀敌数量超过规定时，军士得在原爵级基础上晋爵的情形。就爵制部分而言，实际分作三段叙述。每段前半部分交代这一组中各爵位的迁升，后半部分提示相关福利待遇。其中值得进一步注意者，有以下几点：

1. 公士至不更。按刘劭《爵制》公卿大夫士四分层，属"士"一

---

① 高亨参俞樾、朱师辙说已做适当调序与拟补（《商君书注译》，第149页）。今在此基础上对句序、脱文、句读重做整理，拟补用"〔〕"，原位置处文句及衍文用"（）"，移至新位置处文句用"□"。为求清晰，引用时且分作小段。又，守屋美都雄也曾做过全面校订（《中国古代的家族与国家》，钱杭、杨晓芬译，上海古籍出版社2010年版，第12—16页），与笔者意见多有不同，可参看。

## 第一章　武官制度的演进

层，这里似称作"吏"。"爵吏"者如入官为吏，作县尉，另赐庶6人、钱5600。商鞅变法，重新规划地方行政组织，普遍立县，所谓"并诸小乡聚，集为大县，县一令，四十一县"。① 而至秦惠文王初年，秦尚未设郡。② "县"实与《境内》下一段表示中央的"国"（即"邦"）相对言。县尉实际就是地方武职的代表。

2. 大夫至五大夫。对应"士"之上"大夫"一层。"故爵为大夫"句原在"爵吏而为县尉"上，但明显属于"爵大夫"一类，故移至"就为大夫"上。"爵大夫而为国治"原在"加五千六百"下，与"爵吏而为县尉"的表述颇为类似。参考"爵吏"句为"爵○而为○，则○"的格式，且在介绍相关各爵后言及，今调至介绍各大夫级爵下，"则税邑三百家"上。调整后与上下两段的叙述较为对应。"爵大夫"者如"掌管国家一种政务"，则可赏赐租税及封邑共三百户。而如按调整后的语句理解，大夫爵似只有入官为吏，才能享有相应权益，而非仅进入大夫爵即可。

3. 大庶长（？）至大良造。对应"卿"一层。"就为大庶长"至"大良造"句，原在"就正卿"下，高亨依朱师辙说移至"皆有赐邑三百家"上，可从。不过，此段中大庶长爵在五大夫上、左更下，且未出现左、右庶长爵，扞格难通。旧说"大字疑原作𠂇乂，即'𠂇乂'的合写，'𠂇乂'即左右。𠂇乂以形似误为大"，③ 恐难成立。古文字无此合文。④ 蒋礼鸿引唐长孺意见以"左右庶长合称为大庶长"，⑤ 可为一说，然乏例证支持。按《史记》卷五《秦本纪》记秦宪公卒，"大庶长弗忌、威垒、三

---

① 《史记》卷五《秦本纪》，第203页。"四十一"，同书卷一五《六国年表》、卷六八《商君列传》作"三十一"，第721、2232页。按：先秦秦汉"四"字多有积四横划写法，作"𒃵"，与"三"形近易混。清人王引之、段玉裁、俞樾以下多有论及，参见辛德勇《〈汉书〉赵佗"处粤四十九年"说订讹》（原刊《文史》2009年第4辑），收入所著《纵心所欲——徜徉于稀见与常见书之间》，北京大学出版社2011年版，第154—155页。按"三"难为"𒃵"，而"𒃵"易为"三"。史迁所撰《本纪》史料又多较《列传》可信。此处相对表、传，似当取《秦本纪》所载。

② 秦以惠文王前元十年（前328）或更元前后设上郡为最早。谭其骧：《秦郡新考》（原刊《浙江学报》第2卷第1期，1947年），收入所著《长水集》（上），人民出版社1987年版，第2页；马非百：《秦集史》，第578页；董珊：《战国题铭与工官制度》，第225页。

③ 高亨：《商君书注译》，第150页。

④ 李零：《〈商君书〉中的土地人口政策》（原刊《古籍整理与研究》1991年第6期），收入所著《待兔轩文存：读史卷》，广西师范大学出版社2011年版，第191页。

⑤ 蒋礼鸿：《商君书锥指》卷五，中华书局1986年版，第118页。

父废太子而立出子为君"。① "大庶长"出现较早。孝公、昭王时，商鞅、白起功高至大良造，再迁即为封君。则二十等爵确立前，大良造为君侯以下之最高爵，大庶长曾较大良造为低是可能的。《境内》所言"大庶长"或非误字。而此句之上可能有脱文，五大夫至大庶长间，或脱左、右庶长的晋爵内容。这一组爵可以享有"赐邑三百家""赐税三百家"的权益。② 而当时规定，"有税、邑六百家者"，是可以养客的。

至于"故四更也"句，俞樾云"此四字乃三字之误，三更者并左更中更右更而数之也"。③ 学界多从。不过，本段其他类似文字皆作"故○"（○为爵称）。如此处果为几种爵的合并省称，当作"故四更"。而此句实际作"故四更也"。"更"下的"也"字颇为要紧，因为语末助词"也"可为"助兼词，表提示以起下文"。此句式下，"也"上所接多非名词。④ "更"可作动词，"四更"可指由左更四次晋爵，经中更、右更、少上造（或作少良造），而至大良造的情形。综上，第三段对应"卿"分层的这组爵，应即属"庶长"一类。不过因当时大良造颇为显赫，则称"庶长"时的指代范围，主要是大良造以外的各级"庶长"。⑤

樗里疾于秦惠文王前元八年（前330），爵为右更。惠文王后元七、

---

① 《史记》卷六《秦始皇本纪》末引《秦记》又云"出子享国六年，居西陵。庶长弗忌、威累、参父三人，率贼贼出子鄜衍，葬衙。武公立"，第285页。
② 前举秦惠文王四年封宗邑瓦书，有"取杜才（在）丰丘至于潏水，以为右庶长歜宗邑"，提到右庶长获封邑事。
③ 蒋礼鸿：《商君书锥指》卷五引，第118页。
④ 参见杨树达《词诠》卷七"也"条，中华书局2004年版，第373页。
⑤ 《史记》卷五《秦本纪》"出子二年，庶长改迎灵公之子献公于河西而立之"事，又见《吕氏春秋·当赏》，"庶长改"作"菌改"。献公得立后，"故复右主然之罪，而赐菌改官大夫，赐守塞者人米二十石"。庶长菌改被赐以大夫级爵，与之前判断有出入。不过，据此段文末"凡赏非以爱之也，罚非以恶之也，用观归也。所归善，虽恶之，赏。所归不善，虽爱之，罚"的总结，献公当采纳监突意见，改对未纳自己入塞的右主然行赏，而对迎己入秦的菌改行罚才是。获得赏赐的那些"守塞者"当是右主然的部属，应紧接右主然叙述。俞樾以原文当作"故复菌改之罪，而赐右主然官大夫"（许维遹撰，梁运华整理：《吕氏春秋集释》卷二四引，中华书局2009年版，第651页），是有道理的。又，《秦本纪》昭王二年"庶长壮与大臣、诸公子为逆"事，《六国年表》作"桑君为乱"，《穰侯列传》作"季君"。刘芮方据《索隐》"季君即公子壮"，认为君指封君，与"庶长"为爵称有很大矛盾。按：《索隐》此句后尚有"僭立而号曰季君"语，则僭称季君与原为庶长并不矛盾。其实，庶长壮是否就是季君，尚待考察。《索隐》未言依据，并非定论，梁玉绳《史记志疑》已表怀疑（中华书局1981年版，第432—433页）。而《竹书纪年》记"秦内乱，杀其太后及公子雍、公子壮"[方诗铭、王修龄：《古本竹书纪年辑证》（修订本），上海古籍出版社2005年版，第162页]，还提到有公子雍，排序在公子壮前，似更为重要。

## 第一章　武官制度的演进

十一至十三年间，樗里疾主持或参与多次对外战事。① 马非百以"八年已为右更，不得十二年又降为庶长。必有误，故删之"，将《秦本纪》十二年、十三年②条下"庶长疾"的"庶长"二字皆删去。③ 不妥。文献中庶长地位未见较右更为低。而右更樗里疾在惠文王后元七年以后数年出征、战功赫赫，却始终称"庶长"，或正说明此为诸"庶长"爵的统称。他在右更基础上，实际的军功晋爵一直在进行。所以，这才会有十三年助魏章攻楚取汉中地、助韩攻齐、助魏攻燕后，被封为严君的发生。④ 而樗里疾在成为封君后，继续有领兵作战事，名前却不复冠以"庶长"，也值得注意。西汉南越王墓所出"王四年相邦义戟"，原来修订释文作"王四年，相邦张义，庶长□操之造□界戟……"⑤ 庶长紧跟相邦书写，并出现在兵器题铭中。这类资料才是"庶长"为官称、特别惠文王四年后为单纯军事统领的直接证据。然而，前已谈到，过去的释文一直有误，核对图版，"庶长"实为"内史"。

商鞅以前，庶长作为高级别爵位，公子、贵戚多有冠之。变法后特重军功，名庶长者主要依战功累至。大良造也是如此。相邦、丞相制确立后，大良造公孙衍、白起并非秦相，而是领兵征行的高级将领。而在前面讨论庶长的基础上，可以注意到，昭王六年（前301）"庶长奂伐楚"以后，"庶长"开始较少见于史乘。昭王八年（前299）"使将军芈戎攻楚"，名前冠以将军。稍后不久，名前冠以尉的事例也出现了：昭王十二年（前295），"秦尉错来击我襄"，"二十三年，尉斯离与三晋、燕伐齐，破之济西"。⑥ 领兵主帅开始以军职而非爵位为称，特别庶长所对应"卿"爵这一重要爵层的拥有者，征战时较多以军职为称，很值得注意。这显示秦的军事组织中，也出现着重爵向重官取向的发展。

---

① 《史记》卷五《秦本纪》、卷一七《樗里子甘茂列传》，第207、2307页。
② 此指"秦使庶长疾助韩而东攻齐"事，马非百误作十四年。按：《史记》卷五《秦本纪》系于十三年下，杨宽《战国史料编年辑证》考证亦为十三年（第547—548页）。当是。
③ 马非百：《秦集史》，第163页。
④ 《史记》卷五《秦本纪》、卷一七《樗里子甘茂列传》，第207、2308页。
⑤ 李学勤：《秦孝公、惠文王时期铭文研究》，第21页；王辉：《秦出土文献编年》，第58—59页。
⑥ 《史记》卷一五《六国年表》，第738页；《史记》卷五《秦本纪》，第212页。后者又见《六国年表》"尉斯离与韩、魏、燕、赵共击齐，破之"，第740页。

顾炎武对先秦"将军"的出现有所关注，[①] 主要涉及关东诸国。魏、齐在官僚机构中以相、将为文武官之首，出现较早。[②] 秦自"昭王即位，以冉为将军，卫咸阳。诛季君之乱"，开始出现作战以外的常职将军。而以将军保卫首都安全，颇近于西汉初《二年律令·秩律》所列职官中"卫将军"的角色。此外，昭王世还有将军芈戎、将军张唐、将军摎等。至秦王政即位，史迁在《秦始皇本纪》开篇即言"吕不韦为相，封十万户，号曰文信侯。……李斯为舍人。蒙骜、王齮、麃公等为将军。王年少，初即位，委国事大臣"。至于尉，则有白起为左更后，在"伊阙之战"斩首韩、魏二十四万，"迁为国尉"的例子。秦王政时，尉缭也被嬴政任为国尉。此称《商君书·境内》中已出现，为低于将军的较高军职。[③] "国"字后世避讳所改，当时称"邦尉"。今见"邦尉之玺"封泥、"邦尉之印"印章[④]，可证。邦尉同将军一样，也由军职逐步成为常设武职。[⑤]

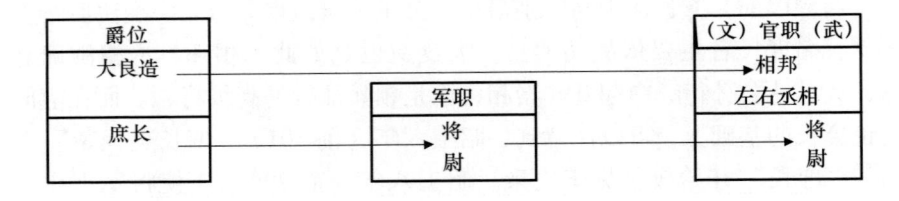

**图1—1　文武分职示意图**

与大良造庶长向相邦及丞相的发展类似，秦军事组织上端也出现爵官不分、偏重爵称，向爵官分离、转重官称的发展。而军职进一步纳入日常官僚系统，成为常设武职的一部分，从而引起了文武分职的发生。这个过程，并非原来理解是一个文武不分，进而一文一武的情形。率先确立起的相邦及后来的丞相，在秦及关东诸国都是总管国政，权兼文武。相邦或丞

---

[①] 顾炎武著，黄汝成集释：《日知录集释》卷二四，栾保群、吕宗力校点，上海古籍出版社2006年版，第1366—1367页。

[②] 杨宽：《战国史》第六章，第222页；黄今言：《秦汉军制史论》第一章，第17—19页。

[③] 高亨：《商君书注译》，第147、153页。

[④] 周晓陆等：《在京新见秦封泥中的中央职官内容——纪念相家巷秦封泥发现十周年》，《考古与文物》2005年第5期；王辉：《秦出土文献编年》，第298页。

[⑤] 有关国尉、邦尉的进一步探讨，参见本书第一章第二节。

## 第一章 武官制度的演进

相时常将兵征战，即便昭王以后出现常职性将、尉，相邦魏冉、吕不韦仍有出兵征讨事。文武分职实际是在一个权兼文武的相的旁边，将高级军职人员行政化，形成一个形式文、武两分，而实际重武的官僚机构上端。这一组合方式，对于之后帝国各层级日常武职系统的构建，如郡守、郡尉等，都有影响。并且，在文武分职这一过程中，爵、官分离与重爵向重官的演进，一直贯穿其中。

秦汉军事组织体系的演进，涉及战国秦文武分职背景下相邦、左右丞相、将、尉的出现。战国秦题铭多见"大良造庶长"，可连读，为"大良造"之全称。惠文王前元四年（前334）是秦职官发展的重要时期，始置"相邦"。职官顶端，由爵官不分、以爵统摄，逐步向爵官两立、以官定位发展。相邦之外，秦新设左、右丞相，以右相为尊，书写遵循右先左后的顺序。秦末汉初，还曾出现相国、丞相并置的情形。将、尉等高级军职在经历爵、官转移的同时，逐步发展为常设武职，进而引起文武分职的发生。

## 第二节 秦汉太尉、将军演变考
### ——以玺印资料为中心

### 一 邦尉、大尉关系考——以印制变动为背景

秦君以下，兼统军事的是相邦、丞相（左、右丞相），专职则为将、尉。[1] 文雅堂藏秦封泥有"邦尉之玺"。[2] 先说"玺"称的使用。《史记》卷六《秦始皇本纪》《集解》引卫宏曰：

> 秦以前，民皆以金玉为印，龙虎钮，唯其所好。秦以来，天子独以印称玺，又独以玉，群臣莫敢用。[3]

---

[1] 相关探讨参见本书第一章第一节。
[2] 周晓陆等：《在京新见秦封泥中的中央职官内容——纪念相家巷秦封泥发现十周年》，《考古与文物》2005年第5期，第3—4页。又，杨广泰《新出封泥汇编》收录有"邦尉之玺"（0134）（西泠印社2010年版，第6页）。然据拓片，封泥实仅存"邦"及"尉"字右上部，不能排除作"邦尉之印"的可能。此不取。
[3] 按：《集解》引卫宏曰上有"蔡邕曰"，中华书局1982年、2013年点校本均断作两段引文。《文选》卷二二李善注引相关减省文字，则称"蔡邕《独断》曰"。故上述卫宏所论，恐转引自蔡邕《独断》，中华本引文句读或可调整。

《后汉书》卷四八《徐璆传》李贤注引卫宏曰：

> 秦以前以金、玉、银为方寸玺。秦以来天子独称玺，又以玉，群下莫得用。

文字稍异。上述所言，初看似秦统一后的制度变动，实际情形则更为复杂。以往学者多据此认为，秦统一天下后，"玺"为皇帝用印专称，之前社会则一直玺、印称呼混用。然细按上述文献，卫宏只说"秦以前"玺印在材质、用钮上并不严格，实未言及玺、印存在称呼混用情形。而李贤注引且作"秦以前……为方寸玺"，无疑值得注意。睡虎地秦简《法律答问》记：

> 亡久书、符券、公玺、衡赢（累），已坐以论，后自得所亡，论当除不当？不当。（一四六）①

睡虎地秦简《为吏之道》篇末亦云：

> 舌者，符玺也。玺而不发，身亦毋薛（辥）。（三二五至三四五）

按"《法律答问》所引用的某些律文的形成年代是很早的"，有些"律文应形成于秦称王以前，很可能是商鞅时期制订的原文"。② 而《为吏之道》作为"官员守则类"文书，③ 内容有较长稳定性，且此篇中多处"正"未改作"端"，不避始皇名讳，抄录也当较早。上述一般官印称为"公玺"，或"符玺"之"玺"，而非"印"，值得注意。这与"邦尉之玺"可以对应。秦封泥文字称"玺"还有一些，如"中车丞玺""寺工丞玺"④"客事

---

① 睡虎地秦墓竹简整理小组编：《睡虎地秦墓竹简》，文物出版社1990年版，释文127页。
② 《法律答问》"说明"。睡虎地秦墓竹简整理小组编：《睡虎地秦墓竹简》，释文93页。
③ 此篇题为整理者所拟。岳麓秦简类似文书自题《为吏治官及黔首》。李零建议此类材料统称作"为吏"。参见李零《秦简的定名与分类》，武汉大学简帛研究中心主办：《简帛》（第六辑），上海古籍出版社2011年版，第4页。
④ 刘庆柱、李毓芳：《西安相家巷遗址秦封泥考略》，《考古学报》2001年第4期，第436页，编号T2③: 133；周晓陆等：《在京新见秦封泥中的中央职官内容——纪念相家巷秦封泥发现十周年》，第4—5页；杨广泰编：《新出封泥汇编》，第34页，编号0802—0811，出土于西安相家巷。

## 第一章 武官制度的演进

之玺"① 等。这些显示，秦玺、印通用时期，官印一般是使用"玺"这一名称。而"公玺"一称，一般又与"私玺"相对，推想民众用印称玺也当较为普遍。秦官印所见，更多以"印"为称。据前讨论，相对于"玺""印"称呼混用，称"印"官印很可能较称"玺"者时代为晚。② 由"玺"到"印"，体现了秦玺印制度的前后变化。③ "邦尉之玺"之外，秦印有名"邦尉之印"者。④

再说"邦尉"所指。秦有国尉，较早见《商君书·境内》"国尉分地，以徒校分积尺而攻之"，"国尉分地，以中卒随之"。⑤ 此段文字记攻城时任务分配及官员监督，还提到"将军""国司空""国正、监"等。国尉官职在将军下。国尉、国司空之"国"，入汉避"邦"讳所改，原应作"邦"，分别指邦尉与邦司空。《境内》另则提到"国封尉，短兵千人。将，短兵四千人"。⑥ 前者所配短兵卫队人数仅次将军，同样显示地位较高。所谓"国封尉"，俞樾以"封字衍文。盖即尉字之误而衍者"。唐长孺则说："疑国尉秦时本作邦尉，犹相国本是相邦，此封字乃邦之讹。汉时尽改作国，此一处偶存故号，后人旁注国字以合上下文，最后则并作正文入之。"⑦ 解释更胜前人，⑧ 也是认为国尉即邦尉，属中央一级。《境内》篇虽不一定为商鞅本人所作，⑨ 但所述爵制与军队编制明显较早。商鞅时整合境内乡聚，集为大县数十，当时尚未设郡。故《商君书》中邦尉、邦司空之"邦"指整个秦国。

---

① 陈晓捷、周晓陆：《新见秦封泥五十例考略——为秦封泥发现十周年而作》，《碑林集刊》第 11 辑，2005 年，第 312 页；杨广泰编：《新出封泥汇编》，第 70 页，编号 1660，出土于西安六村堡。

② 小鹿（周晓陆）：《古代玺印》，中国书店 1998 年版，第 17—19 页。

③ 此在一定程度上或可理解为战国诸国的普遍情形。战国文献，虽偶尔也"玺""印"并提，但绝大多数史料涉及玺印均作"玺"或"鉨"。

④ 王辉：《秦出土文献编年》，新文丰出版公司 2000 年版，第 298 页。

⑤ 高亨：《商君书注译》，中华书局 1974 年版，第 153 页。

⑥ 高亨：《商君书注译》，第 147 页。

⑦ 蒋礼鸿：《商君书锥指》卷五引，中华书局 1982 年版，第 116 页。

⑧ 当然，《商君书》中旁书小字以注的例证很少。古时"邦""封"二字通假，"邦"也可能被写作"封"，后人未辨，径加"国"字。二字的通假问题，参见高亨纂著，董治安整理《古字通假会典·东部第一》，齐鲁书社 1989 年版，第 26 页；孙诒让：《札迻》卷一二，雪克、陈野点校，齐鲁书社 1989 年版，第 398 页。

⑨ 据学者考证，作于商鞅死后是《更法》《错法》《徕民》《弱民》《定分》诸篇。参见高亨《商君书作者考》，收入所著《商君书注译》，第 6—11 页。

59

不过,"邦"的含义后来有变化。随着对外扩张的发展,关东领土的兼并,秦在关中内史区域以外,开始逐步设郡。① 所设郡地,相当一封国。故郡早期也称邦。里耶秦简 8-461 木方提到:

郡邦尉为郡尉
邦司马为郡司马②

一般认为,此木方是县吏摘抄的名号更替汇编。③ 名号的变更时间,在秦王政称帝改制时。邦司马均改称为郡司马,联系"汉代通例,除了中央朝廷之外,郡府也是可以称'朝'的,因为汉人视郡如邦国,视郡守如'君'"的情形,④ 统一之前的秦郡也可称邦。⑤

睡虎地秦简《秦律杂抄》"军人买(卖)禀禀所及过县,赀戍二岁;同车食、敦(屯)长、仆射弗告,戍一岁;县司空、司空佐史、士吏将者弗得,赀一甲;邦司空一盾"(一二至一四),在"县司空、司空佐史、士吏将者"之上,提到所牵涉的更高级别官员——"邦司空"。整理小组

---

① 秦具体设郡过程参见辛德勇《秦始皇三十六郡新考》,收入所著《秦汉政区与边界地理研究》,中华书局 2009 年版,第 3—92 页;拙文《秦据汉水与南郡之置——以军事交通与早期郡制为视角的考察》("中国襄阳·汉水文化论坛"会议论文,中国社会科学院历史研究所,2014 年 10 月),《飞軨广轶:中国古代交通史论集》,中国社会科学出版社 2015 年版,第 42—66 页。
② 湖南省文物考古研究所:《里耶秦简〔壹〕》,文物出版社 2012 年版,释文 33 页。按:最初发表编号为 8-455。
③ 胡平生:《里耶秦简 8—455 号木方性质刍议》,武汉大学简帛研究中心主办:《简帛》(第四辑),上海古籍出版社 2009 年版,第 17—25 页。
④ 阎步克:《汉代乐府〈陌上桑〉中的官制问题》,《北京大学学报》(哲学社会科学版)2004 年第 2 期,第 54—55 页。
⑤ 有意见认为这里"'邦'指封国,与'郡'不同",而"郡邦尉为郡尉""应断作'郡、邦尉为郡尉'"[游逸飞:《里耶秦简 8—455 号木方选释》,武汉大学简帛研究中心主办:《简帛》(第六辑),上海古籍出版社 2011 年版,第 101—102 页]。不过,此木简中目前所见其他变更条目,每条所列变更前之对象均为一种,而非二种以上。又,汪启淑《訒庵集古印存》收鼻钮"邦司马印",罗福颐归入"汉初期官印"(《秦汉南北朝官印征存》卷二,文物出版社 1987 年版,第 11 页)。可商。一是西汉初多避邦讳,称"邦"多非汉代习惯。二是秦、西汉初印多田字界格,罗氏以为区别在秦多凿印,汉初则"文字渐趋工整而多出铸造"。细审印文,此印文字并非粗直规整,而是相对较为纤弱,有似凿刻。恐当定为秦印(王辉等即持此意见。王辉、程学华:《秦文字集证》,艺文印书馆 2010 年版,第 184—185 页;王辉:《秦出土文献编年》,第 298 页)。"邦司马印"有可能是郡司马之官印(罗福颐认为"邦司马"即城门司马,陈力则认为与秦的某臣属国有关。参见陈力《试论秦国之"属邦"与"臣邦"》,《民族研究》1997 年第 4 期,第 84 页)。

60

## 第一章 武官制度的演进

注："邦司空，朝廷的司空。"① 但细按上下文意，并参里耶简所记，"邦司空"当指直接管理辖县相关工作的郡司空。里耶秦简"卅二人徒养 八十四人邦司空公白羽"（正）"廷"（背）（8－773）中，背面书有"廷"字，显示正面提到的两类工作人员与迁陵县廷有关。这里"邦司空"应也指郡司空。② 睡虎地秦简《语书》记始皇二十年（前227）"南郡守腾谓县、道啬夫"，初始提到"古者，民各有乡俗，其所利及好恶不同，或不便于民，害于邦"的情形。"邦"，整理小组注："国。"下文紧接着说："今法律令已具矣，而吏民莫用……甚害于邦，不便于民。故腾为是而修法律令、田令及为间私方而下之，令吏明布。"③ 这里，南郡守腾矫正害邦之现状，由其本人"修法律令、田令及为间私方而下之"，并监督所辖各县、道执行。所谓"修"，整理小组注："修，通修，《国语·周语》注：'备也。'"此句可相应译作："所以我把法律令、田令和惩办奸私的法规整理出来，命官吏公布于众。"④ 后一"害于邦"情形，是南郡守腾采取措施的直接原因。考虑到《语书》发布时间在秦统一以前，文中第二次出现的"邦"与郡之关系，也值得考虑。

木方在"邦司马为郡司马"之上，尚提到"郡邦尉为郡尉"（8－461）。此似指郡尉在名号调整前，也称邦尉。里耶秦简 8－649 "邦尉都官军在县界中者各☐"中出现"邦尉"，据文意，或指郡尉。⑤ 而木方所记在调整时于邦尉前加"郡"字，可能是为与中央之邦尉相区别的缘故。由此反推，"邦司马"前不加"郡"字，有可能当时此职主要设置于郡。邦司空的情形，推想至统一前后与邦司马近似。

在郡的邦尉统一改称郡尉同时，中央邦尉可能也有变化。"邦尉之

---

① 睡虎地秦墓竹简整理小组编：《睡虎地秦墓竹简》，释文 82 页。
② 何有祖即持此意见，参见陈伟主编，何有祖、鲁家亮、凡国栋撰著《里耶秦简牍校释（第一卷）》，武汉大学出版社 2012 年，第 224 页。
③ 睡虎地秦墓竹简整理小组编：《睡虎地秦墓竹简》，释文 13 页。
④ 睡虎地秦墓竹简整理小组编：《睡虎地秦墓竹简》，释文 14—15 页。对此律文特别"为间私方"的解读，参见陈苏镇《〈春秋〉与"汉道"：两汉政治与政治文化研究》第一章第一节，中华书局 2011 年版，第 31—32 页。
⑤ 参见陈伟主编，何有祖、鲁家亮、凡国栋撰著《里耶秦简牍校释（第一卷）》，第 190 页。

玺""邦尉之印"外，秦封泥又见有"大尉之印"①"大尉府襄"②。大尉即太尉。如资料可信，则秦代后来确曾有此官称。③前举里耶秦简8-461木方复记有"毋曰邦门曰都门"。"邦"可与"都"对应。而"都"作定语，多有"大"意。④又，马王堆帛书《刑德》乙篇所记军吏依照职位高低大体为：

将军、尉、司马、候、司空、冢子。⑤

《淮南子·兵略》亦有一段提到军吏的文字，参日本古写本《兵略》作：

将、大尉、司马、候、司空、舆。⑥

前论《商君书·境内》国尉官职位在将军下。这里"尉""大尉"对应，所指为一职。"大尉"即"太尉"，情形类似，同样位次将军。邦尉、太尉可初步建立起对应关系。由此而言，国尉、邦尉，恐即是后来之太

---

① 周晓陆等：《在京新见秦封泥中的中央职官内容——纪念相家巷秦封泥发现十周年》，第3、10页。

② 周晓陆等：《秦封泥再读》，《考古与文物》2002年第5期，第68—69页。

③ 以往学界普遍认为，太尉实际至西汉才设立。而参以上论，文献中旧有记载需重新引起注意。《汉书》卷一九上《百官公卿表上》"太尉，秦官"（中华书局1962年点校本，第725页）；《礼记·月令》郑玄注："三王之官，有司马无大尉。秦官则有大尉"（《礼记正义》卷一五，阮元校刻《十三经注疏》，中华书局1980年影印本，第1365页中栏）；《太平御览》卷二〇九《职官部七》引《汉官》序曰"三司之职，司马主兵，汉承秦曰太尉"（中华书局1960年影印本，第1002页下栏）。

④ 《汉书》卷一八《外戚恩泽侯表》注引如淳曰"天子钱藏中都内，又曰大内"，同书卷六四上《严助传》注引应劭曰"大内，都内也，国家宝藏也"。《汉书》卷九九下《王莽传下》"封都匠仇延为邯淡里附城。"颜注："都匠，大匠也。"及同书卷四《文帝纪》"二千石遣都吏循行"，严耕望"按都吏即大吏"（《中国地方行政制度史——秦汉地方行政制度》第二章，上海古籍出版社2007年版，第138页）。

⑤ 相关分析参见李学勤《马王堆帛书〈刑德〉中的军吏》，李学勤主编《简帛研究》（第二辑），法律出版社1996年版，第156—159页。

⑥ 刘乐贤：《简帛数术文献探论》（增订版）第三章"一、《刑德》研究中的几个问题"，中国人民大学出版社2012年版，第78—81页。

尉。① 上述也显示，秦玺印制度变化与职官名号更动并不同步，前者早于后者。"秦以来""秦以前"，严格说并非是在秦统一、称帝前后。

## 二　从太尉到中朝将军

景武以降，西汉中央武官的变化之一，是太尉的罢置与诸将军的常设化。《史记》卷二二《汉兴以来将相名臣年表》无序文，非太史公所作，然仍为西汉人手笔。余嘉锡从沈钦韩说，对此表为成帝时冯商所续有进一步考述。②《汉兴以来将相名臣年表》制作谨严，具体分作五栏：一、二栏是纪年、"大事记"，"将相名臣"则具体分作"相位""将位""御史大夫位"三栏。这与《汉书》卷一九下《百官公卿表下》"太尉""大司马"一栏，"列将军"一栏稍有不同。"将位"所列举的主要是太尉与诸将军。后者既有战时权授的征伐将军，也有常设将军。其中，统领京师宿卫的中央列卿，如郎中令、卫尉、中尉，以及权兼文武的地方郡太守，将兵征行一般需加将军号。③ 而太尉、御史大夫似无须加将军号，以本官即可出征。④ 并且，此表所记还存在二千石武官不加将军号，而迁为太尉将兵出征者，如"中尉条侯周亚夫为太尉，击吴楚"。⑤ 这与西汉中后期常设将军虽少外出征伐，然一旦出征，即以本官将军号行事，而多不另授新号⑥，有近似处。

《汉书》卷一九上《百官公卿表上》又云"太尉……武帝建元二年省。元狩四年初置大司马，以冠将军之号"。《太平御览》卷二〇九《职官部七》引《汉官序》"汉承秦曰太尉，武帝改曰大司马，无印绶，官兼

---

① 以往多倾向国尉、太尉为完全不同的两职；而战国、秦即便存在太尉，其职掌亦不能与西汉太尉相比。如韩养民《秦太尉小考》，《西北大学学报》（哲学社会科学版）1980 年第 2 期，等等。

② 参见余嘉锡《太史公书亡篇考》，收入《余嘉锡论学杂著》，中华书局 2007 年版，第 31—35 页。

③ 《史记》卷二二《汉兴以来将相名臣年表》文帝十四年（前 166）"中尉周舍、郎中令张武皆为将军，屯长安旁"；文帝后元六年（前 158）"河内守周亚夫为将军，军细柳"，中华书局 1982 年点校本，第 1128—1129 页。

④ 《史记》卷二二《汉兴以来将相名臣年表》高祖十一年（前 196）"周勃为太尉。攻代。后官省"；武帝征和三年（前 90）"御史大夫商丘成出河西，击匈奴"，第 1122、1144 页。

⑤ 《史记》卷二二《汉兴以来将相名臣年表》，第 1130 页。

⑥ 《史记》卷二二《汉兴以来将相名臣年表》宣帝神爵元年（前 61）"四月，乐成侯许延寿为强弩将军。后将军充国击羌"，第 1149 页。

加而已"。① 在太尉官被省后，诸将军只有同时冠以大司马，在官位与军事统领上，始有太尉当年的地位。按西汉太尉虽与丞相同秩，金印紫绶，但位次丞相。如迁转上，太尉多为迁为丞相，② 而非反之。后来出现的大司马大将军与丞相同俸，③ 也仍然位次丞相。前后格局似乎变动不大。然而，武帝以前的太尉，或为临时征伐，或为稳定新政，时置时罢，并未固定化。而武帝以来，大司马大将军（或车骑将军、卫将军）等诸将军的设置，则呈常态化，并同其他加官组成与丞相所统官僚组织相对的中朝。④ 历史上，军事、财政压力往往对制度变革产生作用，四出征伐的武帝时代即为一例。原有最高武官太尉虽然省罢，但是大司马、大将军及前后左右列将军的设置，大为发展。后一情形，《北堂书钞》卷六四《设官部一六》引《汉官解诂》就提到，"前、后、左、右将军……位上卿，金印紫绶，皆掌兵及四夷"，"宣元以后，虽不出征，犹有其官，位在诸卿上"。⑤ 它们在京开府统兵，参与政事谋议；对外实际又可直接征行，具有很大的政治影响力。因为担任者多皇帝亲信与外戚，背后一定意义上凸显皇权的扩张。

与此相伴，这一时期武职用印明显较秦、西汉早期突出者，正是将军及幕府属吏官印开始占有较大比重。廖伯源讨论西汉将军，曾制有西汉将军幕府组织系统图。⑥ 所利用主要是传世文献，包括记叙东汉情形的《续汉书·百官志》。而汉印包含的信息，其实也很丰富。西汉官印相关者既见有"偏将军印"（105、106）、"裨将军印"（107—109）、"校尉丞印"（120）、"护军印章"（220），⑦ 同时又有"偏将军印章"（106）、"裨将

---

① 《太平御览》，中华书局1960年影印本，第1002页下栏；又见孙星衍等辑《汉官六种》，周天游点校，中华书局1990年版，第122页。

② 相关例证如周勃、灌婴、周亚夫、田蚡等。

③ 《汉书》卷一〇《成帝纪》注引如淳曰"律，丞相、大司马大将军奉钱月六万，御史大夫奉月四万也"，中华书局1962年点校本，第329页。

④ 廖伯源称此类将军为"中朝将军"。《试论西汉诸将军之制度及其政治地位》（原刊《徐复观先生纪念论文集》，学生书局1986年版），收入所著《历史与制度——汉代政治制度试释》，台湾商务印书馆1998年版，第140页。

⑤ 《北堂书钞》，中国书店1989年影印本，第228页下栏；又见孙星衍等辑《汉官六种》，周天游点校，第12页。后者辑入脱"犹有其官"句。

⑥ 廖伯源：《试论西汉诸将军之制度及其政治地位》，第158页；相关又可参见熊铁基《秦汉军事制度史》第三章，广西人民出版社1990年版，第116—117页。

⑦ 罗福颐主编：《秦汉南北朝官印征存》卷三，第21、23、40页。

## 第一章　武官制度的演进

军印章"（110）、"校尉丞之印"（169）、"护军之印章"（218、219）。据《史记》卷二八《封禅书》："夏，汉改历，以正月为岁首，而色上黄，官名更印章以五字，为太初元年"，及同书卷一二《孝武本纪》《集解》引张晏曰"汉据土德，土数五，故用五为印文也。若丞相曰'丞相之印章'，诸卿及守相印文不足五字者，以'之'足也"，上举前四印应为武帝太初以前者。不过，张晏所言一般被认为主要指高级官吏，"其他中下级官印并不在内"。① 这里暂就高级官吏略作提示，中下级者属太初以前或以后，不再做严格区分。②

将军属吏长史、司马，属官校尉、候的用印，有前加将军，或具体将军号者，如"大将长史"（96）、"将军长史"（104）、"票军司马"（113）、"强弩司马"（114），及"建威校尉"（116）、"横海候印"（115）等。《汉书》卷六〇《杜周传附子延年传》云"昭帝初立，大将军霍光秉政，以延年三公子，吏材有余，补军司空"。颜注引如淳曰"律，营军司空、军中司空各二人"。《汉书》卷六九《赵充国传》又云"印坐禁止而入至充国莫府司马中乱屯兵"，颜注复引如淳曰"方见禁止而入至充国莫府司马中。司马中，律所谓营军司马中也"。这里提到"幕府"，又及"屯兵"。据《续汉书·百官志》，将军统领军队称"营"，营分若干部，校尉主之，有军司马、军假司马为副贰，部下有曲，曲由军候主之，假候为副贰。如理解不误，"营军司马"当是将军幕府所在本部之军司马。又，《汉书》卷八五《谷永传》言："（王）音奏请永补营军司马，永数谢罪自陈，得转为长史"。幕府的营军司马一职，地位似较边郡长史为高。汉印见有不少"营"称职官，如"营军司马"（158）、"营军司空"（156）、"监营司马"（159）、"营候之印"（155），可与文献互证。其他相关用印具体又可作三类。一是"军司空丞"（140）、"军武库印"（143）、"军禀司马"（126）、"军市之印"、"军监之印"（144）、"监史之印"（146）等；二是如淳注有提到的"军中司空"（141）、"军

---

① 孙慰祖：《封泥发现与研究》，上海书店出版社2002年版，第109页。
② 将军以下作五字印者，除上举还有"上将军印章"（97）、"祁连将军章"（98）、"虎牙将军章"（99）、"中部护军章"（221）。此外，"前将军司马"（111）、"车骑左都尉"（112），不知是否亦与此有关。

65

中马丞"（142）一类，①大体均直属幕府系统。而第三类为"校尉之印"（117—119）、"军司马印"（127—128）、"军假司马"（131）、"假司马印"（130）、"猥司马印"（129）、"军候之印"（148—150）、"军曲候印"（152、153）、"军候丞印"（151）、"候丞之印"、"军假候印"（157），则是分部军事组织的吏员。至于汉印中"校尉丞印"（120）、"校司马印"（122）、"校尉候印"（121），属将军下的部校尉还是独立的校尉，尚难确定。从称呼习惯看，后种可能性大些。

### 三 "节约之制"下的东汉太尉与将军

东汉复置太尉，居三公之首。此时太尉不复领兵出征，日常主要在朝中参与政事谋议，"每帝初即位，多与太傅同录尚书事"。②前后的担任者基本以儒生、文吏为主。迁转上，太尉或由司徒、司空晋升，或多由非武职类列卿擢任。③再加上此时太尉府属吏众多，一般认为"东汉的太尉府，实相当于西汉的丞相府"。④当然，从军事组织而言，太尉仍属武官系统。它与司徒、司空的职掌分别是：

  掌四方兵事功课
  四方民事功课
  四方水土功课⑤

相关书写颇为规整，彼此职事区分清晰，很可能直接录自"官簿"。⑥太尉主管国家军事事务，"岁尽则奏其殿最而行赏罚"。《续汉书·礼仪志中》"貙刘"条"于是乘舆还宫，遣使者赍束帛以赐武官"，李贤注引《汉官名秩》曰"赐太尉、将军各六十匹，执金吾、诸校尉各三十匹，武

---

① 《汉书》卷七六《王尊传》"大将军王凤奏请尊补军中司马，擢为司隶校尉"（第3230页），复提到"军中司马"。
② 《通典》卷二〇《职官二》"太尉"条，王文锦等点校，中华书局1988年版，第513页。
③ 原任官的具体情况参见黄致远、黄今言《东汉太尉系年录》，《江西师范大学学报》（哲学社会科学版）2010年第6期。
④ 安作璋、熊铁基：《秦汉官制史稿》，齐鲁书社2007年版，第78页。
⑤ 《续汉书·百官志一》，《后汉书》，中华书局1965年点校本，第3557、3560、3562页。
⑥ 《续汉书·百官志一》"序"云"世祖节约之制，宜为常宪，故依其官簿，粗注职分，以为《百官志》"。《后汉书》，第3555页。

## 第一章　武官制度的演进

官倍于文官"。文、武之分非自三公以下,太尉即为"武官"首。《晋书》卷二四《职官志》记太尉、司徒、司空,"自汉历魏,置以为三公。及晋受命,迄江左,其官相承不替",则晋代所述情形可参考。《职官志》又云"大司马、大将军、太尉、骠骑、车骑、卫将军、诸大将军,开府位从公者为武官公,皆著武冠,平上黑帻"。太尉在用冠上与文官的区别,一直明显。

与太尉同处帝国武官系统顶端的将军,东汉时亦有发展。[①]《续汉书·百官志一》"将军"条本注曰"掌征伐背叛。比公者四:第一大将军,次骠骑将军,次车骑将军,次卫将军。又有前、后、左、右将军"。不过,东汉常居朝廷的将军,即所谓"中朝将军",已非这般齐全,而主要是大将军、车骑将军了。[②] 此较西汉后期所设明显减少。西汉时太尉、诸将军时有外出征行之举,东汉前期仍有此情形。如章帝时,帝舅马防行车骑将军征西羌。和帝时,帝舅窦宪以车骑将军、大将军征匈奴、西羌。安帝时,帝舅邓骘以车骑将军征西羌等。安帝以后,此类将军"常在京师",不复征伐,与太尉职能发展方向类似。[③]

东汉的将军属吏,前人已有探讨。[④]《秦汉南北朝官印征存》"后汉官印·朝官及其属官印"条下收录有不少将军相关用印,与所举西汉时期者颇有不同,如:

立节将军长史（682）、宗正偏将军章（689）
牙门将印章（693—697）
部曲将印（698—708）、副部曲将（709）、骑部曲将（710—723）
部曲督印（723—727）、副部曲督（728）、骑部曲督（729）

---

[①] 学者将此时相关者分为征伐将军、中朝将军、名誉将军,参见廖伯源《东汉将军制度之演变》,收入所著《历史与制度——汉代政治制度试释》,第204—308页。

[②] 学者总结东汉将军这一变动特征为"制度化""简单化"。廖伯源:《东汉将军制度之演变》,第272页。

[③] 需提到,大将军位次,东汉前后有所变化。和帝时,窦宪征匈奴有功,迁大将军,位在公上。之后的大将军位次,就一直在三公之上。《续汉书·百官志一》,《后汉书》,第3563页。相关论述亦可参见廖伯源《东汉将军制度之演变》,第244页。

[④] 廖伯源:《东汉将军制度之演变》,第249—271页。

骑督之印（730—731）、千人督印（732—735）[①]

然而征诸文献，上述实际只"部曲将""骑督"有记载，而始见已至东汉末年的灵、献之际。灵帝时，何进为大将军，下属有所谓"部曲将"。《后汉书》卷八《灵帝纪》记"何进部曲将吴匡与车骑将军何苗战于朱雀阙下"，同书卷六九《何进传》亦提到"（何）进部曲将吴匡、张璋，素所亲幸"。之后前将军董卓入京，部将李傕、郭汜等称部曲将。《后汉书》卷九《献帝纪》记"董卓部曲将李傕、郭汜、樊稠、张济等反，攻京师"，同书卷六六《王允传》云"卓部曲将李傕、郭汜等先将兵在关东"，《续汉书·天文志下》亦云"卓部曲将郭汜、李傕旋兵攻长安"，及《后汉书》卷七二《董卓传》"安西将军杨定者，故卓部曲将也"，也可为证。董卓死后，一时控制政局的李傕，其属下亦称部曲将，如《后汉书》卷五四《杨震传》"（杨）奇与黄门侍郎钟繇诱傕部曲将宋晔、杨昂令反傕"。"骑督"则如《后汉书》卷七二《董卓传》李贤注引《九州春秋》"卓以东郡太守胡轸为大督，吕布为骑督"。两职在魏晋时期显然更为常见。

至于上述其他职官就更值得检讨了。正史中，"立节将军"较早见《晋书》卷三〇《惠帝纪》。[②]"宗正偏将军章"有认为是晋代"皇子封王为宗正者领兵出征之属官也"，[③] 时代同样较晚。而牙门将及部曲督、骑部曲督等更多"督"官，也主要出现在魏晋时期。[④] 与这些同名的官印，不少被《征存》编入卷七"三国官印"与卷八"两晋官印"中。而对照拓本，印文相同官印在文字摹刻上其实十分近似。因此，上引诸官印除少量属东汉晚期外，大多当改归入三国、两晋甚至南北朝部分为宜。东汉将军下辖军事组织，目前仍当以《续汉书·百官志一》"将军"条所记为主

---

① 罗福颐主编：《秦汉南北朝官印征存》卷五，第122—131页。

② 叶其峯在考证"立节将军章"时，提到"立节将军长史"印，仍归入东汉。《魏晋南北朝时期的将军及有关武职官印》，收入王人聪、叶其峯《秦汉魏晋南北朝官印研究》，香港中文大学文物馆1990年版，第185页。

③ 瞿中溶：《集古官印考》卷一一，《续修四库全书》1109《子部·谱录类》，上海古籍出版社1996年影印本，第408页。

④ 参见洪饴孙《三国职官表》卷下，收入熊方等《后汉书三国志补表三十种》，刘祜仁点校，中华书局1984年版，第1489—1513页。孙吴情况参见张金龙《魏晋南北朝禁卫武官制度研究》第六章，中华书局2004年版，第173—180页。

要参考。

将军常设化发展至东汉，出现常设将军种类"简单化"、外出征行也相应减少的情形。"东汉大部分时间不但将军官衔少，将军之人数亦少"，"将军在军事上之重要性减轻，将军只约占主持军事任务之领兵长官人数26.17%"，"东汉中朝将军之政治性格甚重，而部分中朝将军可能不领兵马，几乎无军事长官之性格"。① 大庭脩言及讨伐鲜卑，曾有"东汉时代几乎是不置将军的"的议论。② 所言虽显绝对，但同样留意到将军制度的相关变化。与此同时，低于将军的诸校尉、中郎将系统，不仅在中央颇为活跃，为宿卫力量的重要组成；而且在对外征讨、屯驻监护上，也是主要的执行者。继续西汉后期情势，东汉中央权力向地方特别边地扩张、辐射，较多通过中郎将、校尉系统来进一步实现。③

秦玺印制度存在由"玺"到"印"的前后变化，而高级武职则有"邦尉"到"大尉"的称谓调整。"邦"既指秦国，抑或曾指以内史为中心横向扩展建立的郡。武帝以降，西汉最高武职出现太尉罢置与诸将军的常设化。与此相伴，武职用印中，将军及幕府吏员类开始占有较大比重。光武中兴，"省官并职"，"务从节约"。对于东汉将军系统的认识，目前仍当遵从《续汉书·百官志》的记载。以往断为东汉的相关属官属吏用印，除个别见于汉末，更多应当归入魏晋时期。

## 第三节　秦汉中央宿卫武官演变考论
——以宿卫体系确立与中郎将、校尉的
发展为中心

战国后期，被山东诸国视为"虎狼之国"的秦，④ 在厉行文吏政治之外，军事上的优势引人注目。从战国崛起至兼并天下，秦武官系统的中央

---

① 廖伯源：《东汉将军制度之演变》，第272—273页。
② 大庭脩：《秦汉法制史研究》第四篇第三章，林剑鸣等译，上海人民出版社1991年版，第380页。
③ 两汉中郎将、校尉系统的演变参见本书第一章第三节。
④ 何晋：《秦称"虎狼"考》，《文博》1999年第5期。

宿卫设置呈现怎样特征？汉初承秦，相关职官面貌如何？是基础而重要的问题。西汉至景武之世，复出现较大规模的军事活动。景帝对内平定七国之乱，武帝对外征伐四夷，巩固了政权并将王朝推向新阶段。秦、西汉早期的中央武官系统，在此基础上进一步调整、演进。其中，引人注目的是中郎将、校尉系统的发展。光武入河北，"除王莽苛政，悉汉官名"；政权法统上，亦溯至元帝，开国"称为中兴"。以往从传世文献出发，多倾向典制上东汉以沿袭西汉为主，两汉间整体变化不大。《续汉书·百官志一》依当时"官簿"而作，特言"世祖中兴，务从节约，并官省职，费减亿计，所以补复残缺"。变动主要在于职官省减，且对调整效果，后代史家并有所谓"及身未改，而四海从风，中国安乐者也"，"世祖节约之制，宜为常宪"的肯定。[①] 不过，"补复残缺"、偃武修文，多为王朝建立初叶的常行举措，并无特别。然而，如与西汉建立时对秦制的大量承继对照，东汉政制"减省"，却有值得瞩目一面。

以往学界无论从"官制"抑或"兵制"大主题下，对上述问题已多有探讨，成果积累丰厚。[②] 不过，由于传世文献记载简略，歧互之处多有，仍有不少基础性史料有待重新辨析与理解把握。而近年所获封泥、玺印、题铭、简牍、帛书、城址等考古资料，又可进一步扩展相关研究。故此问题在史料开掘上，仍具空间。具体研究上，中央武官除太尉、将军外，[③] 依空间格局而形成的宿卫体系，以往一直未能建立起较为整体性认识，[④] 故中央各重宿卫的相关问题，有待进一步研究。而从动态演变角度对秦及汉初、武帝、东汉中央武官的发展脉络进行梳理，更有很多工作可以开展。本节侧重从四重宿卫体系确立与中郎将、校尉系统变动的层面，对太尉、将军以外中央武官系统的演变发展略作考论。

## 一 秦及汉初宦者的宿卫职能

秦代的宫廷空间格局，参考汉代，[⑤] 大体分宫内殿外、殿内省外与省

---

① 《后汉书》，中华书局1965年点校本，第3555页。
② 参见绪论"研究史回顾"相关部分。
③ 最新探讨参见本书第一章第二节。
④ 参见本书第二章第一节。
⑤ 廖伯源：《西汉皇宫宿卫警备杂考》，收入所著《历史与制度——汉代政治制度试释》，台湾商务印书馆1998年版，第15页。

## 第一章 武官制度的演进

中（即狭义禁中）。殿内、殿外，乃以殿门为界。此类门大体指在前殿建筑群外围垣墙所开之门。① 省中（禁中）有广、狭义之分。上述即取狭义，指后妃所居后庭。

居摄元年（6）：

> 十二月，群臣奏请："益安汉公官及家吏，置率更令，庙、厩、厨长丞，中庶子，虎贲以下百余人，又置卫士三百人。安汉公庐为摄省，府为摄殿，第为摄宫。"②

将王莽府第与皇帝所居宫殿进行了比附。所谓"庐为摄省""府为摄殿""第为摄宫"，对省、殿、宫三者关系，有较直接反映。此外，皇帝临时居止之区域，亦称省或禁中。③ 这时，原固定空间之省中宿卫也当有部分跟从。

二世时，赵高发动兵变：

> 遣（婿咸阳令阎）乐将吏卒千余人至望夷宫殿门，缚卫令仆射，……乐遂斩卫令，直将吏入，行射，郎宦者大惊，或走或格，格者辄死，死者数十人。郎中令与乐俱入，射上幄坐帏。二世怒，召左右，左右皆惶扰不斗。旁有宦者一人，侍不敢去。④

殿门之内，宿卫者为"郎宦者"。中华本将其连读。按秦代宦者指阉宦，⑤ 本不与"宦皇帝者"相混，⑥ 相应当作"郎、宦者"。⑦ 胡亥欲祀泾水而

---

① 除南面所开正门即端门外，汉代殿门是否在东、西、北面也有开辟，需要思考。《汉书》卷九九下《王莽传下》"三日庚戌，晨旦明，臣扶掖莽，自前殿南下椒除，西出白虎门，和新公王揖奉车待门外"（中华书局1962年点校本，第4191页），提到"白虎门"，可能即西面殿门。同书卷六三《武五子传》又有"持节夜入未央宫殿长秋门"语（第4051页），也值得注意。
② 《汉书》卷九九上《王莽传上》，第4068页。
③ 相关讨论参见拙文《西汉加官考》，《史林》2012年第5期。
④ 《史记》卷六《秦始皇本纪》，中华书局1982年点校本，第274页。
⑤ 《史记》卷八五《吕不韦列传》记秦庄襄王后宠爱嫪毐，"太后乃阴厚赐主腐者吏，诈论之，拔其须眉为宦者，遂得侍太后"，及"始皇九年，有告嫪毐实非宦者，常与太后私乱，生子二人，皆匿之"（第2511、2512页）。"宦者"受过宫刑，以无须眉为特征。
⑥ 阎步克对宦皇帝者有精湛研究，参见所著《从爵本位到官本位：秦汉官僚品位结构研究》下编第四章，生活·读书·新知三联书店2009年版，第370—407页。
⑦ 曲柄睿已指出。《汉代宫省宿卫的四重体系研究》，《古代文明》2012年第3期，第56页。

71

斋戒的望夷宫，属临时在所。① 据上，殿门之外由卫尉系统所管。"卫令仆射"，当作"卫令、仆射"，是卫尉属下屯卫望夷宫者。殿内则除常驻群体外，主要为跟从皇帝的"郎、宦者"。阎乐等攻入后，左右侍从者皆散亡，"旁有宦者一人，侍不敢去"，最内重宿卫自然是宦者。西汉初平诸吕之乱时，东牟侯刘兴居"乃与太仆汝阴侯滕公入宫，前谓少帝曰：'足下非刘氏，不当立。'乃顾麾左右执戟者掊兵罢去。有数人不肯去兵，宦者令张泽谕告，亦去兵"。② 侍从少帝"不肯去兵"之"左右执戟者"，由宦者令出面，始解除武装。这一群体应也是宦者。秦王政九年（前238），嫪毐作乱，宦者亦参与了平叛，《史记》卷六《秦始皇本纪》云"战咸阳……及宦者皆在战中，亦拜爵一级"。徐州北洞山西汉楚王墓墓道两侧龛内出土有"执兵俑"151件、"背箭箙俑"64件。该墓墓主一般认为是第一代楚王刘交。③ 刘交于高祖六年（前201）受封，属西汉早期楚王。墓中部分龛内的俑右胯绶带有半通印墨书"中郎""郎中"，身份当属王国郎吏。发掘者提到，"东1龛（EK1）的位置较为特殊，位于阙内最北侧，与其余六龛间有土坯相隔"，"龛内所有的俑皆朱唇无须，与其余六龛全部有胡须不同"。④ 今据《报告》"图四北洞山楚王墓透视图"，整座墓坐北朝南，墓室在最北端。西1龛（WK1）与东2龛（EK2）平行相对，故东1龛（EK1）乃独自位于最北端。此龛内不但"俑皆朱唇无须"，而且"与其余六龛间有土坯相隔"。因此，他们所代表的群体不宜与南侧郎吏系统相混，应是较郎中更近楚王的宿卫，由宦者组成。

宦者组成的宿卫武装，由少府所属之宦者令统辖。秦封泥有"宦者""宦者丞印"，及"宦走""宦走丞印"。⑤ 据汉初《二年律令·秩律》，

---

① 《史记》卷六《秦始皇本纪》《集解》引张晏曰"望夷宫在长陵西北长平观道东故亭处是也。临泾水作之，以望北夷"，《正义》引《括地志》"秦望夷宫在雍州咸阳县东南八里。张晏云临泾水作之，望北夷"，第274页。
② 《史记》卷九《吕太后本纪》，第411页。
③ 最新探讨参见刘瑞、刘涛《西汉诸侯王陵墓制度研究》，中国社会科学出版社2010年版，第537—550页。
④ 徐州博物馆等：《徐州北洞山西汉楚王墓》，文物出版社2003年版，第100页。
⑤ 傅嘉仪：《秦封泥汇考》，上海书画出版社2007年版，第87—91页；刘庆柱、李毓芳：《西安相家巷遗址秦封泥略》，《考古学报》2001年第4期，第434—435页，编号T2③：87、107、111，T3③：12，TG1：66；周晓陆等：《秦封泥再读》，《考古与文物》2002年第5期，第68—69页。

## 第一章 武官制度的演进

"宦者"(即"宦者令"省称)秩六百石,[1] 律文并提到"未央宦者,宦者监,仆射,……长信宦者中监"(四六六)等职官。据此,当时宦者系统"长吏"主要有令、监、仆射。与"宦者""宦者丞印"并存的"宦走""宦走丞印",似显示除直卫省门,出则侍从外,省内或有徼巡群体。[2]《秩律》"中发弩、枸(勾)指发弩,中司空、轻车、郡发弩、司空、轻车,秩各八百石,有丞者三百石。·卒长五百石"(四四五)所记,主要为中尉与诸郡系统武官。不过,其中的"枸(勾)指发弩",当释作"枸(勾)盾发弩","读为鉤(钩)盾,古书亦作'句盾'"。[3]《百官表》记西汉钩盾与宦者同为少府下"八官令丞",[4] 它在西汉初年则设有发弩官。又据目前所见资料,秦咸阳宫似可分南宫、北宫等多组宫殿。[5] 每宫有一套宿卫系统,从整体的官僚组织看,或可视作相关组织的"别部"。秦封泥所见宦者系统除上举外,多见"高章宦者"、"高章宦丞"。[6]"高章"未见史载,或是一处重要宫室。

---

[1] 彭浩、陈伟、工藤元男主编:《二年律令与奏谳书——张家山二四七号汉墓出土法律文献释读》,上海古籍出版社2007年版,第270页。

[2] 秦封泥见有"走士""走士丞印"(周晓陆、路东之:《秦封泥集》,三秦出版社2000年版,第224—225页),张家山汉简《二年律令·秩律》出现"大行走士"、"未央走士",《奏谳书》有"走士"。以往多将其与"走马"相混,以为与养马职事相关(陈晓捷:《"走士"考》,黄留珠主编:《周秦汉唐研究》,三秦出版社1998年版,第155—157页;饭岛和俊:《秦汉時代の軍制—張家山漢簡「奏讞書」に散見する「走士」と「走馬」を手がかりとして—》,收入中央大学東洋史学研究室編《菊池英夫教授山崎利男教授古稀記念アジア史論叢》,刀水書房2003版)。然据里耶、岳麓秦简,"走马"对应二十等爵第三爵"簪褭"。从词义推测,"走士"或类似后来徼巡兵士一类。

[3] 郭永秉:《张家山汉简〈二年律令〉和〈奏谳书〉释文校读记》(原刊《语言研究集刊》第六辑,上海辞书出版社2009年版),收入所著《古文字与古文献论集》,上海古籍出版社2011年版,第237—238页。

[4]《汉书》卷一九上《百官公卿表上》,第731页。

[5] 秦封泥见有"中宫""北宫工丞""北宫弋丞""北宫干丞""北宫宦丞""北宫私丞"(周晓陆、路东之:《秦封泥集》,第200、205—207页)、"北宫库丞""北宫御丞"(周晓陆等:《在京新见秦封泥中的中央职官内容——纪念相家巷秦封泥发现十周年》,《考古与文物》2005年第5期,第8、11页)、"西中谒者"(傅嘉仪:《秦封泥汇考》,第153页);秦印有"南宫尚浴""西宫中官"(罗福颐主编:《秦汉南北朝官印征存》卷一,文物出版社1987年版,第2页)。按"西宫",原作"西官",对照图版,当为"宫"字。施谢捷、孙慰祖已指出。施谢捷:《〈秦汉南北朝官印征存〉释文订补》,《文教资料》1995年第2期;孙慰祖:《〈秦汉南北朝官印征存〉注释补正》,《中国历史文物》2003年第3期。

[6] 刘庆柱、李毓芳:《西安相家巷遗址秦封泥考略》,第441—442页,编号T2③:27,TG1:11、17,T2③:54、84、141,T3③:10。

## 二 郎中令"掌宫殿掖门户"辨

宦者以外，就是诸郎，由郎中令统领。秦封泥见"郎中丞印""郎中左田""郎中西田"。①《秩律》称中央官为"汉郎中"（郎中令省称），秩二千石。因律文中不加"汉"字的"御史大夫……内史，典客，中尉，车骑尉，大仆……少府令"（四四〇），在汉初王国也多有设置。② 故书写为"汉＋某官"者，并非仅在官称上以与王国区分，而可能表明它们的秩级也略高于王国同名职官。而由此点，又可进一步说明《二年律令·秩律》所记，主要是汉内史及诸郡职官，并不包括王国官在内。③

《汉书》卷一九上《百官公卿表上》记：

> 郎中令，秦官，掌宫殿掖门户。

此为历代学人称引，影响很大。但其中不无值得检讨处。所谓"掌宫殿掖门户"，细化句读可作"掌宫、殿、掖门户"。按门、户对称，门强调建筑外垣墙之门，户为建筑本身之门。这点在文献中比较清楚。④ 而殿

---

① 周晓陆、路东之：《秦封泥集》，第113—115页；傅嘉仪：《秦封泥汇考》，第19—22页；刘庆柱、李毓芳：《西安相家巷遗址秦封泥考略》，第429页，编号T2③：81；周晓陆等：《在京新见秦封泥中的中央职官内容——纪念相家巷秦封泥发现十周年》，第4—5页。按，秦及西汉初印章、封泥，多见左右田之称。新出里耶秦简亦有。整理者指出"当时田地有公田和民田之分，秦的公田是国家拥有的部分田地，由官府来管理，收成全归官府。有左、右公田，管理公田是其主要职责"（湖南省文物考古研究所：《里耶秦简〔壹〕》前言，文物出版社2012年版，第4页）。所谓"郎中左田""郎中西田"，应即郎中令下管理本机构所辖公田的部门。

② 《汉书》卷一九上《百官公卿表上》"景帝中五年令诸侯王不得复治国，天子为置吏，改丞相曰相，省御史大夫、廷尉、少府、宗正、博士官，大夫、谒者、郎诸官长丞皆损其员"，第741页。相关又参见吴荣曾《西汉王国官制考实》（原刊《北京大学学报》1990年第3期），收入所著《先秦两汉史研究》，中华书局1995年版，第287—304页。

③ 相关分析参见陈苏镇《〈春秋〉与"汉道"：两汉政治与政治文化研究》第一章第三节，中华书局2011年版，第91—94页。

④ 参见刘增贵《门户与中国古代社会》，《历史语言研究所集刊》第六十八本第四分，1997年；曲柄睿《秦汉郎中令与卫尉的权力分野——以〈史记·吕太后本纪〉所载刘章击杀吕产事为切入点》，《北京大学研究生学志》2011年第1期；郭洪伯《职事与建制：汉代的"宦"组织——兼论汉代的宫廷宿卫体系》，未刊稿。

门、殿户因较高的用色等级，所用色彩或还存在黄、朱的差别。① 考虑到卫尉"掌宫门卫屯兵"，此句只能进一步转解作掌宫中之殿门、掖门及殿户。② 然而，如此理解，相关记载仍然存在问题。

扬雄《光禄勋箴》出现有"廊殿门闼，限以禁界"③的表述。而据上引"至望夷宫殿门，缚卫令仆射"，《史记》卷九《吕太后本纪》平诸吕之乱时，太尉周勃"令平阳侯告卫尉：'毋入相国产殿门'"，《汉书》卷四四《淮南厉王刘长传》薄昭予厉王书，言同制京师诸侯国"客出入殿门者，卫尉大行主"，及卫宏《汉官旧仪》"司马掖门殿门屯卫士，皆属卫尉"，④ 殿门外侧屯驻卫士，实际宿卫仍与卫尉关系密切，或至少由二者共同管理。⑤

接下来的问题是：郎中令是否掌掖门宿卫？欲说明此问题，需先弄清掖门所指。汉魏以下注家皆以掖门为正门之旁侧门，所谓"正门之旁小门也"，"掖门在两傍，言如人臂掖也"。⑥ 那么，汉代宫门、殿门、省门又是否均有掖门呢？《史记》卷二七《天官书》提到"南宫朱鸟……中，端门。门左右，掖门。门内六星，诸侯。其内五星，五帝座"。⑦ 不过，现实未必与天象完全对应。细按文献，与省门、殿门相关者实际并未提到掖门。特别殿门的具体情况，还可参之以考古收获。据西汉长安未央宫遗址的考古发掘，前殿自南向北由三座建筑基址构成。"在前殿台基遗址南边，基本东西居中位置有一门址，东西宽46米，现存南北进深约26米，其北距南部宫殿建筑遗址约50米，门址东西两边各有一南北向夯土墙，其长16—26米，宽3—4米。东西夯土墙北端分别与前殿南墙东段和西段夯土墙相连。东西

---

① 《宋书》卷八四《邓琬传》载邓琬称宋明帝刘彧子刘勖，"殿下当开端门，黄阁是吾徒事耳"（中华书局1974年版，第2131页），《魏书》卷九七《岛夷刘裕传附骏弟彧传》录此事作"殿下当开端门，何黄阁之有"（中华书局1974年版，第2147页）。而古代皇帝赐诸侯、大臣特勋者有"九锡"之礼。九种特赐用物第四为"朱户"，原当为皇帝使用。

② 《战国策·燕策三》，《汉书》卷四三《叔孙通传》、卷六五《东方朔传》多载郎中执兵，陈列"殿下"的情形。相关梳理参见李玉福《秦汉制度史论》下篇，山东大学出版社2002年版，第273页。

③ 徐坚等：《初学记》卷一二《职官部下》"光禄卿"条，中华书局2004年版，第305页。

④ 卫宏撰，纪昀等辑：《汉官旧仪》，卫宏撰，孙星衍辑：《汉旧仪》，均收入《汉官六种》，周天游点校，中华书局1990年版，第34、65页。

⑤ 参见杨鸿年《汉魏制度丛考》"宫卫制度·光禄勋、卫尉主宫内"条，武汉大学出版社2005年版，第22—25页。

⑥ 《汉书》卷一〇《成帝纪》应劭、颜师古注，第306页。

⑦ 《史记》，第1299页。相关记载又见《汉书》卷二六《天文志》，第1276页。

段夯土墙东西长分别为 140 米和 86 米"。① 这说明，至少西汉未央宫前殿南端，相当于端门的殿门旁侧，并未开辟有掖门。

汉代与掖门联系密切者，实际是宫门。如《汉书》卷三《高后纪》"章从勃请卒千人，入未央宫掖门"，同书卷一六《高惠高后文功臣表》"元鼎二年（前 115），侯宗嗣，二十四年，征和二年（前 91），坐与中人奸，阑入宫掖门，入财赎完为城旦"。西汉成帝时，长安曾发生著名的"'小女陈持弓'大水讹言事件"。②《汉书》卷一〇《成帝纪》云"虒上小女陈持弓闻大水至，走入横城门，阑入尚方掖门，至未央宫钩盾中"。同书卷二七下之上《五行志下之上》亦载此事，所述更详：

> 渭水虒上小女陈持弓年九岁，走入横城门，入未央宫尚方掖门，殿门门卫户者莫见，至句盾禁中而觉得。③

按横城门又称横门，为长安城北面西数第一门。④ 从陈持弓进入宫省的先后顺序可知，"尚方掖门"在"横城门"内、"殿门"外。《汉书》卷九九中《王莽传中》又提到"公卿入宫，吏有常数，太傅平晏从吏过例，掖门仆射苛问不逊，戊曹士收系仆射"。《后汉书》卷六九《窦武传》李贤注引《汉官仪》也称"凡居宫中，皆施籍于掖门，案姓名当入者，本官为封棨传，审印信，然后受之"。据此，两汉时期，宫门主门虽是各司马门，但官僚日常进出皇宫，多通过掖门。相关职吏对出入人员的检查，也相应设在掖门。

在上述讨论基础上，前引《汉官旧仪》"司马掖门殿门屯卫士，皆属卫尉"的记载，就值得注意了。这里"掖门"紧接"司马"后书写，实指宫门掖门。类似例证又见于东汉。《续汉书·百官志二》云"宫掖门，每门司马一人，比千石"。本注举出南北宫七名屯卫司马，其中就包括"北宫朱爵司马，主南掖门"这类司职掖门者。所谓"宫掖门"，或应理解为宫司马门、宫掖门。此外，永乐大典本《河南志》"后汉城阙古迹"

---

① 中国社会科学院考古研究所编著：《汉长安城未央宫（1980—1989 年考古发掘报告）》第一章第三节，中国大百科全书出版社 1996 年版，第 17 页。
② 王子今、吕宗力：《论长安"小女陈持弓"大水讹言事件》，《史学集刊》2011 年第 4 期。
③ "门卫户者"，王念孙引《开元占经》以为当作"门户卫者"，王先谦则引叶德辉说以驳之。参见王念孙《读书杂志》之《汉书杂志》，江苏古籍出版社 1985 年影印本，第 244 页下栏；王先谦《汉书补注》，中华书局 1983 年影印本，第 640 页下栏。
④ 何清谷：《三辅黄图校释》卷一，中华书局 2005 年版，第 88—89 页。

记南宫"掖门"在"司马门"条下、"南端门"上;北宫"掖门"在"司马门"下连书、"端门"条上,① 也反映了这点。

关于汉代掖门,类书中也有一些记载,以往似未引起足够重视。《初学记》卷二四《门第十》记:

> 内至禁省为殿门,外出大道为掖门。小注:见应劭《汉书》注。掖者,言在司马门之旁掖。②

此又见于《太平御览》卷一八二《居处部十》"门"条,作:"汉制:内至禁省为殿门,外出大道为掖门。"③ 宋人程大昌注意到后者,即《太平御览》这则材料。他议论道:"则不特夹立正门之旁乃为掖门,虽殿门外他出之门皆可名为掖门也",并引《薛宣传》,"此则殿外有门可出通衢者皆名掖门之证也"。④ 程氏视野较前人开阔,不过解释仍较含混。所言于掖门、殿门、司马门的关系并不清晰。参之时代更早引书,《初学记》注在交代此出已佚应劭《汉书》注外,特别提示"掖者,言在司马门之旁掖"。这与我们前述讨论正相契合。而程氏所依论据《汉书》卷八三《薛宣传》,原文实作:"宣子况为右曹侍郎,数闻其语,赇客杨明,欲令创(申)咸面目,使不居位。会司隶缺,况恐咸为之,遂令明遮斫咸宫门外,断鼻唇,身八创。……廷尉直以为:'……本争私变,虽于掖门外伤咸道中,与凡民争斗无异。'"薛宣子薛况向杨明买凶,砍伤博士申咸于宫门外。廷尉议罪,则将"宫门"更明确称作"掖门",说明申咸被伤害处是诸宫门当中的掖门附近。

综上,两汉特别西汉宫省中出现的"掖门",主要指宫门司马门旁边的宫门掖门。⑤ 郎中令实际并不负责掖门宿卫。《齐职仪》云"初,秦置

---

① 徐松辑:《河南志》,高敏点校,中华书局2012年版,第42—43、47页。
② 徐坚等:《初学记》,第582页。
③ 李昉等:《太平御览》,中华书局1960年影印本,第884页上栏。
④ 程大昌:《雍录》卷二"端门掖门"条,黄永年点校,中华书局2002年版,第28页。
⑤ 此种情形延续至魏晋南朝。如东晋南朝的建康城西掖门、南掖门、东掖门皆在宫门之大司马门左右旁侧。郭湖生、渡边信一郎、傅熹年、贺云翱、小林聪先后对六朝建康宫城进行复原,相关梳理评述参见孙正军《东晋南朝的东西省》,《中国中古史研究:中国中古史青年学者联谊会会刊》(第三卷),中华书局2013年版,第116—128页。

郎中令，掌宫殿门户，及主诸郎之在殿中侍卫"，① 强调"殿中侍卫"职能而未及"掖门"，值得注意。这与卫宏《汉官旧仪》"殿外门署属卫尉，殿内郎署属光禄勋"② 的说法，可以联系思考。郎中令统领郎中，所负责的宿卫区域主要是殿门以内，特别殿户周边。

而较重要宫殿之郎吏宿卫，同宦者系统近似，另设别部郎中长吏以督领。秦封泥有"南宫郎中""南宫郎丞"等。③ 此外，西汉郎中令下有车、户、骑三将统郎中，显示了其宿卫殿户与出行侍从的特征。秦封泥有"骑尉"。④ 汉代文属郎中令者，又有骑都尉。⑤ 秦统一前设骑邦尉，封泥有"骑邦尉印"。⑥ 里耶 8－461 木方并涉及变更情形："骑邦尉为骑□尉。"⑦

《汉书》卷一九上《百官公卿表上》记景帝中六年（前144），改卫尉为中大夫令，后元年（前143）复故。以往多视二者为同职异名。然据《史记》卷六《秦始皇本纪》嫪毐之乱后，"卫尉竭、内史肆、佐弋竭、中大夫令齐等二十人皆枭首"，⑧ 及张家山汉简《二年律令·秩律》"卫

---

① 徐坚等：《初学记》卷一二《职官部下》"光禄卿"条，第304页。
② 卫宏撰，纪昀等辑：《汉官旧仪》，卫宏撰，孙星衍辑：《汉旧仪》，均收入《汉官六种》，周天游点校，第30、61页。
③ 傅嘉仪：《秦封泥汇考》，第130—132页；周晓陆、路东之：《秦封泥集》，第203页；刘庆柱、李毓芳：《西安相家巷遗址秦封泥考略》，第440页，编号TG1:31、40、74，T2③:53、95、110、164，T3③:37。刘文以南宫指位于渭河南岸的秦甘泉宫，后撰文进一步指出，"出土'秦代封泥'的相家巷遗址在相家巷村南部，考古勘探发现的汉长安城桂宫宫城东北角"，"相家巷遗址应该属于秦南宫一部分，很可能是南宫南部之'一角'"。刘庆柱、李毓芳：《西安相家巷遗址考古与秦封泥相关问题》，西泠印社、中国印学博物馆编：《青泥遗珍——战国秦汉封泥文字国际学术研讨会论文集》，西泠印社出版社2010年版，第3—6页。
④ 有意见认为或为"骑将"之属官。刘庆柱、李毓芳：《西安相家巷遗址秦封泥考略》，第436页，编号TG1:56。又，《二年律令·秩律》有"车骑尉"。二者关系亦值得注意。
⑤ 《续汉书·百官志二》，第3578页。
⑥ 刘庆柱、李毓芳：《西安相家巷遗址秦封泥考略》，第436页，编号T2③:43；周晓陆等：《在京新见秦封泥中的中央职官内容——纪念相家巷秦封泥发现十周年》，第4—5页。周文作"邦骑尉印"，字序可调整。
⑦ 参据图版，"□"当释作"校"字。此承陈侃理、郭永秉提示。
⑧ 劳榦认为"中大夫令及郎中令当本属于卫尉，中大夫令一职汉时废去"，"郎及大夫各有一令，其上必有一卿来做主持的事。这个卿可能就是卫尉，郎中令本为卫尉下的一个令"。《秦汉九卿考》，《大陆杂志》第15卷第11期，1957年，第3页；《论汉代的卫尉与中尉兼论南北军制度》，《历史语言研究所集刊》第二十九本下，1958年，第453页。此说尚需更多证据。

〈卫〉尉，汉中大夫令"连称，① 最初中大夫令实与卫尉并置。"卫尉竭、内史肆、佐弋竭、中大夫令齐等二十人皆枭首"之上，《本纪》复有嫪毐"矫王御玺及太后玺以发县卒及卫卒、官骑、戎翟君公、舍人"的记述。两者可以对照分析。内史、中尉所统京师武装为内史及近县所征，内史与县卒大体对应。② 卫尉对应卫卒。佐弋，又作"左弋"，属少府。"武帝太初元年（前104）更名……左弋为佽飞"，"佽飞掌弋射，有九丞两尉"，③ 主要为弓弩兵。至于中大夫令，《史记》卷九五《樊郦滕灌列传》记楚汉相争，"乃拜灌婴为中大夫，令李必、骆甲为左右校尉，将郎中骑兵击楚骑于荥阳东"。"中大夫令"依职官省称虽可省作"中大夫"，但从上下文意考察，"令"字句读当从中华本《资治通鉴》卷九《汉纪一》"高帝二年"条，属上读，作："乃拜灌婴为中大夫令，李必、骆甲为左右校尉……"。④ 灌婴为中大夫令，即可统领郎中骑兵。故中大夫令很可能与官骑对应，早期具有武职特征。⑤

### 三 殿门之外：卫尉、中尉补考

殿门以外至宫门，由诸卫士屯卫，卫尉统领。秦封泥有"卫尉之印""卫□""卫士丞印""公车司马""公车司马丞"等。⑥《二年律令·秩律》在卫尉之外，复有卫将军。卫将军并不统领卫尉，两官同秩，皆为二千石，各领一个系统。卫将军置长史，秩级八百石；之下有卫将军候，秩六百石，"有丞者二百石"（四四六）；卫将军士吏，秩百廿石。卫尉佐

---

① 彭浩、陈伟、工藤元男主编：《二年律令与奏谳书——张家山二四七号汉墓出土法律文献释读》，第258页。相关辨析又参见阎步克《从爵本位到官本位：秦汉官僚品位结构研究》下编第四章，第403页；廖伯源：《汉初之二千石官》，武汉大学简帛研究中心主办：《简帛》（第一辑），上海古籍出版社2006年版，第369—378页。
② 《汉书》卷四《文帝纪》记文帝去世时，"发近县卒万六千人，发内史卒万五千人，臧郭穿复土属将军武"，第132页。
③ 《汉书》卷一九上《百官公卿表上》，第731—732页。
④ 万尧绪已指出此点。《汉初中大夫令考辨》，《鲁东大学学报》（哲学社会科学版）2012年第1期，第29页。
⑤ 景帝中六年改卫尉为中大夫令时，后者统郎骑职掌应已归属郎中令。而卫尉改称选择以中大夫令为名，也反映后者早期有武职特征的一面。
⑥ 周晓陆、路东之：《秦封泥集》，第116—118页；周晓陆等：《在京新见秦封泥中的中央职官内容——纪念相家巷秦封泥发现十周年》，第4—5页；刘庆柱、李毓芳：《西安相家巷遗址秦封泥考略》，第429页，编号T3③:1。按"卫□"，原作"卫士"。今据图版改。

吏有丞，秩六百石，[1]并下辖卫尉司马，千石，有丞，四百石，及公车司马，八百石，"有丞、尉者，半之"。司马之下有卫尉候，六百石，"有丞者二百石"，及卫尉士吏，秩百廿石。[2] 张家山汉简在后来清理时又发现残简：

☑□县衛〈卫〉尉五百将秩各减（？）□□（X 四）。

倘释文不误，卫尉系统由此构成"卫尉—卫尉司马—卫尉候—卫尉五百将—卫尉士吏"的军事组织序列。[3] 李零曾以为"五百将"与"官吏"、"卒长"同属"官"建制单位的长官，秩五百石。《秩律》也确出现"·卒长五百石"（四四五）内容的简文。不过，考虑到这里卫尉五百将后，且出现"秩各减（？）"的表述，参考《秩律》同样表述内容的简文"县有塞、城尉者，秩各减其郡尉百石。道尉秩二百石"（四六九），"衛〈卫〉五百将"如存在，秩级可能低于五百石。又，《百官表》提到"长乐、建章、甘泉卫尉皆掌其宫，职略同，不常置"。西汉卫尉即指未央卫尉。[4] 汉封泥有"未央卫丞"。[5] 另外设置的长乐卫尉、建章卫尉、甘泉卫尉，则与上举秦宦者、郎中宿卫依宫而设别部，情形类似。

卫尉之外，就是"掌徼循京师"的中尉。《百官表》言中尉"秦

---

[1] 彭浩、陈伟、工藤元男主编：《二年律令与奏谳书——张家山二四七号汉墓出土法律文献释读》，第 260 页。原释文作"二千石□丞六百石"，整理者据红外线影像补释作"二千石尉丞六百石"（四四四），并认为"'二千石尉'指四四一号简所见'廷尉'、'中尉'、'车骑尉'、'备塞都尉'、'郡尉'、'卫尉'之属"。

[2] 《汉书》卷一九上《百官公卿表上》记卫尉"属官有公车司马、卫士、旅贲士三令丞。卫士三丞。又诸屯卫候、司马二十二官皆属焉"，第 728 页。职官设置、构成已有发展。

[3] 李昭毅：《试释〈二年律令·秩律〉所见卫尉五百将、卫尉士吏和卫官校长》，《早期中国史研究》第三卷第二期，2011 年，第 36—45 页。

[4] 程大昌：《雍录》卷八"汉南北军及畿内军制"条，黄永年点校，第 172 页；钱大昕：《廿二史考异》卷六《汉书一》，方诗铭、周殿杰校点，上海古籍出版社 2004 年版，第 107 页。

[5] 吴镇烽：《陕西历史博物馆馆藏封泥考（下）》，《考古与文物》1996 年第 6 期。

ᴄᴏ 第一章 武官制度的演进 ᴄᴏ

官，……有两丞、候、司马、千人"。秦封泥有"中尉之印"。①《二年律令·秩律》对中尉官的记叙更显系统。中尉秩二千石，丞六百石。之下有中发弩、中司空、中轻车，秩皆八百石，"有丞者三百石"（四四五）。又有中候、骑千人，秩皆六百石，"有丞者二百石"。此外，又见有"田、乡部二百石，司空二百五十石。中司马，郡司马，骑司马，中轻车司马，备盗贼，关中司马□□关司☑"（四六八）。② 竹简下端残断，中司马以下诸职秩级不明。过去认为"无论在秦、汉，或是楚、汉相争之际，司马的级别都不高"。③ 故这里出现的"中轻车司马"，很容易被看作中轻车之司马。

不过，中轻车秩八百石，有丞者秩三百石。而八百石县，丞、尉秩四百石。则中、郡司马秩级当在三百石左右。④ 简四六八在目前每个整理本中均是单独列出，在整个《秩律》中位置偏后，属倒数第三组。而"中司马"前出现有"田、乡部二百石，司空二百五十石"的内容，比秩八百石县"司空、田、乡部二百石"（四五〇）还要稍高。西汉初年，八百石县以上，就是级别最高的千石县了。简四六八应该与此衔接。而《秩

---

① 周晓陆、路东之：《秦封泥集》，第172—173页。按印章有"中司马印"，罗福颐、王人聪定为汉初印［《秦汉南北朝官印征存》卷二，第11页；王人聪：《论西汉田字格官印及其年代下限》（原刊《秦汉魏晋南北朝官印研究》，香港中文大学文物馆1990年版），收入所著《古玺印与古文字论集》，香港中文大学文物馆2000年版，第80页］，王辉归入秦印（《秦出土文献编年》，第298页）。此印笔画较粗且平整，参相关特征（张懋镕：《试论秦代封泥与汉初封泥的区分》，西泠印社、中国印学博物馆编：《青泥遗珍——战国秦汉封泥文字国际学术研讨会论文集》，第122—123页），当以汉初说为宜。又，秦封泥多见某郡发弩官，秦印、封泥又有"发弩"、"发弩之印"（王辉：《秦出土文献编年》，第299页；周晓陆等：《在京新见秦封泥中的中央职官内容——纪念相家巷秦封泥发现十周年》，第14页）。与郡对应，中尉也当设置。前论中尉属官寺工、武库曾属少府。而秦封泥中还多见都船，如"都船""都船丞印"（傅嘉仪：《秦封泥汇考》，第28—29页）、"阳都船印""阳都船丞""阴都船丞"（刘庆柱、李毓芳：《西安相家巷遗址秦封泥考略》，第437页，编号T2③:22, T2③:17、18, T2③:72、103）。这里出现三丞或可与《百官表》"都船、武库有三丞"对应（刘庆柱、李毓芳：《西安相家巷遗址秦封泥考略》，第437页）。又，京师地区所设铁官属内史、主爵中尉（《汉书》卷一九上《百官公卿表上》，第736页）。封泥有"铁兵工室""铁兵工丞"（傅嘉仪：《秦封泥汇考》，第59—60页），或亦与中尉有关。
② 彭浩、陈伟、工藤元男主编：《二年律令与奏谳书——张家山二四七号汉墓出土法律文献释读》，第291页。
③ 于豪亮：《云梦秦简所见职官述略》"司马"条，收入《于豪亮学术文存》，中华书局1985年版，第104页。
④ 目黑杏子将中司马、中轻车司马权归入二百石、郡司马入五百石。冨古至编：《江陵张家山二四七號墓出土漢律令の研究 譯注篇》，朋友书店2006年版，第336—337页。

律》记录千石县的简四四三"栎阳、长安、频阳……"没有秩级信息。所接简四四四前半部分为"司马,衞〈卫〉尉司马,秩各千石,丞四百石",不但未出现司空、田、乡的秩级,而且仅言丞而不及尉,对于千石大县而言未免太过省略。又,简四四二"□□,长信将行,中傅,长信谒者令,□大仆,秩各千石,有丞、尉者半之",同样提到"秩各千石",并出现"有丞、尉者半之",则值得注意。"长信将行"以下诸职一般有丞,但并不设尉。而"有丞、尉者"一般都涉及县,如《秩律》中秩八百石、六百石、五百石、三百石县、道及相当县级的乡、邑均是如此。由此而言,简四四二之上应有另支简书写诸县,即当与简四四三衔接。另一方面,县诸职在记叙丞、尉之后,又往往涉及司空、田、乡等。即便秩级最低的三百石"黄(廣)乡长,万年邑长"(四六五),也提到"乡部百六十石"(四六六),则简四四二末尾"有丞、尉者半之"之后虽然存在留白,但是记录似乎并未完结,文意上与简四六八是较为衔接的。从出土层位来说,《二年律令》属张家山汉简9组中的C、F组。简四四三、四四二、四六八、四四四出土号分别为F111、F46、F44、F52,皆属F组。从其他复原律文看,整理者所绘揭剥图大体为简端朝上,简文所在的简背朝外,简册由卷首向外呈顺时针方向展开。上述四简受外力挤压,位置已有移动,但F111—F46—F44—F52仍呈顺时针方向分布。① 综上,简四四三、四四二、四六八、四四四虽稍有残断或字迹漫漶,但应重新编连,归为一组:

栎阳、长安、频阳、临晋、成都、□、雒、雒阳、酆、云中、□、高(?)□□□、新丰、槐里、雍、好畤、沛、合阳、郎中(四四三)□□,长信将行,中傅,长信谒者令,□大(太)仆,秩各千石,有丞、尉者半之(有空白)。(四四二)田、乡部二百石,司空二百五十石。中司马,郡司马,骑司马,中轻车司马,备盗贼,关中司马□□关司☑(四六八)司马,衞〈卫〉尉司马,秩各千石,丞四百石。·丞相长史正、监,衞〈卫〉将军长史,秩各八百石。

---

① 张家山二四七号汉墓竹简整理小组:《张家山汉墓竹简〔二四七号墓〕》"附录二 竹简出土位置示意图",文物出版社2001年版,第321页。

二千石尉丞六百石。（四四四）①

而重新调整后，简四四三、四四二间存在脱简的可能，尚不能排除。不过，简四六八"中司马""郡司马"以下接简四四四"卫尉司马"，同属司马一类，应该问题不大。一是简四四六"候"官条"中候，郡候，骑千人，衛〈卫〉将军候，衛〈卫〉尉候，秩各六百石，有丞者二百石"，同样为中、郡候在前，卫将军、卫尉候居后的记叙顺序，可以对应。二是两汉军队编制中，司马高于候，骑司马也高于骑千人，上述排序在秩级上亦无矛盾。由此，中尉属官中司马、骑司马、中轻车司马的秩级，旧有认识偏低，应皆为千石。中轻车司马并非中轻车的司马，或与中司马并列，属中尉司马的一种。又据《秩律》，西汉早期京师武职，除中尉外，还有车骑尉，秩二千石，车骑尉丞，六百石。上林骑，秩六百石，"有丞、尉者"，三百石。②

综上，秦代宫省已确立四重宿卫体系，长吏由内而外是少府所属宦者令、郎中令、卫尉与中尉。宿卫人员相应则分别由宦者、宦皇帝者、番上兵士、京师地区兵士构成。

## 四　武帝更增与中郎将、校尉系统的发展

武帝以后，宫省宿卫与京师武装方面，相关变化不尽一致。

由宦者所主的省中宿卫，明确出现有"中黄门"。《汉书》卷四五《江充传》云"贵戚近臣多奢僭，充皆举劾，奏请没入车马，令身待北军击匈奴。奏可。充即移书光禄勋中黄门，逮名近臣侍中诸当诣北军者，移劾门卫，禁止无令得出入宫殿"。按"近臣"接触皇帝机会较多，可"出入宫殿"，而"侍中"时属中朝官，还可进入省中。依"移书光禄勋中黄门"使"移劾门卫"，省门由中黄门负责。《资治通鉴》卷三五《汉纪二七》"元寿二年（前

---

① 郭洪伯已指出此点，参见《张家山汉简〈二年律令·秩律〉编连商兑》，卜宪群、杨振红主编：《简帛研究二〇一二》，广西师范大学出版社2013年版，第90—93页。唯关注角度与论证略有不同。又，邹水杰近也提到"整理小组并未将简468置于简444的千石县之后，笔者根据简文所载内容，认为二者存在前后关系，但不一定是直接续于后的"。参见《再论秦简中的田啬夫及其属吏》［原刊《中南大学学报》（社会科学版）2014年第5期］，修订稿刊简帛网，2014年11月7日，http://www.bsm.org.cn/show_article.php?id=2094。

② 整理者注："似为少府令属官。"相关分析参见彭浩、陈伟、工藤元男主编《二年律令与奏谳书——张家山二四七号汉墓出土法律文献释读》，第291页注171。

1)"条，胡注："中黄门，守禁门黄闼者也。"① 不过，卫宏《汉官旧仪》又云：

> 中官、小儿官及门户四尚、中黄门持兵，三百人侍宿。
> 冗从吏仆射，出则骑从夹乘舆，车居则宿卫，直守省中门户。
> 黄门冗从持兵，无数，宣通内外。②

整理者以"冗从吏仆射"，"句首疑脱'中黄门'三字，'吏'字疑亦衍文"。联系前论"宦走""宦走丞印"封泥，与"宦者""宦者丞印"并存；郎中令下有车、户、骑三将统郎中，既有宿卫殿户，又有出行侍从者，中黄门冗从实际同样具有守卫门户与出行侍从等多项职能。《汉书》卷七七《毋将隆传》记"时侍中董贤方贵，上使中黄门发武库兵，前后十辈，送董贤及上乳母王阿舍"。哀帝前后送多批兵器供董贤及帝乳母王阿私门使用。武库财政来自国家而非帝室，故皇帝这一私人行为，就使用了宦者而非吏来办理。而"中黄门发武库兵"，与这一群体主兵不无关系。

  统殿内省外宿卫的郎中令，《百官公卿表》虽所记清楚，但秦代文献及汉初《二年律令·秩律》对郎中系统的反映却较有限。③ 前后沿袭情形并不明晰。不过，《史记》卷一八《高祖功臣侯者年表》、《汉书》卷一六《高惠高后文功臣表》等记"侯状"即封侯功状，多提及从军、领兵者身份，其中不少与郎中系统有关，实可提供参考。按刘邦初起反秦，行楚制。自高祖元年（前206）四月封汉王、入汉中后，进行了政治军事改革，改行秦制。④ 故就上举二表内容而言，"入汉"语之前所记以楚官制为主，之后则以秦官制为主。这其中，与殿中系统相关者有：

> 楚制为主：执盾，执盾队史，执钺，郎中，厩将，户卫，⑤ 越户将，谒者，中谒者，骑郎将，骑将。

---

① 《资治通鉴》，中华书局1956年点校本，第1124页。
② 孙星衍等辑：《汉官六种》，周天游点校，第31—32、34页。
③ 郎吏等实际属于与"吏"相对的"宦皇帝者"，而"宦皇帝者无秩级"。故《秩律》自然无多体现。阎步克：《从爵本位到官本位：秦汉官僚品位结构研究》下编第四章，第379—392页。
④ 参见李开元《汉帝国的建立与刘邦集团：军功受益阶层研究》第一、四章，生活·读书·新知三联书店2000年版，第39、123页。
⑤ 《史记》卷一八《高祖功臣侯者年表》《集解》引徐广曰"一云从"，第905页。

84

## 第一章 武官制度的演进

秦制为主：中大夫，大中大夫，①执盾，执矛，②郎中，郎中骑将，郎骑将，郎中将，郎中骑，郎中骑千人，③谒者，大谒者，骑都尉，骑将，赵骑将。

楚制、秦制下的郎中系统均较发达，多有可对应者。④《百官公卿表》所列举者，很多承自秦及汉初。不过，西汉郎中令以下，中郎、郎中各有统属。"中郎有五官、左、右三将，秩皆比二千石。⑤郎中有车、户、骑三将，秩皆比千石"。高祖征伐时，郎中系统的郎中、郎中骑将明显较中郎突出。⑥相较历史早期郎将的活跃，⑦中郎将在后来逐步发展，地位始显重要。卫

---

① 《史记》卷一九《惠景间侯者年表》"以父越人为高祖骑将，从军，以大中大夫侯"（第981页）。"大中大夫"，《汉书》卷一六《高惠高后文功臣表》作"中大夫"（第619页）。

② 《史记》卷一九《惠景间侯者年表》"以执矛从高祖入汉，以中尉破曹咎，用吕相侯，六百户"，第987页。

③ 汾阳侯靳强曾为郎中骑千人，"二世三年自栎阳降汉，后随刘邦追项羽至阳夏，又至固陵，以破钟离昧功而封侯。《史》《汉》二《表》各有脱漏。所谓'郎中骑千人'当是秦官"。所说可从。参见陈苏镇《〈春秋〉与"汉道"：两汉政治与政治文化研究》第一章第二节，第55页。

④ 有意见认为"刘邦入（人）关后才有了'郎'官，也有了'郎将'、'骑将'、'郎中将'等官"。陈苏镇：《〈春秋〉与"汉道"：两汉政治与政治文化研究》第一章第二节，第54页。

⑤ 三中郎将班序同在一位（徐天麟：《西汉会要》卷三七，中华书局1955年版，第386页），但五官中郎将地位较后两者仍略高一些。卫宏《汉官旧仪》记"拜御史大夫为丞相""五官中郎将授印绶"；而"拜左、右、前、后将军为御史大夫"，则"左、右中郎将印绶"。东汉"郡国举孝廉以补三署郎，年五十以上属五官，其次分在左、右署"（孙星衍等辑：《汉官六种》，周天游点校，第35、130页）。

⑥ 《史记》卷一九《惠景间侯者年表》杜衍庄侯王翳"以郎中骑汉王三年从起下邳"，《汉书》卷一六《高惠高后文功臣表》作"杜衍严侯王翥""以中郎骑汉王二年从起下邳"。按"下邳"，学者疑乃"下邽"之误。刘邦麾下有"郎中骑兵"，灌婴所统，为汉兵精锐（陈苏镇：《〈春秋〉与"汉道"：两汉政治与政治文化研究》第一章第二节，第53—56页）。《史记》卷九五《樊郦滕灌列传》记"婴以御史大夫受诏将车骑别追项籍至东城，破之。所将卒五人共斩项籍"。而王翳（王翥）正为共斩项羽封侯的五人之一，又见《史记》卷七《项羽本纪》、《汉书》卷三一《项籍传》。前者提到"汉骑司马吕马童……指王翳曰：'此项王也'"，"王翳取其头，……郎中骑杨喜，骑司马吕马童，郎中吕胜、杨武各得其一体"。吕马童与王翳对言，当属同一编组，其他三人又为郎中骑、郎中，均是郎中系统，再考虑五人皆隶属灌婴部队，则《史记》"郎中骑"的记载或更可信。久村因以为中郎骑乃郎中骑之误。《郎中将と中郎将—汉代郎官の一侧面について—》，收入山本博士还历记念东洋史论丛编纂委员会编《山本博士還曆記念東洋史論叢》，山川出版社1972年版，第396页。

⑦ 相关参见陈勇《郎中骑考》，《文史》2005年第3辑。前举时代西汉早期徐州北洞山西汉楚王墓，墓道两侧龛内出土"执兵俑""背箭箙俑"，部分俑右胯绶带有墨书"中郎""郎中"半通印，身份属王国郎吏。其中，多数印文为"郎中"，个别才出现"中郎"（报告所举标本为中郎1人，郎中8人）。徐州博物馆等：《徐州北洞山西汉楚王墓》，第83—100页。又，西安市西北六村堡手工业作坊区所出兵士类俑范，有"郎中"俑范（79）。据"郎"字写法，时代或早至汉初。熊长云：《孚堂藏秦汉陶范所涉名物丛考》，收入《孚堂藏秦汉陶范题刻》，中华书局，待刊。

85

宏《汉官旧仪》云"郎中令主郎中。左车将主左车郎，右车将主右车郎，左户将主左户郎，右户将主右户郎。秩皆比千石，独郎中令比二千石"，①主要反映西汉情形。当时郎中将较为突出。东汉时，省减车、户、骑三将，中郎将系统进一步成为主导，并多有征行、外驻，不限宫殿宿卫。②

武帝以来，郎中令系统的新变化，又有期门、羽门的增设。③ 期门是在原"侍中、常侍武骑"基础上，进一步选拔西北边郡骑士而组成。④ 期门"有仆射，秩比千石"。汉印即见有"期门仆射"（161）。平帝元始元年（1）更名虎贲郎时，改置虎贲中郎将以统，秩比二千石。《汉官旧仪》又称羽林"取三辅良家子，自给。⑤ 孤儿无数，官比郎从官，从车驾，不得冠，置令一人，名曰羽林骑孤儿"。羽林初置时"有令丞"。至宣帝时，乃令中郎将、骑都尉监羽林，秩比二千石。东汉更省羽林令，而置羽林中郎将以统，秩比二千石。⑥ 由上，二者统领长官，前后均有变化。秩级从比千石左右升至比二千石。二者又以骑兵为主，皆掌送从，包括羽林孤儿在内，多父死子继，⑦ 具有职业兵性质。期门"比郎"，"秩比郎从官"，羽林"官比郎从官"，均以附比郎从官的形式出现，并逐步设中郎将领之。中郎将系统由此进一步发展扩充。卫宏《汉官旧仪》"殿中诸署、五

---

① 孙星衍等辑：《汉官六种》，周天游点校，第34页。又，《汉书》卷一九上《百官公卿表上》注引《汉仪注》作："郎中令主郎中，左右车将主左右车郎，左右户将主左右户郎也。"第727页。

② 参见廖伯源《从汉代郎将职掌之发展论官制演变》（原刊《历史语言研究所集刊》第六十五本第四分，1994年），修订稿收入所著《秦汉史论丛》（增订本），中华书局2008年版，第37—103页。

③ 黄今言：《汉代期门、羽林考释》（原刊《历史研究》1996年第2期），收入所著《秦汉史丛考》，经济日报出版社2008年版，第227—238页；杨鸿年：《汉魏制度丛考》"虎贲羽林"条，第152—170页；本书第二章第一节。

④ 卫宏《汉官旧仪》称"期门骑者，陇西工射猎人及能用五兵材力三百人，行出会期门下，从射猎，无员，秩比郎从官，名曰期门郎"（孙星衍等辑：《汉官六种》，周天游点校，第34页）。《汉书》卷六五《东方朔传》又云"八九月中，与侍中、常侍武骑及待诏陇西北地良家子能骑射者期诸殿门，故有'期门'之号自此始"（第2847页）。

⑤ 原按："宋钱文子《补汉兵志》引此文，'羽林'下有'从官七百人'五字，'自给'下有'鞍马'二字，盖旧本脱此七字。又，《汉书》如淳注引《汉仪注》亦云'羽林从官七百人'"。卫宏撰，纪昀等辑：《汉官旧仪》，收入孙星衍等辑《汉官六种》，周天游点校，第35页。

⑥ 《续汉书·百官志二》，第3576、3578页。

⑦ 《太平御览》卷二四三《职官部四一》引《汉官仪》"羽林父死子继，与虎贲同"。孙星衍等辑《汉官六种》，周天游点校，第131页。《续汉书·百官志二》刘昭注补引荀绰《晋百官表注》"虎贲诸郎，皆父死子代，汉制也"，第3574页。

## 第一章 武官制度的演进

郎将属光禄勋",① 出现"五郎将"的说法。纪昀即指出"上文五官、左、右三中郎将。此言五郎将者，盖并虎贲、羽林二中郎将，为五也"。

汉初，卫尉、中尉秩二千石，丞六百石。《百官表》所记均秩中二千石，丞升至千石，且于司马、候、士吏之外，复增其他属官。而相关较大变化，是城门校尉与八校尉的增设。《玉海》卷一三七《兵制》"汉城门屯兵"条引环济《要略》：

> 城门校尉，高帝置，从缇骑百二十人，武帝始增屯兵。②

《汉书》卷六《武帝纪》记征和二年（前91）秋七月"壬午，太子与皇后谋斩充，以节发兵与丞相刘屈氂大战长安，死者数万人。庚寅，太子亡，皇后自杀。初置城门屯兵。更节加黄旄"，同书卷六六《刘屈氂传》复云"以太子在外，始置屯兵长安诸城门"。所谓"初置城门屯兵""始置屯兵长安诸城门"，与《要略》记载可相对照。相关设置是发生"巫蛊之祸"，太子外逃，出于加强京城警备的考虑。城门校尉在武帝末年增设屯兵后，军事力量大为加强。

八校尉情况则如《汉书》卷二三《刑法志》所云"京师有南北军之屯。至武帝平百粤，内增七校"。颜注引晋灼曰"《百官表》中垒、屯骑、步兵、越骑、长水、胡骑、射声、虎贲，凡八校尉，胡骑不常置，故此言七也"。城门屯兵不属北军，③ 但"七校"作为"内增"，则成为其重要组成。西汉后期未曾如东汉改八校尉为五校尉，但文献中少言八校尉。④ 更多是称"五校"。⑤

---

① 卫宏撰，纪昀等辑：《汉官旧仪》，卫宏撰，孙星衍辑：《汉官仪》，均收入孙星衍等辑《汉官六种》，周天游点校，第34、65页。
② 王应麟：《玉海》，江苏古籍出版社、上海书店1987年影印本，第4册，第2547页。
③ 《汉书》卷五九《张汤传附子安世传》"更为卫将军，两宫卫尉，城门、北军兵属焉"，第2648页。
④ 唯《汉书》卷六九《赵充国传》记宣帝时平羌，"有诏将八校尉与骁骑都尉、金城太守合疏捕山间虏，通转道津渡"。王先谦补注："八校尉，中垒、屯骑、步兵、越骑、长水、胡骑、射声、虎贲。"《汉书补注》，第1316页下栏。
⑤ 征行如《汉书》卷九《元帝纪》"秋七月，西羌反，遣右将军冯奉世击之。八月，以太常任千秋为奋威将军，别将五校并进"，同书卷五四《李广传附孙陵传》"数年，汉遣贰师将军伐大宛，使陵将五校兵随后"；驻京则如《汉书》卷七《昭帝纪》"孝文庙正殿火……发中二千石将五校作治"，第290、2451、230页。

87

《汉书》卷六八《霍光传》又记"发材官轻车北军五校士军陈至茂陵，以送其葬"，称"北军五校士"。① 学者有注意此问题，并认为"西汉北军五校在兵种上包括辎重（中垒校尉）、骑兵（屯骑校尉）、步兵（步兵尉）、弓弩（射声校尉）、轻车（虎贲校尉），构成一支兵种齐全的集团军"，② 可为一说。清人对此已有论及，上引《昭帝纪》条王先谦补注引王祎曰"五校谓中垒、屯骑、越骑、射声、虎贲也"。③ 按《百官表》所记八校尉中，"步兵校尉掌上林苑门屯兵"，"长水校尉掌长水宣曲胡骑"，"又有胡骑校尉，掌池阳胡骑，不常置"，皆驻屯在长安城外。④《汉书》卷六六《刘屈氂传》记"巫蛊之祸"，戾太子起兵，"使长安囚如侯持节发长水及宣曲胡骑"。行动失败后，复有"太子召监北军使者任安发北军兵，安受节已，闭军门不肯应太子"事。这显示八校尉由各自校尉所统，具有一定独立性。屯驻城外的长水、宣曲胡骑，与京城内的北军部队在狭义上还有所区别。故这里倾向"五校"主要指诸校尉中屯驻京城之内者。

至于北军的统领者，传统观点一直认为是中尉："北军属中尉统领"，"中尉后改名执金吾，中尉或执金吾所部为北军"。⑤ 按西汉至武帝时增设诸校尉，并于太初元年（前104）改中尉为执金吾。故相关问题仍需检讨。《百官公卿表》记执金吾一如中尉徼巡京师，但明显与八校尉分在两处列举，彼此不相属。文献中其他地方，也很少见执金吾与诸校尉一起论说者。而中尉之下的中垒令、丞，与中垒校尉在职名上亦有分别。⑥ 关于

---

① 有学者将"北军五校士"断作"北军、五校"（按原文引"校"下并脱"士"字），以"北军和五校并列，正说明北军和五校有别"，"当时八校尉和北军并不等同"（臧知非：《试论汉代中尉、执金吾和北军的演变》，《益阳师专学报》1989年第2期），还可讨论。东汉时，"北军五校"一称习见，而"北军五校士"，亦见于《后汉书》卷一六《邓禹传附孙鹭传》、卷二四《马援传附兄子严传》、卷六四《卢植传》、卷六九《窦武传》、卷八九《南匈奴传》、《续汉书·天文志中》等，为习惯用语，当连读。五校士即属北军。
② 张焯：《汉代北军与曹魏中军》，《中国史研究》1994年第3期，第19页。
③ 王先谦：《汉书补注》，第107页上栏。
④ 相关又参见程大昌《雍录》卷八"汉南北军及畿内军制"条，黄永年点校，第173页。
⑤《中国大百科全书·中国历史》（缩印本），中国大百科全书出版社1997年版，第456页。较有影响者又如贺昌群《汉初之南北军》（原刊《中国社会经济史集刊》第5卷第1期，1937年），收入《贺昌群文集》第一卷《史学丛论》，商务印书馆2003年版，第288—296页；熊铁基《秦汉军事制度史》第二章，广西人民出版社1990年版，第65—68页，等等。
⑥ 劳榦指出："过去北军的营垒就用来住新添各校，在这种情况之下，中垒校尉也就独立成为一校。执金吾所属的小型营垒，就另设一个中垒令来掌管。但在文景时代，中垒令和中垒校尉，应当本是一官的。"可供参考。《论汉代的卫尉与中尉兼论南北军制度》，第458页。

督领北军者，虽有护北军使者、直属皇帝、大司马大将军等多种情况，① 但武帝以后，北军的主要构成已为八校尉所统诸校。据《百官表》，八校尉紧接城门校尉之后叙述，实未言有设专门官员统领。而在具体列举八校尉时，又是以中垒校尉居首，并提到职权为"掌北军垒门内，外掌西域"，相关权力明显较大。前论也曾提到，八校尉、特别京城之外者有相当独立性。故除皇帝因需委派专人监护外，北军主体、特别是京城之内者，日常当主要受中垒校尉节制。②《续汉书·百官志四》记东汉五校尉"右属北军中候"，本注即提到"旧有中垒校尉，领北军营垒之事"。

## 五  东汉中央宿卫武官的演进

《续汉书·百官志三》记东汉省内中常侍、黄门诸官，较之前更显具体，某种程度凸显这一时期省内职官的地位与作用。宦者系统中具体宿卫、值守者是中黄门冗从，长官为中黄门冗从仆射，秩六百石。《百官志》本注曰"宦者。主中黄门冗从。居则宿卫，直守门户；出则骑从，夹乘舆车"，即日常守卫省门、户，负责省内安全；皇帝出行时形成灵活意义上省中、禁中，省中宿卫"出则骑从，夹乘舆车"。

光禄勋所统分文属、职属两系统。奉车、驸马、骑三都尉，诸大夫，议郎、谒者等文属光禄勋，关系较远。直接关涉的是"职属光禄勋者""凡七署"：五官、左、右中郎将，虎贲中郎将，羽林中郎将及羽林左、右监。东汉"省车、户、骑凡三将，及羽林令"。中郎、侍郎、郎中皆归入五官、左、右中郎将的相应系统。严耕望早年制有组织系统表，③ 前后变化，一目了然。西汉武帝所增设期门、羽林，逐步由相应中郎将所统。东汉，期门改称虎贲，长官虎贲中郎将，比二千石，又有左右仆射、左右陛长各一人，比六百石。虎贲郎亦比照之前诸郎，出现细致的郎吏分层："虎贲中郎，比六百石。虎贲侍郎，比四百石。虎贲郎中，比三百石。节从虎贲，比二百石"。西汉宣帝时，羽林已改由中郎将、骑都尉监护；及

---

① 邹本涛：《西汉南北军考辨》，《中国史研究》1988年第1期；臧知非：《试论汉代中尉、执金吾和北军的演变》，第45页；张焯：《汉代北军与曹魏中军》，第16页。
② 杨鸿年：《汉魏制度丛考》，第180页；李炳泉：《西汉中垒校尉"外掌西域"新证》，《西域研究》2004年第3期。
③ 严耕望：《秦汉郎吏制度考》（原刊《历史语言研究所集刊》第二十三本上，1952年），收入《严耕望史学论文选集》，中华书局2006年版，第292页。

至东汉，则直接由羽林中郎将统领。羽林郎仅有比三百石一种，属郎中一级，地位较低。又有"给事羽林郎一人，比羽林将虎贲官骑下"。①两汉之间，中郎将系统逐渐占据主体并统合诸郎。

京师宿卫之外，中郎将多代表中央出使执行任务，在征伐、驻守诸方面，有瞩目表现。西汉已派中郎将出使匈奴，协调处理相关事务。东汉更专置使匈奴中郎将驻西河美稷，监护南匈奴。两汉使匈奴的中郎将类似西域都护，相关副职亦称副校尉。②至于领兵征伐者身份，中郎将所占比重也一直在增长。西汉外出征、屯的领兵长官，昭帝以前基本为将军，后期将军仅占一半。③而帝国建立后的郎将领兵，原本十分少见，《汉书》卷六《武帝纪》提到一例："元封二年（前109），……又遣将军郭昌、中郎将卫广发巴蜀兵平西南夷未服者"，且位居将军后一并叙述。学者有指出："郎将外派领兵作战，东汉较西汉更多；西汉郎将外出领兵征伐，多为将军之部将，东汉领兵出征之郎将则多为一军之主帅，或为使者监军。"④征诸文献，这里所言"郎将"，实际具体指中郎将，即"安、顺以后，中郎将渐成为主要之领兵征伐将领。"⑤

据《续汉书·百官志二》本注，东汉卫尉系统主要省去旅贲令。《汉书》卷一九上《百官公卿表上》卫尉"属官有公车司马、卫士、旅贲三令丞"。颜注："旅，众也。贲与奔同，言为奔走之任也"，日常应负责宫内徼巡。⑥而《百官志》提到东汉有左、右都候。本注曰"主剑戟士，徼循宫，及天子有所收考"。按西汉初年官印有"都候"（74），西汉中后期亦见有"都候之印"（164、165）、"都候丞印"（166）、"都候"（475）。⑦考虑到西汉军事组织中，其他名"候"职官，多未见称"都候"者，上述应与卫尉有关。都候可能在西汉已设。它统率的剑戟士，

---

① 《续汉书·百官志四》刘昭注补引丁孚《汉仪》，第3606页。
② 《汉书》卷七八《萧望之传》有萧育、萧由；《汉书》卷九四下《匈奴传下》有韩容、公乘音、甄阜、戴级；《后汉书》卷八九《南匈奴传》有王郁、来苗。
③ 廖伯源：《从汉代郎将职掌之发展论官制演变》，第59页。
④ 廖伯源：《从汉代郎将职掌之发展论官制演变》，第69页。
⑤ 廖伯源：《使者与官制演变：秦汉皇帝使者考论》卷十，文津出版社2006年版，第255—257页。
⑥ 汉长安城未央宫遗址骨签涉及"卫尉旅贲令"，所下辖工官有对弩兵的装配、修理。吴荣曾：《西汉骨签中所见的工官》（原刊《考古》2000年第9期），收入所著《读史丛考》，中华书局2014年版，第166页。
⑦ 罗福颐主编：《秦汉南北朝官印征存》卷二、三，第15、30—31、84页。

## 第一章　武官制度的演进

亦主要负责"徼循宫"。这样看来，东汉省旅贲令，应属职能近似职官的重新整合，而非简单替代或减省。

《续汉书·百官志》、《郡国志》刘昭注补引《汉官》，对东汉卫尉系统的人员配置，曾有较全面反映：

> 卫尉：员吏四十一人，其九人四科，二人二百石，三人文学百石，十二人斗食，二人佐，十三人学事，一人官医。卫士六十人。
> 南宫卫士：员吏九十五人；卫士五百三十七人。
> 北宫卫士：员吏七十二人；卫士四百七十二人。
> 右都候：员吏二十二人；卫士四百一十六人。
> 左都候：员吏二十八人；卫士三百八十三人。
> 南宫南屯司马：员吏九人；卫士百二人。
> （北）宫门苍龙司马：员吏六人；卫士四十人。
> 玄武司马：员吏二人；卫士三十八人。
> 北屯司马[①]：员吏二人；卫士三十八人。
> 北宫朱爵司马：员吏四人；卫士百二十四人。
> 东明司马：员吏十三人；卫士百八十人。
> 朔平司马：员吏五人；卫士百一十七人。
> 凡七门：凡员吏皆队长佐。[②]

可以看到，卫尉及属官除领有员吏之外，均分别配备数量不等的卫士。其中，"南宫南屯司马"以下七司马，属"宫掖门，每门司马一人，比千石"一类，分驻洛阳城中南、北宫七门。

"南宫南屯司马"，《续汉书·百官志二》本注曰"主平城门"。按"平城门"为洛阳城十二城门中正南之门。《续汉书·百官志四》本注曰"雒阳城十二门，其正南一门曰平城门"。城门校尉掌洛阳城门，每门设门候一人，秩六百石。但"平城门，北宫门，属卫尉"，由卫尉所属司马

---

[①] 《交阯都尉沈府君神道阙题字》东阙题"汉谒者北屯司马左都候沈府君神道"（172）。永田英正编：《漢代石刻集成　［圖版·釋文篇］》，同朋舍1994年版，第318—319页。

[②] 《续汉书·百官志二》及李贤注引，第3379—3380页；又见孙星衍辑《汉官》，收入《汉官六种》，周天游点校，第3—4页。孙辑本"右都候""左都候"，误作"右都侯""左都侯"。周天游未径改，乃下案语并出校记说明。

屯驻。刘昭注补引《汉官秩》即云：

> 平城门为宫门，不置候，置屯司马，秩千石。

显示出平城门的特殊性。所谓"置屯司马"，应当就是指南宫南屯司马。而文献中也多是将平城门与南宫连称。《续汉书·五行志一》记桓帝世：

> 永康元年（155）十月壬戌，南宫平城门内屋自坏。

又，《续汉书·五行志一》云：

> 灵帝光和元年（178），南宫平城门内屋、武库屋及外东垣屋前后顿坏。蔡邕对曰："平城门，正阳之门，与宫连，郊祀法驾所由从出，门之最尊者也。……"

此事又见《后汉书》卷八《灵帝纪》，作："南宫平城门及武库东垣屋自坏。"同样称"南宫平城门"。而较蔡邕"平城门""与宫连"说法稍早，和、顺之际李尤作《平城门铭》已云：

> 平门督司，午位处中。外临僚侍，内达帝宫。正阳南面，炎暑赫融。①

这些均有助于增进对《汉官秩》"平城门为宫门"的理解。平城门向北直通南宫，进入平城门即属进入南宫区域。故平城门虽为洛阳城城门，但它在东汉时期的更主要属性，是南宫南门所在。

"宫门苍龙司马"，刘昭注补："案《洛阳宫门名》为苍龙阙门。"中华书局点校本所据底本宋绍兴本，"宫"上有"北"字。校勘记云："据汲本删。按：《校补》谓北宫三门，另列在后，此皆南宫门，不应有'北'字。"② 此判断较为允当。唯论据尚可补充。永乐大典本《河南志》

---

① 《太平御览》卷一八三《居处部一一》"门"条，第891页。"平门督司，午位处中"，《续汉书·百官志四》刘昭注补引作"平城司午，厥位处中"，第3610页。

② 《续汉书·百官志二》，第3586页。

## ∽ 第一章 武官制度的演进 ∾

"后汉城阙古迹"条,"南宫"有"朱雀、苍龙、白虎、玄武阙、北阙","北宫"复有"朱雀、苍龙、白虎、玄武阙"。① 故上引"苍龙司马""玄武司马"与"朱爵司马"不一定围绕一宫屯卫。又,《后汉书》卷三三《冯鲂传》"明年,东巡郡国,留鲂宿卫南宫"。李贤注引《东观记》曰:

> 敕鲂车驾发后将缇骑宿玄武门复道上,领南宫吏士,保给床席,子孙得到鲂所。②

所谓"宿卫南宫",与"将缇骑宿玄武门复道上,领南宫吏士"语对应。上引主东门的"(北)宫门苍龙司马"条下,紧接即为此主玄武门的玄武司马。这里所言"玄武"门,具体指洛阳南宫北面之门,且位于南、北宫相连接的复道南端。故这里出现的"苍龙阙门",相应或位于南宫东面。

由上,东汉卫尉所统,守卫洛阳南宫宫门有司马4人,分别在南宫南门延伸线、东门及北面二门处屯兵。守卫北宫宫门有司马3人,分别在北宫南、东、北门处屯兵。南宫除南屯司马领士百余人外,其他几门多在40人左右。而北宫三司马领卫士均在百人以上。这里尝试将卫尉所统卫士分布,粗略还原到洛阳宫城的空间格局中,③ 具体参见图1—2:④

此外,卫士除卫尉系统所统外,也进一步散配它司。《汉官》又

---

① 徐松辑:《河南志》,高敏点校,第42、47页。
② 《东观汉记》下文且有"诏曰'南宫复道多恶风寒,左右老人居之且病痹。内者多取帷帐,东西完塞诸窗,望令致密'"语。刘珍等撰,吴树平校注:《东观汉记校注》卷一五,中华书局2008年版,第598页。
③ 南宫位置除学界主流意见外,陈鸣华倾向在雍门、中东门以北。《东汉南宫考》,《中国史研究》2004年第2期。
④ 《续汉书·百官志二》本注曰"北宫朱爵司马,主南掖门",刘昭注补引《古今注》"永平二年(59)十一月,初作北宫朱爵南司马门",第3580页。又,《后汉书》卷二《明帝纪》记永平三年(60),"起北宫及诸官府";永平八年(65),"冬十月,北宫成",第107、111页。对照洛阳城简图,洛阳城南面西数第二门为"小苑门"。学界考证北宫南掖门为面朝"小苑门"向北延伸道路而开。渡邉将智"东汉和帝朝以降洛阳城未央宫与诸宫的概念图"。《东汉洛阳城内皇帝与官员的政治空间》(原刊《史學雜誌》119-12,2010年),收入《中国中古史研究:中国中古史青年学者联谊会会刊》(第三卷),中华书局2013年版,第77页。又,前引《汉官》记卫尉属吏,涉及南、北宫时,均为先南后北的顺序。北宫条下,只有三门司马。而南宫条下则多出"北屯司马"。前引《河南志》"南宫"有"朱雀、苍龙、白虎、玄武阙、北阙","北屯司马"与南宫"北阙"关系密切。不过,南宫先于北宫建成。"北屯司马"员吏、卫士人数,又恰与守卫南宫北面复道南端的"玄武司马"完全一致,且均数量较少。考虑到"南屯司马"实在南宫向南延长线的平城门处,"北屯司马"相应亦在南宫北面向北延长线上,即南北宫复道北端的可能性,也需要考虑。

93

提到：

太宰："卫士一十五人"；
高庙："卫士一十五人"；
世祖庙："卫士二十人"；
光禄勋："卫士八十一人"。①

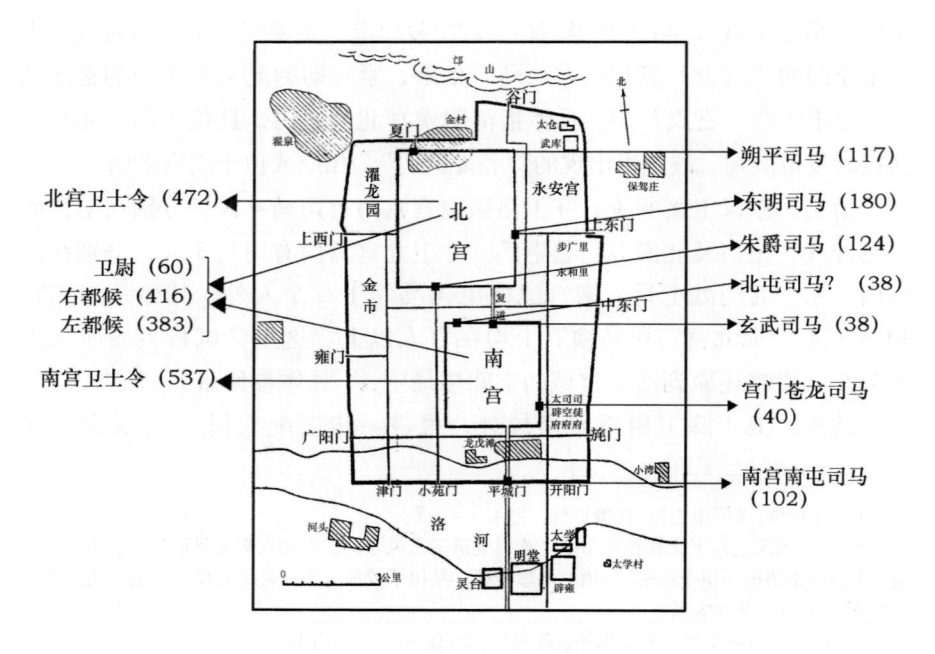

**图1—2　东汉洛阳卫尉屯巡示意图**

注：据王仲殊《汉代考古学概说》"东汉雒阳城平面示意图"（中华书局1984年版，第18页）改绘

《汉书》卷七三《韦贤传》记"而昭灵后、武哀王、昭哀后、孝文太后、孝昭太后、卫思后、戾太子、戾后各有寝园，与诸帝合，凡三十所。一岁祠，……用卫士四万五千一百二十九人"。西汉后期皇室寝庙的祭

---

① 孙星衍等辑：《汉官六种》，周天游点校，第2页。

## 第一章　武官制度的演进

祀、维护，已广泛使用卫士。这里"太宰""高庙""世祖庙"条下所记卫士，性质与上引"卫尉"所统 60 人近似，是为主管官员配备的卫兵。而统郎吏的光禄勋，身旁亦有卫士跟从。①

宫外的中尉系统，官属省并较多。《北堂书钞》卷五四《设官部六》引《汉旧仪》：

> 执金吾车驾出，从六百骑，走六千二百人。②

按"六"或为"卒"字之讹。③ 孤证虽不为定说，然"千二百人"之规模，不由使人联想刘秀年轻时于长安"见执金吾车骑甚盛"，以致大发感慨的典故。《续汉书·百官志四》记东汉执金吾之日常武装，只有"缇骑二百人"。刘昭注补引《汉官》作"执金吾缇骑二百人，持戟五百二十人"。原来领属的武库、中垒、寺工、都船四官，及左右京辅都尉，只保留有武库令、丞。按西汉武帝元鼎四年（前 113）置左、右、京辅都尉，为京兆尹、左冯翊、右扶风三郡的郡都尉。而中尉主管京师徼循，亦统领之。东汉省郡都尉，职并太守。中尉系统的左右京辅都尉出现减省，或许与此有关。④ 与此相伴，中尉军事职能进一步减弱，本注仅曰"掌宫外戒司非常水火之事。月三绕行宫外，及主兵器"。

武帝迄东汉，伴随执金吾官属减少，城门校尉与北军诸校尉则有发展。西汉八校尉至东汉改为五校尉，省中垒校尉而改置北军中候以监。西汉诸校尉属吏有丞、司马，至东汉仅见"司马一人，千石"。所统兵士数量也有削减。李贤注引《汉官》记各校尉"领士七百人"，唯长水校尉领乌桓胡骑 736 人。不过，诸校尉在东汉仍很活跃。《太平御览》卷二四二

---

① 张家山汉简《二年律令·秩律》有"司空及衞〈卫〉官、校长百六十石"（四六四）。李昭毅认为此当连读作"衞〈卫〉官校长。""卫官校长疑是汉初统属于卫尉官署，但配置于中都官署和宗庙陵园，负责统率配属的卫士，执行禁捕盗贼任务的小吏"。《试释〈二年律令·秩律〉所见卫尉五百将、卫尉士吏和卫官校长》，第 51 页。

② 孙星衍等辑：《汉官六种》，周天游点校，第 91 页。又，孙星衍复辑此条入《汉官仪》，非是。周天游校勘记："孔本《书钞》卷五四引作《汉旧仪》"，第 169 页。

③ 此承徐冲提示。

④ 卫宏《汉官旧仪》有"宫司马、诸队都候领督盗贼，属执金吾"的说法。所记是否属西汉情形，尚待考察。至少据上述卫尉讨论，东汉南、北宫七司马并左、右都候，均属卫尉所统。

《职官部四〇》引应劭《汉官仪》记东汉"羽林者……其后简取五营高才，别为左、右监，监羽林左、右骑"。① 羽林骑，实从北军五营兵中选拔。又，《太平御览》卷六八〇《仪式部一》引应劭《汉官仪》"旧曰羽林郎为旄头，放发驱，今但用营士"，② 应是对大驾出行卤簿配置变动的记录。孙星衍校辑《汉官仪》二卷置此条于天子卤簿诸文下，是适宜的。原本持旄头、披发前驱的羽林郎，此时亦被诸校尉所统兵士取代。

此外，汉代在西域设都护，最初为加官，以骑都尉、谏大夫"都护"诸国，后来成为固定职务。《百官表》言都护下有副校尉，学者考证，此为"使副都护西域校尉"或"都护西域副使者校尉"的简称，换言之，乃是以校尉担任西域都护副使。③ 故西域都护大体属校尉一级。西汉八校尉之首中垒校尉，"外掌西域"。据新获敦煌悬泉汉简，在西域领护屯田的渠犁校尉、戊己校尉兵士，多有服完役调而返回北军者。④ 故西域诸校尉与北军实有密切联系。而督护北边内属外族的领护武职，除度辽将军及使匈奴中郎将外，主要是护乌桓校尉、护羌校尉。大庭脩曾就此形象说到："这么多带有特殊性任务的校尉的设置，类似于新设了一批所谓的独立大队。"⑤

### 六  汉末军制变动：中郎将与校尉

东汉末年，黄巾四起，中郎将、校尉系统在京师宿卫与出师征伐上，又有进一步变化。

中平元年（184）春二月，黄巾起，"三月戊申，以河南尹何进为大将军，将兵屯都亭"，坐镇中央，拱卫京师。而面对汹涌的民众反抗浪潮，中央出兵征讨的具体部署则是"遣北中郎将卢植讨张角，左中郎将皇甫嵩、右中郎将朱儁讨颍川黄巾"。⑥《后汉书》卷七一《皇甫嵩传》

---

① 《太平御览》，第1148页上栏。按：孙星衍辑入《汉官仪》，但"监羽林左右骑"句仅存"羽林"二字。孙星衍等辑《汉官六种》，周天游点校，第131页。
② 《太平御览》，第3034页下栏。《后汉书》卷一下《光武帝纪下》引《汉官仪》作"旧选羽林为旄头，被发先驱"，第79页。文意更显通达。又，"旄头"发式的解说，参见孙机《汉代物质文化资料图说》（增订本）"59 服饰Ⅱ 武士的弁、冠与头饰"，上海古籍出版社2008年版，第270—272页。
③ 李炳泉：《两汉"西域副校尉"略考》，《史学月刊》2008年第12期。
④ 参见李炳泉《西汉中垒校尉"外掌西域"新证》，《西域研究》2004年第3期。
⑤ 大庭脩：《秦汉法制史研究》第四篇第三章，林剑鸣等译，上海人民出版社1991年版，第386页。
⑥ 《后汉书》卷八《灵帝纪》，第348页。

## 第一章 武官制度的演进

亦云"以嵩为左中郎将，持节，与右中郎将朱儁，共发五校、三河骑士及募精勇，合四万余人，嵩、儁各统一军，共讨颍川黄巾"。至元年六月，"拜（董卓）东中郎将，持节，代卢植击张角于下曲阳"，[①] 还进一步出现了东中郎将。以往研究，多将这些作为魏晋以下四方中郎将上溯的源头，固然不误。不过，如从西汉中郎将自身的发展来看，这正是汉代中郎将系统活跃与发展的体现。而由此以往，左、右、北、东中郎将，又是名目多样杂号中郎将设立的先声。至献帝建安年间，曹操掌控北方政局，中郎将系统得到进一步发展，先后出现典农中郎将、度支中郎将、司金中郎将、司律中郎将等名目。[②] 要言之，东汉末年，中郎将的发展进入新阶段。在征伐平叛的过程中，各类杂号中郎将大量衍生。据学者统计，中郎将名号泛滥后，种类有四十多个。[③]

中平五年（188），校尉系统的较大变化也出现了。《后汉书》卷八《灵帝纪》记"八月，初置西园八校尉"，由居首的上军校尉蹇硕统之。[④] 蹇硕原为小黄门，宦者得统新设之西园军，凸显省中势力的扩展。而北军五校尉外另设新军，却仍然选择建设新的校尉系统，无疑值得注意。[⑤]《后汉书》卷六九《何进传》云"帝以蹇硕壮健而有武略，特亲任之，以为元帅，督司隶校尉以下，虽大将军亦领属焉"。大将军"亦领属"于上军校尉，显示京师宿卫改革以校尉系统为主、为重的特征。西园八校尉虽因汉末宦官、外戚、士大夫群体间激烈的斗争而存在不长，[⑥] 但却对杂号校尉随后的出现多有影响。校尉系统这一层面的变化，清人钱大昕已有注意："灵帝置西园八校尉……自后校尉渐多。"[⑦] 相关变化如与中郎将相较，实有相似一面。在此过程中，中郎将—校尉—都尉的高下序列，也逐渐凸显。《续汉书·百官志三》刘昭注补引《魏志》"曹公置典农中郎将，

---

[①]《后汉书》卷七二《董卓传》，第2320页。
[②] 张金龙：《魏晋南北朝禁卫武官制度研究》第三章，中华书局2004年版，第70页。
[③] 详细名目参见廖伯源《从汉代郎将职掌之发展论官制演变》"附录四 东汉郎将表"，第85—103页。
[④] 八校尉具体情况参见《后汉书》卷六九《何进传》，及同书卷八《灵帝纪》、卷七四上《袁绍传》裴注引《山阳公载记》，第2247、356、2374页。
[⑤] 大庭脩即言"应该注意的是，东汉末年新设的军，是由校尉统率的组织"。参见所著《秦汉法制史研究》第四篇第三章，林剑鸣等译，第390页。
[⑥] 相关论述参见张金龙《魏晋南北朝禁卫武官制度研究》第三章，第72页。
[⑦] 钱大昕：《廿二史考异》卷一七，方诗铭、周殿杰点校，第302—303页。钱氏并据《后汉书》《三国志》列举有杂号校尉31种，具体任职者34人。

秩二千石。典农都尉，秩六百石，或四百石。典农校尉，秩比二千石。所主如中郎。部分别而少，为校尉丞"。同一系统职官，中郎将稍高于校尉，而校尉高于都尉。曹魏宿卫之精锐为典韦所统亲兵与许褚所领虎士。①《三国志》卷一八《魏书·典韦传》云"拜韦都尉，引置左右，将亲兵数百人，常绕大帐。……迁为校尉"。同卷《许褚传》又载"即日拜都尉，引入宿卫，诸从褚侠客，皆以为虎士。……迁校尉。……迁武卫中郎将，武卫之号，自此始也。……迁中坚将军"。曹丕受禅建魏，许褚进一步迁为武卫将军。二人的晋升情形为：都尉—校尉，都尉—校尉—武卫中郎将—中坚将军—武卫将军。何兹全早年指出："曹魏王国是由曹操集团发展起来的，故曹魏军制除承受两汉传统军制的影响外，尚承受曹操集团在建安时代的发展的结果。"② 所言颇是。而从军事组织本身的发展脉络看，曹魏禁卫武官多有从将军下属迁转为校尉，并在建立霸府或受禅称帝时，相应晋级为中郎将、将军的情形。

秦依照殿省、宫城格局，由内而外已形成四重宿卫体系。军事力量分别由宦者、宦皇帝者、番上兵士及京师地区兵士组成。两汉宫省中出现的"掖门"，主要指宫门司马门旁边的宫门掖门。郎中令实际并不负责掖门宿卫。武帝以降，京师宿卫中的郎吏以郎中为主到以中郎为重，中郎将系统逐渐占据主体并整合诸郎。而校尉系统也日益发展。在"中外朝"背景下，这些武职的发展与皇权扩张关系密切。光武中兴，中郎将、校尉系统继续活跃，至汉末呈现进一步变化。

## 第四节　秦汉"内史—诸郡"武官演变考
### ——以军国体制向日常行政体制的转变为背景

本章前三节对中央的相邦、丞相、太尉、将军、宿卫武官的演变进行了讨论，下面我们把视野转向地方。

---

①　何兹全：《魏晋的中军》（原刊《历史语言研究所集刊》第十七本，1948 年），收入所著《读史集》，上海人民出版社 1982 年版，第 245 页。

②　何兹全：《魏晋的中军》，第 244 页。

## 第一章　武官制度的演进

秦政的确立及向汉政演变，有着由"军国体制"向"日常行政体制"转变的宏大背景。而地方武官制度在这一时期的发展演进，是认识相关问题的重要线索。学界以往对地方武官及军事组织的积累较为丰厚，但多综论地方武官或是对边郡军事组织的专题研究，[①] 且以静态分析为主。这里则对地方武官系统作内史、内郡、边郡的区分，选择从"内史—内郡—边郡"的角度，对秦汉地方武官制度作历时性的动态考察，以期增进对国家体制由"战国模式"向"帝国模式"转型的理解。

### 一　秦及汉初"内史—诸郡"武官的平等格局

《汉书》卷一九上《百官公卿表上》记郡级官吏简要，言郡守有丞，边郡有长史；郡尉，有丞，[②] 凸显郡中最重要的是两官：守、尉。郡守兼文武，郡尉"佐守典武职甲卒"，军事色彩突出。秦时郡长吏为三：守、尉、监。郡尉、监始设，并非郡守的单纯佐官、监官，而是另外的组织机构。秦郡守称府，郡尉称府，而郡监亦称府。[③] 秦封泥有"三川尉印""东郡尉印""河间尉印"。[④] 汉初《二年律令·秩律》依秩级等次载录职

---

[①]　参见绪论"研究史回顾"相关部分。
[②]　《汉书》，中华书局1962年点校本，第742页。
[③]　里耶秦简中"尉府"（8-98、8-247、8-1517）多见，而写有郡名及与太守府对应者，亦有不少。如"☐一诣苍梧尉府一南郑·☐☐☐"（8-376）、"狱南书一封丞印诣洞庭尉府卅三年十一月癸酉夕☐"（8-1823），及"尉曹书二封迁陵印一封诣洞庭泰守府一封诣洞庭尉府"（8-1225）、"☐☐陵印一洞庭泰守府一洞庭尉府·九月逢"（8-1474正）。郡监资料，则如里耶简"到监府事急☐"（8-1006），"书迁陵，迁陵论言问之监府致毄（系）瘥临沅"（8-1032），"监府书迁【陵】☐"（8-1644）等。湖南省文物考古研究所：《里耶秦简〔壹〕》，文物出版社2012年版，释文15、25、74、29、86、64、72、57、58、80页。岳麓书院藏秦简二十七年质日"辛巳，腾会建监府""辛丑，腾去监府视事"［相关又可参考游逸飞《守府、尉府、监府——里耶秦简所见郡级行政的基础研究之一》，武汉大学简帛研究中心主办《简帛》（第八辑），上海古籍出版社2013年版，第229—238页；陈松长《岳麓书院所藏秦简综述》，《文物》2009年第3期，第77页］，亦当与郡监府有关。
[④]　周晓陆、路东之：《秦封泥集》，三秦出版社2000年版，第251页；陈晓捷、周晓陆：《新见秦封泥五十例考略——为秦封泥发现十周年而作》，《碑林集刊》第11辑，2005年，第315—317页。辛德勇已将河间列入可能存在秦郡之列（《秦汉政区与边界地理研究》，中华书局2009年版，第88页）。按《秦封泥集》有"河间太守"封泥，而秦玺印、封泥中很少见县尉印，作"○（县）尉印"者更少，故将"河间尉印"归入郡尉印。又，秦封泥同时见有"齐中尉印""齐左尉印"（周晓陆、路东之：《秦封泥集》，第261—262页）。资料时代存疑，暂不纳入讨论。

官，内史、诸郡武官设置实有非常瞩目一面：[1]

  内史，……中尉，……备塞都尉，郡守、尉，……秩各二千石。（四四〇、四四一）

  ……中司马，郡司马，骑司马，中轻车司马，备盗贼，关中司马□□关司☑司马，衛〈卫〉尉司马，秩各千石，丞四百石。·丞相长史正、监，衛〈卫〉将军长史，秩各八百石。二千石尉丞六百石。（四六八、四四四）[2]

  中发弩、枸（勾）指发弩，中司空、轻车、郡发弩、司空、轻车，秩各八百石，有丞者三百石。·卒长五百石。（四四五）

  中候，郡候，骑千人，衛〈卫〉将军候，衛〈卫〉尉候，秩各六百石，有丞者二百石。（四四六）[3]

内史、中尉从职事看，关系颇似郡守与郡尉。西汉早期，这方面情形更显突出。中尉所统除视作中央第四重宿卫力量外，主管内史地区军事。[4] 同内史类似，它既是中央职官，一定意义上也属地方长吏。上文所引，是将内史与诸郡职官置于一起叙述的。此阶段，内史、中尉、郡守、郡尉皆秩二千石，不仅内史、中尉同秩，郡守、郡尉同秩，[5] 而且内史与诸郡长吏亦完全同秩。这无疑应引起研究者特别注意。尹湾汉简记成帝时东海郡郡尉秩级，已为真二

---

[1] 近年代表性成果为廖伯源《汉初郡长吏考》，《国学学刊》2009 年第 1 期；廖伯源：《汉初郡长吏杂考》，《汉学研究》第 27 卷第 4 期，2009 年。两文主要结合文献对张家山汉简《二年律令·秩律》所见郡级职官进行了分析。

[2] 《秩律》简四四三、四四二、四六八、四四四的编排，参见郭洪伯《张家山汉简〈二年律令·秩律〉编连商兑》，卜宪群、杨振红主编《简帛研究二〇一二》，广西师范大学出版社 2013 年版，第 90—93 页；本书第一章第三节。

[3] 简文参见彭浩、陈伟、工藤元男主编《二年律令与奏谳书——张家山二四七号汉墓出土法律文献释读》，上海古籍出版社 2007 年版，第 258、291、260、262—263 页。

[4] 劳榦：《论汉代的卫尉与中尉兼论南北军制度》，《历史语言研究所集刊》第二十九本下，1958 年，第 449—450 页；严耕望：《中国地方行政制度史——秦汉地方行政制度》第二章，上海古籍出版社 2007 年版，第 98 页；臧知非：《试论汉代中尉、执金吾和北军的演变》，《益阳师专学报》1989 年第 2 期。

[5] 此类同秩，可与汉初卫将军、卫尉情形对照思考。《二年律令·秩律》在卫尉之外，复有卫将军。卫将军这里并不统领卫尉，两官同秩，皆为二千石，各领一个系统。卫将军置长史，秩级八百石；卫尉下辖有司马，千石，有丞，四百石，而无长史。前者所设长史，汉初御史大夫、丞相，东汉边郡亦称"郡将"的太守有置。后者则与郎中系统，中尉、郡尉系统更为接近。

## 第一章　武官制度的演进

千石，[①]《百官表》所记，则进一步降为比二千石。又据上引，中尉属官有中司马、骑司马、中轻车司马，应皆为千石，"丞四百石"；中发弩、枸（勾）指（盾）发弩、中司空、中轻车，秩皆八百石，"有丞者三百石"。又有中候、骑千人，秩皆六百石，"有丞者二百石"。与内史相对，西汉初郡尉下有郡司马、骑司马，秩皆千石，丞四百石，与中司马、卫尉司马同。又有郡发弩、郡司空、郡轻车，皆八百石，有丞者，三百石。复次则有郡候、骑千人，皆六百石，有丞者，二百石。边地军事要冲，另置备塞都尉，秩二千石，丞六百石。前后对照，可以清楚看到：中尉、郡尉系统不仅内部职官设置基本相同，而且从长吏到各级属吏的秩级，也是完全一致的。京师与诸郡在军事上没有高下之别。秦及西汉早期所置郡，或可看作中央内史地区的平行延伸，而非后来意义的"中央—地方"格局形态。

指称京师之"中"，多相对地方郡国而言。中尉所统属官情形，可为认识郡级军事组织提供进一步参考。《百官公卿表》记中尉"有两丞、候、司马、千人"，下文又言"属官有中垒、寺互"等等。相对属官云云，前面诸种似被视作属吏。与之对照，秦郡设司马，里耶秦简8-461木方提到有"邦司马为郡司马"事，紧接"郡尉"条书写。[②] 秦封泥有"东郡司马""临菑司马""琅邪司马""南阳司马"。[③] 又有候，封泥有"琅邪候印""城阳候印""南郡候印"；[④] 且郡候有丞，如"上郡候丞""恒山候丞"。[⑤] 秦郡候在官员或职位之外，可视作机构或组织。反推早期中尉所统中候，亦当类似。琅邪，依裴骃《集解》说，始皇廿六年初并

---

[①] 简文作"都尉一人秩真二千石"（一反）。连云港市博物馆等编：《尹湾汉墓简牍》，中华书局1997年版，第79页。

[②] 湖南省文物考古研究所：《里耶秦简〔壹〕》，释文33页。按最初发表编号为8-455。

[③] 周晓陆、路东之：《秦封泥集》，第252、263页；陈晓捷、周晓陆：《新见秦封泥五十例考略——为秦封泥发现十周年而作》，第315—316页。临菑，学者归入"秦始并天下四十二郡"（《秦汉政区与边界地理研究》，第65—66页）。不过，讨论临菑郡设立，除从边郡始设而县无此官的方面着眼外，亦应注意秦郡司马曾设置较为普遍的情形。而据睡虎地秦简、里耶秦简，秦县亦有司马。考虑目前秦印、封泥涉及县官者发现不多，而地位低于县尉的县司马用印更为少见，这里才暂将"临菑司马"归入郡级司马印。

[④] 周晓陆、路东之：《秦封泥集》，第264、300页；王辉：《秦出土文献编年》，新文丰出版公司2000年版，第306页。又，秦汉官印有"邦候"两种，罗福颐定为"汉初期"，王人聪、王辉归入秦。依名称谓秦可能性大，但印文笔画粗且平直，又更近于汉。这里暂不纳入讨论。罗福颐主编：《秦汉南北朝官印征存》卷二，文物出版社1987年版，第14—15页。

[⑤] 周晓陆、路东之：《秦封泥集》，第249页；傅嘉仪：《秦封泥汇考》，上海书画出版社2007年版，第180—181页。"候"，两书皆释作"侯"，对照图版并联系秦史背景，当作"候"，为武职。

天下、划定三十六郡时即有。城阳，并非《秦封泥集》编者所认为的县名，而是郡称。① 不过，学者进一步据卫宏《汉官旧仪》"边郡……置部都尉、千人、司马、候、农都尉"，以"候为秦边郡武官，非内地所设官职"，② 或可讨论。如果恒山候之置，尚可以秦俯临赵国时而暂设来解释的话，那么城阳为何同样设候就有些不好理解了。研究者就提到："西汉城阳国系秦城阳郡之延续，今一般以为汉城阳郡不临海疆，属于内郡；然而据此'城阳候印'，则可知秦城阳国又一定属于濒海之边郡，二者之间的矛盾，还需要仔细分析。"③ 今据前引张家山汉简《二年律令·秩律》"中候，郡候，骑千人，衛〈卫〉将军候，衛〈卫〉尉候，秩各六百石，有丞者二百石"（四四六），郡候与中候对举，并提到各有候丞。中候属中尉，郡候则属各郡郡尉所统。依《秩律》"中发弩……中司空、轻车、郡发弩、司空、轻车……"（四四五）的对称体例看，律文所言"郡"是与京师相对的诸郡。上述武官在秦代地方各郡，或曾普遍设置。相较西汉中期以降相关情形，这是秦代地方武官系统的重要特征之一。

秦郡尉以下除司马、候以外，还有郡发弩、郡司空、郡轻车。这些至西汉中期已无，《百官表》不载，显示郡级武官系统在之后历史时期的退缩。秦封泥有"衡山发弩""琅邪发弩"，④ 里耶秦简有"以洞庭发弩印行事"（8-159）。而据"淮阳弩丞"封泥、⑤ "衡山发弩丞印亡"（8-1234）简文，秦郡发弩有丞，丞且有印。此在官职之外，同样可视作组织和机构。秦封泥又有"南郡司空""琅邪司丞"，⑥ 编者以"司丞"为司空丞之省，大体可从。睡虎地秦简《秦律十八种》有题作《司》的律文。⑦ 它们从内容上看，当属司空律。整理小组即归入《秦律十八种·司

---

① 辛德勇：《秦汉政区与边界地理研究》，第60—61、66—67页。
② 辛德勇：《秦汉政区与边界地理研究》，第20—21页。
③ 辛德勇：《秦汉政区与边界地理研究》，第67页。
④ 周晓陆、路东之：《秦封泥集》，第254页；王辉：《秦出土文献编年》，第299页。秦衡山郡设置，学者归入"秦四十八郡"。相关讨论参见辛德勇《秦汉政区与边界地理研究》，第85—87页。
⑤ 周晓陆、路东之：《秦封泥集》，第269页。秦设淮阳郡情形，参见辛德勇《秦汉政区与边界地理研究》，第15—18页。
⑥ 周晓陆、路东之：《秦封泥集》，第253、265页。
⑦ 睡虎地秦墓竹简整理小组编：《睡虎地秦墓竹简》，文物出版社1990年版，释文51页，简一三三至一四〇。

## 第一章 武官制度的演进

空》一组。郡轻车资料则有秦印"四川轻车"。① 如从常设、特设角度而言,上述皆为秦郡常设之官。当时某些秦郡存在盐、纺、工、水、池一类特设之官,与军事关涉者则有武库、马丞等。前者有"恒山武库"封泥,② 秦兵器题铭又多见"上郡武库"。后者如"代马丞印""衡山马丞"等封泥。③

至于郡下之县,相关涉及令、尉、司马、司空、发弩、士吏、校长等。④《百官公卿表》虽言"县令、长,皆秦官",但目前所见秦县主官仅称"令"。⑤ 与郡分郡守、郡尉及郡监诸府,郡尉与郡守平级不同,县令之下往往设丞、尉二长吏,⑥ 且县尉秩级明显较县令为低。《二年律令·秩律》叙诸县后,往往言"有丞、尉者半之"。《百官公卿表》记西汉后期县令、长秩千石至三百石,而丞、尉秩四百石至二百石。

由此而言,郡、县组织的构成形态,特别是长吏设置,在历史早期即有较大差别。⑦

里耶秦简所见迁陵县行政运作,突出的是列曹与诸官。⑧ 县廷设户曹、仓曹、尉曹、吏曹、司空曹、令曹、金布等诸曹,又有仓、司空、田、畜、少内及乡等诸官。诸曹属令、丞,多由令佐、令史直曹办事。前

---

① 王辉:《秦出土文献编年》,第 298 页。此印为日本东京菅原石庐藏(《鸭雄绿斋藏中国古玺印精选》,《东方艺术》2008 年第 16 期)。"四川"郡对应文献"泗水"郡,分析参见周晓陆、路东之《秦封泥集》,第 260 页;孙慰祖《封泥发现与研究》,上海书店出版社 2002 年版,第 97—98 页;辛德勇《秦汉政区与边界地理研究》,第 59—60 页。

② 周晓陆等:《于京新见秦封泥中的地理内容》,《西北大学学报》(哲学社会科学版)2005 年第 4 期,第 117 页。

③ 周晓陆、路东之:《秦封泥集》,第 259 页;陈晓捷、周晓陆:《新见秦封泥五十例考略——为秦封泥发现十周年而作》,第 317 页。

④ 于豪亮:《云梦秦简所见职官述略》,收入《于豪亮学术文存》,中华书局 1985 年版,第 95—110 页;高恒:《秦简牍中的职官及其有关问题》,收入所著《秦汉简牍中法制文书辑考》,社会科学文献出版社 2008 年版,第 13—30 页。

⑤ 参见拙文《里耶秦简"守"、"守丞"新考——兼谈秦汉的守官制度》,卜宪群、杨振红主编:《简帛研究二〇一〇》,广西师范大学出版社 2012 年版,第 67—70 页。

⑥ "简文中有'临沅监御史'"。湖南省文物考古研究所:《里耶秦简〔壹〕》前言,第 5 页。不过,秦县是否有监御史,还需审慎。

⑦ 当然,县尉的军事、治安职能仍然重要。《史记》卷四八《陈涉世家》记秦末陈胜、吴广等谪戍渔阳,有将尉统领。《索隐》引《汉旧仪》"大县二人,其尉将屯九百人"(第 1951 页)。

⑧ 参见拙文《秦县的列曹与诸官——从〈洪范五行传〉一则佚文说起》,武汉大学简帛研究中心主办《简帛》(第十一辑),上海古籍出版社 2015 年版。

者无印绶，所发文书需经令、丞，并加令、丞印发出，如里耶简 16-3 "尉曹书二封，丞印"。①因此，尉曹乃县廷分曹，而非县尉下分曹。县廷之外的尉、尉史，则可称"尉官"，如里耶简 8-657 "八月甲戌迁陵守丞膛之敢告尉官主"。②诸官与军事有关者还有县司马、发弩、司空、库等。与基层治安相关有士吏、校长、髦长等。睡虎地秦简《秦律杂抄·除吏律》"·除士吏、发弩啬夫不如律，及发弩射不中，尉赀二甲"（二），显示士吏、发弩啬夫的任命与县尉有关，发弩啬夫所统发弩兵士的考课，也归县尉管理。里耶秦简中著名的"除邮人"简，显示邮人除任同属县尉所管。③而《除吏律》提到秦县之中军种除发弩外，还有"驾驺"，整理者认为即"厩御"，从事者免除徭戍。《秦律杂抄》中还提到有"轻车、赵张、引强、中卒"（八）等兵种。④

里耶秦简中还出现有"卒长"（8-193、8-657、8-743）、"敦长"（8-349、8-537）与"什长"（8-439）。"卒长"又见前引《二年律令·秩律》"中发弩、枸（勾）指发弩，中司空、轻车、郡发弩、司空、轻车，秩各八百石，有丞者三百石。·卒长五百石"（四四五）。文物出版社 2001 年版整理小组原注："卒长，系上列军官之佐。"⑤ 2006 年出版释文修订本时则删去了此条。后来学者也有解释为"指'发弩'、'轻车'、'司空'各兵种属下部队之部队长"。⑥按古代军队

---

① 湖南省文物考古研究所等：《湘西里耶秦代简牍选释》，《中国历史文物》2003 年第 1 期，第 20 页。

② 关于尉的守官，学者敏锐注意到"县尉称为'尉守'而非'守尉'"（沈刚：《也谈秦简所见之守官》，"'中古中国的政治与制度'学术研讨会"会议论文，首都师范大学，2014 年 5 月）。按秦及汉初的县行政组织中，县尉属于机构而非仅仅职务。代理某一具体职务者，多称"守某"，如"守丞""守斗食佐""守游徼"；代理某一具体机构（诸官）长官者，则多称"某守"，如"少内守""司空守""田官守""都乡守"等。"县尉称为'尉守'而非'守尉'"，其实恰印证其广义属诸官，可称"尉官"。

③ 参见拙文《简牍所见秦汉乡政新探》，武汉大学简帛研究中心主办《简帛》（第六辑），上海古籍出版社 2011 年版，第 465—474 页。

④ 相关探讨又参见本书第二章第四节。

⑤ 参见张家山二四七号汉墓竹简整理小组《张家山汉墓竹简〔二四七号墓〕》，文物出版社 2001 年版，第 194 页注⑤。

⑥ 王昕：《张家山汉简军制释名三则》，《出土文献研究》（第六辑），上海古籍出版社 2004 年版，第 143 页。不过，张家山汉简《二年律令》简文中出现的符号"·"，"有很强的区隔意义"。"卒长"与"·"前诸职官的关系，尚需考虑。相关参见游逸飞《汉初楚国无郡论——传世文献与考古发掘的辩证》，未刊稿。

## 第一章 武官制度的演进

编制中常见"卒长"。除先秦文献多载外,《说文·金部》"铙"字条引《军法》"卒长执铙",《周礼·夏官·司马》郑玄注引《军法》"百人为卒",亦有体现。特别是青海大通上孙家寨115号西汉晚期墓出土木简,出现有"……其官吏卒长五百将……"(014、173、053)。① 这里的"卒长"或"官吏卒长",应与"五百将""五百"为同一组,编制属"官",统领100人。② 而"卒长""官吏卒长",名称看似普通,秩级正为五百石。③ 而这,恰好又可与上引《秩律》"·卒长五百石"的律文对应,显示汉初情形已如此。

里耶简8-657记琅邪郡将郡尉徙治所事通告内史、属邦、郡守。洞庭郡在收到后,转发所辖各县,同时"军吏在县界中者各告之",下文进一步提到:

> 八月甲戌,迁陵守丞膻之敢告尉官主:以律令从事。传别【书】贰春,下卒长奢官。④

卒长亦以"官"称,作"卒长奢官",值得注意。卒长奢及其兵士实际驻扎在迁陵县下辖的贰春乡。秦帝国最基础的行政层级——乡,其中一些当时驻有军队。不过,据"军吏在县界中者各告之",他们似非迁陵县尉统辖。卒长之下为"敦长",实即屯长,也即上孙家寨汉简所记"队长",⑤ 统领50人。⑥ 里耶"☐☐假追盗敦长更成☐"(8-349)残简还提示,"更成"身份者有担任追盗敦长的。"什长"亦见于上孙家寨汉简,编制

---

① 大通上孙家寨汉简整理小组:《大通上孙家寨汉简释文》,《文物》1981年第2期,第22页。
② 李零:《青海大通县上孙家寨汉简性质小议》,《考古》1983年第6期;白建钢:《青海木简与汉代军队》,《文博》1986年第1期。
③ 李零:《青海大通县上孙家寨汉简性质小议》,第550—551页;李零:《〈商君书〉中的土地人口政策与爵制》(原刊《古籍整理与研究》1991年第6期),收入所著《待兔轩文存:读史卷》,广西师范大学出版社2011年版,第188—189页。
④ 陈伟主编,何有祖、鲁家亮、凡国栋撰著:《里耶秦简校释文》(第一卷),武汉大学出版社2012年版,第193页。
⑤ "敦""屯""队"三字关系,参见李零《〈商君书〉中的土地人口政策与爵制》,第187—188页。
⑥ 里耶简"廿五年九月己丑,将奔命校长周爰书:敦长买、什长嘉皆告曰:徒士五(伍)右里缘可,行到零阳庑溪桥亡"(8-439+8-519+8-537)中,"奔命校长"与"敦长""什长"的联系,有待进一步考虑。

属"什",统领10人。"卒长""敦长""什长"作为军队编制中三个相邻等级的统领官长,在边郡县政文书中出现,为认识秦代军队在边郡地方社会的活动提供了宝贵信息。

又据《二年律令·秩律》,西汉早期的县分为五等:千石、八百石、六百石、五百石、三百石。所对应的县尉,分别秩五百石、四百石、三百石、三百石、二百石。县中如另设塞尉、城尉,"秩各减其郡尉百石"。这里所谓"郡尉","应指属郡之塞尉、城尉"。① 由此推知,郡除郡尉外,有时也因需另置塞尉、城尉。与县同级的道置塞尉、城尉,则"秩二百石"(四六九)。又据武汉大学利用红外线进行的重新释读,简四七一、四七二作"县、道司马、候、厩有乘车者,秩各百六十石;毋乘车者","秩各百廿石";新发现残简 X 四作"☐☐县衙〈卫〉尉五百将秩各减(?)☐☐"。如释读不误,县、道似也存在候、② 五百将。③

## 二 武帝以降地方武官的"边地化"趋势

西汉立国至景武之世,出现较大规模军事活动。景帝对内平定七国之乱,武帝对外征伐四夷,巩固政权并将王朝推向新阶段。秦、西汉早期的武官设置与军事组织体系,在上述基础上进一步调整、演进。相对中央将军、校尉、中郎将的发展,④ 西汉武帝以后的内地郡县,则出现武职的退缩。不少秦、西汉早期存在的武官系统,仅在边郡都尉府下有设。这里将这一演进,称为地方军事组织的"边地化"。这里所使用的"边地化",

---

① 廖伯源:《汉初县吏之秩阶及其任命》,《社会科学战线》2003年第3期。

② 至于往往与候连称的鄣,其在地方的设置也值得注意。《汉书》卷九九中《王莽传中》"粟米之内曰内郡,其外曰近郡。有鄣徼者曰边郡"(第4136页),反映西汉后期以来的情形。然而,秦代地方县道多见有鄣的设置。《里耶秦简(壹)》"前言"在介绍洞庭郡迁陵县"县下有乡,……乡下又分为若干里,里有典。乡以外还有亭"外,特别提及"还设有鄣之类的防御设施"(第5页)。北京大学藏秦水陆里程简记江陵地区"长利渠(章渠)——杨口水路",出现有"阳艅鄣"(04-205)、"章渠郊塞鄣"(04-203)、"章渠短鄣"(04—112)。而秦郡且有以鄣郡或故鄣郡为名者。参见辛德勇《北京大学藏秦水陆里程简册初步研究》[原刊清华大学出土文献研究与保护中心编《出土文献》(第四辑),中西书局2013年版],收入所著《石室滕言》,中华书局2014年版,第111—112页;辛德勇:《建元与改元:西汉新莽年号研究》下篇《所谓"天凤三年鄣郡都尉"砖铭文与秦"故鄣郡"的名称以及莽汉之际的年号问题》,中华书局2013年版,第242—247页。

③ 按"五百将"低于同序列下的"候"。"五百将""秩各减(?)",当远较五百石为低。里耶简所见"卒长"情况亦当类似。这些与前论郡条下所出现的"卒长"有别。

④ 参见本书第一章第二、三节。

## 第一章　武官制度的演进

并非指内郡或其他地区出现边地的军事组织设置，而是指军事机构日益集中在与京师、内郡相对的边郡地区。

前引《百官公卿表》记地方郡县组织以长吏相关内容为主，较为简略。后人钩沉索隐，做有进一步工作。[①] 严耕望制有"汉代地方行政组织系统图"，为学界研究提供了很大便利。而据前论，秦及西汉早期郡级组织中，郡尉府系统尤为瞩目。郡尉与郡守同秩，所属官吏有司马—候，骑司马—骑千人，郡发弩、郡司空、郡轻车等。与之对照，严氏"组织系统图"实际所反映的，乃是西汉中期至东汉的情形。图中太守下有"司马"，文中未说明，似应改置于都尉下，且多设于边郡。此外，"组织系统图"所列郡都尉下佐官、属吏，只有丞、功曹、主簿、议曹几种。与历史前期的情况对照，相关差别明显。

需要指出，西汉早期以后的官印、封泥中，仍能看到地方司马、候的材料。官印如"长沙司马"（233、234）、"胶西司马"（235）、"胶西候印"（236、237）、"菑川司马""菑川候印"（240—242）、"济南司马"（243、244）、"济南候印"（245、246）等。[②] 不过，这些均属地方王国官印，而非郡（及所属县）印。吴荣曾讨论西汉王国官制，已将相关材料归入"卫尉"之"司马、千人"条，及"中尉"之"候"条下。[③]《汉书》卷七七《盖宽饶传》云"先是时，卫司马在部，见卫尉拜谒，常为卫官繇使市买。……卫尉私使宽饶出……由是卫官不复私使候、司马"。故卫尉机构又称"卫官"。汉印见有"卫官候之印"（167），印文五字，时代在武帝太初元年（前104）后，"候"前加有限定语，应为中央卫尉所辖候印。而在王国中，"中尉掌武职"，主军吏，备盗贼，地位重要。"史书中常常是'傅、相、中尉'并称，朝廷往往'移书傅、相、中尉'，并且明确说'傅、相、中尉，皆以辅正为职'"。[④] 因此，这些王国司马

---

[①] 严耕望：《中国地方行政制度史——秦汉地方行政制度》。秦汉郡县属吏研究的学术回顾，参见李迎春《20世纪以来秦汉郡县属吏研究综述》，《石家庄学院学报》2009年第1期。

[②] 罗福颐主编：《秦汉南北朝官印征存》卷三，第42—45页。

[③] 参见吴荣曾《西汉王国官制考实》（原刊《北京大学学报》1990年第3期），收入所著《先秦两汉史研究》，中华书局1995年版，第294、304页。其中还列举有"赵千人（《十六金符斋印存》）"。

[④] 安作璋、熊铁基：《秦汉官制史稿》，齐鲁书社2007年版，第741—742页。

印，相对卫尉，为中尉属吏用印的可能性更大。①

至于封泥，之前学者列举有"豫章司马""琅邪司马""□西司马""广都司马"（《封泥考略》卷四，三十九页），"东郡司马"（《续封泥考略》卷二，十九页），"豫章候"（《封泥考略》卷四，四十一页），"临菑候"（《续封泥考略》卷二，二十页）。② 可补充者又有"胶西候印""武都候印"。③ 今对照拓影，"琅邪司马""东郡司马"依印文特征，时代应属于秦。"□西司马"可能为"胶西司马"，但"□"字残缺过甚，不纳入讨论。"胶西候印"，属王国印，前已论。"广都"，县名，故治在今四川成都东南，属蜀郡。④ 吴式芬《封泥考略》还见有"广都左尉"。⑤ "广都司马"属县司马，封泥时代亦当较早。如此，与汉郡职官有关者，主要为"豫章司马""豫章候""临菑候""武都候印"。按豫章，高帝五年（前202）前、景帝四年（前153）后有置，⑥ 武帝平南越前，一直与南越临界，为南边郡。设相关职官恐与此有关。临菑，秦时已设郡，⑦ 汉初承秦。高帝六年（前201）"春正月丙午，韩王信等奏请以胶东、胶西、临淄、济北、博阳、城阳郡七十三县立子肥为齐王"。⑧ 之后虽多有分合，但多称齐国或齐郡，不复称临菑郡。临菑是否"秦汉时期属于'外接于胡、越'的边郡"，还可讨论，但作为西汉初年置郡而设有候，符合当时的时代特征。武都，大体"以岐陇以南，汉川以西的白马氏合以陇西郡

---

① 徐州西汉楚王墓群中，以狮子山楚王墓所出封泥印章最为系统。其中，与武职相关者有"楚中尉印""楚中司马""楚中司空""楚中候印""楚武库印"；"楚骑尉印""楚骑千人"；"楚轻车印"；"楚都尉印""楚司马印""楚营司马""楚营司空"等（以往内容介绍与研究探讨甚多，参见李银德《徐州出土西汉印章与封泥概述》，西泠印社、中国印学博物馆：《青泥遗珍——战国秦汉封泥文字国际学术研讨会论文集》，西泠印社出版社2010年版，第16—17页）。中尉系统之外，因需别置骑尉、都尉。不过，即使如此，这些用印仍属王国内"中央"职官，而非郡尉系统。

② 陈直：《汉书新证》，中华书局2008年版，第130页；相关论述又见陈直《居延汉简解要》，收入所著《居延汉简研究》，中华书局2009年版，第181页。

③ 孙慰祖主编：《古封泥集成》，上海书店1994年版，第126、127页。

④ 《汉书》卷二八上《地理志上》，第1598页。

⑤ 探讨参见赵平安《秦西汉误释未释官印考》，《历史研究》1999年第1期，第63页。

⑥ 周振鹤：《西汉政区地理》，人民出版社1987年版，第46页。

⑦ 辛德勇：《秦汉政区与边界地理研究》，第65—66页。

⑧ 《汉书》卷一下《高帝纪下》，第61页。

## 第一章 武官制度的演进

数县而成",① 为西部边郡,故设有候官。② 郡内多有设道,有大量外族聚居。

至于传世文献所载郡司马、候者,也呈现这种特征。郡司马资料如《汉书》卷七九《冯奉世传》"奉世长子谭,太常举孝廉为郎,功次补天水司马",同书卷九〇《酷吏传·田广明》"以郎为天水司马",同书卷九五《西南夷传》"大将军凤于是荐金城司马陈立为牂柯太守"。《汉书》卷九六下《西域传下·渠犁》"张掖、酒泉遣骑假司马为斥候",则提到"骑假司马"。郡候资料如《汉书》卷二一上《律历志》"酒泉候宜君",同书卷六九《赵充国传》"酒泉候奉世"。③ 又,《汉书》卷九三《佞幸传·董贤》云"问及其父为云中侯,即日征为霸陵令,迁光禄大夫"。按"云中侯",《汉书补注》本作"云中候"。④ 据下文"即日征为霸陵令"语,当以后者为是。《汉书注校补》云"云中候,候属中尉,其别营领属为别部司马,各门有门候。蔡质《汉仪》曰:'门候见校尉,执板下拜,则其秩甚卑也。'寿昌案:'以左右式道候例之,秩六百石,贤父恭殆以御史任内,左降为候也。'"⑤ 所论虽对秩级认识有可取处,然于职官性质之判断,未达一间。云中候当为云中郡都尉所统之候。又,《汉书》卷六四上《严助传》"乃遣助以节发兵会稽。会稽守欲距法,不为发。助乃斩一司马,谕意指",陈直按:"司马,会稽郡之司马也。"⑥ 会稽临东瓯,属边郡,设有郡司马是可能的。⑦ 由此而言,这些例证所反映的,多属于边郡情形。

《汉书·地理志》记西汉地方所置郡、县,当地如设盐、铁等"特种官署",多有所交代。其中虽存在一些脱漏、讹误,但军事类"官署"只

---

① 周振鹤:《西汉政区地理》,第 152 页。
② 汉简、玺印中的边郡职官资料,可参见陈梦家《汉简所见居延边塞与防御组织》(原刊《考古学报》1964 年第 1 期),收入所著《汉简缀述》,中华书局 1980 年版,第 37—45 页。
③ 中华书局点校本校勘记云"沈钦韩说,'侯'当为'候',奉世即冯奉世",第 2999 页。故"候",底本原作"侯",整理者乃据沈钦韩《汉书疏证》卷三一"酒泉候奉世"条改。
④ 王先谦:《汉书补注》,中华书局 1983 年影印本,第 1561 页上栏。
⑤ 周寿昌:《汉书注校补》卷五〇,收入张舜徽主编《二十五史三编》,岳麓书社 1994 年版,第 3 分册,第 667 页上栏。
⑥ 陈直:《汉书新证》,第 328—329 页。
⑦ 《汉书》卷八七下《扬雄传下》"东南一尉",颜注引孟康曰"会稽东部都尉也",第 3568 页。《太平御览》卷二四一《职官部三九》引《临海记》"汉元鼎五年(前 112),立都尉府于候官,以镇抚二越,所谓东南一尉者也",中华书局 1960 年影印本,第 1144 页下栏。

提到庐江郡"有楼船官",南郡"有发弩官",[①]却无疑值得注意。西汉诸郡依自然地理条件,相应设材官、骑士、楼船等不同兵种。这些当时似已从都尉武官组织中分离,重为独立的军队系统。都尉系统职官的退缩,在尹湾汉简《集簿》等木牍中有直接体现。在木牍所记录的成帝时东海郡吏员设置情况中,相对于太守府27名吏员,都尉府为"都尉一人,丞一人,卒史二人,属三人,书佐五人,凡十二人"(一正)。[②] 东海郡东临海疆,[③] 都尉府吏员却不及太守府一半,且皆为文吏,值得注意。《集簿》列举乃依秩级,而非职事,与严氏所制图互为表里,又与汉初《二年律令·秩律》郡尉统有众多武职,对比鲜明,显示西汉中期以后郡尉系统所属官吏的设置变化。

秦县道与军事、治安相关职官,涉及令、尉、司马、司空、库、发弩、士吏、校长、髦长等多种。《二年律令·秩律》还提到汉初县道似有候、五百将,个别且另设塞尉、城尉。而据尹湾汉简,成帝时东海郡所辖诸县,在令、长、尉外,只见有游徼及与早期校长相对的亭长。当时东海郡县分四等,侯国分两等。其中,千石、六百、四百石县基本设两尉,只平曲设一尉。四百石侯国,有两尉,也有一尉。三百石小县,有两尉、一尉、不设尉三种情况。三百石侯国则至多设一尉,更多不设尉。在38个县邑侯国中,未设尉的县、侯国达13个。[④]

与此相对,武帝以来的西北边郡军事组织则持续发展。20世纪敦煌、居延等西北汉简的大量发现,使我们在《汉书·百官公卿表》"边郡又有长史,掌兵马,秩皆六百石",卫宏《汉旧仪》边郡"置部都尉、千人、司马、候、农都尉"等有限记载外,对边郡军事组织有了更具体认识。

---

① 相关论述又参见严耕望《中国地方行政制度史——秦汉地方行政制度》第四章,第204—215页。唯严氏所引某些材料时代较早,实际还可进一步区分。
② "书佐五人",木牍二正面具体作"书佐四人,用算佐一人"。连云港市博物馆等编:《尹湾汉墓简牍》,第77、79页。
③ 西汉初,"可能是将(东海郡、琅邪郡)两郡视为帝国东疆,故遵照'边郡不置侯国'通例行事"。马孟龙:《西汉侯国地理》中编第二章,上海古籍出版社2013年版,第137页。
④ 以至有意见认为,这不但证明汉县有不置尉者,且"汉县(侯国)不置尉者比例相当大"。廖伯源:《汉初县吏之秩阶及其任命》(原刊《社会科学战线》2003年第3期),收入中国社会科学院简帛研究中心编《张家山汉简〈二年律令〉研究文集》,广西师范大学出版社2007年版,第21页。此外,尹湾汉简《集簿》还提到"县邑侯国卅八……其廿四有堠?都官二"(一正)。如释文不误,其中24个县邑侯国建有供瞭望备警的防御建筑。不过相关人员似未纳入《集簿》的吏员统计,或主要通过派役进行维护。

110

## 第一章 武官制度的演进

据《二年律令·秩律》，汉初中央、地方军事组织虽设置普遍，但常设武官的属吏有长史者，仅见于将军一级。今边郡已置有长史，且长史属太守而非都尉。边郡太守于军事上的专任一面，似有发展。相对内郡只有郡都尉，此阶段边郡则在郡都尉外，多同时设部都尉、属国都尉、农都尉，骑都尉中的几种。[①] 至于秦及汉初内史、诸郡所普遍设置的司马、千人、候、士吏等，此时也主要集中存在于边郡部都尉系统。地方旧有军事组织，由此呈现"边地化"特征。

此外，农都尉、部都尉下的屯田系统，组织边地军屯，凸显边郡特征。管东贵在70年代发表《汉代的屯田与开边》《汉代屯田的组织与功能》，[②] 分析了屯田组织的发展，尤其对屯田的人员构成、征集方式较为重视。他指出："军屯的分工主要由两种，即田卒与河渠卒。田卒主耕作，河渠卒主灌溉。"[③]

"河渠卒"一称，之后多相沿未改。如"屡屡见诸简牍的'田卒'、'河渠卒'，无疑从事兴修水利与农业劳动"，[④] "修筑河渠的戍卒叫'河渠卒'"；[⑤] 汉河西屯田生产者，有"河渠卒"，"居延还有专职水利官吏。居延新简EPT65：35：'将军仁恩忧劳百姓元元，遣守、千人，迎水部掾三人。'负责水利的戍卒则称'河渠卒'"；[⑥] "据河西屯戍汉简，屯戍机构中的军吏既有泛指的吏、部吏，也有士吏等具体职名的称谓；卒则有戍卒、田卒、燧卒、鄣卒、门卒、河渠卒等多种称谓"，[⑦] 等等。

然而，20世纪70年代所出居延新简中，复出现相关内容简文：

（1）☐治渠卒☐（E. P. T7：47）

---

① 《百官公卿表》记"农都尉、属国都尉，皆武帝初置"，《续汉书·百官志五》复云"武帝……边郡置农都尉，主屯田殖谷，又置属国都尉，主蛮夷降者"。陈梦家：《西汉都尉考》，收入《汉简缀述》，第125—131页。
② 《历史语言研究所集刊》第四十五本第一分，1974年；《历史语言研究所集刊》第四十八本第四分，1977年。
③ 管东贵：《汉代屯田的组织与功能》，第502页。
④ 苏秉琦：《战国秦汉考古》第二章，上海古籍出版社2014版，第133页。
⑤ 林甘泉主编：《中国经济通史·秦汉卷》第十六章，中国社会科学出版社2007年2版，第488页。又，黄今言：《秦汉军制史论》第五章，江西人民出版社1993年版，第185页。
⑥ 李宝通、黄兆宏主编：《简牍学教程》第六章，甘肃人民出版社2011年版，第161页。
⑦ 赵宠亮：《行役戍备：河西汉塞吏卒的戍役生活》"绪论"，科学出版社2012年版，第6—7页。

(2) ☐□二年二月丁酉朔丁卯甲渠鄣候护敢言之府书曰治渠卒贾

☐□自言责隧长孙宗等衣物钱凡八牒直钱五千一百谨收得（E. P. T52∶110）

(3) ☐□三千四百八十五人敦煌郡☐

☐发治渠卒郡国收欲取□☐（E. P. T65∶450）①

我们注意到，这里多写作"治渠卒"。

而相关名籍简，肩水金关汉简中也多有出现：

(4) 河渠卒河东皮氏毋忧里公乘杜建年廿五（140·15）②
(5) 治渠卒河东汾阴承反里公乘孙顺年卅三　出（73EJT3∶50）
(6) 治渠卒河东皮氏还利里公乘□□□年卅长七尺四寸（竹简）（73EJT7∶2）
(7) 河渠卒河东安邑贾里公乘王☐（73EJT7∶33）
(8) 河渠卒河东解监里傅章年廿六　□　□　□（73EJT7∶41）
(9) 治渠卒河东狐讘山里董凡　年廿五长七尺黑色　☐（竹简）（73EJT9∶27）
(10) 治渠卒河东解临里李骓年卅五长七尺三寸黑色　⌏（竹简）（73EJT10∶112）③
(11) 治渠卒河东安邑陵里公乘垣贺年卅三（73EJT26∶34）
(12) 治渠卒南阳郡邓邑阳里公乘胡凡年卅　~（73EJT31∶70）④

对照图版，简（5）（6）（9）（10）"治"字所释不误。简（4）于劳榦《居延汉简·图版之部》、中国社会科学院考古研究所编《居延汉简甲乙编》中，实际均难以辨识。简（8）情况同简（4）。简（7）"河"字作

---

① 甘肃省文物考古研究所等编：《居延新简——甲渠候官》，中华书局 1994 年版，第 21、101、198 页。
② 谢桂华、李均明、朱国炤：《居延汉简释文合校》，文物出版社 1987 年版，第 232 页。
③ 甘肃简牍保护研究中心等编：《肩水金关汉简（壹）》，中西书局 2011 年版，下册，第 32、78、80、103、135 页。
④ 甘肃简牍博物馆等编：《肩水金关汉简（叁）》，中西书局 2013 年版，中册，第 75、220 页。

## 第一章 武官制度的演进

"㲃丨"，同简"河东"之"河"作"㳄"。细按前者，右侧为上下结构，上部左侧有竖折笔，下部竖弯钩折笔较大。这与汉简中"河"字常见写法"㲃丂"（140·11A）及前引"㳄"相去较远，而与"治"字常见写法"㲃台"（33·10）、"㲃㣺"（73EJT10:112）更为接近。

《汉书》卷二九《沟洫志》记成帝时期修治黄河，有"卒治河者为著外繇六月"，"治河卒非受平贾者，为著外繇六月"等政策规定。按"治河卒"即"卒治河者"，属偏正短语。"治河卒"修饰词"治河"，则属于动宾结构。相对"河渠卒"，"治渠卒"更符合这一语法特征。故依简文释读并参以文献，传统认识上的"河渠卒"，实际名称似应订正为"治渠卒"。"治渠卒"主要在河西屯田地区从事水渠修造与工程维护。目前所见，他们的籍贯集中出自河东郡。除郡治安邑外，"狐讘""皮氏""汾阴""解"在地理上由北向南依次排开，均位于河东郡西部临近黄河一线，部分亦近汾水。另有一例则来自南阳邓邑，而邓邑临近沔汉。

以往学者对西北汉简所见"士吏"多有关注。[1] 不过，秦及汉初，此种官吏在地方各县实际普遍设置。[2] 士吏是与地方治安关系密切的低级吏员。岳麓秦简《为吏治官及黔首》出现"〔士〕吏捕盗"（1563），[3] 同样显示此职曾经的常态化特征。如将此置于帝国地方武官系统的演进脉络中，武帝以来的相关变化，正是地方军事组织"边地化"发展的一个侧面。

## 三 东汉军事组织的"边地化"发展与地方屯兵

至东汉，西汉中期以来的"边地化"趋势进一步发展。秦及西汉早期，郡一级军事组织广设，与中尉所统多可对应，秩级亦无轩轾，相当于京师军事组织的横向扩展。武帝以后，内郡都尉所统军事组织大为收缩，

---

[1] 学术梳理及最新探讨，参见黎明钊《士吏的职责与工作：额济纳汉简读记》，《中国文化研究所学报》第48期，2008年。

[2] 如睡虎地秦简《秦律杂抄》"除士吏、发弩啬夫不如律"（二），"令、尉、士吏弗得，赀一甲。……县司空、司空佐史、士吏将者弗得，赀一甲"（一二至一四），《秦律杂抄》"·戍律曰：同居毋并行，县啬夫、尉及士吏行戍不以律，赀二甲"（三九），以及《二年律令·具律》"诸欲告罪人，及有罪先自告而远其县廷者，皆得告所在乡，乡官谨听，书其告，上县道官。廷士吏亦得听告"（一○一），《捕律》"盗贼发，士吏、求盗部者，及令、丞、尉弗觉智（知），士吏、求盗皆以卒戍边二岁"（一四四），"群盗、盗贼发……发及斗杀人而不得，官啬夫、士吏、吏部主者，罚金各二两"（一四六、一四七），《钱律》"盗铸钱及佐者，……尉、尉史、乡部、官啬夫、士吏、部主者弗得，罚金四两"（二○一、二○二），等等。

[3] 朱汉民、陈松长主编：《岳麓书院藏秦简（壹）》，上海辞书出版社2010年版，第28页。

仍然存在者也多不入日常职官序列，而属军队系统。早期郡级武职只在边郡存在，并有进一步发展。及至"中兴建武六年（30），省诸郡都尉，并职太守，无都试之役"，"唯边郡往往置都尉及属国都尉"。① 由于太守作为地方军事的最高指挥者，本是权兼文武，② 故相对"并职"，这里"省"的意味更大。与此同步的还有罢郡国兵。据学者研究，当时"刘秀刚刚平定山东，局势尚未稳定，又挥师西进，准备讨伐隗嚣、公孙述，前线后方都需要军队"，刘秀在此形势下仍这样做，主要是"为了削弱地方军事力量，防止各地割据势力死灰复燃"。③ 如此，内郡不仅郡尉下辖诸官不再存在，而且连长官都尉也基本不设。④ 地方军事组织的"边地化"，由此进入又一个阶段。

两汉太守府列曹有兵曹。之前学者论述此问题所引证材料，⑤ 时代实际主要集中于东汉。东汉太守全面主管军事后，此曹地位更为重要。湖南张家界古人堤所出东汉简牍，其中10号封检作：

  充长之印
  兵曹掾猛使福以邮行
  永元元年十二月廿日辛丑起廷（10 正面）
  □中右部士卅人　　伏波卅四人
  剽（骠）骑士卅人　城中左部卅六人
  黄弩卅三人
  雁门士五十三人
  中部士卅四人
  扬武士卅四人
  武威士卅六人

---

① 东汉名臣胡广所作官箴，且有《边都尉箴》一首。《太平御览》卷二四一《职官部三九》"都尉"条，第1144页上栏。
② 施丁：《秦汉郡守兼掌军事略说》，《文史》第十三辑，中华书局1982年版，第61—71页。
③ 陈苏镇：《〈春秋〉与"汉道"：两汉政治与政治文化研究》第六章第一节，中华书局2011年版，第509—511页。
④ 秦汉地方郡兵的发展变化，参见本书第二章第二节。
⑤ 严耕望：《中国地方行政制度史——秦汉地方行政制度》第二章，第135页。

## 第一章　武官制度的演进

惟管卅三人（10背面）[①]

和帝于章帝章和二年（88）二月壬辰即皇帝位，次年改元永元（89）。整理者指出封检正面中行"'兵曹掾猛'为收件人。此兵曹或为长沙郡之兵曹"，"使福，出使者名福"。[②] 此说还可讨论。封检正面第一行"充长之印"，为发件者用印。两汉有充县，属武陵郡，《中国历史地图集》标注在今湖南省桑植县。[③] 而此批简牍出土于张家界市城西，澧水北岸。[④] 张家界市原名大庸，本在充县境内。东汉，万户以上大县称令，不足万户者称长，充县为后者。以往居延、肩水汉简封检多出土于收件者所在地。右侧印文录文与左侧送抵时间、送件者记录，多为收件时的二次书写，如：

张掖都尉章
肩水候以邮行
九月庚午府卒孙意以来（74·4）[⑤]

据简号，此封检出土地点位于地湾（A33）。[⑥] 地湾正为肩水都尉府所辖肩水候官所在。古人堤封检则在发信者所在地域出土，左侧书写也较特殊："永元元年十二月廿日辛丑起廷。"汉代县级称"廷"，郡级称"府"，"起廷"可与右侧县长印文对应。这些发信时间、单位记录，与右侧用印录文估计均为发件者所书。至于中间的"使福"，恐非"出使者名福"。因为整理者所参考的居延汉简封检，"以邮行"一类传递方式前，均只写有收件人，而无送信人信息。故所谓"使福"，应与兵曹掾同为收件者才

---

[①] 释文及图版参见湖南省文物考古研究所等《湖南张家界古人堤简牍释文与简注》，《中国历史文物》2003年第2期，第74—75页。此木牍的综合研究，参见魏斌《古人堤简牍与东汉武陵蛮》，《历史语言研究所集刊》第八十五本第一分，2014年，第61—94页。
[②] 湖南省文物考古研究所等：《湖南张家界古人堤简牍释文与简注》，第75页。
[③] 谭其骧主编：《中国历史地图集》第二册《秦·西汉·东汉时期》，中国地图出版社1982年版，第49—50页。
[④] 湖南省文物考古研究所等：《湖南张家界古人堤遗址与出土简牍概述》，《中国历史文物》2003年第2期，第66页。
[⑤] 谢桂华、李均明、朱国炤：《居延汉简释文合校》，第130页。
[⑥] 中国社会科学院考古研究所编：《居延汉简甲乙编》附表一"居延汉简出土地点表"，中华书局1980年版，下册，第324页。

是。当然也要考虑到以往西汉封检资料中,收件者的确多为一人,而很少见提及数人者。不过,时代同属东汉的长沙东牌楼简牍《桂阳大守行丞事南平丞印缄》,则作:

桂阳大守行丞事南平丞印
临湘丞掾驿马行(一)①

对照图版,第一行为小字,第二行则为粗笔大字。后者为发文者所题署。参据图版,"临湘丞掾"是收件人,"驿马行"是传递方式。这里出现的"丞掾",指临湘县丞及相关属吏。② 文献中,"使""史"通假,又常可替换。③ 悬泉汉简还见有"鸿嘉三年三月癸酉,遣守属单彭,送自来乌孙大昆弥副使者薄侯、左大将掾使敞单……"(Ⅱ0214②:385)。④ "掾使"应即"掾史"。由此而言,封检制度发展至东汉,或出现新的变化。题署收件人已不局限一人。这里所谓"兵曹掾猛使福",应指兵曹掾猛、史福。他们当是统辖充县的武陵太守府的曹吏。

---

① 长沙市文物考古研究所、中国文物研究所编:《长沙东牌楼东汉简牍》,文物出版社2006年版,图版11页,释文71页。简文考述参见拙文《说东牌楼汉简〈桂阳大守行丞事南平丞印缄〉》,《文物》2010年第10期。
② 《汉书》卷七六《韩延寿传》云"丞掾皆以为方春月,可壹出劝耕桑"(第3213页);及《后汉书》卷四一《钟离意传》"丞掾皆争"(第1407页);《后汉书》卷四五《袁安传》"府丞掾史皆叩头争,以为阿附反虏,法与同罪,不可"(第1518页);《三国志》卷二二《魏书·陈群传》裴注引《先贤行状》"每宰府辟命,率皆同时,羔鴈成群,丞掾交至"(第633页)。从"皆以为""皆争""皆叩头争""交至"等语可知,丞掾为属吏泛称,指代丞及掾属,或径断为"丞、掾"。敦煌悬泉汉简有"·传马死二匹,负一匹,直(值)万五千,长、丞、掾啬夫负二,佐负一"(Ⅰ0205②:8)(胡平生、张德芳:《敦煌悬泉汉简释粹》,上海古籍出版社2001年版,第18页),"丞掾"指代情形也是如此。走马楼吴简"☐ 五月十五日丞掾潘尚白"(柒·1367),是否如"丞缺录事掾潘 琬校"(柒·3197(一))出现丞缺,或如"☐正月乙亥朔日临湘侯相君丞叩头死罪敢言之"(贰·7200)未录丞下人名,还需考虑。相关简文参见长沙简牍博物馆、中国文化遗产研究院、北京大学历史学系、故宫研究院古文献研究所 走马楼简牍整理组编著《长沙走马楼三国吴简·竹简〔柒〕》,文物出版社2013年版,第760、807页;长沙简牍博物馆、中国文物研究所、北京大学历史学系 走马楼简牍整理组编著:《长沙走马楼三国吴简·竹简〔贰〕》,文物出版社2007年版,第864页。
③ 高亨纂著,董治安整理:《古字通假会典》,齐鲁书社1989年版,第417页。
④ 胡平生、张德芳:《敦煌悬泉汉简释粹》,第138页。又,天长汉简"卿膣不便前日幸为书属宋椽使横请"(M19:40—15A面),或亦属此类。天长市文物管理所、天长市博物馆:《安徽天长西汉墓发掘简报》,《文物》2006年第11期,第18页。

## 第一章　武官制度的演进

封检背面记充县所上报屯兵，具体分作两栏、十组。"□中右部"，参末尾"城中左部"，为"城中右部"。而"中部士卅四人"，或就"城中中部"而言。战国秦汉，城多对应指县，①《续汉书·郡国志》记郡县，格式为"○郡，○城，户○，口○"。如这里的武陵郡，即作"武陵郡，十二城……"十二城指武陵郡统县十二。联系封检性质，这里的"城中"指充县。"剽骑""黄弩"等为部曲番号。又从上举"右部""中部""左部"三者非连续书写而间隔记录来看，相关或反映十部在城中的屯驻状况：

（1）城中右部、剽（骠）骑、黄弩、雁门；
（2）城中中部；
（3）扬武、武威、惟管、伏波、城中左部。

参《隶释》卷一三"冯焕残碑阴"题名在诸曹史外，有"帐下司马""武刚司马"，② 魏斌疑"惟管"即"帷管"，指帐下亲兵。③

汉代军队编制中，"部"辖400人，"曲"辖200人。④ 这里每个军事单位的兵士在30—50人左右，大体与编制50人的"队"相当。总人数373人，与司马所统一"部"的规模接近。不过，考虑到这10组兵士每组皆有具体称号，其他各组与"城中左部""中部""右部"又人数相当，则每组兵士实际都属于一"部"。只是此"部"非彼"部"，与上举军队编制单位不属一类。西汉武帝以来，汉帝国在西北边地建立防御组织。据居延汉简，主候望的烽隧系统，⑤ 在都尉府下依次有候官、部、隧。其中，候官大体属县一级，而部对应乡。这里，十"部"兵士属充县，与居延防御组织的"部"在等级上有类似处。又据学者对居延甲渠候官规模的研究，甲渠候官吏卒总数通常在400人左右，候官在较长时间

---

① 参见拙文《秦汉县乡聚落形态考论》，《国学研究》第二十九卷，北京大学出版社2012年版，第215—232页。
② 洪适：《隶释 隶续》，中华书局1986年影印本，第146页下栏。
③ 魏斌：《古人堤简牍与东汉武陵蛮》，第64页注7。
④ 李零：《青海大通县上孙家寨汉简性质小议》，第550页。
⑤ "隧"，文献常写作"燧"，简牍中则多作"隧"或"䆫"，"此字当以作隧为正"，下文涉及时均采用这一写法。相关考述参见孙机《汉代物质文化资料图说》（增订本）"40 塞防设施"，上海古籍出版社2008年版，第183页。

里一般辖 10 个部。① 而每部吏一般 9—11 人，部下隧一般 6—8 个，每隧多为隧长 1 人，隧卒 2 人，则每部吏卒人数在 27—35 人之间。所分部数及每部人数情形，或可对古人堤封检相关内容的认识提供帮助。古人堤封检所记军队性质，可能属驻扎于充县的郡级屯兵。

东汉边郡在发展中，原有候官系统也渐渐退出舞台，候、士吏、候长、隧长后来很少出现。而在同时，一方面是黎阳、雍、扶风等临胡羌之地设立营兵，② 另一方面是领护武职的度辽将军、使匈奴中郎将、护乌桓校尉、护羌校尉及当地属国都尉的发展。边郡防务的调整，更多伸张的是中央权威。在"节约之制"下的东汉，全国军事组织的一体化反而在进一步发展。而这些，又多是通过中央与边郡的联结来实现的。

秦汉帝国建立初期，军国体制特征突出，地方武官设置普遍。内史、诸郡武职，在类别与秩级上基本一致。内郡、边郡的差别则不突出。秦及汉初的地方军事组织，呈现出一种中外平等格局。随着帝国由"军国体制"向"日常行政体制"转变，京师、诸郡武官系统的差异不断发展。京师、内郡军事组织逐步减少或退出日常职官序列，边郡军事组织多得保留并有进一步演进，军事组织由此呈现"边地化"趋势。光武中兴，"省官并职"，"务从节约"。内外之别与地方武官系统的演进，使京师、内郡、边郡军事组织的彼此差异继续发展。

---

① 参见李均明《汉代甲渠候官规模考（上）》，《文史》第三十四辑，中华书局 1992 年版，第 26—36 页；《汉代甲渠候官规模考（下）》，《文史》第三十五辑，中华书局 1992 年版，第 81—87 页。

② 张鹤泉：《东汉时期的屯驻营兵》，《史学集刊》2006 年第 3 期。按一些地区出现的营兵与旧有内郡都尉的联系，值得注意。如《后汉书》卷五《安帝纪》李贤注引《汉官仪》"京兆虎牙、扶风都尉以凉州近羌，数犯三辅，将兵卫护园陵。扶风都尉居雍县，故俗人称雍营焉"，第 215 页。

# 第二章

# 军队的构成与演变

　　武官制度之外，军制研究中最重要的内容就是组织机构之下的军队构成问题。本章讨论秦汉军队的构成与演变，按地域分禁兵、内郡兵、边兵依次论述。

　　以西汉初"南北军"到东汉的"禁兵"为线索，考察京师宿卫系统的统合与演变。具体涉及期门、羽林如何出现及光禄勋的军事地位；将军、宦者对禁兵掌控权的争夺；禁兵外出征、戍及军力变化等问题。

　　以两汉间地方行政组织由郡国向州郡的演变为背景，分别考察内郡兵的构成、调动及与郡界的关系；州的地位发展与东汉郡兵的使用。

　　关于内外之别背景下的边兵构成，依次论述帝国"新地"开拓中的徙、戍推行及边策选择；秦汉内外观念与内外政策特征；边兵构成与胡骑的使用；族群活动与边地防线变动。

## 第一节　从"南北军"到"禁兵"：两汉京师宿卫的统合与演变

### 一　引言

　　西汉时期的宫省制度与宿卫分层，以往存在多种认识。杨鸿年较早将宫内分为宫内省外与省中两部分。[①] 廖伯源讨论皇宫宿卫，进一步将宫内区分为宫内殿外、殿内省外与省中（即狭义禁中）。[②] 殿内、殿外，乃以殿门为界。殿门大体指在前殿建筑群外围垣墙所开之门。狭义省

---

[①] 杨鸿年：《汉魏制度丛考》，武汉大学出版社2005年版，第13页。
[②] 廖伯源：《西汉皇宫宿卫警备杂考》（原刊《东吴文史学报》第5号，1986年），收入所著《历史与制度——汉代政治制度试释》，台湾商务印书馆1998年版，第15页。

中、禁中则指后妃所居后庭。近年学人又提出宫省四重宿卫体系。从"省中"特别分出"禁中",后者指皇帝具体起居之处。①

其实,相关问题讨论,应注意当时人的观念及表述。而卫宏《汉官旧仪》的一则材料,前人论说似乎较少注意。卫氏在记述少府、光禄勋、执金吾、卫尉后,称:

> 右中二千石、二千石四官,奉宿卫,各领其属,断其狱。②

纪昀注:"少府、光禄勋、执金吾、卫尉四官,《续汉志》皆中二千石。此云中二千石、二千石,盖西汉时初制。"③ 所记是否属"西汉时初制",还可讨论,但"奉宿卫"的表述,有助于增进对西汉宿卫体系的认识。两汉宫省宿卫以皇帝为中心,由内而外最初分属少府宦者署、郎中令、卫尉与中尉。宿卫人员由内而外,分别由宦者、宦皇帝者、番上卫士、京师地区兵士构成,具体对应省中、殿内省外(即殿中)、宫内殿外、宫外的京师地区等宿卫区域。④ 考虑到"南北军"一语主要见于西汉前期,不但以往认识不尽统一,且不能涵盖郎从官、宦者等群体。而以往宿卫制度研究中单称"宿卫",又常常不涉及宫外的京师地区。这里在尊重当时用语习惯基础上,有时权用"京师宿卫"以概括两汉中央军。

以往关于汉代禁兵的论述颇为丰富,⑤ 但大多集中在宿卫职官、统属关系的静态梳理上。不仅由于材料限制,在一些基本问题上分歧颇多,而且很少注意从"演变"的角度,对两汉京师宿卫进行长时段的动态考察。何兹全曾在"与两汉相较"中,对"魏晋时期的中军"相关问题,进行了开创性研究。⑥ 而在《汉官旧仪》所记京师四重宿

---

① 曲柄睿:《汉代宫省宿卫的四重体系》,《古代文明》2012年第3期。笔者对广、狭义"省中""禁中"认识稍有不同,参见拙文《西汉加官考》,《史林》2012年第5期。
② 卫宏撰,纪昀等辑:《汉官旧仪》,卫宏撰、孙星衍辑:《汉官仪》,均收入《汉官六种》,周天游点校,中华书局1990年版,第34、65页。
③ 孙星衍等辑:《汉官六种》,周天游点校,第34页。
④ 参见本书第一章第三节。
⑤ 参见绪论"研究史回顾"相关部分。
⑥ 何兹全:《魏晋的中军》,(原刊《历史语言研究所集刊》第十七本,1948年),收入所著《读史集》,上海人民出版社1982年版,第242—268页。

卫体系的背景下，下面的问题就值得注意了。西汉初年，京师宿卫主要称"南北军"。及至西汉后期，[①] 特别东汉一代，[②] 却往往以"禁兵"为名。名称变化的表象之下，从"南北军"到"禁兵"，京师四重宿卫的演变、整合呈现怎样的特征？禁军掌控与皇权政治发展又形成怎样的互动？这是本节在梳理基本问题同时，所要思考的主要方面。

## 二 汉初南北军与期门的出现

《汉书》卷二三《刑法志》云"天下既定，踵秦而置材官于郡国，京师有南北军之屯"，用"屯"一语，与四重宿卫中外围番上卫士、京

---

[①]《汉纪》卷二九《孝哀皇帝纪下》所载王闳谏语，称董贤"列备鼎足，典卫禁兵"（荀悦：《汉纪》，《两汉纪》，张烈点校，中华书局2002年版，第513页）。按王闳上谏内容，不见于正史等其他文献，"司马光惊叹'不知荀悦何从得之'（《通鉴考异》卷一）。李焘亦称'谏大夫王仁、侍中王闳谏疏，班《书》皆无之'（《文献通考》卷一九三）"（《两汉纪》"点校说明"，第2页）。此为司马光重视，编撰入《通鉴》卷三五《汉纪二七》"哀帝元寿二年"条（中华书局1956年点校本，第1122页）。董贤时为大司马、卫将军。这是目前所见两汉"禁兵"非言兵器，而指京师宿卫用法的首次出现。

[②] 类书引《东观汉记》"光以为五校尉主禁兵武备，所以宿卫两宫"，"明帝诏曰：'冯鲂以忠孝典禁兵，出入八年……'""训即夜诣省，欲令禁兵据门以御之"（刘珍等撰，吴树平校注：《东观汉记校注》卷一二"马光"、卷一五"冯鲂"、卷一九"刘训"，中华书局2008年版，第448、598、875页）。又，《潜夫论·贵忠》"（霍）禹继父位，山、云屏事，诸壻专典禁兵，婚姻本族"（王符著，汪继培笺，彭铎校正：《潜夫论笺校正》卷三，中华书局1985年版，第117页）。据汪继培笺：事见《汉书·霍光传》。……《魏相传》："相奏封事言：'光死，子复为大将军，兄子秉枢机，兄弟诸壻据权执，在兵官'"（第118页）。可知原作"在兵官"。这里使用"禁兵"也是东汉用语反映。《后汉书》相关记录更多。其中，虎贲中郎将及所统如《后汉书》卷四一《第五伦传》"伏见虎贲中郎将窦宪，椒房之亲，典司禁兵，出入省闼"；羽林如《后汉书》卷二四《马援传附兄子严传》"后拜将军长史，将北军五校士、羽林禁兵三千人，屯西河美稷"；卫尉如《后汉书》卷三二《阴兴传》"故侍中卫尉关内侯兴，典领禁兵"，及《后汉书》卷二三《窦融传》"（窦融）代阴兴行卫尉事，特进如故，又兼领将作大匠。弟友为城门校尉，兄弟并典禁兵"；执金吾如《后汉书》卷一九《耿弇传》"征（耿弇）为执金吾，甚见亲重。帝每巡郡国及幸宫观，秉常领禁兵宿卫左右"，《后汉书》卷三二《阴识传》"以识守执金吾，辅导东宫。帝每巡郡国，识常留镇守京师，委以禁兵"；北军五校如前引《马严传》及《后汉书》卷一〇下《皇后纪下》"（阴）熹及弟景、耀、晏并为卿校，典禁兵"。又，《后汉书》卷六九《窦武传》记窦武、窦绍欲诛宦官，"召会北军五校士数千人屯都亭下"，中常侍王甫"使其士大呼武军曰：'窦武反，汝皆禁兵，当宿卫宫省'"，中华书局1965年点校本，第1400、859、1132、807、717、1130、436、2244页。

121

师地区兵士可称屯兵，正相对应。① 卫宏《汉官旧仪》又云"列侯为丞相、相国，号君侯"，"君侯月一行屯卫，骑不以车。卫士初至未入，君侯到都门外劳赐吏士"。② 丞相、相国每月例行巡视、督领的宿卫屯兵，应指卫尉所统南军。《汉书》卷九七上《外戚传上》记吕后病重，曾安排"以赵王禄为上将军居北军，梁王产为相国居南军"。被任命为相国的吕产统领南军而非北军，或许与此有关。北军屯驻于长安城偏北部，武帝增置诸校尉前，为中尉所统京师地区兵卒。③ 西汉初，征伐将军外，在朝将军已时有设置。④ 吕后临终、文帝入主等特殊时期，置有级别较高的上将军、卫将军，他们统领北军或南北军。⑤

而在京师四重宿卫背景下，汉初南北军并不涉及殿中、省中宿卫，

---

① 宋人以下，存在南军包括郎中令所统郎官与南军仅卫尉所统卫官两种意见，学术史梳理及评析参见滨口重国《秦漢隋唐史の研究》上卷第一部第五"前漢の南北軍に就いて"，东京大学出版会1966年版，第251—253页。周良霄亦主前说［《皇帝与皇权》（增订本）第六章五"军卫"条，上海古籍出版社2006年版，第142页］。又，邹本涛以南军为郎中令统领（《西汉南北军考辨》，《中国史研究》1988年第1期）。此外，学者有认为南北军与中尉、卫尉无涉，而是另外一支镇守京师的屯戍部队（杨鸿年：《汉魏制度丛考》"南军北军"条引诸说，第185—190页；李玉福：《秦汉制度史论》，山东大学出版社2002年版，第296页）。所据主要为《史记》卷一〇《孝文本纪》"其罢卫将军军"语。按西汉京师领兵将军有屯兵。此应指罢卫将军屯兵，而非南北军。劳榦较早已指出（《论汉代的卫尉与中尉兼论南北军制度》，《历史语言研究所集刊》第二十九本下册，1958年）。且《孝文本纪》记"乃夜拜宋昌为卫将军，镇抚南北军。以张武为郎中令，行殿中"，与《汉书》卷五九《张汤传》"后数日，竟拜为大司马车骑将军，领尚书事。数月，罢车骑将军屯兵，更为卫将军，两宫卫尉、城门、北军兵属焉"对照，在武帝前未专设城门屯兵时，南军应主要指"两宫卫尉"兵。

② 孙星衍等辑：《汉官六种》，周天游点校，第36、38页。

③ 相关学术史梳理参见滨口重国《秦漢隋唐史の研究》，第252—253页。《文献通考》卷一五〇《兵考二》引山斋易氏"尝考之司马子长作《三王世家》，载公户满意之言曰：'……郡国去京师为甚远，民情无所使莫，而缓急为可恃，故以之为宫城，而谓之南军；三辅距京师为甚迩，民情有闾里、墓坟、族属之爱，而利害必不相弃，故以之护城，而谓之北军。其防微杜渐之意深矣'"（中华书局1986年版，第1312页上栏），值得注意。又，稍晚《后汉书》卷一三《公孙述传》云"（公孙）述然（荆）邯言，欲悉发北军屯士及山东客兵"，《资治通鉴》卷四二《汉纪三四》系于"建武六年（30）"，胡注："述仿汉制，亦置北军。山东之人侨寓于蜀者，述以为兵，故曰客兵。"（第1343页）这里将"北军屯士"与"山东客兵"相对，亦可作为相关论述之旁证。

④ 参见《史记》卷九《吕太后本纪》、卷一〇《孝文本纪》，中华书局1982年点校本，第404、415、418页。

⑤ 《史记》卷一〇《孝文本纪》"匈奴去，发中尉材官属卫将军军长安"（第425页），属战争时临时动员。《汉书》卷一九上《百官公卿表上》"中尉……及左右京辅都尉、尉丞兵卒皆属焉"（中华书局1962年点校本，第732页）。此"中尉材官"，当指内史地区的材官常备兵。

领京师屯兵将军也未统率殿中郎官,无疑值得注意。须知秦末战争中,刘邦已有一支"郎中骑兵"。① 汉帝国建立后,郎中骑兵立功者多得封侯。高帝五年诏"兵皆罢归家"。② 这支力量发生变化。汉初郎从官又称"宦皇帝者"。③ 除中郎、郎中及谒者从事日常宿卫外,还有执楯、执戟、武士、驸、太子御骖乘、太子舍人等。不过,由于郎吏来源复杂,④ 多非出于军事标准选拔。故作为宿卫,军事力量有限。⑤

而一般郎官之外,文献还提到所谓"中从骑""常侍骑""武骑常侍"。

张家山汉简《二年律令·置吏律》"吏及宦皇帝者、中从骑,岁予告六十日;它内官,卅日。吏官去家二千里以上者,二岁一归,予告八十日"(二一七)。⑥ 句读从阎步克意见,作"吏及宦皇帝者中从骑"。⑦ "中从骑"与"它内官"为并列关系,⑧ 皆属"宦皇帝者"。有关宦皇帝者休假规定中,特别提及"中从骑",显示相关身份在西汉初年即具特殊性。

西汉时,相关群体更多称作"常侍骑"。文帝时,"(袁)盎兄子种为常侍骑,持节夹乘"。⑨《索隐》引《汉旧仪》云"持节夹乘舆车骑

---

① 杨泓:《中国古兵器论丛》(增订本)"三 骑兵和甲骑具装",中国社会科学出版社2007年版,第136—137页;陈苏镇:《〈春秋〉与"汉道":两汉政治与政治文化研究》第一章第一节,中华书局2011年版,第55页;李昭毅:《楚汉之际刘邦集团亲卫组织成员的动向及其职能考述——以郎和郎将为中心》,《早期中国史研究》第二卷第一期,2010年,第87—104页。
② 李开元:《汉帝国的建立与刘邦集团:军功受益阶层研究》第一章第一节,生活·读书·新知三联书店2000年版,第21—36页。
③ 阎步克:《从爵本位到官本位:秦汉官僚品位结构研究》下编第四章,生活·读书·新知三联书店2009年版,第370—407页。
④ 参见严耕望《秦汉郎吏制度考》(原刊《历史语言研究所集刊》第二十三本上册,1952年),收入所著《严耕望史学论文选集》,中华书局2006年版,第308—321页;吕思勉:《吕思勉读史札记》"入财者得补郎"条,上海古籍出版社2005年版,第589页。
⑤ 参见李玉福《秦汉制度史论》,第274—275页。
⑥ 彭浩、陈伟、工藤元男主编:《二年律令与奏谳书——张家山二四七号汉墓出土法律文献释读》,上海古籍出版社2007年版,第177页。
⑦ 阎步克:《从爵本位到官本位:秦汉官僚品位结构研究》下编第四章,第395页。
⑧ "内"或应释作"宂"。相关参见彭浩、陈伟、工藤元男主编《二年律令与奏谳书——张家山二四七号汉墓出土法律文献释读》,第178页。
⑨ 《史记》卷一〇一《袁盎晁错列传》,第2739页。

从者云常侍骑"。昭宣时,"(韦)玄成字少翁,以父任为郎,常侍骑"。① "孝文帝十四年(前166),匈奴大人萧关,而(李)广以良家子从军击胡,用善骑射,杀首虏多,为汉中郎。广从弟李蔡亦为郎,皆为武骑常侍,秩八百石"。②《索隐》案:谓为郎而补武骑常侍。这里并出现了"武骑常侍"。《汉书》卷六六《杨敞传附弟恽传》"(杨)忠弟(杨)恽,字子幼,以忠任为郎,补常侍骑"。师古曰:"为骑郎而常侍,故谓之常侍骑也。"《史记》卷二〇《建元以来侯者年表》作"常侍骑郎杨恽"。《索隐》按语、颜师古注,或即据《史》《汉》所载。

张家山汉简整理小组以"中从骑""疑指骑郎"。③ 日本学者则引《汉官仪》"执金吾属官府武库令丞。从骑二百人。持戟五百二十人……"以释。④ 而据上述讨论,"中从骑""常侍骑""武骑常侍"应主要是从郎吏、特别骑郎中进一步选补的。⑤ 按郎中令之下,郎中有车、户、骑三将。郎中骑将统骑郎。王先谦也说:"骑郎,见张释之、卫青、公孙敖《传》;亦曰郎中骑,见《功臣表》。"⑥ 不过,前引李广则是以"汉中郎"而为武骑常侍的。本传又载:"及孝景初立,广为陇西都尉,徙为骑郎将。"迁转用语"徙",虽在官职迁、降调动中也有使用,但较多用于秩级相同或稍有高低的平级调整。郡都尉秩比二千石,"徙为骑郎将",也当大体在比二千石左右。而郎中骑将秩比千石。⑦ 如此,"汉中郎"或非文字误倒。李广、李蔡为武骑常侍后,秩级至八百石。又,《史记》卷一一七《司马相如列传》"以赀为郎,事孝景帝,为武骑常侍,非其好也",《索隐》引张揖曰"秩六百石,常侍从格猛兽"。秩级高于三百石郎中,而与六百石中郎相当,也值得

---

① 《汉书》卷七三《韦贤传附子玄成传》,第3108页。
② 《史记》卷一〇九《李将军列传》,第2867页;《汉书》卷五四《李广传》作"为郎,骑常侍",第2439页。
③ 彭浩、陈伟、工藤元男主编:《二年律令与奏谳书——张家山二四七号汉墓出土法律文献释读》,第177页。
④ 冨古至编:《江陵張家山二四七號墓出土漢律令の研究 譯注篇》,朋友书店2006年版,第142页。
⑤ 《宋书》卷四〇《百官志下》"武骑常侍,无员。汉西京官。车驾游猎,常从射猛兽。后汉、魏、晋不置。宋世祖大明中,复置。比奉朝请",中华书局1974年点校本,第1250页。
⑥ 王先谦:《汉书补注》,中华书局1983年影印本,第298页下栏。
⑦ 陈直《汉书新证》则云"武骑常侍、骑郎将,皆文景之间官名,不见于百官表,骑郎将疑郎中骑将之初名",中华书局2008年版,第302页。

◎ 第二章 军队的构成与演变 ◎

注意。

建元元年（前140）"秋七月，诏曰：'卫士转置送迎二万人，其省万人。罢苑马，以赐贫民'"。①武帝即位初的相关措施，在减轻百姓负担同时，使南军兵员大减。汉初以"南北军"概指京师宿卫的状况，逐渐变化。②

与此相映，首先是期门的出现。建元三年（前138）后，武帝多微行而出。《汉书》卷六五《东方朔传》称"八九月中，与侍中常侍武骑及待诏陇西北地良家子能骑射者期诸殿门，故有'期门'之号自此始"。期门由原来亲近的"侍中常侍武骑"，与待诏的陇西、北地郡善骑射良家子组成。③期门"掌执兵送从"，与常侍骑职能相同，为后者的发展与扩充。期门及后来改称的虎贲，在西汉后期多与省中宿卫相互配合。④班固《西都赋》即有"虎贲赘衣，阉尹阍寺，陛戟百重，各有攸司"⑤的描述。

## 三 羽林前身："建章营骑"的增设

羽林设置稍晚。⑥《汉书》卷一九上《百官公卿表上》云：

---

① 《汉书》卷六《武帝纪》，第157页。
② 卫尉所统宫内宿卫，之后不复以"南军"为称。这除自身军力减弱，殿中宿卫力量发展外，也与西汉前期卫尉主要宿卫长安城内偏南未央、长乐二宫；而武帝以降，长安中、北部及甘泉等地陆续出现新的宫室；东汉洛阳南北二宫，更不局促于城内南部有关。而北军之名得延续到东汉末年，则因北军诸校在两汉一直屯驻于长安、洛阳偏北部。
③ 后一来源，实际并不限于临近京师的西北边郡。宣帝时，董忠以揭发霍禹谋反，封高昌侯。《史记》卷二〇《建元以来侯者年表》记"父故颍川阳翟人，以习书诣长安。忠有材力，能骑射，用短兵，给事期门"（第1067页）。《汉书》卷一七《景武昭宣元成功臣表》、同书卷六八《霍光金日磾传》则均作"期门董忠"（第670、2957页）。董忠乃原籍颍川，生长长安。
④ 太后常常依凭这一力量。废黜昌邑王刘贺时，"（上官）太后被珠襦，盛服坐武帐中，侍御数百人皆持兵，期门武士陛戟，陈列殿下"，哀帝去世时，王皇后"诏尚书，诸发兵符节，百官奏事，中黄门、期门兵皆属（王）莽"。《汉书》卷六八《霍光传》、卷九九上《王莽传上》，第2939、4044页。
⑤ 《后汉书》卷四〇上《班彪传附子固传》，第1341页。
⑥ 《史记》卷一八《高祖功臣侯者年表》宋子惠侯许瘛"以汉三年以赵羽林将初从"。《汉书》卷一六《高惠高后文功臣表》作"以汉三年用赵右林将初击定诸"。师古曰："林将，将士林，犹言羽林之将也。""羽林将"抑或"右林将"，尚难遽定，但均属秦末六国复立时的赵国武职。

125

武帝太初元年（前104）初置，名曰建章营骑，后更名羽林骑。

交代简略。以往研究也很少留意"建章营骑"四字的意义所在。按《汉书》卷六《武帝纪》"太初元年……二月，起建章宫"。营骑组建与宫殿落成基本同时。后者出现，当与前者的兴建颇有关系。武帝好大喜功，曾先后新建、扩建很多宫室建筑。建章宫出现之前，最重要的有两处：一是柏梁台，位于未央宫北阙附近；[①] 二是甘泉宫，包括甘泉前殿、通天台等建筑，在左冯翊云阳县以西的甘泉山。[②] 柏梁台最初虽为祭祀而建，所谓"起柏梁台以处神君"，[③] 但很快成为召会群臣的重要场所。《三辅黄图》引《三辅旧事》云"柏梁台以香柏为梁也。武帝尝置酒其上，诏群臣和诗，能七言诗者乃得上"。[④]《史记》卷一二《孝武本纪》还提到"上还，以柏梁灾故，朝受计甘泉"。《正义》引顾胤云"柏梁被烧，故受记故之物于甘泉也"。颜师古曰："受郡国计簿也。"由于柏梁台被毁，朝廷当年受郡国上计，还特别改在甘泉宫进行。在处理政务的场所级别上，柏梁似要高于甘泉。柏梁台被意外烧毁后，越巫勇之向武帝建议"越俗有火灾，复起屋必以大，用胜服之"。建章宫就是在前者规模基础上，"起屋必以大"，从而兴建起来的。汉人对建章宫的规划营建曾着力描绘，[⑤] 特别有所谓"前殿度高未央"的叙述。在

---

[①]《汉书》卷六《武帝纪》，第182页。
[②]《史记》卷一二《孝武本纪》，第478—479页。
[③]《史记》卷一二《孝武本纪》《正义》引《汉武帝故事》，第452页。
[④] 何清谷：《三辅黄图校释》卷五，中华书局2005年版，第281页。又可参见刘庆柱辑注《三秦记辑注·关中记辑注》，三秦出版社2006年版，第26页；徐坚等：《初学记》卷一二《职官部下》引《汉帝集》，中华书局2004年版，第289页。
[⑤]《史记》卷一二《孝武本纪》"（建章宫）度为千门万户。前殿度高未央。其东则凤阙，高二十余丈。其西则唐中，数十里虎圈。其北治大池，渐台高二十余丈，名曰泰液池，中有蓬莱、方丈、瀛洲、壶梁，象海中神山龟鱼之属。其南有玉堂、璧门、大鸟之属。乃立神明台、井干楼，度五十余丈，辇道相属焉"，第482页。

## 第二章 军队的构成与演变

与未央正殿比较中，建章正殿更显巍峨，① 凸显后者所具有的重要地位。《汉书》卷七《昭帝纪》又记：

> 二年夏四月，上自建章宫徙未央宫，大置酒。赐郎从官帛，及宗室子钱，人二十万。吏民献牛酒者赐帛，人一匹。

"二年"为元凤二年（前79）。这显示：建章宫在武帝后期曾经作为主要皇宫；至昭帝元凤二年，理政重心才从建章重徙未央。征和二年（前

---

① 班固《西都赋》云"陵墱道而超西墉，混建章而外属……尔乃正殿崔巍，层构厥高，临乎未央"。李贤注："正殿即前殿也。层，重也。临乎未央，言高之极也。"（《后汉书》卷四〇上《班彪传附子固传》，第1341—1342、1346页）。"混建章而外属"，中华本校勘记："按，《校补》谓《文选》'而'下有'连'字，第1356页）。李善注："《长门赋》曰：'正殿岿以造天。'其高临乎未央，高之甚也。崔巍，高貌也。"［萧统编，李善注：《文选》卷一，中华书局1977年影印本，第27页上栏。按：汪师韩《文选理学权舆》卷二"注引群书目录"（中华书局丛书集成初编本1985年版），未及此赋。似应补入］。按司马相如《长门赋》收入《文选》卷一六，相关作"正殿块以造天兮，郁并起而穹崇"［学者对李善注引司马相如文中存在异文的此条，归入"各随所用而引之"一类。"岿""块"的用字差异，认为或据文集而引，或属引误。唐谱：《〈文选〉李善注引司马相如文舛误举例》，《四川师范大学学报》（社会科学版）2007年第6期］。联系《文选》卷二〇《皇太子释奠会作》"正殿虚筵，司分简日"。李善注："正殿前殿也。《长门赋》曰：'正殿岿以造天兮'。虚筵，以待贤也。"则李善两处注引《长门赋》，实际均只引了一句，并紧接进行解说。"其高临乎未央"句，与"厥高临乎未央"正相对应；而"其""厥"义通。因此，依古人习惯，中华书局点校本《汉书》、中华书局影印本《文选》等书所录《西都赋》句读，或可调整为："尔乃正殿崔巍层构，厥高临乎未央。"之前学者论建章宫，曾有"《长门赋》说它'岿以造天，其高临乎未央'"的表述（孙机：《汉代物质文化资料图说》（增订本）"52建筑Ⅻ国都"，上海古籍出版社2008年版，第52页）。这一引文存在问题，误将"其高临乎未央"视作《长门赋》语辞，应当修正［严可均辑《全汉文》（中华书局1958年版）、费振刚等辑《全汉赋》（北京大学出版社1993年版）就均未收录后一句。高步瀛《文选李注义疏》此条下言"《长门赋》见本书卷十六"（曹道衡、沈玉成点校，中华书局1985年版，第112页），实际同样仅就前一句而论］。总之，班固赋辞对建章正殿建筑高度的形容，可与前引《孝武本纪》记载呼应。它的巍峨高峻曾给当时人留下深刻印象。《文选》李善注引《三辅旧事》还提到"建章宫周回三十里（'三'，张澍注：一作数）。殿东起别凤阙高二十五丈（'别风阙'，张澍注：一别起阁），乘高以望远（'乘'，张澍注：一作凳）。……又于宫门北起圆阙，高二十五丈，上有铜凤皇"。"营宇之制，事兼未央"，张衡《西京赋》表述作"柏梁既灾，越巫陈方。建章是经，用厌火祥。营宇之制，事兼未央"（萧统编，李善注：《文选》卷二，第40页下栏）。所言略有夸大。据20世纪60年代初期的考古勘探，建章宫宫城"为东西长、南北短的长方形，东西2130米，南北1240米"，"建章宫前殿基址位于建章宫遗址中部偏西处，前殿基址南北320米，东西200米"（中国社会科学院考古研究所：《中国考古学·秦汉卷》第五章"汉代都城"，中国社会科学出版社2010年版，第216—217页）。建章宫及前殿仅从建筑面积而言，要稍逊未央宫。

91），"巫蛊之祸"起，戾太子起兵，喋血长安。① 《汉书》卷六六《刘屈氂传》云：

> 上于是从甘泉来，幸城西建章宫，诏发三辅近县兵，部中二千石以下，丞相兼将。

在分析武帝从甘泉入居建章这一关键举动时，不应忽视上述背景。武帝行动并非仓促无奈之举，因为这里当时正是政治中心所在；后续平乱，实在从容指挥中进行。壶关三老后上书讼太子冤，称"待罪建章阙"，② 而非"待罪未央阙"或"待罪北阙"，反映时人对此普遍知晓。综上，"建章营骑"乃宿卫新兴政治中心而组建的营兵，重要性不言而喻。它在后来得以发展成为殿中宿卫的主要力量，其来有自。

"建章"之外，再说"营骑"。《史记》卷一一一《卫将军骠骑列传》又记：

> 青壮，为侯家骑，从平阳主。建元二年春，青姊子夫得入宫幸上。皇后，堂邑大长公主女也，无子，妒。大长公主闻卫子夫幸，有身，妒之，乃使人捕青。青时给事建章，未知名。大长公主执囚青，欲杀之。其友骑郎公孙敖与壮士往篡取之，以故得不死。上闻，乃召青为建章监，侍中。

"建章"，《索隐》案：晋灼云"上林中宫名也"。如此来看，"建章"之名，建元二年（前139）前后已存在，太初元年"起建章宫"，应是在原基础上扩建并用其名号。至于对卫青之后所任"建章监、侍中"的理解，下面的材料值得注意。《汉书》卷七《昭帝纪》"栘中监苏武前使匈奴"，③ 同书卷五四《苏建传附子武传》作"（苏）武字子卿，

---

① 参见田余庆《论轮台诏》（原刊《历史研究》1984年第2期），修订稿收入所著《秦汉魏晋史探微》（重订本），中华书局2004年版，第30—62页；王子今：《晚年汉武帝与"巫蛊之祸"》，《固原师专学报》（社会科学版）1998年第5期。
② 《汉书》卷六三《武五子传》，第2745页。
③ 此事又见《新序·节士》"孝武皇帝时，以武为栘中监，使匈奴"。刘向编著，石光瑛校释，陈新整理：《新序校释》卷八，中华书局2001年版，第1005—1006页。

少以父任，兄弟并为郎，稍迁至栘中廏监"。①《汉书》卷七〇《傅介子传》"至元凤中，介子以骏马监求使大宛"，②诛斩匈奴使者后，"还奏事，诏拜介子为中郎，迁平乐监"。同书卷一七《景武昭宣元成功臣表》记傅介子又作"以平乐厩监使诛楼兰王"。故所谓"建章监"，就是指建章厩监。营骑的成立，往往与所在地原设有马政机构关系密切。

西汉上林苑又有平乐监，苑内并有以"平乐"命名的宫观建筑。武帝元封六年（前105）"夏，京师民观角抵于上林平乐馆"。③ 此处后来也有屯兵。成帝鸿嘉中，"（张）放为侍中中郎将，监平乐屯兵，置莫府，仪比将军"。④ 西汉末，翟义起兵，京师警备，又曾令"常乡侯王恽为车骑将军屯平乐馆"。⑤ 建章、平乐的前后发展，多有类似之处，可相比较。《史记》卷一〇九《李将军列传》"李陵既壮，选为建章监，监诸骑"，又显示营骑改称羽林前，有由原来厩监监领的情形。建章宫、平林观所处上林苑，游猎之外，为皇帝讲武的重要场所。《汉书》卷九四下《匈奴传下》赞语有"是以文帝中年，赫然发愤，遂躬戎服，亲御鞍马，从六郡良家材力之士，驰射上林，讲习战陈"。⑥ 班固在揭示文帝政治风格的前后变化外，⑦ 也为理解羽林的出现，提供了线索。⑧

## 四　郎中令更名与军事地位下降

武帝太初元年（前104）冬十月，泰山封禅。夏五月，变更制度，其

---

① 此官至东汉初，人多已不识。《论衡·别通》云"孝明之世，读《苏武传》，见武官名曰'栘中监'，以问百官，百官莫知"。

② 陈直以骏马监为太仆骏马令下属官。《汉书新证》，中华书局2008年版，第90、357页。

③ 《汉书》卷六《武帝纪》，第198页。

④ 《汉书》卷五九《张汤传附孙延寿传》，第2654页。

⑤ 《汉书》卷八四《翟方进传》，第3427页。

⑥ "六郡"实于武帝始置，故颜师古特有"六郡，谓陇西、天水、安定、北地、上郡、西河也。其安定、天水、西河，武帝所置耳，史本其土地，而追言也"的解释。

⑦ 前人较多强调文帝"偃武休息"与武帝"黩武穷兵"的差别。洪迈：《容斋三笔》卷一一"汉文帝不用兵"条，《容斋随笔》，孔凡礼点校，中华书局2005年版，第552页。

⑧ 又可参考李昭毅《西汉前期京师侍卫与警备体系研究》，博士学位论文，台湾中正大学历史研究所，2011年。

中涉及"定官名"。① 中尉改称执金吾后，相关职权逐渐变小。② 郎中令更名光禄勋，"期门、羽林皆属焉"。③ 按光禄勋有"职属""文属"等官署多种。东汉时职属即有五中郎将、羽林左右监七署。故一般认为郎中令的发展情况与中尉相反。不过，光禄勋职权扩大、地位提高，与对宿卫力量的掌控，并不能完全等同。

《汉书》卷六八《霍光传》记：

> 于是上始闻之而未察，乃徙光女婿度辽将军未央卫尉平陵侯范明友为光禄勋，次婿诸吏中郎将羽林监任胜出为安定太守。数月，复出光姊婿给事中光禄大夫张朔为蜀郡太守，群孙婿中郎将王汉为武威太守。顷之，复徙光长女婿长乐卫尉邓广汉为少府。更以禹为大司马，冠小冠，亡印绶，罢其右将军屯兵官属，特使禹官名与光俱大司马者。又收范明友度辽将军印绶，但为光禄勋。及光中女婿赵平为散骑骑都尉光禄大夫将屯兵，又收平骑都尉印绶。诸领胡越骑、羽林及两官卫将屯兵，悉易以所亲信许、史子弟代之。

霍光去世后，宣帝因故削夺霍氏权力。霍家位居中朝、特别掌握京师宿卫者，职务皆被调整。具体的人事变动，大体有三次：

1. 范明友：度辽将军、未央卫尉——度辽将军、光禄勋
   任胜：诸吏、中郎将、羽林监——安定太守
2. 张朔：给事中、光禄大夫——蜀郡太守
   王汉：中郎将——武威太守
3. 邓广汉：长乐卫尉——少府
   霍禹：右将军——大司马（罢右将军屯兵官属）
   范明友：度辽将军、光禄勋——光禄勋
   赵平：散骑、骑都尉、光禄大夫将屯兵——散骑、光禄大夫

---

① 《汉书》卷六《武帝纪》，第199页。
② 臧知非：《试论汉代中尉、执金吾和北军的演变》，《益阳师专学报》1989年第2期。
③ 《汉书》卷一九上《百官公卿表上》，第727页。

## 第二章 军队的构成与演变

宣帝首步举措,显然意在实现对未央宫近密宿卫的掌控。此时光禄勋,已不等同旧时郎中令。不然,宣帝不会令原本担任卫尉的霍光女婿范明友,转任更内层宿卫的长官。同时,羽林虽名属光禄勋,但一直较为独立,另设骑监监护,光禄勋实际并不统领。因此,这才会有将担任中朝官、监领羽林骑兵的任胜,外放为安定太守同时,范明友担任光禄勋情形的出现。接着,宣帝将担任中朝官及殿中宿卫的霍光姊婿张朔、群孙婿王汉,外放为边郡太守。调整随后扩展至长乐宫。霍光长女婿邓广汉,由长乐卫尉改任少府。目标接着转向霍氏中心人物霍禹,将他由右将军改任大司马,"罢其右将军屯兵,以虚尊加之,而实夺其众"。① 最后,宣帝收回了范明友、赵平的度辽将军、骑都尉印绶,夺其屯兵。霍光临终精心布置,由邓广汉、任胜、赵平、范明友四婿"领胡越骑、羽林及两宫卫将屯兵",就这样被宣帝"悉易以所亲信许、史子弟代之"。而范明友在第二次职务调整后,仍然担任光禄勋:

度辽将军、未央卫尉——度辽将军、光禄勋——光禄勋

则此职更名后的军事职能,应是有所减弱,而非增强。

武帝时,中尉同时改称执金吾。按"吾实大棒之名","金吾就是饰金的铜棒"。② 执金吾持"金吾",领缇骑,负责日常治安巡视,皇帝出行则充任仪仗。虽相对之前中尉职权有不小变化,但东汉皇帝外巡,仍有令执金吾留守宿卫。如《后汉书》卷三二《樊宏传》云"及显宗立为皇太子,以(阴)识守执金吾,辅导东宫。帝每巡郡国,识常留镇守京师,委以禁兵",同书卷三三《冯鲂传》"明年,东巡郡国,留鲂宿卫南宫"。李贤注引《东观记》"敕鲂车驾发后将缇骑宿玄武门复道上,领南宫吏士,保给床席,子孙得到鲂所"。后者为永平十五年(72)事,冯鲂应以执金吾留卫南宫。《后汉书》卷四四《张禹传》又记"(永元)十五年(103),南巡祠园庙,禹以太尉兼卫尉留守"。李贤注引《东观记》"禹留守北宫,太官朝夕送食"。而《后汉书》卷三七《丁鸿传》还提到

---

① 《汉书》卷五九《张汤传附子安世传》,第2649页。
② 相关考述参见阎步克《也谈辛延年〈羽林郎〉中的"金吾子"》,《中国文化研究》2004年春之卷,第90—93页。

"（和）帝以鸿行太尉兼卫尉，屯南、北宫。于是收窦宪大将军印绶，宪及诸弟皆自杀"。相对而言，宿卫安排则很少提及光禄勋。光禄勋统领郎、虎贲、羽林的记录，也出现较少。①

东汉罢郎中车、户、骑三将。五官、左、右中郎将及三署郎"由亲近而疏远"，"郎署移至宫外与太学相对，盖旨在造就行政人才，与太学不异，非复西汉近侍从官之比矣"。严耕望且注意到"盖东汉三署颇类行政人员训练所或储养所，光禄勋中郎将亦非内宫禁卫之职，惟以管理郎署为主要职务，故史家惟以选举清浊衡其任职否耳"。② 军制研究对此多重视不足。而由上论，严说不仅可从，而且相关时间实际可溯至西汉中期。个中缘由，或在更名所用"光禄勋"一称中，已有较清晰体现。《太平御览》卷二二九《职官部二七》引应劭《汉官仪》："光，明也。禄，爵也。勋，功也。言光禄典郎、谒、诸虎贲、羽林，学不安得，赏不失劳，故曰光禄勋。"③

西汉时，期门称郎，羽林不称郎。④ 这与期门在常侍骑基础上形成，后者本身已为骑郎，而羽林来自六郡良家子骑士及从军死者孤儿有关。不过，如《汉书》卷七〇《甘延寿传》"少以良家子善骑射为羽林，投石拔距绝于等伦，尝超逾羽林亭楼，由是迁为郎。试弁，为期门"所显示，能力出众的羽林，可迁为郎；进一步，则有望选拔为期门。

**五　东汉虎贲、羽林与"禁兵"名号**

至东汉，期门（后改称虎贲）、羽林逐渐成为殿中宿卫主力，禁兵精锐所在。不过，二者具体演进路径有别。西汉时，期门有仆射，秩比千石。平帝元始元年（1）更名虎贲后，置中郎将，秩比二千石。⑤ 东汉初

---

① 杨鸿年也倾向光禄勋不统虎贲、羽林，而将前者表述为"变成一个高高在上有职无权的官员"。《汉魏制度丛考》"宫卫制度"条，第29—30页；朱溢：《论西汉郎中令之演变》，《北大史学》第10辑，北京大学出版社2004年版，第52—68页；史云贵：《外朝化与边缘化：中国古代光禄勋研究——以秦汉魏晋为主体》，《求索》2006年第1期。

② 参见严耕望《秦汉郎吏制度考》，第293、295、299页。凌文超来信提示，"（这）点出了光禄勋性质的转变，实则是从宫官家臣变为府官朝臣，由宿卫宫禁变成了管理郎署，由贵族性而平民性。郎吏性质的变化，直接影响其宿卫军事职能"。

③ 《太平御览》，中华书局1960年影印本，第1088页下栏。又见孙星衍等辑《汉官六种》，周天游点校，第129页。162页校勘记："《初学记》卷一二引应劭曰作'举不失德'，当是。"

④ 李玉福：《秦汉制度史论》，第278—280页。

⑤ 《汉书》卷一九上《百官公卿表上》，第727页。

## 第二章 军队的构成与演变

短暂恢复期门之号,不久复称虎贲。除仍置中郎将外,仆射分为左右,又有"左右陛长各一人,比六百石","主直虎贲,朝会在殿中",实际承担了原郎官特别执楯、执戟的任务。① 虎贲郎仿三署郎,进一步分为虎贲中郎、侍郎、郎中及节从虎贲。《续汉书·百官志二》"五官中郎将"条,本注"凡郎官皆主更直执戟,宿卫诸殿门,出充车骑"。而"虎贲中郎将"条,本注作"掌宿卫侍从",与皇帝更为近密。

关于东汉羽林,《汉官仪》称"光武中兴,以征伐之士劳苦者为之,故曰羽林士",② 具有元从、亲兵性质。同书又言"其后简取五营高才,别为左、右监,监羽林左右骑,父死子继,与虎贲同"。③ 虎贲、羽林均为世兵,构成更显一元化。原来的羽林骑保留并发展,分作左、右骑,由羽林左、右监统领。东汉仍多有它官监羽林骑者。④ 此外,东汉仍置羽林郎,羽林中郎将主之,"掌宿卫侍从"。依文献所载,殿中日常宿卫中,等级稍低的虎贲、羽林明显较三署郎突出。

虎贲、羽林、北军五营,东汉均称"禁兵"。它们构成上的彼此联系,也较之前为密切。羽林"其后简取五营高才",左右羽林骑多从北军五营简选。除"羽林父死子继,与虎贲同",前引《后汉书》卷八七《西羌传》有"五营子弟"语。学者认为"有五营子弟世袭为兵者"。⑤《后汉书》卷四二《光武十王传》又记:

> 永平二年(59)冬,诸王来会辟雍,事毕归蕃,诏焉与俱就国,从以虎贲官骑。焉上疏辞让,显宗报曰:"凡诸侯出境,必备左右,

---

① 参见严耕望《秦汉郎吏制度考》,第296页。执楯、执戟则参见阎步克《从爵本位到官本位:秦汉官僚品位结构研究》下编第四章,第374—375页。
② 《后汉书》卷一九《耿弇传附国弟子恭传》记"耿恭以单兵固守孤城",在西域坚持多年。最终返回洛阳的十三人中,耿恭被"拜为骑都尉,以恭司马石修为洛阳市丞,张封为雍营司马,军吏范羌为共丞",而"余九人皆补羽林"(第723页)。
③ 《太平御览》卷二四二《职官部四〇》引,第1148页。"才",《唐六典》卷二五"左右羽林军"条、《通典》卷二八《职官十》作"手"。
④ 《后汉书》卷三二《阴识传附弟兴传》"遂擢(议郎席)广为光禄勋;(谒者阴)嵩为中郎将,监羽林十余年,以谨敕见幸";同书卷二三《窦融传》"显宗即位,迁中郎将,监羽林士";同书卷一五《来歙传附曾孙历传》"(来)历字伯珍,少袭爵,以公主子,永元中,为侍中,监羽林右骑",及同书卷六九《窦武传》"(窦武兄子)绍弟靖西乡侯,为侍中,监羽林左骑",第1132、809、590、2241页。
⑤ 李玉福:《秦汉制度史论》,第307页。

故夹谷之会，司马以从。今五国各官骑百人，称妮前行，皆北军胡骑，便兵善射，弓不空发，中必决眦。夫有文事必有武备，所以重蕃职也。王其勿辞。"

"官骑"，李贤注引《汉官仪》："骓骑，王家名官骑。"细按文意，明帝提供给诸侯王归国的"虎贲"，实际来自北军的胡骑。《太平御览》卷六八〇《仪式部一》引应劭《汉官仪》"旧曰羽林郎为旄头，放发驱，今但用营士"。二者在使用上，存在先后替代关系。此外，东汉安帝永初三年（109）、延熹四年（161）秋七月、灵帝光和二年（179）等，数次标价卖官。① 虎贲、羽林与缇骑、北军营士按价位高低售卖，进一步加剧了它们的同质化。《三国志》卷一三《魏书·王朗传》裴注引《魏名臣奏》"旧时虎贲羽林五营兵，及卫士并合，虽且万人，或商贾惰游子弟，或农野谨钝之人"，将"虎贲羽林五营兵"连称。

期门（虎贲）、羽林的出现，是两汉京师宿卫发展的大事。由西汉初年不包括殿中宿卫的南北军，到以殿中宿卫虎贲、羽林为首的京师禁兵出现，两汉中央军制发生重要变化。这一过程中，中黄门、虎贲、羽林、卫士、缇骑、北军五校，虽最初组成存在多样一面，但渐渐均以"禁兵"为称，诸宿卫构成上的联系，实际进一步发展。

## 六 中朝将军与禁兵掌控

实际政治生活中，朝廷常另置将军以统领京师宿卫。后者又称"爪牙官"，② 设计初衷本在辅翼君主，以实现对京师的更好控御。

武帝置大司马，以冠将军之号。中朝将军与丞相协作，偏重军政。大

---

① 《后汉书》卷五《安帝纪》"三公以国用不足，奉令吏人入钱谷，得为关内侯、虎贲羽林郎、五大夫、官府吏、缇骑、营士各有差"；同书卷七《桓帝纪》"减公卿以下奉，贷王侯半租，占卖关内侯、虎贲、羽林、缇骑营士、五大夫钱各有差"；同书卷八《灵帝纪》"初开西邸卖官，自关内侯、虎贲、羽林，入钱各有差"，第213、309、342页。
② 《汉书》卷六九《辛庆忌传》、卷七一《彭宣传》、卷七九《冯奉世传》、卷九九上《王莽传上》、卷一二《平帝纪》，第2997、3052、3300、4046、349页。

## 第二章　军队的构成与演变

司马大将军所统包括北军。① 昭帝时，燕王旦觊觎皇位，上书指责霍光专政，还出现：

>又将军都郎羽林，道上移跸，太官先置。②

"都郎羽林"，张晏曰："都试郎、羽林也。"师古曰："都，大也。谓大会试之。汉光禄挈令'诸当试者，不会都所，免之'。"《汉书》卷六八《霍光传》作"光出都肄郎羽林"。孟康曰："都，试也。肄，习也。"师古曰："谓总阅试习武备也。"郎从官、羽林兵士，这一时期由大将军考核、检阅。昭帝薨，霍光立昌邑王贺不久，欲再行废立事，《汉书》卷六八《霍光传》记：

>光使尽驱出昌邑群臣，置金马门外。车骑将军安世将羽林骑收缚二百余人，皆送廷尉诏狱。

车骑将军也有统领羽林骑兵之权。大将军、车骑将军所统范围已涵盖殿中。《汉书》卷五九《张汤传》又提到"后数日，竟拜为大司马车骑将军，领尚书事。数月，罢车骑将军屯兵，更为卫将军，两宫卫尉、城门、北军兵属焉"。联系前引《孝文本纪》"乃夜拜宋昌为卫将军，镇抚南北军。以张武为郎中令，行殿中"，卫将军与大将军、车骑将军稍有不同，前者不涉及殿中宿卫，即不统辖郎吏、羽林。

武帝末增置城门屯兵。征和二年（前91）秋七月"壬午，太子与皇后谋斩充，以节发兵与丞相刘屈氂大战长安，死者数万人。庚寅，太子亡，皇后自杀。初置城门屯兵。更节加黄旄"。③ 这些屯兵当属城门校尉统领。不过因地位重要、宿卫分散，京师军事长官常另派副员，特予管理。"巫蛊之祸"时，《武帝纪》作"其后逢太子有兵事，丞相自

---

① 张焯：《汉代北军与曹魏中军》，《中国史研究》1994年第3期。不过，"东汉大将军五营即《后汉书》中经常出现的'北军五校'，就是大将军所辖秩比二千石的五部校尉"的认识，还可讨论。凡中朝将军一般领有部曲屯兵。将军部曲与北军诸校应当区分。参见《汉书》卷八《宣帝纪》、卷五九《张汤传》，第249、2649页；《后汉书》卷七二《董卓传》，第2324页。
② 《汉书》卷六三《武五子传》，第2755页。
③ 《汉书》卷六《武帝纪》，第208页；《汉书》卷六六《刘屈氂传》作"以太子在外，始置屯兵长安诸城门"，第2882页。

135

将兵，使司直主城门"。成帝时，外戚王氏先后执政。"御史大夫（王）音竟代（王）凤为大司马车骑将军，而平阿侯（王）谭位特进，领城门兵"。王谭推让职任，不久去世，"上悔废平阿侯（王）谭不辅政而薨也，乃复进成都侯（王）商以特进，领城门兵，置幕府，得举吏如将军"。之后，"特进成都侯（王）商代（王）音为大司马卫将军，而红阳侯（王）立位特进，领城门兵"。①《汉书》卷八一《孔光传》记平帝时：

> 明年徙为太师，而莽为太傅。光常称疾，不敢与莽并。有诏朝朔望，领城门兵。

按王莽篡位前置太师、太傅、国师、国将四辅。孔光为太师，位略高于为太傅的王莽。故有"光常称疾，不敢与莽并"事。而据王莽上言"臣以元寿二年（前1）六月戊午仓卒之夜，以新都侯引入未央宫。庚申拜为大司马，充三公位。元始元年（1）正月丙辰拜为太傅，赐号安汉公，备四辅官。今年四月甲子复拜为宰衡，位上公。臣莽伏自惟，爵为新都侯，号为安汉公，官为宰衡、太傅、大司马，爵贵号尊官重，一身蒙大宠者五，诚非鄙臣所能堪"，②王莽在为太傅前，已任大司马官。从后来"拜为宰衡"，而"官为宰衡、太傅、大司马，爵贵号尊官重，一身蒙大宠者五"看，孔光谦让时，王莽官职实为太傅、大司马，总领京师宿卫。孔光地位仅次于莽，故领城门兵。这与前述王莽诸叔常二人共领禁兵，颇为类似。值得注意的是，进入东汉，文献多言"城门校尉"，而如西汉后期另派副员管理，则似已取消，未再沿袭。东汉将军军事地位的相关变化，下面通过论述，进一步呈现。

## 七 "省禁"宦者参与禁兵争夺

宦者在经西汉武帝、元帝短暂活跃后，至新莽、东汉特别是殇帝后势

---

① 参见《汉书》卷九八《元后传》，第4024、4027页。
② 《汉书》卷九九上《王莽传上》，第4068页。

## 第二章 军队的构成与演变

力有所发展。① 东汉朝政内外之分,由此发生变化。西汉后期,以中朝将军为中心所组中朝,与丞相为首外朝,形成内外之别。东汉顺帝阳嘉二年(133),李固对策则云"今与陛下共理天下者,外则公卿尚书,内则常侍黄门"。② 内、外界限之分,出现明显内移。同在殿内省外的尚书,被视作"外"。省内的中常侍、黄门侍郎等则成为"内"。同策又追述"前孝安皇帝内任伯荣、樊丰之属,外委周广、谢恽之徒",③ 同样出现内、外之分。"内任"伯荣为安帝乳母王圣之女,樊丰为中常侍。"外委"周广为侍中。谢恽曾为侍中,后任虎贲中郎将。④ 耿宝为大将军,被称作"威行前朝",也反映相关变化。而"周广、谢恽兄弟,与国无肺腑枝叶之属,依倚近幸奸佞之人,与樊丰、王永等分威共权,属托州郡,倾动大臣"。⑤ 他们权势的获得,也主要通过"依倚"省内权臣。按中朝理事主

---

① 宦官参政活跃,新莽时已出现。《汉书》卷九九中《王莽传中》云"莽自见前颛权以得汉政,故务自揽众事,有司受成苟免。诸宝物名、帑藏、钱谷官,皆宦者领之。吏民上封事书,宦官左右开发,尚书不得知"(第4140页)。至东汉"中兴之初,宦官悉用阉人,不复杂调它士。至永平中,始置员数,中常侍四人,小黄门十人"(《后汉书》卷七八《宦者列传》,第2509页)。宦官崛起,多言是殇帝以下(《后汉书》卷七八《宦者列传》、卷四三《朱晖附孙朱穆传》,第2509、1472页)。东汉中后期,宦官、外戚交替专权,除以往宦官代表皇帝,与外戚对立的认识外。其崛起也往往得益于太后称制。所谓"故少主凭谨旧之庸,女君资出内之命"(《宦者列传》,第2538页)。不过,东汉外戚政治,始现于殇帝之前的和帝时期。永元初,窦太后临朝,有"女君";和帝后依靠郑众等诛除窦氏,又出现"少主"。那么,宦官为何在殇帝后才"浸益贵盛"呢?和帝初年,外戚窦氏专权。然太后的政治参与,实际并不突出。永元四年(92),窦氏势力被清除。九年,太后崩,又遇"梁贵人姊嫕上书陈贵人枉殁之状",三公上奏反对太后与先帝合葬,为此还援引了光武黜吕太后故事。这对窦太后极为不利。此时和帝却力排众议,并以手诏形式明确指出"窦氏虽不遵法度,而太后常自减损。……其勿复议"(《后汉书》卷一○上《皇后纪上》,第416页)。《后汉书》卷二三《窦融传》称"虽俱骄纵,而(窦)景为尤甚","有司畏惮,莫敢举奏。太后闻之,使谒者策免景官,以特进就朝位"(第819页),也反映这点。由此而言,虽诸窦佁张,太后却未积极干政。殇帝即位,和熹邓太后临朝称制。她是东汉太后中最积极预政者。所谓"自和熹太后以女主称制,不接公卿,乃以阉人为常侍,小黄门通命两宫。自此以来,权倾人主,穷困天下","邓后称制终身,号令自出,术谢前政之良,身阙明辟之义"(《后汉书》卷四三《朱晖附孙朱穆传》、卷一○上《皇后纪上》,第1472、430页)。"女君资出内之命",宦官势力终于大为发展。
② 《后汉书》卷六三《李固传》,第2076页。
③ 《后汉书》卷六三《李固传》,第2078页。
④ 《后汉书》卷一五《来歙传附曾孙历传》、卷一○下《皇后纪下》,第590、437页。
⑤ 《后汉书》卷五四《杨震传》,第1764页。

要在殿内省外。① 虎贲中郎将主虎贲宿卫，亦执事于此区域。② 侍中更属中朝官中与皇帝关系近密，可进入省中者。然而，东汉侍中，已被视作"外"的范畴。

和、顺、桓、灵，先后发生皇帝、宦官与居将军位的外戚间的夺权斗争。这是新"内—外"格局下的对峙与冲突，尤其涉及双方对禁兵的掌控。

永元时，和帝借大将军窦宪征师还京之机，"乃幸北宫，诏执金吾、五校尉勒兵屯卫南、北宫，闭城门，收捕（邓）叠、（邓）磊、（郭）璜、（郭）举"。③ 宦官郑众尚主要是"首谋""定议"。

安帝后，阎氏所立北乡侯刘懿病重。中黄门孙程等欲拥立顺帝，面对宦官江京、李闰与外戚阎显等人的联党专权。据《后汉书》卷七八《宦者列传》：

> 中黄门孙程、王康、长乐太官丞王国、中黄门黄龙、彭恺、孟叔、李建、王成、张贤、史泛、马国、王道、李元、杨佗、陈予、赵封、李刚、魏猛、苗光等，怀忠愤发，勠力协谋，遂埽灭元恶，以定王室。

拥立者主要是中黄门群体。中黄门比百石，地位较低，"居则宿卫，直守门户；出则骑从，夹乘舆车"，④ 主要负责省门守卫。他们首先清除省内阎氏同党，斩杀"俱坐于省门下"的"中常侍长乐太仆江京、黄门令刘安、钩盾令陈达"。然拥立顺帝，须得省内宦者支持。因此，他们选择挟持而非杀掉"权势积为省内所服"的中常侍李闰，"欲引为主"。孙程等在南宫成功起事，迎顺帝入南宫云台时，"召尚书令、仆射以下"同往，应是便于起草诏令以及掌握符节的需要。而"程等留守省门，遮扞内外"。宦官与外戚阎氏进入直接对抗。阎显为车骑将军，"时在禁中"，却"忧迫不知所为"。小黄门樊登曾劝发兵，建议却为"以太后诏召越骑校

---

① 参见拙文《西汉加官考》，第43—45页。
② 稍早情形如《史记》卷五六《陈丞相世家》"（陈）平畏谗之就，因固请得宿卫中，太后乃以为郎中令，曰：'傅教孝惠。'是后吕嬃谗乃不得行"，第2059页。
③ 《后汉书》卷二三《窦融列传》，第819—820页。
④ 《续汉书·百官志三》，《后汉书》，第3593页。

## 第二章 军队的构成与演变

尉冯诗、虎贲中郎将阎崇,屯朔平门,以御程等"。① 可见车骑将军日常不持有符节,无法直接调动禁兵。顺帝在云台召会百官,越骑校尉冯诗可能在此情势下抵制阎氏调遣,杀掉樊登,"归营屯守",于是"显弟卫尉景遽从省中还外府,收兵至盛德门"。孙程传召诸尚书收捕阎景。尚书郭镇时卧病休养,受命即持节率直宿羽林出南止车门,一举击败卫尉阎景。②《后汉书》卷六《顺帝纪》交代"遣侍御史持节收阎显及其弟城门校尉耀、执金吾晏,并下狱诛"。车骑将军外,阎氏实际还有人担任城门校尉、执金吾等职。不过,《后汉书》卷四六《郭躬传》简述过程作"及中黄门孙程诛中常侍江京等而立济阴王,镇率羽林士击杀卫尉阎景,以成大功"。《宦者列传》也说"旦日,令侍御史收显等送狱,于是遂定"。郭镇、阎景一战至为关键,阎氏随后被铲除。这再次说明,车骑将军日常可指挥军队有限,紧急下只能依靠其他宿卫长官。卫尉阎景的单独出战又显示,这是阎氏当时所能派出的唯一一支对抗力量。

桓帝欲依靠单超、具瑗等除灭外戚梁冀。据《后汉书》卷三四《梁统传》,梁冀首先行动,"使中黄门张恽入省宿,以防其变"。因中黄门仅守护省门,黄门令具瑗于是借"辄从外入,欲图不轨"名义,将其收捕。桓帝随后临朝,召尚书持兵守卫省阁,并"敛诸符节送省中",防范外戚持节发兵;同时,"使黄门令具瑗将左右厩驺、虎贲、羽林、都候剑戟士,合千余人,与司隶校尉张彪共围冀第"。③ 在此形势下,梁冀及妻孙寿即日自杀,"卫尉梁淑、河南尹梁胤、屯骑校尉梁让、越骑校尉梁忠、长水校尉梁戟等,及中外宗亲数十人,皆伏诛"。④ 梁冀任大将军,家族

---

① 《后汉书》卷七八《宦者列传》,第 2515 页。
② 尚书与羽林等宿卫的联系,又见《后汉书》卷三六《张霸传附楷子陵传》"陵字处冲,官至尚书。元嘉中,岁首朝贺,大将军梁冀带剑入省,陵呵叱令出,敕羽林、虎贲夺冀剑",第 1243 页。此又见谢承《后汉书》。周天游:《八家后汉书辑注》,上海古籍出版社 1986 年版,第 45 页。
③ "厩驺"是宫中属诸厩的骑吏。《汉官》提到未央厩"卒驺二十人"、长乐厩"卒驺二十人"(孙星衍等辑:《汉官六种》,周天游点校,第 4 页)。《汉书》卷六三《武五子传》记西汉武帝时戾太子起兵,"具白太后,发中厩车载射士"事。《续汉书·百官志二》又云"左右都候各一人,六百石。本注曰:主剑戟士,徼循宫,及天子有所收考。丞各一人"及《后汉书》卷七七《酷吏列传》"诏召司隶校尉、河南尹诣尚书谴问,遣剑戟士收(洛阳令周)纡送廷尉诏狱。数日贳出"。"都候剑戟士"由于徼循宫中,机动性强,从事工作多受皇帝委派,因而与卫尉属下的其他武装稍有不同。
④ 《后汉书》卷七《桓帝纪》,第 305 页。

数人担任卫尉及北军校尉等职。所统诸军，宦官虽无法掌控，然无符节，自己亦无直接调动之权，加之没有抗诏，顷刻即遭翦除。

灵帝时，外戚窦武与太傅陈蕃等朝臣联合，欲铲除宦官曹节、王甫。这是"内—外"势力对峙最严重的一次。据《后汉书》卷六九《窦武传》，外戚、朝臣首先奏免黄门令魏彪，以小黄门山冰代任；又使山冰举奏长乐尚书郑飒，送北寺狱，欲连及曹节、王甫。曹节则使灵帝临朝，再次通过尚书采取行动。由于尚书令尹勋与窦武、陈蕃联结，宦官不得不使用"召尚书官属，胁以白刃，使作诏板"的办法。王甫被任命为新黄门令，持节收杀山冰、尹勋。郑飒出狱后则持节收捕窦武等人。与梁冀不同，这次窦武进行了抗诏。他跑到其弟窦绍北军步兵校尉营，召五营兵出屯都亭。对此，宦官调动了两支力量：一是"诏以少府周靖行车骑将军，加节，与护匈奴中郎将张奂率五营士讨武"；二是王甫同桓帝时黄门令具瑗复"将虎贲、羽林、厩驺、都候、剑戟士，合千余人，出屯朱雀掖门，与奂等合"。① "行车骑将军"后"加节"一语，值得注意。宦官本来兵力占优。而"营府素畏服中官"，纷纷倒戈。外戚、朝臣的联合斗争，再告失败。

东汉外戚担任大将军、车骑将军，虽有统领名义，但日常不持符节，无法直接调动禁兵，以致阎显、窦武紧急时，不得不依凭担任卫尉、步兵校尉的亲属，来进行反抗。这与前述东汉统京师宿卫长官不另有副员，领城门兵，可以联系思考。宦官一方，则往往首先巩固省中安全，然后使君主临朝召会尚书，进行诏书发布与符节颁授。随后的具体围剿，则常以省中黄门令、殿中尚书令统帅虎贲、羽林殿中禁兵等，实现以"内"制"外"。

前引《窦武传》特有"营府素畏服中官"语。北军五营唯对宦官一向畏惧慑服，反映后者在京师宿卫中的地位与影响。东汉后期的宦官专权，不仅体现为子弟、亲属布列京师、州郡，而且自身突破省内及中宫范畴，出任都尉、将军。② 灵帝以外藩入主，极重积累私财，也更为倚重宦官。熹平四年（175），"改平准为中准，使宦者为令，列于内署。自是诸

---

① 中华本《后汉书》两条句读不同。此条"都候、剑戟士"可同上条作"都候剑戟士"。
② 参见孙程、单超、曹节、赵忠等人事迹。《后汉书》卷七八《宦者列传·孙程》、卷七《桓帝纪》、卷七八《宦者列传·单超》、卷七八《宦者列传·曹节》、卷八《灵帝纪》，第2516—2518、306、2521、2524、331、352页。

署悉以阉人为丞、令"。① 更突出的，则是中平五年（188）八月，设置西园八校尉：

> 是时置西园八校尉，以小黄门蹇硕为上军校尉，虎贲中郎将袁绍为中军校尉，屯骑都尉鲍鸿为下军校尉，议郎曹操为典军校尉，赵融为助军校尉，淳于琼为佐军校尉，又有左右校尉。帝以蹇硕壮健而有武略，特亲任之，以为元帅，督司隶校尉以下，虽大将军亦领属焉。②

重要者为居前的上、中、下军三校尉。从任者原职虎贲中郎将、屯骑校尉等看，这或是对京师禁兵主要力量的一次整合。所谓"督司隶校尉以下，虽大将军亦领属焉"，也反映了这点。"八校尉"的出现，不由使人联想北军增置八校尉事；而"西园"的命名，亦不由令人忆起殿门、建章与期门、羽林的出现。③ 灵帝禁兵改革，可看作武帝二百年后又一次类似尝试。只不过，这次期图重振，倚重的已主要是宦官。

**八 禁兵外出征、戍的变化**

两汉间"南北军"向"禁兵"演变，除虎贲、羽林等殿中宿卫参与重构，禁兵掌控由将军向宦者进一步统合外，也体现在由"南北军之屯"到禁兵的四方征行、屯戍。

以往认为两汉中央军与魏晋中军"极大的变化"之一，为"就性质上说，两汉南北军仅是宫殿京城的宿卫及拱卫兵，很少出征；魏晋的中军，尤其晋的中军，不仅宿卫宫殿，保护京都，而且常常征伐四方，是国家的重兵所在"。④ 魏晋中军的实力雄厚与外出活跃，确实较两汉京师宿卫突出。不过，两汉禁兵外出征、戍的具体情形及前后变化，也还需要做更进一步的工作。

---

① 《后汉书》卷八《灵帝纪》，第337页。
② 《后汉书》卷六九《何进传》，第2247页。据同书卷七四上《袁绍传》，袁绍后来实际担任佐军校尉（第2374页）。
③ 东汉洛阳有西园，亦设有马厩，有给事骑吏。《后汉书》卷七一《皇甫嵩传》有"益出中藏钱，西园厩马，以班军士"的记述。同书卷七八《宦者列传》又记曹节"顺帝初，以西园骑迁小黄门"。
④ 何兹全：《魏晋的中军》，第242页。

武帝时期，帝国对外由守转攻，连年用兵。《史记》卷一一八《淮南衡山列传》记元朔五年（前124）：

> 此时有欲从军者辄诣京师，（雷）被即愿奋击匈奴。

汉匈对峙时，兵士相当部分来自招募。不仅汉郡，王国人亦可应募。而主持募兵的机构仅设于都城长安，应募者需自往京师投充。刘安后因谋反受到审治，本传载"淮南王安拥阏奋击匈奴者雷被等，废格明诏"，即指上引雷被事。《索隐》引崔浩曰"诏书募击匈奴，而雍遏应募者，汉律所谓废格"。《汉书》卷四五《江充传》记江充告赵太子旦奸乱事。赵王彭祖为救太子，上书称"臣愿选从赵国勇敢士，从军击匈奴，极尽死力，以赎丹罪"。汉代募兵有"勇敢"。所谓"选从赵国勇敢士"，师古曰"选取勇敢之士以自随"。对于中央募兵，地方可根据情况提供支持。[①] 但"从军击匈奴"，仍需自往京师。本传又记：

> 上以（江）充为谒者，使匈奴还，拜为直指绣衣使者，督三辅盗贼，禁察逾侈。贵戚近臣多奢僭，充皆举劾，奏请没入车马，令身待北军击匈奴。[②] 奏可。充即移书光禄勋中黄门，逮名近臣侍中诸当诣北军者，移劾门卫，禁止无令得出入宫殿。于是贵戚子弟惶恐，皆见上叩头求哀，愿得入钱赎罪。上许之，令各以秩次输钱北军，凡数千万。

江充以直指绣衣使者督察三辅，举劾奢僭的贵戚、近臣，违犯者车马没收，并编入北军击匈奴。为防止他们向皇帝求情，他还移书负责省门、殿门守卫的中黄门、光禄勋，严禁其出入宫殿。权贵于是惶恐，各输钱于北军，以免从军。前引《汉书》卷二三《刑法志》有"至武帝平百粤，内

---

① 地方特别三辅地区需向北军提供人员与军备物资。《汉书》卷八九《循吏传·黄霸》记黄霸"征守京兆尹，秩二千石。坐发民治驰道不先以闻，又发骑士诣北军马不适士，劾乏军兴，连贬秩"。颜师古引孟康曰："关西人谓补满为适。马少士多，不相补满也。"第3631页。又，《史记》卷九六《张丞相列传》云"又得擅屏骑士事，赵京兆坐要斩"，第2687页。"擅屏"指擅自逐遣。

② 文颖曰："令贵戚身待于北军也。"

142

## 第二章 军队的构成与演变

增七校,外有楼船,皆岁时讲肄,修武备云"语。按,武帝灭南越在元鼎六年(前111),北军增置诸校尉当在此年。参据上述,北军在设八校尉前后,实际均行募兵。京师募兵击匈奴,也非另组新军,而是在北军名义下统一组织。《汉书》卷七《昭帝纪》元凤五年(前76)"六月,发三辅及郡国恶少年吏有告劾亡者,屯辽东",同书卷二六《天文志》作"其(元凤)五年六月,发三辅郡国少年诣北军"。所载恐是一事,同样反映了上述情形。又,《江充传》言贵戚近臣"入钱赎罪""凡数千万",及《汉书》卷六六《公孙贺传》记"(公孙)敬声以皇后姊子,骄奢不奉法,征和中擅用北军钱千九百万,发觉,下狱"。武帝时期的北军,宿卫以外的征行已较普遍。北军还曾以各种方式募集兵员。而除大司农调拨军费外,本身并有较独立且数量可观的财政储备。

西汉除北军外,其他宿卫参与征行较少,偶见"期门佽飞""羽林孤儿":

> 西羌反,发三辅、中都官徒弛刑,及应募佽飞射士、羽林孤儿,胡、越骑,三河、颍川、沛郡、淮阳、汝南材官,金城、陇西、天水、安定、北地、上郡骑士、羌骑,诣金城。夏四月,遣后将军赵充国、强弩将军许延寿击西羌。①
> 
> (赵)充国子右曹中郎将卬,将期门佽飞、羽林孤儿、胡越骑为支兵,至令居。虏并出绝转道,卬以闻。有诏将八校尉与骁骑都尉、金城太守合疏捕山间虏,通转道津渡。②
> 
> 今发三辅、河东、弘农越骑、迹射、佽飞、彀者、羽林孤儿及呼速絫、嗕种,方急遣。③

所记赵充国、许延寿击西羌,军兴首先使用"三辅、中都官徒弛刑",其次才是三辅"应募佽飞射士、羽林孤儿,胡、越骑"及地方材官、骑士、羌骑。第三则记冯奉世出兵,也是"三辅、河东、弘农越骑、迹射、佽

---

① 《汉书》卷八《宣帝纪》,第260页。
② 《汉书》卷六九《赵充国传》,第2976页。
③ 《汉书》卷七九《冯奉世传》,第3298页。

飞、瞉者"等居前,① 羽林孤儿位处诸兵之末。第二则右曹中郎将赵印所统,由京师地区"期门佽飞、羽林孤儿、胡越骑"组成,但却属"支兵"性质。同传另则作"已诏中郎将印将胡越佽飞射士、步兵二校,益将军兵"。参前引"应募佽飞射士"语,"期门佽飞"似不当断开,指待诏的佽飞射士。而"胡越佽飞射士"则当作"胡越、佽飞射士",与"步兵二校"分指骑兵、弓弩兵及持戈戟为主的步兵。② 据此,西汉征羌有羽林孤儿等,然不占重要地位。按羽林骑从建章营骑发展而来,后始取从军死者子弟为羽林孤儿,作为前者补充。故虽均称羽林,但因出现时间及来源差异,具体调动使用时稍有区别。

禁兵屯戍,则以西域驻屯为代表。《汉书》卷一九上《百官公卿表上》虽称"中垒校尉既掌北军垒门内,外掌西域",但多有争议。③ 据近年悬泉汉简,西域渠犁校尉、戊己校尉所统屯田兵士,正属北军。④

而东汉禁兵的外出征、戍,较西汉更显普遍:⑤

表 2—1　　　　　　　　东汉禁兵征、戍表

| 时间 | 领兵者 | 军队 | 对象及行动 | 出处 |
| --- | --- | --- | --- | --- |
| 建武二年(26) | 黄门侍郎、守期门仆射阴兴 | 武骑 | 地方割据 | 《后汉书》卷三二《樊宏传》 |
| 永平 | 将兵长史邓鸿 | 五营士 | 屯雁门 | 《后汉书》卷一六《邓禹传》 |
| 永平 | 将军长史马严 | 北军五校士、羽林禁兵三千人 | 卫护南单于。屯西河美稷 | 《后汉书》卷二四《马援传》 |

---

① 有意见提到东汉"另有迹射士(或作积射士)","地域范围仍以六郡为中心,其成分似亦以良家子为主"。谷霁光:《府兵制度考释》附论四《"良家子"与私装从军》,中华书局2011年版,第265—273页。不过,参据上引,迹射至少在西汉已出现,且两汉多不限于常出良家子的西北六郡。

② 王念孙以"校"下当补"尉"字,王先谦已驳。王先谦:《汉书补注》,第1317页上栏。

③ 相关梳理参见李炳泉《西汉中垒校尉"外掌西域"新证》,《西域研究》2004年第3期,第69—70页。

④ 孟宪实:《西汉戊己校尉新论》,《广东社会科学》2004年第1期;李炳泉:《西汉中垒校尉"外掌西域"新证》。

⑤ 《后汉书》卷八七《西羌传》"羌遂入寇河东,至河内,百姓相惊,多奔南度河。使北军中候朱宠将五营士屯孟津",第2887页。屯戍范围属洛阳地区,暂不列入。

## 第二章 军队的构成与演变

续表

| 时间 | 领兵者 | 军队 | 对象及行动 | 出处 |
|---|---|---|---|---|
| 建初二年（77） | 行车骑将军马防、长水校尉耿恭副 | 北军五校、诸郡积射士三万人 | 金城、陇西保塞羌 | 《后汉书》卷二四《马援传》 |
| 章和二年（88） | 车骑将军窦宪、执金吾耿秉 | 北军五校、黎阳、雍营、缘边十二郡骑士，及羌胡兵 | 北匈奴 | 《后汉书》卷二三《窦融传》 |
| 永元六年（94） | 行车骑将军邓鸿、越骑校尉冯柱、行度辽将军朱徽 | 左右羽林、北军五校士及郡国积射、缘边兵，乌桓校尉任尚将乌桓、鲜卑，合四万人讨之 | 新降胡北归 | 《后汉书》卷八九《南匈奴传》、《续汉书·天文志中》 |
| 永元九年（97） | 行征西将军执金吾刘尚、越骑校尉赵代副 | 北军五营、黎阳、雍营、三辅积射及边兵羌胡三万人 | 羌乱 | 《后汉书》卷八七《西羌传》、《续汉书·天文志中》 |
| 永初元年（107） | 车骑将军邓骘、征西校尉任尚副 | （左右羽林）、五营、三河、三辅、汝南、南阳、颍川、太原、上党兵合五万人 | 西羌。屯汉阳 | 《后汉书》卷八七《西羌传》、卷一六《邓禹传附孙骘传》 |
| 永初三年（109） | 行车骑将军大司农何熙、中郎将庞雄为副 | 羽林、五校营士，及发缘边十郡兵二万余人 | 南单于与乌桓大人俱反 | 《后汉书》卷四七《梁慬传》 |
| 元初二年（115） | 屯骑校尉班雄，拜京兆尹 | 五营兵 | 羌寇三辅。屯长安 | 《后汉书》卷四七《班超传》 |
| 元初二年（115） | 中郎将任尚 | 羽林、缇骑、五营子弟三千五百人 | 代班雄屯三辅 | 《后汉书》卷八七《西羌传》 |
| 永和五年（140） | 征西将军马贤、骑都尉耿叔副 | 左右羽林、五校士及诸州郡兵十万人 | 羌乱。屯汉阳 | 《后汉书》卷八七《西羌传》 |
| 永和六年（141） | 行车骑将军执金吾张乔 | 左右羽林、五校士及河内、南阳、汝南兵万五千 | 羌乱。屯三辅 | 《后汉书》卷八七《西羌传》 |

续表

| 时间 | 领兵者 | 军队 | 对象及行动 | 出处 |
|---|---|---|---|---|
| 中平元年（184）三月戊申 | 大将军何进 | 左右羽林、五营士 | 黄巾起。屯都亭、镇京师 | 《后汉书》卷六九《何进传》 |
| 中平元年三月壬子后 | 持节北中郎将卢植、护乌桓中郎将宗员副 | 北军五校士，发天下诸郡兵 | 黄巾起 | 《后汉书》卷六四《卢植传》 |
| 中平元年三月壬子后 | 持节左中郎将皇甫嵩、右中郎将朱儁 | 发五校、三河骑士及募精勇，合四万余人 | 颍川黄巾 | 《后汉书》卷七一《皇甫嵩传》 |

"期门"一称，东汉初短暂恢复，曾有征行；不久复称虎贲，专职殿中宿卫。参据上表，相较西汉，东汉禁兵有两点较为突出。一是北军之外，羽林征行记录多见。西屯三辅者，还出现执金吾所属缇骑。按东汉羽林，分为羽林中郎将所统羽林郎、羽林左右监所统羽林左右骑两类。前者出现晚于后者。而后者最初又从建章营骑发展而来，与北军五营同属营兵性质。《续汉书·百官志二》"光禄勋"条，刘昭注补引蔡质《汉仪》曰"羽林郎百二十八人，无常员"。《后汉书》卷五《安帝纪》李贤注引《汉官仪》曰"羽林左监主羽林八百人，右监主九百人"，数量也远多于前者。禁兵征行所见羽林，当主要指左右羽林骑。二是西汉禁兵除征伐匈奴外，多作为支兵参与。而东汉禁兵则往往居调动军队之首。兵士所占数量虽然不多，但是地位重要，体现整体军事活动的王师性质。

## 九 官显职闲及禁兵军力变化

东汉立国后"偃武兴文"。和熹邓太后称制，进一步取消蒐狩之礼及军队演习。① 马融因上《广成颂》讽谏主上，忤逆太后，"滞于东观，十年不得调"。后因兄子丧事自劾归家，太后更为震怒，以"融羞薄诏除，欲仕州郡，遂令禁锢之"。当时执政者对讲武的敏感，由此窥见。

---

① 《后汉书》卷六〇上《马融传》"是时邓太后临朝，（邓）骘兄弟辅政，而俗儒世士，以为文德可兴，武功宜废，遂寝蒐狩之礼，息战阵之法，故猾贼从横，乘此无备"，第1954页。

## 第二章 军队的构成与演变

与此相应，北军五校尉作为五营长吏，职务日益闲散化。① 先看史弼、曹褒事例。"（史）弼少笃学，聚徒数百。仕州郡，辟公府，迁北军中候"。② 曹褒"博物识古，为儒者宗"。他初"举孝廉，再迁圉令"，曾因未处置"它郡盗徒"，被太守举奏"软弱"，"免官归郡"。然此之后，曹褒先是被擢为监羽林左骑。永元四年（92）迁射声校尉，后又迁城门校尉。③ 丁鸿"从桓荣受欧阳尚书"。"永平十年（67）诏征……禀食公车，与博士同礼，顷之，拜侍中。十三年（70），兼射声校尉"。④ "又屯骑校尉桓郁，累世帝师，而性和退自守"。⑤《后汉书》卷三九《刘般传》还提到"（永平）十年，征（刘）般行执金吾事，从至南阳，还为朝侯。明年，兼屯骑校尉。时五校官显职闲，而府寺宽敞，舆服光丽，伎巧毕给，故多以宗室肺腑居之。每行幸郡国，般常将长水胡骑从"。这里特别言及"五校官显职闲"，由是"多以宗室肺腑居之"。秦汉职分文武，文、武职间的迁转却不严格。上述北军五营长官多委任纯儒。他们不仅经学修明，而且为人谦和温润。而前举左右羽林、北军五营受调出征时，常有某一五营校尉为副帅，如"长水校尉耿恭副""越骑校尉冯柱""越骑校尉赵代副"等。班雄则以屯骑校尉率五营兵进驻三辅，抵达后再被任命为京兆尹。由此推想，当时禁兵征行，主要是征调兵士，左右羽林监、五营校尉一般多不随军出征。按东汉仍设长水校尉，前引刘般兼任屯骑校尉，随明帝巡行时，却常率长水胡骑跟从，或也反映了这点。

而征战武将似已不为时人所重。羌乱中屡立战功的皇甫规，党锢之祸中曾有要求连坐的著名事例。⑥ "虽为名将，素誉不高"。此情形在汉魏之际，亦多体现。⑦ 与此相伴，禁兵于东汉后期愈现衰弱之征。东汉建立后，虎贲、羽林相对一般军士复除甚重。⑧ 而羽林"郎吏化"、虎贲比

---

① "是时三府掾属专尚交游，以不肯视事为高。"《后汉书》卷四六《陈宠传》，第1548页。
② 《后汉书》卷六四《史弼传》，第2108页。
③ 参见《后汉书》卷三五《曹褒传》，第1202—1205页。
④ 《后汉书》卷三七《丁鸿传》，第1264页。
⑤ 《后汉书》卷二三《窦融传附曾孙宪传》，第813页。
⑥ "及党事大起，天下名贤多见染逮，规虽为名将，素誉不高。自以西州豪桀，耻不得豫，乃先自上言。"《后汉书》卷六五《皇甫规传》，第2136页。
⑦ 相关事例参见《三国志》卷四六《吴书》裴注引《吴录》、卷三九《蜀书》裴注引《零陵先贤传》，中华书局1982年点校本，第1096、981页。
⑧ 《后汉书》卷三一《杜诗传》，第1095页。

"三署郎",在拥获俸禄、提高宿卫参与同时,也渐如郎吏得参选举。① 而《后汉书》卷七《桓帝纪》则记:

> 八月庚子,诏减虎贲、羽林住寺不任事者半奉,勿与冬衣。

李贤注:"《东观记》曰:'以京师水旱疫病,帑藏空虚,虎贲、羽林不任事者住寺,减半奉。'据此,谓简选疲弱不胜军事者,留住寺也。"特加选募的职业兵,已出现"住寺不任事者""疲弱不胜军事"的情形。前论东汉数次标卖虎贲、羽林、缇骑、营士,更使虎贲、羽林、北军等禁兵质量,深受影响。至于日常选募,同样存在问题。前引《三国志》卷一三《魏书·王朗传》裴注引《魏名臣奏》,一方面提示"虎贲羽林五营兵"成分多有出自"商贾惰游子弟";另一方面,"虽有乘制之处,不讲戎陈,既不简练,又希更寇,虽名实不副,难以备急"。禁兵缺乏操练,战斗力低下。"一隅驰羽檄,则三面并荒扰"。东汉战事发生时,中央多依靠其他地域的临时募兵。皇权伸张并不意味着禁兵日强。伴随官显职闲、兵员缩减及素质下降,汉末动乱中的中央禁兵,未能担负起拱卫皇权的重任。②

## 一〇 结论

仅从宫城的固定空间而言,③ 禁中有广、狭义之分。广义禁中为宫中特别殿中。④ 狭义禁中指后庭。以此推之,"禁兵"之"禁",原本狭义应指省中宿卫,泛义也仅指宫内特别殿中以内宿卫。此称与"南北军"等以宫外北军力量为重的情形,可相参照。换言之,两汉稍后特用"禁

---

① 阎步克:《从爵本位到官本位:秦汉官僚品位结构研究》下编第五章,第411页。
② 东汉禁兵向魏晋中军的进一步演变,前引何兹全《魏晋的中军》已有精彩揭示,可参看。
③ 据龙岗秦简,禁苑中亦称禁中。马彪:《"禁中"不独为"宫中"考——龙岗秦简"禁中"新史料的启示》,黄留珠、魏全瑞主编《周秦汉唐文化研究》第四辑,三秦出版社2006年版,第33—36页。又,凡皇帝临时驾临居止区域,皆称禁中;大驾行进中,最末豹尾车前"亦为禁中""为省中""比省中"。《汉书》卷七《昭帝纪》注引"蔡邕云"、卷八七上《扬雄传上》注引服虔曰,第217、3535页;《续汉书·舆服志》,《后汉书》,第3648—3649页。
④ "秦及西汉初'禁中'主要指'后庭'地区的观念,虽已开始,尚未固定",至西汉末,所谓"禁门""禁中(省中)"似仍未完全脱去泛义。祝总斌:《两汉魏晋南北朝宰相制度研究》第八章,中国社会科学出版社1998年版,第242—243页,特别第243页注①。

## 第二章 军队的构成与演变

兵"指称京师四重宿卫，不仅显示各军事组织逐渐得到整合，而且是以原南北军并未涉及的殿中、省中宿卫为重心而进行的工作。

前面在"南北军"向"禁兵"发展、演进大背景下，对两汉京师宿卫的统合与演变做了讨论，这里略作小结：

1. 汉代宫省制度与宿卫分层，以往存在多种认识。以皇帝为中心，由内而外分属少府宦者令（中黄门）、郎中令、卫尉与中尉。宿卫人员由内而外，分别由宦者、宦皇帝者、番上卫士、京师地区兵士构成，具体对应省中、殿内省外（即殿中）、宫内殿外、宫外的京师地区等宿卫区域。

2. 西汉初，京师宿卫称"南北军"，西汉后期、特别东汉，则更多使用"禁兵"一语。从"南北军"到"禁兵"，实际体现了京师宿卫的统合与演变。

3. 期门从"中从骑""常侍骑""武骑常侍"发展而来。羽林则以苑囿厩监为基础，围绕武帝时新兴政治中心建章宫进行组建。伴随二者发展与光禄勋军事地位下降，皇权增长，"南北军"开始向"禁兵"过渡。

4. 期门（虎贲）、羽林出现，是两汉京师宿卫发展的大事。由西汉初不包括殿中宿卫的南北军，到以殿中宿卫虎贲、羽林为首的京师禁兵出现，两汉中央军制出现调整变化。这一过程中，虎贲、羽林、缇骑、北军五校，虽最初组成存在多样性，但渐渐均以"禁兵"为称，构成上的彼此联系，也较之前为密切。

5. 朝廷常置"爪牙官"将军以控御京师宿卫。武帝末增置城门屯兵，统领京师宿卫者常另派副员，特予管理。然进入东汉，此制未再实行。而外戚以大将军、车骑将军统兵，在符节持用上也多受限制，军事地位下降。

6. 东汉朝政的内外之分发生变化。西汉中朝将军为中心所组中朝，已居内外之"外"。而"省禁"宦者开始参与禁兵争夺。斗争中，他们往往首先巩固省中安全，由省中黄门令、殿中尚书令统帅虎贲、羽林等殿中禁兵，实现以"内"制"外"。灵帝置西园八校尉，可看作武帝禁兵改革二百年后的又一次类似尝试。不过，这次期图重振，主要倚重的已是宦官。

7. 武帝时期北军多行募兵，宿卫以外的征、戍已很多见。东汉禁兵外出征、戍，则较西汉更显普遍。其中，东汉羽林参与突出，往往居调动军队之首，体现军事行动的王师性质。

8. 不过，皇权扩张并不意味着禁兵日强。伴随官显职闲、兵员缩减及素质下降，汉末动乱中的中央禁兵未能担负起拱卫皇权的重任。

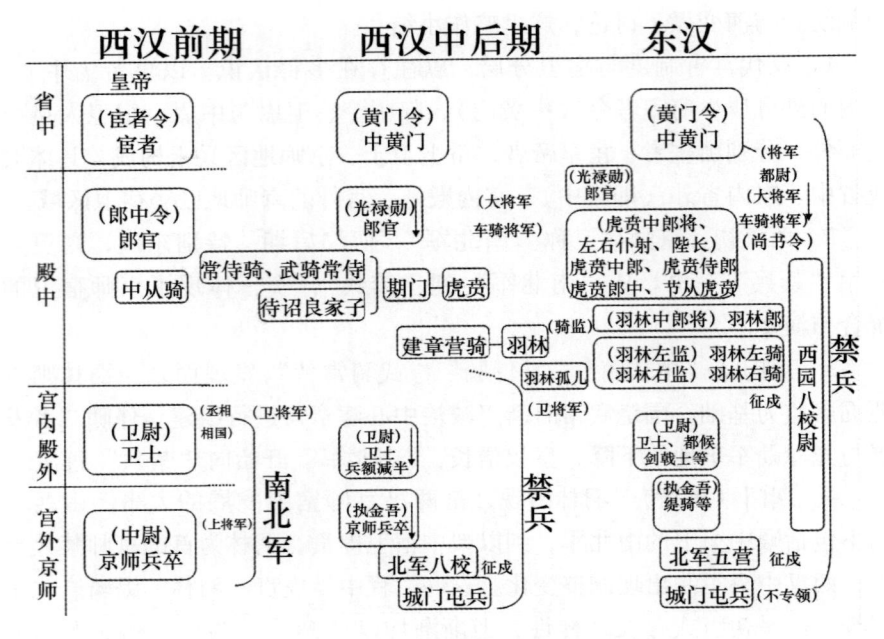

图 2—1 两汉京师宿卫统属关系图

## 第二节 两汉的郡兵调动
——以"郡国""州郡"的行政
变化为背景

秦汉四百余年，地方行政建制经历了县、郡（国）县、州郡县的变化，而地方兵的发展作为秦汉军制中军队构成的重要问题，向为学界重视。① 两汉之间的地方兵，大体被看作郡县兵向州郡兵的变化。不过，其中晦暗难明之处，仍然不少，包括一些较为基础性问题。东汉初，光武罢郡国兵，但地方平乱时，常见州郡兵参与，长沙走马楼吴简中又出现有郡

---

① 参见绪论"研究史回顾"相关部分。

## 第二章 军队的构成与演变

士及州、郡、县卒,[①] 则两汉间地方兵演变情况如何,尚需进一步考察。此外,东汉州级长官究竟在地方军事活动中扮演怎样的角色,是否有州级兵制存在,也需要进一步思考。

### 一 也说西汉的地方兵性质

张家山汉简《二年律令·秩律》记西汉初年地方职官有一个突出特点:县(及级别相当县的乡、邑)令、长按秩级分作五等:千石、八百石、六百石、五百石、三百石,且将每一秩等的县一一枚举。郡守则只有一个秩级即二千石,相应就不再列出各郡。[②]

汉代县分令、长,乡啬夫分有秩、斗食。区分多依所辖户数差异。[③] 而西汉后期及东汉,诸郡秩级也分有不同等级。[④] 在此背景下,汉初统县诸郡,却没有进一步依所辖户数而相应分等,值得注意。这反映西汉初期,郡在民政管理上,仍然与县、乡存在差别。联系《秩律》记诸郡职官与中尉所辖在设置与秩级上基本一致,[⑤] 诸郡最初实际相当于以内史为中心横向派生的军事管理区。而相对唐代县、州、中央三级掌有户籍,秦汉"户籍臧乡""副上县廷",只县、乡保存,而郡却没有。[⑥] 这种情况的出现,或许同样可以溯因至郡、县的最初差别上来。《二年律令·秩律》中,相对县道提到田、仓、库、少内等机构,郡在守、尉长吏外则

---

① 参见长沙市文物研究所/长沙简牍博物馆、中国文物研究所、北京大学历史学系走马楼简牍整理组编著《长沙走马楼三国吴简·竹简〔壹〕》《〔贰〕》《〔叁〕》《〔肆〕》《〔柒〕》,文物出版社2003年、2007年、2008年、2012年、2013年版。

② 彭浩、陈伟、工藤元男主编:《二年律令与奏谳书——张家山二四七号汉墓出土法律文献释读》,上海古籍出版社2007年版,第260—290页。

③ 《汉书》卷一九上《百官公卿表上》,中华书局1962年点校本,第742页;《续汉书·百官志五》及刘昭注补引《汉官》,《后汉书》,中华书局1965年点校本,第3622、3624页。

④ 阎步克:《从爵本位到官本位:秦汉官僚品位结构研究》下编第三章,生活·读书·新知三联书店2009年版,第355—362页。

⑤ 参见本书第一章第四节。

⑥ 拙文《秦汉三国乡吏与乡政研究》第三章第一节,硕士学位论文,北京师范大学历史学院,2009年,第50—64页,修订稿题《"户籍臧乡"与"副上县廷"——秦汉户籍的管理与使用》,《珞珈史苑》(2012卷),武汉大学出版社2013年版,第98—115页;张荣强:《〈前秦建元二十年籍〉与汉唐间籍帐制度的变化》,收入所著《汉唐籍帐制度研究》,商务印书馆2010年版,第222—266页。

151

多出现郡司马、骑司马、郡发弩、司空、轻车、郡候、骑千人等军事职官。① 据睡虎地秦简、里耶秦简,秦代地方社会中的郡,虽然在行政、司法事务上已扮演固定角色,发挥地方一级行政组织的作用;但是它自战国出现时所具有的军事色彩,仍然较为浓重。②

秦汉赋役制度中的"役",即所谓力役之征,学界习惯上又常以"徭役"称之。而使用"徭役"一语时,且多与兵役相对。不过,早期学者如孙毓棠已指出:"汉时承战国及秦代的传统,对于力役与兵役的观念分得不甚清楚,统称之为繇役。"③ 倘以秦及汉初的出土及传世文献而论,与"徭"连称的往往是"戍",即实际语词多作"徭戍"。④《说文·殳部》:"役,戍边也。"⑤ "徭戍"实即"徭役"。考虑到成年男子傅籍服正役,亦服兵役,二者年龄起征点一致。⑥ 这里遵从当时人的观念与习惯,使用"徭戍"一语。"徭戍"包含国家征发的一般性力役和屯戍一类常规性兵役。换言之,成年男子傅籍后成为正卒。在服正役之外,所服兵役主要指以戍卒身份,从事"徭戍"之"戍"。⑦ 与"行徭"类似,常规性戍役征发,称"行戍"。⑧ 睡虎地秦简《秦律杂抄》"戍律曰:同居毋并行,县啬夫、尉及士吏行戍不以律,赀二甲"(三九)。秦代主要由县令、尉及县尉所统士吏负责。一户家口且聚居在一处者,一次只征发一人。秦汉

---

① 参见廖伯源《汉初郡长吏考》,《国学学刊》2009 年第 1 期;廖伯源《汉初郡长吏杂考》,《汉学研究》第 27 卷第 4 期,2009 年,第 61—84 页;本书第一章第四节。

② 文帝十四年(前 166),匈奴十四万入北地,"而拜昌侯卢卿为上郡将军,宁侯魏遫为北地将军,隆虑侯周灶为陇西将军……大发车骑往击胡"(《史记》卷一一○《匈奴列传》,中华书局 1982 年点校本,第 2901 页)。三将军号以"上郡""北地""陇西"三郡郡名命名,这在后来十分少见。

③ 孙毓棠:《汉代的农民》(原刊《中国社会经济论丛》第一辑,云南全省经济委员会,1943 年),收入《孙毓棠学术论文集》,中华书局 1995 年版,第 36 页。

④ 高恒:《秦律中的徭、戍问题——读云梦秦简札记》(原刊《考古》1980 年第 6 期),收入所著《秦汉简牍中法制文书辑考》,社会科学文献出版社 2008 年版,第 117—129 页;杨振红:《徭、戍为秦汉正卒基本义务说——更卒之役不是"徭"》,《中华文史论丛》2010 年第 1 期,第 359—360 页。

⑤ 《说文解字》,中华书局 1963 年影印本,第 66 页下栏。

⑥ 张荣强:《〈二年律令〉与汉代课役身分》,《汉唐籍帐制度研究》,第 7—47 页。

⑦ 最新研究参见杨振红《徭、戍为秦汉正卒基本义务说——更卒之役不是"徭"》,第 355—362 页;本书第四章第一节。

⑧ "行徭"之外,临时性征发称"兴徭"。"戍"似与此类似,常规征发外,《秦律十八种·工律》则有"如从兴戍然"语。睡虎地秦墓竹简整理小组编:《睡虎地秦墓竹简》,文物出版社 1990 年版,释文 44 页,简一○一。

## 第二章 军队的构成与演变

地方自戍卒中选拔保持有常备兵。① 《秦律杂抄》记"驾驺除四岁，不能驾御，赀教者一盾；免，赏（偿）四岁繇（徭）戍"（三）。地方驾驺任用四年而仍然不能驾车者，本人免职，并补服四年徭戍。用语称"赏（偿）"，显示驾驺可折抵徭戍，本身却不属"徭戍"范畴。《二年律令·徭律》又提到"县弩春秋射各旬五日，以当繇（徭）。戍有余及少者，隤后年"（四一四），也属这种情况。"县弩"类似"驾驺"，不属于"戍"的范畴。考虑到秦汉律令中"徭""戍"常常连称，这里句读有误，应当改为：

县弩春秋射各旬五日，以当繇（徭）戍。有余及少者，隤后年。

县中发弩士可用春秋两季30天的训练，来充抵"徭戍"。② 而当年军事训练多出或不足的天数，则归入来年计算。由此可以推知两点：一是汉初傅籍男子每年需服"徭戍"为1个月；③ 二是"县弩"并非一年一更，而是服役期限较长的常备兵。

孝公时商鞅变法，在秦国推行县制，地方军队以县为单位建立。秦后扩地立郡，县仍然是军队组建的重要层级。不过，汉代地方兵是否依然定性为"县的常备军"，④ 还需讨论。考察地方兵性质，需选取一定标准，

---

① 相对而言，日本学者较注意将材官、骑士与一般性屯戍兵役相区分。大庭脩：《材官考——漢代兵制之一斑》，《龍谷史壇》36，1952年；大庭脩：《地湾出土的骑士简册》（原题《地灣出土の騎士簡冊——〈材官考〉補正》，收入《末永先生米壽紀念獻呈論文集》，奈良明新社1985年版），收入所著《汉简研究》，徐世虹译，广西师范大学出版社2001版，第70—90页；藤田胜久：《漢代の徭役勞働と兵役》，收入所著《中國古代國家と郡県社會》，汲古書院1989年版，第451—455页；志野敏夫：《漢の都試—材官・騎士についての再檢討—》，《東方學》89，1995年，第17—32页。最新探讨参见重近启树《秦漢税役制度の研究》第六章"兵制の研究——地方常備軍制を中心に"，汲古書院1999年版，第181—151页；高村武幸：《关于汉代材官、骑士的身份》，杨振红译，卜宪群、杨振红主编：《简帛研究二〇〇四》，广西师范大学出版社2006年版，第449—463页。

② 相对西汉中后期地方实行秋射，战国、秦及西汉初年似多为春、秋两季。《管子·七法》云"春秋角试，以练精锐为右"；岳麓秦简《为吏治官及黔首》也提到"春秋肄试、谢室毋庀"（0931、0937）。参见黎翔凤《管子校注》卷二，中华书局2004年版，第117页；朱汉民、陈松长主编：《岳麓书院藏秦简》（壹），上海辞书出版社2010年版，第120页。

③ 此与"月为更卒"的服役时间相同。

④ 重近启树：《秦漢税役制度の研究》第六章第二节，第218—242页；重近启树：《围绕秦汉兵制的若干问题》，佐竹靖彦主编《殷周秦汉史学的基本问题》，中华书局2008年版，第258—259页。

153

应当考虑：（1）军队的训练校阅；（2）军队的调动指挥。自郡县制确立以来，军队的训练、校阅及兵士选拔多由郡守、尉负责。县令、长虽有参与，但并不单独主持。① 至于以虎符发兵，秦汉间也有一个发展过程。秦杜虎符、新郪虎符记录秦君主称君、称王以来，左半兵符多由县令所掌。阳陵虎符时代在秦统一后，阳陵位于内史地区，当时诸郡的虎符使用尚待考察。不过，西汉以后，相关情形似已有所变化。② 文帝二年（前178）"九月，初与郡国守相为铜虎符、竹使符"，《史记集解》引应劭曰："铜虎符第一至第五，国家当发兵，遣使者至郡合符，符合乃听受之。竹使符皆以竹箭五枚，长五寸，镌刻篆书，第一至第五。"③ 西汉、新莽虎符，过去多有发现。罗振玉编《增订历代符牌图录》即收录有二十件，十九种。④ 新中国成立后陆续又有发现：

汉与鲁王为虎符（脊部铭）鲁左五（肋部铭）⑤
与齐郡太守为虎符（脊部铭）　右二（右肋部铭）　齐郡左二（左肋部铭）⑥
与西河太守为虎符（脊部铭）西河左三（肋部铭）⑦

而罗著提到的新莽虎符，完整录文实作：

新与河平□□连率为虎符（脊部铭）　河平郡左二（肋部铭）
新与压戎□□连率为虎符（脊部铭）　压戎郡右二（肋部铭）
新与敦德广和连率为虎符（脊部铭）　敦德郡左二（肋部铭）

---

① 《续汉书·百官志五》刘昭注补引《汉官仪》："八月，太守、都尉、令、长、相、丞、尉会都试，课殿最。"第3624页。《后汉书》卷一五《李通传》："光武既深知通意，乃遂相约结，定谋议，期以材官都试骑士日，欲劫前队大夫及属正，因以令大众。"李贤注："前队大夫谓南阳太守甄阜也。属正谓梁丘赐也。"第574页。以及习知的东郡太守韩延寿、翟义都试事。

② 相关又参见廖伯源《使者与官制演变：秦汉皇帝使者考论》卷八，文津出版社2006年版，第191页。

③ 《史记》卷一〇《孝文本纪》，第424页。

④ 《罗雪堂先生全集》七编2，台湾大通书局1976年版，第468—482页。"安国侯虎符""临袁侯虎符"反映西汉初年列侯持有虎符。

⑤ 时瑞宝：《西汉鲁王虎符》，《考古与文物》1988年第3期。

⑥ 景明晨、刘晓华：《咸阳发现汉齐郡太守虎符》，《文博》1990年第6期。

⑦ 王望生：《汉长安城发现西汉西河太守虎符》，《文物》2012年第6期。

## 第二章 军队的构成与演变

新与武亭𧊶𧊶连率为虎符（脊部铭）　　武亭……（肋部铭）①

《汉书》卷九九中《王莽传中》记"莽以《周官》《王制》之文，置卒正、连率、大尹，职如太守"。② 王国维对新莽虎符作进一步考辨，指出所记职官为"河平羽贞连率""压戎西道连率""敦德广桓连率""武亭清治连率"，分别对应平原、陇西、敦煌、东郡四郡。③ 由上，目前所见西汉文帝以降地方持有虎符者，皆为郡国一级。④ 联系前论郡、县差异，以及班固"天下既定，踵秦而置材官于郡国，京师有南北军之屯"的述说，⑤ 西汉地方兵主要属于郡兵性质。

西汉立国后实行郡国并行，⑥ 东方诸侯国曾是诸郡以外，中央的主要征调对象。⑦ 汉初，淮南王黥布反，《史记》卷九一《黥布列传》记"上遂发兵自将东击布"，《汉书》卷一下《高帝纪下》作"上乃发上郡、北地、陇西车骑，巴蜀材官及中尉卒三万人……上赦天下死罪以下，皆令从军；征诸侯兵，上自将以击布"，而具体情形，《史记》卷五四《曹相国世家》更提到：

> 黥布反，参以齐相国从悼惠王将兵车骑十二万人，与高祖会击黥布军，大破之。⑧

---

① 王国维：《记新莽四虎符》，收入所著《观堂集林》（外二种），河北教育出版社2001年版，第563—564页。
② 《汉书》，第4136页。依莽传"伯氏连率"及"侯伯一国，众户五千，土方七十里……今已受茅土者，公十四人，侯九十三人，伯二十一人"（第4136、4128页），当时所置125郡中，长官为连率之郡大体有21个。
③ 王国维云："于郡下复缀一县者，盖莽以古之连率所统非一国，故于郡下复举一县，使若统二郡者，实则仍领一郡而已。"《记新莽四虎符》，第563页。
④ 劳榦早年亦指出："至于在县，县令长丞尉……然管番上都试之事，并无主甲卒的明文。《百官表》只云'县令长皆秦官，掌治其县……皆有丞相'，其统率似仍受成于郡的，所以'郡兵'一词在汉代常用，而'县兵'却不常用。"《汉代兵制及汉简中的兵制》，《历史语言研究所集刊》第十本，1948年，第29页。
⑤ 《汉书》卷二三《刑法志》，第1090页。
⑥ 参见陈苏镇《〈春秋〉与"汉道"：两汉政治与政治文化研究》第一章第三节，中华书局2011年版，第66—106页。
⑦ 《汉书》卷二《惠帝纪》："六月，发诸侯王、列侯徒隶二万人城长安。"第89页。
⑧ 《史记》，第2605、2028页；《汉书》，第73页。

155

倘所记不误，同姓齐国可调动兵力竟然达12万之多，军事实力的雄厚引人瞩目。淮南王刘长时，"南海民处庐江界中者反，淮南吏卒击之"。① 按刘长王淮南王黥布旧地，都寿春，有九江、庐山、衡山、豫章四郡。迁徙至庐江地区的南海民反叛，淮南国派兵平定。从下文"陛下以淮南民贫苦，遣使者赐长帛五千匹，以赐吏卒劳苦者"来看，这一诸侯国内的军事行动是得到汉政府支持的。②

## 二 郡界与秦、西汉的郡兵调动

疆界的厘定是国家对地方管理的重要内容。西汉列侯多有因擅出部界而受处罚者：文帝后元年（前163），宁侯魏指"坐出国界，有罪，国除"；③ 景帝四年（前153），绛阳侯华禄"坐出界，有罪，国除"；④ 武帝元封五年（前106），祝兹侯刘延"坐弃印绶出国，不敬，国除"；⑤ 杨丘侯刘偃"孝景四年，坐出国界，耐为司寇"；⑥ 以及武帝征和三年（前90），邟侯李寿"坐为卫尉居守，擅出长安界，送海西侯至高桥，又使吏谋杀方士，不道，诛"。⑦ 处罚的严厉充分体现了"国界"在政治上的限制功能。⑧

秦汉郡守、尉所统郡兵除接受中央征调外，一般只在郡界范围内活动。⑨ 所谓"二千石行不得出界，兵不得擅发"。⑩ 与"郡"常常连称的

---

① 《史记》卷一一八《淮南衡山王列传》，第3078页。
② 《史记》卷九一《黥布列传》、卷一一八《淮南衡山王列传》，第2603、3077页。相关又参见周振鹤《西汉政区地理》，人民出版社1987年版，第10—11、46页。
③ 《史记》卷一八《高祖功臣侯者年表》，第944页。
④ 《史记》卷一八《高祖功臣侯者年表》，第922页。《汉书》卷一六《高惠高后文功臣表》"绛阳"作"终陵"，情形记作"孝景四年，坐出界，耐为司寇。户千五百"，第570页。
⑤ 《史记》卷二一《建元以来王子侯者年表》，第1116—1117页；《汉书》卷一五上《王子侯表上》"刘延"作"刘延年"，情形记作"坐弃印绶出国免"，第476页。
⑥ 《汉书》卷一五上《王子侯表上》，第431页。
⑦ 《汉书》卷一七《景武昭宣元成功臣表》，第664页。上述相关问题，亦可参看程树德《九朝律考》卷一《汉律考五》"出界"条，中华书局2003年版，第119页。上举"杨丘侯"，程著作"阳邱侯"。
⑧ 参见拙文《走马楼吴简所见"乡"的再研究》，《江汉考古》2009年第2期，第114页。
⑨ 严耕望云："而县长吏可为兄姊服丧，可以自由去官；亦明郡国为地方政治重心，非县道比也。"《中国地方行政制度史——秦汉地方行政制度》第十二章，上海古籍出版社2007年版，第396页。
⑩ 《后汉书》卷七七《酷吏列传·李章》，第2493页。

## 第二章　军队的构成与演变

诸侯国情形，也是如此。诸吕之乱时，齐哀王刘襄起兵，"使祝午尽发琅邪国而并将其兵""举兵西攻吕国之济南""乃西取其故济南郡"，即将吕后当政时从齐国分割出的琅邪、吕国、济南郡重新夺回。之后，"亦屯兵于齐西界以待约"。① 这反映齐王为呼应、配合中央行动，在实现自身基本利益同时，注意将军事活动限定在初封齐国的国界以内。成帝时冯野王为琅邪太守。京兆尹王章因王凤专权，"荐野王代凤"。王章被杀，"于是野王惧不自安，遂病，满三月赐告，与妻子归杜陵就医药"。而王凤未肯罢休，令御史中丞劾奏冯野王"赐告养病而私自便，持虎符出界归家，奉诏不敬"。当时律文本无相关规定，但王凤凭借自身权势，终使野王免官。史书记"郡国二千石病赐告不得归家，自此始"。② 由此而后，郡守病满三月即便得皇帝"赐告"休假，亦不得离开任职之郡。《后汉书》卷一七《岑彭传》"诏彭守益州牧，所下郡，辄行太守事"，李贤注引《东观记》："彭若出界，即以太守号付后将军，选官属守州中长吏。"同书卷三一《廉范传》："举茂才，数月，再迁为云中太守。会匈奴大入塞，烽火日通。故事，虏入过五千人，移书傍郡。吏欲传檄求救，范不听，自率士卒拒之。"③ 云中为两汉边郡，入侵敌军超过五千人，可向邻郡发书求救。邻郡也只有在接到相应文书后，可出界救援。而"故事"之外的特殊情形，则需：（1）朝廷特别批准。《后汉书》卷二〇《王霸传》："玺书拜霸上谷太守，领屯兵如故，捕击胡虏，无拘郡界。"（2）郡守事前自请。《汉书》卷九九下《王莽传下》："后（翼平连率田）况自请出界击贼，所向皆破。莽以玺书令况领青、徐二州牧事。"（3）紧急情况应对后及时上报。《后汉书》卷七七《酷吏传·李章》："出为琅邪太守。时北海安丘大姓夏长思等反，遂囚太守处兴，而据营陵城。章闻，即发兵千人，驰往击之。……兴归郡，以状上帝，悉以所得班劳吏士。"④

至于地方动乱，亦多有程度轻重及应对之别。秦末：

> 数岁，陈胜起山东，使者以闻，二世召博士诸儒生问曰："楚戍卒攻蕲入陈，于公如何？"博士诸生三十余人前曰："人臣无将，将

---

① 《史记》卷五二《齐悼惠王世家》，第 2002、2003 页。
② 参见《汉书》卷七九《冯奉世传附子野王传》，第 3303—3304 页。
③ 《后汉书》，第 661、1103 页。
④ 《后汉书》，第 737、2493 页；《汉书》，第 4172 页。

157

即反，罪死无赦。愿陛下急发兵击之。"二世怒，作色。叔孙通前曰："诸生言皆非也。夫天下合为一家，毁郡县城，铄其兵，示天下不复用。且明主在其上，法令具于下，使人人奉职，四方辐辏，安敢有反者！此特群盗鼠窃狗盗耳，何足置之齿牙间。郡守尉今捕论，何足忧。"二世喜曰："善。"尽问诸生，诸生或言反，或言盗。于是二世令御史案诸生言反者下吏，非所宜言。诸言盗者皆罢之。乃赐叔孙通帛二十匹，衣一袭，拜为博士。①

这里明显将地方政治危机分作"盗""反"两类。"盗"指盗贼，也就是叔孙通形容的"群盗鼠窃狗盗"，危机程度较低，主要由"郡守尉"在郡界内"捕论"。"反"指叛乱，博士所言"人臣无将，将即反，罪死无赦"，则需"陛下急发兵击之"。王符《潜夫论·救边》议东汉羌乱，提到"乃者，边害震如雷霆，赫如日月，而谈者皆讳之，曰焱并窃盗"，"不一命大将以扫丑虏，而州稍稍兴役，连连不已"，②亦可作为参考。定性的差别，直接影响具体的危机应对。陈胜起义后，由于二世喜纳谀言，粉饰太平，"诸生言反者下吏，非所宜言。诸言盗者皆罢之"。在此定性下，地方官吏多只能在郡界、县界范围内阻击农民暴动，这是"张楚"政权得以迅速壮大，周文所统偏师在较短时间即兵临咸阳的重要原因。

前引"二千石行不得出界"后，紧接有"兵不得擅发"语。秦杜虎符、新郪虎符记地方发兵规定，提到"凡兴士被甲，用兵五十人以上，必会君（王）符，乃敢行之"。"兴士"指军兴、发兵，"被甲"如"巫蛊之祸"戾太子起兵，"使长安囚如侯持节发长水及宣曲胡骑，皆以装会"。③ 50人在军队编制中相当于屯（或作"队"）。调动此规模以上兵力，即需"会符"乃可。不过，符文下面紧接又称"燔燧之事，虽毋会符，行殹"。④ "燔燧"指敌人突然入侵，燔积薪、举燧表，组织抵抗。此言如遇"燔燧之事"，虽未"会符"，也可发兵。上述在汉代实际也多有出现，不过需及时自"请""自劾奏"。如上引田况自请出兵击赤眉，及

---

① 《史记》卷九九《叔孙通列传》，第2720—2721页。
② 王符著，汪继培笺，彭铎校正：《潜夫论笺校正》卷五，中华书局1985年版，第262、267页。
③ 《汉书》卷六六《刘屈氂传》，第2881页。
④ 王辉：《秦出土文献编年》，新文丰出版公司2000年版，第58、109页。

## 第二章 军队的构成与演变

前举东汉李章出界击夏长思事。因此而被惩治的事例，则如"元封元年（前110），（轵）侯秩为东海太守，行过不请，擅发卒兵为卫，当斩，会赦，国除"，及"（元狩）二年（前121），（从平）侯戎奴坐为上郡太守发兵击匈奴，不以闻，谩，国除"。① 可以看到，他们被治罪不仅仅是因为擅发兵，还包括"不请""不以闻"等情形。

地方盗贼往往有势力较强，一郡守、尉难以抑制；或流动数郡，诸郡各守本界，而无法平定者。对于前者，西汉出现有三种应对。（1）丞相、御史大夫遣掾史逐捕。《汉书》卷八三《薛宣传》记"广汉郡盗贼群起。丞相御史遣掾史逐捕不能克"。（2）任命武吏为新郡守，军兴从事。《薛宣传》在"丞相御史遣掾史逐捕不能克"下，记"上乃拜河东都尉赵护为广汉太守，以军法从事。数月，斩其渠帅郑躬，降者数千人，乃平"。《汉书》卷一〇《成帝纪》则记述另一侧面，鸿嘉四年（前17）"冬，广汉郑躬等党与浸广，犯历四县，众且万人。拜河东都尉赵护为广汉太守，发郡中及蜀郡合三万人击之。或相捕斩，除罪。旬月平"。② 朝廷专门选调河东都尉任广汉太守。而这里所谓的"军法从事"，实际是在发本郡兵同时，征发邻郡郡兵参与行动。（3）任命新郡尉，专主平定。《汉书》卷六四上《吾丘寿王传》："会东郡盗贼起，拜为东郡都尉。上以寿王为都尉，不复置太守。""不复置太守"，为使任命长吏拥最大军事指挥权，所谓"连十余城之守，任四千石之重"。

而地方动乱发生后，出现丞相、御史委派长史、中丞等重要属吏督郡逐捕，则往往因盗贼流动数郡的出现：

（阳朔三年，前22）夏六月，颍川铁官徒申屠圣等百八十人杀长吏，盗库兵，自称将军，经历九郡。遣丞相长史、御史中丞逐捕，以军兴从事，皆伏辜。

（永始三年，前14）十二月，山阳铁官徒苏令等二百二十八人攻杀长吏，盗库兵，自称将军，经历郡国十九，杀东郡太守、汝南都尉。遣丞相长史、御史中丞持节督趣逐捕。③

---

① 《史记》卷一九《惠景间侯者年表》、卷二〇《建元以来侯者年表》，第978—979、1036页。
② 《汉书》，第2795、3393、319页。
③ 《汉书》卷一〇《成帝纪》，第314、323页。

159

二者最初分别为颖川、山阳两郡铁官徒杀长吏反叛，均有盗取官府军械，并自称将军的情形。前者流动作战经过九郡，后者更达十九郡国。① 于是丞相长史、御史中丞前往地方逐捕。前者提到"以军兴从事"，后者言"持节督趣"。其实彼此情形、性质类似，处置不会有太大差异。

平帝元始三年（3）：

> 阳陵任横等自称将军，盗库兵，攻官寺，出囚徒，大司徒掾督逐，皆伏辜。②

这里记叙简略，而起兵者举动与上述类似。平帝时实行三公制，出现"大司徒掾督逐"，可见阳陵任横为首的动乱影响很大。《后汉书》卷二九《申屠刚传》述西汉末，曾有"盗贼群辈，且以万数，军行众止，窃号自立，攻犯京师，燔烧县邑，至乃讹言积弩入宫，宿卫惊惧。自汉兴以来，诚未有也"的论议。对于"攻犯京师，燔烧县邑"，李贤以为"谓平帝元始三年，阳陵人任横等自称将军，盗武库兵，攻官寺，出囚徒也"。③ 值得注意的是，此后不久，梁统对尚书状云：

> 元寿二年（前1），三辅盗群辈并起，至燔烧茂陵都邑，烟火见未央宫，前代〔所〕未尝（所）有。其后陇西新兴，北地任横、任崔，西河曹况，越州度郡，万里交结，或从远方，四面会合，遂攻取库兵，劫略吏人，国家开封侯之科，以军法追捕，仅能破散。④

相对其后更广地域的农民暴动，梁统所叙三辅群盗焚烧茂陵邑致未央宫望见烟火"前代所未尝有"。这与《申屠刚传》所举"攻犯京师，燔烧县邑"事，较为对应。与"自汉兴以来，诚未有也"的感慨，⑤ 也相近似。

---

① 《汉书》卷二六《天文志》更记作"山阳铁官亡徒苏令等杀伤吏民，篡出囚徒，取库兵，聚党数百人为大贼，逾年经历郡国四十余"，第1311页。
② 《汉书》卷一二《平帝纪》，第355页。
③ 《后汉书》，第1013、1034页。
④ 《后汉书》卷三四《梁统传》李贤注引《东观记》，第1169页。
⑤ 《汉书》卷二九《申屠刚传》，第1013页。

160

## 第二章　军队的构成与演变

而"三辅盗群辈并起,至燔烧茂陵都邑"与申屠刚所举"攻犯京师,燔烧县邑"事,也较为对应。由此,申屠氏所述,或非李贤注引元始三年事,而很可能指元寿二年事。梁统对状中,元寿二年"其后",提到西北诸郡盗贼有"北地任横",与阳陵者同名。元寿二年(前1)至元始三年(3),不过四年。这里所述相关背景值得关注。《汉书·平帝纪》元始二年夏,"郡国大旱,蝗,青州尤甚,民流亡",特别言及青州在旱灾中受灾尤重。旱灾、饥荒、流亡,往往迫使不少民众转为盗贼。我们注意到,帝纪紧接提到这年:

> 秋,举勇武有节明兵法,郡一人,诣公车。

相对孝廉、秀材,汉代此类则多为特举,因需始加征求。灾后开展抚恤不久,即察举武吏,从中透露出当时地方社会的微妙动向。"九月戊申晦,日有蚀之,赦天下徒"同时,又有"使谒者大司马掾四十四人持节行边兵"。[①] 此又可与"其后陇西新兴,北地任横、任崔,西河曹况"的动乱相联系。边地生态环境脆弱,经济发展滞后。饥馑荒年,民众生活所受影响,往往远剧他地。而"越州度郡,万里交结,或从远方,四面会合,遂攻取库兵,劫略吏人"显示,这次动乱不仅多地并起,而且彼此互通联系,流动数郡,波及甚广。"国家开封侯之科,以军法追捕"的具体举措,很可能同样是由丞相、御史长吏来持节督捕。而帝纪随后特别对元始三年"阳陵任横"事着墨记述,显示这一动乱所波及范围及官府重视程度,并不逊于上述"北地任横"事。

西汉武帝末年,由于长期用兵,经济凋敝,"盗贼群起"尤为严重。诸郡之上派丞相、御史长吏督捕,已无法应付。这时只有采取特殊升级措施:设置著名的"绣衣使者"。"武帝末,军旅数发,郡国盗贼群起,绣衣御史暴胜之使持斧逐捕盗贼,以军兴从事,诛二千石以下",及"始使御史中丞、丞相长史使督之,犹弗能禁,乃使光禄大夫范昆、诸部都尉及故九卿张德等衣绣衣,持节、虎符发兵以兴击"。[②] 在前述背景下重新审

---

[①] 《汉书》卷一二《平帝纪》,第353、354页。
[②] 《汉书》卷六六《王欣传》,卷九〇《酷吏传·咸宣》,第2887、3662页。相关又可参看黄今言《汉代绣衣使者试释》(原刊《高敏先生八十华诞纪念文集》,线装书局2006年版),收入所著《秦汉史丛考》,经济日报出版社2008年版,第311—327页。

视这一特殊使者的设置，或许能有新的体认与把握。

### 三 "州"地位发展与东汉郡兵

自武帝元封五年（前106）设十三州部刺史，迄新莽，相关制度有数次变动：成帝绥和元年（前8）称牧；哀帝建平二年（前5）复称刺史，元寿二年（前1）复称牧。关于长官时为刺史、时为州牧的认识，意见有二。一种认为反映职权的扩张变化。《续汉书·百官志五》刘昭注补"成帝改牧，其萌始大，既非识治之主，故无取焉尔"。顾炎武亦云："州牧之设，中材仅循资自全，强者至专权裂土，然后知刺史六条，为百代不易之良法。"① 近人也说："刺史、州牧，改来改去，不仅是名称的改变，实质上反映了中央集权与地方割据势力的一个消长过程。"② 另有学者对照东汉情形，提到"西汉时刺史或州牧"对所部官吏有举劾权，无黜退权；属派遣的中央官，而非地方官。③ 由此而言。成帝以降，州牧、刺史间变动的发生，需要重新审视。首先看第一次制度变更：

> 初，何武为大司空，又与丞相方进共奏言："古选诸侯贤者以为州伯，《书》曰'咨十有二牧'，所以广聪明，烛幽隐也。今部刺史居牧伯之位，秉一州之统，选第大吏，所荐位高至九卿，所恶立退，任重职大。《春秋》之义，用贵治贱，不以卑临尊。刺史位下大夫，而临二千石，轻重不相准，失位次之序。臣请罢刺史，更置州牧，以应古制。"奏可。

> 及博奏复御史大夫官，又奏言："汉家至德溥大，宇内万里，立置郡县。部刺史奉使典州，督察郡国，吏民安宁。故事，居部九岁举为守相，其有异材功效著者辄登擢，秩卑而赏厚，咸劝功乐进。前丞相方进奏罢刺史，更置州牧，秩真二千石，位次九卿。九卿缺，以高弟补，其中材则苟自守而已，恐功效陵夷，奸轨不禁。臣请罢州牧，

---

① 《后汉书》，第3620页；顾炎武著、黄汝成集释：《日知录集释》（全校本）卷九"部刺史"条，栾保群、吕宗力校点，上海古籍出版社2006年版，第529页。

② 安作璋、熊铁基：《秦汉官制史稿》，齐鲁书社2007年版，第513页。

③ 《中国大百科全书》（缩印本）"两汉州部"条，谭其骧撰，中国大百科全书出版社1997年版，第373页。而严耕望虽颇强调两汉刺史权力地位的差别，但论"西汉末年之牧伯制时期"，又特言"刺史事实上已行政官化""故哀帝元寿二年仍复牧伯之称"（《中国地方行政制度史——秦汉地方行政制度》第九章，第280—283、290页），在此问题上，似属前一种意见。

162

## 第二章　军队的构成与演变

置刺史如故。"奏可。①

可以看到，何武、翟方进共同建议罢刺史，置州牧，主要参考上古"选诸侯贤者以为州伯"义，对当时部刺史职任"选第大吏，所荐位高至九卿，所恶立退"，并没有进行调整。当时改制主要是从形式上符合"《春秋》之义，用贵治贱，不以卑临尊"。而朱博后来建议恢复刺史之制，理由也主要集中在人才选拔上。他觉得部刺史较州牧效果更好，"其有异材功效著者辄登擢，秩卑而赏厚，咸劝功乐进"，而"更置州牧……其中材则苟自守而已，恐功效陵夷，奸轨不禁"。无论"置""罢"，均未涉及对中央、地方关系的议论，无疑值得注意。

《汉书》卷七二《鲍宣传》又提到：

> 哀帝初，大司空何武除宣为西曹掾，甚敬重焉，荐宣为谏大夫，迁豫州牧。岁余，丞相司直郭钦奏："宣举错烦苛，代二千石署吏听讼，所察过诏条。行部乘传去法驾，驾一马，舍宿乡亭，为众所非。"宣坐免。归家数月，复征为谏大夫。②

这里所记何武尚为大司空，鲍宣任州牧又至少有一年有余，具体仍应属绥和元年改制。丞相司直郭钦对豫州牧鲍宣的举奏，主要集中在越权理事与行巡损官家威仪两方面。其中针对前者的议论，作"宣举错烦苛，代二千石署吏听讼，所察过诏条"，可见州牧依然没有人事任免权与司法权，仍需按"诏条"问事。鲍宣所为，不过逾越武帝以来刺史的职权范围罢了。由此而言，郭钦的批评恰恰说明：当时改置州牧后，相关职权与刺史无大差别。西汉成帝以后的地方动乱，形势严峻时仍多由丞相、御史遣掾属督捕，而少见刺史、州牧的身影，恐怕也是由于这个缘故。

而讨论东汉刺史制度的变化，却不宜忽视新莽的影响。王莽时推行复古改制，制度多有变动。由于光武入河北，"除王莽苛政，复汉官名"；政权法统上，又溯至元帝，开国"称为中兴"。故以往较少注意新莽制度

---

① 《汉书》卷八三《朱博传》，第3406页。
② 《汉书》，第3086页。

对东汉的影响。其实，它们之间的联系多可留意。① 新莽有以中央诸卿加大将军号的做法，如"纳言大将军严尤、秩宗大将军陈茂击荆州"。② 纳言为大司农，秩宗为宗正。更始政权分封则以"卫尉大将军张卬为淮阳王，廷尉大将军王常为邓王，执金吾大将军廖湛为穰王"，"水衡大将军成丹为襄邑王"。③ 而刘祉、光武又曾为"太常将军"④"太常偏将军"。⑤ 官名从汉，但形式仍然多有保留。又，《汉书》卷九九中《王莽传中》有新莽更名西汉诸卿中的六卿"与三公司卿凡九卿，分属三公"。⑥《续汉书·百官志三》刘昭注补引《汉官目录》则载太常、光禄勋、卫尉为"太尉所部"，太仆、廷尉、大鸿胪为"司徒所部"，宗正、大司农、少府为"司空所部"。⑦ 东汉实际政治中，并不存在这样的对应关系。上述提法的出现，恐怕是受到新莽影响。

至于州主官参与军事活动，也主要出现在新莽时。始建国四年（12）二月，改行九州制。地皇元年（20）二月，"莽见四方盗贼多，复欲厌之……于是置前后左右中大司马之位，赐诸州牧号为大将军，郡卒正、连帅、大尹为偏将军，属令长裨将军，县宰为校尉"。⑧ 加将军号，固有"复欲厌之"一面；然从赐号来看，州居郡上，并非仅监察性质。在此之前，新莽已出现州牧领兵事。天凤三年（16）五月，"乃遣并州牧宋弘、游击都尉任萌等将兵击匈奴，至边止屯"。⑨ 王莽为平定盗贼，在给州牧加将军号后，使州牧成为地方最高的军事统帅。绿林起兵后，"地皇二年

---

① 《后汉书·光武帝纪》，第10、83页。学者指出王莽五大司马之制，影响更始、赤眉政治势力的官制设置；"诗国十五"影响东汉初年的光武分封。参见阎步克《由〈悬泉月令诏条〉再论新莽之五部大区建置》，《国学研究》第三十卷，北京大学出版社2012年版，第1—26页。

② 《汉书》卷九九下《王莽传下》，第4176页。

③ 《后汉书》卷一一《刘玄传》，第471页。

④ 《后汉书》卷一一《刘玄传》、卷一八《陈俊传》，第470、689页。

⑤ 《后汉书》卷一上《光武帝纪上》，第4页。

⑥ 《汉书》，第4103页。具体参见阎步克《文穷图见：王莽保灾令所见十二卿及州、部辨疑》，《中国史研究》2004年第4期。

⑦ 《后汉书》，第3581、3584、3601页。《通典》卷二〇《职官二》"三公总叙"云"后汉……太尉公主天（本注：部太常、卫尉、光禄勋），司徒公主人（本注：部太仆、鸿胪、廷尉），司空公主地（本注：部宗正、少府、司农）"，王文锦等点校，中华书局1988年版，第506页。

⑧ 《汉书》卷九九下《王莽传下》，第4158页。

⑨ 《汉书》卷九九中《王莽传中》，第4144页。

(21），荆州牧某发奔命二万人攻之，匡等相率迎击于云杜，大破牧军"。① 州牧可在州内募兵，荆州牧一次即征发兵士达两万人。而这支军队又被简称为"牧军"。又，侍中、掌牧大夫李棽曾被王莽任命为"大将军、扬州牧，赐名圣，使将兵奋击"青、徐盗贼。此后朝廷动员组织的规模更大："太师王匡、国将哀章、司命孔仁、兖州牧寿良、卒正王闳、扬州牧李圣亟进所部州郡兵凡三十万众，迫措青、徐盗贼。"② 昆阳之战前，王莽欲集大兵剿灭绿林军，"遣大司空王邑驰传之洛阳，与司徒王寻发众郡兵百万，号曰'虎牙五威兵'，平定山东。得颛封爵，政决于邑。……邑至洛阳，州郡各选精兵，牧守自将，定会者四十二万人，余在道不绝，车甲士马之盛，自古出师未尝有也"。③ 当时州牧领兵作战，已经较为普遍。

更始及东汉建武十八年（42）之前，相关政权仍从新莽置州牧。《后汉书》卷一九《耿弇传》："更始见光武威声日盛，君臣疑虑，乃遣使立光武为萧王，令罢兵与诸将有功者还长安。遣苗曾为幽州牧，韦顺为上谷太守，蔡充为渔阳太守，并北之部。"同书卷三三《朱浮传》："光武遣吴汉诛更始幽州牧苗曾，乃拜浮为大将军幽州牧，守蓟城，遂讨定北边。"④ 这里，光武所任命的朱浮，称"大将军幽州牧"，沿袭新莽习惯尤为明显。

吴汉击幽州牧苗曾事，《后汉书》卷一八《吴汉传》载："即拜汉大将军，持节北发十郡突骑。"同书卷一上《光武帝纪上》亦载："先遣吴汉北发十郡兵。幽州牧苗曾不从，汉遂斩曾而发其众。"⑤ 一同前往者尚有耿弇："乃拜弇为大将军，与吴汉北发幽州十郡兵。"⑥ 按西汉幽州刺史部含广阳国正辖"十郡"。上述三处记载，均不简称发幽州兵，而都特别交代"十郡"之兵。这又显示，新莽以来，州牧虽拥有更高的军事指挥权，但地方军队构成仍然是郡兵形态。

东汉初曾有著名的罢地方武备之举。建武六年（30），"初罢郡国都尉官"；建武七年（31）三月丁酉又下诏"今国有众军，并多精勇，宜且罢轻车、骑士、材官、楼船士及军假吏，令还复民伍"。⑦ 联系新莽以来

---

① 《后汉书》卷一一《刘玄传》，第467页。
② 《汉书》卷九九下《王莽传下》，第4168、4181页。
③ 《汉书》卷九九下《王莽传下》，第4182页。
④ 《后汉书》，第705、1137页。
⑤ 《后汉书》，第676、17页。
⑥ 《后汉书》卷一九《耿弇传》，第706页。
⑦ 《后汉书》卷一下《光武帝纪下》，第51页。

州牧统兵作战的背景，州牧改刺史却发生在远在其后的建武十八年（42），无疑值得注意。建武六年至七年间，隗嚣、公孙述这样强大的地方割据尚且存在，从"国有众军，并多精勇"来看，光武当时主要依靠战斗力较强的中央各直属部队，地方兵则相对要弱。故罢地方武备，不会影响光武实力，又可防范后方可能发生的更大叛乱。① 光武罢地方武备，如置于更大脉络背景中考察，一个很重要的问题就浮现出来：在这一影响东汉地方军备的重大举措中，为什么没有涉及对州、州牧的直接调整呢？这其实显示，新莽以来州牧军事地位虽已变化，但州一级独立掌握的兵力有限，即地方兵的构成与性质相对稳定，仍然属于郡兵。

## 四 东汉州郡军事活动例释

光武中兴后，各地陆续设立不少营兵。学界对此多有探讨。② 而具体性质，一些本属西汉旧制，为中央在外族聚集之州设领护武职及屯兵。③ 另外一些类似罢郡都尉官、省地方常备兵后，旧时郡都尉领屯兵的部分恢复，不过主官、兵士均属中央。④ 营兵的突出除前人论考外，还体现在文献记东汉边郡，常以"营""郡"连称。⑤

---

① 陈苏镇：《〈春秋〉与"汉道"：两汉政治与政治文化研究》第六章第一节，第510—511页。

② 李玉福：《秦汉制度史论》下编"秦汉军事制度论"，山东大学出版社2002年版，第336—342页；张鹤泉：《东汉时期的屯驻营兵》，《史学集刊》2006年第3期。

③ 《后汉书》卷八七《西羌传》"建武九年（33），隗嚣死，司徒掾班彪上言：'……旧制益州部置蛮夷骑都尉，幽州部置领乌桓校尉，凉州部置护羌校尉，皆持节领护，理其怨结，岁时循行，问所疾苦。又数遣使驿通动静，使塞外羌夷为吏耳目，州郡因此可得儆备。今宜复如旧，以明威防'"，第2878页。

④ 《后汉书》卷五《安帝纪》记永初四年（110）二月"乙丑，初置长安、雍二营都尉官"。李贤注引《汉官仪》"京兆虎牙、扶风都尉以凉州近羌，数犯三辅，将兵卫护园陵。扶风都尉居雍县，故俗人称雍营焉"，同书卷八七《西羌传》"军营久出无功，有废农桑，乃诏任尚将吏兵还屯长安，罢遣南阳、颍川、汝南吏士，置京兆虎牙都尉于长安，扶风都尉于雍，如西京三辅都尉故事"，同书卷四《和帝纪》记永元十二年（100）"五月丁未，初置象林将兵长史官"，李贤注引阚骃《十三州志》"将兵长史居在日南郡，又有将兵司马，去洛阳九千六百三十里"，第215、2887、190页。

⑤ 《后汉书》卷五一《陈龟传》"自顷年以来，匈奴数攻营郡"，"帝觉悟，乃更选幽、并刺史，自营郡太守都尉以下，多所革易"；同书卷六五《皇甫规传》"愿假臣两营二郡，屯列坐食之兵五千，出其不意，与护羌校尉赵冲共相首尾"（李贤注"两营谓马贤及赵冲等。二郡，安定、陇西也"），及同传"羌戎诸种，大小稽首，辄移书营郡，以访诛纳，所省之费，一亿以上"语，第1692—1693、2130、2134页。

## 第二章 军队的构成与演变

然而,营兵实力虽强,数量毕竟有限。东汉地方动乱特别民族冲突,又远剧西汉。当时地方在实际应对中,仍常发"州郡兵"作战。而郡守之上的刺史,多督领州内太守。① "州"的军事地位较西汉已明显不同。刘秀时曾令"其牧守令长坐界内盗贼而不收捕者,又以畏懦捐城委守者,皆不以为负,但取获贼多少为殿最,唯蔽匿者乃罪之。于是更相追捕,贼并解散。徙其魁帅于它郡,赋田受廪,使安生业";班勇亦云"今中国置州牧者,以禁郡县奸猾盗贼也"。②

安、顺时期发生的两次动乱及平定过程较有代表性,从中可窥见东汉相关情形之一斑。《后汉书》卷三八《法雄传》云:

> 永初三年(109),海贼张伯路等三千余人,冠赤帻,服绛衣,自称"将军",寇滨海九郡,杀二千石令长。初,遣侍御史庞雄督州郡兵击之,伯路等乞降,寻复屯聚。明年,伯路复与平原刘文河等三百余人称"使者",攻厌次城,杀长吏,转入高唐,烧官寺,出系囚,渠帅皆称"将军",共朝谒伯路。伯路冠五梁冠,佩印绶,党众浸盛。乃遣御史中丞王宗持节发幽、冀诸郡兵,合数万人,乃征雄为青州刺史,与王宗并力讨之。连战破贼,斩首溺死者数百人,余皆奔走,收器械财物甚众。会赦诏到,贼犹以军甲未解,不敢归降。……宗善其言,即罢兵。贼闻大喜,乃还所略人。而东莱郡兵独未解甲,贼复惊恐,遁走辽东,止海岛上。五年春,乏食,复抄东莱间,雄率郡兵击破之,贼逃还辽东,辽东人李久等共斩平之,于是州界清静。

西汉后期至东汉,滨海地区多见有海贼活动。③ 海贼张伯路即利用近海交通,至"寇滨海九郡"。史文说他们以"将军"为名号,但又特别记

---

① 相关论述分析参见严耕望《中国地方行政制度史——秦汉地方行政制度》第九章,第288—289页;黄今言《秦汉军制史论》第四章,江西人民出版社1993年版,第156页;小嶋茂稔《漢代國家統治構造和展開——後漢國家史序說》,汲古书院1989年版,第196—214页。
② 《后汉书》卷一下《光武帝纪下》、卷四七《班超传附子勇传》,第67、1588页。
③ 王子今:《居延简文"临淮海贼"考》(原刊《考古》2011年第1期),增订稿题《汉代的"海贼"》收入所著《秦汉称谓研究》"五 称谓与行政控制",中国社会科学出版社2014年版,第487—506页。又,《隶释》卷六《国三老袁良碑》作"江贼张路",相关参见吴荣曾《汉碑中有关农民起义的一些史料》(原刊《文物》1960年第8期),收入所著《先秦两汉史研究》,中华书局1995年版,第328—329页。

录"冠赤帻""冠五梁冠"情形。按将军等高级武职冠武冠、平上帻,[①]低级吏卒才多仅著赤帻。[②] 至于"五梁冠",李贤注虽引《汉官仪》"'诸侯冠进贤三梁,卿大夫、尚书、二千石冠两梁,千石以下至小吏冠一梁',无五梁制者也",然据《晋书》卷二五《舆服志》"其(按:指天子)杂服,有青赤黄白缃黑色,介帻,五色纱袍,五梁进贤冠,远游冠,平上帻武冠",及"进贤冠……有五梁、三梁、二梁、一梁。人主元服,始加缁布,则冠五梁进贤",魏晋时皇帝已戴五梁冠。孙机辨析后认为"汉代进贤冠之展筩的宽度有限,所以梁数最多不过五枚"。[③] 由此而言,《法雄传》相关交代,在落笔间已点明起兵者僭越不轨、缺乏合法性的特征。这次动乱分作三个阶段。(1)永初三年(109),张伯路主要在沿海诸郡流动,范围横跨数州。[④] 朝廷于是不得不"遣侍御史庞雄督州郡兵击之",协调行动,统一指挥。(2)永初四年(110),降而复聚的张伯路与平原郡刘文河联合,在攻占郡内近海的厌次城后,沿黄河深入内地,"转入高唐"。"渠帅皆称'将军',共朝谒伯路",而"伯路冠五梁冠,佩印绶",声势较第一次更为浩大。于是朝廷派身份更高的"御史中丞王宗持节发幽、冀诸郡兵",幽、冀两州的郡兵多被调往镇压。因平原郡属青州,朝廷并特别选任法雄为青州刺史,一并参与行动。御史中丞王宗欲通过罢兵示信,消弭动乱,但因属青州的东莱郡海岸线长,防御任务重,未敢轻易罢兵,导致盗贼惊恐,逃往辽东海岛。(3)永初五年(111),张伯路等复从辽东入东莱郡寇略,刺史法雄率郡兵再次将其击败,终使"州界清静"。

---

① 《续汉书·舆服志下》"武冠,一曰武弁大冠,诸武官冠之"。刘昭注补引《晋公卿礼秩》"大司马、将军、尉、骠骑、车骑、卫军、诸大将军开府从公者,武冠,平上帻"。《后汉书》,第3668页。

② 《续汉书·舆服志上》"璪弩车前伍伯,公八人,中二千石、二千石六百石皆四人,自四百石以下至二百石皆二人。黄绶,武官伍伯,文官辟车。铃下、侍阁、门兰、部署、街里走卒,皆有程品,多少随所典领。驿马三十里一置,卒皆赤帻绛韝云"。"卒皆赤帻绛韝云",《后汉书》卷五八《虞诩传》李贤注引《续汉志》作"率皆赤帻缝韝",第3651、1872页。

③ 孙机:《进贤冠与武弁大冠》(原刊《中国历史博物馆馆刊》总13/14期,1989年),收入所著《中国古舆服论丛》(增订本),文物出版社2001年版,第163页。

④ 方诗铭认为,"张伯路的根据地是在辽东海岛,军事行动所及也只在幽、冀、青三州,未曾到达过徐州"(《曹操·袁绍·黄巾》,上海社会科学院出版社1996年版,第235—236页)。然据谭其骧主编《中国历史地图集》(第二册,中国地图出版社1982年版,第40—45、47—48、51—52、61—62页),这里"滨海九郡"应涉及幽、冀、青、徐等数州之地。此问题探讨又可参看王子今《秦汉称谓研究》"五 称谓与行政控制",第504—505页。

## 第二章　军队的构成与演变

《后汉书》卷三八《滕抚传》又云：

> 顺帝末，扬、徐盗贼群起，磐牙连岁。建康元年（144），九江范容、周生等相聚反乱，屯据历阳，为江淮巨患，遣御史中丞冯绲将兵督扬州刺史尹耀、九江太守邓显讨之。耀、显军败，为贼所杀。又阴陵人徐凤、马勉等复寇郡县，杀略吏人。凤衣绛衣，带黑绶，称"无上将军"，勉皮冠黄衣，带玉印，称"黄帝"，筑营于当涂山中。乃建年号，置百官，遣别帅黄虎攻没合肥。明年，广陵贼张婴等复聚众数千人反，据广陵。朝廷博求将帅，三公举抚有文武才，拜为九江都尉，与中郎将赵序助冯绲合州郡兵数万人共讨之。又广开赏募，钱、邑各有差。梁太后虑群贼屯结，诸将不能制，又议遣太尉李固。未及行，会抚等进击，大破之，斩马勉、范容、周生等千五百级，徐凤遂将余众攻烧东城县。下邳人谢安应募，率其宗亲设伏击凤，斩之，封安为平乡侯，邑三千户。拜抚中郎将，督扬徐二州事。

顺帝末年，扬、徐盗贼群起，有所谓"磐牙"之势。李贤注："磐牙谓相连结。"下文所述动乱实际发生地区：九江、历阳、阴陵、当涂山、合肥皆属九江郡，广陵属广陵郡，而东城属下邳国。动乱主要集中在扬州北部的九江郡，同时又涉及徐州南部、与扬州毗邻而易相连接的广陵郡、下邳国。这也是开篇"盗贼群起"以"扬、徐"作为交代顺序，并提及"磐牙"之势特征的原因。九江郡属扬州在江北之郡；广陵郡、下邳国所发生军事活动的广陵、东城，又均在淮水以南，长江以北。故"九江范容、周生""江淮巨患"中"江淮"一语，从另一侧面揭示此次动乱区域。建康元年，九江郡范容、周生"相聚反乱"，并"屯据历阳"。历阳，西汉为九江郡都尉治所，东汉更成为扬州刺史治所所在，军事地位极为重要。此地在初始即被占据，所以才有"巨患"的形容。中央于是遣御史中丞督扬州刺史、九江太守讨之。然而，刺史、太守不久战败被杀。之后，九江郡阴陵人徐凤、马勉也加入作乱。按阴陵东汉为九江郡治。徐、马起兵后"筑营"于阴陵西北面的当涂山，直接威胁郡治安全，同时又"遣别帅黄虎攻没合肥"。建康二年（145），广陵张婴复反叛占据广陵。这使御史中丞冯绲腹背受敌，处于北、西、东三面盗贼的威胁之下。朝廷于是采取紧急行动，滕抚被举荐任命为九江都尉，与中郎将赵序前往增援，同时

"广开赏募,钱、邑各有差"。东汉因需常临时恢复都尉设置,此即其一。而朝中梁太后担心诸将仍无法制敌,还曾有"议遣太尉李固"事。滕抚后大破敌军。徐凤不得不向东逃入下邳国与九江郡交界的最南端县城——东城。由于余敌已经出扬入徐,所以另有徐州"下邳人谢安应募,率其宗亲设伏击凤",得以因功封侯。滕抚随后被拜为中郎将,督扬徐二州事。东汉遣中央官督地方逐捕,较西汉更为灵活,在丞相长史、御史中丞之外,不仅有较低的侍御史,而且有属京师宿卫的中郎将。① 形势严峻时,甚至会考虑派遣三公一级的太尉。此外,从上述两则事例还可看出,光武虽罢地方兵,东汉一代,地方多数时候仍存在一定规模的常备兵。

东汉太守领兵作战,还常出现属吏舍生取义、捍救长吏的情形,较前代呈现特殊一面。约成书于战国的《尉缭子·兵令下》记:

> 诸战而亡其将吏者,及将吏弃卒独北者,尽斩之。前吏弃其卒而北,后吏能斩之而夺其卒者,赏。军无功者,戍三岁。
>
> 三军大战,若大将死,而从吏五百人以上不能死敌者,斩。大将左右近卒,在陈中者,皆斩;余士卒有军功者,夺一级;无军功者,戍三岁。②

涉及作战时将、吏、卒连坐的规定。而银雀山汉简《守法守令十三篇》中,也保留有部分相关简文:

> ……吏戍一岁。战而失其将吏,及将吏战而死,卒独北而环(还),其法当尽斩之。将吏将其卒北,斩其将□……□□□□三岁。军大战,大将死,□□五百以上不能死适(敌)者皆当斩,及大将左右近卒在□□者皆当斩。……夺一功,其毋(无)【□□□】□三岁。(九七八至九八〇)③

---

① 郑兴劝诫隗嚣"夫中郎将、太中大夫、使持节官皆王者之器,非人臣所当制也"。《后汉书》卷三六《郑兴传》,第1219页。又,汉代郎将接受临时差遣,从事各种任务,参见廖伯源《从汉代郎将职掌之发展论官制演变》(原刊《历史语言研究所集刊》第六十五本第四分,1994年),修订稿收入所著《秦汉史论丛》(增订本),中华书局2008年版,第37—103页。
② 李解民译注:《尉缭子译注》,河北人民出版社1992年版,第143—144页。
③ 银雀山汉墓竹简整理小组编:《银雀山汉墓竹简〔壹〕》,文物出版社1985年版,释文149—150页。

## 第二章 军队的构成与演变

二者文字多有出入，个别地方文意相反。① 上述规定就下属连坐而言，涉及两个方面。一是作战时士卒擅自离开将吏；或将吏战死，士卒独自败逃而还，"尽斩之"。二是决战性质的"三军大战"，如大将死，跟随作战的秩五百石以上军吏不能死敌者，斩；当时在大将左右的近卫兵士，也皆斩；其他士卒，有军功者夺一级，无军功者戍边三年。吏卒因主将连坐的规定较为严苛。西汉前期以后，与军事相关连坐的范围、量刑逐渐缩小、减轻。而人身依附关系则进一步发展，有所加强。②

至东汉，军事行动中属吏无须因主官败亡连坐。而史书中，却多见主动捍救而"死敌"的书写：

> （周）嘉仕郡为主簿。王莽末，群贼入汝阳城，嘉从太守何敞讨贼，敞为流矢所中，郡兵奔北，贼围绕数十重，白刃交集，嘉乃拥敞，以身扞之。因呵贼曰："卿曹皆人隶也。为贼既逆，岂有还害其君者邪？嘉请以死赎君命。"因仰天号泣。群贼于是两两相视，曰："此义士也！"给其车马，遣送之。③
>
> 建武初，平狄将军庞萌反于彭城，攻败郡守孙萌。平时复为郡吏，冒白刃伏萌身上，被七创，困顿不知所为，号泣请曰："愿以身代府君。"贼乃敛兵止，曰："此义士也，勿杀。"遂解去。萌伤甚气绝，有顷苏，渴求饮。平倾其创血以饮之。后数日萌竟死，平乃裹创，扶送萌丧，至其本县。④
>
> 后州辟从事。时贼张子林等数百人作乱，郡言州，请修守吴令。修与太守俱出讨贼，贼望见车马，竞交射之，飞矢雨集。修障扞太

---

① 如文献"及将吏弃卒独北者"，简牍作"及将吏战而死，卒独北而环（还）"。文献"从吏五百人以上"，简牍作"□□五百以上"。李解民据《商君书·境内》，认为"似当指拥有五百卫兵的将吏"（《尉缭子译注》，第144页）。按上孙家寨汉简有"五百将"，《商君书》有"五百主"，居延汉简中则提到"五百"，所指应是一事。李零解作秩五百石军吏［《〈商君书〉中的土地人口政策与爵制》（原刊《古籍整理与研究》1991年第6期），收入所著《待兔轩文存：读史卷》，广西师范大学出版社2011年版，第188—189页］。他们统领的兵士是100人，并配短兵50人。
② 参见本书第五章第一节。
③ 《后汉书》卷八一《独行列传·周嘉》，第2676页。
④ 《后汉书》卷三九《刘平传》，第1296页。

守,而为流矢所中死,太守得全。贼素闻其恩信,即杀弩中修者,余悉降散。言曰:"自为彭君故降,不为太守服也。"①

延平元年(106),鲜卑复寇渔阳,太守张显率数百人出塞追之。兵马掾严授谏曰"前道险阻,贼势难量,宜且结营,先令轻骑侦视之。"显意甚锐,怒欲斩之。因复进兵,遇虏伏发,士卒悉走,唯授力战,身被十创,手杀数人而死。显中流矢,主簿卫福、功曹徐咸皆自投赴显,俱殁于阵。邓太后策书褒叹,赐显钱六十万,以家二人为郎;授、福、咸各钱十万,除一子为郎。②

于是发广阳、渔阳、右北平、涿郡属国三千余骑同救之,而貊人已去。夏,复与辽东鲜卑八千余人攻辽队,杀略吏人。(辽东太守)蔡讽等追击于新昌,战殁,功曹耿耗、兵曹掾龙端、兵马掾公孙酺以身扞讽,俱没于陈,死者百余人。③

时羌复攻褒中,(汉中太守)郑勤欲击之。主簿段崇谏,以为虏乘胜,锋不可当,宜坚守待之。勤不从,出战,大败,死者三千余人,段崇及门下史王宗、原展以身扞刃,与勤俱死。④

建光元年(121)秋,其至鞬复畔,寇居庸,云中太守成严击之,兵败,功曹杨穆以身捍严,与俱战殁。⑤

忠子秘,为郡门下议生。黄巾起,秘从太守赵谦击之,军败,秘与功曹封观等七人以身扞刃,皆死于阵,谦以得免。诏秘等门闾号曰"七贤"(李贤注引《谢承书》曰"秘字永宁。封观与主簿陈端、门下督范仲礼、贼曹刘伟德、主记史丁子嗣、记室史张仲然、议生袁秘等七人擢刃突阵,与战并死")。⑥

---

① 《后汉书》卷八一《独行列传·彭修》,第 2674 页。
② 《后汉书》卷九〇《乌桓鲜卑列传》,第 2986 页。《后汉书》卷八一《独行列传·刘茂》亦载此事:"延平中,鲜卑数百余骑寇渔阳,太守张显率吏士追出塞,遥望虏营烟火,急趣之。兵马掾严授虑有伏兵,苦谏止,不听。虏蹩令进,授不获已,前战,伏兵发,授身被十创,殁于阵。显拔刃追散兵,不能制,虏射中显,主簿卫福、功曹徐咸遽赴之,显遂堕马,福以身拥蔽,虏并杀之。朝廷愍授等节,诏书褒叹,厚加赏赐,各除子一人为郎中。"第 2671—2672 页。后者提到有"显遂堕马,福以身拥蔽"等细节。
③ 《后汉书》卷八五《东夷列传》,第 2815 页。
④ 《后汉书》卷八七《西羌传》,第 2887 页。
⑤ 《后汉书》卷八五《东夷列传》,第 2987 页。
⑥ 《后汉书》卷四五《袁安传附玄孙闳传》,第 1527 页。

## 第二章 军队的构成与演变

清人赵翼、近人钱穆对东汉士大夫尚名节之风气多所论议，后者更将其总结为"久丧""让爵""推财""避聘""报仇""借交报仇""报恩""清节"八项。[1] 不过，相关讨论多未涉及上述一类活动。[2] 而这些正是新莽、东汉士人重名节的集中反映。东汉又是长官、属吏间"二重君臣关系"的重要发展时期。[3] 除以往"门生故吏"的论说外，这里周嘉"请以死赎君命"，刘平"愿以身代府君"，郡守伤重口渴，刘平"倾其创血以饮之"，实际均是对第二种"君臣"关系的极致践行。有学者特别指出，东汉士人相对西汉，特重教化，并概括为"'教以义方'和以'义'正身"。[4] 上述 8 例，被属吏舍命保卫者多为郡守，而属吏则多为功曹、主簿、诸曹掾、门下史等。[5] 属吏的这些行为正是舍身而取义。因此，周嘉、刘平被敌贼称作"义士"，赦而未杀；彭修"障扞太守，而为流矢所中死"，盗贼因其恩信，"即杀弩中修者，余悉降散"。卫救长吏，舍生取义行为的发生，由此构成后世对东汉地方军事文化描述的重要侧面。

## 五 结论

前面对地方行政建制由郡（国）县向州郡县演进发展大背景下，两汉地方兵的构成及变动情形作了讨论，这里略作小结：

1. 秦汉成年男子傅籍后成为正卒。在服正役之外，所服兵役主要指以戍卒身份，从事"徭戍"之"戍"。地方则在戍卒群体中选拔保持有常备兵。

2. 郡在依秩分等、户籍管理上与县有别，作为横向派生的军事、行政区出现后，两汉地方兵在训练、调动上呈现郡兵性质。

---

[1] 赵翼著，王树民校证：《廿二史札记校证》（订补本）卷五"东汉尚名节条"，中华书局1984年版，第102—104页；钱穆：《国史大纲》，商务印书馆1994年版，第186—190页。

[2] 唯杨鸿年在"郡佐属与郡太守"之"臣为君死"条，有所提及，然所引不止于军事活动。杨鸿年：《汉魏制度丛考》，武汉大学出版社2005年版，第384—385页。

[3] 学界一般将汉代以降，存在皇帝与臣民、长官与属吏两种"君臣"关系的情形，称作"二重君臣关系"。学术梳理及探讨参见徐冲《汉唐间的君臣关系与"臣某"形式》，收入所著《中古时代的历史书写与皇帝权力起源》附录二，上海古籍出版社2012年版，第270—294页。

[4] 陈苏镇：《东汉的"义学"与"名教"》（《中国历史博物馆馆刊》1996年第2期），收入所著《两汉魏晋南北朝史探幽》，北京大学出版社2013年版，第317—337页；陈苏镇：《〈春秋〉与"汉道"：两汉政治与政治文化研究》第五章第三节，第475—483页。

[5] 唯彭修是以吴令身份"障扞"太守而死。然据本传，彭修本为州从事。因郡攻盗贼，特向州请求，才调"守吴令"的。故其与太守关系，具有特殊一面。

3. 秦汉郡守、尉所统郡兵除接受中央征调外，一般只在郡界范围内活动。以地方政治危机作"盗""反"划分而言，前者主要由"郡守尉"在郡界内"捕论"。后者则需皇帝"急发兵击之"。紧急情况下，长官虽未"会符"，也可发兵，但需及时自"请""自劾奏"。地方盗贼往往有势力较强，一郡守、尉难以抑制；或流动数郡，诸郡各守本界，而无法平定者。政府常采取不同等级的应对措施。丞相、御史委派长史、中丞等重要属吏督郡逐捕，由此出现。

4. 从地域整合角度，"州"一级的军事作用愈受重视。不过西汉后期，刺史、州牧的制度反复，并未涉及州军事职能的增减。州的相关权力，实际在新莽后始得发展。更始、东汉受王莽政权影响，州军事权力大增。不过，东汉初著名的罢地方武备之举，却未涉及对州、州牧的直接调整。这又显示：州一级所独立掌握的兵力有限，东汉地方兵的构成与性质相对稳定，仍然属于郡兵。

5. 西汉前期以后，与军事相关连坐的范围、量刑逐渐缩小、减轻。而人身依附关系则进一步发展，有所加强。东汉地方作战，常出现属吏捍救主官而死敌者，是军事文化中"二重君臣关系"及"以义正身"的体现。

## 第三节　秦汉帝国"新地"与徙、戍的推行
——兼论秦汉时期的内外观念与内外政策特征

秦汉帝国的成立是一个"新地"拓辟、延展，边界扩张、确立的过程。帝国在建立、发展中夺取"新地"、巩固边界，往往推行徙、戍，或以"蛮夷"葆塞。而随着时局、军事形势的变化，实现方式上往往存在徙民实边、行役戍边间采取何者的争论。这些争论，反映出秦汉时期的内外观念与内外政策特征。以往关于两汉徙、戍问题已有丰富研究，将之与秦帝国确立过程中对"新地"的经营相联系，从国家视角做更整体性的观察，思考相关政策背后的内外观念及政策特征，应能使相关研究进一步深入。

### 一　秦"新地""新地吏"与徙、戍推行

秦自孝公以下国势日强，对外积极攻战，蚕食鲸吞关东诸国领土。与

## 第二章 军队的构成与演变

设置秦郡同时,① 边界的巩固,在惠文王、昭襄王时多有取地而出其人;昭襄王至始皇,又有赦罪人而迁往新占领地的措施。② 相对魏晋时期偏重争夺人力资源,战国时诸国更重视领土扩展。③ 而"秦惠王八年(前330),爵樗里子右更,使将而伐曲沃,尽出其人,取其城,地入秦",④"(秦惠文王)使张仪伐取陕,出其人与魏"等记载,⑤ 在交代"取其地而出其人"的同时,不过省略了募人徙边、赦罪人迁之的实边情形。《史记》另一则就交代得较清楚:"(昭襄王)二十一年(前286),错攻魏河内。魏献安邑,秦出其人,募徙河东赐爵,赦罪人迁之。"⑥ 故从巩固边界角度,两种相关措施,多有相通一面,不可截然分开。按秦昭襄王、秦始皇统治时期是秦扩展疆域、实现发展的两个关键阶段。秦始皇即位时已设郡与统一战争中所设新郡,大体可以划分为前、后两类。与早期设置的秦郡相对,始皇统一战争所立郡县称"新地",新占楚地称"荆新地""故荆",官吏称"新地吏""新地守",民众称"新黔首"。⑦ 睡虎地秦墓M4所出6号木牍,为名叫惊的从军者写往家中书信,就提到"闻新地城

---

① 参见拙文《秦据汉水与南郡之置——以军事交通与早期郡制为视角的考察》(初提交于"中国襄阳·汉水文化论坛",中国社会科学院历史研究所,2014年),《飞軨广路:中国古代交通史论集》,中国社会科学出版社2015年版,第42—66页。

② 史料梳理及分析参见于振波《秦律令中的"新黔首"与"新地吏"》,《中国史研究》2009年第3期。

③ 秦以外,魏国也有类似情形。《史记》卷一五《六国年表》记魏文侯十三年(前433)"公子击围繁、庞,出其民",同书卷四四《魏世家》作"十三年,使子击围繁、庞,出其民"(中华书局1982年点校本,第707、1838页)。按繁庞为秦所筑,在今陕西韩城东南,后者句读似应与前者一致。又,"由土地兼并到人口争夺",一般认为是"战国秦汉到魏晋南北朝社会变化的几条主线"之一。参见何兹全《汉魏之际封建说》(原刊《历史研究》1979年第1期),收入所著《何兹全文集》第一卷《中国社会史论》,中华书局2006年版,第297页。

④ 《史记》卷七一《樗里子甘茂列传》,第2307页。

⑤ 《史记》卷五《秦本纪》,第206页。

⑥ 《史记》卷五《秦本纪》,第212页。

⑦ 蔡万进:《里耶秦简研读三题》,《湖南大学学报》(社会科学版)2007年第1期;蔡万进:《秦"所取荆新地"与苍梧郡设置》,《郑州大学学报》(哲学社会科学版)2008年第5期;陈松长:《岳麓书院藏秦简中的郡名考略》,《湖南大学学报》(社会科学版)2009年第2期;于振波:《秦律令中的"新黔首"与"新地吏"》;琴载元:《秦 통치시기 楚地의 形勢와 南郡의 地域성》,《中國古中世史研究》第31辑,2014年,第167—215页,中文修订稿见简帛网,2015年1月31日,http://www.bsm.org.cn/show_article.php?id=2151;琴载元:《反秦战争时期南郡地区的政治动态与文化特征——再论"亡秦必楚"形势的具体层面》,西北师范大学历史文化学院、甘肃简牍博物馆编:《简牍学研究》(第五辑),甘肃人民出版社2014年版,第129—140页。

多空不实者且令故民有为不如令者实□"的情形。① 张仪说韩王"料大王之卒，悉之不过三十万，而厮徒负养在其中矣。除守徼亭鄣塞，见卒不过二十万而已矣"。② 徙民与戍边，当时往往同时进行。秦一统后，北筑长城"十余年而蒙恬死，诸侯畔秦，中国扰乱，诸秦所徙適戍边者皆复去"。③ 这里言及秦末天下动乱，在边者逃回内地，反映秦此后"戍边"，倚重"徙適"。

与此对应，前往新占领区任职官吏，称"新地吏"。岳麓秦简记：

  以上及唯不盈三，一岁病不视事盈三月以上者，皆免；病有瘳（？），令为新地吏及戍。如吏有适过废免为新地吏。(1865)
  诸吏为非以免去吏者：卒史、丞、尉以上，上御史；属、尉佐及乘车以下，上丞相。丞相、御史先予新地远蠻（？）。(1866) ④

前条主语不明，所指官吏一年中因病不理公事三月以上者，皆予免职。病愈后依一定标准派去做"新地吏"或戍边，如同秦吏因谪过废免而被任为新地吏。可知新地吏主要有两种来源：病免有瘳，谪过废免。作为非正常去职"故吏"，前往新地任职。这与"故民有为不如令者实""新地"，有类似处。后条规定被免职秦吏依原职等级，分别上报御史大夫、丞相。具体为卒史、丞、尉以上上报御史大夫，而属、尉佐及乘车以下上报丞相。⑤ 中央两主官首先考虑派他们前往"新地远蠻"，担任新地吏。⑥ 据

---

① 李均明、何双全编：《散见简牍合辑》，文物出版社1990年版，第84页。
② 《史记》卷七〇《张仪列传》，第2293页。
③ 《史记》卷一一〇《匈奴列传》，第2887页。
④ 于振波：《秦律令中的"新黔首"与"新地吏"》，第75—76页。句读为笔者所加。
⑤ "如所周知，本来丞相的地位高于御史大夫，可是在这条法令中，卒史以上秩次较高的官吏被免职，要由御史大夫处理，而属、尉佐以下秩次较低的官吏被免职，反而由丞相处理。为什么会有这样的法律规定？本文尚不能给出合理的解释"（《秦律令中的"新黔首"与"新地吏"》，第77页）。按卫宏《汉官旧仪》"旧制：令六百石以上，尚书调；拜迁四百石长相至二百石，丞相调；除中都官百石，大鸿胪调；郡国百石，二千石调"（孙星衍等辑，周天游点校：《汉官六种》，中华书局1990年版，第50页）。迁除官吏权限上，尚书在丞相前。而秦及汉初，尚书所进行草诏、任命等职事多由御史大夫、特别是御史大夫府中值事殿中的御史中丞、侍御史承担。这里出现官吏免职管理中，"御史"在"丞相"上的情形，或因此故。
⑥ 王夫之就晁错徙民实边策云："后世之吏于边者，非赢贫无援之乙科，则有过迁补之茸吏；未有能人而为台谏郎官者，未有擢而为监司郡守者。"《读通鉴论》卷二"文帝"条，中华书局1975年版，第43页。按此种情形，秦代已如此。

## 第二章　军队的构成与演变

张家山汉简《二年律令·秩律》"□都官之稗官及马苑有乘车者，秩各百六十石，有秩毋乘车者，各百廿石"（四七〇、四七一），及"县、道司马、候、厩有乘车者，秩各百六十石；毋乘车者，及仓、库、少内、校长、髳长、发弩、衡〈卫〉将军、衡〈卫〉尉士吏，都市亭厨有秩者及毋乘车之乡部，秩各百廿石"（四七一、四七二），[1] 西汉初年，低级官吏有乘车者最低秩一百六十石，而有秩无乘车者秩一百二十石。岳麓秦简中免吏上名两分，及"属尉佐及乘车以下上丞相"所指范围，可以参考这一分界。

里耶秦简中也出现有"新地吏"内容的简文：

> 廿六年十二月癸丑朔庚申，迁陵守禄敢言之：沮守瘳言：课廿四年畜息子得钱殿。沮守周主。为新地吏，令县论言史（事）。·问之，周不在迁陵。敢言之。(8-1516 正)[2]

此为迁陵县守令禄向洞庭郡府汇报的上行文书。始皇二十六年（前221），沮县守令瘳提到在对二十四年所牧养牲畜产子卖钱的考课中，沮县居全郡之末，当时负责此事的是守令周，而周后来担任了新地吏，地点应该就在洞庭。于是沮县移书洞庭郡，后者进一步令所属诸县核实此人。简文即是迁陵县的具体回复：已经按要求进行了了解，周并不在迁陵。按秦封泥有"沮丞之印"。[3] 沮县在今陕西略阳县东、勉县西北，秦时属蜀郡或汉中郡。[4] 这是曾任西部边郡代理县令者，前往南边洞庭郡做新地吏的一则

---

[1] 彭浩、陈伟、工藤元男主编：《二年律令与奏谳书——张家山二四七号汉墓出土法律文献释读》，上海古籍出版社2007年版，第292—293页。

[2] 湖南省文物考古研究所：《里耶秦简〔壹〕》，文物出版社2012年版，释文74页；陈伟主编，何有祖、鲁家亮、凡国栋撰著：《里耶秦简牍校释（第一卷）》，武汉大学出版社2012年版，第343页。

[3] 周晓陆等：《于京新见秦封泥中的地理内容》，《西北大学学报》（哲学社会科学版）2005年第4期，第122页。

[4] 李吉甫撰，贺次君点校：《元和郡县图志》卷二二《山南道三》"兴州"条"战国时为白马氏之东境。秦并天下，属蜀郡。汉武帝元鼎六年，以白马氏置武都郡，今州即汉武都郡之沮县也"（中华书局1983年版，第569页）。张家山汉简《二年律令·秩律》有"沮"，整理小组注："沮，亦名'沮'，汉初疑属汉中郡，《地理志》记属武都郡'"。此当据《秩律》"沮"前诸县属巴郡，之后诸县属汉中郡，可参。周晓陆前揭文从蜀郡说，后晓荣从汉中郡说（《秦代政区地理》，社会科学文献出版社2009年版，第385—386页）。

177

实例。

## 二　汉代的徙、戍互补与边策选择

武帝征伐四夷，面向匈奴的北边一线，是经营重心所在。而徙民、蛮夷葆塞，虽与戍边同时实行，但往往呈互补之势。《史记》卷一一〇《匈奴列传》记武帝时，"于是汉已得浑邪王，则陇西、北地、河西益少胡寇，徙关东贫民处所夺匈奴河南、新秦中以实之，而减北地以西戍卒半"。① 同书卷一一一《卫将军骠骑列传》则表述作"于是天子嘉骠骑之功曰：'……十万之众咸怀集服，仍与之劳，爰及河塞，庶几无患，幸既永绥矣。以千七百户益封骠骑将军。'减陇西、北地、上郡戍卒之半，以宽天下之繇"。② 西汉元帝时，呼韩邪单于归附，"上书愿保塞上谷以西至敦煌，传之无穷，请罢边备塞吏卒，以休天子人民"。③ 东汉时，任延任南边九真郡太守，"于是徼外蛮夷夜郎等慕义保塞，（任）延遂止罢侦候戍卒"。④ 前者虽因郎中侯应反对，未能成行，然与后一事例多可对照。蛮夷葆塞与戍边呈现互补特征。武帝时，"又数万人度河筑令居。初置张掖、酒泉郡，而上郡、朔方、西河、河西开田官，斥塞卒六十万人戍田之"，⑤ 规模十分可观。至于朔方、令居之间的具体屯田情形，《史记》卷一一〇《匈奴列传》云"是后匈奴远遁，而幕南无王庭。汉度河自朔方以西至令居，往往通渠置田，官吏卒五六万人，稍蚕食，地接匈奴以北"。⑥ 至宣帝时，边境日益稳定，赵充国平羌时上书，"窃见北边自敦煌至辽东万一千五百余里，乘塞列隧有吏卒数千人，虏数大众攻之而不能害"。⑦ 在徙民实边、蛮夷葆塞推行的背景下，戍边候望人员相应缩减。

秦汉大一统帝国建立后，因幅员广阔，民众戍边行程大为增加，供输补给的成本亦远超先前。汉人总结秦亡教训，以为肇端之一即在于此：

---

① 《史记》卷一一〇《匈奴列传》，第 2909 页。
② 《史记》卷一一一《卫将军骠骑列传》，第 2933 页。
③ 《汉书》卷九四下《匈奴传下》，中华书局 1962 年点校本，第 3803 页。
④ 《后汉书》卷七六《循吏列传·任延》，中华书局 1965 年点校本，第 2462 页。
⑤ 《史记》卷三〇《平准书》，第 1439 页。
⑥ 《史记》卷一一〇《匈奴列传》，第 2911 页。按上引中华本句读"往往通渠置田，官吏卒五六万人"，或可作"往往通渠置田官，吏卒五六万人"。
⑦ 《汉书》卷六九《赵充国辛庆忌传》，第 2989 页。《汉书》卷九四上《匈奴传上》就此事则提到："是时汉边郡燧火候望精明，匈奴为边寇者少利，希复犯塞。"第 3784 页。

## 第二章 军队的构成与演变

"遂失天下，祸在备胡而利越也"，①"秦之戍卒不能其水土，戍者死于边，输者偾于道。秦民见行，如往弃市"。② 而从民众感受角度，戍边而与亲属分隔辽远，当时被视作颇违人情之事。西汉昭帝时，贤良文学在盐铁会议上就批评武帝征伐四方，广行边戍。③

除此以外，一岁而更的北边戍守在面对胡族侵扰时的防御效能，亦令当时汉廷大臣有所忧虑。西汉文帝时，"（晁）错复言守边备塞，劝农力本，当世急务二事"，其中提到：

> 陛下幸忧边境，遣将吏发卒以治塞，甚大惠也。然令远方之卒守塞，一岁而更，不知胡人之能，不如选常居者，家室田作，且以备之。以便为之高城深堑，具蔺石，布渠答，复为一城其内，城间百五十步。要害之处，通川之道，调立城邑，毋下千家，为中周虎落。先为室屋，具田器，乃募辠人及免徒复作令居之；不足，募以丁奴婢赎辠及输奴婢欲以拜爵者；不足，乃募民之欲往者。皆赐高爵，复其家。予冬夏衣，廪食，能自给而止。郡县之民得买其爵，以自增至卿。其亡夫若妻者，县官买予之。人情非有匹敌，不能久安其处。塞下之民，禄利不厚，不可使久居危难之地。胡人入驱而能止其所驱者，以其半予之，县官为赎其民。如是，则邑里相救助，赴胡不避死。非以德上也，欲全亲戚而利其财也。此与东方之戍卒不习地势而心畏胡者，功相万也。以陛下之时，徙民实边，使远方无屯戍之事，塞下之民父子相保，亡系虏之患，利施后世，名称圣明，其与秦之行怨民，相去远矣。④

前人多有引用。然而结合上述背景，晁错实际是在戍卒守塞、徙民实边上采用何者向文帝提供建议。在他看来，君主重视边政，特遣将吏率兵卒修治边塞，非常必要。不过，戍卒守塞因一岁一更，对胡兵及北边形势并不熟悉，且多来自遥远的关东之地，容易顾念家庭。为更好防御匈奴，他建

---

① 《淮南子·人间》。何宁：《淮南子集释》卷一八，中华书局1998年版，第1291页。
② 《汉书》卷四九《晁错传》，第2284页。
③ 参见《盐铁论·备胡》《繇役》。王利器校注：《盐铁论校注》（定本）卷七、卷九，中华书局1992年版，第446—447、520页。
④ 《汉书》卷四六《晁错传》，第2283—2286页。

议"徙民实边":"不如选常居者,家室田作,且以备之"。具体设想为在适合地区修筑"高城深堑","具蔺石,布渠答"。① 又"复为一城其内,城间百五十步"。② 所设城邑,大体千家以上为一聚落单位。③ 内地徙边民众亦兵亦农,战时可迅速组织起军事抵抗。而所居城邑,军事功能突出。日常生活居住外,又是防御性很强的堡壁。

至于"徙民实边"的招募对象,依次序涉及三类:(1)募罪人及免徒复作令居之;(2)募丁奴婢赎罪、输奴婢欲以拜爵者;(3)募民,赐高爵,复其家。这些均采用"募"的形式,以期实现"其与秦之行怨民,相去远矣"的差别。④ 罪人及免徒复作是首先被考虑的对象。⑤ 如第一类无法满足需要,则招募输官赎罪的丁奴婢及用以拜爵的奴婢。⑥ 二者仍不足时,进一步考虑募民前往,皆赐高爵并免全家赋役。此外,官府还提供冬、夏衣及口粮,待徙民实现自给,始停止供应。⑦ 边地落户者,政府还提供其他配套措施:其一,"郡县之民得买其爵,以自增至卿"。⑧ 据刘劭《爵制》,二十等爵曾有侯、卿、大夫、士四分层。⑨ 张家山汉简《二年律令》记二十等爵多次提到"卿",实

---

① 服虔曰:"蔺石,可投人石也。"苏林曰:"渠答,铁疾藜也。"如淳曰:"蔺石,城上雷石也。《墨子》曰:'城上二步一渠,立程长三尺,冠长十尺,臂长六尺。二步一答,广九尺,袤十二尺。'"师古曰:"蔺石,如说是也。渠答,苏说是也。"蔺石、渠答均属守御器,相关形制及解说,参见孙机《汉代物质文化资料图说》(增订本)"40 塞防设施",上海古籍出版社2008年版,第183页。
② 此似指"高城"之内,复筑小城,两者间距离一百五十步。
③ 城邑外围复设置藩篱类防御障碍——虎落。"虎落"在河西汉塞候官一级鄣城周围多有使用,又称作"彊落""强落"。参见本书第五章第二节。
④ 管东贵指出,晁错建议中,"募民徙塞"不等于"谪徙"。不过,"晁错当时所构想的民屯是以罪犯为主要构成分子。这在观念上显然跟前代盛行的'徙谪'或'谪戍'有关"。《汉代屯田的组织与功能》,《历史语言研究所集刊》第四十八本第四分,1977年,第506页。
⑤ 臣瓒曰:"募有罪者及罪人遇赦复作竟其日月者,今皆除其罚,令居之也。"
⑥ 《史记》卷三〇《平准书》记武帝时"又兴十万余人筑卫朔方,转漕甚辽远,自山东咸被其劳,费数十百巨万,府库益虚。乃募民能入奴婢得以终身复,为郎增秩,及入羊为郎,始于此",第1421—1422页。
⑦ 参后文"则贫民相募而劝往矣",所"募民"自然多是贫民群体。
⑧ "卿",孟康:"《食货志》所谓乐卿者也,朝位从卿而无职也。"师古曰:"孟说非也。乐卿武帝所置耳,错之上书未得豫言之也。然二十等爵内有卿名,盖谓其等级同列卿者也。"
⑨ 前人多有简称作公、卿、大夫、士者。"公"当修正为"侯"。参见本书第三章第一节。

## 第二章 军队的构成与演变

指 10 级左庶长至 18 级大庶长。① "自增至卿"之"卿",应即此义。② 尽管如贾谊所言,边民"虽有长爵不得轻复"。但秦及汉初,制度上一般规定五大夫以上多得免除兵役、徭役。武帝时,"兵革数动,民多买复及五大夫,征发之士益鲜"。③ "自增至卿",进而得免兵役一类,当时对民众还是有吸引力的。其二,"其亡夫若妻者,县官买予之"。这是对"人情非有匹敌,不能久安其处"的考虑。其三,"胡人入驱而能止其所驱者,以其半予之,县官为赎其民。这又是对"塞下之民,禄利不厚,不可使久居危难之地"的充分思量。相关措施有望实现"邑里相救助,赴胡不避死"的效果。总之,晁错对实边御胡的考虑较为周详,"上从其言,募民徙塞下",最终得到实行。而"使远方无屯戍之事",及"使屯戍之事益省,输将之费益寡"的议论显示,徙、戍二者如何互补,始终是国家规划边政时的中心问题。

　　帝国边地的相关备守措施,至东汉得到更多实践。明帝以下,朝廷普遍实行死罪系囚减罪戍边,而妻子自随,占籍边县。④ 在政策完善上,东汉大臣为"有益于边",更建议增加"亡命"一类。⑤ 此与一岁而更的行戍制度有异,而接近"徙民实边"。

---

① 朱绍侯:《西汉初年军功爵制的等级划分——〈二年律令〉与军功爵制研究之一》(原刊《河南大学学报》2002 年第 5 期),收入中国社会科学院简帛研究中心编《张家山汉简〈二年律令〉研究文集》,广西师范大学出版社 2007 年版,第 68—69 页;又收入所著《军功爵制考论》,商务印书馆 2008 年版,第 234—236 页。

② 陈直早年指出,"卿疑为汉代高爵之泛称",较前人理解近切,其所举例证:"如《朱博传》之称王卿是也。西汉边郡则尤重卿之尊称。例如《居延汉简释文》卷二,五十四页,有简文云:'司马卿、将卿、荣卿、房卿、林卿、张卿、徐卿、陈卿,马三长凡九人,二十一钱。'又卷二,五十五页,有简文云:'司马卿、王卿、赵卿、臧卿、间卿、陈卿、李卿、杜卿(以下隳名从略)率人廿。'晁错此疏,重在筹边,故引用边郡之习俗口语",还可进一步讨论。《汉书新证》,中华书局 2008 年版,第 284—285 页。

③ 《史记》卷三〇《平准书》,第 1428 页。《汉书》卷二四下《食货志下》作"兵革数动,民多买复及五大夫、千夫,征发之士益鲜",第 1165 页。

④ 参见本书第五章第一节。

⑤ 《后汉书》卷四六《郭躬传》云"章和元年(87),赦天下系囚在四月丙子以前减死罪一等,勿笞,诣金城,而文不及亡命未发觉者。躬上封事曰:'圣恩所以减死罪使戍边者,重人命也。今死罪亡命无虑万人,又自赦以来,捕得甚众,而诏令不及,皆当重论。伏惟天恩莫不荡宥,死罪已下并蒙更生,而亡命捕者独不沾泽。臣以为赦前犯死罪而系在赦后者,可皆勿笞诣金城,以全人命,有益于边。'肃宗善之,即下诏赦焉",第 1544 页。

## 三　秦汉内外之别与内外政策差异

帝国于边地推行徙、戍背后，凸显秦汉在内郡、边郡的内外观念与内外政策特征。而边郡与内郡相对，在形成差异性同时，又与后者相互影响。

秦帝国建立前后，自有内外之别。两汉经学发展，更使"先京师而后诸夏，先诸夏而后夷狄"的观念，[①] 进一步影响到内郡、边郡的统治政策。与边郡相对，内地多被称作"中县""中土""中国之都""中州内郡"及"近郡"。[②] 睡虎地秦简《秦律十八种·仓律》记以平民赎取隶臣妾的规定："隶臣欲以人丁粼者二人赎，许之。其老当免老、小高五尺以下及隶妾欲以丁粼者一人赎，许之。赎者皆以男子，以其赎为隶臣。女子操敃红及服者，不得赎。边县者，复数其县。"（六一、六二）[③] 末尾特别提到所赎隶臣妾原籍边县者，一旦赎免，"名数"仍落回边县。户籍管理上的内外之别，秦时已如此。

新莽末年，时局纷乱，边民多流入内地。而一旦和平局面开启，政府则希望内、边郡民各归其地。建武中元二年（57），诏"边人遭乱为内郡人妻，在己卯赦前，一切遣还边，恣其所乐"，[④] 及永平五年（62），"是岁，发遣边人在内郡者，赐装钱人二万"。东汉寇恂曾孙寇荣，"延熹中，遂陷以罪辟，与宗族免归故郡，奔阙自讼。未至，刺史张敬追劾荣以擅去边，有诏捕之"。[⑤] 按"免归"之"故郡"指上谷郡。依"汉法，免罢守

---

[①] 参见《汉书》卷八《宣帝纪》、卷七八《萧望之传》，第270、3282页；《后汉书》卷三《章帝传》、卷五《安帝纪》，第135、229页，等等。语出《公羊传》"成公十五年"："《春秋》其中国而外诸夏，内诸夏而外夷狄。王者欲一乎天下，曷为以外内之辞言之？言自近者始也"。《春秋公羊传注疏》卷一八，阮元校刻：《十三经注疏》，中华书局1980年影印本，第2297页上、中栏。

[②] 《汉书》卷一上《高帝纪上》"粤人之俗，好相攻击，前时秦徙中县之民南方三郡，其有文理，中县人以故不耗减"（第73页）；《汉书》卷七九《盖宽饶传》"（毋将龙）不宜处位在中土……徙合浦"（第3266页）；《汉书》卷九九中《王莽传中》"粟米之内曰内郡，其外曰近郡。有鄣徼者曰边郡"（第4136页）；《后汉书》卷二六《伏湛传》"今兖、豫、青、冀，中国之都"（第895页）；《后汉书》卷四三《何敞传》"又中州内郡，公私屈竭，此实损膳节用之时"（第1481页）。

[③] 睡虎地秦墓竹简整理小组编：《睡虎地秦墓竹简》，文物出版社1990年版，释文35页。

[④] 《后汉书》卷二《明帝纪》，第96页。

[⑤] 《后汉书》卷一六《寇恂传附曾孙荣传》，第627页。

## 第二章 军队的构成与演变

令，自非诏征，不得妄到京师"，[1] 寇荣在桓帝时因罪免归，却"奔阙自讼"，一定会受到追究。不过，刺史以"擅去边"而非"擅去郡"及"妄到京师"劾奏，表现出对居边者擅离边地的特别关切。桓帝"永康元年（167）春，东羌、先零五六千骑寇关中，围祋祤，掠云阳。夏，复攻没两营，杀千余人。冬，羌岸尾、摩螯等胁同种复钞三辅"，形势岌岌可危。"（张）奂遣司马尹端、董卓并击，大破之，斩其酋豪，首虏万余人"，终使"三州清定"。而立下如此功勋的张奂在"论功当封"时，对"赐钱二十万，除家一人为郎。并辞不受，而愿徙属弘农华阴"。当世财富与庇荫后人相加，尚不及迁徙内郡一事，显示东汉内外之别严格，边人改变身份十分困难。范晔就此还特别交代："旧制边人不得内移，唯奂因功特听，故始为弘农人焉。"[2] 张奂尚属"因功特听"的例外，"边人不得内移"的实行情况，也就可想而知了。

边地、塞外由于罪徒不断迁入，民众构成逐渐呈现特殊一面。班超对接任西域都护的任尚曾提到："塞外吏士，本非孝子顺孙，皆以罪过徙补边屯。"[3] 而内郡徙边者与边地吏民所形成的阶层关系与经济联系，也值得注意。东汉人贾宗在章帝"建初中为朔方太守。旧内郡徙人在边者，率多贫弱，为居人所仆役，不得为吏。宗擢用其任职者，与边吏参选，转相监司，以擿发其奸，或以功次补长吏，故各愿尽死"。[4] 贾氏所采取的措施，毕竟仅属官吏的个别行为。可以推想，一般情形下，内郡徙边者不能为吏，社会地位较低，多居原居民之下。边郡司法量刑时会异于内郡。建武十八年（42）"〔甲戌〕诏曰：'今边郡盗谷五十斛，罪至于死，开残吏妄杀之路，其蠲除此法，同之内郡'"。[5] 而边吏升迁机会，亦远逊内地。"（永元）十三年（101）丙辰，诏曰：幽、并、凉州户口率少，边役众剧，束脩良吏，进仕路狭，抚接夷狄，以人为本。其令缘边郡口十万以上岁举孝廉一人，不满十

---

[1] 《后汉书》卷三一《苏章传附族孙不韦传》，第1107页。
[2] 参见《后汉书》卷六五《张奂传》，第2140页。
[3] 《后汉书》卷四七《班超传》，第1586页。
[4] 《后汉书》卷一七《贾复传》，第667页。
[5] 《后汉书》卷一下《光武帝纪下》，第69页。

万二岁举一人，五万以下三岁举一人"。① 边地多亡人越塞，② 本来"进仕路狭"的边吏还有防范亡人外逃之任。

边民较内郡人承担更多戍御等军事任务。③ 其中，参与群体的年龄、身份特征亦与内郡有异。《汉书》卷四八《贾谊传》云"今西边北边之郡，虽有长爵不轻得复，五尺以上不轻得息"。④ 东汉罢郡都尉后，边郡仍多有保留。东汉初年，"匈奴、鲜卑及赤山乌桓连和强盛，数入塞杀略吏人。朝廷以为忧，益增缘边兵，郡有数千人，又遣诸将分屯障塞"。⑤ 永建元年（126）"夏五月丁丑，诏幽、并、凉州刺史，使各实二千石以下至黄绶，年老劣弱不任军事者，上名。严敕障塞，缮设屯备，立秋之

---

① 《后汉书》卷四《和帝纪》，第189页。《潜夫论·实边》云"羌反以来，户口减少，又数易太守，至十岁不得举。当职勤劳而不录，贤俊蓄积而不悉，衣冠无所觊望，农夫无所贪利"，并建议"今诚宜权时令边郡举孝一人，廉吏世举一人，益置明经百石一人，内郡人将妻子来占著，五岁以上，与居民同均，皆得选举"。王符著，汪继培笺，彭铎校正：《潜夫论笺校正》卷五，中华书局1985年版，第288页。

② 相关现象以《汉书》卷九四下《匈奴传下》载元帝时郎中侯应议边事为代表，其中提到"自中国尚建关梁以制诸侯，所以绝臣下之觊欲也。设塞徼，置屯戍，非独为匈奴而已，亦为诸属国降民，本故匈奴之人，恐其思旧逃亡，四也。……往者从军多没不还者，子孙贫困，一旦亡出，从其亲戚，六也。又边人奴婢愁苦，欲亡者多，曰'闻匈奴中乐，无奈候望急何。'然时有亡出塞者，七也。盗贼桀黠，群辈犯法，如其窘急，亡走北出，则不可制，八也"，涉及"属国降民"、"从军多没不还者"子孙、"边人奴婢"、"盗贼桀黠，群辈犯法"，群体广泛。王子今对此问题尤为关注，近年开展系列研究，就相关问题有较全面论述。参见《汉代"亡人""流民"动向与江南地区的经济文化进步》，《湖南大学学报》2007年第5期；《论西汉北边"亡人越塞"现象》，《暨南史学》第五辑，暨南大学出版社2007年版；《略论秦汉时期朝鲜"亡人"问题》，《社会科学战线》2008年第1期；《汉代北边"亡人"：民族立场与文化表现》，《南都学坛》2008年第2期；《漢代西北邊境關於"亡人"的行政文書》，《中國古中世史研究》第20辑，2008年；《汉代北边"亡人"与民族文化交融》，《河套文化论文集（三）》，内蒙古人民出版社2008年版，前四文修订稿后收入所著《秦汉边疆与民族问题》，中国人民大学出版社2011年版，第83—95、135—165、431—448页。

③ 《史记》卷二五《律书》载孝文语"今匈奴内侵，军吏无功，边民父子荷兵日久"，第1242页；及《盐铁论·轻重》《和亲》云"中国困于繇赋，边民苦于戍御"，"其后王恢误谋马邑……兵连而不息，边民不解甲弛弩，行数十年，介胄而耕耘，锄耰而候望，燧燔烽举，丁壮弧弦而出斗，老者超越而入葆"。王利器校注：《盐铁论校注》（定本）卷三、卷八，第180、513页。

④ 《新书·解县》"息"下有"苦甚矣！中地左戍，延行数千里，粮食馈饟至难也"语（贾谊撰，阎振益、钟夏校注：《新书校注》卷三，中华书局2000年版，第128页）。参睡虎地秦简《秦律十八种·仓律》"隶臣、城旦高不盈六尺五寸，隶妾、舂高不盈六尺二寸，皆为小。高五尺二寸，皆作之"，这里"五尺以上"指小而可作者（使男、使女）以上。

⑤ 《后汉书》卷二〇《祭遵传附从弟肜传》，第744页。

后，简习戎马"。① 又，东汉陆康曾"除高成令。县在边垂，旧制，令户一人具弓弩以备不虞，不得行来。长吏新到，辄发民缮修城郭"。② 高成实际当在南郡，临近武陵，而有蛮夷。此类边陲之地，情形尚且如此。故边民额外从事守御工作，至东汉依旧。

而军队屯戍所造成的边地经济残破与社会动荡，同样值得关注。《史记》卷一二二《酷吏列传》载博士狄山语"今自陛下举兵击匈奴，中国以空虚，边民大困贫"。议论重点与前述就存在差别。《汉书》卷九九中《王莽传中》又记"谷常贵，边兵二十余万人仰衣食，县官愁苦。五原、代郡尤被其毒，起为盗贼，数千人为辈，转入旁郡。莽遣捕盗将军孔仁将兵与郡县合击，岁余乃定，边郡亦略将尽"。此事后有余绪，同传复云"缘边大饥，人相食。谏大夫如普行边兵，还言'军士久屯塞苦，边郡无以相赡。今单于新和，宜因是罢兵'"。王莽采纳了如普建议，"征还诸将在边者"。然而不久，"会匈奴使还，单于知侍子登前诛死，发兵寇边"。朝廷不得不"复发军屯。于是边民流入内郡，为人奴婢，乃禁吏民敢挟边民者弃市"。残破、动荡的出现，除边地自身经济生态脆弱，③ 不堪繁重赋役征调外，官吏借机压榨民众、大肆牟取私利，亦是重要原因。新莽诏书曾云："详考始建国二年胡虏猾夏以来，诸军吏及缘边吏大夫以上为奸利增产致富者，收其家所有财产五分之四，以助边急。"④ 处罚严厉背后凸显当时违法的猖獗。⑤

## 四　边政运行及与邻郡、中央之关系

边郡行政的顺利运转，往往需国家投入较多财力，采取多种措施。相关措施具体涉及邻郡供给、中央调控、募民输粟及军士屯田。

---

① 《后汉书》卷六《顺帝纪》，第 252—253 页。
② 《后汉书》卷三一《陆康传》，第 1113 页。
③ 《后汉书》卷二《明帝纪》载永平三年春正月诏"比者水旱不节，边人食寡，政失于上，人受其咎"，第 105 页。
④ 《汉书》卷九九下《王莽传下》，第 4152 页。
⑤ 而军事活动所引发的边地吏治败坏，不仅涉及经济层面，亦及于司法。武帝征匈奴，"军数出定襄，定襄吏民乱败，于是徙（义）纵为定襄太守。纵至，掩定襄狱中重罪轻系二百余人，及宾客昆弟私入相视亦二百余人。纵一捕鞠，曰'为死罪解脱'。是日皆报杀四百余人"。《史记》卷一二二《酷吏列传》，第 3146 页。《集解》《汉书音义》曰："一切皆捕之也。律，诸囚徒私解脱桎梏钳赭，加罪一等。为人解脱，与同罪。纵鞠相赡饷者二百人为解脱死罪，尽杀也。"

首先看邻郡供给。①《史记》卷三〇《平准书》记：

> 汉连兵三岁，诛羌，灭南越，番禺以西至蜀南者置初郡十七，且以其故俗治，毋赋税。南阳、汉中以往郡，各以地比给初郡吏卒奉食币物，传车马被具。②

武帝平南越，通西南夷，新设十七郡。"初郡"名同治殊，因故俗，无赋税。"初郡吏卒"的俸禄及办公用品、交通设备，主要依靠"南阳、汉中以往郡"供给。

《平准书》复云：

> 于是上北出萧关，从数万骑，猎新秦中，以勒边兵而归。新秦中或千里无亭徼，于是诛北地太守以下。③

关于"新秦中"，《史记》卷九九《刘敬叔孙通列传》"匈奴河南白羊、楼烦王"下，《集解》引张晏曰："白羊，匈奴国名。"《索隐》案：张晏云白羊，国名。二者并在河南。河南者，案在朔方之河南，旧并匈奴地也，今亦谓之新秦中。又，《平准书》"乃徙贫民于关以西，及充朔方以南新秦中"，《集解》引如淳曰："长安已北，朔方已南。"及同书卷一一〇《匈奴列传》"徙关东贫民处所夺匈奴河南、新秦中"，《正义》服虔云："地名，在北地，广六七百里，长安北，朔方南。《史记》以为秦始皇遣蒙恬斥逐北胡，得肥饶之地七百里，徙内郡人民皆往充实之，号曰新秦中也。"按文意，上述多次出现的"朔方"，似非指朔方郡，而主要指朔方郡治朔方县。汉武帝元朔二年（前127）置朔方郡。"新秦中"为朔方县所临黄河以南，长安以北的广大地区。《中国历史地图集》将西汉

---

① 杨鸿年将此种情况称作"贫富相济与边郡代管边外事务"，着眼于初郡时期。参见所著《汉魏制度丛考》"郡"条，武汉大学出版社2005年2版，第325页。劳榦也提到："所以边郡对于内郡在政治上说是保障，在经济上说是烦费。所以汉代各边，东南边郡面积甚大似乎还可以自给，西北边郡面积很小，出产也不多，若不由内郡供给，很难自存。所以在光武时自动地缩短边界。"《汉代兵制及汉简中的兵制》，《历史语言研究所集刊》第十本，1948年，第34页。

② 《史记》，第1440页。

③ 《史记》，第1438页。

## 第二章 军队的构成与演变

"新秦中",就标示为汉朔方郡中南部及北地郡北部区域。① 不过,依一汉里合今415.8米计,"新秦中或千里无亭徼"的表述,显示其南北距离在415公里左右,不止包括北地郡北部区域。换言之,新秦中在面积较大时,实际还包括《中国历史地图集》朔方、北地郡间的斜线标示区域。《平准书》记武帝由位于安定郡的萧关北出,率数万骑兵"行猎新秦中","勒边兵而归",应即由安定郡直接进入北地郡北部的新秦中,并进而抵汉匈边境而还。学者指出"西汉时期这一地区有很大一部分是归北地郡所属,而由此逆推,则可以推断,秦朝在西北新开拓的边地,应是分别划入沿边的北地等郡,并没有设置新郡"。② 而《汉书》卷二四下《食货志下》亦载此文,颜注引晋灼曰:"徼,塞也。"及臣瓒曰:"既无亭候,又不徼循,无御边之备,故诛北地太守。"师古曰:"晋说是也。"颜师古这里仅赞同晋说,不同意"臣瓒曰"将新秦中与北地郡如此联系。《通鉴》卷二〇《汉纪一二》"武帝元鼎五年"条亦录此文,③ 胡三省更进一步解释说"北地与朔方接境,时朔方新置郡,盖使北地并力以营筑亭徼也"。从上引"朔方之河南""朔方以南""长安已北"的叙述看,新秦中最初为北地、朔方郡间相对独立的区域。新秦中因无亭徼修筑,而致北地太守以下被诛,亦属广义上邻郡供给的情形。至于《盐铁论·地广》"非徒是也,司马、唐蒙凿西南夷之涂,巴、蜀弊於邛、筰;横海征南夷,楼船戍东越,荆、楚罢於瓯、骆;左将伐朝鲜,开临屯,燕、齐困於秽貉,张骞通殊远,纳无用,府库之藏,流于外国;非特斗辟之费,造阳之役也",④ 对边郡开拓导致邻郡凋敝、疲困的情形,述说就更全面了。

东汉边地人口,较西汉大为减少。而外族侵扰抑或内附,所需资费甚巨。边地在财政上倚凭濒临州郡,更成为常例。《后汉书》卷二六《伏湛传》记:

> 今兖、豫、青、冀,中国之都,而寇贼从横,未及从化,渔阳以

---

① 谭其骧主编:《中国历史地图集》第2册《秦·西汉·东汉时期》"西汉·并州、朔方刺史部",中国地图出版社1982年版,第17—18页。
② 辛德勇:《秦始皇三十六郡新考》,收入所著《秦汉政区与边界地理研究》,中华书局2009年版,第90页。
③ "新秦中",杨鸿年文引作"朔方郡新置",未知据何本所引。
④ 王利器校注:《盐铁论校注》(定本)卷四,第208—209页。

187

东，本备边塞，地接外国房，贡税微薄。安平之时，尚资内郡，况今荒耗，岂足先图？①

"渔阳以东"指两汉之际主要与乌桓、鲜卑接境的渔阳、右北平、辽西、辽东诸郡。②《后汉书》卷九〇《乌桓鲜卑列传》又记：

> 永平元年（58），祭肜复赂偏何击歆志贲，破斩之，于是鲜卑大人皆来归附，并诣辽东受赏赐，青徐二州给钱岁二亿七千万为常。③

《后汉书》卷七三《刘虞传》也说：

> 旧幽部应接荒外，资费甚广，岁常割青、冀赋调二亿有余，以给足之。④

这些与边郡相邻州郡，将上缴中央的部分赋税直接输往边地。又，《后汉书》卷五〇《孝明八王列传》记陈敬王刘羡：

> 永平三年（60）封广平王。……七年（64），帝以广平在北，多有边费，乃徙羡为西平王，分汝南八县为国。⑤

李贤注："广平，县，故城在今洺州永年县北"，"西平，县，属汝南郡也"。前者东汉属冀州巨鹿郡，后者属豫州。如理解不误，广平位北而"多有边费"，应当就是指需出赋调供应相邻的幽州诸郡。

其次是中央调控。武帝时军旅数兴，财政困难，于是重用兴利之臣，推行盐铁官营、均输平准。《汉书》卷六六《公孙刘田王杨蔡陈郑传》赞曰：

---

① 《后汉书》，第895页。
② 西汉后期，南匈奴归附，所处多在东邻渔阳郡的上谷郡及其以西地区。《汉书》卷八四下《匈奴传下》云"元帝以后宫良家子王嫱字昭君赐单于。单于欢喜，上书愿保塞上谷以西至敦煌，传之无穷"，第3803页。
③ 《后汉书》，第2986页。
④ 《后汉书》，第2354页。
⑤ 《后汉书》，第1668页。

## 第二章 军队的构成与演变

> 所谓盐铁议者,起始元中……御史大夫弘羊以为此乃所以安边竟,制四夷,国家大业,不可废也。①

特别强调了相关举措与"安边竟,制四夷"的密切关系。《盐铁论·本议》所言更为明确:

> 先帝哀边人之久患,苦为虏所系获也,故修障塞,饬烽燧,屯戍以备之。边用度不足,故兴盐、铁,设酒榷,置均输,蕃货长财,以佐助边费。②

按此说法,"兴盐、铁,设酒榷,置均输",都是国家"哀边人之久患",在"边用度不足"下,为"佐助边费"而实行的。至于贤良文学"欲罢盐、铁、均输",则被桑弘羊等人认为是"扰边用,损武略,无忧边之心"。宣帝时,国家调控措施又新增"常平仓"。《汉书》卷八《宣帝纪》记"大司农中丞耿寿昌奏设常平仓,以给北边,省转漕"。此事同书卷二四上《食货志》所载更详:"漕事果便,寿昌遂白令边郡皆筑仓,以谷贱时增其贾而籴,以利农,谷贵时减贾而粜,名曰常平仓。民便之。"③

西汉、东汉建立初叶,政府在北部边郡又分别实行过募民输粟与军士屯田。《史记》卷三〇《平准书》记"匈奴数侵盗北边,屯戍者多,边粟不足给食当食者。于是募民能输及转粟于边者拜爵,爵得至大庶长"。④晁错在上述建议得到采纳后,又上奏:

> 陛下幸使天下入粟塞下以拜爵,甚大惠也。窃恐塞卒之食不足用大渫天下粟。边食足以支五岁,可令入粟郡县矣。足支一岁以上,可

---

① 《汉书》,第 2903 页。
② 王利器校注:《盐铁论校注》(定本)卷一,第 2 页。
③ 《汉书》,第 268、1141 页。
④ 《汉书》卷二四上《食货志上》所载更详:"于是文帝从错之言,令民入粟边,六百石爵上造,稍增至四千石为五大夫,万二千石为大庶长,各以多少级数为差。"第 1134 页。王符《潜夫论·实边》就东汉羌乱下边政,建议"又募运民耕边入谷,远郡千斛,近郡二千斛,拜爵五大夫"(王符著,汪继培笺,彭铎校正:《潜夫论笺校正》卷五,第 288 页)。这显示东汉时期,官方已不推行此套办法。

189

时赦,勿收农民租。如此,德泽加于万民,民俞勤农。时有军役,若遭水旱,民不困乏,天下安宁。岁孰且美,则民大富乐矣。①

这是粮食储备因输粟获得保证后,政府对所获粟米所做进一步的统筹管理。边地接收粟米可以保证支持 5 年后,令募民直接输粟于当地郡县,后者达到 1 年储备时,进一步考虑减免百姓田租。下文紧接交代上奏结果:

上复从其言,乃下诏赐民十二年租税之半。明年,遂除民田之租税。②

东汉光武帝实行田租三十税一,建武六年(30)十二月癸巳诏曰:

顷者师旅未解,用度不足,故行什一之税。今军士屯田,粮储差积。其令郡国收见田税三十税一,如旧制。③

二十等爵至东汉衰弛,入粟拜爵的吸引力不再。东汉初年得复行宽缓之政,主要得益于"军士屯田",从而使"粮储差积"。关于这一情形,《汉官仪》载:"建武二十一年(45),始遣中郎将马援,谒者,分筑烽候,堡壁稍兴,立郡县十余万户,或空置太守、令、长,招还人民,上笑曰:'今边无人而设长吏治之,难如春秋素王矣'。乃建立三营,屯田殖谷,弛刑谪徒以充实之"。④"文景之治""光武中兴"向为人所乐道者,为减田租之半及租税全免等事。而既往轻徭薄役、与民休息的议论之外,国家募民输粟或军士屯田,其实是这一标志性惠政得以实现的直接原因。而边地粮食得以自给以至供应充足,又是相关诏令发生的基本前提。

秦汉帝国的建立伴随"新地"推展和确立的过程。政府在派遣"新

---

① 《汉书》卷二四上《食货志上》,第 1134—1135 页。
② 《汉书》卷二四上《食货志上》,第 1135 页。
③ 《后汉书》卷一下《光武帝纪下》,第 50 页。
④ 孙星衍等辑,周天游点校:《汉官六种》,第 152 页。

地吏"同时,往往推行徙民实边、行役戍边政策。在后来的发展中,实边较戍边更为边策所重。其原因既涉及财政、舆论,也有对防御效能的考虑。两汉时期,内地与边郡之间的差别有所扩大,影响到朝廷内外政策的差异。边郡军事负担甚巨,而且因军队屯驻造成经济残破与社会动荡。边郡维持运转,常需邻郡供给、中央调控、募民输粟及军士屯田。"文景之治""光武中兴"中轻徭薄赋的惠政,与边政状况直接相关。

## 第四节　汉代边地胡骑的使用
—— 侧重两汉变化及其原因

两汉边兵中,胡骑的使用引人注目。雷海宗20世纪30年代所著《中国的兵》,[①] 对先秦、汉魏由军民不分,经军民分立,到军民对立,专靠羌胡兵,以致国势日衰,社会病弱,中原终于成了汉代那些属国的属国的过程论述中,已对"外族兵"多有梳理,唯考察略显宏观。陈连庆则对西汉、新莽、东汉时期的"少数民族士兵"做了较为细致的史料梳理与排比。[②] 龚留柱对秦汉骑兵的武器、防护、战术、兵源、编制做了系统论述,其中对战国至东汉"胡骑"有较好叙说。[③] 王子今对中央、地方军队中的"胡骑""越骑"做了比较全面的讨论,对一些旧有问题也多有辨析。[④] 本节在前人研究基础上,对边地胡骑加以集中关注,侧重其在两汉之间的动态发展,并重新检讨胡骑使用的相关背景。

---

[①] 雷海宗:《中国的兵》,收入所著《中国文化与中国的兵》,商务印书馆2001年版,第35—48页。

[②] 陈连庆:《西汉与新莽时期的少数民族士兵》,《东汉时期的少数民族士兵》,均收入《中国古代史研究——陈连庆教授学术论文集》,吉林文史出版社1991年版,第280—294、443—457页。

[③] 龚留柱:《关于秦汉骑兵的几个问题》,《史学月刊》1990年第2期。

[④] 王子今:《两汉军队中的"胡骑"》,《汉王朝军制中的"越骑"部队》,均收入所著《秦汉边疆与民族问题》,中国人民大学出版社2011年版,第332—347、357—369页;王子今:《胡越骑:汉军中的少数民族军人》,《秦汉称谓研究》"四　称谓与民族关系",中国社会科学出版社2014年版,第328—357页。

## 一 西汉前期的边地胡骑——以"臣邦"到"属国"的内附管理为背景

秦时已置属邦管理内附蛮夷。秦戈戟题铭及封泥,多次出现"属邦"。① 这些"属邦",实际对应《汉书·百官公卿表》中的典属国。及至西汉早期,典属国一职尚多用"属邦"避讳而改的"属国"一称。如文帝遗诏提到"属国悍为将屯将军",② 贾谊进言又有"以臣为属国之官,以主匈奴"语,③ 皆可为证。④ 以往对秦汉地方"属邦""属国",讨论很多。⑤ 不过,这里需要指出:目前未见秦及西汉前期对归附蛮夷有以"属邦"称之,而是多作"臣邦"等。⑥ 下面即主要使用后一用语。

西汉初,匈奴边侵严重。文帝时"匈奴右贤王入居河南地,侵盗上郡葆塞蛮夷,杀略人民",⑦ 可知直当长安以北的上郡,当时已有蛮夷保塞。文帝后二年(前162)诏,称匈奴"驱保塞蛮夷,令不得居其故,陵轹边吏",而"边臣兵吏又不能谕吾内志,以重吾不德也"。⑧ "保塞蛮

---

① 参见董珊《战国题铭与工官制度研究》,博士学位论文,北京大学中国语言文学系,2002年,第223—224页;周晓陆、路东之《秦封泥集》,三秦出版社2000年版,第181—182页。
② 《史记》卷一〇《孝文本纪》,中华书局1982点校本,第434页。相关分析又参见郭永秉、广濑薰雄《绍兴博物馆藏西施山遗址出土二年属邦守蓐戈研究——附论所谓秦廿二年丞相戈》,《出土文献与古文字研究》第四辑,上海古籍出版社2011年版,第117页。
③ 《新书·势卑》,贾谊撰,阎振益、钟夏校注《新书校注》卷四,中华书局2000年版,第153页。
④ 相关亦可参见刘瑞《秦"属邦"、"臣邦"与"典属国"》,《民族研究》1999年第4期。
⑤ 孙言诚:《秦汉的属邦和属国》,《史学月刊》1987年第2期;王宗维:《汉代的属国》,《文史》第二十辑,中华书局1988年版;王宗维:《汉代属国制度探源》,王宗维、周伟洲主编《马长寿纪念文集》,西北大学出版社1993年版;刘瑞:《秦"属邦"、"臣邦"与"典属国"》;陈力:《试论秦国之"属邦"与"臣邦"》,《民族研究》1997年第4期;刘瑞:《秦、西汉的"内臣"与"外臣"》,《民族研究》2003年第3期。日本学界研究参见《日本秦简研究现状·对外关系》,柿沼阳平撰,武汉大学简帛研究中心主办《简帛》(第六辑),上海古籍出版社2011年版,第182—185页。
⑥ 《法律答问》简七二、一一三至一一四、一七六至一七八、一八〇,睡虎地秦墓竹简整理小组编《睡虎地秦墓竹简》,文物出版社1990年版,释文110、120、135—136页。
⑦ 《史记》卷一一〇《匈奴列传》,中华书局1982年点校本,第2895页。
⑧ 《史记》卷一〇《孝文本纪》,第425、431页。

## 第二章 军队的构成与演变

夷"与"边吏"对称,"边臣"又与"兵吏"并举,① 二者共同构成对匈奴的最外重防御。而在当时,晁错又曾特别建议使用降胡:

> 今降胡义渠蛮夷之属来归谊者,其众数千,饮食长技与匈奴同,可赐之坚甲絮衣,劲弓利矢,益以边郡之良骑。令明将能知其习俗和辑其心者,以陛下之明约将之。即有险阻,以此当之;平地通道,则以轻车材官制之。两军相为表里,各用其长技,衡加之以众,此万全之术也。②

汉代,义渠主要分布在北地郡。宣帝五凤三年(前55)"置西河、北地属国以处匈奴降者"。③ 当义渠等降胡最初内附时,文帝并未设置属国。由于归义者达数千人,晁错建议授以甲兵,将其组建成一支胡骑,同时选派将帅统领。而在具体使用上,他又建议与轻车、材官等郡国兵配合使用。险阻用胡骑,平地用轻车材官,"两军相为表里,各用其长技,衡加之以众,此万全之术也"。此可与前引"边臣""兵吏"并举相参照。西汉帝国早期就曾考虑使用归义胡骑,抵御匈奴侵边。

属国实际在武帝以降多有设立,而所处地理位置值得注意。武帝始置匈奴五属国:"居顷之,乃分徙降者边五郡故塞外,而皆在河南,因其故俗,为属国。"④ 这些属国虽安置在诸郡内,然皆在"故塞外"。"故塞",胡三省云:"故塞,秦之先与匈奴所关之塞。自秦使蒙恬夺匈奴地而边关益斥,秦、项之乱,冒顿南侵,与中国关于故塞。及卫青收河南,而边关

---

① "兵吏"是秦及汉初诏书中常用语汇,如《史记》卷六《秦始皇本纪》"秦初并天下,令丞相、御史曰:'……魏王始约服入秦,已而与韩、赵谋袭秦,秦兵吏诛,遂破之……燕王昏乱,其太子丹乃阴令荆轲为贼,兵吏诛,灭其国。齐王用后胜计,绝秦使,欲为乱,兵吏诛,虏其王,平齐地",第235—236页。
② 《汉书》卷四九《晁错传》,中华书局1962年点校本,第2282—2283页。
③ 《汉书》卷八《宣帝纪》,第267页。
④ 《史记》卷一一一《卫将军骠骑列传》,第2934页。此有两种意见:一为《史记正义》云"五郡谓陇西、北地、上郡、朔方、云中,并是故塞外,又在北海西南"。《通鉴》胡三省注同此说。二为《困学纪闻》卷一二《考史》"《武纪》:元狩二年秋,匈奴昆邪王降,'置五属国以处之'。注不载五属国之名。考之《地理志》,属国都尉,安定治三水,上郡治龟兹,天水治勇士,五原治蒲泽,张掖治日勒。此五帝初置也。若金城、西河、北地属国,置于宣帝时,不在五属国之数"[王应麟著,翁元圻等注:《困学纪闻》(全校本),栾保群、田松青、吕宗力校点,上海古籍出版社2008年版,第1429页]。又,《汉书补注》引齐召南曰以杜佑为后说。此似不见于《通典》,未详何据。

193

复蒙恬之旧。所谓故塞外，其地在北河之南也。"[1] 据文意，"故塞"指始皇三十三年（前214），蒙恬攻匈奴取河南地以前的秦边塞。《史记》卷一一〇《匈奴列传》"十余年而蒙恬死，诸侯畔秦，中国扰乱，诸秦所徙適戍边者皆复去，于是匈奴得宽，复稍度河南与中国界于故塞"，提到蒙恬死后，戍边者逃亡，秦所占河南地复被夺回，匈奴复居河南故地。这说明胡注有关"故塞"的时间下限可取。至于此称出现的上限，里耶秦简木方有：

边塞曰故塞，毋塞者曰故徼（8-461）[2]

此为秦统一天下后的名号更替汇编。[3] 原来的"边塞""毋塞"之边徼更名为"故塞""故徼"，"象征了天下无外"。[4] 由此，"故塞"之称不始于汉，秦并六国时就已经使用了。"北河之前"的"故塞外"，应指夺取河南地前，战国秦昭襄王长城以外。《汉书》卷七九《冯奉世传》提到"元帝即位，为执金吾。上郡属国归义降胡万余人反去。初，昭帝末，西河属国胡伊酋若王亦将众数千人畔，奉世辄持节将兵追击"。按上郡属国治龟兹，西河属国治美稷，两县皆临近战国秦长城。而美稷在东汉得以成为南单于庭所在及护匈奴中郎将驻地，与相关地理特征、历史背景，颇有关系。

至于属国胡骑名籍，20世纪30年代所出居延汉简木楬题作：

元凤五年尽本始元年九月以来秦（512·35A）
骑属国胡骑兵马名籍（512·35B）[5]

---

[1] 《资治通鉴》卷一九《汉纪一一》"武帝元狩二年"条，中华书局1956年点校本，第634页。
[2] 陈伟主编，何有祖、鲁家亮、凡国栋撰著：《里耶秦简牍校释（第一卷）》，武汉大学出版社2012年版，第157页。
[3] 胡平生：《里耶秦简8—455号木方性质刍议》，武汉大学简帛研究中心主办《简帛》（第四辑），上海古籍出版社2009年版，第17—25页。
[4] 游逸飞：《里耶秦简8—455号木方选释》，武汉大学简帛研究中心主办《简帛》（第六辑），上海古籍出版社2011年版，第100—101页。
[5] "秦骑"，旧释作"秦□"，今据邢义田利用红外线照片考释意见改。参见《"秦胡"小议——读新出居延汉简札记》，收入所著《地不爱宝：汉代的简牍》，中华书局2011年版，第78页。

◎　第二章　军队的构成与演变　◎

然名籍格式，过去一直不很清楚。新出肩水金关汉简出现：

　　属国胡骑充国佰县泉里呼淦年廿五　长七尺五寸　黑色
□□□（73EJT14：2）①

对照图版，所释基本可从。如理解不误，这应是属国胡骑出入金关的名籍简。"充国佰县泉里"作"充国佰、县（悬）泉里"。居民组织管理存在形式上的里规划，为以往所未知。这或是属国体制与之前臣邦、边臣、保塞蛮夷形态的区别之一。②

## 二　西汉末迄东汉的边地胡骑发展——以凉州为中心

西汉后期，外族兵在边兵中的地位日益重要，尤以凉州地区为突出。先说卢芳。"王莽末，（卢芳）乃与三水属国羌胡起兵。更始至长安，征芳为骑都尉，使镇抚安定以西。"③ 按卢芳为安定三水人。他在乱世之中崛起，得益于与安定属国胡的联合。而窦融事例更为著名。新莽覆灭后，窦融降于更始，本被大司马赵萌举荐为巨鹿太守。但窦融劝说诸兄改往河西发展："天下安危未可知，河西殷富，带河为固，张掖属国精兵万骑，一旦缓急，杜绝河津，足以自守，此遗种处也。"于是"萌为言更始，乃得为张掖属国都尉"。④ 河西得以被考虑为"遗种处"，除"河西殷富，带河为固"的经济、地理优势外，"张掖属国精兵万骑"的军事力量显然是主要原因。这从他所争取职任是张掖属国都尉而非它官，就可看出。窦融身处纷乱之季，欲谋求一具有军事实权官职以自保，实在可以理解。不过，下面情形却值得注意。待更始败亡，河西诸郡长吏计议推举大将军总统五郡时，窦融又被推举。本传称：

　　议既定，而各谦让，咸以融世任河西为吏，人所敬向。⑤

---

①　甘肃简牍保护研究中心等编：《肩水金关汉简（贰）》，中西书局2012年版，下册，第4页。
②　胡骑呼淦的姓氏，应与匈奴呼延氏有关。此处显示，省称作单姓"呼"的情形，很早已经出现。
③　《后汉书》卷一二《卢芳传》，第506页。
④　参见《后汉书》卷二三《窦融传》，第796页。
⑤　《后汉书》卷二三《窦融传》，第797页。

所谓"融世任河西为吏",具体指"而高祖父尝为张掖太守,从祖父为护羌校尉,从弟亦为武威太守,累世在河西"事。不过,下文又云"融大喜,即将家属而西。既到,抚结雄杰,怀辑羌虏,甚得其欢心,河西翕然归之"。细按所叙,扶风窦氏在此之前,已举族离开河西。相对"冢中枯骨",窦融在当地拥有较高声望,更多的还是来自就任后"抚结雄杰,怀辑羌虏"的积极活动。而当时参与议事者,有酒泉太守梁统、金城太守厍钧、张掖都尉史苞、酒泉都尉竺曾、敦煌都尉辛肜等。众人皆为一郡太守或都尉,官职居窦融之右,在各自郡中多有最高一级军事指挥权。此时却一致同意由窦融居上节制,恐难以"各谦让"语释之。《窦融传》称"是时,武威太守马期、张掖太守任仲孤立无党,乃共移书告示之,二人即解印绶去。于是以梁统为武威太守,史苞为张掖太守,竺曾为酒泉太守,辛肜为敦煌太守,厍钧为金城太守"。马期、任仲由于"孤立无党",在窦融等人压力下,不得不选择辞官离任。梁统等人则不"谦让"地瓜分了他们离职所留空缺。① 由此可知,窦融得行河西五郡大将军事,主要是自身权势使然。换言之,张掖属国都尉所统万余胡骑,是河西诸郡中最强劲的一支军事力量。本传下文复云:

> 融居属国,领都尉职如故,置从事监察五郡。

窦融为河西五郡大将军后,仍不肯离开旧职,坚持以一郡之属国都尉督统诸郡,缘由即在于此。

及至东汉,伴随蛮夷归义、内属,族群分化进一步发展。北边与汉帝国临近的游牧民族,羌有西羌、东羌,匈奴有北匈奴、南匈奴,鲜卑、乌桓则一北一南。② 《后汉书》卷九〇《乌桓鲜卑列传》记乌桓内附事:"是时四夷朝贺,络驿而至,天子乃命大会劳飨,赐以珍宝。乌桓或愿留宿卫,于是封其渠帅为侯王君长者八十一人,皆居塞内,布于缘边诸郡,

---

① 而换一角度来看,相对窦融的上升,梁统等人只是尽量保留了旧有的权力、地位。梁统之于窦融,犹马期之于梁统。
② 东汉时期活跃的武陵蛮,也可分为澧中蛮、溇中蛮或充中蛮及"五里蛮六亭兵"一类"善蛮"。参见魏斌《古人堤简牍与东汉武陵蛮》,《历史语言研究所集刊》第八十五本第一分,2014年。

## 第二章 军队的构成与演变

令招来种人,给其衣食,遂为汉侦候,助击匈奴、鲜卑。"《三国志》卷三〇《魏书·乌丸鲜卑东夷传》裴注引王沈《晋书》所载更详:"建武二十五年(49),乌丸大人郝旦等九千余人率众诣阙,封其渠帅为侯王者八十余人,使居塞内,布列辽东属国、辽西、右北平、渔阳、广阳、上谷、代郡、雁门、太原、①朔方诸郡界,招来种人,给其衣食,置校尉以领护之,遂为汉侦备,击匈奴、鲜卑。"②到了建武二十六年(50)冬,"东汉'复诏单于徙居西河美稷',再迁河套以内。南单于列置诸王,分屯北地、朔方、五原、云中、定襄、雁门、代郡,助为扞戍。于是,从最西的北地,绵延到最东的辽东属国,中无缺环,总计十四郡,皆有乌桓、南匈奴与东汉军民错杂而居,助为扞戍,形成了一道完备的对付北匈奴和鲜卑的防御体系"。③自此以下,外族兵在汉帝国边兵中所扮演角色愈为重要,作用愈加突出。④

任延任武威太守时,"郡北当匈奴,南接种羌,民畏寇抄,多废旧业。(任)延到,选集武略之士千人,明其赏罚,令将杂种胡骑休屠黄石屯据要塞,其有警急,逆击追讨"。⑤郡兵采取招募形式,军事力量重要构成包括"杂种胡骑休屠黄石"一类。又,《后汉书》卷二三《窦融传附曾孙宪传》范晔论曰:

---

① 田余庆指出:"东汉广阳、太原不属边郡,其所以列入乌桓布列之区,是由于幽并二州所统乌桓名骑一般都集中于二州州治所在的蓟和晋阳。陈国灿《魏晋间的乌丸与护乌丸校尉》(《魏晋南北朝隋唐史资料》第一辑,1979年)一文,解释曹操徙三郡乌桓于内地,具体地点即在幽并二州州治附近,我认为是可信的。东汉建武内徙乌桓有至太原者,亦同此理。"《代北地区拓跋与乌桓的共生关系》,收入所著《拓跋史探》(修订本),生活·读书·新知三联书店2011年版,第105页注1。
② 曹永年云:"据《通鉴考异》,乌桓入朝在二十五年春,而布列内属乌桓于辽东属国……缘边十郡,是这一年岁末之事。"田余庆:《拓跋史探》(修订本)"附录一 关于拓跋地境等讨论二题(摘录)",第266页。又,《后汉书》卷九〇《乌桓鲜卑列传》"于是始复置校尉于上谷宁城,开营府,并领鲜卑",提到对内属鲜卑的管理,史载又有"代郡鲜卑""辽东鲜卑"及"雁门乌桓及鲜卑叛"等内容,亦值得注意。
③ 田余庆:《拓跋史探》(修订本)"附录一 关于拓跋地境等讨论二题(摘录)",第267页。
④ 这里无意否认边郡郡兵作用,而旨在丰富、充实边地军事组织的相关认识。包括凉州在内的西北诸郡郡兵,在东汉军事活动中仍扮演重要角色。东汉顺帝永和二年(137)八月,敦煌太守击北匈奴呼衍王事,传世文献失载,据《裴岑纪功碑》,军队构成主要为"郡兵三千人"。碑文参见高文《汉碑集释》,河南大学出版社1997年版,第59页。
⑤ 《后汉书》卷七六《循吏列传·任延》,中华书局1965年点校本,第2463页。

197

> 窦宪率羌胡边杂之师，一举而空朔庭。

同书卷六五《段颎传》记平定羌乱的段颎：

> （建宁）三年（170）春，征还京师，将秦胡步骑五万余人，及汗血千里马，生口万余人，诏遣大鸿胪持节慰劳于镐。①

中央出师，开始出现以胡兵为军队主力的情形：

> 中平二年（185），汉阳贼边章、韩遂与羌胡为寇，东侵三辅，时遣车骑将军皇甫嵩西讨之。嵩请发乌桓三千人。北军中候邹靖上言："乌桓众弱，宜开募鲜卑。"事下四府。

此事上，大将军掾韩卓赞同邹靖意见。应劭表示反对：

> 可募陇西羌胡守善不叛者，简其精勇，多其牢赏。②

边章、韩遂作乱时，朝臣虽在具体对策上存在分歧，但无论邹靖、韩卓倡导"开募鲜卑"，还是应劭针锋相对而提议"募陇西羌胡守善不叛者"，所考虑依靠的平叛力量均是胡兵。《后汉书》卷七二《董卓传》又记：

> 中平六年（189），征卓为少府，不肯就，上书言：所将湟中义从及秦胡兵皆诣臣曰：牢直不毕，禀赐断绝，妻子饥冻。

按董卓此前任职前将军，与左将军皇甫嵩在西北平定王国、马腾、韩遂叛

---

① "秦胡"的学术梳理参见胡小鹏、安梅梅《"秦胡"研究评说》，《敦煌研究》2005年第1期。新近探讨又有李烨《"秦胡"别释》，《内江师范学院学报》2012年第5期；初昉 师宾：《再释"秦胡"——兼与胡小鹏诸先生商榷》，张德芳主编：《甘肃省第二届简牍学国际学术研讨会论文集》，上海古籍出版社2012年版，第17—27页。这里赞同邢义田将"秦胡"理解为胡化汉人的思路（《"秦胡"小议——读新出居延汉简札记》，收入所著《地不爱宝：汉代的简牍》，第68—83页）。唯参新出肩水金关汉简"☐所将胡骑秦骑名籍☐"（73EJT1∶158）。"秦胡"或可考虑断开，胡化汉人仅指"秦胡"之"秦"。

② 参见《后汉书》卷四八《应劭传》，第1609—1610页。

198

## 第二章 军队的构成与演变

乱。所统军队同样以湟中义从、秦骑、胡骑为主。这与郑太说董卓所云：

> 且天下强勇，百姓所畏者，有并、凉之人，及匈奴、屠各、湟中义从、西羌八种，而明公拥之，以为爪牙，譬驱虎兕以赴犬羊。①

及蔡琰诗描绘董卓军队入京：

> 卓众来东下，金甲耀日光。平土人脆弱，来兵皆胡羌。②

可相对照。待灵帝病重，朝廷复令董卓交出兵权，董卓上书言曰：

> ……掌戎十年。士卒大小相狎弥久，恋臣畜养之恩，为臣奋一旦之命。乞将之北州，效力边垂。③

据本传，董卓在灵帝世先后任西域戊己校尉、并州刺史、河东太守。"中平元年（184），拜东中郎将，持节，代卢植击张角于下曲阳"。中平二年（185）后，董卓又接连以中郎将、破虏将军及前将军在凉州平乱。"掌戎十年"倘若落实，为任东中郎将以前，或指从任西域戊己校尉以来。然而，即便理解为泛泛之言，董卓在中平元年后所将兵已是胡兵为主了。所谓"士卒大小相狎弥久，恋臣畜养之恩"，将士间因长期统领、相处，结成较为紧密的私人主从关系。

### 三 胡骑使用原因补释：技术与财政

汉帝国对胡骑的使用，向为人所瞩目。其中原因，除前人所论外，技术与财政的因素值得注意。学者指出"汉初确有用车兵的事实"，"但武帝自己用兵时，却又不见兵车的实际应用，所以武帝的前后应当是中国战

---

① 《后汉书》卷七〇《郑太传》，第2258页。
② 《后汉书》卷八四《列女传·董祀妻》，第2801页。
③ 《后汉书》卷七二《董卓传》，第2322页。

199

术革命的关键"。① 有关战国、秦及汉初军队构成中车兵、骑兵情况，这里还可申论。《史记》卷八一《廉颇蔺相如列传》记战国赵将李牧防御匈奴，"于是乃具选车得千三百乘，选骑得万三千匹，百金之士五万人，彀者十万人，悉勒习人"。② 同书卷一〇《孝文本纪》"上乃遣三将军军陇西、北地、上郡，中尉周舍为卫将军，郎中令张武为车骑将军，军渭北，车千乘，骑卒十万"。在多兵种参战时，战车数量较多，且往往叙述在先，车兵在当时军队中尚居重要地位。冯唐后被文帝任命为车骑都尉，职任则是"主中尉及郡国车（骑）士"，③ 也反映了这点。

睡虎地秦简《秦律杂抄》记：

  轻车、趀张、引强、中卒所载傅到军，县勿夺。夺中卒传，令、尉赀各二甲（八）

提到军队的四个兵种，叙述同样以车兵的"轻车"居首。"趀张""引强"均为弩兵。前者是用脚张弩的蹶张士，后者是用臂张弩的擘张士。"中卒"居末，或指中军持长兵的步兵。《秦律杂抄·除吏律》有对"发弩射不中""发弩啬夫射不中""驾驺除四岁，不能驾御"（二、三）的处罚，主要涉及弩兵与车兵。上述均未提及骑兵，恐非偶然。当时虽已有骑兵，但数量及重要性仍较有限。④ 这与秦始皇陵一、二号兵马俑坑的兵种分布可以联系。关于兵俑性质，学界说法不一，主流意见倾向"秦始皇送丧军队的象征"。⑤ 参考近年陕西凤栖原西汉张安世家族墓的重要考

---

① 劳榦：《汉代兵制及汉简中的兵制》，《历史语言研究所集刊》第十本，1948年，第27页。相关又可参见安忠义《先秦骑兵的诞生及演变》，《考古与文物》2002年第4期，《汉武帝时期骑兵的兴起与军制改革》，《烟台师范学院学报》（哲学社会科学版）2005年第4期；常彧：《汉画像石中"胡汉交战"图与两汉的突骑——两汉骑兵变革与中国古代骑兵分类》，《国学研究》第二十八卷，北京大学出版社2011年版，第77—103页。

② 《史记》卷一〇二《张释之冯唐列传》则作"选车千三百乘，彀骑万三千，百金之士十万"。

③ 《史记》卷一〇二《张释之冯唐列传》，第2759页。《汉纪》作"主中尉及郡车骑士"。

④ 睡虎地秦简资料或可从墓葬位于湖北云梦，墓主由于地域性需要，对律文有选择性抄录的角度解释。不过，秦末汉初的楚骑已十分活跃，《史记》卷九五《樊郦滕灌列传》"楚骑来众"等记录，即显示这点。

⑤ 学术史梳理及最新探讨，参见中国社会科学院考古研究所《中国考古学·秦汉卷》第二章第五节，中国社会科学出版社2010年版，第104—105页。

## 第二章 军队的构成与演变

古收获,[1] 结合咸阳杨家湾、危山汉墓、景帝阳陵、徐州狮子山楚王墓等资料,可以注意到:西汉兵马俑坑的兵俑类型及组合,远较旧有理解多样。兵种内容,与墓主身份联系密切。诸说之中,"都城咸阳的卫戍部队"的认识,或更适宜。秦俑骑兵目前只出现在兵种多样的二号坑,且位于四个单元中次要的第三、四单元,[2] 情况与上类似。又,西安六村堡西汉官府手工业遗址发现有大量陶范遗存。目前所见兵士俑范带有题铭者,同样以兵车俑为主,如:

□车御足法一合第□(106)
长轻御身(81)
长轻右身第(82)
长轻御足第四(83)[3]
长轻御身第一[4]

"足""身""右身"指范所塑部位,"法"通"范"。这些身份多称为"长轻御"。尹湾汉简《武库永始四年兵车器集簿》时代为西汉成帝。[5] 据木牍所载,这一时期车兵在军队中地位则大为下降,远不及汉初。然而,相对数量较多的"弩五十二万六千五百廿六""铍四十四万九千八百一""马甲鞯督五千三百卅""鞏荐二千八十""上马鞯八百廿五"等可能属骑兵的装备,比重仍然较小。[6] 文帝时晁错建言,曾有"匈奴之长技三,中国之长技五"的议论。[7] 汉军优势为:

---

[1] 目前可使用资料,参见胡斌《从西安凤栖原西汉家族墓地来看西汉列侯墓葬的几个问题》,硕士学位论文,西北大学文化遗产学院,2012年。
[2] 始皇陵秦俑坑考古发掘队:《秦始皇陵东侧第二号兵马俑坑钻探试掘简报》,《文物》1978年第5期;中国社会科学院考古研究所:《中国考古学·秦汉卷》第二章第四节,第100—101页。
[3] 参见熊长云《孚堂藏秦汉陶范所涉名物丛考》,收入《孚堂藏秦汉陶范题刻》,中华书局,待刊。
[4] 王锋钧:《御俑陶范》,《文博》2001年第5期。
[5] 连云港市博物馆等编:《尹湾汉墓简牍》,中华书局1997年版,第103—118页。
[6] 相关考释参见李均明《尹湾汉简出土"武库永始四年兵车器集簿"初探》,收入连云港市博物馆、中国文物研究所编《尹湾汉墓简牍综论》,科学出版社1999年版,第103、118页。
[7]《汉书》卷四九《晁错传》,第2281页。

1. 平原易地，轻车突骑；
2. 劲弩长戟，射疏及远；
3. 坚甲利刃，长短相杂，游弩往来，什伍俱前；
4. 材官驺发，矢道同的；
5. 下马地斗，剑戟相接，去就相薄。

值得注意的是，1、3、4、5中的"突骑""游弩""驺发""下马地斗"，即"长技五"之中的四技，或多与骑兵有关。汉军骑兵在开阔地带作正面冲击（"突骑"）、相持（"下马地斗"），多兵种配合作战（"游弩"、"驺发"），实际皆有自己的优势。然文帝一代，面对匈奴入侵，汉军却鲜有反击能力。看来，晁错从数量上作"五"、"三"比较，并推衍"众寡之计，以一击十之术也"，与现实尚有距离。这里，"匈奴之长技三"明显制约了汉军：

1. 上下山阪，出入溪涧，中国之马弗与也；
2. 险道倾仄，且驰且射，中国之骑弗与也；
3. 风雨罢劳，饥渴不困，中国之人弗与也。

所谓"今匈奴地形技艺与中国异"，具体指马、人、骑术三方面：马匹在高低起伏、地形复杂环境中的行进能力，兵士经苦耐劳的持续作战能力，骑兵在各类条件下的驾马、射箭技术。汉兵与匈奴作战，需要长途行进，多是遭遇战、追击战。这时，匈奴的三项优势，就可以综合性地发挥出来。故汉军骑兵虽在作战上有不少优势，然一旦与匈奴交手，相关特长多难发挥，技术上常处劣势，以致东汉崔寔仍称"凡汉所以能制胡者，徒擅铠弩之利也。今铠则不坚，弩则不劲，永失所恃矣"。[1] 因此，胡骑在当时被引入是必要的。"以夷伐夷"，[2] 正出于技术角度的扬长避短。

其次，使用胡骑还有财政上的考虑。依当时条件，组建与维持汉军骑兵的费用较高。汉初已组建战斗力很强的"郎中骑兵"。帝国建立后，又

---

[1] 崔寔、仲长统撰，孙启治校注：《政论校注 昌言校注》，中华书局2012年版，第113页。
[2] 《后汉书》卷一六《邓禹传附子训传》、卷八九《南匈奴列传》，第609、2953页。

## 第二章 军队的构成与演变

设置牧师苑等马政机构。① 不过，从西汉前期政府对民众养马的规定看，当时马匹供应颇显不足，饲养者被给予了较多优待。文帝时，"民有车骑马一匹者，复卒三人"。② 武帝时，"兵革数动，民多买复及五大夫，征发之士益鲜。于是除千夫五大夫为吏，不欲者出马"。③ 按"五大夫"及武功爵"千夫"以上不服兵役。而武帝在军旅频兴之季，对相关群体做了新的规定。他们可以有两种选择，一是任吏，二就是提供马匹。武帝后期，"而令民得畜边县，官假马母，三岁而归，及息什一，以除告缗，用充入新秦中"。④

更重要的开支，来自作战时的骑兵。宣帝世，赵充国在平羌时上书"愿罢骑兵，留弛刑应募，及淮阳、汝南步兵与吏士私从者，合凡万二百八十一人，用谷月二万七千三百六十三斛，盐三百八斛，分屯要害处"，而只在"四月草生，发郡骑及属国胡骑伉健各千，倅马什二，就草，为田者游兵"。⑤ 其中原因，赵充国在随后条上"不出兵留田便宜十二事"，实际已有提及，相关第四事为：

> 军马一月之食，度支田士一岁，罢骑兵以省大费，四也。

军马一月用食相当屯田士劳作一年的收获。汉军骑兵适合在短期速战中使用。一旦进入相持阶段，维持骑兵的费用高昂。因此，赵充国才要求将汉军构成及时调整为步兵为主。东汉时情形依旧。任尚曾多次平羌，如虞诩所言"使君频奉国命讨逐寇贼，三州屯兵二十余万人，弃农桑，疲苦徭役，而未有功效"。那么，"未有功效"因由何在？下文具体指出：

> 今虏皆马骑，日行数百，来如风雨，去如绝弦，以步追之，执不相及，所以旷而无功也。

---

① 最新学术梳理及探讨，参见陈宁《秦汉马政研究》，博士学位论文，北京师范大学历史学院，2010 年。
② 《汉书》卷二四上《食货志上》，第 1133 页。
③ 《史记》卷三〇《平准书》，第 1428 页。
④ 李奇曰："边有官马，今令民能畜官母马者，满三岁归之，十母马还官一驹，此为息什一也。"
⑤ 《汉书》卷六九《赵充国传》，第 2986 页。

叛羌多是骑兵，而任尚每次所统大军，则皆以步兵为主。所以，虞诩才特别建议任尚：

> 罢诸郡兵，各令出钱数千，二十人共市一马，如此，可舍甲胄，驰轻兵。①

由上可见，东汉地方兵仍然多为步兵。任尚这次使用骑兵取得平羌的难得胜果，还是采纳"奇计"，变通使然。② 胡骑的使用，一方面克服了汉军在技术上的不足；另一方面，又一定程度缓解了日常、战时维持骑兵部队的财政压力。

边兵构成中，胡骑的使用引人瞩目。秦迄西汉，随着胡人内附渐多，政府相关管理存在臣邦向属国的调整变化。西汉后期以降，胡兵在边郡的作用变得日益重要，且以凉州较为突出。东汉王师出征，军队构成亦多出现胡兵为主的情形。汉廷对胡骑使用的原因，除以往总结外，既有技术因素，又有财政考虑。

## 第五节　族群活动与两汉北边防线变动

汉王朝与外族接触中，既有对抗、冲突，又有羌胡的"归义"、内附。伴随这一过程，相应出现族群边界变动与边地防线调整。近年来，王明珂对"华夏边缘"的研究，在理论与方法上给人以很多启迪。作者通过对族群边界移动的重新审视，并结合匈奴、西羌、乌桓活动的自然地理环境，经济生产方式，共同历史记忆构建起的主观认同等因素，对诸游牧部族的发展进程与政治体发育，有很好的讨论。③ 不过，上述研究似乎较轻视政治因素的作用，特别对华夏政治体的主动军事实践重视有所不足。

---

① 相关参见《后汉书》卷八七《西羌传》，第2890页。
② 苏秉琦早年指出："绝不能对（东汉）骑兵的发展状况过分夸大。……即使是和骑射的游牧民族交战，汉人也常用持刀、盾的步兵出战。"《战国秦汉考古》第三章，上海古籍出版社2014年版，第180页。
③ 王明珂：《华夏边缘：历史记忆与族群认同》，社会科学文献出版社2006年版；王明珂：《游牧者的抉择：面对汉帝国的北亚游牧部族》，广西师范大学出版社2008年版。

罗丰指出："整个国家权力机器在华夏边缘形成和固化中的能动作用是不应忽视的",只有充分研究各种国家干预权的使用,"才能凸显王朝或国家在其边缘凝聚了权力,运用强制性措施来防止边缘崩溃而给国家安全带来危机"。[1] 罗新通过对中古早期南方土著族群的研究,更明确揭示:"华夏化主要是一个政治过程","而且这个政治过程通常都与华夏政权的国家意志和利益密切相关。因此考察国家在这一过程中的能动角色,是解释南方社会历史命运的重要途径之一"。[2] 这些认识十分重要。下面即注意以两汉帝国为主体视角,观察实际军事实践中,伴随族群边界移动,汉帝国在构筑边地防线上呈现怎样特征。相对武帝扩张时期的塞外筑城,东汉弃郡内迁的争论及实践十分突出,背后的原因值得检讨。

## 一 两汉前期东北防线新探

汉帝国在构筑边地防线上,除汉长城外,实际在长城之内亦有常所依凭之防线。具体而言,又可以分为北边的东北防线与西北防线。下面依次论之。

战国、秦、西汉时期,北边长城大体情况为:战国赵在阴山一线构筑长城。秦并天下后,北边沿用赵长城。始皇三十二年(前215),蒙恬驱逐匈奴,夺取"河南地"即今河套地区,并于三十三年(前214)进一步在阴山西北的阳山高阙一线修筑一道塞城。秦末汉初匈奴南下,复突破后道防线,至武帝元狩二年(前121),卫青率兵反击,始复恢复阳山长城防线。[3] 而征诸文献,我们注意到,匈奴一旦入侵,西汉实际的防御且多在阴山长城以南。《史记》卷一〇《孝文本纪》记:

> 后六年(前158)冬,匈奴三万人入上郡,三万人入云中。以中大夫令勉为车骑将军,军飞狐;故楚相苏意为将军,军句注。[4]

---

[1] 罗丰:《什么是华夏的边缘——读王明珂〈华夏边缘:历史记忆与族群认同〉》,《中国史研究》2008年第1期,第171页。
[2] 罗新:《王化与山险——中古早期南方诸蛮历史命运之概观》,《历史研究》2009年第2期,第4页。
[3] 最新探讨参见辛德勇《阴山高阙与阳山高阙辨析》,收入所著《秦汉政区与边界地理研究》,中华书局2009年版,第181—255页。
[4] 此事又见《史记》卷二二《汉兴以来将相名臣年表》,中华书局1982年点校本,第1129页。

当时中东部的布防是"军句注""军飞狐"。句注山在雁门郡阴馆县南，西汉雁门、太原郡南北交界处。① 飞狐口在代郡代县南、广昌北。② 二者东西向大体位于一线，明长城内侧一道长城即沿此修筑。关于这次内侵，《史记》卷一一〇《匈奴列传》又作：

> 于是汉使三将军军屯北地，代屯句注，赵屯飞狐口，缘边亦各坚守以备胡寇。……胡骑入代句注边，烽火通于甘泉、长安。

当匈奴进至代郡句注时，汉军烽火可一直传至甘泉、长安，值得注意。按句注山以西，仍然有秦昭襄王长城。长城沿长城梁岭、横山山脉，自东北向西南伸展，在上郡境内与秦直道交汇。而直道南抵云阳，甘泉即在附近，可将消息进一步送达长安。《汉书》卷九四下《匈奴传下》言文帝后期"驰射上林，讲习战陈，聚天下精兵，军于广武"。广武，太原郡都尉治，在句注山南。③ 而《史记》卷一〇八《韩长孺列传》言武帝初，"汉伏兵车骑材官三十余万，匿马邑旁谷中"事，马邑即在句注山北。西汉前期，飞狐、句注及战国秦长城在实际防御中的战略地位，十分重要。

武帝一代，不仅恢复了秦时旧地，而且进一步向塞外扩展。《汉书》卷六《武帝纪》云：

> 遣光禄勋徐自为筑五原塞外列城，西北至卢朐，游击将军韩说将兵屯之。

---

① 一名西陉山、雁门山。在今山西代县西北二十五里。《吕氏春秋·有始览》：九塞中有"句注"。《元和志》卷14雁门县："句注山，一名西陉山，在县西北三十里。晋咸宁元年句注碑曰，'盖北方之险，有卢龙、飞狐，句注为之首，天下之阻，所以分别内外也'"。史为乐主编：《中国历史地名大辞典》，中国社会科学出版社2005年版，第816页。又参见谭其骧主编《中国历史地图集》第二册（秦·西汉·东汉时期）"西汉·并州、朔方刺史部"，中国地图出版社1982年版，第17—18页。

② "在今河北蔚县东南恒山峡谷口之北口。为古代河北平原通向北方边陲地区的咽喉"。史为乐主编：《中国历史地名大辞典》，第247页。

③ 《汉书》卷二八上《地理志上》"广武。句注、贾屋山在北。都尉治。莽曰信桓"，中华书局1962年点校本，第1552页。"西汉置，属太原郡。治所在今山西代县西南十五里古城村。东汉改属雁门郡。三国魏为雁门郡治"。史为乐主编：《中国历史地名大辞典》，第226页。

## 第二章　军队的构成与演变

晋灼曰："《地理志》从五原梱阳县北出石门鄣即得所筑城。""梱阳"即梱阳，汉五原郡东部都尉治所。① "塞外列城"在"五原梱阳县北出石门鄣"外，则"外城"是基于阴山长城而得出的称谓。阳山长城虽然此时被重新夺回，但当时北边防御重心实际仍在阴山长城一线。《汉书》卷五四《李广传附孙陵传》提到"李绪本汉塞外都尉，居奚侯城，匈奴攻之，绪降"。昭帝元凤三年（前78），"匈奴三千余骑入五原，略杀数千人，后数万骑南旁塞猎，行攻塞外亭（长）〔障〕，略取吏民去"。② 《盐铁论·地广》又有"朔方以西，长安以北，新郡之功，外城之费，不可胜计"语。③ "新郡""外城"在"朔方以西，长安以北"，则阴山长城以北以西之塞外，亦属外城，不止局限于光禄城向北至受降城一线。④《汉书》卷九四上《匈奴传上》又记"虚闾权渠单于立……是时匈奴不能为边寇，于是汉罢外城，以休百姓"。外城是与匈奴对峙时，汉朝为形成战略纵深而特别设置。⑤ 修筑出于军事目的，一旦威胁缓解，遂渐罢弃。

东汉前期，北边中部、东部一侧的防御体系构建涉及两个方面：一是边郡内徙，二是屯兵、筑亭隧。边郡内迁，主要集中在光武时期，前人多有关注。⑥ "（建武）九年（33），徙雁门吏人于太原"；建武十年（34），"省定襄郡，徙其民于西河"；建武十一年（35），"省朔方牧，并并州，初断州牧自还奏事"；二十年（44），"省五原郡，徙其吏人置河东"。⑦ 内徙均向句注、战国长城一线移动。至于屯兵备守，"（建武）七年

---

① "西汉置，属五原郡。治所在今内蒙古包头市东南古城湾乡古城。东汉废"。史为乐主编：《中国历史地名大辞典》，第2703页。
② 《汉书》卷九四上《匈奴传上》，第3787页。
③ 王利器校注：《盐铁论校注》（定本）卷四，中华书局1992年版，第208页。
④ 光禄城"西汉太初三年（前102）光禄勋徐自为建，因名。在今内蒙古乌拉特前旗东北明安乡小召门梁古城"，受降城"西汉太初元年（前104）建，在今内蒙古乌拉特中旗东阴山北。一说在乌拉特后旗北。为匈奴降者所居"。史为乐主编：《中国历史地名大辞典》，第975、1618页。
⑤ 《史记》卷一二三《大宛列传》记武帝后期出师大宛，"益发戍甲卒十八万酒泉、张掖北，置居延、休屠以卫酒泉"，第3176页。按：河西走廊向东北方向伸展的两片绿洲，为弱水注入居延泽一线与狐奴水注入休屠泽一线。"以卫酒泉"的居延、休屠，正位于伸延的绿洲前端，相关作用类似，都是河西守御为增强战略纵深而特别设置的。
⑥ 最新探讨参见饭田祥子《後漢辺郡支配に関する一考察—放棄と再建を手がかりとして—》，《名古屋大學東洋史研究報告》30，2006年，第49—77页。
⑦ 《后汉书》卷一下《光武帝纪下》，中华书局1965年点校本，第55、56、58、73页。

(31），诏（杜）茂引兵北屯晋阳、广武，以备胡寇"，① 屯兵所据北端在句注山南的广武。建武十二年（36），"遣骠骑大将军杜茂将众郡弛刑屯北边，筑亭候，修烽燧"。② "十三年（37）……诏霸将弛刑徒六千余人，与杜茂治飞狐道，堆石布土，筑起亭障，自代至平城三百余里"，③ 复提及飞狐道。而建武十三年（37）二月：

> 遣捕虏将军马武屯虖沱河以备匈奴。卢芳自五原亡入匈奴。④

所屯虖沱河，⑤ 北近广武。《后汉书》卷八九《南匈奴传》又记：

> （建武）十三年，（匈奴）遂寇河东，州郡不能禁。于是渐徙幽、并边人于常山关、居庸关已东。

参上下文意，"遂寇河东"之"河东"为泛论，实指并州、幽州在黄河以东的边郡。李贤注："《前书》代郡有常山关，上谷郡居庸县有关。"同书卷一下《光武帝纪下》记"（建武十五年）二月，徙雁门、代郡、上谷三郡民，置常〔山〕关、居庸关以东"，同书卷一八《吴汉传》作"十五年……徙雁门、代郡、上谷吏人六万余口，置居庸、常〔山〕关以东"。按常山关在恒山东北，滱水南岸，大体在代郡与中山国南北交界处。后世又称倒马关。⑥ 此与上谷郡内居庸关，均位于西南—东北方向的太行山系，地势险峻。明长城同样修筑在这一线。东汉初年，边地防线实际仍与

---

① 《后汉书》卷二二《杜茂传》，第776页。
② 《后汉书》卷一下《光武帝纪下》，第60页。同书卷二二《杜茂传》亦载此事："十二年，遣谒者段忠将众郡弛刑配茂，镇守北边，因发边卒筑亭候，修烽火，又发委输金帛缯絮供给军士，并赐边民，冠盖相望。"第777页。
③ 《后汉书》卷二〇《王霸传》，第737页。
④ 《后汉书》卷一下《光武帝纪下》，第61页。
⑤ "一名嘑沱、虖池。子牙河北源，在今河北省西部。源出山西五台山东北泰戏山，西南流至忻州市北折向东流，至盂县北穿割太行山进入河北平原。在献县与滏阳河汇合为子牙河。长540公里"。史为乐主编：《中国历史地名大辞典》，第2813页。
⑥ "又名鸿上关。即今河北唐县西北一百十里倒马关。《汉书·地理志》：代郡有'常山关'。为古代河北平原通向北方边陲地区要隘"。史为乐主编：《中国历史地名大辞典》，第2338页。又参见谭其骧主编《中国历史地图集》第二册（秦·西汉·东汉时期）"东汉·冀州刺史部"，第47—48页。

## 第二章 军队的构成与演变

西汉前期大体相当。顺帝永建元年（126）：

> 鲜卑犯边，庚寅，遣黎阳营兵出屯中山北界。告幽州刺史，其令缘边郡增置步兵，列屯塞下，调五营弩师，郡举五人，令教习战射。①

所谓"中山北界"，同样指东侧常山关周边。由上，两汉初年的有效防线，较旧有理解均实际后移。而这一情形，对认识东汉初年族群活动与北方边郡内迁，提供了基本的历史背景。

### 二 东汉西北防线的收缩及特征

至于西北防线，也出现新的变化。东汉时羌胡内迁更多。曾为天下重心所在的关中三辅，逐渐蜕为边地。无论凉州抑或西域，弃地内迁的争论一直不断。虽然见解纷呈，但背后的原因值得反思。

先说前者。建武十年（34），"先零羌寇金城、陇西，来歙率诸将击羌于五谿，大破之"。及至建武十一年（35），复出现：

> 马成平武都，因陇西太守马援击破先零羌，徙致天水、陇西、扶风。②

按天水，明帝永平十七年（74）改为汉阳。马援徙降羌于陇西、天水、扶风。三郡由西向东依次相邻，不仅位湟中以南，且在河水之南，实际均处于渭水河谷一线。扶风在三辅西部，东汉初已为东羌重要安置地，而陇西、天水郡降羌循渭水，由此亦便进入三辅。明帝永平元年（58），"滇吾远引去，余悉散降，徙七千口置三辅"，③ 又集中迁徙了一批先零羌。安帝时，先零羌为主的羌乱大规模爆发，永初四年（110）春正月辛卯，

---

① 《后汉书》卷六《顺帝纪》，第253页。此事又见《后汉书》卷八九《南匈奴传》，第2959页。

② 参见《后汉书》卷一下《光武帝纪下》，第56、58页。同书卷八七《西羌传》作"十一年夏，先零种复寇临洮，陇西太守马援破降之。后悉归服，徙置天水、陇西、扶风三郡"，第2878页。

③ 《后汉书》卷八七《西羌传》，第2880页。

"诏以三辅比遭寇乱，人庶流冗，除三年逋租、过更、口算、刍稾"。① 永初四年（110）春，"乃诏任尚将吏兵还屯长安，罢遣南阳、颍川、汝南吏士，置京兆虎牙都尉于长安，扶风都尉于雍，如西京三辅都尉故事"，后并有"于是徙金城郡居襄武"事。② 京兆虎牙都尉、扶风都尉的设置，这里称"如西京三辅都尉故事"。然据李贤注"右辅都尉都郿也"，扶风都尉在雍，并不完全相同。二尉所统军队的性质是营兵，而营兵多设于边郡。三辅地区军事形势的变化，由此得以反映。安帝时因为羌乱，西北边郡又出现一次集中内迁：

> ［永初五年（111）］三月，诏陇西徙襄武，安定徙美阳，北地徙池阳，上郡徙衙。③

在此之前，金城郡曾迁襄武。现在，陇西郡本身亦将郡治由狄道迁来。襄武在陇西郡东界，面向汉阳郡而居渭水上游。④ 与此同时，安定郡所迁美阳属右扶风，北地所迁池阳属左冯翊，地理位置上均临近渭水。故上述内徙，使得凉州诸郡，进一步聚集在渭水一线。

崔寔《政论》云：

> 今青、徐、兖、冀人稠土狭，不足相供，而三辅左右及凉、幽州内附近郡，皆土旷人稀，厥田宜稼，悉不肯垦发。⑤

西汉时，曾为帝国政治、经济中心而富庶繁荣的三辅地区，至东汉已与青、徐、兖、冀等"中国之都"有别，而同凉、幽边州亲密为伍了。相对前者的人口稠密、耕地紧张，三辅此时却成为"土旷人稀，厥田宜稼""悉不肯垦发"的荒凉边地。

---

① 《后汉书》卷五《安帝纪》，第214页。
② 《后汉书》卷八七《西羌传》，第2887页。
③ 《后汉书》卷五《安帝纪》，第216页；又见《后汉书》卷八七《西羌传》，第2888页。至顺帝永建四年（129）九月，始复徙安定、北地、上郡归旧土。
④ "西汉置，属陇西郡。治所在今甘肃陇西县东南五里。东汉末移陇西郡治此"。史为乐主编：《中国历史地名大辞典》，第2944页。
⑤ 崔寔、仲长统撰，孙启治校注：《政论校注 昌言校注》，中华书局2012年版，第175页。

## 第二章 军队的构成与演变

《后汉书》卷八七《西羌传》记安帝元初二年（115）以降：

> 又使屯骑校尉班雄屯三辅……后遣任尚为中郎将，将羽林、缇骑、五营子弟三千五百人，代班雄屯三辅。……（元初三年）任尚遣兵击破先零羌于丁奚城。秋，筑冯翊北界候坞五百所。……〔顺帝永和五年（140）〕拜马贤为征西将军，以骑都尉耿叔副，将左右羽林、五校士及诸州郡兵十万人屯汉阳。又于扶风、汉阳、陇道作坞壁三百所，置屯兵，以保聚百姓。……（永和六年）秋，诸种八九千骑寇武威，凉部震恐。于是复徙安定居扶风，北地居冯翊，遣行车骑将军执金吾张乔将左右羽林、五校士及河内、南阳、汝南兵万五千屯三辅。

这一时期，三辅已然成为御羌前线，不仅常常屯兵备守，而且在冯翊、扶风修筑有大量坞壁。此外，值得注意的是凉州数郡先后内徙，却并未涉及汉阳。实际上，从上所述也可看出，三辅与西侧紧密相连的汉阳，常一并规划，而构筑坞堡，形成渭水一线的御羌中心地带。

永初二年（108），"先零羌滇零称天子于北地，遂寇三辅，东犯赵、魏，南入益州，杀汉中太守董炳"。[1] 关于此事，《后汉书》卷八七《西羌传》所记稍详：

> 于是滇零等自称"天子"于北地，招集武都、参狼、上郡、西河诸杂种，众遂大盛，东犯赵、魏，南入益州，杀汉中太守董炳，遂寇抄三辅，断陇道。

当时入塞羌胡，不止局促于凉州及扶风，并州的上郡、西河亦多有分布。因而，《潜夫论·救边》论说"往者羌虏背叛"，称作"始自凉、并"。[2] 战国秦长城及句注—飞狐—常山—居庸一线主要面向北方。东汉初，政府还曾在此防线以南，构筑坞壁，加强防御。建武十四年（38）后：

---

[1] 《后汉书》卷五《安帝纪》，第211页。
[2] 王符著，汪继培笺，彭铎校正：《潜夫论笺校正》卷三，中华书局1985年版，第257页。

> （马成）又代骠骑大将军杜茂缮治障塞，自西河至渭桥，河上至安邑，太原至井陉，中山至邺，皆筑保壁，起烽燧，十里一候。①

李贤注："西河，今胜州富昌县也。渭桥本名横桥，在今咸阳县东南"，"《前书》曰，河上，地名，故秦内史，高帝二年改为河上郡，武帝分为左冯翊"。② 西河在今陕西省府谷县附近，东汉属西河郡。上述所叙鄣塞分为四段，东西两侧的"西河至渭桥""中山至邺"为南北纵向分布，中间两组的"河上至安邑，太原至井陉"，大体呈东西横向排列。这些规划同样用于应对北方威胁。亦因如此，待羌人东进，相关防线未能发挥有效的阻限作用。《潜夫论·劝将》称"扫涤并、凉，内犯司隶……五州残破，六郡削迹"，同书《救边》则作"往者羌虏背叛，始自凉、并，延及司隶，东祸赵、魏，西钞蜀、汉，五州残破，六郡削迹，周回千里，野无孑遗"。③ 所谓"五州"，当指凉、并、冀、益、司隶。《后汉书》卷三二《樊宏传》记樊准为钜鹿太守，"而赵、魏之郊数为羌所钞暴，准外御寇虏，内抚百姓，郡境以安"，"转河内太守，时羌复屡入郡界，准辄将兵讨逐，修理坞壁，威名大行"，对相关情形有进一步反映。"（永初）五年（111）春，任尚坐无功征免。羌遂入寇河东，至河内，百姓相惊，多奔南度河。使北军中候朱宠将五营士屯孟津，诏魏郡、赵国、常山、中山缮作坞候六百一十六所"。④ 至"元初元年（114）春，遣兵屯河内，通谷冲要三十三所，皆作坞壁，设鸣鼓"。⑤ 安帝时羌乱，不仅东向波及三辅，而且扩展至并州东南及冀州，进而南临洛阳。

### 三　东汉弃地内徙的发生及其背景

至于弃地内迁的争论，东汉初年已出现。《后汉书》卷二四《马援传》云：

---

① 《后汉书》卷二二《马成传》，第779页。
② 《后汉书》卷二二《马成传》，第779页。
③ 王符著，汪继培笺，彭铎校正：《潜夫论笺校正》卷三，第251、257页。
④ 《后汉书》卷八七《西羌传》，第2887页。
⑤ 《后汉书》卷八七《西羌传》，第2889页。《资治通鉴》卷四九《汉纪四一》"元初元年"条，胡注："自太行北至恒山，限隔并、冀，其间多有谷道以相通，今于冲要之地作坞壁以备羌寇"，中华书局1956年点校本，第1590页。

## 第二章 军队的构成与演变

> 是时，朝臣以金城破羌之西，涂远多寇，议欲弃之。援上言，破羌以西城多完牢，易可依固。其田土肥壤，灌溉流通。如令羌在湟中，则为害不休，不可弃也。帝然之，于是诏武威太守，令悉还金城客民。归者三千余口，使各反旧邑。援奏为置长吏，缮城郭，起坞候，开导水田，劝以耕牧，郡中乐业。又遣羌豪杨封譬说塞外羌，皆来和亲。又武都氐人背公孙述来降者，援皆上复其侯王君长，赐印绶，帝悉从之。乃罢马成军。

东汉始立，朝臣以金城郡破羌县以西，羌人大量入塞，"涂远多寇"，建议放弃这一区域。马援为扶风茂陵人，客居北地郡畜牧。王莽末避居凉州，并曾在州内割据势力隗嚣下任职，对金城郡状况较旁人熟知。他指出，破羌以西诸城，实多完好牢固，可依凭固守。而湟中土地肥沃，灌溉便利，如令羌人入居，危害更巨。按金城郡治允吾，破羌在西，均依于湟水两岸。[①] 破羌以西诸城大体均处湟中河谷。上文"如令羌在湟中"下，李贤注："湟，水名。据《前书》，出金城临羌县，东至允吾入河，今鄯州湟水县取其名也。一名乐都水。"[②] 除王莽时曾短暂在金城以西立西海郡外，湟水一线最西端所筑城正为临羌。西汉在临羌西南并筑护羌城，置护羌校尉，二者形成呼应，遏制西羌东入湟中的意图明显。[③] 而至东汉初年，相关控御已然失效，加之当地编户大量逃离，此时羌人已普遍散处破羌以西的广大区域。马援的及时上言终得采纳。因湟中位河水上游以北，当地编户的流亡方向除向东外，更便利的选择是向北进入武威郡界。[④] 故当时朝廷特通告武威太守梁统，"令悉还金城客民"，"使各反旧邑"。在客民还郡及汉羌关系改善的情况下，马成屯兵得罢，预期效果实现。

---

[①] 允吾"西汉置，为金城郡治。治所即今青海民和回族土族自治县南古鄯镇北古城。一说在今甘肃永靖县西北。三国魏废"，破羌"西汉神爵二年（前60）置，属金城郡。治所在今青海乐都县东南湟水北岸"，史为乐主编：《中国历史地名大辞典》，第516、2107页。

[②] 《后汉书》卷二四《马援传》，第835页。

[③] 《后汉书》卷八七《西羌传》记武帝时，"汉遣将军李息、郎中令徐自为将兵十万人击平之。始置护羌校尉，持节统领焉。羌乃去湟中，依西海、盐池左右。汉遂因山为塞，河西地空，稍徙人以实之"。李贤注："金城郡临羌县有盐池也。"第2876—2877页。

[④] 《后汉书》卷八七《西羌传》"湟中月氏胡……亦以父名母姓为种。其大种有七，胜兵合九千余人，分在湟中及令居，数百户在张掖，号曰义从胡"，第2899页。按：令居属金城郡，在湟中以北。张掖属武威郡，南临金城郡。这里月氏义从胡的分布特征，亦可为上论提供参照。

213

章帝即位初年，"大旱谷贵"。加之此前明帝世大兴狱事，① 以罪徙边者多；重掌西域后，远戍屯田者亦夥，杨终于是上疏：

> 自永平以来，仍连大狱，有司穷考，转相牵引，掠考冤滥，家属徙边。加以北征匈奴，西开三十六国，频年服役，转输烦费。又远屯伊吾、楼兰、车师、戊己，民怀土思，怨结边域。②

特请章帝重新考虑相关政策。杨氏在主张内收型边地政策同时，针对了徙边、戍边两类行为。章帝将所上章奏下公卿集议，司空第五伦赞同杨说，而太尉牟融、司徒鲍昱、校书郎班固等人则提出异议，"以施行既久，孝子无改父之道，先帝所建，不宜回异"。③ 反对者引先帝所行作为有力论据。而杨终指出：先帝故事应依具体情况有所区分。一种是"秦筑长城，功役繁兴，胡亥不革，卒亡四海"的教训，后继者显然不当尊奉。二是汉家先帝中，"孝元弃珠崖之郡，光武绝西域之国，不以介鳞易我衣裳"一类"故事"，反而不宜轻言舍弃。于选择标准上，杨氏引经为据，复举两例：以"襄公作三军，昭公舍之，君子大其复古，以为不舍则有害于民也"，对照秦政；而以"鲁文公毁泉台，《春秋》讥之曰'先祖为之而己毁之，不如勿居而已'，以其无妨害于民也"，来表示对元帝、光武边策的支持。此疏最终得到采纳，"听还徙者""悉罢边屯"同得实施。④

安帝以后，凉州动乱日重。"永初四年（110），羌胡反乱，残破并、凉，大将军邓骘以军役方费，事不相赡，欲弃凉州，并力北边"。⑤ 至汉

---

① 陈苏镇：《〈春秋〉与"汉道"：两汉政治与政治文化研究》第六章第二节"二、明帝即位前后的几桩大狱""三、章帝收拾局面的措施"，中华书局2011年版，第530—546页。
② 《后汉书》卷四八《杨终传》，第1597页。
③ 《后汉书》卷四八《杨终传》，第1598页。《后汉书》卷二九《鲍永传附子昱传》云："建初元年，大旱，谷贵。肃宗召昱问曰：'旱既太甚，将何以消复灾眚？'对曰：'臣闻圣人理国，三年有成。今陛下始践天位，刑政未著，如有失得，何能致异？但臣前在汝南，典理楚事，系者千余人，恐未能尽当其罪。先帝诏言，大狱一起，冤者过半。又诸徙者骨肉离分，孤魂不祀。一人呼嗟，王政为亏。宜一切还徙家属，蠲除禁锢，兴灭继绝，死生获所。如此，和气可致。'帝纳其言。"第1022页。如记载不误，司徒鲍昱在明帝所兴楚狱事上，前后态度似有变化。
④ 《后汉书》卷四七《梁慬传》又记："岁余，朝廷忧之。公卿议者以为西域阻远，数有背叛，吏士屯田，其费无已。永初元年，遂罢都护，遣骑都尉王弘发关中兵迎慬、禧、博及伊吾庐、柳中屯田吏士。"第1519页。
⑤ 《后汉书》卷五八《虞诩传》，第1866页。

## 第二章 军队的构成与演变

末,"会西羌反,边章、韩遂作乱陇右,征发天下,役赋无已。司徒崔烈以为宜弃凉州,诏会公卿百官"。① 上述两次放弃凉州的著名提议,后因大臣反对而均未成行。虞诩、傅燮还因思虑深远,犯颜三公,被特别记录。不过,边郡弃置与边民内迁,当时多有发生。背后原因,值得留意。

《后汉书》卷八七《西羌传》云"羌既转盛,而二千石、令、长多内郡人,并无守战意,皆争上徙郡县以避寇难","百姓恋土,不乐去旧,遂乃刈其禾稼,发彻室屋,夷营壁,破积聚。时连旱蝗饥荒,而驱蹙劫略,流离分散,随道死亡,或弃捐老弱,或为人仆妾,丧其太半",天灾之外,更多地指向人祸。相关记载,王符《潜夫论》中多有保存,主要集中于《劝将》《救边》《边议》《实边》诸篇。② 从史源学角度而言,史料价值更高。王符为安定临泾人,常年"隐居著书"。临泾为安定郡治,③安帝时那场规模最大的羌乱,正肇端于此。故王符所见所书,或更真切反映当时羌乱下的边地社会实情。

《潜夫论》就弃郡内迁,所批评群体分为两类:一为边吏,二为朝臣,以为责任在内不在外。

先说边吏。具体责任又分为二:军事与吏治。王符指出,边吏需要承担主要军事责任,相关包括畏懦不敢讨击,与不坚守而背城内附。《潜夫论·实边》云:

> 一城易制尔,郡县皆大炽。及百姓暴被殃祸,亡失财货,人哀奋怒,各欲报仇,而将帅皆怯劣软弱,不敢讨击,但坐调文书,以欺骗朝廷。④

可见边民同仇敌忾,参战意愿较强。而将帅却软弱胆怯,不能采取积极行动。至于边吏守城情况,《潜夫论·救边》又云:

---

① 《后汉书》卷五八《傅燮传》,第1875页。此事又见袁宏《后汉纪》,张烈点校,中华书局2002年版,第484—485页。后者所载稍详。
② 早年学者的相关论说,参见容肇祖《东汉时关于边事之舆论》,《大公报·史地周刊》第84卷,1936年;家械《东汉王符的救边论》,《行健月刊》第4卷第3期,1934年。
③ "西汉置,属安定郡。治所在今甘肃镇原县东南五十里屯字镇。东汉为安定郡治"。史为乐主编:《中国历史地名大辞典》,第1859页。
④ 王符著,汪继培笺,彭铎校正:《潜夫论笺校正》卷五,第279页。《潜夫论·边议》称"然太守令长,皆奴怯畏便不敢击"(第270页),可以对照。

215

前日诸郡，皆据列城而拥大众。羌虏之智，非乃乐毅、田单也；郡县之陋，未若聊、莒、即墨也。然皆不肯专心坚守，而反强驱劫其民，捐弃仓库，背城邑走。由此观之，非苦城乏粮也，但苦将不食尔。①

叛羌实力并非传言那般强大。失利原因主要在守城官吏"不肯专心坚守"，反而"背城邑走"。而边吏如此作为的原因，《潜夫论·实边》分析道：

　　太守令长，畏恶军事，皆以素非此土之人，痛不著身，祸不及我家，故争郡县以内迁。②

责任之二在于吏治。羌人反叛，多因官府役使、迫害。③ 这点为人熟知。然边吏日常对边民之压榨，同样十分突出。《实边》特别提到：

　　又放散钱谷，殚尽府库，乃复从民假贷，强夺财货。千万之家，削身无余，万民匮竭，因随以死亡者，皆吏所饿杀也。其为酷痛，甚於逢虏。寇钞贼虏，忽然而过，未必死伤。至吏所搜索剽夺，游踵涂地，或覆宗灭族，绝无种类；或孤妇女，为人奴婢，远见贩卖，至令不能自活者，不可胜数也。此之感天致灾，尤逆阴阳。④

从这一描述可以看到，边民在生命财产安全上所受边吏侵迫、威胁，远超羌乱。《潜夫论·实边》又云：

---

① 王符著，汪继培笺，彭铎校正：《潜夫论笺校正》卷五，第259页。
② 王符著，汪继培笺，彭铎校正：《潜夫论笺校正》卷五，第282页。
③ 《汉书》卷九四下《匈奴传下》载元帝时郎中侯应语："近西羌保塞，与汉人交通，吏民贪利，侵盗其畜产妻子，以此怨恨，起而背畔，世世不绝。"第3804页；《后汉书》卷八七《西羌传》记建武九年（33），司徒掾班彪上言："今凉州部皆有降羌，羌胡被发左衽，而与汉人杂处，习俗既异，言语不通，数为小吏黠人所见侵夺，穷恚无聊，故致反叛。夫蛮夷寇乱，皆为此也。"第2878页。
④ 王符著，汪继培笺，彭铎校正：《潜夫论笺校正》卷五，第280页。

## 第二章 军队的构成与演变

> 边民谨顿，尤恶内留。虽知祸大，犹愿守其绪业，死其本处，诚不欲去之极。……至遣吏兵，发民禾稼，发彻屋室，夷其营壁，破其生业，强劫驱掠，与其内入，捐弃羸弱，使死其处。当此之时，万民怨痛，泣血叫号，诚愁鬼神而感天心。然小民谨劣，不能自达阙廷，依官吏家，迫将威严，不敢有挚。民既夺土失业，又遭蝗旱饥匮，逐道东走，流离分散，幽、冀、兖、豫，荆、扬、蜀、汉，饥饿死亡，复失太半。边地遂以丘荒，至今无人。①

当官长不积极平乱，而纷纷要求弃郡、移民内徙之时，边民态度实际恰恰相反。他们安土重迁，根本不愿离开自己的家园。对此，边吏采取了强拆、强徙等手段，并造成灾难性后果。

朝臣一方，突出的问题则是功利短视与缺乏道德良知。《潜夫论·救边》提到：

> 前羌始反，公卿师尹咸欲捐弃凉州，却保三辅，朝廷不听。后羌遂侵，而论者多恨不从惑议。②

在王符看来，边郡、内郡唇齿相依，"边无患，中国乃得安宁"。东汉以洛阳为帝都，洛阳西向至边地的地理层环为：凉州—三辅—弘农—洛阳。弃边则邻边为边，京师所受威胁只能步步加剧。洞悉政治情势的朝中大臣不会没有意识到这一点。而他们在弃州郡问题上与边吏如此一致，其实反映了部分朝臣自私自利，缺乏良知与责任。《潜夫论·救边》就说到：

> 往者羌虏背叛，始自凉、并，延及司隶，东祸赵、魏，西钞蜀、汉，五州残破，六郡削迹，周回千里，野无孑遗，寇钞祸害，昼夜不止，百姓灭没，日月焦尽。而内郡之士不被殃者，咸云当且放纵，以待天时。用意若此，岂人心哉！③

---

① 王符著，汪继培笺，彭铎校正：《潜夫论笺校正》卷五，第282页。
② 王符著，汪继培笺，彭铎校正：《潜夫论笺校正》卷五，第258页。
③ 王符著，汪继培笺，彭铎校正：《潜夫论笺校正》卷五，第257页。

"用意若此,岂人心哉",论者的痛心疾首,溢于言表。《潜夫论·边议》又云:

> 今诸言边可不救而安者,宜诚以其身若子弟补边太守令长丞尉,然后是非之情乃定。①

借助换位思考,是非所在由此呈现。且因此故,王符在论议中多次发出"此非天之灾,长吏过尔","原祸所起,皆吏过尔"的感叹。② 东汉防线内移中的社会原因,亦由此得以揭示。

伴随族群边界移动,两汉北边防线不断变化、调整。武帝时有塞外筑城的推进,东汉一世又多弃郡内徙的收缩。西汉、东汉前期,北边之东北防线,实际多在汉长城以南的战国秦长城中段—句注—飞狐—常山—居庸一线。而东汉北边之西北防线变动,则主要向渭水一线收缩,最终三辅蜕为边地。后种情形的发生,有着深刻的社会背景,个中因由实在萧墙之内。

---

① 王符著,汪继培笺,彭铎校正:《潜夫论笺校正》卷五,第278页。
② 《潜夫论·劝将》《实边》,王符著,汪继培笺,彭铎校正《潜夫论笺校正》卷五,第251、282页。

# 第三章

# 军队组建背景：爵制、法制下的社会身份

秦汉时期的兵员征集，是认识帝国这四百年间社会演进、转向的重要线索。以往对军制此方面的讨论原本较为丰富，[①] 但多孤立地探讨集兵方式，较少将此问题置于当时国家对社会群体人身役使的大背景下思考。而欲推进相关研究，直接而要紧的，是要首先弄清秦汉的社会结构、身份秩序。因为秦汉间集兵方式得以由征兵为主向募兵为主演变、发展，正因早期的军队组建背景较之后有别。而国家法定的社会身份结构，则以秦与西汉早期为最关键时期。具体来说，又可以进一步分为爵制及爵制以下的刑罚序列。

本章分两节。第一节讨论卿大夫士分层到侯卿大夫士的变化，侯卿大夫士四分层与官、民爵分层的关系及互动，旧有爵制日益等齐化与魏晋五等爵的复兴等问题。第二节关注刑罚序列，注意司寇与徒隶，徒隶中城旦舂、鬼薪白粲与隶臣妾的差别，以及刑罚序列与爵制的衔接。

## 第一节　秦汉爵制结构演变新考
### ——从侯卿大夫士四分层的确立说起

商鞅变法以来逐步形成的二十等爵，是秦汉最有特色的制度之一。它以军功为拜爵依据，打破依宗法身份获取爵位的传统，通过细密的位阶将悬隔的贵族、平民两阶层沟通起来，为下层民众提供了一条上升通路。爵

---

[①] 参见绪论"研究史回顾"相关部分。

制研究中，结构与分层是基础问题，前人已有很多工作。① 这里尝试在秦汉"爵—秩体制"的官僚品位结构下做新的思考，② 主要关注三个问题：如何理解商鞅变法到二十等爵确立的发展过程，背后反映了怎样的问题；侯卿大夫士与官、民爵分层的各自特征及相互关系；秦汉爵制的分层演进与曹魏爵制改革及晋初复五等爵的联系。

## 一 从商鞅爵制到二十等爵：秦汉爵制结构的再思考

学界之前对二十等爵制的构成，意见基本一致：作为对世卿世禄制的革命，二十等爵与周五等爵对立，而深受"内爵称"影响。③ 所谓内、外爵，是战国秦汉人为方便对周代等级结构理解所做的一种划分，内爵系统

---

① 日本学界探讨较早，镰田重雄、栗原朋信、守屋美都雄启端，西嶋定生提出二十等爵制理论，影响深远。睡虎地秦简公布后，古贺登、籾山明、冨谷至对之前研究多有检讨与反思。张家山汉简发表后，石冈浩、宫宅潔、椎名一雄等复多有推进。相关参见大栉敦宏《国制史》"爵制"条，收入佐竹靖彦主编《殷周秦汉史学的基本问题》，中华书局 2008 年版，第 192—195 页；《日本秦简研究现状·爵制、身份制度》，楯身智志撰，武汉大学简帛研究中心主办：《简帛》（第六辑），上海古籍出版社 2011 年版，第 178—182 页；椎名一雄：《張家山漢簡二年律令にみえる爵制》"序言"，《鴨臺史學》6，2006 年，等等。中国学界主要有廖伯源《汉代爵位制度试释》，《新亚学报》10-1（下），1973 年，第 93—184 页，《新亚学报》12，1977 年，第 183—242 页；陈直：《秦汉爵制亭长上计吏三通考》，《西北大学学报》1979 年第 3 期；高敏：《从云梦秦简看秦的赐爵制度》，收入《云梦秦简初探》（增订本），河南人民出版社 1981 年版，第 155—169 页，《秦的赐爵制度试探》（原刊《郑州大学学报》1977 年第 3 期），《论两汉赐爵制度的历史演变》（原刊《文史哲》1978 年第 1 期），修订稿均收入所著《秦汉史论集》，中州书画社 1982 年版，第 1—57 页；朱绍侯：《军功爵制考论》，商务印书馆 2008 年版（此前有《军功爵制试探》《军功爵制研究》，上海人民出版社 1980、1990 年版，《考论》属《试探》基础上改写、增订）；柳春藩：《秦汉封国食邑赐爵制》，辽宁人民出版社 1984 年版；杜正胜：《编户齐民——传统政治社会结构之形成》第八章，联经出版事业公司 1990 年版，第 317—372 页；杨光辉：《汉唐封爵制度》，学苑出版社 2004 年版；阎步克：《品位与职位——秦汉魏晋南北朝官阶制度研究》第二章，中华书局 2002 年版，第 72—122 页，《从爵本位到官本位——秦汉官僚品位结构研究》上编第二章，生活·读书·新知三联书店 2009 年版，第 33—87 页；顾江龙：《汉唐间的爵位、勋官与散官——品位结构与等级特权视角的研究》第二章第一节，博士学位论文，北京大学历史学系，2007 年，第 46—70 页；杨振红：《秦汉官僚体系中的公卿大夫士品位系统及其意义——中国古代官僚政治社会构造研究之一》，《文史哲》2008 年第 5 期；凌文超：《汉初爵制结构的演变与官、民爵的形成》，《中国史研究》2012 年第 1 期。

② 参见阎步克《从爵本位到官本位——秦汉官僚品位结构研究》上编第二章，第 45—87 页。

③ 也有学者更强调"秦爵是在周爵的基础上发展而来的，它的特点是同军制结合更紧"。李学勤：《东周与秦代文明》，上海人民出版社 2007 年版，第 162 页。

## 第三章 军队组建背景：爵制、法制下的社会身份

指公卿大夫士，外爵系统指公侯伯子男五等爵，① "至迟在战国中后期已形成公侯伯子男的外爵和公卿大夫士的内爵两套体系"。② 秦爵在商鞅创制之始，"明尊卑爵秩等级，各以差次名田宅，臣妾衣服以家次。有功者显荣，无功者虽富无所芬华"，③ 有意打破传统的世卿世禄。而加强王权、全面调动社会成员的初衷，也自然强调垂直的等级设计。然而，秦汉爵制并非一次形成。商鞅创制初始的这一结构特征，或许并不能代表二十等爵。

商鞅时爵制大体有卿、大夫、士三个分层，④ 而二十等爵不仅有驷车庶长等卿爵，还出现了关内侯、列侯。后者的晚出，自然与商鞅时君主尚且称公有关。但按内爵称，卿爵上应该是公爵的。但我们熟知的刘劭《爵制》却说：

> 自一爵以上至不更四等，皆士也。大夫以上至五大夫五等，比大夫也。九等，依九命之义也。自左庶长以上至大庶长，九卿之义也。关内侯者，依古圻内子男之义也。秦都山西，以关内为王畿，故曰关内侯也。列侯者，依古列国诸侯之义也。⑤

在"皆士""比大夫""九卿之义"之后，提到关内侯、列侯是"依古圻内子男之义""列国诸侯之义"，实际认为相关称谓是比附古诸侯的。而古诸侯对应的是外爵称。因而，这里有必要进一步追溯侯爵的出现。

商鞅曾以"法之不行，自于贵戚"，对太子犯禁亦无回避，"宗室多

---

① 阎步克：《从爵本位到官本位——秦汉官僚品位结构研究》上编第二章，第34—35页。又，外爵五等在西周春秋是否皆存虽尚有争议，但内、外爵概念可以涵盖相应内容，且它对王畿内官爵等级与分封诸侯等级的区分也大体合适，有助于分析的展开。
② 杨振红：《秦汉官僚体系中的公卿大夫士爵位系统及其意义——中国古代官僚政治社会构造研究之一》，第89页。
③ 《史记》卷六八《商君列传》，中华书局1982年点校本，第2230页。
④ 李学勤：《东周与秦代文明》，第162页。又，目前所见最高者为大良造。《商君书·境内》有"大庶长"，在五大夫下，左更下。旧说"大字疑原作犾，即'犬又'的合写，'犬又'即左右。犾以形似误为大。"（高亨：《商君书注译》，中华书局1974年版，第150页），恐难成立，古文字无此合文（李零：《〈商君书〉中的土地人口政策》，《古籍整理与研究》1991年第6期）。而对《秦本纪》"封鞅为列侯"条辨析，参见朱绍侯《军功爵制考论》，第35、181—182页。
⑤ 《续汉书·百官志五》注引。《后汉书》，中华书局1965年点校本，第3631页。

怨鞅"，以至孝公殁后，即被告以谋反，而遭车裂之诛。我们习知，"惠王即位，秦法未败也"。但商鞅被处死这一事件本身，却是由秦国宗室、贵戚发动，并得到惠文王支持的。故后者即位后的政策当会有所变化。按秦至惠文王始称王，而爵制序列并没有在卿爵上进而出现公爵。惠文王后九年（前316），司马错灭蜀，"贬蜀王更号为侯，而使陈庄相蜀"。① 侯称号的使用，值得注意。后十一年（前314），"公子通封于蜀"，② 后复封公子恽、公子绾为蜀侯。③ 蜀侯的相由中央任命，而故蜀部分地区改设为郡，另置郡守。昭襄王时，"封公子市宛，公子悝邓，魏冉陶，为诸侯"，④ 与"魏公子劲、韩公子长为诸侯"接近。⑤ 这些均与商鞅爵制的拜赐原则有异，而多是因亲封君传统的恢复与体现。⑥ 此后，范雎、吕不韦等因军功也得封侯。功臣侯的出现显示，爵制序列向上开始与侯衔接起来。爵制上端开始出现列侯、关内侯等侯爵。两类群体的重新并重，成为后来秦政的常态：

孝文王元年（前250），赦罪人，修先王功臣，褒厚亲戚，弛苑囿。

庄襄王元年（前249），大赦罪人，修先王功臣，施德厚骨肉而

---

① 《史记》卷七〇《张仪列传》，第2284页。

② 《史记》卷五《秦本纪》，第207页。《史记》卷一五《六国年表》"通"作"繇通"，第733页。常璩著，任乃强校注：《华阳国志校补图注》卷三《蜀志》"通"又作"通国"，上海古籍出版社1987年版，第128页。

③ 《史记》卷五《秦本纪》，第210页。《华阳国志校补图注》卷三《蜀志》"恽"作"恽"，第128—129页。学界多认为秦封三蜀侯为蜀王子弟（蒙文通：《巴蜀史的问题》，《四川大学学报》1959年第5期；蒋家骅：《秦蜀侯非秦人考辨》，《西南民族大学学报》1981年第1期；杨宽：《战国史料编年辑证》卷一〇，上海人民出版社2001年版，第519页；杨宽：《战国史》第八章，上海人民出版社2003年版，第355—366页），主要依据为武王无子，武王三年封"公子恽"不可能是武王子，昭王七年"封其子绾为蜀侯"不可能是昭王子。按：此解实与《华阳国志》"恽（即'恽'）后母害其宠，加毒以进王"所载抵牾。"公子恽"可能是惠文王子，昭王异母弟；而"绾"则为"恽"子，非昭王子。

④ 《史记》卷五《秦本纪》，第212页；同书卷七二《穰侯列传》作"乃封魏冉于穰，复益封陶，号曰穰侯"，第2325页。

⑤ 《史记》卷五《秦本纪》《索隐》曰"别封之邑，比之诸侯，犹商君、赵长安君然"，第210页。详细讨论参见杨宽《战国史料编年辑证》卷一三，第665—666页。

⑥ 汉初增设诸侯王，与列侯为二等，主要是与列侯中王子侯、外戚恩泽侯构成序列；二十等爵序列中的卿爵向上对应的主要是功臣侯。

## 第三章 军队组建背景：爵制、法制下的社会身份

布惠于民。①

秦统一后，李斯廷议且有"今海内赖陛下神灵一统，皆为郡县，诸子功臣以公赋税重赏赐之"语。② 秦惠文王已降，"先王功臣"与"亲戚""骨肉""诸子"往往连称并举，同时获得重视与强调。此看似平常，然循商鞅爵制之演进脉络言之，实有深意在焉。

列侯在秦汉时有封国食邑，所享特权明显与它爵有别。但从《商君书》"就为五大夫，则税邑三百家。……〔就为大良造〕。皆赐邑三百家，赐税三百家。爵五大夫，有税邑六百家者，受客"，③ 及汉初高帝五年诏"其七大夫以上，皆令食邑"来看，卿爵及某些大夫爵在秦及汉初曾经可以食邑。不过，《二年律令·置后律》又规定"疾死置后者，彻侯后子为彻侯，其毋适（嫡）子，以孺子□□□子。关内侯后子为关内侯，卿侯〈后〉子为公乘，【五大夫】后子为公大夫"（三六七）。④ 列侯、关内侯置后仍能保留原有爵位，但卿爵以下置后则要降爵两级。后子相应名田宅数量依《户律》同样降低两等。故大夫、卿爵在名田宅上虽与侯爵衔接，但权益仅止己身，推想早期食邑时期情形应当近似。侯爵"世爵"、世禄；卿、大夫爵后代食邑依爵而降，彼此区别明显。列侯封国食邑当源自战国的封君食邑制。战国各国因功、因亲封君，所封者无土地占有权、治民权，只享受租税。⑤ 这种封君虽与西周"授民授疆土"所分封诸侯不可同日而语，但前者渊源自后者，受后种传统的影响。所以我们看到，二十等爵除列侯金印紫绶外，一般只有关内侯有印。⑥

---

① 《史记》卷五《秦本纪》，第219页；又见《史记》卷六《秦始皇本纪》引《秦记》，第290页。
② 《史记》卷六《秦始皇本纪》，第239页。
③ "此句'爵五大夫'四字，疑是涉上文而衍。"高亨：《商君书注译》，第150页。
④ 彭浩、陈伟、工藤元男主编：《二年律令与奏谳书——张家山二四七号汉墓出土法律文献释读》，上海古籍出版社2007年版，第235页。
⑤ 崔适：《史记探源》卷三，张烈点校，中华书局1986年版，第52—53页；杨宽：《战国史》第六章，第259—269页；柳春藩：《秦汉封国食邑赐爵制》，第7—14页。
⑥ 栗原朋信：《秦漢史の研究》，吉川弘文馆1960年版，第170—173页；罗福颐编：《汉印文字徵》，文物出版社1978年版，第五，叶十二，第十二，叶四；李芳芝：《沁阳县出土一方关内侯金印》，《中原文物》1980年第4期；王倚平：《古印中一枝奇葩——湖北省博物馆馆藏汉印》，《江汉考古》2003年第2期。

223

关内侯除特赐而得食邑外，一般仅有爵号。① 有意见认为其应属官爵而非贵族爵。② 按始皇二十八年（前219）东巡，刻石琅琊，有"列侯武城侯王离、列侯通武侯王贲、伦侯建成侯赵亥、伦侯昌武侯成、伦侯武信侯冯毋择"。③ "伦侯"，据里耶秦简8-461木牍"内侯为轮（伦）侯"（正面 第二栏），④ 即关内侯，且为秦统一后的正称。关内侯附于列侯，当从上属。汉末王莽改革爵制，"当赐爵关内侯者更名曰附城"。⑤ 这一受西汉后期复古思潮影响下的爵名变更，实以今文经为基础，而兼采古文。⑥ 王莽上书提到"今制礼作乐，实考周爵五等，地四等，有明文。殷爵三等，有其说，无其文"。"殷爵三等"之说，王先谦引苏舆说，言出自今文；⑦ 而实行周爵五等及附城，除《礼记·王制》"天子之田方千里，公侯田方百里，伯七十里，子男五十里。不能五十里者，不合于天子，附于诸侯，曰附庸"所载外，还见于《孟子·万章》《春秋繁露·爵国》等篇，⑧ 亦属今文说。王莽复五等爵只是以列侯为基础，分而建之；"附城"即"附庸"，⑨ 则以关内侯为之，显示侯爵原本具有的外爵属性。⑩ 而以关内侯为古之"附庸"的认识，稍早即已出现。汉元帝时，韦玄成袭父韦贤列侯爵，后获罪被降为关内侯，作诗有"惟我小子，不肃会同，婧彼车服，黜此附庸"，"赫赫显爵，自我队之；微微附庸，自我招之"之叹，⑪ 反映出当时社会的普遍理解。

由上，列侯与关内侯所构成的侯爵，可以世袭，享受"世禄"，仍带

---

① 《史记》卷九《吕太后本纪》《集解》引如淳曰"列侯出关就国，关内侯但爵其身，有加异者，与关内之邑，食其租税也"，第406页。
② 朱绍侯：《军功爵制考论》，第378—387页。
③ 《史记》卷六《秦始皇本纪》，第246页。
④ 陈伟主编，何有祖、鲁家亮、凡国栋撰著：《里耶秦简牍校释（第一卷）》，武汉大学出版社2012年版，第156页。按最初发表编号为8-455。
⑤ 《汉书》卷九九上《王莽传上》，中华书局1962年点校本，第4089页。
⑥ 杨天宇：《论王莽与今古文经学》，《文史》2000年第4辑，第41—42页。
⑦ 王先谦：《汉书补注》，中华书局1983年影印本，第1692页。
⑧ 杨伯峻：《孟子译注》，中华书局1960年版，第235页；苏舆：《春秋繁露义证》，钟哲点校，中华书局1992年版，第234—235页。
⑨ 王先谦：《汉书补注》引《项氏家说》，第1692页。
⑩ 章太炎亦认为"关内侯者，其制亦放于周"，并据《管子·小匡》《墨子·号令》言"本制起于附庸之君，在封疆之中，故曰关内；犹有君长之位，故谓之侯"。《太炎文录初编》卷一《封建考》，收入《章太炎全集》（四），上海人民出版社1985年版，第112页。
⑪ 《汉书》卷七三《韦贤传》，第3111、3112页。

有一定的传统贵族色彩。它们与源自内爵的卿、大夫、士爵不同，最初是由外爵系统发展而来。这个意义上说，军功爵创制之初，针对五等爵而具有明显的内爵性质；但进一步形成的二十等爵，在卿大夫士爵秩序列上迭加侯爵，则实际糅合了内爵、外爵两套系统。在强调功绩制的同时，上端则保留了"世爵"世禄的特征。对爵制结构的这一定位，有助于我们探讨爵制分层的演进与后来五等爵的复兴。

## 二 秦及汉初两种爵制分层的并存及特征

以往研究秦汉爵制，多采刘劭《爵制》侯、卿、大夫、士四分层。但自张家山汉简《二年律令》公布后，学界略有调整：公大夫、官大夫、大夫被划入士一层，大夫一层只保留了五大夫、公乘两级。① 这里从基础材料入手，观察秦至汉初相关爵制分层的特征。

公乘（8）—公大夫（7）。将大夫、士分层调整至此处，主要据《二年律令·户律》依爵位名田宅时，公乘与公大夫间存在较明显级差。然而，除此规定外，附丽于爵位的赋役、刑罚、置后等，分界多非在此；且《傅律》"公乘、公大夫子二人为上造，它子为公士"，尚对公乘、公大夫不为后者所傅爵位做了合并性规定。此调整还可讨论。

大夫（5）—不更（4）。秦爵中，不更与大夫"之间是一大门坎，不是轻易可以跨越的"。② 而在汉初，附丽于爵位的权益要素除名田宅外，尚涉及傅籍、睆老、免老、置后等多项，《二年律令》所涉分层实际多在大夫处，如：

> 其斩一人若爵过大夫及不当拝（拜）爵者，皆购之如律。（《捕律》一四九）
> 
> □□□□令不更以下更宿门。（《户律》三〇九）
> 
> 大夫以上【年】九十，不更九十一，簪裹九十二，上造九十三，公士九十四，公卒、士五（伍）九十五以上者，禀鬻米月一石。

---

① 李均明：《张家山汉简所反映的二十等爵制》，《中国史研究》2002年第2期；尹在硕：《睡虎地秦简和张家山汉简反映的秦汉时期后子制和家系继承》，《中国历史文物》2003年第1期。

② 高敏：《秦的赐爵制度试探》，《秦汉史论集》，第20—21页；杜正胜：《编户齐民——传统政治社会结构之形成》第八章，第335—339页。

（《傅律》三五四）

大夫以上年七十，不更七十一，簪褭七十二，上造七十三，公士七十四，公卒、士五（伍）七十五，皆受仗（杖）。（《傅律》三五五）

大夫以上年五十八，不更六十二，簪褭六十三，上造六十四，公士六十五，公卒以下六十六，皆为免老。（《傅律》三五六）

不更年五十八，簪褭五十九，上造六十，公士六十一，公卒、士五（伍）六十二，皆为睆老。（《傅律》三五七）

不更以下子年廿岁，大夫以上至五大夫子及小爵不更以下至上造年廿二岁，卿以上子及小爵大夫以上年廿四岁，皆傅之。（《傅律》三六四）

简一四九针对捕斩盗贼的军功拜爵，明确提到"爵过大夫""购之如律"。简三〇九提到的"更宿门"，属与正役相对的地方杂役。"不更以下更宿门"，实与简三五七"睆老"年龄依爵而定且仅言及不更，可以对应。即不更以下才有"睆老"，需服半役；大夫以上是不用的。大夫实为服半役与否的重要分界。① 前引《户律》涉及受稟鬻米、受杖、免老、傅籍，分界亦在大夫处。而高帝五年诏"军吏卒会赦，其亡罪而亡爵及不满大夫者，皆赐爵为大夫"，对无爵无罪的汉军吏卒皆赐大夫爵，以示特别优宠；"故大夫以上赐爵各一级"，同样显示这一情形。

无论秦代，还是汉初，大夫、士爵分界仍应以大夫、不更处为宜。② 力役之征，与爵制关系密切。当时徭役分派，相当程度是从属于爵位的。此外，当时爵制还存在细部分层，如大夫爵内的公大夫、官大夫；士爵内的不更与上造，上造与公士间。公卒、士伍等无爵者与司寇、隐官又构成爵制下端的衔接外延。③

至于爵制中官、民爵分层这一时期似乎也已出现。所谓"官、民爵"

---

① 相关参见本书第四章第一节。
② 名田宅规定上公乘处的变化，邢义田视作上大夫、下大夫间的分界。邢义田：《张家山汉简〈二年律令〉读记》（原刊《燕京学报》新15期，2003年），修订稿收入所著《地不爱宝：汉代的简牍》，中华书局2011年版，第178页。
③ 里耶秦简还出现有"小上造"等小爵，"大夫寡""上造寡""大夫子"等户人身份（张春龙：《里耶秦简所见的户籍和人口管理》，第190—191页），显示当时爵制纵向延伸同时，相关功能还存在一定的横向扩展。

## 第三章 军队组建背景：爵制、法制下的社会身份

严格来说是指"赐官爵""赐民爵"。即国家赐爵时，予六百石以上官员五大夫以上爵，六百石以下吏、民公乘以下爵。汉代爵制中，相关情形较为突出。[①] 至于秦爵制，前引《商君书·境内》提到"〔故爵公乘〕，就为五大夫，则税邑三百家。故爵五大夫，〔就为大庶长。故大庶长，就为左更。故四更也，就为大良造〕。[②] 皆赐邑三百家，赐税三百家。爵五大夫，有税邑六百家者，受客"。[③] 早期军功爵中，五大夫作为大夫爵最高者，得"税邑三百家"，与公乘以下有较明显差别。

睡虎地秦简《法律答问》又记：可（何）谓"宦者显大夫?"·宦及智（知）于王，及六百石吏以上，皆为"显大夫"（一九一）。整理者注："《汉书·惠帝纪》：'爵五大夫、吏六百石以上，及宦皇帝而知名者，有罪当盗械者皆颂系。'与本条可参看。""显大夫"出现于作为秦法解释的《法律答问》中，当时已为一固定用语，且所指与"爵五大夫"以上者对应。阎步克曾对《法律答问》与惠帝诏所涉爵、吏、宦身份有精彩研究，并做有列表：

表3—1　　　　　　　秦及汉初爵、吏、宦对照表

| 爵 | 吏 | 宦 |
| --- | --- | --- |
| 五大夫以上爵 | 六百石以上吏 | 宦皇帝而知名者 |
| 五大夫以下爵 | 六百石以下吏 | 宦皇帝而尚未知名者 |

资料来源：阎步克：《从爵本位到官本位——秦汉官僚品位结构研究》，第384页。

更清晰呈现出秦及汉初的这一分层。卫宏《汉旧仪》叙爵制"赐爵九级为五大夫。以上次年德为官长将率"，[④] 将爵与军职对应，应是较早的秦制反映。而《史记·秦本纪》提及秦国在朝官员与领兵将帅，爵位也主

---

[①] 《汉官旧仪》"汉承秦爵二十等，以赐天下"以下，具体胪列所"赐爵"为公士至五大夫诸种。卫宏撰、纪昀等辑：《汉官旧仪》，收入孙星衍等辑《汉官六种》，周天游点校，中华书局1990年版，第51—52页。而西嶋定生进一步将民爵中"特授与吏者，称吏爵"，实际细化作官、吏、民爵。《中国古代帝国的形成与结构——二十等爵制研究》第一章第三节，武尚清译，中华书局2004年版，第88页。
[②] 高亨：《商君书注译》，第149页。
[③] "此句'爵五大夫'四字，疑是涉上文而衍。"高亨：《商君书注译》，第150页。
[④] 孙星衍等辑：《汉官六种》，周天游点校，第52页。

227

要为五大夫以上。① 前引琅琊刻石所题随臣有"五大夫赵婴、五大夫杨樛";同年,始皇上泰山行封禅事,"下,风雨暴至,休于树下","因封其树为五大夫"。② 睡虎地秦简《封诊式·黥妾》还提到"某里公士甲缚诣大女子丙,告曰:"某里五大夫乙家吏。丙,乙妾殹(也)。乙使甲曰:丙悍,谒黥劓丙"(四二、四三),五大夫有所诉讼,不必亲至县廷,只派家吏代为办理。有学者指出"秦只是沿袭周制而已",并引《周礼·秋官·小司寇》"凡命夫命妇,不躬坐狱讼"。③ 而孙诒让以"命夫""皆据王臣而言",并举《左传》襄公十年王叔与伯舆争政事,当时实际出席者,为"王叔之宰与伯舆之大夫瑕禽",即各自家臣与属大夫"坐狱于王庭"。④ 而针对六百石官吏的赐夺爵,这时也有出现。如吕不韦死,"窃葬。其舍人临者,晋人也逐出之;秦人六百石以上夺爵,迁;五百石以下不临,迁,勿夺爵";⑤ 刘邦击燕王卢绾,曾令"燕吏民非有罪也,赐其吏六百石以上爵各一级"。由上,汉代官、民爵的分层,秦代可能已经存在。

秦汉帝国的"爵—秩体制""含有一种'二元性'","爵、秩疏离,依爵不能起家,爵、秩间缺乏一体性和可比性"。⑥ 秦及汉初在重爵取向下,侯卿大夫士分层占据主导,官、民爵分层在前者映照下并不突出。

## 三 附丽爵制之要素脱离与官、民爵分层的凸显

西汉政治转入守成后,爵制运作有新变化,即国家开始多次赐官、吏、民爵。相对于功绩制性质,爵制所体现的身份管理色彩更为突出。⑦ 那么,爵制分层怎样从侯卿大夫转变为官、民爵为主导的呢?这应从附丽于爵制各权益要素的变化来考虑。秦及汉初,相关权益要素主要有三:(1)土地(名田宅、置后);(2)赋役(傅籍、免老、睆老等);(3)

---

① 爵为五大夫者,即有"五大夫礼""五大夫贲""五大夫王陵"及公孙竭等。马非百:《秦集史·封爵表》,中华书局1982年版,第881—889页。
② 《史记》卷六《秦始皇本纪》,第246、242页。
③ 于豪亮:《秦律丛考》,收入《于豪亮学术文存》,中华书局1985年版,第143页。
④ 孙诒让:《周礼正义》卷六六,王文锦、陈玉霞点校,中华书局1987年版,第2768—2769页。
⑤ 《史记》卷六《秦始皇本纪》,第231页。
⑥ 阎步克:《从爵本位到官本位——秦汉官僚品位结构研究》上编第二章,第86页。
⑦ 阎步克:《从爵本位到官本位——秦汉官僚品位结构研究》上编第二章,第63—69页。

## 第三章 军队组建背景：爵制、法制下的社会身份

刑罚。

作为"普遍授田制度的延续"，① 秦及汉初曾存在以"户人"爵位高低向国家申报占有相应等级田宅的制度。② 规定本身具有限制名田逾制，保障各有爵者实际经济利益的作用。以爵位名田宅至文帝时大体已发生变化，哀帝时师丹上书曾追述：

> 孝文皇帝承亡周乱秦兵革之后，天下空虚，故务劝农桑，帅以节俭。民始充实，未有并兼之害，故不为民田及奴婢为限。③

"不为民田及奴婢为限"，即指对民众名田宅已不设等级限制。晁错在文帝时又曾建议入粟拜爵，其中谈到：

> 令民入粟受爵至五大夫以上，乃复一人耳，此其与骑马之功相去远矣。爵者，上之所擅，出于口而亡穷；粟者，民之所种，生于地而不乏。④

《通鉴》系此事于文帝前十二年（前168）。⑤ "入粟受爵"自秦已有，不宜单从导致爵制轻滥着眼，而应联系调节财政、充实边塞、平抑贫富的施政初衷。而汉初可得食邑的五大夫，此时权益变为"乃复一人"。景帝三年（前154），吴王濞反叛，"遗诸侯书"又提到：

> 其小吏皆以差次受爵金。佗封赐皆倍军法。其有故爵邑者，更益

---

① 张金光：《普遍授田制的终结与私有地权的形成——张家山汉简与秦简比较研究之一》，《历史研究》2007年第5期。
② 朱绍侯：《军功爵制考论》，第242—254、285—320页；高敏：《从张家山汉简〈二年律令〉看西汉前期的土地制度——读〈张家山汉墓竹简〉札记之三》（原刊《中国经济史研究》2003年第3期），收入所著《秦汉魏晋南北朝史论考》，中国社会科学出版社2004年版，第126—135页；杨振红：《出土简牍与秦汉社会》第四章，广西师范大学出版社2009年版，第126—163页；于振波：《张家山汉简中的名田制及其在汉代的实施情况》，《中国史研究》2004年第1期，第29—40页。
③ 《汉书》卷二四上《食货志上》，第1142页。
④ 《汉书》卷二四上《食货志上》，第1134页。
⑤ 《资治通鉴》卷一五《汉纪七》"文帝前十二年（前168）"，中华书局1956年点校本，第494页。

勿因。愿诸王明以令士大夫，弗敢欺也。①

此属吴王颁布的军功爵赏令，因功拜爵同样不及田宅赐予，而以金钱代之。② 又，西汉赐予卿爵者不少，③ 但如卜式事例：

> 天子乃思卜式之言，召拜式为中郎，爵左庶长，赐田十顷，布告天下，使明知之。④

赐爵时兼及赐田则很少见，且"赐田十顷"与《二年律令·户律》"左庶长七十四顷"（三一一）相较，数量较为悬殊。由上推之，文帝以降或不再推行名田宅。

《二年律令》中受杖等优抚均与爵制有关，而傅、免老等更是如此。先说傅籍。秦汉兵役与徭役的役龄段一致，"傅"成为国家起征徭役、兵役的双重依据。⑤《二年律令·傅律》对有爵、无爵者、司寇、隐官后子傅籍及子不为后者傅籍的年龄，均有具体规定。傅龄直接取决于爵级高低。而至景帝时，始傅年龄出现调整：

> 二年春，封故相国萧何孙系为武陵侯。男子二十而得傅。⑥

据《傅律》，"卿以上子及小爵大夫以上" 24 岁傅，"大夫以上至五大夫子及小爵不更以下至上造" 22 岁傅，"不更以下子" 20 岁傅。而"公士、公卒及士五（伍）、司寇、隐官子，皆为士五（伍）"，可能亦 20 岁而傅。⑦ 景帝这一统一傅龄的诏令，实际使原本附丽于爵制的要素从中脱

---

① 《史记》卷一〇六《吴王濞列传》，第 2829 页。
② 李开元：《汉帝国的建立与刘邦集团：军功受益阶层研究》第一章，生活·读书·新知三联书店 2000 年版，第 50 页。
③ 《汉律摭遗》卷一一"夺爵为士伍"条，沈家本：《历代刑法考》，邓经元、骈宇骞点校，中华书局 1985 年版，第 1582 页。
④ 《史记》卷三〇《平准书》，第 1431 页。
⑤ 张荣强：《汉唐籍帐制度研究》，商务印书馆 2010 年版，第 37—42 页。
⑥ 《史记》卷一一《孝景本纪》，第 439 页；《汉书》卷五《景帝纪》时间作"二年冬十二月"，第 141 页。
⑦ 张荣强：《汉唐籍帐制度研究》，第 46 页。

## 第三章 军队组建背景：爵制、法制下的社会身份

离。《盐铁论》卷四《未通》御史曰：

> 今陛下哀怜百姓，宽力役之政，二十三始赋，五十六而免，所以辅耆壮而息老艾也。①

昭帝始元年间宽力役之征，始有《汉旧仪》径以为西汉通制的 23 岁始傅。汉初卿爵后子为公乘，"卿以上子"，即公乘 24 岁始傅，昭帝调整后的傅籍年龄则较此为低。②

一般来说，傅籍不受爵位影响而统一规定，当是民爵泛授、爵位轻滥的自然发展。景帝"二十始傅"新规选取的是依爵傅籍的最低年龄标准，值得注意。但倘若当时授爵已至轻滥，统一标准当就高不就低才是。故当时编户民仍应以低爵、无爵者为主。细按汉初"赐民爵"记录，高祖后惠帝 2 次，高后 1 次，文帝 2 次，景帝则至 8 次。而二年诏颁布时，景帝只赐爵 1 次。故频繁赐爵，实在统一规定作出之后。

至于役龄另一端的免老、睆老，虎溪山汉简记：

> 不更五十九人，其二人免老，一人睆老，十三人罢癃（癃）。（M1T:43－100）③

"脘老"即睆老。该墓下葬于文帝后元二年（前 162），免役、睆老尚据爵位。昭帝时，睆老年龄统一调整至 56 岁，免老 60 岁，此要素同样从爵制脱离。

傅、免老、睆老规定变化的另一面，是较为独立的赋役制度建立。这与土地制度的变化虽缘由易趣，但对爵制分层的影响却是相同的。

刑罚方面。《二年律令·贼律》"皆锢，令毋得以爵偿、免除及赎"（三八），《奏谳书》"毋得以爵减、免、赎"（七二、七三），显示依爵可偿债及"减、免、赎"罪。前引《具律》简八二即属依爵减罪；而《具律》

---

① 王利器校注：《盐铁论校注》（定本）卷三，中华书局 1992 年版，第 192 页。
② 《傅律》为后者以"不更至上造子为公卒"（三六〇），而景帝的傅籍调整，则使公卒在爵制下延的位阶意义丧失。这一身份在之后的文献中也很少出现了。
③ 湖南省文物考古研究所等：《沅陵虎溪山一号汉墓发掘简报》，《文物》2003 年第 1 期，第 50 页。

"公士、公士妻及老行年七十以上，若年不盈十七岁，有罪当刑者，皆完之"（八三），① 及《奏谳书》"当黥公士、公士妻以上，完之"，提到当黥为城旦舂者，耐为城旦舂，② 则体现依爵免除肉刑。③ 文帝时废除肉刑，对附丽于爵制的法律要素多有影响，但与经济要素的脱离有所不同。

总之，随着国家授田寝废，新赋役制度建立，名田宅、傅、免老、睆老、受禀鬻米、受杖等要素逐渐从爵制脱离，爵制的实际功能下降。除侯爵因外爵属性而与卿爵分层得以保存外，卿、大夫、士爵间的分界日渐模糊。与上述分层的黯淡相映，则是官、吏、民爵分层的凸显。伴随汉代以来禄秩扩张，吏之群体的上升，④ "爵—秩体制"开始向重官取向发展。六百石以上官吏在赋税、徭役、司法上就享有很多特权。

### 四　东汉爵制分层的继续发展与五等爵复兴

官、民爵成为爵制主导分层后，分层内的各自演进仍在继续。

列侯在东汉划分更为具体。除县、乡、亭侯外，依位次礼遇又有特进、朝侯、侍祠侯、猥诸侯之别。一般认为，东汉列侯食邑的特权要更大些，绍封者的待遇也有提高。⑤ 至于关内侯，《二年律令·户律》"自五大夫以下，比地为伍，以辨券为信，居处相察，出入相司"（三〇五）的状况，至昭帝时，已变为"故今自阙内侯以下，比地于伍，居家相察，出入相司"。⑥ "阙"，四部丛刊景明嘉靖本作"關"。如所记不误，昭帝以后仅有爵号者已被纳入民伍。哀帝时限占奴婢，要求"诸侯王奴婢二百人，列侯、公主百人，关内侯、吏民三十人"，⑦ 关内侯就与吏民同一标

---

① 释文修订据何有祖《张家山汉简〈具律〉缀合一则》，简帛网，2010 年 10 月 4 日，http://www.bsm.org.cn/show_article.php?id=1316。

② 这里，"完"皆为"耐"的含义，参见韩树峰《秦汉律令中的完刑》，《中国史研究》2003 年第 4 期，第 52—54 页；韩树峰《耐刑、徒刑关系考》，《史学月刊》2007 年第 2 期，第 23 页。又参见所著《汉魏法律与社会——以简牍、文书为中心的考察》第一章，社会科学文献出版社 2011 年版，第 1—24 页。

③ 有学者已注意此问题，但认为秦汉"用爵可以减免的对象刑罚也仅限于死刑和肉刑"，恐欠全面。富谷至：《秦汉刑罚制度研究》第四编，柴生芳、朱恒晔译，广西师范大学出版社 2006 年版，第 193—225 页。

④ 阎步克：《品位与职位——秦汉魏晋南北朝官阶制度研究》第二章，第 95—112 页；阎步克：《从爵本位到官本位——秦汉官僚品位结构研究》下编第一章，第 285—341 页。

⑤ 柳春藩：《秦汉封国食邑赐爵制》，第 167—186 页。

⑥ 《盐铁论·周秦》"御史曰"。王利器校注：《盐铁论校注》（定本）卷一〇，第 584 页。

⑦ 《汉书》卷二四上《食货志上》，第 1143 页。

## 第三章　军队组建背景：爵制、法制下的社会身份

准，成为一档。不过，关内侯除大臣因功受封外，两汉尤其东汉多来自外戚、功臣子弟绍封及列侯因罪削爵，地位仍然较高。安帝、桓帝、灵帝鬻卖爵、官，关内侯就名列其首。

而卿爵状况有所不同。卿爵包括左庶长至大庶长九级爵位，占二十等爵几近一半，作为酬奖的高爵所在，原设计作用当十分重要。然自汉初以来，此爵层即呈现出某种"早衰"特征。《二年律令》中涉爵规定多言具体爵位，唯卿爵以"卿"的统称面目出现。《置后律》后子袭爵，"卿侯〈后〉子为公乘"（三六七）。卿爵作为整体而降两等继承，这与其他爵层明显不同。《傅律》"卿以上子"24岁傅，不为后而傅者，"卿子二人为不更，它子为上造"的规定同样反映这点。卿爵内各爵位的分等作用不明显。而《户律》依爵名田宅时，卿爵各爵少见地被逐一罗列。以名田为例（名宅数量值与此同）：

> 大庶长九十顷，驷车庶长八十八顷，大上造八十六顷，少上造八十四顷，右更八十二顷，中更八十顷，左更七十八顷，右庶长七十六顷，左庶长七十四顷。五大夫廿五顷，公乘廿顷，公大夫九顷，官大夫七顷，大夫五顷，不更四顷，簪褭三顷，上造二顷，公士一顷半顷，公卒、士五（伍）、庶人各一顷，司寇、隐官各五十亩。（三一〇至三一二）

卿爵内部由高到低依次递减2顷、2宅。联系五大夫至公乘在25顷、25宅基础上递减5个单位，公大夫至司寇、隐官，在9顷、9宅基础上递减2—0.5个单位，卿爵在90顷、90宅基础上仅依次递减2个单位，分等作用仍不突出，激励意味不明显。参以秦及汉初的赐爵情况，这或与它获得者有限，应用场合不多有关。由于卿爵实为官、民爵中的官爵主体，则官爵序列的衰落早于吏、民爵。①

当然，武帝以来多次"赐官爵"，爵位相关权益至少还有免役一项。

---

① 《汉书》卷九七上《外戚传上》记后宫女官称号，提到元帝时相对于官员、爵制的视秩、比爵情形。西嶋定生已注意到"视秩的次序虽然完备，在比爵的场合则十四级的右更、第十七级的驷车庶长、第十八级的大庶长都是空缺"，同时并申说"在汉代，几乎检索不出驷车庶长、大上造、少上造、右更等之爵称的实例"。《中国古代帝国的形成与结构——二十等爵制研究》第一章第三节，第93页。

前言惠帝时，六百石以上官吏"家唯给军赋，他无有所与"，附丽于职位的权益已能满足所需。但禄秩从属于职位，免役亦然；而爵位是跟人走的，故官员一旦离职、致仕，可凭爵位保障相应权益。相对赐吏、民爵只言级数多少，赐官爵如上引则多提及具体爵位。这种差异再次显示：官爵层内的位阶序列丧失走在了民爵的前面。东汉以降，列侯、关内侯以下的官爵，功能进一步丧失。赐民爵同时，国家不再行赐官爵，卿爵逐步退出历史舞台。①

西汉"赐民爵"言及级数，且"赐吏爵"特意较"赐民爵"多赐1级，②则民爵的位阶序列尚有功能。至于当时爵位的分布，《汉书》宣帝元康四年（前62）"诏复家"材料可供参考。宣帝曾复除文、景及武帝时失去"列侯"的功臣贵族后代的徭赋。③这一群体在"复家"前的爵称情况如下：

表3—2　　　　西汉宣帝"诏复家"群体旧有爵位表

| 公士 | 上造 | 簪袅 | 不更 | 大夫 | 官大夫 | 公大夫 | 公乘 | 五大夫 | 官首 | 秉铎 | 士伍 | 小计 |
|---|---|---|---|---|---|---|---|---|---|---|---|---|
| 31 | 13 | 12 | 9 | 20 | 2 | 3 | 29 | 1 | 1 | 1 | 2 | 124 |

资料来源：西嶋定生：《中国古代帝国的形成与结构——二十等爵制研究》，武尚清译，第277页。

上述共124例。其中，士伍2例，民爵从公士至公乘各级皆有，而以公士、大夫、公乘居多，官爵的五大夫尚有一例。另外，还出现了武功爵第5、6级的"官首""秉铎"。按"千夫如五大夫"，④亦属低爵序列。联系里耶秦简、张家山汉简《奏谳书》出现的民爵状况，西汉后期的赐爵尚未至轻滥失控状态。

进入东汉，不再有针对性的赐吏爵。赐民爵一次即予数级，又特别强

---

① 官爵中五大夫作为分界爵位在东汉尚存，参见罗新《试论曹操的爵制改革》，《文史》2007年第3辑，第54页。
② 专门性"赐吏爵"目前见于宣帝、元帝时期，有7次。《汉书》卷八《宣帝纪》，第254—255、257—259页；《汉书》卷七《元帝纪》，第287—288页。
③ 王子今：《西汉长安居民的生存空间》，《人文杂志》2007年第2期，第150—158页；王子今：《论元康四年"诏复家"事兼及西汉中期长安及诸陵人口构成》，井上彻、杨振红编《中日学者论中国古代城市社会》，三秦出版社2007年版，第68—94页，则有不同意见。
④ 《史记》卷三〇《平准书》，第1423页。

## 第三章 军队组建背景：爵制、法制下的社会身份

调"爵过公乘，得移与子若同产、同产子"。这时吏爵的衰落，亦意味着民爵功能的式微。爵位的身份意义开始出现较大变化。① 换言之，吏民一体化的同时，民爵向等齐化发展。②

由上而言，官、民爵分层在西汉至东汉的演进中，官爵中卿爵逐渐衰落，吏爵式微，民爵日益等齐化，只有属官爵的列侯、关内侯仍在发挥作用。《续汉书·百官志五》记东汉爵制只言及列侯、关内侯的状况，值得注意。因为列侯、关内侯是侯卿大夫士分层中的侯爵，在二十等爵中属外爵系统，具有贵族色彩。东汉民爵分等作用渐失下，属外爵的侯爵功能仅存。这使爵制所呈现的分层开始从官、民向贵族、平民的方向发展，承秦之制正为法周之统所盖过。而这，或能为认识魏晋时期的官僚贵族化提供某些参考。曹魏爵制改革，以侯爵为基础，建立新的六等爵，而晋初则在列侯上增设五等爵。"司马昭的五等爵本质上仍然是皇权体制下的赐爵，绝不是西周宗法体制下的封建"，③ 但爵制结构这一向外爵称发展的转向，却不宜忽视。秦汉爵制的构成与分层演进正揭示了这一历史轨迹。

关于秦汉军队组建背景，即社会身份结构的变动情况，则以爵制、刑罚身份尤为重要。这涉及爵制、法制与军制的关系。秦汉爵制并非一次形成。从商鞅创制到二十等爵确立，有一个逐步发展的过程。二十等爵是在卿大夫士爵序列上进一步叠加侯爵，实际糅合了内爵、外爵两套系统。秦及汉初，"侯卿大夫士"与"官、民"两种爵制分层均存，重爵取向下前一种分层更为发达。徭役与爵制关系密切。伴随"爵—秩体制"中重官取向的发展，附丽爵制的权益要素脱离，后一分层渐为主导。东汉爵制分层的随后演进中，卿爵衰落，吏爵式微与民爵等齐化，使外爵性质的列侯、

---

① 故东汉初年王充有"赐民爵八级，何法"之问，王粲《爵论》更言"近世赏人，皆不由等级"，"今爵事废矣，民不知爵者何也。夺之民亦不惧，赐之民亦不喜。是空设文书而无用也"。黄晖：《论衡校释》卷一二《谢短》，中华书局1990年版，第572页；《太平御览》卷一九八《封建部一》，中华书局1960年影印本，第954页下栏；《艺文类聚》卷五一《封爵部》"总载封爵"条，上海古籍出版社1999年版，第916页。

② 秦汉爵位继承在傅籍之时，故有爵者即已傅者，这为国家征发徭役、兵役实际提供了参考。而走马楼吴简"吏民簿"所见只有公乘与士伍。其中，拥有公乘爵位者在各年龄分层中均有存在，特别是9岁以下（57例）、10—14岁（54例）、15—19岁（43例）年龄段内的大量存在［统计见永田拓治《長沙呉簡にみえる公乘・士伍について》，《長沙呉簡研究報告》（2008年特刊），2009年，第33页］，说明孙吴时期民爵在上述层面的意义也在丧失。

③ 罗新：《试论曹操的爵制改革》，第61页。

关内侯功能突出。爵制结构向外爵的这一转向，为认识五等爵复兴的魏晋爵制改革提供了线索。

## 第二节　秦及汉初的司寇与徒隶

### 一　引言

秦汉帝国建立初期，社会呈现较为严格的等级化特征。[①] 以往探讨秦及汉初的身份秩序与社会结构，特别强调二十等爵。功赏使用整齐序列化位阶，各种权益要素附丽于爵位，确使这一时期爵制的制度影响颇为突出。但功赏、刑罚相辅相成，秦及汉初的刑罚体系下，当时还存在数量较为可观、身份相对稳定的徒隶、司寇。[②] 国家日常中往往通过役使他们来完成各种工作。[③] 在刑罚等级、法律身份之外，他们所具有的社会身份、阶层意义，同样值得关注。[④] 重视这一群体，并将其纳入整体的系统中考察，有望对相关问题有更好的认识。

需要指出，学界惯用的"刑徒"一语，实际较少见于秦及汉初的传世与出土文献。此时期法律用语"刑"，特指施加肉刑。而刑罚序列中，

---

[①] 峄山刻石云"贵贱分明"，琅邪刻石云"尊卑贵贱，不踰次行"，会稽刻石云"贵贱并通，善否陈前，靡有隐情"。《史记》卷六《秦始皇本纪》，中华书局1982年点校本，第243、245、262页。

[②] 秦及汉初刑期问题的学术回顾及新近探讨，参见籾山明《中国古代诉讼制度研究》第五章，李力译，上海古籍出版社2009年版，第201—238页。

[③] 吴荣曾：《胥靡试探——论战国时的刑徒制》（原刊《中国史研究》1980年第3期），收入所著《先秦两汉史研究》，中华书局1995年版，第148—161页。

[④] 关于司寇、隶臣妾、鬼薪白粲、城旦舂，秦汉法制史研究一直有"劳役刑"与"身份刑"的不同认识（相关参见富谷至《秦汉刑罚制度研究》，柴生芳、朱恒晔译，广西师范大学出版社2006年版）。另有一些学者使用"徒刑"概念（陶安あんど：《秦漢刑罰体系の研究》，創文社2009年版；韩树峰：《汉魏法律与社会——以简牍、文书为中心的考察》，社会科学文献出版社2011年版。其中，陶安所用"徒刑"实指身份刑，与韩树峰所用概念仍有所不同）。这一时期的相关量刑，实同时具有"劳役刑""身份刑"双重特征，且后一特征更为突出。下文讨论即权用"身份刑"一语。当然，从文帝改革后刑罚制度发展趋势看，又"存在一个从身份到劳役的过程"。鉴于"劳役刑""身份刑"问题复杂，本节不在法制史层面开展分析，而更强调徒隶相关的社会身份特征。这里"社会身份"，不取仅与"自然身份"相对的宽泛概念，而指国家法定的社会等级身份。

司寇、隶臣妾等附加刑多称"耐",实多与"完"同义。① 当时更多使用"徒""徒隶""隶徒"等用语。故"刑徒"概念恐无法涵盖司寇至城旦舂全部群体。这里在讨论秦及汉初的相关问题时,不同以往论述,而慎重使用"刑徒"一语。

以往将秦汉"刑徒"作为综合群体的考察较多。② 对"刑徒"内部的关注,也较多从法制史角度着眼,集中于刑罚等级本身。③ 隶臣妾与城旦舂、鬼薪白粲之间究竟存在怎样的差异,并不十分清楚。因此,这个看似较为明晓的问题,实际有不少工作有待开展。近年,越来越多学者关注此问题,并取得了相当推进。④ 不过,如何在分析相关群体时,实现更系统的把握,仍然是目前需要努力的方向。

新公布里耶秦简为相关思考提供了很多重要线索。已发表秦汉律令简对形成相关具体认识也多有帮助。这些均成为相关探讨的史料支撑。此外,唐代社会身份低于平民群体中,隶属官府一系由高到低有"杂户"、"官户"(亦称"番户")与"官奴婢"。各自特征及差异,学界多有涉

---

① 此阶段"完""耐"含义的相关讨论,参见韩树峰《秦汉律令中的完刑》,《中国史研究》2003年第4期,第52—54页;《耐刑、徒刑关系考》,《史学月刊》2007年第2期,第23页;又参见所著《汉魏法律与社会——以简牍、文书为中心的考察》第一章,第1—24页。

② 国内较系统论述有张金光《秦制研究》第七章《刑徒制度》,上海古籍出版社2004年版,第520—552页;张荣芳、高荣:《简牍所见秦代刑徒的生活及服役范围》(原刊《秦汉史论丛》第7辑,西北大学出版社1999年版),收入张著《秦汉史与岭南文化论稿》,中华书局2005年版,第1—15页,等等。

③ 学界对罪徒、特别隶臣妾身份的讨论,极为丰富。但研究较多集中在隶臣妾属于刑徒还是官奴婢,隶臣妾自身发展线索如何等问题。学术史梳理及最新探讨,参见李力《"隶臣妾"身份再研究》,中国法制出版社2007年版;《張家山247號墓漢簡法律文獻研究及其述評(1985.1—2008.12)》,東京外国語大学アジア・アフリカ言語文化研究所2009年版。

④ 陶安あんど:《秦漢刑罰体系の研究》第二章 刑罰の身分,第54—110页;吕利:《律简身份法考论——秦汉初期国家秩序中的身份》第八章,法律出版社2011年版,第266—280页;吴荣曾:《隶臣妾制度探讨》,收入吴荣曾、汪桂海主编《简牍与中国古代史研究》,北京大学出版社2012年版,第21—32页;石岡浩:《秦漢代の徒隷と司寇——官署に隷属する有職刑徒》,《史學雜誌》121-1,2012年。近年韩国学者对司寇及耐刑的讨论,也一定程度涉及此问题。李成珪:《秦・漢의 형벌체계의 再檢討 ・雲夢秦簡과〈二年律令〉의 司寇를 중심으로》,《東洋史學研究》81,2003年;任仲爀:《秦汉律의 耐刑 — 士伍로의 수렴시스템과 관련하여》,《中國古中世史研究》第19辑,2008年。

237

及。① 本节在分析司寇、隶臣妾、鬼薪白粲、城旦舂时，注意观照、交代后世唐代这些群体的相关特征。秦及汉初的有关情形，固然与唐代存在不小差异，② 这里并非建立对应联系或追溯身份渊源，实际所关注的，乃是能否从后代面对一些等级身份群体，进而制定规定，呈现差别中，获得启发。如唐代杂户、官户差别是前者籍贯州县，后者隶属本司。这对把握司寇与徒隶的差别，是否能提供一种线索？唐代官户又称番户，番上服役；而官奴婢则一般长役无番。这对比较徒隶中隶臣妾、城旦舂的服役方式，是否也能有所帮助？

本节选择从人身役使角度，思考秦及汉初司寇、徒隶的身份特征及分等。鉴于近年学界尝试将刑罚序列与爵制序列相衔接，③ 这里进一步探讨"適戍"等"贱民"与相关序列的关系，隶属私人的奴婢群体与隶属官府的徒隶的关系，并思考战国、秦及汉初身份低于平民群体的发展状况。

## 二 旧题新探：司寇的社会身份

刑罚序列中，量刑较重的城旦舂、鬼薪白粲、隶臣妾当时以"徒隶"统称。④ 里耶秦简提到："（传送委输）必先悉行乘城卒、隶臣妾、城旦舂、鬼薪白粲、居赀赎责（债）、司寇、隐官、践更县者。田时殹（也），不欲兴黔首。嘉、谷、尉各谨案所部县卒、徒隶、居赀赎责（债）、司寇、隐官、践更县者簿。"（正）（16-5、16-6）⑤ 始皇二十七年（前220），洞庭郡因运送物资调用人力。郡属吏嘉、谷、尉据"所部县卒、

---

① 李季平：《唐代奴婢制度》，上海人民出版社1986年版；张泽咸：《唐代阶级结构研究》，中州古籍出版社1996年版，第424—499页；胡戟等主编：《二十世纪唐研究》，中国社会科学出版社2002年版，第820—823页；李天石：《中国中古良贱身份制度研究》，南京师范大学出版社2004年版。

② 秦汉较多侧重刑罚，而唐代则是魏晋南北朝贵贱等级发展的结果，具有很大的社会文化基础。唐代官户、杂户主要源自被籍没的罪犯，但当时也存在有期徒刑及相应徒徒。

③ 相关学术梳理参见王伟《秦汉简牍所见刑罚研究》第三章，博士学位论文，中国人民大学国学院，2013年，第44页。

④ 李学勤：《初读里耶秦简》，《文物》2003年第1期；曹旅宁：《释"徒隶"兼论秦刑徒的身份及刑期问题》，《上海师范大学学报》（哲学社会科学版）2008年第5期；李力：《論"徒隸"的身份——從新出里耶秦簡入手》（原刊《出土文献研究》第八辑，上海古籍出版社2007年版），收入所著《張家山247號墓漢簡法律文獻研究及其述評（1985.1—2008.12）》，第425—434页。

⑤ 马怡：《里耶秦简选校》，《中国社会科学院历史研究所学刊》第四集，商务印书馆2007年版，第149、143页。

∽ 第三章　军队组建背景：爵制、法制下的社会身份 ∽

徒隶、居赀赎责（债）、司寇、隐官、践更县者簿"，监督下辖各县执行情况。前后人群，徒隶对应隶臣妾、城旦舂、鬼薪白粲，而与司寇、隐官并列。张家山汉简《二年律令·赐律》有"司寇、徒隶，饭一斗，肉三斤，酒少半斗，盐廿分升一"（二九三），[1] 司寇、徒隶虽待遇等同，但汉初承秦，依然并列书写。"徒隶"这一涵盖较宽称谓在使用时，仍将司寇遗留于外，显示它们在刑罚序列上虽上下相贯，但身份的界隔无法忽略。

秦身份刑曾从"候""司寇"计起，[2] 稍晚更省去"候"，直接计自司寇。[3] 司寇社会身份低于平民，但高于徒隶。《二年律令·户律》名田宅，在无爵者"公卒、士五（伍）、庶人各一顷"（三一二）、"公卒、士五（伍）、庶人一宅"（三一六）之下，提到"司寇、隐官各五十亩""司寇、隐官半宅，欲为户者，许之"，显示汉初司寇、隐官为国家编户，可名田宅并单独立户。《户律》又提到"隶臣妾、城旦舂、鬼薪白粲家室居民里中者，以亡论之"（三〇七）。所言三种身份，未按刑罚等级顺次叙述，隶臣妾当在鬼薪白粲后，而居城旦舂前。联系隶臣妾可有外妻，家室或有居于民里中者；城旦舂、鬼薪白粲家属则成为收人，没入官府，这才涉及"家室居民里中者，以亡论之"的情形。故此简或读作"隶臣妾，城旦舂、鬼薪白粲家室，居民里中者，以亡论之"，涉及的是两类群体。城旦舂、鬼薪白粲外，隶臣妾同样不居民里，这与司寇明显有别。汉律承秦，司寇相关特征也袭自秦代。里耶秦简记：

　　士五（伍）七户。☐
　　司寇一【户】。☐
　　小男子☐☐
　　大女子☐☐
　　●凡廿五☐（8-19 第二栏）
　　成里户人司寇宜。☐

---

[1] 彭浩、陈伟、工藤元男主编：《二年律令与奏谳书——张家山二四七号汉墓出土法律文献释读》，上海古籍出版社 2007 年版，第 211 页。

[2] 《秦律十八种·内史杂》简一九三，《秦律杂抄》简四、六、一一七。睡虎地秦墓竹简整理小组编：《睡虎地秦墓竹简》，文物出版社 1990 年版，释文 63、80、121 页。

[3] 据《二年律令》，西汉初已不使用这一刑罚等级。从名称推想，"候"的军事意味较强。秦可能在统一前后，逐渐省去这一等级。此承王伟提示。

239

下妻齮。☒（8-1027）

阳里户人司寇寄☒（8-1946）①

简8-19与乡户计有关，简8-1027、8-1946为户籍类簿书残简。秦代司寇与低爵、无爵者同属国家编户，共居于邑里中。这与《秦律十八种·司空》"春城旦出繇（徭）者，毋敢之市及留舍阛外"（一四七），可相对照。前言唐代身份低于平民、特别隶属官府的群体，由高到低有"杂户""官户""官奴婢"。其中，杂户籍附州县，而官户却属本司。即"杂户者……亦附州县户贯，赋役不同白丁"，"官户亦是配隶没官，唯属诸司，州县无贯"，② 可为理解司寇、徒隶相关差别，提供启示。

《二年律令·傅律》"……公卒、士五（伍）六十二，皆为睆老"（三五七），"……公卒、士五（伍）七十五，皆受仗（杖）"（三五五），"……公卒、士五（伍）九十五以上者，禀鬻米月一石"（三五四），均未提及司寇。③ 睆老为免老前服半役阶段。据上述，司寇没有睆老；年龄更长时，似也不享受杖及口粮供给福利。《傅律》又提到"……公卒以下六十六，皆为免老"（三五六）。按公卒与士伍、庶人均属无爵。这里谈到免老群体，而使用了"公卒以下"语。联系前引《傅律》涉及最低等级时，多使用"公卒、士五（伍）""公卒、士五（伍）……以上者"一类表述。"公卒以下"若只包括公卒、士伍（及庶人），却又不采用通常体例而完整写出，值得注意。《二年律令》记录各有爵、无爵者相应权益，在公卒、士伍之下，也存在言及司寇、隐官的情形。除前引《户律》简三〇三、三〇六"司寇、隐官各五十亩"，"司寇、隐官半宅"外，《傅律》亦有"公士、公卒及士五（伍）、司寇、隐官子，皆为士五（伍）"（三六四至三六五）等规定。再参考睡虎地秦简《秦律十八种·仓》"免隶臣妾、隶臣妾垣及为它事与垣等者，食男子旦半夕参，女子参"（五

---

① 陈伟主编，何有祖、鲁家亮、凡国栋撰著：《里耶秦简牍校释（第一卷）》，武汉大学出版社2012年版，第32—33、264、409页。按：最初发表编号为⑧17、⑧1028、⑧1957。

② 《唐律疏议》卷一二《户婚》，刘俊文点校，中华书局1983年版，第238页。官户"州县无贯""唯属本司"，又见《唐律疏议》卷三《名例》、卷六《名例》、卷一四《户婚》，第57、131、270页。

③ 这里不排除司寇、徒隶因身份原因，另作规定，而今《二年律令》未见其文的可能。不过联系名田宅、后子傅籍时，司寇多与低爵、无爵者一并叙述。故就司寇而言，律文另作登载的可能性较小。

## 第三章 军队组建背景：爵制、法制下的社会身份

九），整理小组注"疑即达到免老年龄"并引《汉旧仪》以证。① 仓律另则更明确称"隶臣欲以人丁粼者二人赎，许之。其老当免老……欲以丁粼者一人赎，许之"（六一）。身份更低的隶臣妾尚且存在"免老"，这里"公卒以下"或包括身份更低的司寇、隐官，他们至一定年龄免老。② 相对公卒、士伍在免老之前，改服四年（62－66岁）半役，司寇、隐官免老前则一直在服全役。另一方面，司寇身份仅止其身，后代傅籍不为司寇。前引《傅律》有"公士、公卒及士五（伍）、司寇、隐官子，皆为士五（伍）"（三六四、三六五）。由此，司寇老免、进丁大体依百姓例。唐代杂户可受园宅但少于良人的情形，③ 司寇也较类似。相对"公卒、士五（伍）、庶人一宅"，"司寇、隐官半宅"。

里耶秦简多见县司空、仓、田、畜官使用徒隶等劳作，而较少提到司寇。下则值得注意：

【尉】课志：
卒死亡课，
司寇田课，（第一栏）
卒田课。
·凡三课。（第二栏）（8－482）

县尉统卒，"凡三课"中两课即与县卒有关。而秦土地有公田、民田之分。④ 里耶秦简就见有"旬阳左公田""公田吏"（8－63）。这里司寇、县卒应在县尉统领下，从事公田劳作。另有徒作簿出现：

☐人牢司寇守：囚、婢、负中（8－2101）

---

① 睡虎地秦墓竹简整理小组编：《睡虎地秦墓竹简》，释文34页。
② 任仲爀也较倾向这一判断。参见《秦汉律中的庶人》（原刊《中國古中世史研究》第22辑，2009年），卜宪群、杨振红主编《简帛研究二〇〇九》，广西师范大学出版社2011年版，第302页。
③ 《唐律疏议》卷三《名例》"杂户者……依令'老免进丁受田依百姓例'，各于本司上下"。具体为"天下百姓给园宅地者，良口三人已下给一亩，三口加一亩；贱口五人给一亩，五口加一亩"，第57页；及《唐六典》卷三《尚书户部》"户部郎中员外郎"条，陈仲夫点校，中华书局1992年版，第74—75页。
④ 湖南省文物考古研究所：《里耶秦简〔壹〕》前言，文物出版社2012年版，第4页。

二人司寇守：囚、婢（8－663）
三人司寇：䜴、㹆、款（8－145）
☐人为司寇：爱（8－567）

按里耶秦简 10－1170"卅四年十二月仓徒簿冣"有"男四人守囚"。① "守囚"亦见睡虎地秦简《法律答问》"或曰守囚即'更人'殹（也）"（一九六）。对照图版，简 8－663 下端虽残，"婢"下应无文字，"囚"字右下则有重文。简 8－2101、8－663 或作："☐人牢司寇守囚：婢、负中"，"二人司寇守囚：囚、婢。 ☐"。后者工作当为前者省写。考虑到徒作簿多言付某官或给某事，不只交代身份而已，后两简所谓"司寇""为司寇"或属更简写法。故所记诸人均非司寇，而是从事司寇工作。司寇据字义，为看管俘虏。服务狱官，担任牢卒，负责守囚，应属相关工作范畴。②《秦律十八种·司空》有"司寇勿以为仆、养、守官府及除有为殹（也）。有上令除之，必复请之"（一五〇）。这类隶臣妾及戍卒所从事工作，③司寇多不涉及。又据《内史杂》"侯（候）、司寇及群下吏毋敢为官府佐、史及禁苑宪盗"（一九三），任事权限亦不同于百姓。唐代杂户也"各于本司上下"，"职掌课役，不同于百姓"。

至于配偶身份，前引简 8－1027 记司寇宜配偶，作"下妻䧅"。"下妻"又见简 8－585＋8－238"☐大夫强，下妻曰京，疠，卅四年☐"。④ 按《二年律令·置后律》出现"下妻子、偏妻子"，整理小组引《汉书·王莽传》注"下妻犹小妻"。后续整理并引瞿兑之《汉代风俗制度史》"似以非正式婚配，故云'下'，云'小'，云'旁'"。⑤ 按下妻登入户籍，见于律文，是正式的亲属称谓。简 8－1027 所记，又非在正妻下顺次

---

① 张春龙：《里耶秦简中迁陵县之刑徒》，李宗焜主编《古文字与古代史》第三辑，"中研院"历史语言研究所 2012 年版，第 457 页。
② 秦又有"城旦司寇""舂司寇"，属司空所管，与一般司寇不同。据《秦律十八种·司空》，城旦司寇主要来自劳作三年以上的减刑城旦，负责监率城旦舂等劳作。
③ 相关参见里耶秦简 8－106、8－130＋8－190＋8－193、8－736、8－756、8－1008＋8－1461＋8－1532、8－1558 等。
④ 何有祖：《里耶秦简牍缀合（五）》，简帛网，2012 年 5 月 26 日，http://www.bsm.org.cn/show_article.php?id=1704。按"曰"，原作"田"，据原简文订正。
⑤ 彭浩、陈伟、工藤元男主编：《二年律令与奏谳书——张家山二四七号汉墓出土法律文献释读》，第 236 页。

书写，而是紧接户主。故下妻之"下"似指较低的社会身份。《后汉书》载光武帝诏书，有两份提到"下妻"："甲寅，诏吏人遭饥乱及为青、徐贼所略为奴婢下妻，欲去留者，恣听之"，"冬十二月甲寅，诏益州民自八年以来被略为奴婢者，皆一切免为庶（民）〔人〕；或依托为人下妻，欲去之，恣听之；敢拘留者，比青、徐二州以略人法从事"。[①] "为人下妻"意味社会身份的明显降低，故在放免奴婢诏书中，被特别提及。张家山汉简《奏谳书》提到女子符为亡人，"誹（诈）自以为未有名数，以令自占书名数，为大夫明隶，明嫁符隐官解妻"（二八、二九）。隐官、司寇处同一等级。隐官娶"隶"为配偶的这一情形，亦可作为参照。

由上述可知，秦及汉初，司寇属国家编户，籍附县乡，可单独立户；徒隶不入户籍，不居民里，簿籍另立。司寇免老、傅籍、名田、名宅大体例比无爵者。司寇课役不同于百姓，在尉、狱等机构从役。配偶身份较低。它既与被视作财产、可以买卖的奴婢不同，又有别于一般编户。

### 三 同中求异：隶臣妾与城旦舂、鬼薪白粲的身份差别

与司寇并称的"徒隶"，因由城旦舂、鬼薪白粲、隶臣妾诸群体组成，故以往理解上常将此称谓视作组合型构词，具体断作"徒、隶"，以徒指城旦舂、鬼薪白粲，而隶指隶臣妾。[②] 相关认识，其实还可斟酌。这里首先讨论"徒隶"这一语词的相关问题。秦及汉初，一方面，隶臣妾作为隶臣、隶妾合称，很少以"隶"为代称。[③] 而"隶"作为依附性身份，则多见于私人领域，如：

· 符曰：诚亡，誹（诈）自以为未有名数，以令自占书名数，为大夫明隶（《奏谳书》二八、二九）

---

[①] 《后汉书》卷一下《光武帝纪下》，第52、63页。
[②] 早年学者据睡虎地秦简及传世文献，亦有以"徒"与"隶"在秦代划分清楚，"徒"为自由民，"隶"是罪犯。罪隶名称"徒"，系汉朝以下的事（杜正胜：《编户齐民——传统政治社会结构之形成》第七章，第302—306页）。按东周、秦代"徒"所指有宽泛一面（参见蓝永蔚《春秋时期的步兵》，中华书局1979年版，第37—39页），可指自由民。而这与"徒隶"可称"徒"，并不矛盾。秦除"府隶""隶臣"外，实存在"隶"这一身份。后种称谓所指，或非罪犯。
[③] 李力分析徒隶时也提到："因从未见有'隶臣妾'简称'隶'者。该'徒隶'当是指这三种刑徒。"《論"徒隸"的身份——從新出里耶秦簡入手》，第428、434页。

南里小女子苗，卅五年徙为阳里户人大女子婴隶（8-863+8-1504、8-1546）

☐陵乡成里户人士五（伍）成隶☐（8-1813）

卅五年八月丁巳朔，贰春乡兹敢言之：受酉阳盈夷乡户隶计大女子一人，今上其校一牒，谒以从事。敢言之。（正）

如意手。（背）（8-1565）

隶大女子符容☐（8-2152）

☐东成里户人不更已夏隶大女子瓦自言☐

☐以副从事敢言之/吾手

☐吾手（9-328）①

妻大女子媞

隶大女子华（第二栏）（K4）②

识故为沛隶，同居（0040 正/115 正）；识曰：自小为沛隶（1201 正/119 正）；识为沛隶（1127 正/133 正）③

上述所记"隶"，除最末岳麓秦简一组为男性外，其余均为女性。张家山汉简《奏谳书》简二八、二九，岳麓秦简 0040 正、1201 正、1127 正记录名符、识者，分别为大夫明与沛之"隶"。简 8-1813 书写格式与简 8-863+8-1504、8-1546 近似。《校释》注："成，人名。本简或与 8-863+8-1504、8-1546 类似，记述某人徙为某人隶。"④ 简 8-1565 与移名数有关，记迁陵县贰春乡收到酉阳县盈夷乡"户隶计"。按县"户曹计录"首项为"乡户计"（8-488），各乡称某乡"户计"（8-731）。此则专计户内之"隶"。另一方面，里耶秦简"司空曹计录"（8-480）、"仓曹计录"（8-481）统计包括隶臣妾在内的徒隶，均称"徒计"。⑤ 隶臣

---

① 张春龙：《里耶秦简所见的户籍和人口管理》，第 194 页。
② 湖南省文物考古研究所：《里耶发掘报告》，岳麓书社 2007 年版，第 205 页。
③ 朱汉民、陈松长主编：《岳麓书院藏秦简（叁）》，上海辞书出版社 2013 年版，第 155、156、161 页。
④ 陈伟主编，何有祖、鲁家亮、凡国栋撰著：《里耶秦简牍校释（第一卷）》，第 395 页。
⑤ 里耶秦简还见有"出禀大隶妾徒十二月食"（8-1839）的表述。

## 第三章 军队组建背景：爵制、法制下的社会身份

妾可称"徒"，却不称"隶"。① 故以"徒隶"为一词，视作通称，较为适宜。

而"隶"的身份，亦需辨析。按私奴婢当时主要称"臣""妾""臣妾"，及"人奴"②"人奴妾"。③ 简 K4 属迁陵县南阳里户籍，④ 著录多为五栏：前四栏分别是壮男、壮女、小男、小女，第五栏为老男、老女并伍长之类备注。户内附属人口除"隶"外，还出现有"臣"（K27、K2/3）、"妾"（K30/45）。其中，两例"臣"均写于第五栏，一例"妾"与"隶大女子"均写于第二栏。考虑到户籍简不但有妻，亦有"下妻"，"隶大女子"不宜以"女奴隶充当妾室"⑤ 解释。迁陵县南阳里户籍简所出现"'隶'和'妾'皆是成年的女性奴隶，也属于'壮女'行列"的认识，⑥在早先研究中或较可取。不过，在"臣""妾"分指奴、婢情形下，仍出现"隶"称，显示"隶"与"臣""妾"身份有别。奴婢虽附户籍，亦属财产，可被买卖。上引诸简记"隶""自占书名数"；平民转化为"隶"，也以"徙"的方式实现。由此可知，"隶"在户口的男女统计中是被计入的，而奴婢则不计入户口的男女统计。

岳麓秦简且有这样的记录：

> 识为沛隶。沛为取（娶）妻，欲以肆、舍客室鼠（予）识。后弗鼠（予），为买室，分马一匹、田廿（二十）亩，异识（1197 正/133 正）。

这显示主人不仅为"同居"之"隶"组建家庭、分与财产，而且当

---

① 李学勤在分析《奏谳书》"女子符在大夫明处称为'隶'"时，指出"这和《周礼》的罪隶等等都有区别"。参见所著《简帛佚籍与学术史》"三 《〈奏谳书〉初论》"，江西教育出版社 2001 年版，第 208 页。

② 里耶秦简 8 - 1379、睡虎地秦简《法律答问》简七三。

③ 睡虎地秦简《秦律十八种》简一三四、一四二，及《法律答问》简二〇、七四、一四一。

④ 张荣强：《湖南里耶所出"秦代迁陵县南阳里户版"》，收入所著《汉唐籍帐制度研究》，商务印书馆 2010 年版，第 7—36 页；黎明钊：《里耶秦简：户籍档案的探讨》，《中国史研究》2009 年第 2 期；陈絜：《里耶"户籍简"与战国末期的基层社会》，《历史研究》2009 年第 5 期。

⑤ 湖南省文物考古研究所：《里耶发掘报告》，第 208 页。

⑥ 张荣强：《汉唐籍帐制度研究》，第 15 页。

245

"隶"改变身份时,①非由主人放免,而经"异识",即以从户中分出的形式实现。② 这不由使人联想到以往关注不多的《法律答问》一则简文:

・户为"同居",坐隶,隶不坐户谓殹(也)(二二)。

后者特对"隶"犯罪时,户内他人是否连坐做司法解释,也反映相关身份较臣、妾为高。③ 裘锡圭曾将战国家庭的依附人口分为眷属子弟、臣妾、徒役和宾客。④ 臣妾虽有多种别称,未见称"隶"。"宾客也称为食客或客"。⑤ 据岳麓秦简"廿(二十)年十一月己未,私属喜曰"(115+114正/150正),《二年律令・亡律》"奴婢为善而主欲免者,许之,奴命曰私属,婢为庶人,皆复使及筭(算)事之如奴婢"(一六二)。此阶段已出现"介于奴婢和庶人之间的一个特殊阶层""私属"。⑥ 按"隶"本有附属、隶属义,《说文・隶部》"隸,附著也,从隶柰声",《后汉书》卷一七《冯异传》"及破邯郸,乃更部分诸将,各有配隶"。李贤注:"隶,属也。"故当时除"私属"外,"隶"的地位同样低于一般平民,而"高于臣妾,主人没有买卖他们的权力"。他们或大致属于"眷属子弟"、"徒役"一类依附人口。

"徒隶"可简称"徒"。通称的使用,反映出徒隶与司寇的差别。但通称下诸身份的同中之异,同样不宜忽视。

刑罚序列中,低司寇一级的是隶臣妾。秦汉有"冗""更"一类供役方式,"冗指长期供役,更指输更供役"。⑦ 徒隶中,存在"冗""更"供役的是隶臣妾,且以隶妾多见。《秦律十八种・工人程》"冗隶妾二人当

---

① 上引简0040正面作:识故为沛隶,同居。
② 整理者注:"异,《说文・异部》训'分',从沛户分出。《史记・商君列传》:'民有二男以上不分异者,倍其赋。'"朱汉民、陈松长主编:《岳麓书院藏秦简(叁)》,第164页。
③ 岳麓秦简整理者释"妾,女奴":"只有后文简115、119、133所谓'隶',男女通用,或与'臣妾'、'奴婢'略有别。"朱汉民、陈松长主编:《岳麓书院藏秦简(叁)》,第163页。
④ 裘锡圭:《战国时代社会性质试探》,收入所著《古代文史研究新探》,江苏古籍出版社1992年版,第388—410页。
⑤ 裘锡圭:《战国时代社会性质试探》,《古代文史研究新探》,第410页。
⑥ 王爱清、王光伟:《试论张家山汉简中的"私属"》,《乌鲁木齐职业大学学报》2004年第2期;王爱清:《"私属"新探》,《史学月刊》2007年第2期。
⑦ 杨振红:《秦汉简中的"冗"、"更"与供役方式——从〈二年律令・史律〉谈起》,卜宪群、杨振红主编:《简帛研究二〇〇六》,广西师范大学出版社2008年版,第81—89页。

## 第三章　军队组建背景：爵制、法制下的社会身份

工一人，更隶妾四人当工【一】人，小隶臣妾可使者五人当工一人"（一〇九）中，"冗隶妾""更隶妾"并举，前者2人抵工1人、后者4人抵工1人，体现官府对长上、番上及全役无番者间的折算。《秦律十八种·仓》"隶臣妾其从事公，隶臣月禾二石，隶妾一石半；其不从事，勿禀"（四九），提到居官服役，隶臣每月粟米2石、隶妾1.5石；不服役时，则不领取。① 这反映隶臣妾中存在固定时期服役者。有学者推测"隶臣妾有一点个人经济，或者说他们拥有不多的财富"，② 是有道理的。

相对隶臣妾，城旦舂、鬼薪白粲并不以"冗""更"供役，可看做长役无番。③

前引《秦律十八种·仓》记对隶臣妾发放口粮，称"禀"，以月计。律文下复提及"小城旦、隶臣作者""未能作者"，"小妾、舂作者""未能作者"，"婴儿之母（无）母者""虽有母而与其母冗居公者"，"隶臣田者""舂"等多种身份的口粮发放，亦称"禀"。其间却未交代城旦所得口粮，④ 值得注意。睡虎地秦简中，官府供给城旦舂、鬼薪白粲口粮多用"食"，以日计，如《秦律十八种·仓》"日食城旦，尽月而以其余益为后九月禀所"（五七）。《仓》另则记"城旦之垣及它事而劳与垣等者，旦半夕参；其守署及为它事者，参食之。其病者，称

---

① 睡虎地秦简《秦律十八种·金布律》又云"禀衣者，隶臣、府隶之毋（无）妻者及城旦，冬人百一十钱，夏五十五钱；其小者冬七十七钱，夏卌四钱。春冬人五十五钱，夏卌四钱；其小者冬卌四钱，夏卅三钱。隶臣妾之老及小不能自衣者，如舂衣"（九四、九五）。末尾在"禀衣者，隶臣、府隶之毋（无）妻者及城旦"基础上，复对"隶臣妾之老及小不能自衣者"在禀衣管理上特作规定，似显示成年隶臣妾服役时，官府依季节禀衣；不服役时，官府不再提供。
② 吴荣曾：《隶臣妾制度探讨》及引栗劲《秦律通论》说，第28—29页；高恒：《秦律中"隶臣妾"问题的探讨》，《文物》1977年第7期，第47—48页。
③ 此种情形，亦可联系唐代官户与官奴婢人身役使上的差别。按，唐代官户与官奴婢人身役使上主要区别为：官户同杂户一样上番服役，而官奴婢长役无番。《唐六典》卷六《尚书刑部》"刑部郎中员外郎"条"凡配官曹，长输其作；番户、杂户，则分为番"，本注曰"番户一年三番，杂户二年五番，番皆一月。十六已上当番请纳资者，亦听之。其官奴婢长役无番也"。而个别属"杂伎则择诸司之户教充"者，有分番。本注曰"官户……男年十三已上，在外州者十五已上，容貌端正，送太乐；十六已上，送鼓吹及少府教习。有工能官奴婢亦准此。业成，准官户例分番"（第193页）。《天圣令》以开元二十五年令为原本，所存《杂令》"唐19"条作"使有工能，官奴婢亦准官户例分番。愿长上者，听"［天一阁博物馆、中国社会科学院历史所天圣令整理课题组校证：《天一阁藏明钞本天圣令校证（附唐令复原研究）》，中华书局2006年版，第378页］。
④ "舂，月一石半石"位居末尾，紧接"隶臣田者"书写。参之前身份皆两两呼应，疑此"舂"为"舂田者"省写。

议食之，令吏主。城旦舂、舂司寇、白粲操土攻（功），参食之；不操土攻（功），以律食之"（五五、五六）。相对隶臣妾"不从事""勿稟"，城旦生病，口粮仍酌情给予；即便不做土功，也按相关规定发放。①

里耶秦简廪食简，记录有对隶臣妾口粮的供给：

稟隶臣（8-211、8-2247）
稟隶妾（8-1557、8-1584、② 8-2249）
稟大隶妾（8-760、8-762、8-763、8-766、8-1177、8-1839、8-2195）
稟小隶臣（8-1551）
稟使小隶臣（8-448+8-1360、8-1580）
稟未小隶臣（8-1153+8-1342）
稟隶臣婴自〈儿〉（8-217）
稟隶妾婴儿（8-1540）

均称为"稟"。按作役官府隶臣"月禾二石"，依大月30日计，每日约6.667升，里耶秦简8-2247"稟隶臣周十月、六月廿六日食""三石七斗少半斗"，计10、6两个月，合计56日，每日约6.673升。稟食也是按月进行。秦律记隶妾"一石半"，每日5升。里耶秦简8-1839"出稟大隶妾徒十二月食"，以月稟食。涉及稟餐具体数量者，则作"粟米一石二斗半升"（8-760、8-762、8-763、8-2249）、"粟米一石二斗少半升"（8-766）、"粟米一石二斗六分升四"（8-1557）。以"粟米一石二斗半升"计，每日约4.017升，较律文规定要少些。秦律记城旦舂、隶臣妾婴儿"禾半石""禾月半石"，每日约1.667升。里耶秦简8-217"稟隶臣婴自〈儿〉""六月食""稻四斗八升少半半

---

① 陶安亦倾向刑徒役作时存在月食、日食的差别，参见《秦汉刑罚体系の研究》，第57—59、79页。
② 有学者尝试将简8-821、8-1584缀合。何有祖：《里耶秦简牍缀合（七则）》，简帛网，2012年5月1日，http：//www.bsm.org.cn/show_article.php?id=1679。据图版，两简茬口未完全相合。且因简8-821末字"妃"最末一笔"乚"的间隔，简8-1584上端残存一捺，无法与"妃"字"女"旁的捺笔拼合。而目前所见里耶秦简"妃"字，多是末笔"乚"竖向、横斜向拉长，"女"旁捺笔未有与右侧"己"交汇者。这里暂不做调整。

升",也是依月禀食,每日约 1.628 升,同样接近。个别禀食简不以月计。简 8-211 禀隶臣"稻五升",当是一天口粮。简 8-1551 禀小隶臣"粟米二斗"。依《仓》"小城旦、隶臣作者,月禾一石半石;未能作者,月禾一石","小隶臣""作者"同隶妾每日 5 升,"小隶臣""未能作者"每日 3.333 升。此简禀食量大体为"作者"4—5 天口粮,"未能作者"6 天口粮。简 8-1551 禀隶妾婴儿"粟米五斗"。《仓》规定标准为"禾半石""禾月半石",每日约 1.667 升。此简禀食量为隶妾婴儿 10 天口粮。

而所见供给城旦舂、鬼薪白粲口粮简文,则作:

"食舂、小城旦"(8-337、8-212+8-426+8-1632、8-216+8-351)
"食舂、白粲"(8-1335+8-1115)[1]
"食舂"(8-1576)

称"食",而非"禀"。简 8-1335+8-1115"粟米八升少半升","出食舂、白粲□等二人,人四升六分升一。☑",简 8-1576"出粟米八升食舂央、旵等二☑",所记均为两人一日的口粮,约为 4.167 与 4 升,与隶妾相当。简 8-212+8-426+8-1632"出以食舂、小城旦渭等卅七人,积卅七日,日四升六分升一","粟米一石九斗五升六分升五"。《校释》注:"出食共计 47×25/6 升 = 195 升又 5/6 升,即一石九斗五升六分升五。"[2] 每人每日均约 4.167 升。简 8-216+8-351"出以食舂、小城旦却等五十二人,积五十二日,日四升六分升一",标准量与此同。所谓"积卅七日""积五十二日",供给仍以日计,指 1 名舂或小城旦在 47、52 天的口粮累积。4.167 升与简 8-1335 舂、白粲的口粮量一致,与里耶秦简隶妾每日约 4.017 升也较接近。此数字与秦律《仓》小城旦每日 3.333 -5 升,同样不尽相合。由此反推,简 8-1551 禀小隶臣"粟米二斗",为 5 天口粮的可能性较大。这里,小城旦、小隶妾均属"高五尺二寸,

---

[1] 两简缀合参见何有祖《里耶秦简牍缀合(四)》,简帛网,2012 年 5 月 21 日,http://www.bsm.org.cn/show_article.php?id=1700。
[2] 陈伟主编,何有祖、鲁家亮、凡国栋撰著:《里耶秦简牍校释(第一卷)》,第 115 页。

皆作之"的"小城旦、隶臣作者"。

　　由上，官府廪给隶臣妾称"廪"，供应城旦舂、鬼薪白粲则多称"食"。① 前者多以月计，但也存在 1、5、10 天的廪给记录。后者更多以日计。廪食上，隶臣每日约 6.667 升；舂、白粲、隶妾与小城旦、小隶臣较为一致，略多于 4 升；婴儿约 1.667 升。将此与前论睡虎地秦简相参照，隶臣妾与城旦舂、鬼信白粲在廪食管理上，亦存差异。

　　前论隶臣妾与司寇类似，同样存在免老。城旦舂则未见免老，而存在"仗城旦"身份。《秦律十八种·司空》云"仗城旦勿将司；其名将司者，将司之"（一四七）。城旦舂一般着红色囚服，戴红色毡巾，附木械枷锁，而被监领劳作。整理小组又注："仗，疑读为杖。老人持杖，故古时称老人为杖者。《论语·乡党》：'杖者出。'孔注：'杖者，老人也。'此处仗城旦因年老，故不必将司。"② 里耶徒作簿中，有"仗城旦"（8-801、8-1278+8-1757、8-1143+8-1631、8-1279），或作"丈城旦"（8-686+8-973）。《礼记·王制》有"五十杖于家，六十杖于乡，七十杖于国，八十杖于朝"，《盐铁论·未通》贤良文学举上古"五十已上曰艾老，杖于家，不从力役，所以扶不足而息高年也"。③ "杖于家"与"不从力役"联系言说，值得注意。"仗城旦"恐非优赐高年的"受仗（杖）"一类，而与年老力衰的身体状况相涉。有别于隶臣妾，城旦即便老衰，不过特名"仗城旦""丈城旦"，官府根据所需仍加役使。

　　秦代郡县使用大量罪徒役作，相关机构并制有"徒作簿""作徒簿"。这些记录，初看颇显庞杂。然而实际上，诸官作徒多来自另外机构的调拨，而提供的机构是较为固定的：

---

① 蒋非非 2012 年 9 月 13 日来信提示："廪""食"，或在粮食提供方式上亦有不同。"廪"可能为官府直接提供粮食，自己来做，一月一发；"食"则是官府直接做好饭来供应。陶安 2013 年 1 月 3 日来信也提示："'廪以月计'也并不与'1、5、10 天'的廪给记录矛盾。与现代所谓月薪相比较的话……拿着月薪的白领职工因调动、跳槽等原因会出现十天、半月等不整齐的工作时段，只能用天数折算月薪。以天数折算的月薪还是月薪，与日工、短工等所领的工钱不同。仓把隶臣妾借给其它县官当然也会出现不满月的工作时段，只好以天数折算，不能与城旦舂的日食相比。"

② 睡虎地秦墓竹简整理小组编：《睡虎地秦墓竹简》，释文 54 页。

③ 王利器校注：《盐铁论校注》（定本）卷三，中华书局 1992 年版，第 192 页。

## 第三章　军队组建背景：爵制、法制下的社会身份

表 3—3　　　　徒作簿所见劳作机构、调拨机构关系表

| 徒作簿 | 受司空（人数） | 受仓（人数） | 简号 |
| --- | --- | --- | --- |
| 田 |  | 隶妾 2 | 8－179 |
| 畜 | 居赀 1 | 隶妾 3 | 8－199＋8－688 |
| 少内 | 鬼薪 6 |  | 8－2034 |
| 库 | 城旦 4，丈城旦 1，舂 1 | 隶臣 1 | 8－686＋8－973 |
| 库 | 城旦 9，鬼薪 1 | 隶臣 2 | 8－1069＋8－1434＋8－1520 |
| 都乡 | 城旦 1 | 隶妾 2 | 8－196＋8－1521 |
| 都乡 | 城旦 1 | 隶妾 2 | 8－2011 |
| 都乡 | "城☐" 3 | 隶妾 3 | 8－142 |
| 贰春乡 | 居责（债）城旦 |  | 8－1327＋8－787① |
| 贰春乡 | 鬼薪 1，小城旦 1 |  | 8－1515 |
| 贰春乡 |  | 隶妾 1 | 8－962＋8－1087 |
| 贰春乡 | 城旦、鬼薪 5，舂、白粲 2 |  | 9－18 |
| 贰乡 | 白粲 1 |  | 8－1207＋8－1255＋8－1323 |
| 贰乡 | 白粲 1 |  | 8－1340 |
| 贰乡 | 白粲 1 |  | 8－1741＋8－1956② |
| 启陵乡 | 仗城旦 2 |  | 8－801 |
| 启陵乡 | 仗城旦 1 | 大隶妾 3 | 8－1278＋8－1757 |
| 启陵乡 |  | 大隶妾 3 | 8－1759 |
| 不明 |  | 小隶臣 2 | 8－1713 |
| 不明 |  | "隶☐" | 8－991 |
| 司空 | 城旦 87，仗城旦 9，鬼薪 20，隶臣系城旦 3，隶臣居赀 5，城旦司寇 1 |  | 8－145＋9－2294③ |

---

① 两简缀合参见何有祖《里耶秦简牍缀合（二）》，简帛网，2012 年 5 月 14 日，http://www.bsm.org.cn/show_article.php?id=1695。

② 此简与简 8－1207＋8－1255＋8－1323、8－1340 所记或为一事。

③ 里耶秦简牍校释小组：《新见里耶秦简牍资料选校（二）》，简帛网，2014 年 9 月 3 日，http://www.bsm.org.cn/show_article.php?id=2069。

可以看到，城旦舂、鬼薪白粲及居赀赎责（债）均来自司空，<sup>①</sup>而隶臣妾则来自仓。即徒隶所属本司并不一致：隶臣妾属仓，城旦舂、鬼薪白粲属司空。换言之，司空与仓是秦代地方管理徒隶的主要机构，而所统群体有别。各种罪徒在县下诸官劳作，实是统领机构司空、仓二官因需散配诸司的呈现。

其他簿籍、文书对此也有反映。"卅一年司空十二月以来，居赀、赎、责（债）薄（簿），尽三月城旦舂廷"（8-284），属司空制簿。里耶第10层木牍"卅四年十二月仓徒簿冣"，列累计使用人员（次）："大隶臣积九百九十人"，"小隶臣积五百一十人"，"大隶妾积二千八百七十六"（10-1170）。<sup>②</sup>而里耶秦简县曹"计录"、诸官"课志"中，<sup>③</sup>只"司空曹计录"（8-480）、"仓曹计录"（8-481）有"徒计"；"司空课志"（8-486）出现"舂产子课"，"仓课志"（8-495）出现"徒隶死亡课""徒隶产子课"。前引简16-6正面"嘉、谷、尉各谨案所部县卒、徒隶、居赀赎责（债）、司寇、隐官、践更县者簿"，此简背面记任务进一步下达："三月庚戌，迁陵守丞敦狐敢告尉：告乡、司空、仓主，听书从事。尉别书都乡、司空，［司空］传仓，都乡别启陵、貳春，皆勿留脱。它如律令。"这里句读略有调整。迁陵县守丞通知县尉，县尉通告诸乡部、县司空、县仓。具体操作是：县尉抄送文书给都乡、司空；司空进一步传送给仓，都乡则另抄送给启陵乡、貳春乡。县尉负责县内徭役征派，人员调发却只通知三类机构而未言其他，正是由于秦户籍藏乡，乡掌握所部县卒、司寇、隐官、践更县者信息，而司空主城旦舂、鬼薪白粲、居赀赎责（债），仓主隶臣妾的缘故。

至于军事活动，《左传》"哀公二年"记赵简子军誓："克敌者，上大夫受县，下大夫受郡，士田十万，庶人、工、商遂，人臣隶圉免。"<sup>④</sup>末

---

① "司空曹计录"第4项有"赀责计"（8-480），亦可为证。而除"隶臣系城旦"外，里耶秦简还见有"隶妾居赀"（8-145、8-1095、8-1566、8-1641）、"隶妾墼（系）舂"（8-145）等。他们服役当在司空，完毕后始返回仓。

② 张春龙：《里耶秦简中迁陵县之刑徒》，第456页。这里"积"，指在10月内以日计而分别积累的人数。

③ 参见拙文《秦县的列曹与诸官——从〈洪范五行传〉一则佚文说起》，武汉大学简帛研究中心主办：《简帛》（第十一辑），上海古籍出版社2015年版。

④ 杨伯峻：《春秋左传注》"哀公二年"，中华书局1990年版，第1614页。

## 第三章　军队组建背景：爵制、法制下的社会身份

句颇为要紧。人臣属私奴婢。"隶"在汉晋注虽官役、官徒说并存，① 实际主要指私属一类。联系《左传》"降在皂隶""舆臣隶、隶臣僚""马有圉"诸语。② "人臣隶圉"主要指私属、奴婢。他们参与军事，有望改变身份。《秦律十八种·军爵》记"隶臣斩首为公士，谒归公士而免故妻隶妾一人者，许之，免以为庶人。工隶臣斩首及人为斩首以免者，皆令为工。其不完者，以为隐官工"（一五五、一五六）。隶臣如斩首立功，可直接成为一级爵的公士；归还爵位，可使故妻为隶妾者免为庶人。这是徒隶不仅军中从役，而且参加战斗的明证。不过，规定实际只涉及隶臣。考虑到拥有技艺、受严格控制的工徒尚且参战，这里却不涉及城旦、鬼薪，恐非偶然。里耶秦简中有徒隶捕捕亡卒而得购赏的记录："☐☐出钱千一百五十二购隶臣于捕戍卒不从☐"（8-992），"令佐华自言：故为尉史，养大隶臣竖……竖捕戍卒☐☐事赎耐罪赐，购千百五十二"（8-1008+8-1461+8-1532）。于、竖二人具体身份，均为隶臣。此外，战国时白徒较为活跃，不仅从事役作，也出征作战。③ 《秦谳书》引战国鲁国律令"白徒者，当今隶臣妾。倡，当城旦"（一七五），亦可参考。④

相对司寇、隶臣妾良贱仍可通婚。⑤ 城旦舂、鬼薪白粲亲属没入官府，原有家庭解体。⑥ 不过，城旦舂、鬼薪白粲中，"小"的身份常见。这显然不能仅以没入或犯罪解释。⑦ 前引"司空课志"（8-486）有"舂产子课"，显示对舂生育后代的重视。对帝国而言，城旦舂、鬼薪白粲有后代，可以增加人口资源。因此，城旦舂、鬼薪白粲在两性联系及产育后代方面，官方应该是允许的。

---

① 参见吴荣曾《隶臣妾制度探讨》，第21—22页。
② 杨伯峻：《春秋左传注》"昭公三年"、"昭公七年"，第1236、1284页。
③ 参见张全民《"白徒"初探》，《社会科学战线》1997年第5期。《吕氏春秋·仲秋纪·决胜》又有"善用兵者，诸边之内，莫不与斗，虽厮舆白徒，方数百里，皆来会战，势使之然也"。又，上博简《曹沫之陈》亦出现"白徒"。马承源主编：《上海博物馆藏战国楚竹书（四）》，上海古籍出版社2004年版，第263页。
④ 宋敏求编：《唐大诏令集》卷六六《后土赦书》"番役诸卫、骠骑及……杂户、官户、白身有职掌者，和行从人等，各赐勋一转，物三段"（中华书局2008年版，第374页），提到官户以上有授勋资格，值得注意。
⑤ 李天石：《中国中古良贱身份制度研究》，第65—68、85—91页；拙文《秦汉简牍中所见特殊类型奸罪研究》，《中国历史文物》2008年第3期。
⑥ 陶安あんど：《秦漢刑罰体系の研究》，第60—61、79页；吴荣曾：《隶臣妾制度探讨》，第27页。
⑦ 参见张金光《秦制研究》第七章《刑徒制度》，第523页。

综上，隶臣妾与同属徒隶的城旦舂、鬼信白粲在服役方式、廪食管理、辖配官府、军事参与及婚配等方面均有不同。秦汉"徒刑"结构，早年学者从法制史角度论证"只存在两个等级，其中一个等级由城旦舂、鬼薪白粲构成，另一个等级由隶臣妾与司寇构成"。[①] 而从社会等级身份而言，隶臣妾与城旦舂、鬼薪白粲同样多有差别，大体分属两个阶层。

**四　赏罚之间：爵制、刑罚序列衔接的若干问题考析**

秦、西汉早期是二十等爵作用较为突出的时期。刘劭《爵制》将其划分为侯、卿、大夫、士四分层，[②] 较为符合这一阶段的相关情形。名田宅、置后、傅籍、免老、刑罚等权益要素附丽于爵位，使爵位的等级性社会身份意义，一度颇为显著。与之伴随，低爵存在一些更小分层，如一、二级爵公士与上造之间。《秦律杂抄·除吏律》"·有兴……上造以上不从令，赀二甲"（一、二），《游士律》"·有为故秦人出，削籍，上造以上为鬼薪，公士以下刑为城旦"（五），显示秦律在军兴、助秦人出境以上造为界作了区分。《奏谳书》南郡卒史复狱引秦律"篡遂纵囚，死罪囚，黥为城旦，上造以上耐为鬼薪"（一五八），《二年律令·具律》又有"上造、上造妻以上，及……有罪，其当刑及当为城旦舂者，耐以为鬼薪白粲"（八二）。[③] 其实，爵制在一、二级间即设分界，渊源有自。《商君书·境内》云：

> 爵自一级已下至小夫，命曰校、徒、操，出公爵；自二级已上至不更，命曰卒。
>
> 爵自二级以上，有刑罪则贬。爵自一级以下，有刑罪而已。[④]

俞樾云："出字疑当作士，古书士出字多互误。"[⑤] 蒋礼鸿将"公"字属

---

① 韩树峰：《秦汉徒刑散论》（原刊《历史研究》2005 年第 3 期），修订稿收入所著《汉魏法律与社会——以简牍、文书为中心的考察》，第 73 页。日本学者亦有相关论述，参见宫宅洁《秦漢時代の爵と刑罰》，《東洋史研究》58 – 4，2000 年。
② 《续汉书·百官志五》注引。《后汉书》，中华书局 1965 年点校本，第 3631 页。
③ 又见《汉书》卷二《惠帝纪》，中华书局 1962 年点校本，第 85 页。
④ 高亨：《商君书注译》，中华书局 1974 年版，第 147、152 页。今笔者略作调整。
⑤ 高亨：《商君书注译》引，第 147 页。

## 第三章　军队组建背景：爵制、法制下的社会身份

上，断作"校徒、操、出公"，以"出公者即公士之讹倒"。① 今按：此既云"一级已下"，则"出公"如为"公（出）［士］"误倒，叙述顺序上不当在"校徒、操"后。朱师辙《商君书解诂定本》断作"校、徒、操，出公爵"，以"出公爵"指"校、徒、操"多在二十等爵外，② 于诸说为长。相对"卒"，这些称"校、徒、操"者，主要服杂役于军中。"一级已下至小夫"不仅包括公士，还应涉及身份更低群体。《秦律十八种·司》"公士以下居赎刑罪、死罪者，居于城旦春，毋赤其衣，勿枸椟欙杕。鬼薪白粲，群下吏毋耐者，人奴妾居赎赀责（债）于城旦，皆赤其衣，枸椟欙杕，将司之"（一三四、一三五）中，与"公士以下"对称的，是"鬼薪白粲，群下吏毋耐者，人奴妾"。前者似当涉及公士、公卒、司寇等身份，是否大体对应《商君书》所言"小夫"，也可以考虑。

秦及汉初，司寇、隶臣妾、鬼薪白粲、城旦春，除官方赦免、减罪及赎免外，终身服役。相对文帝刑罚改革后"有年而免"，这一时期的身份具有一定稳定性。考虑到功赏、刑罚相辅而成，近年秦汉法制史研究者，开始注意将相关序列与爵制相联系，即将司寇、徒隶纳入二十等爵为主体的等级身份序列中去理解。这种研究趋势在张家山汉简《二年律令》刊布后的中国台湾、日本学界，愈加显著。刘欣宁参据《二年律令》，在指出汉初是一个注重身份秩序的社会，由二十等爵，无爵公卒、士伍、庶人到隐官、司寇等，层层分明、井然有序时，"显然已将司寇与公卒、士伍、庶人等相提并论"。③ 而"鹰取祐司先生是最早将城旦春、鬼薪白粲、隶臣妾、司寇全部纳入等级身份体系中加以理解的学者"。④ 鹰取氏在《秦汉时代的刑罚与爵制性身分序列》一文第二节"指示爵位的身分序列"、第三节"秦汉时代的刑罚与爵制性身分序列"，展开了相关论述。文中"确认司寇、隶臣妾、城旦春为准爵位身分指标"，"司寇、隶臣妾、鬼薪白粲、城旦春皆非劳役名，而是爵制性身分序列上的身分指标"及"司寇、隶臣妾、鬼薪白粲、城旦春分别为将犯罪者贬至爵制性身分序列

---

① 蒋礼鸿：《商君书锥指》卷五，中华书局1986年版，第114页。
② 杜正胜句读即从朱说。参见《编户齐民——传统政治社会结构之形成》第八章，第330页。
③ 王伟：《秦汉简牍所见刑罚研究》第三章，第44页。
④ 王伟：《秦汉简牍所见刑罚研究》第三章，第44页。

之第-1级、第-2级、第-2.5级、第-3级的刑罚"等意见，① 均值得后来研究者重视。"陶安先生则从'身份'的角度讨论城旦舂等的法律上的行为能力和责任能力即通婚、赔偿或拥有财产等权利，认为城旦舂等的行为能力和责任能力并不都相同，他们所享受的权利和负担的义务也可以上下伸缩，这与二十等爵制控制'百姓'的诸种权利和义务是一脉相通的：秦国通过爵位和刑罚等手段赋予个人以固定的地位，并按照法定的地位（即'身份'）分配资源与劳动义务"。② 此外，陶安在具体论说同时，还特别提出"包含刑罚身分的秦代身分制度"的概念，③ 将相关思考引向深入。

不过，将司寇，隶臣妾，及城旦舂、鬼薪白粲依社会身份特征，大体分为三组，而尝试纳入"爵制—刑罚"身份序列，需要思考：秦汉"適戍""七科谪"等所谓"贱民"，与上述序列是什么关系。此外，与司寇及隶属官府的徒隶平行存在，有隶属私人的奴婢及私属、隶等群体，两者又存在怎样的联系。以往讨论中，对这些问题的关注似有不足。下面尝试略作解释。

先说前者。秦及汉初，司寇、徒隶身份固然低于一般平民，但我们谈到"低于一般平民"的群体，想到更多的往往是"尝逋亡人、赘婿、贾人"，④ 及武帝时"吏有罪一，亡命二，赘婿三，贾人四，故有市籍五，父母有市籍六，大父母有籍七"等"七科谪"。⑤ 这些当时被视作"贱民"的群体，在战国时期已较突出。睡虎地秦简《为吏之道》所附《魏户律》《魏奔命律》即提到"叚（假）门逆吕（旅），赘婿后父"（一八五、一九五），"吕"或作"闾"（二三五）。如何理解这些"贱民"与上述序列的关系呢？按鹰取祐司在讨论私奴婢与相关身份序列关系时，曾提

---

① 鹰取祐司：《秦漢時代の刑罰と爵制の身分序列》，《立命館文學》第608号"松本英纪教授退职纪念论集"，2008年；中译文见朱腾译《秦汉时代的刑罚与爵制性身分序列》，收入周东平、朱腾编《法律史译评》，北京大学出版社2013年版，第1—27页。

② 王伟：《秦汉简牍所见刑罚研究》第三章，第44页。

③ 参见陶安あんど《秦漢刑罰體系の研究》，第80—90页。

④ 《史记》卷六《秦始皇本纪》，中华书局1982年点校本，第253页。又，同书卷一五《六国年表》，第757页。

⑤ 《史记》卷六《秦始皇本纪》《索隐》"故汉七科谪亦因于秦"，第253页。《汉书》卷二四上《食货志上》李贤注引应劭曰："秦时以適发之，名適戍。先发吏有过及赘婿、贾人，后以尝有市籍者发，又后以大父母、父母尝有市籍者。戍者曹辈尽，复入闾，取其左发之，未及取右而秦亡。"第1126页。

## 第三章 军队组建背景：爵制、法制下的社会身份

到"爵制性身分序列终究只是在被官府支配及管理者之间形成秩序的。奴婢作为主人的财产并不处于官府的支配及管理之下，所以在爵制性身分序列中是没有位置的"。① 这提供了一种很富启发性的思考角度。由此推之，秦汉"贱民"中，除"亡命"等属罪徒，② 其他群体则处在"官府的支配及管理"与私人的支配及管理之外，身份上具有更多自由。关于后类群体，《魏户律》《魏奔命律》特别规定"勿令为户，勿鼠（予）田宇。三枼（世）之后，欲士（仕）士（仕）之，仍署其籍曰：故某虑赘壻某叟之乃（仍）孙"（一九五、二〇五、二一五），"今遣从军，将军勿恤视。……攻城用其不足"（二五五、二七五），的确显示所享权益较一般民众为低，然从爵制序列及官、私依附群体的角度来看，他们仍然属于无爵或低爵者。

谪戍问题，学界一直较为关注。对谪戍与迁刑、徙民实边，谪戍与弛刑士的差异，之前已有很多讨论。③ 至于谪戍者身份及相关特征，廖伯源的分析值得注意：赀戍、谪戍，俱强制为之，恐其逃亡，皆遣吏押送。而不同点也是较为明显的。赀戍：有罪罚戍边。有刑期，戍边有期限。谪戍：则以身份贱而戍边。不以罪，为应急，仅于边患紧急，戍卒不足时往戍，及边境无事，则可解甲归乡。④ 这些"身份贱""及边境无事，则可解甲归乡"者，若从以爵制序列为中心的法定社会等级身份看，多属无爵或低爵者。不仅文献中熟知的"发闾左谪戍渔阳九百人，屯大泽乡。陈胜、吴广皆次当行"，⑤ 属于上述情形；里耶秦简"☐贷適戍士五（伍）

---

① 鹰取祐司：《秦漢時代の刑罰と爵制的身分序列》，第37页。
② 相关学术梳理及较新探讨，参见保科季子《亡命小考——兼论秦汉的确定罪名手续"命"》，武汉大学简帛研究中心主办：《简帛》（第三辑），上海古籍出版社2008年版，第343—358页。
③ 前者参见臧知非《"谪戍制"考析》，《徐州师范大学学报》（哲学社会科学版）1984年第3期；胡大贵《关于秦代谪戍制的几个问题》，《西南师范大学学报》（人文社会科学版）1991年第1期；李玉福《论秦汉时代的谪发兵制和刑徒兵制》，《政法论丛》2002年第6期。后者参见黄今言《秦汉军制史论》第二章，江西人民出版社1993年版，第112—113页。
④ 廖伯源：《〈尹湾汉简简牍·东海郡下辖长吏不在署、未到官者名籍〉释证》（原刊李学勤、谢桂华主编《简帛研究二〇〇一》，广西师范大学出版社2001年版），收入所著《简牍与制度：〈尹湾汉墓简牍〉官文书考证》（增订版），广西师范大学出版社2005年版，第194—195页，又收入所著《秦汉史论丛》（增订本），中华书局2008年版，第236—238页。沈家本以"谪戍者发罪人以守边也，屯戍者发罪人以实边"。《历代刑法考·刑法分考十》"谪戍"、"屯戍"条，邓经元、骈宇骞点校，中华书局1985年版，第286页。此暂不取。
⑤ 《史记》卷四八《陈涉世家》，第1950页。

高里庆忌☐"（8-899）对適成名庆忌者"士五（伍）"身份的交代，同样符合这一认识。

至于文献中明确使用的"贱民"用语，如《史记》卷九七《郦生陆贾列传》"初，沛公引兵过陈留，郦生踵军门上谒曰：'高阳贱民郦食其……'"从"好读书，家贫落魄，无以为衣食业，为里监门吏"知，他实际为低爵或无爵者。而《汉书》卷四九《晁错传》"秦始乱之时，吏之所先侵者，贫人贱民也"，"贫人""贱民"连称，情形同样类似。要言之，秦汉"贱民"除部分罪徒外，主要包括身份自由但社会、经济地位较低的无爵、低爵者。以往学者所论爵制—刑罚身份序列，应该可以涵盖这些群体。

再看第二个问题。徒隶之中隶臣妾身份，早年曾引起学界热烈讨论。① 学者已注意它在罪徒身份外，又具有官奴婢特征。而所谓"官奴婢特征"，② 其实很可重视。按官奴婢是与私奴婢相对而出现的称谓。徒隶中具有"官奴婢特征"的隶臣妾与私奴婢，分属官、私依附群体，彼此存在怎样联系，需要考虑。检诸出土简牍与传世文献，这一情形值得注意：相对较为多见的"人臣妾""人奴婢"一类私奴婢称谓，秦及汉初很少出现和使用"官奴婢"用语。而据里耶秦简等资料，地方官府所役使的身份低于平民群体，基本都是司寇与徒隶。需要指出，前辈学者已有对官、私领域身份低于平民的依附群体之间，如何联系与对应的初步思考，如"城旦舂在刑狱中受到的待遇和人臣妾处于同一水平"，"秦的罪犯城旦舂是一无所有的。……这和人奴妾完全一样"。③ 而在这里，具有"官奴婢特征"隶臣妾及常常与之并称的"收人"群体，无疑更为值得关注。

徒隶来源除战俘、罪犯及没入的相关家属外，里耶秦简中还出现了购买记录：

卅二年九月甲戌朔朔日，迁陵守丞都敢☐

---

① 参见李力《"隶臣妾"身份再研究》；《張家山247號墓漢簡法律文獻研究及其述（1985.1—2008.12）》。
② 高恒、高敏、黄展岳、徐鸿修、于豪亮、吴树平的学者认为隶臣妾是"官奴婢"，或"官奴隶""罪犯奴婢"；吴荣曾、刘海年认为隶臣妾部分是"官奴婢"，部分是"刑徒"；林炳德、曹旅宁认为刑徒、官奴婢未分化，或既是"官奴隶"，又是"刑徒"。上述相关学术梳理，参见吕利《律简身份法考论——秦汉初期国家秩序中的身份》第八章第一节，第262页。
③ 吴荣曾：《隶臣妾制度探讨》，第27页。

## 第三章 军队组建背景：爵制、法制下的社会身份

以朔日上所买徒隶数守府。·问☐

敢言之。☐（正）（8－664＋8－1053＋8－2167）

卅三年二月壬寅朔朔日，迁陵守丞都敢言之：令曰恒以朔日上所买徒隶数。·问之，毋当令者，敢言之。（正）（8－154）

☐☐☐少内☐

买徒隶用钱☐☐万三千☐☐

少内☐佐之主☐（9－1408）①

迁陵县守丞在始皇三十二年二月、九月朔日，将入购徒隶上报洞庭郡。据"令曰恒以朔日上所买徒隶数"，属县在每月一日上报上月所购徒隶，已为固定制度。而相关具体钱额的拨付，则大体由县内诸官之一的少内办理。前引研究有认为官府所买徒隶是城旦舂、鬼薪白粲、隶臣妾三种；亦有认为人奴妾即私奴婢，与城旦舂待遇相同，二者的经济、社会地位较为一致。依购买徒隶简文，前说有一定道理；从长役无番考虑，后说也确有相合。不过，睡虎地秦简《封诊式·告臣》提到私人告请官府将自家奴婢治罪，并谒卖于公，爰书格式为"某里士五（伍）甲缚诣男子丙，告曰：'丙，甲臣，桥（骄）悍，不田作，不听甲令。谒买（卖）公，斩以为城旦，受贾（价）钱'"（三七、三八）。甲的身份，入官前是"臣"；被官府买入后，"斩以为城旦"。对官方而言，买来的虽是城旦，却因治罪的缘故，不但并不代表之前身份，而且与之前身份并不对等。《封诊式》是当时案件处理的范式汇编，② 既显示上述情形在当时较为习见，也说明城旦舂与私奴婢在身份及地位上并不对等。③

《秦律十八种·属邦》"道官相输隶臣妾、收人"（二〇一），记边远地区所输对象主要是"隶臣妾、收人"。其中，收人多为没入官府的罪犯

---

① 里耶秦简牍校释小组：《新见里耶秦简牍资料选校（二）》，简帛网，2014 年 9 月 3 日，http：//www.bsm.org.cn/show_article.php? id=2069。

② 邢义田：《从简牍看汉代的行政文书范本——"式"》（原刊《严耕望先生纪念论文集》，稻乡出版社 1998 年版，第 387—404 页），修订稿收入所著《治国安邦：法制、行政与军事》，中华书局 2011 年版，第 450—472 页。

③ 睡虎地秦简《法律答问》"人奴擅杀子，城旦黥之，畀主"（七三），"人奴妾治（笞）子，子以胾死，黥颜頯，畀主"（七四），及张家山汉简《二年律令·贼律》"奴婢殴庶人以上，黥颜頯，畀主"（三〇），主要指私奴婢被官府处以"城旦黥之""黥颜頯"后交还主人，从而成为受过肉刑的私奴婢。

连坐家属。据《二年律令·金布律》"诸收人，皆入以为隶臣妾"（四三五），收人常进一步转化为隶臣妾。学者亦关注官府将徒隶赏赐及对外租借的问题，而讨论所涉及者实际主要为隶臣妾。①《法律答问》云"有投书，勿发，见辄燔之；能捕者购臣妾二人"（五三），《秦律十八种·仓律》又有"妾未使而衣食公，百姓有欲叚（假）者，叚（假）之，令就衣食焉"（四八）。学界多有认为这些指隶臣妾。倘此说可从，这里使用"臣妾""妾未使"一类省略性称谓，与"臣""妾""臣妾""人奴""人奴妾"等私奴婢所用称谓接近。又，秦汉私奴婢存在良贱为婚。这与隶臣妾类似，而与城旦舂等有别。香港中文大学藏简牍"奴婢廪食粟出入簿"，②记私奴婢"大""使""小""儿"各年龄分层的廪食标准，③与前论《秦律十八种·仓》"从事公"隶臣妾情况多可对应，且同样"廪"以月计。前论身份称谓"隶"，更多做附属、隶属解。"隶臣妾"之"隶"，或同此义。隶臣妾具有隶属官府的臣妾的含义。一般理解，官、私奴婢与徒隶、司寇是平行并列关系。由于秦及汉初文献很少提到官奴婢。而国家役使的身份低于平民人群，又主要是徒隶、司寇。或可推测：文帝刑罚改革"有年而免"以前，人奴婢与官府徒隶分属并行的两个序列。其中，私奴婢与徒隶中的隶臣妾地位大体相当，对应性较高。

文帝十三年（前167）刑罚改革，终身服役改为"有年而免"，原身份刑按等级依次"累进减免"。此后至东汉，刑罚序列进一步调整为三级：城旦舂、鬼薪白粲、司寇，隶臣妾走向消亡。④那么，为何上述诸种中偏偏取消了隶臣妾一级呢？这一变化的发生，以往很少得到解释。按文帝相关改革"属于结构性的变动"。司寇、徒隶"有年而免"，使旧有身份结构开始发生变动。官、私奴婢虽依然存在，但私奴婢却不复与隶臣妾、收人对应。由于以往同私奴婢地位相当的主要是隶臣妾。伴随后者刑期一并转为有期，二者身份不匹配情形就显得尤为突出。刑罚序列在后续演进中特将隶臣妾等级取消，或缘此故。

---

① 高恒：《秦律中"隶臣妾"问题的探讨》，第45—46页；吕利：《律简身份法考论——秦汉初期国家秩序中的身份》第八章第一节，第269—270页。
② 陈松长编：《香港中文大学文物馆藏简牍》，香港中文大学文物馆，2001年，第54—60页。时代大体为西汉中期。
③ 于振波：《〈香港中文大学文物馆藏简牍〉札记之一——关于奴婢之廪食标准》，简帛网，2006年2月25日，http：//www.bsm.org.cn/show_article.php?id=235。
④ 此问题的最新关注及论述，参见吴荣曾《隶臣妾制度探讨》，第29—32页。

## 第三章 军队组建背景：爵制、法制下的社会身份

据学者意见，秦及汉初，伴随爵制序列向下延伸，无爵者不仅可与司寇、隐官，且进一步与隶臣妾、鬼薪白粲、城旦舂构成序列。① 而隶、私属、奴婢，则与上述序列下端并行呼应。《逸周书·文传》引《夏箴》曾云：

> 小人无兼年之食，遇天饥，妻子非其有也；大夫无兼年之食，遇天饥，臣妾舆马非其有也。②

"小人""大夫"对照，"妻子"与"臣妾舆马"对言。先秦社会，只有地位较高的"大夫"才有"臣妾"，一般"小人"无法企及，只有全活妻儿罢了。而战国、秦及汉初，不仅官员、高爵者，即便一般低爵、无爵者也往往拥有臣妾。③ 不但官府大量役使徒隶，民众也对私奴婢多有使用。如何拥有更多臣妾、马牛，是社会普遍关注的问题。当时盛行的日书中，此类内容就占有重要篇幅。文帝刑罚改革以后的两汉社会，"政府的意愿上是要逐渐减少贱民和刑徒群体，保持乃至不断增加编户的数量，它体现在政府对于解放奴婢的一再努力，以及汉文帝时对刑法的改革，经过这样的改革，取消了司寇、隐官的存在，并且将无期刑改为有期刑，使得官府控制的刑徒数量不至于无限增加"。④ 而战国、秦及汉初这一阶段所出现的旧有贵族瓦解，平民崛起、上升，则并非伴随原有贱民的消减。汉文帝刑罚改革之前的秦及汉初，乃是身份低于平民群体数量较多、官私拥有奴婢较为普遍化的历史时期。

秦及汉初，终年服役的罪犯群体"徒"，具有国家法定的社会等级身份特征。司寇籍附县乡，为编户民，可单独立户，在各类权益上与不入户籍，不居民里，簿籍另立的徒隶多有不同。隶臣妾又与同属徒隶的城旦舂、鬼薪白粲在服役方式、廪食管理、辖配官司、军事参与等方面存在诸

---

① 隐官较为特殊。作为肉刑者免罪、放免后的身份，严格上说，不在爵、刑序列的直线上，而是这一序列的枝桠。
② 黄怀信、张懋镕、田旭东：《逸周书汇校集注》卷三，上海古籍出版社1996年版，第259页。
③ 战国时期对"奴隶""徒役"的使用与剥削，参见裘锡圭《战国时代社会性质试探》，《古代文史研究新探》，第387—429页。
④ 此承杨振红2012年10月27日来信提示。

多差异。司寇，隶臣妾，城旦舂、鬼薪白粲由高到低大体构成当时刑罚序列的相应等级。而赏罚之间，学者尝试将爵制、刑罚序列进一步衔接，实需思考"適戍"等"贱民"与相关序列的关系，隶属私人的奴婢群体与隶属官府的徒隶的关系问题。战国、秦及汉初是身份低于平民群体数量较多，官私拥有奴婢较为普遍的历史时期。

# 第四章

## 军事征发：徭戍与军兴

秦汉时期的军事征发，涉及徭戍、军兴等基本问题。秦及汉初的徭戍、军兴，关系当时国家对社会人群的组织与役使，向为前辈学人所重。[①] 然因传世文献记载有限，古人注解又分歧颇多，故依凭这些文献及注解所得结论，实需进一步检讨。20世纪90年代，马怡撰写《中国经济通史·秦汉经济卷》"徭役"部分，曾较全面搜集当时所见相关传世及出土文献，[②] 立论较为扎实。[③] 2000年后，结合新出张家山

---

[①] 国内主要研究如高恒《秦律中的徭、戍问题——读云梦秦简札记》（原刊《考古》1980年第6期），收入所著《秦汉简牍中法制文书辑考》，社会科学文献出版社2008年版，第117—129页；张金光：《秦自商鞅变法后的租赋徭役制度》（原刊《文史哲》1983年第1期），修订稿收入所著《秦制研究》第四章第三节"徭役"，上海古籍出版社2004年版，第205—264页；钱剑夫：《秦汉赋役制度考略》，湖北人民出版社1984年版；高敏：《秦汉徭役制度辨析》（上），《郑州大学学报》（哲学社会科学版）1985年第3期；高敏：《秦汉徭役制度辨析》（下），《郑州大学学报》（哲学社会科学版）1986年第4期；高敏：《秦汉的徭役制度》，《中国经济史研究》1987年第1期；孙言诚：《秦汉的徭役和兵役》，《中国史研究》1987年第3期；胡大贵、冯一下：《试论秦代徭戍制度》，《四川师范大学学报》（社会科学版）1987年第6期；黄今言：《秦汉赋役制度研究》，江西教育出版社1988年版，等等。又，日本学界一直重视此问题，相关学术评述参见重近启树《围绕秦汉兵制的若干问题》；渡边信一郎：《汉代国家的社会性劳动的编制》，庄佩珍译，均收入佐竹靖彦主编《殷周秦汉史学的基本问题》，中华书局2008年版，第244—264、287—312页；小林文治：《算赋、徭役、兵役》，阎瑜译，收入工藤元男编《日本秦简研究现状》，武汉大学简帛研究中心主办：《简帛》（第六辑），上海古籍出版社2011年版，第160—163页。又，渡边信一郎先前发表相关论文，近年已收入所著《中國古代の財政と國家》第一部，汲古书院2010年版；杨振红：《渡辺信一郎〈中国古代の財政と国家〉评介》，《中国中古史研究：中国中古史青年学者联谊会会刊》（第三卷），中华书局2013年版，第328—341页。

[②] 马怡、唐宗瑜编：《秦汉赋役资料辑录》，山西人民出版社1990年版。类似资料辑录又有傅筑夫、王毓瑚编《中国经济史资料·秦汉三国编》第五章第二节"徭役"，中国社会科学出版社1982年版，第232—244页；鹫尾祐子：《汉代的更卒——试论徭役、兵役制度》"附：践更、更卒资料"，杨振红译，卜宪群、杨振红主编《简帛研究二〇一二》，广西师范大学出版社2013年版，第200—205页。

[③] 林甘泉主编：《中国经济通史·秦汉经济卷》第十六章"徭役"（马怡撰），中国社会科学出版社2007年版，第458—494页。

汉简《二年律令》，张荣强对课役身分有全新考述，推进了秦汉徭役研究。[①] 里耶秦简部分简文公布后，杨振红利用这一珍贵资料，并反思之前研究，对秦汉徭役结构提出很多重要看法。[②] 这些均说明，在新旧史料的综合利用下，相关开拓空间依然存在。日常性"徭戍"与兵役制度关系密切，而"军兴""从军"更多属于临时性军事动员及物资调集。这一层面的规定又呈现怎样特征，与徭、戍关系如何，同样值得探讨。

## 第一节 秦及汉初"徭"的内涵与组织管理
——兼论"月为更卒"的性质

学界以往探讨"徭"这一问题，因资料所限，以西汉景帝以下相关情形为多。《里耶秦简〔壹〕》正式发表后，[③] 与睡虎地秦简、岳麓秦简、张家山汉简及传世文献相结合，使有关秦及汉初"徭"的探讨，有了新的基础。本节主要讨论这样几个问题：秦及汉初，"徭"这一用语涉及哪些内容？广义"徭"有哪些值得注意的方面？狭义"徭"的内涵是什么，如何征派，"更卒之役"是否属于"徭"？

### 一 广义"徭"的含义——兼论奴徭与吏徭

关于秦汉的力役之征，学界常命为徭役制度。而在使用"徭役"一语时，又常常与兵役相对。不过，早年即有学者认为："汉时承战国及秦代的传统，对于力役与兵役的观念分得不甚清楚，统称之为䌛役。"[④] 据

---

① 张荣强：《〈二年律令〉与汉代课役身分》（原刊《中国史研究》2005年第2期），修订稿收入所著《汉唐籍帐制度研究》，商务印书馆2010年版，第37—66页。
② 杨振红：《徭、戍为秦汉正卒基本义务说——更卒之役不是"徭"》，《中华文史论丛》2010年第1期。
③ 湖南省文物考古研究所：《里耶秦简〔壹〕》，文物出版社2012年；陈伟主编，何有祖、鲁家亮、凡国栋撰著：《里耶秦简牍校释》（第一卷），武汉大学出版社2012年版。
④ 孙毓棠：《汉代的农民》（原刊《中国社会经济论丛》第一辑，云南全省经济委员会1943年），收入《孙毓棠学术论文集》，中华书局1995年版，第36页。

## 第四章 军事征发：徭戍与军兴

秦及汉初的出土、传世文献，与"徭"连称的往往是"戍"，作"徭戍"。① 考虑到成年男子傅籍服正役，亦服兵役，二者年龄起征点一致。② 这里遵从当时人的观念、习惯，而使用"徭戍"一语。③

秦及汉初的"徭"，是一个具有相当难度的复杂问题。欲探讨此问题，我们首先需立足当时人的使用习惯，把握当时人的表述内涵。从文献所载来看，"徭"这一语词在秦汉社会具体使用时，颇有宽泛一面。④ 马怡、唐宗瑜在编纂《秦汉赋役资料辑录》时，于"前言"阐述了她们对秦汉赋役制度的基本看法，其中提到："秦汉徭役是各项劳役的总称，即古史所谓力役之征。它也可分为四项，即劳役、屯戍、兵役和罚作。"这已敏锐注意到"徭戍"内涵所具有的广义一面。至于四项中对应"徭戍"之"徭"的"劳役""罚作"，"前言"进一步指出："劳役，指更卒之役和其他杂役，承当土木工程、转输漕运、官手工业作坊的生产及地方官府的供奉差使等"，"罚作，指刑徒之役及谪戍、赀徭、居徭等惩罚性劳役"，⑤ 涉及内容十分广泛，对于理解广义"徭"的内涵很有帮助。里耶秦简就有不少这类"徭"的材料。

1. 罪徒、奴婢所从役也有称"徭"。秦及汉初，隶臣妾、鬼薪白粲及城旦舂统称"徒隶"。⑥ 里耶秦简见有：

---

① 此问题前人多有提及，然学界一直重视不足。相关史料搜集与分析参见高恒《秦汉简牍中法制文书辑考》，第115、123—127页；孙言诚：《秦汉的徭役和兵役》，第82—85页；胡大贵、冯一下：《试论秦代徭戍制度》，《四川师范大学学报》（社会科学版）1987年第6期，第42—43页；林甘泉主编：《中国经济通史·秦汉经济卷》，第466页；张金光：《秦制研究》，第224页；杨振红：《徭、戍为秦汉正卒基本义务说——更卒之役不是"徭"》，第359—360页。按：《盐铁论·轻重》有"中国困于繇赋，边民苦于戍御"语，亦值得注意。王利器校注：《盐铁论校注》卷三，中华书局1992年版，第180页。
② 张荣强：《〈二年律令〉与汉代课役身分》，《汉唐籍帐制度研究》，第37—47页。
③ "徭戍""徭役""役"在文献使用中有偏指力役一面的情形，而"徭"亦有概言"徭戍""徭役"者，使用材料时应有所注意。
④ "徭戍"之"戍"，亦有广义一面。里耶秦简目前所见行戍群体，除"屯戍"外，还有"更戍""冗戍""罚戍""谪戍"等。相关初步探讨参见本书第四章第二节。
⑤ 参见马怡、唐宗瑜编《秦汉赋役资料辑录》，第2页。
⑥ 陶安あんど：《秦漢刑罰体系の研究》第二章"刑罰の身分"，創文社2009年版，第54—110页；吴荣曾：《隶臣妾制度探讨》，收入吴荣曾、汪桂海主编《简牍与中国古代史研究》，北京大学出版社2012年版，第21—32页；石岡浩：《秦漢代の徒隷と司寇——官署に隷属する有職刑徒》，《史學雜誌》121-1，2012年，第1—39页；本书第三章第二节。

仓课志
畜彘鸡狗产子课
畜彘鸡狗死亡课
徒隶死亡课
徒隶产子课（第一栏）
作务产钱课
徒隶行䌛（徭）课
畜䲷死亡课
畜䲷产子课（第二栏）
·凡☐（第三栏）（8－495）

"课志"不同于"计录"，主要是县廷对下辖诸官的考课记录。① 仓为诸官之一。秦代地方徒隶主要由司空、仓管理。其中，司空主城旦舂、鬼薪白粲、居赀赎责（债），而仓主要管理徒隶中的隶臣妾。② "仓课志"在记录禽畜饲养及"徒隶死亡课""徒隶产子课"外，与"作务产钱课"相对，还特别提到有"徒隶行䌛课"。徒隶在日常"作务"外，被征调而外出从役，也是相关劳作的重要方面。此处称"行䌛"，值得注意。相关例证不仅于此，睡虎地秦简《秦律十八种·司空》：

春城旦出䌛（徭）者，毋敢之市及留舍阛外；当行市中者，回，勿行（一四七、一四八）③

提到徒隶中量刑最重的城旦舂"出䌛（徭）"事。这里为避免城旦舂与市场接触，还特作规定。岳麓秦简《为吏治官及黔首》又提到：

行䌛奴䌛＝役（1590）④

---

① 参见拙文《秦县的列曹与诸官——从〈洪范五行传〉一则佚文说起》，武汉大学简帛研究中心主办：《简帛》（第十一辑），上海古籍出版社2015年版。
② 参见本书第三章第二节。
③ 睡虎地秦墓竹简整理小组编：《睡虎地秦墓竹简》，文物出版社1990年版，释文53页。
④ 朱汉民、陈松长主编：《岳麓书院藏秦简（壹）》，上海辞书出版社2010年版，第36、142、191页。

### 第四章 军事征发：徭戍与军兴

整理者注："'繇 ='，疑为衍文。'繇 ='，这里的 = 当是表示衍文的符号。"按此简下栏紧接写作"敀 = 之（敀之敀之）某（谋）不可行"。对照图版，三处"="在简上的标示图形是相同的。参考后者及以往简牍符号用例，将前者看作重文符号较为合适。"行繇奴繇 = 役"即"行繇奴繇繇役"。此或指奴婢行徭与平民行徭。惠帝三年（前192）"六月发诸侯列侯徒隶二万人城长安"，[①] 应当就反映了徒隶外出行徭的情形。

这一时期，国家所掌握的大量役使人群中，司寇、徒隶是其中的重要组成。里耶简 16-6、16-5 曾提到属于正役范畴的"传送委输"，在"兴徭""兴黔首"前，"必先悉行城旦舂、隶臣妾、居赀赎责（债）"。[②] 其中，隶臣妾所从事工作，还可进一步考察；特别各年龄群体中，未成年"小"被役使情形，引人注目。

里耶秦简记洞庭郡问询迁陵县"徒隶不田"事，提到"令曰：吏仆、养、走、工、组织、守府门、助匠及它急事不可令田，六人予田徒四人"（8-756、8-757）。徒隶日常除田作外，还有从事吏仆、养、走、工、组织、守府门、助匠等多项工作。其中外出从役诸项，或与"徒隶行繇"、"出繇（徭）"内容有关。"吏养"负责炊事，供给伙食，多由徒隶中的隶臣从事，如"大隶臣廿六人☐（第二栏）……其四人吏养：唯、冰、州、☐☐（第三栏）"（8-736 正）、"令佐华自言：故为尉史，养大隶臣竖负华补钱五百，有约券（下略）"（8-1008+8-1461+8-1532）、"☐☐温与养隶臣获偕之蓬传，及告畜官遣之书季有☐"（8-1558 正）及"■ 其男四百廿人吏养（第一栏）"（10-1170）。[③] 末则节录自简 10-1170 "卅四年（前213）十二月仓徒簿冣"木牍。仓管理隶臣妾。此牍所记录身份有"大隶臣""小隶臣"与"大隶妾"三种。故"吏养"者均为隶臣。而"走"作为奔走而供吏差使者，多从事各机构间文书传递，目前所见，亦以隶臣承担为多。"卅四年十二月仓徒簿冣"复提到"小男三百卅人吏

---

[①]《汉书》卷二《惠帝纪》，中华书局1962年点校本，第89页。

[②] 参见马怡《里耶秦简选校》，《中国社会科学院历史研究所学刊》第四集，商务印书馆2007年版，第143、149页。按：力役征发会影响百姓生产生活，过度征发反而影响其他财政收入，所以有时"不欲兴黔首"。这种情况下，如果徒隶有余，应该是可以使用徒隶"行徭"的。徒隶"行徭"反映的不是徒隶对政府的"徭"的义务，而是地方政府对中央的"徭"的义务。此承王伟提示。

[③] 张春龙：《里耶秦简中迁陵县之刑徒》，李宗焜主编：《古文字与古代史》第三辑，"中研院"历史语言研究所2012年版，第456页。

走……男卅人廷走（第三栏）"。"廷"指县廷，这里提到小隶臣从事"吏走"有330人次，大隶臣（或大、小隶臣）有30人次。非专职传送的差使，则称"行书"，也多由隶臣妾承担。"卅四年十二月仓徒簿冣"又记"男十八人行书守府（第三栏）""女六十人行书廷（第五栏）""女七人行书酉阳（第七栏）"。里耶简还见有"廿九年（前218）十二月丙寅朔己卯，司空色敢言之：廷令隶臣□行书十六封，曰传言。今已传者，敢言之。（正）己卯水下六刻，隶妾畜以来。/绰半。部手（背）"（8－1524）。"隶臣□"受县廷之命"行书"16封。而向上级报告此事的"司空色"的文书，则具体由"隶妾畜"负责传送。《秦律十八种·行书》提到"行传书、受书，必书其起及到日月夙莫（暮），以辄相报殹（也）。书有亡者，亟告官。隶臣妾老弱及不可诚仁者勿令"（一八四、一八五）。所谓"隶臣妾老弱及不可诚仁者勿令"，显示当时文书传递工作一般多由成年隶臣妾承担。

至于"守府门"，或为守护县廷府库一类差役，同样多由隶臣为之：

男卅人廷守府（第二栏）（10－1170）
一人廷守府：快（第一栏）（正）
五月甲寅仓是敢言之：写上。敢言之。□（背）（8－663）

"男卅人廷守府"，同样出自"卅四年十二月仓徒簿冣"。此记从事"廷守府"工作的隶臣有30人次。简8－663据背文，知同属仓徒簿。简正面提到一人做"廷守府"，名为"快"。这与以往里耶行政文书习见的"守府快行"（8－71、8－140、8－155、8－157、8－158、8－665、8－1560），可以对应。"快行"不仅不属传递方式，而且考虑到仓主隶臣妾，守府名"快"者身份应当还是一名隶臣妾。此外，隶臣还多有为牢人、从事狱事者。睡虎地秦简《封诊式》记令史调查案件，多有"牢隶臣"跟从。里耶简则有"□□□【付】牢人大隶臣□□"（8－1855）。

秦汉年龄分层的大、小之别，一般据汉代情形，以15岁以上为大，14以下为小。值得注意的是，秦代官府对小徒隶的役使十分普遍。仅目前所见诸种徒作簿文书即提到：

·小城旦九人：

## 第四章 军事征发：徭戍与军兴

其一人付少内。

六人付田官。

一人捕羽：强。

一人与吏上计。

·小春五人。

其三人付田官。

一人徒养：姊。

一人病：□。（第六栏）（正）（8-145）

·小城旦十人。

其八人付田官。

二人载粟输。（第三栏）（8-162）

·小春五人，☐

其三人付田。☐（第二栏）（8-239）

【付】小隶妾八人。

六人付田官。

一人收腸：豫。（第二栏）（8-444）

（前略）主令鬼薪轸、小城旦乾人为贰春乡捕鸟及羽。（8-1515）

前引简 10-1170 还提到"小男三百卅人吏走"。目前所见小城旦、小春、小隶妾，本属司空、仓管辖。① 他们无论男女，则以"付田官"从事相关劳务，最为常见。此外，还见有"付少内""与吏上计""捕鸟""捕羽""收腸""吏养"等多种，简 8-162 并提到 2 名小城旦从事"载粟输"。输粟本属较重劳作，这里却使用了小城旦。②

秦初以身高傅籍，后傅籍以 17 岁，③ 年岁偏低。"小隶臣"转变为

---

① 参见本书第三章第二节。

② 里耶简还新见"小男子说。今尉征说以为求盗。☐（正）员吏勿。☐（背）"（8—2027）。对照图版，此简下端削成尖状。正背面实际均文意完整。秦时有求盗，是亭长下主逐捕盗贼的亭卒。此言名"说"者做求盗，不计入吏员编制。他作为小男子即被县尉所征，进而从事职役，同样值得注意。

③ 相关评述及推进参见张金光《秦制研究》第四章第三节，第 205—223 页；张荣强：《〈二年律令〉与汉代课役身分》，《汉唐籍帐制度研究》，第 39—40 页。

"大隶臣"身份,则通过"傅"来实现。① 秦代有"小爵"身份②,可以单独立户③,为未达到傅籍年龄者所拥有的爵位④。刘子《别录》有"长平之役,国中男子年十五者尽行,号为'小子军'"的表述。⑤ 汉初《二年律令·徭律》且出现有"小未傅者"⑥。综合上述,秦及汉初或存在以"傅"划分大、小的方式⑦,"小"(或言广义一面)包括15岁以上的未傅籍群体。考察秦代官府对小徒隶的役使,应当注意这一背景。

2. 吏徭。《周礼·地官·乡大夫》提到"其舍者,国中贵者、贤者、能者、服公事者、老者、疾者皆舍"。郑司农注:"征之者,给公上事也。

---

① 睡虎地秦简《秦律十八种·仓律》"隶臣、城旦高不盈六尺五寸,隶妾、舂高不盈六尺二寸,皆为小;高五尺二寸,皆作之。小隶臣妾以八月傅为大隶臣妾,以十月益食"(五一至五三)。

② 里耶古城北护城壕所出迁陵县南阳里户籍简,出现很多"小上造",引起学界热烈讨论。相关研究参见刘敏《张家山汉简"小爵"臆释》,《中国史研究》2004年第3期;王子今《试说里耶户籍简所见"小上造"、"小女子"》("2007中国简帛学国际论坛"会议论文,台湾大学中文系,2007年11月),清华大学出土文献研究与保护中心编《出土文献》第一辑,中西书局2010年版,第221—231页;刘欣宁《里耶户籍牍与"小上造"再探》,简帛网,2007年11月20日,http://www.bsm.org.cn/show_article.php?id=751;刘敏《秦汉时期的"赐民爵"及"小爵"》,《史学月刊》2009年第11期;张荣强《湖南里耶所出"秦代迁陵县南阳里户版"》,收入所著《汉唐籍帐制度研究》,第7—36页。

③ 里耶简不仅出现"小上造",还出现有"小公士"(8-19)。小上造并且可以单独立户:"高里户人小上造徍□"(9-2242)、"南里小上造□□"(8-1182)。前者参见张春龙《里耶秦简所见的户籍和人口管理》,中国社会科学院考古研究所等编《里耶古城·秦简与秦文化研究——中国里耶古城·秦简与秦文化国际学术研讨会论文集》,科学出版社2009年版,第193页。

④ 张家山汉简《二年律令·傅律》"大夫以上至五大夫子及小爵不更以下至上造年廿二岁","卿以上子及小爵大夫以上年廿四岁"(三六四)(彭浩、陈伟、工藤元男主编:《二年律令与奏谳书——张家山二四七号汉墓出土法律文献释读》,上海古籍出版社2007年版,第233页)。小爵拥有者傅籍年龄,以大夫为界分层:小爵不更以下至上造与大夫爵子,小爵大夫以上与卿爵以上子傅籍相当。

⑤ 董说原著,缪文远订补:《七国考订补》卷一一《秦兵制》引,上海古籍出版社1987年版,第575页。相关考述又参见王子今《秦"小子军"考议》(原刊《人文杂志》2009年第5期),修订稿收入所著《秦汉称谓研究》"二 称谓与职业身份",中国社会科学出版社2014年版,第142—153页。

⑥ 断句讨论及分析参见凌文超《汉晋赋役制度识小》"小未傅"条,武汉大学简帛研究中心主办:《简帛》(第六辑),上海古籍出版社2011年版,第475—477页;本书第五章第一节。

⑦ 渡边信一郎据睡虎地秦简对秦代傅籍有类似看法,参见《〈吕氏春秋〉上農篇蠡測——秦漢時代的政治的社會編成》,收入所著《中国古代国家の思想構造——専制国家とイデオロギー》,校倉書房1994年版,第100—116页。

270

## 第四章 军事征发：徭戍与军兴

舍者，谓有复除舍不收役事也。……服公事者，谓若今吏有复除也。"[①]所注反映东汉吏者免役情形。西汉似与之相近。《二年律令·徭律》记发传送、事委输，如官府车牛不足，"令大夫以下有訾（赀）者，以訾（赀）共出车牛"，并"令其毋訾（赀）者与共出牛食、约载具"。同时又特别规定"吏及宦皇帝者不与给传送事"（四一一、四一二）。"委输"属狭义上的"徭"，而为吏者可以不被征发。

不过，秦及西汉，吏在基本职事之外，常被官府差使而外出从事各种工作。这在当时也称"徭"：

迁陵吏志：
吏员百三人。
令史廿八人，
【其十】人繇（徭）使，
【今见】十八人。（第一栏）
官啬夫十人。
其二人缺，
三人繇（徭）使，
今见五人。（第二栏）
官佐五十三人，
其七人缺，
廿二人繇（徭）使，
今见廿四人。（第三栏）（7-67+9-631）[②]

此里耶秦简《迁陵县志》对涉及令史、官啬夫等"徭使"有直接体现。里耶秦简还出现有"居吏柀繇（徭）使"，"至今未得其代，居吏少，不足以给事"（8-197）。"柀"见睡虎地秦简《秦律十八种·效》"实官佐、史柀免、徙，官啬夫必与去者效代者"（一六三）。单育辰疑此字当

---

[①] 《周礼注疏》卷一二，阮元校刻：《十三经注疏》，中华书局影印本1980年版，第716页中栏；又见《汉制考》卷一，收入王应麟《汉制考 汉艺文志考证》，张三夕、杨毅点校，中华书局2011年版，第22页。
[②] 里耶秦简牍校释小组：《新见里耶秦简牍资料选校（一）》，简帛网，2014年9月1日，http：//www.bsm.org.cn/show_article.php？id=2068。

271

读为"颇",理解为"或多或少"。① 陈伟认为"柀"应读为"颇"或"偏"。而"偏(颇)捕(告)"指共犯(或连坐者)中的任何一方。这里"所说佐、史的免徙不是分别或同时进行,也不是或多或少地发生"。② 需要注意的是:一方面,"柀"在睡虎地秦简中实际出现多例。《秦律十八种·司空》"其日未备而柀入钱者,许之"(一三八)。整理小组注:"柀入钱,一部分缴钱。"《法律答问》"或直(值)廿钱,而柀盗之,不尽一具,及盗不直(置)者,以律论"(二六),整理小组注:"柀盗,盗取其一部分。"③ 原整理者的这些意见值得重视。将这一解释还原到《效》律中,文义是较为通达的。另一方面,"柀""破""被"在书写时常互相借用。睡虎地秦简《日书》甲种《秦除》中涉及建除,破日多写作"柀"。④《秦律十八种·仓律》"万石之积及未盈万石而被(柀)出者,毋敢增积"(二五、二六),"柀"写作"被"。整理小组注:"柀,分、散,详见段玉裁《说文解字注》。"⑤ 这与"部分"的解释亦相通。《封诊式·贼死》"柀(被)污头北(背)及地"(五七),则又是"被"写作"柀"。具体到"居吏柀繇(徭)使",上述两说皆可通,而以"柀"为"被"字异写,文义更显通达。简文内容实际涉及吏徭。《史记》卷五三《萧相国世家》有"高祖以吏繇咸阳,吏皆送奉钱三,何独以五"的记载,吏员外出办差,尤其长途履职,同事亲友多帮助提供经济支持。

张家山汉简《二年律令·津关令》"十五、相国、御史请郎骑家在关外,骑马节(即)死,得买马关中"条提到,"节(即)归休、繇(徭)使,郎中为传出津关"(五一四)。《汉书》卷七七《盖宽饶传》亦有"公卿贵戚及郡国吏繇使至长安"语。又,尹湾汉简5号木牍,整理者命名为《东海郡下辖长吏不在署、未到官者名籍》,在记"●右九人输钱都内"之下,又有"●右十三人繇"。相关者身份皆为东海郡属县长、丞、尉及侯国相,行繇内容则涉及送罚戍、卫士、徒民、保宫,市买就(僦)

---

① 单育辰:《秦简"柀"字释义》,《江汉考古》2007年第4期。
② 陈伟:《〈二年律令〉"偏(颇)捕(告)"新诠》,收入权仁瀚等编《东亚资料学的可能性探索》,广西师范大学出版社2010年版,又收入所著《燕说集》,商务印书馆2011年版,第345—352页。
③ 睡虎地秦墓竹简整理小组编:《睡虎地秦墓竹简》,释文51、99页。
④ 睡虎地秦墓竹简整理小组编:《睡虎地秦墓竹简》,释文182—183页。
⑤ 睡虎地秦墓竹简整理小组编:《睡虎地秦墓竹简》,释文26页。

## 第四章 军事征发：徭戍与军兴

财物与上邑计等。①

由上，联系徒隶原属不同官司管辖，徒隶"行徭"，主要涉及临时征调而外出服"正役"，及地方官府役使而外出服各种供奉、差使类杂役。"吏徭"亦以受差使而外出从事吏务为多。"行徭"一称，反映了"徭"多受差使而外出服役的特征。这些对理解广义"徭"的内涵，或有帮助。

### 二 狭义"徭"内涵及与"月为更卒"的关系

"徭"除宽泛用义外，又有狭义。对此，学界以往认识并非一致，但出入不大。一般来说，秦汉傅籍男子服正役，未傅籍成童、睆老服半役。正役对应狭义"徭戍"，包括国家征发的一般性力役和屯戍一类常规性兵役。不过，随着近年研究深入，学者提出很多新的意见。有意见认为"全役包括徭和戍，半役只服徭"；② 另有意见认为"徭"是国家承认的正式劳役，主要对象是傅籍男子，应有法定期限，且多临时征发。③ 又有学者利用《二年律令》，重申正役主要指更卒之役，并认为更役为中央政府征发，并非地方性徭役；④ 其他学者利用里耶秦简等资料，则主"徭、戍为秦汉正卒基本义务说"，而更卒之役不是"徭"。未傅籍、睆老主要服更，及"部分'徭'"，新构了秦汉役制体系。⑤ 由于新说彼此多有差异，且均利用、重释了新旧史据。故思考此问题，我们需要对相关基本史料再做检讨。

文献有关徭戍制度的规定，为学界熟知的董仲舒上书与《汉官仪》注两种。近年杨振红、陈伟等学者对此重作探讨。今参考斟酌，⑥ 对引文句读重做调整如下：

---

① 参见连云港市博物馆等编《尹湾汉墓简牍》，中华书局1997年版，第96—97页。
② 杜正胜：《编户齐民：传统政治社会结构之形成》第一章，联经出版事业公司1990年版，第29页。
③ 杨振红：《徭、戍为秦汉正卒基本义务说——更卒之役不是"徭"》，第352—353页。
④ 张荣强：《〈二年律令〉与汉代课役身分》，《汉唐籍帐制度研究》，第54—55、59—61页。
⑤ 杨振红：《徭、戍为秦汉正卒基本义务说——更卒之役不是"徭"》，第361—362页。
⑥ 此取陈氏研究，稍作变动。陈伟：《也谈董仲舒上言"又加"句的解读问题》，收入中国社会科学院历史研究所、日本东方学会、大东文化大学编《第一届中日学者中国古代史论坛文集》，中国社会科学出版社2010年版，又载简帛网，2010年8月9日，http://www.bsm.org.cn/show_article.php?id=1282。

1a. 又加月为更卒，已复为正〔卒？〕一岁，屯戍一岁，力役三十倍于古。①

1b. 又加月（有吏）〔为更〕卒，征卫、屯戍一岁，力役（四）〔三〕十倍于古。②

2. 民年二十三为正，一岁为卫士，一岁为材官骑士，习射御骑驰战阵。③

关于1a"又加月为更卒"与"已复为正"，《秦汉赋役资料辑录》已注意将1a、1b并列辑出，但以往未受到足够重视，研究者多是将1a与2两则对照起来论说。而1a"已复为正"又很容易与2首句"民年二十三为正"对读，进而将后者的"复"理解为"又"，或傅籍之"傅"。如此，1a首句的"又加月为更卒"，即成为傅籍以前就已经从事的徭役了。陈伟近年指出："已复"当连读，为可以省略的没有实际意义的副词，并注意到颜师古"更卒，谓给郡县一月而更者也。正卒，谓给中都官者也"的注文中，"正"引作"正卒"。《汉书》或有脱字，之前版本或有作"正卒"者。而《太平御览》卷六二六《治道部七》"贡赋下"引董仲舒语"正"即作"正卒"，或可为证。此与1b"征卫"可以对照思考。④ 如此，1a"正〔卒？〕"不能与2"二十三为正"简单对应。后者常单字书写，作"正"，指成为正丁，从事正役。⑤ 而前者连读为"正〔卒？〕一岁"，参考颜注"正卒，谓给中都官者也"，

---

① 《汉书》卷二四上《食货志上》，第1137页。
② 《汉纪》卷一三"孝武帝元狩四年"条，《两汉纪》，张烈点校，中华书局2002年版，第219页。
③ 《续汉书·百官志五》，《后汉书》，中华书局1965年点校本，第3623页，清人孙星衍辑入《汉旧仪》、《汉官仪》，参见《汉官六种》，周天游点校，中华书局1990年版，第81、152页。按：孙氏辑入《汉旧仪》不确，今不取。此句又见《史记》卷七《项羽本纪》、《汉书》卷一上《高帝纪上》如淳曰引《汉仪注》，或为《汉官仪》本注之文。
④ 陈伟：《也谈董仲舒上言"又加"句的解读问题》。此与滨口重国、藤田胜久早年所取句读相同。
⑤ 《张景造土牛碑》"调发十四乡正，相赋敛作治"，"重劳人功，吏正患苦"。郑杰祥：《南阳新出土的东汉张景造土牛碑》，《文物》1963年第11期；《三国志》卷一二《魏书·崔琰传》"年二十三，乡移为正"，中华书局1982年点校本，第367页。

## 第四章 军事征发：徭戍与军兴

指征戍京师作卫卒一年。①《文献通考》即解释作"复给中都一岁谓正卒，复屯边一岁谓戍卒"。②秦二世"尽征其材士五万人为屯卫咸阳，令教射狗马禽兽"，③亦可参考。④如此，"又加月为更卒"并非傅籍前从事之徭。⑤而第2则"民年二十三为正"下，虽未涉及更卒之役，但不能由此即认为傅籍后所服正役不包括更役。因为细按第2则，卫士、材官、骑士等皆言兵役及从军事宜，"习射御骑驰战阵"下"八月，太守、都尉、令、长、相、丞、尉会都试，课殿最。水家为楼船"至"亭长持二尺板以劾贼，索绳以收执贼"，全篇所言均与军事、治安相关。⑥前面提到《史记》卷七《项羽本纪》、《汉书》卷一上《高帝纪上》如淳曰引《汉仪注》有所节略的同类引文，也是为注释"萧何亦发关中老弱未傅悉诣荥阳"句，而特加引用。故第2则实际侧重论述兵役制度。

关于1a"为正〔卒？〕一岁，屯戍一岁"与"力役三十倍于古"。此

---

① 具体或如孙毓棠所解释"到了京师以后，一部分给事于京都诸官府，一部分去卫守京都附近的园陵；另一部分编为国家的卫士"。参见《汉代的农民》《西汉的兵制》，《孙毓棠学术论文集》，第37、202页。
② 《文献通考》卷一四九《兵考一》"秦兵制"条，中华书局1986年版，第1305页下栏。
③ 《史记》卷六《秦始皇本纪》，中华书局1982年点校本，第269页。
④ 至于有意见认为1b条"征卫"即"正卫"，还需进一步研究。《礼记·王制》孔颖达正义引郑玄《驳五经异义》"《周礼》所谓'皆征之'者，使为胥徒给公家之事，如今之正卫耳"。所言"今之正卫"对应东汉情形。当时见有"正卫""正弹""正卫弹"一类民间社会组织，与徭役有关，是里长、门监等各种地方杂役，或看作东汉变化后正徭的基本任务。松柏汉简有"《正里簿》"，有待公布后考察。这类组织的讨论参见孙言诚《秦汉的徭役和兵役》，第80—81页；俞伟超《中国古代公社组织的考察——论先秦两汉的"单—僤—弹"》，文物出版社1988年版；邢义田《汉代的父老、僤与聚族里居——汉侍廷里父老僤买田约束石券读记》、《汉侍廷里父老僤买田约束石券再议》，收入所著《天下一家：皇帝、官僚与社会》，中华书局2011年版，第436—488页；张金光《秦制研究》第五章第七节，第417—449页；渡边义浩《後漢国家の支配と儒教》，雄山阁1995年版，第209—223页；渡边信一郎《漢魯陽正衞彈碑小考—正衞・更賤をめぐって—》，转引自渡边信一郎《汉代国家的社会性劳动的编制》，《殷周秦汉史学的基本问题》，第296页。
⑤ 《文献通考》卷一五〇《兵考二》"汉调兵之制"条即云"自二十三以上为正卒，每一岁当给郡县官一月之役"，第1313页下栏。
⑥ 《盐铁论·未通》御史曰"古者十五入大学，与小役；二十冠而成人，与戎事"，文学曰"二十而冠，三十而娶，可以从戎事"，亦均侧重服兵役方面。王利器校注：《盐铁论校注》卷三，第192页。

与第 2 则"一岁为卫士,一岁为材官骑士"所记服兵役年数均为两年,[①]内容则略有差异。一言赴边屯戍,一言在地方郡国服役。如果我们能注意第 2 则下文"边郡太守各将万骑,行障塞烽火追虏。……置部尉、千人、司马、候、农都尉,皆不治民,不给卫士"的内容,则知"内郡的士兵不可以免除卫士的义务"。换言之,这里的番上一年及在地方服兵役一年,乃指内郡而言。《汉书》卷二三《刑法志》云:"天下既定,踵秦而置材官于郡国,京师有南北军之屯。"这与第 2 则所言较为对应。而据学者研究,屯戍兵役包括在边境地区服戍卒之役,也包括到京师服卫士之役。[②] 这种情况下,1a 将番上、赴边分而论之,或属选择关系,即 1b 所谓"征卫、屯戍一岁"。比较而言,服兵役如以二年计,当一岁番上或戍边,一岁在本郡县服役。[③] 而这里"力役"紧接"三十倍于古"读之,未按一些学者意见断作"一岁力役",则是考虑到正役中"徭"的部分以"月为更卒"为主,再附加"一岁力役",文献中尚少见有直接反映。据《盐铁论·未通》(御史曰)"古者十五入大学,与小役;二十冠而成人,与戎事;……今陛下哀怜百姓,宽力役之政,二十三始傅,五十六而免",力役是可以涵盖徭与戍的。故从下读,包含之前诸项,于文意上也无抵牾。

不过,探讨"月为更卒"与狭义"徭"的关系,仍需思考两个问题。一是"徭"与"更"有对称情形,前者似多临时征发,后者则是常规性轮换。二是松柏汉简《南郡卒更簿》《二年律令·史律》出现"若干更"。如理解为若干月轮更一次,与"月为更卒"的矛盾怎样解释。

---

① 陈伟认为"《汉纪》可以看作省去了'为正'与'屯戍'之间的'一岁',而用'屯戍'之后的那个'一岁'兼具其意。可为一说。参见《也谈董仲舒上言"又加"句的解读问题》。

② 劳榦:《汉代兵制及汉简中的兵制》,《历史语言研究所集刊》第十本,1948 年。相关又参见渡边信一郎《汉代国家的社会性劳动的编制》,《殷周秦汉史学的基本问题》,第 291—292 页。另有学者认为"在本郡县作郡县卒"与上述两者亦等同。杨振红:《徭、戍为秦汉正卒基本义务说——更卒之役不是"徭"》,第 346—348、361—362 页。按后说实际曾较盛行,《文献通考》卷一五〇《兵考二》"汉调兵之制"条云"已,上戍中都官者一年,为卫士京师者一年,为材官骑士楼船郡国者一年,三者随其所长于郡县中发之",第 1313 页下栏。

③ 严格讲,如有在郡国服一年兵役事,则应主要参与材官、骑士等相关训练,而二者并不完全等同。后者是从前者群体中进一步选拔出来的常备兵,训练折抵当年徭戍。参见孙言诚《秦汉的徭役和兵役》,第 78—79 页;杨振红《徭、戍为秦汉正卒基本义务说——更卒之役不是"徭"》,第 340—344 页;本书第二章第二节。

## 第四章 军事征发：徭戍与军兴

先说前者。前引里耶简16-5、16-6曾提到属正役范畴的"'传送委输，必先悉行城旦舂、隶臣妾、居赀赎责（债），急事不可留，乃兴繇（徭）。'……必先悉行乘城卒、隶臣妾、城旦舂、鬼薪白粲、居赀赎责（债）、司寇、隐官、践更县者。田时殹（也），不欲兴黔首"。"践更县者"与"兴繇""兴黔首"对言，似显示"更""徭"在形式、内容上均有差别。不过，秦汉徭、戍多使用"行""兴"用语。"行"偏重常规服役，"兴"偏重临时征发。前论已出现"行徭"，① 同时还见有"兴徒"②"兴繇"；后者亦分别有所谓"行戍"③"兴戍"。④ 狭义"徭"不仅有临时征发，亦多有常规性服役。而其中"兴徒"，较集中出现于《秦律十八种·徭律》简一一五至一二四，重近启树分作（A）（B）（C）（D）（E）（F）六组。后五组多言"兴徒""上之所兴"。值得注意的是，为首的（A）组作"御中发征，乏弗行，赀二甲。失期三日到五日，谇；六日到旬，赀一盾；过旬，赀一甲。其得殹（也），及诣。水雨，除兴"（一一五）。虽开始言"御中发征"，末尾称"除兴"，然据"乏弗行""失期三日到五日""六日到旬""过旬"，"此类徭役的期限不会超过一个月，实际上也就是汉代的'月为更卒'。中央政府征发更役的事例，两汉史籍中不胜枚举"。⑤ 故"兴"有一般意义上的征发行徭之义，且在《徭律》各"兴徒"之前首先言之，值得注意。又，前引"践更县者"作为常规征发，与"兴繇"并举，且位置居前而成为首先被使用群体，符合当时狭义"徭"的含义范畴。

此外，《史记》卷一二九《货殖列传》提到"而更徭租赋出其中"。与"租""赋"并举的"更徭"，应如何理解呢？一种连读为"更徭"，指更卒之役；一种断读为"更、徭"，分指两种力役。需指出，文献中相

---

① 江陵凤凰山十号汉墓C类竹简，所列市阳里"郭、乙二户 儋行 少一日"一类"行"、或少一、二日简文，应当也是行徭内容。裘锡圭：《湖北江陵凤凰山十号汉墓出土简牍考释》，《文物》1974年第7期；湖北省文物考古研究所编：《江陵凤凰山西汉简牍》，中华书局2012年版，第116—120页。《后汉书》卷五一《庞参传》又有"供徭赋役为损日滋，官员人责数十亿万。今复募发百姓"（第1688页）的表述。
② 相关分析参见杜正胜《编户齐民：传统政治社会结构之形成》第一章，第29页。
③ 睡虎地秦简《秦律杂抄》"戍律曰：同居毋并行，县啬夫、尉及士吏行戍不以律，赀二甲"（三九）。
④ 睡虎地秦简《秦律十八种·工律》记"邦中之繇（徭）及公事官（馆）舍，其叚（假）公，叚（假）而有死亡者，亦令其徒、舍人任其叚（假），如从兴戍然"（一〇一）。
⑤ 张荣强：《〈二年律令〉与汉代课役身分》，《汉唐籍帐制度研究》，第59页。

关语词不仅此条，实多有出现。传世文献如《汉书》卷八九《循吏传·文翁》"又修起学官于成都市中，招下县子弟以为学官弟子，为除更繇"。师古曰："不令从役也。"《汉纪》卷一〇"武帝建元五年"条，同记此事，对应"为除更繇"作"学者复除徭役"。①《后汉书》卷七六《循吏列传·任延》记东汉循吏任延类似举措，亦云"又造立校官，自掾（吏）〔史〕子孙，皆令诣学受业，复其徭役"，与《汉纪》表述同。这里"更徭"应连读，指"徭"中最基本的更卒之役。此外，《后汉书》卷三〇《郎𫖮传》李贤注引《春秋考异邮》亦提到"僖公三年春夏不雨，于是僖公忧闵，玄服避舍，释更徭之逋，罢军寇之诛"。关于"更徭之逋"，可参考睡虎地秦简《法律答问》简一六四相关论述："可（何）谓'逋事'及'乏繇（徭）'？律所谓者，当繇（徭），吏、典已令之，即亡弗会，为'逋事'；已阅及敦（屯）车食若行到繇（徭）所乃亡，皆为'乏繇（徭）。'"出土文献则有武威旱滩坡东汉墓5号简"民占数以男为女辟更徭论为司寇"等。②对于这些材料，以往学者实多采取连读，而理解为"徭"之主体的更卒之役。③

至于"更徭租赋"这种赋役连称，《盐铁论·未通》有"加以口赋更繇之役"语④，《汉书》卷八六《何武传》又有"以吾租税繇役不为众先"的表述。"更徭""更繇"，后者书写作"繇役"。这与上引"更繇""徭役"互用，有类似处。此类连称，有时以省约形式表达。《韩非子·诡使》有"而士卒之逃事状匿，附托有威之门以避徭赋"，⑤《后汉书》卷五一《陈龟传》则出现"租更空阙"语。前取"徭、赋"，后取"租、更"。而"徭""更"所指，大体也为一事。此外，《汉书》卷二四上《食货志上》、同书卷九九中《王莽传中》皆云"汉氏减轻田租，三十而税一，常有更赋，罢癃咸出"。晋灼曰："虽老病者，皆复出口算。"恐不确。此处已涉及"更"，不宜仅以"口算"概言。秦汉罢癃不服正役，有

---

① 《两汉纪》，张烈点校，第164页。
② 武威地区博物馆：《甘肃武威旱滩坡东汉墓》，《文物》1993年第10期。
③ 《汉书》卷一九上《百官公卿表上》"不更"条，师古曰"言不豫更卒之事也"，《汉书补注》引沈钦韩曰："爵五大夫以上，方不豫更徭，颜说非"。渡边信一郎：《汉代国家的社会性劳动的编制》，《殷周秦汉史学的基本问题》，第293页以下。
④ 王利器校注：《盐铁论校注》卷三，第191页。
⑤ 王先慎：《韩非子集解》卷一七，钟哲点校，中华书局1998年版，第412页。王先慎引王先谦曰："'状'即'伏'字形近而误。"

278

## 第四章　军事征发：徭戍与军兴

部分劳动能力者，在地方服半役。而据学者对松柏汉墓53号木牍研究，西汉前中期南郡人口统计中，与"大女"并列的"使大男"人数偏少。原因是免老、新傅、罢癃等男性群体单独统计，未计入"使大男"内。① 换言之，木牍中记录的小男、小女、使大男、大女有交纳口算义务。② 而罢癃一般不纳口算。王莽诏书在颁布新制时批评汉政。这里"更赋"，或断作"更、赋"，③ 意指汉有对傅籍者征收更钱、算赋，至多从事半役的罢癃本不用交纳，后来却都要征收。西北汉简也见有"更赋"，如"☐况更赋给乡里☐"（212·55）、"谨案张等更赋皆给当得取检"（505·37B）、④ "谨案良年五十八更赋皆给毋官狱征事非亡人命者"（73EJT23:897A）等，⑤ 同样多分指更钱与算钱。⑥ 汉简中有时又书作"更算"，如"☐☐卅井责未还出更算……（瓠第二行）"（E. P. T59: 688）、"☐☐成都宗室刘羽刘震各复诣方☐言郡被书不奉行☐竞殴辱责更算道桥钱役使不得安土业☐（正面第一行）"（32）、"☐植等算钱赋捕掾☐阳韀刘岑岑从月属属尽☐侯更算水薄及门钱亭长池廉☐（正面第二行）"（33）等。⑦ "更算"应与"更赋"含义接近，分指过更与口算。相关更完整表述，或如下简所示：

☐逋不算日不给更繇口算赋☐
☐当收直谒移属国居延☐　☐（73EJT24: 134）⑧

---

① 杨振红：《松柏西汉墓簿籍牍考释》，《南都学坛》2010年第5期，第2—3页；韩树峰：《松柏汉墓53号木牍考——以成年男女性别比例失调为中心》，收入《国学的传承与创新：冯其庸先生从事教学与科研六十周年庆贺学术文集》，上海古籍出版社2013年版，第1003—1016页。
② 杨振红：《松柏西汉墓簿籍牍考释》，第3页。
③ 《中国大百科全书·中国历史》（缩印本）则有与"口赋"、"算赋"相对的"更赋"条，仅指更钱，孙毓棠撰，中国大百科全书出版社1997年版，第162页。
④ 谢桂华、李均明、朱国炤：《居延汉简释文合校》，文物出版社1987年版，第328、607页。
⑤ 甘肃简牍保护研究中心等编：《肩水金关汉简（贰）》，中西书局2013年版，下册，第120页。
⑥ 汉简有单称"更钱"，如"更钱五千具☐（第一行）从张田具（第二行）"（135·36）、"入元年五月六月逋更钱千二百　　五凤三☐☐"（E. P. T56: 98）、"☐出十一月更钱五百　　甘露二☐"（E. P. S4. T2: 93）。谢桂华、李均明、朱国炤：《居延汉简释文合校》，第225页；甘肃省文物考古研究所编：《居延新简——甲渠候官》，中华书局1994年版，第137、249页。
⑦ 李均明、何双全编：《散见简牍合辑》，文物出版社1990年版，第37页。
⑧ 甘肃简牍保护研究中心等编：《肩水金关汉简（贰）》，第147页。

"更繇口算赋"当是"更繇""更算"的更完整表述。① 由上,"更繇"常可省称作"更",并与口算一并叙述。

接下来再说松柏汉简的"卒更"。学人所言"有关'践更'的汉代的资料在松柏1号汉墓出土木牍中有更多发现",② 此即松柏汉墓47号木牍：

  巫卒千一百一十五人,七更,更百卅九人,余卅九人
  秭归千五十二人,九更,更百一十六人,其十七人助醴阳,余八人
  夷陵百廿五人,参更,更三十六人,余十七人
  夷道二百五十三人,四更,更五十四人,余卅七人
  醴阳八十七人,参更,更卅二人,受秭归月十七人,余十二人
  孱陵百八人,参更,更百卅六人,不足五十一人,受宜成五十八人,临沮三十五人
  州陵百廿二人,参更,更三十七人,余十一人
  沙羡二百一十四人,参更,更六十人,余三十四人
  安陆二百七人,参更,更七十一人,不足六人
  宜成千六百九十七人,六更,更二百六十一人,其五十八人助孱陵,余八十九人
  江陵千六十七人,参更,更三百二十四人,余九十五人
  临沮八百卅一人,五更,更百六十二人,其卅五人助孱陵,二十九人便矦,余三十一人
  显陵百卅三人,参更,更卅四人,余十一人（上栏）
  邔矦国二千一百六十九人,七更,更二百八十一人,其卅一人助便矦,廿九轪矦,
  余二百二人

---

① 肩水金关有残简作"☑☐更繇皆给当得取传谒言廷敢"（73EJT10:228）。对照图版,释文不误,"☐"据残存笔画,当是"等"字。此简或存在讹脱可能,列此俟考。甘肃简牍保护研究中心等编：《肩水金关汉简（壹）》,中西书局2011年版,下册,第144页。

② 小林文治：《算赋、徭役、兵役》,阎瑜译,收入工藤元男编《日本秦简研究现状》,第162页。

## 第四章　军事征发：徭戍与军兴

中卢五百廿三人，六更，更八十四人，余十九人

便矦三百七十一人，参更，更百八十六人，受邔矦卅一，临沮廿九，余廿三人，当减

轪矦四百卅六人，参更，更百七十人，受邔侯廿九人，余廿三人，当减

・凡万四七十人

月用卒二千一百七十九人（下栏）①

此原无标题，陈伟定名为《南郡卒更簿》，杨振红并指出"从内容看应就是《简报》所称'见（现）卒簿'"。②这里，最关键的问题是：如何认识木牍所见"若干更"与"月为更卒"的关系。前人对此已有讨论，③主要为两说：一种认为"若干更""即把服役之卒分为不同的批次，每批人数相同，轮替服役"，但因在"卒数多的县和侯国，分成的批次也多"背景下论说，此背景又与实际存在出入，故受到第二说学者的怀疑。后者结合颜师古"一岁之中三月居更"及《二年律令・史律》"若干更"，将木牍"若干更"解释为每隔几月，就更一次；并进而认为"西汉前期普通卒更可能曾实行三更之制，即每隔两个月，就更一月"，"一年就更四次"。而"松柏47号木牍可能属于在南郡郡中就更的簿籍，而不涉及在各县就更的情形。分作三更的县，其更卒休更二月，到郡中践更一月。而那些四更以上的县。其更卒分四更、五更、六更、七更或者九更践更郡中；其他的当更时间，则大概是在县中就更。他们在郡县就更的合计，仍应是三更，即休更二月、践更一月"。第二说也同时表达了所存疑问："令人困扰的是，牍文所记各县卒更的更数意义何在？这种更数与更卒在一年中实际轮值的更数是什么关系？""但更数与卒数之间，却看不出确

---

① 图版参见朱江松《罕见的松柏汉代木牍》，荆州博物馆编著《荆州重要考古发现》，文物出版社2009年版，第210页。

② 杨振红：《松柏西汉墓簿籍牍考释》，第4页。

③ 彭浩：《读松柏出土的四枚西汉木牍》，武汉大学简帛研究中心主办：《简帛》（第四辑），上海古籍出版社2009年版，第340—343页；广濑薰雄：《论松柏1号墓出土的记更数的木牍》，《出土文献与传世典籍——纪念谭朴森先生逝世两周年国际学术研讨会论文集》，上海古籍出版社2010年版，第407—416页；陈伟：《简牍资料所见西汉前期的"卒更"》，《中国史研究》2010年第3期；杨振红：《松柏西汉墓簿籍牍考释》；张金光：《说秦汉徭役制度中的"更"——汉牍〈南郡卒编更簿〉小记》，《鲁东大学学报》（哲学社会科学版）2011年第2期。

定的对应关系。这种情形的背后，可能存在某些我们目前还不清楚的原因。"①

上述两说，对问题解决均有较大推进，但仍存思考空间。首先看《卒更簿》"若干更"的具体所指。今选取醴阳、秭归两县做对照研究：

表4—1　　　松柏汉墓47号木牍醴阳、秭归县"卒更"记录

| 醴阳 | 87人 | 3更 | 更42人 | 受秭归月17人 | 余12人 |
|---|---|---|---|---|---|
| 秭归 | 1052人 | 9更 | 更116人 | （月）17人助醴阳 | 余8人 |

相关计算方法如下：

$[87+(17\times3)]-42\times3=138-126=12$

$1052-116\times9=1052-1044=8$

陈文已进行了正确计算，② 然受颜师古注及《二年律令·史律》影响，将如醴阳这类"三更"理解为"即每间隔两月轮更一月，一年就更四次"。③ 然按此说，醴阳所需卒更数就应为"42×4"而非"42×3"了。立足《卒更簿》的书写语境，这里"更"，指班次，也即彭浩、张金光等所言"批次""更次"，一个班次工作时间为一个月，算一"更"。《卒更簿》并非是"卒数多的县和侯国，分成的批次也多"，即不是以人为中心，配套以徭；而是以徭为中心，来安排人。从每县按月调拨、接收更卒，及篇末集计"月用卒二千一百七十九人"来看，《卒更簿》乃是南郡某年对各县徭役分派的统计。④ 如醴阳县，当年的徭役安排分3个班次，每班次42人。醴阳当年"见卒"共87人，全部3个班次去参与，尚人力不足。郡府于是安排从秭归县调拨51人，分成3个班次去醴阳服役。而从秭归县的统计看，县内分9个班次，每班次116人的劳役总量，是将

---

① 陈伟：《简牍资料所见西汉前期的"卒更"》，第27—30页。
② 杨振红文亦进行了计算，并提到"见到陈伟先生文，其计算方式不同"。因释读等原因，两文计算结果略有出入，但计算方法似乎是一致的。
③ 陈伟：《简牍资料所见西汉前期的"卒更"》，第27页。
④ 张金光言其性质"像一种理论预算性编制，其数据是宏观性数据，是一个为实征徭役提供的理论预算性数据"，值得重视。《说秦汉徭役制度中的"更"——汉牍〈南郡卒编更簿〉小记》，第67页。

## 第四章 军事征发：徭戍与军兴

"助醴阳""三更"的51人的工作计算在内的。① 这种计算，实际反映了一个很重要的问题：从秭归往醴阳51人所参与的"三更"，与留在本县参与的"九更"，彼此每"更"的工作可以等同。此外，郡中各县"见卒"不论本县服役，还是外"助"他县，一年中实际均只"践更"了一次，时间为一个月。

关于"卒更"之"卒"，主要为前论松柏汉简中与"大女"对称的"使大男"群体。"使大男"是15岁以上至免老，但不包含免老、新傅、罢癃的纳算男性。如此，"使大男"与"大男"含义接近。那么，我们应如何理解这种称谓差异呢？按秦汉称谓常有省称习惯，如文献习见武帝以降的"乡有秩""乡啬夫"，实际完整当作"乡有秩［啬夫］""乡［斗食］啬夫"。② 省略上且不对称，前者省去"啬夫"，后者略去"斗食"。将这里"使大男"与西汉中期至东汉6岁以下为"未使男"，7至14岁为"使男"，15岁以上称"大男"的年龄分层联系思考，可以发现习见的年龄称谓实际也有省略，且省略部分也不尽对称：

未使［小］男；使［小］男；［使］大男③

就《卒更簿》而言，如学者研究指出"各县的使大男中，处于十五岁至十九岁之间的人，还不用负担卒更的任务"，④ "是否为卒的必要条件""应当就是傅籍者"。⑤

综上，《卒更簿》出现的"三更"以至"九更"，表示以轮换形式

---

① 张金光指出："便侯、邵侯两栏目后皆出'当减'注记。这是非常关键的注记"，"'当减'者，于每'更'人数中，当减除其'受'助之人数之谓也。"《说秦汉徭役制度中的"更"——汉牍〈南郡卒编更簿〉小记》，第68页。
② 参见拙文《简牍所见秦汉乡政新探》，武汉大学简帛研究中心主办：《简帛》（第六辑），上海古籍出版社2011年版，第471页。
③ 杨振红指出松柏汉简53号木牍，"此簿中的小男、小女，笔者认为应当指7岁至14岁需交纳口钱的使男、使女，而不包括6岁以下的幼儿"（《松柏西汉墓簿籍牍考释》，第3页）。值得重视。笔者之前讨论"徒隶"廪食问题，指出"'小'又进一步被区分为使，未使及婴儿"，里耶秦简涉及廪食的小城旦、小隶妾，实际皆属"高五尺二寸，皆作之"一类的"小城旦、隶臣作者"。即"小"主要指称"小"中的"使"，而不包括"未使及婴儿"。此与杨说颇可呼应。具体参见本书第三章第二节。
④ 陈伟：《简牍资料所见西汉前期的"卒更"》，第33页。
⑤ 杨振红：《松柏西汉墓簿籍牍考释》，第6页。

所分班次。而据实际书写，《卒更簿》或属以安排更卒之役为内容的簿书。

需要指出，秦汉"更"除专指"月为更卒"之外，也与"冗"相对，泛指轮番进行的供役方式。① 秦代隶臣有"更隶妾"，有"冗隶妾"；行戍有"更戍"，又有"冗戍"。②《汉书》卷七七《盖宽饶传》"及岁尽交代，上临飨罢卫卒，卫卒数千人皆叩头自请，愿复留共更一年"，番上卫士亦可称"共更"。

至于张家山汉简《二年律令·史律》出现的"五更""六更""八更""十二更"等"若干更"及"践更"语，《二年律令·徭律》出现的"其非从军战痍也，作县官四更"（四〇九），则与《南郡卒更簿》"若干更"表述及更卒之役，并非同一事物。广濑薰雄指出，《史律》"更数也可能就是表示轮到践更的比例，意为践更几个月轮到一次"。③ 实际上，此或即与"冗"相对的轮番供役之"更"。《史律》"以祝十四章试祝学童，能诵七千言以上者，乃得为祝，五更。大（太）祝试祝，善祝、明祠事者，以为冗祝，冗之"（四七九）中，既谈到"为祝，五更"，又出现了"以为冗祝，冗之"，"更""冗"对言。④ 因此，《史律》《徭律》所记"若干更"，乃为以轮番形式供役于官府之义。

而所记"践更"主体为史、卜、祝及"非从军战痍"者，身份所具特殊性，也值得注意。按唐代把各种有名目的职役和徭役称为"色役"，其中包括"由白丁充任的色役"和"由特殊身份的人或贱民充任的色役"等。色役多以番上服役，不上番者则纳资、纳课以代役。"担任某种色役

---

① 杨振红：《秦汉简中的"冗"、"更"与供役方式——从〈二年律令·史律〉谈起》，卜宪群、杨振红主编：《简帛研究二〇〇六》，广西师范大学出版社2008年版，第81—89页。宫宅潔：《汉代官僚组织的最下层——"官"与"民"之间》（原刊《東方學報》87，2012年），顾其莎译，中国政法大学法律古籍整理研究所编：《中国古代法律文献研究》（第七辑），社会科学文献出版社2013年版，第127—161页。

② 参见本书第四章第二节。

③ 广濑薰雄：《张家山汉简所谓〈史律〉中有关践更之规定的探讨》，冯天瑜主编：《人文论丛》（2004年卷），武汉大学出版社2005年版，第271—284页；广濑薰雄：《论松柏1号墓出土的记更数的木牍》。

④ 睡虎地秦简《秦律十八种·厩苑律》"以四月、七月、十月、正月肤田牛。卒岁，以正月大课之，最，赐田啬夫壶酉（酒）束脯，为旱〈皂〉者除一更，赐牛长日三旬。殿者，谇田啬夫，罚冗皂者二月"（一三至一四），"除一更"与"冗"亦均有提及。

者可以免除课役或免除正役、兵役及杂徭"。① 《二年律令·史律》所见史、卜、祝以"若干更"形式"践更",与后世唐代的"色役"中番上服役一类有类似处。

### 三 狭义"徭"的组织与管理

前面论述了狭义"徭"的内涵及与"月为更卒"的关系。这里对狭义"徭"相关的组织与管理略作考述。

秦及汉初,"徭"与爵制关系尤为密切。《二年律令·徭律》"睆老各半其爵繇（徭）员,入独给邑中事"（四〇七）,提到"睆老只需服与原爵位相应的徭役数的一半",并主要在所在县服役。"繇""爵"于半役者尚呼应连举,二者关系紧密,可见一斑。秦及汉初是二十等爵作用较为突出的时期,徭役征派受到爵制的诸多影响。关于西汉初年免老、傅籍,《二年律令·傅律》提到:

> 大夫以上【年】九十,不更九十一,簪褭九十二,上造九十三,公士九十四,公卒、士五（伍）九十五以上者,禀鬻米月一石。（三五四）
>
> 大夫以上年七十,不更七十一,簪褭七十二,上造七十三,公士七十四,公卒、士五（伍）七十五,皆受仗（杖）。（三五五）
>
> 大夫以上年五十八,不更六十二,簪褭六十三,上造六十四,公士六十五,公卒以下六十六,皆为免老。（三五六）
>
> 不更年五十八,簪褭五十九,上造六十,公士六十一,公卒、士五（伍）六十二,皆为睆老。（三五七）
>
> 不更以下子年廿岁,大夫以上至五大夫子及小爵不更以下至上造年廿二岁,卿以上子及小爵大夫以上年廿四岁,皆傅之。（三六四）

可以看到,禀鬻米、受杖、免老,皆以大夫为界,大夫以上使用同一年龄标准。大夫以下的不更、簪褭、上造、公士及无爵者,依次递增,使用不

---

① 参见《中国大百科全书·中国历史》（缩印本）"色役"条,吴宗国撰,第563—564页。按:"色役多以番上服役",更细化可理解为:色役有长期任职,更多以番上服役。此可与"冗""更"联系思考。

同的年龄标准。《傅律》简三五七记睆老年龄，只提及不更以下诸爵即无爵的公卒、士伍，且同样未做统一规定——每级爵相应年岁各不相同。其中，不更的睆老年龄为 58 岁。这正是简三五六所记大夫以上的免老年龄。故二十等爵中，只有不更以下的士级爵、无爵者才有睆老阶段，即他们达到大夫以上的免老年龄时，尚需服半役 4 年。律文对不更以下各爵年龄标准做如此细致规定，反映国家在管理上对低爵的重视。又据《傅律》简三六四，卿以上子傅籍为 24 岁，大夫以上至五大夫子 22 岁，不更以下子 20 岁。划分上亦依卿、大夫、士的爵级分层，而以不更以下者最低。《二年律令·户律》"□□□□令不更以下更宿门"（三〇九）残简，提到地方这类杂徭就主要由不更以下者从事。里耶简 8-1539 记乡上徭计，具体为"上不更以下餘（徭）计"。这些显示，不更以下至无爵者作为当时社会的主要人群，是官府役使的重心所在，徭役的主要承担者。

　　一些情况下，"徭"（及"戍"）可以折抵。睡虎地秦简《秦律杂抄》"驾驺除四岁，不能驾御，赀教者一盾；免，赏（偿）四岁餘（徭）戍"（三），提到地方上驾驺任用四年仍不能驾车，本人免职，并补服四年徭戍，显示任驾驺本是折抵徭戍的。《二年律令·徭律》又提到"县弩春秋射各旬五日，以当餘（徭）戍"（四一四）。① 县发弩士可用春秋两季的 30 天训练时间，来冲抵"徭戍"。张家山汉简《奏谳书》"变（蛮）夷大男子岁出五十六钱以当餘（徭）赋"则表明，归附蛮夷可用缴纳贡赋的形式，纳钱抵徭。此外，《汉书》卷二九《沟洫志》还提到"卒治河者为著外餘六月"，"治河卒非受平贾者，为著外餘六月"。"著"，有意见理解为"治河的役夫因有功而得到'著外徭六月'的奖赏"，② 还可以讨论。秦汉赋役涉及"奖赏"义，除使用"赐"外，多用"除""复""复除"等语。而"著"似无此义项，而多作登记、记载解，如《左传》"襄公二十三年""初，斐豹，隶也，著于丹书"，《商君书·境内》"四境之内，丈夫女子皆有名于上，生者著，死者削"等。《史记》卷七《项羽本纪》、《汉书》卷一上《高帝纪上》颜师古注均言"傅，著也。言著名籍，给公家徭役也"，亦为此义。这里，对受征调而参与治河工程民众"为著外餘六月"，理解作"折抵"，似更合适些。后世唐代的情形可相对照。唐徭

---

① 句读为笔者所改，具体参见本书第二章第二节。
② 林甘泉主编：《中国经济通史·秦汉经济卷》第十六章"徭役"，第 479 页。

◎ 第四章 军事征发：徭戍与军兴 ◎

役制度中有正役、杂徭。后者除征发中男外，也征发丁男。而按户部式规定，正丁充夫，40 日免役，70 日并免租，100 日以上课役具免，相对称奖赏，似也理解为折抵较好。又，《秦汉赋役资料辑录》有"复除""劳役"等条目。史料如符合多个条目，"在需要重见处写明初见的章次条目"。按《辑录》中符合这类情况的材料很多，但"著外繇六月"这两则材料，则均只列在"劳役"目下，而不出现在涉及赋役赐免的"复除"中，① 亦可参考。渡边信一郎分析了注释此句的如淳、孟康、颜师古三家之说，也认为"颜师古的看法，即把'著'一词解释为登记在账簿上的说法，是可取的"。② 而这里的"外繇"，除孟康"外繇，戍边也"旧解外，诸如这样的认识："根据中央政府的指令被广泛编制而成的徭役中，除'戍边'、'屯戍'的戍卒外，还有被临时编制而成的力役，这也被视为外徭。其代表为跨越数郡的治水工程"，"广大区域的徭役劳动的编制，在上述河平元年的黄河治水的事例中被视为外徭"，③ 则值得重视。《史记》有"间者河溢皋陆，隄繇不息"，④ 以"隄繇"称之，可相参考。⑤

同时，"徭"又可因赏罚而减加。睡虎地秦简《秦律十八种·厩苑律》"以四月、七月、十月、正月肤田牛。卒岁，以正月大课之，最，赐田啬夫壶酉（酒）束脯，为旱〈皂〉者除一更，赐牛长日三旬"（一三），对考课最优的"旱〈皂〉""牛长"，分别给予"除一更""赐""日三旬"；岳麓秦简"·行书律曰：有令女子、小童行制书者，赀二甲。能捕犯令者，为除半岁繇，其不当繇者，得以除四（它）"（1384），⑥ 对"能捕犯令者"的购赏是"除半岁繇"。罚徭规定如睡虎地秦简《法律答问》"或盗采人桑叶，臧（赃）不盈一钱，可（何）论？赀繇（徭）三旬"（七）。整理小组注："赀徭，罚服徭役。"江陵凤凰山 168 号汉墓衡

---

① 马怡、唐宗瑜编：《秦汉赋役资料辑录》，第 187 页。
② 渡边信一郎：《汉代国家的社会性劳动的编制》，收入《殷周秦汉史学的基本问题》，第 298—299 页。
③ 渡边信一郎：《汉代国家的社会性劳动的编制》，收入《殷周秦汉史学的基本问题》，第 298、300 页。
④ 《史记》卷一二《孝武本纪》、卷二八《封禅书》，第 463、1391 页。
⑤ 岳麓书院藏秦简《徭律》"繇（徭）律曰：岁兴繇（徭）徒……而署其都发及县请"（1241－1242），陈伟认为"'都发'大概是指整体性或者大规模的征发"。《岳麓书院秦简〈徭律〉的几个问题》，《文物》2014 年第 9 期，第 83 页。
⑥ 陈松长：《岳麓书院藏秦简中的行书律令初论》，《中国史研究》2009 年第 3 期。

杆铭文有"敢择轻重衡及弗用劾论罚䌛里家十日"（928），① 提到"罚䌛里家十日"。② 又，《说文·贝部》"赀：小罚，入财自赎也。"并引《汉律》"民不繇，赀钱二十二"。③ "二十二"，段玉裁改为"二十三"，并注云："二十三，各本作二十二，今正。《汉仪注》曰：人年十五至五十六出赋钱，人百二十为一算；又七岁至十四出口钱，人二十，以供天子：至武帝时，又口加三钱以补车骑马。见《昭帝纪》《光武纪》二注及今《四库全书》内《汉旧仪》。按《论衡·谢短篇》曰'七岁头钱二十三'，亦谓此也。然则民不徭者，谓七岁至十四岁；赀钱二十三者，口钱二十并武帝所加三钱也。"④ 学界多从此说。然段注开始即言"二十三，各本作二十二"。则所谓"今正"，实为无版本依据的改字。古籍校勘整理，无版本依据改字，需极为慎重。这里，他校、理校引诸史籍口钱为二十三的记载，不仅钱数不合，而且无一条言及"赀"者。是否"今正"，还可斟酌。如《说文》"小罚，入财自赎也"所言，"赀"属于罚钱范畴。此言又依"《汉律》"。而秦汉律令中，凡言"赀"者，均为罚缴财物之义。江陵凤凰山十号汉墓三号木牍"服即服直行共侍非前谒病不行者罚日卅毋人者庸贾"，⑤ 还出现依日罚钱例。"赀钱二十二"，金额不高，是否按日计算，也值得考虑。⑥

对"徭"的统计称"徭计"，秦代制簿的基础单位是乡。里耶秦简提到有：

  卅五年九月丁亥朔乙卯，贰春乡守辨敢言之：上不更以下䌛（徭）计二牒。敢言之。（8－1539）
  启陵津船人高里士五（伍）启封当践十二月更，□【廿九日】□☑

---

 ① 李均明、何双全编：《散见简牍合辑》，第77页。
 ② 简文分析又可参见华泉、钟志诚《关于凤凰山一六八号汉墓天秤衡杆文字的释读问题》，《文物》1977年第1期；晁华山《西汉称钱天秤与法马》，《文物》1977年第11期；籾山明《中国古代诉讼制度研究》第五章，李力译，上海古籍出版社2009年版，第232—233页。
 ③ 王应麟并辑入《汉制考》卷四。《汉制考　汉艺文志考证》，张三夕、杨毅点校，第108页。
 ④ 段玉裁：《说文解字注》卷一二，上海古籍出版社1988年影印本，第282页下栏。又，朱骏声亦引口钱以解。朱骏声：《说文通训定声·履部第十二》，中华书局1984年影印本，第594页下栏。
 ⑤ 释文采据邢义田重录本，参见《汉代的父老、僤与聚族里居——汉侍廷里父老僤买田约束石券读记》，《天下一家：皇帝、官僚与社会》，第445页。
 ⑥ 王云：《"民不徭，赀钱二十二"新释》，《中国社会经济史研究》1989年第1期。

## 第四章 军事征发：徭戍与军兴

> 正月壬申，启陵乡守绕劾。
> 廿三年正月壬申朔朔日，启陵乡守绕敢言之，上劾一牒☐（正）
> 正月庚辰旦，隶妾夸以来。/履发。☐（背）（8-651）

县廷则对徭计做进一步汇总，"户曹计录"所统计第一项为"乡户计"，第二项即为"䌛（徭）计"（8-488）。《秦律十八种·徭律》"县为恒事及灋（灋）有为殹（也）"（一二二至一二四）则出现"其不审，以律论度者，而以其实为䌛（徭）徒计"。县长吏及郡下派巡行吏要对行徭进行管理监督，并每年一次向郡上报相关情况。《二年律令·徭律》就提到"都吏及令、丞时案不如律者论之，而岁上䌛（徭）员及行䌛（徭）数二千石官"（四一六）。

### 四 结语

前文已对秦及汉初"徭"的相关问题，做了系统考察。其中有些是过去未注意或注意不够的问题，也有些则是补充或纠正前人说法。所论牵涉较多，比较烦琐，这里对有关工作做一小结：

1. 秦汉的力役之征，以"徭戍"称之。"徭"有广、狭义之分。广义"徭"指代宽泛，包括"奴徭""吏徭"等以往关注不多的人身役使。"行徭"一称，反映了"徭"多受差使而外出服役的特征。秦及汉初，国家掌握有大量役使人群，特别对"小"这一年龄群体的役使，较后代突出。当时或存在以"傅"划分大、小的方式，广义的"小"包括15岁以上的未傅籍群体。秦代官府对小徒隶的役使，应注意这一背景。

2. 狭义"徭""戍"，则集中指国家正役。[1] 秦及汉初，男子先后以

---

[1] 需要提到：正役之外，半役也称"徭"。张家山汉简《二年律令·徭律》"睆老各半其爵䌛（徭）员，入独给邑中事"（四〇七）。如整理者所释："'员'，《汉书·尹翁归传》注：'数也。'""徭员"即"徭数"，"睆老只需服与原爵位相应的徭役数的一半"，并主要在所在县服役。"半其爵䌛"，半役仍然是称作"徭"的。而这与唐代情形可对照。《唐律疏议》"丁谓正役，夫谓杂徭"。杂徭是与租庸调并列为赋役正项，为正役以外的劳役。正役只由丁男承担，杂徭则除丁男外还征发中男，临时性较强。（《中国大百科全书·中国历史》"杂徭"条，王宏志撰，第934页。一般认为，杂徭具有地方性。但有学者指出"正役与杂徭都存在着朝廷与地方的分别征发，而以朝廷的征发为主"。张泽咸：《唐五代赋役史草》，中华书局1986年版，第329—334页）。"杂徭"作为偏正短语，仍然使用了"徭"这一语词。从这一层面，前引杜正胜"全役包括徭和戍，半役只服徭"说，有部分合理处。

身高及年龄 17、20、23 岁傅籍，每年一般服役三十天，① 主要以 "月为更卒" 行徭，但也因需临时兴发；成年男子免老前，大体还需服两年兵役，一岁番上或戍边，一岁在本郡县；若进一步选拔为材官、骑士等常备兵，每年则以训练折抵徭戍。唐制，"二十一为丁，六十为老"，丁男每年服徭役减至二十天，若点检为府兵，则免除徭役。

3. 传世及出土文献中，"更徭" 常可省称作 "更"，并与口算一并叙述，显示更卒之役是正役的主体。松柏汉简《南郡卒更簿》出现的 "三更" 以至 "九更"，表示以轮换形式所分班次。据实际书写，《卒更簿》属以安排更卒之役为内容的簿书。

4. 秦汉 "更" 除专指 "月为更卒" 外，也与 "冗" 相对，泛指轮番进行的供役方式。《二年律令·史律》《徭律》所见史、卜、祝及 "非从军战痍" 者，以 "若干更" 形式 "践更"，与后世唐代的 "色役" 中番上服役一类或有类似之处。

5. 狭义 "徭" 有相应的组织及管理。秦及汉初 "徭" 的征派，与二十等爵关系密切。不更以下的士爵、无爵者有 "睆老" 阶段，需服半役，是当时官府役使的重心所在，徭役的主要承担者。一些情况下，"徭" 可以折抵，又可因赏罚而减加。对 "徭" 的记录称 "徭计"，秦代制簿的基础单位是乡。

## 第二节　秦行戍群体考
### ——以里耶秦简为中心

秦汉 "徭戍" 包含国家征发的一般性力役与屯戍一类常规性兵役。秦及汉初，"徭""戍" 分指两类，不仅睡虎地秦简《秦律十八种》《秦律杂抄》出现《徭律》《戍律》律名，岳麓书院藏秦简《律令杂抄》也出现有《徭律》《戍律》。②《史记》卷七《项羽本纪》记 "诸侯吏卒异时

---

① 此言常制，一些时期有临时变化，如《汉书》卷六四下《贾捐之传》云 "至孝文皇帝，闵中国未安，偃武行文，则断狱数百，民赋四十，丁男三年而一事"（第 2832 页）；而早期爵制对徭役分派亦多有影响。

② 陈松长：《岳麓书院所藏秦简综述》，《文物》2009 年第 3 期，第 86 页。

## 第四章 军事征发：徭戍与军兴

故鬻使屯戍过秦中，秦中吏卒遇之多无状"。"鬻使屯戍"应分指两事，可与"徭戍"语对应。

里耶秦简所见各种戍卒身份，为相关讨论提供了条件。[①] 简牍相关时代为始皇二十五年（前220）至秦二世二年（前209），简文出现洞庭、苍梧二郡，大体对应汉代黔中郡与长沙郡。[②]《史记》卷六《秦始皇本纪》记"三十三年（前214），发诸尝逋亡人、赘婿、贾人略取陆梁地，为桂林、象郡、南海，以適遣戍"。初郡桂林、象郡、南海，与此二郡南界相邻。故始皇卅三年之前的洞庭、苍梧，实属秦帝国之南边郡。这是利用里耶秦简时，需要考虑的历史背景。而秦在统一战争中，常称新占领地为"新地"。"新地吏"的构成也颇有特色，国家常遣谪罚之吏前往任职。[③]

### 一 里耶简所见"屯戍"新辨

董仲舒上言有"已复为正，一岁屯戍，一岁力役，三十倍于古"语。[④] 以往理解，分歧颇多。参今人考证，这里取"已复为正一岁，屯戍一岁，力役三十倍于古"的读法。[⑤]"屯戍"即"徭戍"之"戍"，与正卒或征（正）卫对言。里耶秦简中，"屯戍"只是戍卒身份中的一种。它与其他类别戍卒的差别，需进一步观察，相关如下：

> □朔甲午，尉守偆敢言之：迁陵丞昌曰：屯戍士五（伍）桑唐

---

[①] 王焕林：《里耶秦简所见戍卒索隐》，参见所著《里耶秦简校诂》第五章，中国文联出版社2007年版，第193—204页。宫宅潔：《秦の戦役史と遠征軍の構成—昭襄王期から秦王政まで—》，《中国古代軍事制度の総合的研究（研究課題番号：20320109）》（平成20～24年度科学研究費補助金基盤研究（B）研究成果報告書），京都大学人文科学研究所2013年版，第41—64页；宫宅潔：《秦の占領支配と軍事組織》，"中国古代における多民族社会の軍事統治"学术研讨会会议论文，2015年9月。

[②] 陈伟：《秦苍梧、洞庭二郡刍论》，《历史研究》2003年第5期；周振鹤：《秦代洞庭、苍梧两郡悬想》，《复旦学报》（社会科学版）2005年第5期。

[③] 如学者所指出，"内地因某些不法行为而被免职甚至废黜的官吏，并不是简单地作为普通庶人迁往新地，而是被任用为'新地吏'"。简文发表及分析参见于振波《秦律令中的"新黔首"与"新地吏"》，《中国史研究》2009年第3期。

[④] 《汉书》卷二四上《食货志上》，中华书局1962年点校本，第1137页。

[⑤] 陈伟：《也谈董仲舒上言"又加"句的解读问题》，收入中国社会科学院历史研究所、日本东方学会、大东文化大学编《第一届中日学者中国古代史论坛文集》，中国社会科学出版社2010年版，第190—195页，又载简帛网，2010年8月9日，http：//www.bsm.org.cn/show_article.php?id=1282；本书第四章第一节。

赵归

　　☐日巳，以廼十一月戊寅遣之署。迁陵曰：赵不到，具为报·问：审以世

　　☐【署】，不智（知）赵不到故，谒告迁陵以从事。敢言之。/六月甲午，

　　临沮丞禿敢告迁陵丞主、令史，可以律令从事。敢告主。/胥手。

　　九月庚戌朔丁卯，迁陵丞昌告尉主，以律令从事。/气手。/九月戊辰旦，守府快行。（正）

　　☐佋手。（背）（8-140）

此屯戍为士伍身份。"桑唐"，《校释》以为"里名。疑属临沮县"，① 当据下文"临沮丞"判断。可从。临沮属南郡。"归"下简文不存，据之前文句，应是记屯戍名"赵"者从迁陵返回。二行"廼"，同于古书"乃者"，训为"往"。② 秦十月岁首，"以廼十一月戊寅遣之署"或指年初的十一月份始来屯戍。"署"或认为指"防地"，或以为指"署所"，工作场所、场地义。③ 里耶简中，"署"多做动词，后接宾语。"署迁陵"于简文中数见，如"罚戍士五（伍）资中宕登爽署迁陵书。☐"（8-429），"☐耑已传洞庭。署迁陵"（第一栏）（8-1349），"洞庭尉遣巫居赀公卒安成徐署迁陵"（8-1563）等。而追责阳陵卒赀钱残册，12支简均提到有"阳陵卒署迁陵"。④ 故简8-140相关句读可调整为：

　　以廼十一月戊寅遣之，署迁陵。曰：赵不到，具为报。

南郡临沮戍卒赵，自十一月前往洞庭郡迁陵县屯戍。今迁陵告知戍卒赵已归，但对方没有见到，故临沮尉向上级汇报，临沮丞则与迁陵县进一步联

---

① 陈伟主编，何有祖、鲁家亮、凡国栋撰著：《里耶秦简牍校释（第一卷）》，武汉大学出版社2012年版，第80页。
② 刘乐贤：《秦汉文献中的"廼"与"乃者"》，《出土文献与古文字研究》第一辑，复旦大学出版社2006年版，第199—209页。
③ 陈伟主编，何有祖、鲁家亮、凡国栋撰著：《里耶秦简牍校释（第一卷）》注引李学勤、张俊民说，第81页。
④ 简文讨论参见宋艳萍、邢学敏《里耶秦简"阳陵卒"简蠡测》，卜宪群、杨振红主编《简帛研究二〇〇四》，广西师范大学出版社2006年版，第121—134页。

## 第四章 军事征发：徭戍与军兴

络。此属内郡人往边郡屯戍。秦汉戍卒"行役戍备"，一般由郡尉负责，遣往他郡；待到达该郡后，进一步被分配到郡下各县及相关军事组织。这里不但有县、郡间文书沟通，分属两郡之县因屯戍事宜，还存在直接的文书往来，值得注意。"屯戍"廪食称"禀"：

> 径膺粟米二石。　☐
> 卅年十月乙酉，仓守妃、佐富、禀人援出禀屯☐（8-56）[1]
> ☐佐富、禀人出禀屯戍☐（8-81）
> 丙膺粟米二石。　　令史扁视平。
> 卅一年十月乙酉，仓守妃、佐富、禀人援出禀屯戍士五（伍）屖陵咸阴敝臣。富手。（8-1545）[2]
> 径膺粟米一石八斗泰半。　　卅一年七月辛亥朔癸酉，田官守敬、佐壬、禀人□出禀屯戍簪褭襄完里黑、士五（伍）朐忍松塗增六月食，各九斗少半。　令史逐视平。　敦长簪褭襄坏（褢）德中里悍出。　壬手。（8-1574+8-1787）[3]
> 乡夫、佐、禀人婢出禀屯☐（8-1710）

## 二　"更戍""冗戍"考

有关秦汉"更"的解释，以如淳说为系统。《史》《汉》注解数次引用。而以《汉书》卷七《昭帝纪》所引如淳曰较完整：

> 更有三品，有卒更，有践更，有过更。古者正卒无常人，皆当迭为之，一月一更，是谓卒更也。贫者欲得顾更钱者，次直者出钱顾之，月二千，是谓践更也。天下人皆直戍边三日，亦名为更，律所谓繇戍也。虽丞相子亦在戍边之调。不可人人自行三日戍，又行者当自戍三日，不可往便还，因便住一岁一更。诸不行者，出钱三百入官，

---

[1] 【说明】左侧刻齿为"二石"。湖南省文物考古研究所：《里耶秦简〔壹〕》，文物出版社2012年版，释文12页。
[2] 【说明】左侧刻齿为"二石"。湖南省文物考古研究所：《里耶秦简〔壹〕》，释文76页。
[3] 【说明】左侧刻齿为"一石八斗泰半"。湖南省文物考古研究所：《里耶秦简〔壹〕》，释文84页。

官以给戍者,是谓过更也。律说,卒践更者,居也,居更县中五月乃更也。后从尉律,卒践更一月,休十一月也。《食货志》曰:"月为更卒,已复为正,一岁屯戍,一岁力役,三十倍于古。"此汉初因秦法而行之也。后遂改易,有谪乃戍边一岁耳。逋,未出更钱者也。

如此说有可取处,"更为三品",可以归为两类。卒更、践更为一类,属于徭。卒更是身为正卒本人行徭,践更是当行者出更钱雇贫者行之。不过,简牍、文献时见"践更",尚看不出是雇人代行。如里耶秦简"启陵津船人高里士五启封当践十二月更"(8-651)。当践十二月更的启陵津船人,似并非受雇直而行更者。"三品"中"过更"为另一类,所谓"直戍边",即属于戍。如淳说中,"更"主要是一种供役方式,而非与徭、戍相对的役种。徭既有临时兴发,也有日常以"更"的方式轮换从事的。戍与之类似,多有以"更"的形式而进行组织的。

里耶秦简中,戍卒群体以"更戍"为最常见。"更戍"不同于"屯戍",廪食称"贷":

☐人忠出贷更戍士五(伍)城父阳郑得☐(8-850)
☐稟人忠出贷更戍城父士五(伍)阳糴倗八月九月(8-980)
☐【人】忠出贷更戍士五(伍)城父中里简(8-1000)
☐【稟】人忠出贷更戍士五(伍)城父蒙里☐☐
☐令史却视平。☐(8-1024)
☐貣更戍☐(8-1505)
粟米二石。卅三年九月月戊辰乙酉,仓是、佐襄、稟人蓝出贷【更】☐
☐令☐(8-1660+8-1827)

简 8-1505"貣"即"贷",为垫付、借取义。[①] "更戍"不同于"屯

---

[①] 睡虎地秦简《法律答问》有"府中公金钱私貣用之,与盗同法"(三二)的规定。《汉书》卷三九《萧何传》记门客说萧何求全自保之道,有"今君胡不多买田地,贱贳贷以自汙?"里耶简"仓曹计录"有"貣计"(8-481)一项。《秦律十八种·仓》又见有"宦者、都官吏、都官人有事上为将,令县貣(贷)之,辄移其稟县,稟县以减其稟"(四四),"有事军及下县者,齎食,毋以传貣(贷)县"(四五)的规定。《汉书》,第 2010 页。睡虎地秦墓竹简整理小组编:《睡虎地秦墓竹简》,文物出版社 1990 年版,释文 100、30—31 页。

294

## 第四章 军事征发：徭戍与军兴

戍"，服役所在县不提供口粮供应，而以借贷方式廪给。关于他们所从事的工作，里耶简"行书徒更戍城父柘□□"（8-143），提到"更戍"称"徒"，从事文书传递；"□□假追盗敦长更戍□"（8-349），又提到"更戍"被任为追捕盗贼的代理敦长；"卅四年七月甲子朔甲戌牢人更戍士五城□"（8-1401）则显示，"更戍"中还有从事牢人工作的。

同"更戍"相对，里耶秦简出现有所谓"冗戍"：

> 卅年五月戊午朔辛巳，司空守敞敢言之：冗戍士五□归高戍免衣用，当传。谒遣吏传。谒报。敢言之。（正）
> 辛巳旦食时食时，隶臣殷行。　　武□（背）（8-666+8-2006）

杨振红指出，秦汉简中所见"冗""更"，是表示供役方式的一组用语，相当于唐代的"长上"和"番上"。冗指长期供役，更指输更供役。其适用人群包括官吏的各种散职、到官府供役的丁、夫、色役、隶臣妾等。[①]"冗戍"应是服役期限较长的戍卒，多来自招募：

> □冗募群戍卒百卅三人。
> □廿六人。·死一人
> □六百廿六人而死者一人。（第一栏）
> 尉守狐课
> 十一月己酉视事，尽十二月辛未。（第二栏）（8-132+8-334）

睡虎地秦简《秦律杂抄·敦表律》还规定"冗募归，辞曰日已备，致未来，不如辞，赀日四月居边"（三五）。一般认为，两汉集兵方式，前后有征兵制向募兵制的变化。然而即使在战国、秦代，我们亦不应忽视募兵

---

[①] 杨振红：《秦汉简中的"冗"、"更"与供役方式——从〈二年律令·史律〉谈起》，卜宪群、杨振红主编《简帛研究二〇〇六》，广西师范大学出版社2008年版，第81—89页。

的有关情形。秦封泥见有"募人府印""募人丞印""募人"等，① 是当时设有募兵专门机构的明证。

冗戍有时又可自愿投充，以赎免亲属入罪者。《秦律十八种·司空》记"百姓有母及同牲（生）为隶妾，非适（谪）罪殴（也）而欲为冗边五岁，毋赏（偿）兴日，以免一人为庶人，许之"（一五一）。"冗边五岁"应指以"冗戍"守边五年。"毋赏兴日"，指不能抵偿"兴戍"的服役时间。

### 三 "罚戍""適戍"及其他

"罚戍"是因罪戍边的戍卒群体。前举简文有"罚戍士五资中宕登爽署迁陵书。☑"（8-429），《校释》引《二年律令·捕律》"与盗贼遇而去北，及力足以追逮捕之而官□□□□□逗留畏耎（愞）弗敢就，夺其将爵一络〈级〉，免之，毋爵者戍边二岁；而罚其所将吏徒以卒戍边各一岁。兴吏徒追盗贼，已受令而逋，以畏耎（愞）论之"（一四二、一四三）以证，并认为"罚戍"应与"適戍"有别，② 是适宜的。《捕律》中，简一四二、一四三前后律文"吏将徒，追求盗贼，必伍之，盗贼以短兵杀伤其将及伍人，而弗能捕得，皆戍边二岁"（一四一），"盗贼发，士吏、求盗部者，及令、丞、尉弗觉智（知），士吏、求盗皆以卒戍边二岁"（一四四），③ 虽未明确出现"罚"字，但细按文意，这类行戍当属"罚戍"范畴。里耶简"城父繁阳士五（伍）枯取（娶）贾人子为妻，戍四岁☑"（8-466），应也属这一情形。秦律中，更习见的责罚用语是"赀"。《说文·贝部》"赀，小罚以财自赎也。"《晋书》卷三〇《刑法志》则提到"《金布律》有罚赎入责（债）以呈黄金为价"。④ 罚、赀含义相通。前引《秦律杂抄·敦表律》提到"冗募"未完成规定期限，而

---

① 周晓陆等：《在京新见秦封泥中的中央职官内容——纪念相家巷秦封泥发现十周年》，《考古与文物》2005年第5期，第10、14页；刘庆柱、李毓芳：《西安相家巷遗址秦封泥考略》，《考古学报》2001年第4期，第443页，编号T2③:120，TG1:79；傅嘉仪：《秦封泥汇考》，上海书画出版社2007年版，第161页。

② 参见陈伟主编，何有祖、鲁家亮、凡国栋撰著《里耶秦简牍校释（第一卷）》，第147页。

③ 彭浩、陈伟、工藤元男主编：《二年律令与奏谳书——张家山二四七号汉墓出土法律文献释读》，上海古籍出版社2007年版，第149—150页。

④ 《晋书》，中华书局1974年点校本，第925页。

○◎ 第四章 军事征发：徭戍与军兴 ◎○

私自离去构成逃役行为的，"赀日四月居边"。逃亡一日赀戍边四个月，[1]或属"罚戍"范畴。参据上述，秦汉法律中涉及"赀戍"、因罪"戍边"，服役身份大体与"罚戍"对应。

秦代对"罚戍"戍边，有统筹性规划。岳麓秦简记：

> 绾请许而令郡有罪罚当戍者，泰原署四川郡；东郡、参川、颍川署江胡郡；南阳、河内署九江郡……（0706）
> ……泰原署四川郡；东郡、参川、颍川署江胡郡，南阳、河内署九江郡；南郡、上党□邦道当戍东故徼者，署衡山郡。 （0194、0383）[2]

"罚戍"具体往何郡戍守，依原籍所在郡，皆有明确规定。前往地为秦统一战争灭楚后所据"新地"区域。此为以往所未知，反映秦代在戍卒管理上已建立起较严密的制度。里耶秦简涉及"罚戍"，又见有：

> 粟米一石九斗少半斗。卅三年十月甲辰朔壬戌，发弩经、尉史过出稟罚戍士五（伍）醴阳同□禄。　　廿
> 令史兼视平。　　过手。（8-761）[3]
> 卅一年六月壬子朔丁亥，田官守敬、佐郤、稟人婳出稟罚戍簪褭坏（褱）德中里悍。
> 令史逐视平。　　郤手。（8-781+8-1102）
> 径膾粟米四石。　　卅一年七月辛亥朔朔日，田官守敬、佐壬、稟人婳出稟罚戍公卒襄城武宜都朓、长利士五（伍）䫀。
> 令史逐视平。　　壬手。（8-2246）[4]

---

[1] 此为蒋非非说。参见《秦代谪戍、赘婿、闾左新考》，《北京大学学报》（哲学社会科学版）1995 年第 5 期，第 55 页。
[2] 陈松长：《岳麓书院藏秦简中的郡名考略》，《湖南大学学报》（社会科学版）2009 年第 2 期，第 7—9 页。
[3] 【说明】左侧刻齿为"一石九斗少半斗"。又，对照图版，"廿"字单独书写，与之上"禄"字间距较远。湖南省文物考古研究所：《里耶秦简〔壹〕》，释文 50 页。
[4] 【说明】左侧刻齿为"四石"。湖南省文物考古研究所：《里耶秦简〔壹〕》，释文 101 页。

对"罚戍"的廪食管理主要是"贷",偶见有"稟"例。此外,里耶秦简又见:

☑□出贷吏以卒戍士五(伍)涪陵戏里去死十一月食。
☑尉史□出。狗手。(8-1094)

"吏以卒戍",《校释》云"吏因违法而以卒的身份戍边",复引《二年律令·捕律》简一四二至一四四简文以证。① 其中"罚其所将吏徒以卒戍边各一岁","士吏、求盗皆以卒戍边二岁"律文,与此语境颇为切合。所记身份应也属"罚戍"范畴。廪食管理也是以"贷"的形式提供。

谪戍问题,学界一直较为关注。对谪戍与迁刑、徙民实边,谪戍与弛刑士的差异,之前已多有讨论。② 里耶秦简新见"適戍"简文:

☑贷適戍士五(伍)高里庆忌☑(8-899)
☑巳朔朔日,启陵乡守狐出贷適戍□☑(8-1029)

这里,官府对"適戍"在廪食管理上同样使用了"贷"。"適戍"与其他戍卒群体的差别,早年学者在讨论睡虎地秦简时,已有涉及。③ 廖伯源指出:赘戍、谪戍,俱强制为之,恐其逃亡,皆遣吏押送。而不同点也较为明显。赘戍:有罪罚戍边。有刑期,戍边有期限。谪戍:则以身份贱而戍边。不以罪,为应急,仅于边患紧急,戍卒不足时往戍,及边境无事,则可解甲归乡。西汉武帝且有"七科谪"之目。④ 黄今言也说:"谪卒"不

---

① 陈伟主编,何有祖、鲁家亮、凡国栋撰著:《里耶秦简牍校释(第一卷)》,第276页。
② 前者见臧知非:《"谪戍制"考析》,《徐州师范大学学报》(哲学社会科学版)1984年第3期;胡大贵《关于秦代谪戍制的几个问题》,《西南师范大学学报》(人文社会科学版)1991年第1期;李玉福《论秦汉时代的谪发兵制和刑徒兵制》,《政法论丛》2002年第6期。后者则见黄今言《秦汉军制史论》第二章,江西人民出版社1993年版,第112—113页。
③ 蒋非非:《秦代谪戍、赘婿、闾左新考》;廖伯源:《〈尹湾汉简简牍·东海郡下辖长吏不在署、未到官者名籍〉释证》(原刊李学勤、谢桂华主编《简帛研究二○○一》,广西师范大学出版社2001年版),收入所著《简牍与制度:〈尹湾汉墓简牍〉官文书考证》(增订版),广西师范大学出版社2005年版,第194—195页,又收入所著《秦汉史论丛》(增订本),中华书局2008年版,第236—239页。
④ 廖伯源:《〈尹湾汉简简牍·东海郡下辖长吏不在署、未到官者名籍〉释证》,《秦汉史论丛》(增订本),第236—238页。

## 第四章　军事征发：徭戍与军兴

仅役期很长，"无有还期"；而且即使立有战功也往往得不到应有的奖赏。故有所谓"奋行者官过其苦，以谪过行者皆绌其劳"的说法。① 倘用上述认识来比较"罚戍"与"適戍"，或许也是适宜的。②

上述"屯戍""更戍""冗戍""罚戍""適戍"诸身份，③ 唯"屯戍"廪食为"稟"，而其他基本为"貣"。联系张家山汉简《奏谳书》"南郡尉发屯有令"（三）等简文内容，里耶秦简所见"屯戍"群体更多是政府因军事需要而临时征发、屯集的。这与正常行戍的"更戍"、自愿应募的"冗戍"，以及因罪因赎而被政府安排戍守者有所不同，进而在廪食管理上呈现出一定差异。

里耶秦简还见有"乘城卒"：

（传送委输）必先悉行乘城卒、隶臣妾、城旦舂、鬼薪白粲、居赀赎责（债）、司寇、隐官、践更县者。田时殹（也），不欲兴黔首。嘉、谷、尉各谨案所部县卒、徒隶、居赀赎责（债）、司寇、隐官、践更县者簿。（16-6、16-5）④

【廿六】年十二月癸丑朔己卯，仓守敬敢言之：出西廥稻五十□石六斗少半斗输；粲粟二石以稟乘城卒夷陵士五（伍）阳□□□□。今上出中辨券廿九。敢言之。　　□手。（正）

□申水十一刻刻下三，令走屈行。　操手。（背）（8-1452）

廿六年十二月癸丑朔庚申，迁陵守禄敢言之：沮守瘳言：课廿四年畜息子得钱殿。沮守周主。为新地吏，令县论言史（事）。·问之，周不在迁陵。敢言之。

·以荆山道丞印行（正）

丙寅水下三刻，启陵乘城卒秭归□里士五（伍）顺行旁。　壬手。（背）（8-1516）

---

① 黄今言：《秦汉军制史论》第二章，第112页。
② 沈家本以"谪戍者发罪人以守边也，屯戍者发罪人以实边"。《历代刑法考·刑法分考十》"谪戍""屯戍"条，邓经元、骈宇骞点校，中华书局1985年版，第286页。此暂不取。
③ 有意见认为行戍身份还有"废戍"。参见陈伟《"废戍"与"女阴"》，简帛网，2015年5月30日，http：//www. bsm. org. cn/show_ article. php? id=2242。
④ 马怡：《里耶秦简选校》，《中国社会科学院历史研究所学刊》第四集，商务印书馆2007年版，第149、143页。

简 16－6、16－5"乘城卒"与"践更县者"相对。二者又与"兴徭""兴黔首"相区别。"践更县者"不称卒,属"徭"而非"戍"的范畴,日常轮番供役。"乘城卒"对应下文簿籍中的县卒,属在县服役的戍卒。简 8－1516 称"启陵乘城卒"。启陵属迁陵县下辖三乡之一,且非都乡。乘城卒实际有驻扎于县下之乡者。此乘城卒还从事了文书传送工作。县卒、乘城卒易被理解为民众在本郡县内服役。不过,简 8－1452、8－1516 所记为始皇二十六年(前 221),乘城卒籍贯为夷陵、秭归,均属南郡。这说明,洞庭郡迁陵县的所谓"县卒""乘城卒",实际同样存在内郡戍边者。简 8－1452 还涉及廪食管理,相关由官府"禀"给。

戍卒除戍守、候望,也从事其他工作,前论已有涉及。里耶简还提到"☐迁陵戍卒多为吏仆,吏仆☐"(8－106)。我们知道,"吏仆、养、走"等工作一般多由徒隶从事。而这里显示,迁陵县戍卒也有任吏仆者。另则残简"☐【尉】府爵曹卒史文、守府戍卒士五(伍)狗以盛都结"(8－247)显示,戍卒还有担任"守府"。而此项工作,多由隶臣妾从事。这些对了解秦戍卒所从事的实际活动,也是有益的。

"徭戍"之"戍",侧重赴边守御,是兵役的主要实现方式。里耶秦简所见"屯戍",只是戍卒身份中的一种。"更戍"与"冗戍"对称,前者分番行戍,后者行戍期限较长。"罚戍""適戍"为一组,前者与"赀戍"近似,因罪戍边;后者或因身份低贱,而被征发。秦时戍卒类别多样,较后代为繁,相关人力役使,更注重制度统筹与身份考虑。

## 第三节　秦汉"军兴"、《兴律》考辨

秦汉军事征发涉及"徭戍"与军兴。相对日常性为主的"徭戍","军兴""从军"则是军事动员及物资调集时常常使用的语词。后一层面的规定呈现怎样特征,与徭、戍关系如何,这里有所关注。

### 一　"戍""兴"新辨

与日常性"徭""戍"相别,战时征发、调集称"军兴",与"从军"关系密切。《周礼·地官·旅师》:"平颁其兴积。施其惠,散其利,

## 第四章 军事征发：徭戍与军兴

而均其政令。"郑玄注："县官征聚物曰兴，今云军兴是也。"①

在此对照下，"戍"更多归属徭役范畴。《周礼》诸官条下多载"府史胥徒"。《周礼·天官》叙官"胥""徒"下，郑注："此民给徭役者，若今卫士矣。"贾疏复释郑注："卫士，亦给徭役，故举汉法况之。"② 其实，郑注"举汉法况之"，不在说明卫士亦需服徭役，而是在讲汉代做卫士如同《周礼》"胥徒"，均属平民服徭役。贾说应订正。这里举卫士例"况之"，也印证上述理解："正""戍"乃在广义的徭役范围。关于《周礼》中这些府、史、胥、徒，郑玄又注：府史官长所自辟除，胥、徒，民给徭役者。③ 将官员私辟的门下吏与平民给事官府者两分。这种情形值得注意。《三国志》卷四二《蜀书·杜琼传》云"古者名官职不言曹。始自汉已来，名官尽言曹，吏言属曹，卒言侍曹"。④ 张家山汉简《二年律令·津关令》"相国、御史请关外人宦为吏若繇（徭）使，有事关中"（五〇〇），⑤ 将关外人区分为宦、吏、繇使有事三种。⑥ 睡虎地秦简《秦律十八种·仓律》"宦者、都官吏、都官人有事上为将"（四四），⑦ "都官吏""都官人有事"对言，⑧ 后者也是供事于官府的服徭役者。里耶秦简中，除"徒隶"一称外，也出现有"吏徒"。简8－1517正面记"仓衔敢言之：疏书吏、徒上事尉府者牒北（背）"。对应"吏徒"，背面则记"令佐温。更戍士五城父阳翟执。更戍士五城父西中痤"。《校释》云"吏

---

① 《周礼注疏》卷一五，郑玄注，贾公彦疏，阮元校刻《十三经注疏》，中华书局1980年影印本，第745页上栏。
② 《周礼注疏》卷一，郑玄注，贾公彦疏，阮元校刻《十三经注疏》，第640页中栏。又辑入王应麟《汉制考》卷一，张三夕、杨毅点校，中华书局2011年版，第7页。
③ 相关可参看赵伯雄《〈周礼〉胥徒考》，《中国史研究》2000年第4期。
④ 此又见《宋书》卷二七《符瑞志上》，中华书局1974年版，第775页。
⑤ 彭浩、陈伟、工藤元男主编：《二年律令与奏谳书——张家山二四七号汉墓出土法律文献释读》，上海古籍出版社2007年版，第313页。
⑥ 简文句读应作"相国、御史请关外人宦、为吏若徭使有事关中"。阎步克：《论张家山汉简〈二年律令〉中的宦皇帝》（原刊《中国史研究》2003年第3期），修订稿收入所著《从爵本位到官本位：秦汉官僚品位结构研究》下编第四章，生活·读书·新知三联书店2009年版，第398页。
⑦ 睡虎地秦墓竹简整理小组编：《睡虎地秦墓竹简》，文物出版社1990年版，释文30页。
⑧ 相关论说参见阎步克《从爵本位到官本位：秦汉官僚品位结构研究》下编第四章，第398—399页。

徒，史卒。……'吏徒'之'徒'为兵卒"。① 简 8－439＋8－519＋8－537"将奔命校长周爰书：敦长买、什长嘉皆告曰：徒士五（伍）右里缭可，行到零阳庑豁桥亡"，所提到逃亡的"徒"，同样也属于兵士。当然，此处"徒"，广义上也可理解为给徭役者。《秦律十八种·徭律》"兴徒以为邑中之红（功）者"（一一六），"兴徒以斩（堑）垣离（篱）散及补缮之"（一一七），及末尾"而以其实为繇（徭）徒计"，提到"兴徒""繇徒"，就不能仅以征发、徭使兵卒来解释。"徒"同样指服徭役者。沈家本曾对上引郑玄注解释说"周之徒，庶人在官充役者也，汉之徒，有罪在官充役者也。其人异，其义同"。② 现在来看，沈氏对"汉之徒"的理解或可修正，但"其人异，其义同"，即"在官充役者"的认识，仍有可取处。

当"戍"与"军兴""从军"并称时，相关表述值得注意。《史记》卷六《秦始皇本纪》记大臣向秦二世建言，"戍漕转作事苦……减省四方戍转"，《盐铁论·取下》载贤良文学议论，"昔商鞅之任秦也……从军旅者暴骨长城，戍漕者辇车相望"。③《史记》卷一一七《司马相如列传》记武帝时，唐蒙初通西南夷时：

发巴蜀吏卒千人，郡又多为发转漕万余人，用兴法诛其渠帅。

《集解》："《汉书》曰'用军兴法'也。"从武帝后派司马相如问责所言"今闻其乃发军兴制，惊惧子弟，忧患长老，郡又擅为转粟运输，皆非陛下之意也"来看，"用兴法诛其渠帅"及"发巴蜀吏卒千人"，与"郡又多为发转漕万余人"同样两分。《尉缭子·兵令下》规定"兵戍边一岁，遂亡不候代者，法比亡军"。④ 戍边逃亡者以"法比"与"亡军"形成联系。张家山汉简《二年律令·兴律》既有"当戍，已受令而逋不行盈七日，若戍盗去署及亡盈一日到七日，赎耐；过七日，耐为隶臣；过三月

---

① 陈伟主编，何有祖、鲁家亮、凡国栋撰著：《里耶秦简牍校释（第一卷）》，武汉大学出版社 2012 年版，第 344—345 页。
② 沈家本：《历代刑法考》（附寄簃文存）之《刑法分考十三》"徒"条，邓经元、骈宇骞点校，中华书局 1985 年版，第 339 页。
③ 王利器校注：《盐铁论校注》（定本）卷七，中华书局 1992 年版，第 463 页。王氏引王先谦曰："《治要》'辇'作'辐'。"第 469 页。
④ 李解民译注：《尉缭子译注》，河北人民出版社 1992 年版，第 141—142 页。

〈日〉，完为城旦"（三九八）一类与行成相关规定，又有"当奔命而逋不行，完为城旦"（三九九）的内容。后者偏重募兵，与军兴关系更近。

**二 汉《兴律》到唐《擅兴律》**

秦律、汉律中均有《兴律》，前者见睡虎地秦简、岳麓秦简，[①] 后者见张家山汉简《二年律令》等，[②] 与徭、戍密切相关。不过，目前所见《兴律》条文中，似未见明显与军兴有关的内容。沈家本《汉律摭遗》卷一二"兴律"，有"上狱""考事报谳""擅兴徭役""乏徭""稽留""烽燧"诸条，[③] 同样没有列入军兴。而"发军兴"，则归入同书卷一三"厩律"下。[④] 有关汉律《兴律》到唐律《擅兴律》的发展，《唐律疏议》卷一六《擅兴》【疏】议曰：

> 《擅兴律》者，汉相萧何创为《兴律》。魏以擅事附之，名为《擅兴律》。晋复去擅为《兴》。又至高齐，改为《兴擅律》。隋开皇改为《擅兴律》。[⑤]

唐人固然认为"虽题目增损，随时沿革，原其旨趣，意义不殊"。不过，从"大事在于军戎，设法须为重防。厩库足讫，须备不虞，故此论兵次于厩库之下"的分析看，汉、唐有关《兴律》的内容并不对应。唐律《擅兴律》二十四条，军事类在前，徭役类居后，确实体现了"大事在于军戎"的立意。此或提示，《兴律》在汉唐间存在一个逐渐发展、调整的过程。

汉律中虽未见与"兴""擅"直接相关律文，但文献保存有一些以律定罪的材料。首先是"乏军兴"。关于"乏军兴"的含义，汉晋疏解虽夥，然以唐律的解释较为清楚。《擅兴律》"诸乏军兴者斩，故、失等"条，【疏】议曰：

---

[①] 王伟：《〈秦律十八种·徭律〉应析出一条〈兴律〉说》，《文物》2005年第10期；陈松长：《岳麓书院所藏秦简综述》，《文物》2009年第3期。
[②] 除张家山二四七号汉墓外，三三六号汉墓所出汉简也有《兴律》内容。马孟龙：《张家山汉简三三六号汉墓〈秩律〉残简相关问题阐释》，《江汉考古》2014年第6期。
[③] 沈家本：《历代刑法考》（附寄簃文存），邓经元、骈宇骞点校，第1589—1598页。
[④] 沈家本：《历代刑法考》（附寄簃文存），邓经元、骈宇骞点校，第1619—1621页。
[⑤] 长孙无忌等：《唐律疏议》，刘俊文点校，中华书局1983年版，第298页。

兴军征讨，国之大事。调发征行，有所稽废者，名"乏军兴"。①

《汉律摭遗·厩律》"乏军兴"条下，列有"知人盗官母马为臧""不出持马""骑士不诣屯所""马不适士"，对相关传世文献有较全面搜集。②而《九朝律考》卷一《汉律考五》则将与军事相关的"射擅""擅发兵""擅弃兵"，参照唐律，进行了辑释。③

"军兴"因情形特殊，征调多逾越常制。《史记》卷一二九《货殖列传》记"吴楚七国兵起时，长安中列侯封君行从军旅，赍贷子钱"。而五大夫以上爵一般是不服兵役的。《史记》卷一二二《酷吏列传》又有"会宛军发，诏征豪吏"，而"（王）温舒匿其吏华成"的记载，也是相关体现。

### 三 张家山汉简《奏谳书》中的"发屯"

张家山汉简《奏谳书》有则涉及"发屯"的案例，以往多被视作冤案：④

> 十一年八月甲申朔己丑，夷道㓛、丞嘉敢谳（谳）之。六月戊子发弩九诣男子毋忧告，为都尉屯，已受致书，行未到，去亡。·毋忧曰：变（蛮）夷大男子。岁出五十六钱以当繇（徭）赋，不当为屯，尉窑遣毋忧为屯，行未到，去亡，它如九。·窑曰：南郡尉发屯有令，变（蛮）夷律不曰毋令为屯，即遣之，不智（知）亡故，它如毋忧。·诘毋忧：律：变（蛮）男子岁出赛钱，以当繇（徭）赋，非曰勿令为屯也，及虽不当为屯，窑已遣，毋忧即屯卒，已去亡，何解？毋忧曰：有君长，岁出赛钱，以当繇（徭）赋，即复也，存吏，毋解。·问：如辤（辞）。·鞠之：毋忧变（蛮）夷大男子，岁出赛钱，以当繇（徭）赋，窑遣为屯，去亡，得，皆审。·疑毋忧罪，它县论，敢谳（谳）之，谒报。署狱史曹

---

① 长孙无忌等：《唐律疏议》，刘俊文点校，第305页。
② 沈家本：《历代刑法考》（附寄簃文存），邓经元、骈宇骞点校，第1619—1621页。
③ 程树德：《九朝律考》，中华书局2003年版，第124页。
④ 曾代伟、王平原：《〈蛮夷律〉考略——从一桩疑案说起》，《民族研究》2004年第3期。

## 第四章 军事征发：徭戍与军兴

发。·吏当：毋忧当要（腰）斩，或曰不当论。·廷报：当要（腰）斩。（一至七）①

按《奏谳书》作为地方上报的议罪案例汇编，一方面，反映相关案件具有复杂性，存在疑难之处；另一方面，它们作为典型判例被专门抄录，说明相关处理具有重要参考意义。由此而言，仅将此案视作一桩冤案，未必妥当。

简"二人其一秦一人荆皆卒"（8-1209），则提到秦占领楚地后，楚人服兵役的情形。楚人初降，对秦人而言亦属外人。至于文献中发内附蛮夷为兵，进行军事作战，就更为常见，不需赘举。《奏谳书》所记，大体反映了以下问题。（1）秦针对蛮夷有专门律文，为"蛮夷律"一类。夷道蛮夷原则上需从徭交赋，实际主要由首领代为缴纳，数额较少，称"賨钱"。（2）"蛮夷律"规定缴纳的賨钱，"以当繇（徭）赋"，主要用以抵徭，临时军事征发仍需接受征调。故南郡尉"发屯"，②夷道蛮夷被征发者仍需入伍，参与屯戍。程序上，有专门文书送抵告知，称"致书"。③（3）犯罪男子虽为蛮夷，身份特殊，但因逃亡即被处以腰斩重刑。处理是以军事行为界定，量刑又依军法做出。④ 而相关量刑判定，对理解汉代《兴律》多不载军兴内容，或有启发。当时军兴的相关规定，应当仍属军法范畴。

与日常性"徭""戍"相别，战时征发、调集称"军兴"，与"从军"关系密切。从秦汉《兴律》到唐代《擅兴律》，军兴内容逐步被纳入

---

① 彭浩、陈伟、工藤元男主编：《二年律令与奏谳书——张家山二四七号汉墓出土法律文献释读》，第332—333页。
② 《二年律令与奏谳书——张家山二四七号汉墓出土法律文献释读》整理者以"郡尉"更名"都尉"在景帝中二年，而此案例在高祖十一年（前196），"所以这里所见'都尉'不可释为郡都尉"，并引"文帝时期出土的《马王堆汉墓帛书·驻军图》文字资料中亦见'都尉军'，高至喜释为汉中央朝廷直接派出的军队（《兵器和驻军图》，湖南省博物馆：《马王堆汉墓研究》，湖南人民出版社1981年版）"，第333—334页。
③ 参见彭浩、陈伟、工藤元男主编《二年律令与奏谳书——张家山二四七号汉墓出土法律文献释读》注引裘锡圭、杨剑虹、池田雄一、曾代伟、王平原、阎晓君诸家说，第334页。
④ 参见彭浩《谈〈奏谳书〉中的西汉案例》，《文物》1993年第8期；张建国《汉简〈奏谳书〉和秦汉诉讼程序初探》，《中外法学》1997年第2期；赵科学《"毋忧案是桩冤案"辨析——张家山汉简〈奏谳书〉研究之二》，《江汉考古》2007年第3期。

其中，并成为主体，前后存在一个发展的过程。张家山汉简《奏谳书》有涉及"发屯"的案例。蛮夷大男子因逃亡而被处以腰斩重刑。相关量刑，对理解汉代《兴律》多不载军兴内容，或有启发。当时有关军兴的规定，仍属军法范畴。

# 第五章

# 军事生活的制度史考察：性别、时序与军政运作

前面四章，我们对秦汉军制演变较为重要的几个问题：武官制度，军队构成，爵制、法制与军制，徭役制度与军制，进行了探讨。为使相关研究更为立体全面，最后一章选择对军事生活进行制度史考察。这里主要选取性别与家庭、节奏与效率、音声与军政三个主题展开。

第一节讨论秦汉时期的女子参战与亲属随军。从传世文献的城守史料入手，重新检讨战国秦汉的"女子从军"问题。将正史与西北汉简结合，观察军人与亲属的异处与共居。最后对战国至曹魏之间的军人亲属连坐变化，展开分析。

第二节提出河西汉塞军人的"生活时间表"这一观察角度。从日常的办公、当值事务中了解汉塞吏卒的作息时间。从籍帐制作的周期上思考军人的工作节奏。末尾则从日常劳作所从事的内容及相关效率上探求劳作定额等问题。

第三节主要关注从音声角度发挥作用的军鼓，分别对简牍、图像资料中的"金鼓"进行辨正；对鼓下卒、鼓史及歌人身份进行考析；同时对征行、城守时的军鼓使用，驻屯候望、传置送迎中的鼓与鼓令进行探讨。

## 第一节　性别与家庭：秦汉的女子参战与亲属随军

秦汉交通史、军事史以往研究，较少关注军人亲属，特别其中的女性群体。实际上，无论她们留守后方，还是随军在边，都为相关军事活动提供了重要的支撑与保障。秦汉政府也积极通过律令及行政措施，对她们进行管理、供给与抚恤。战国、秦汉时期的女子参战与亲属随军，是认识秦

汉社会人口迁移与人口流动中"军役之路"的重要构成内容。[1]

近年历史学发展中，性别史的研究令人瞩目。即便在"深耕熟耨"的秦汉史园地，有关探索与尝试也已有较好开展。[2] 不过，李贞德在对台湾学界相关研究评述时，注意到之前探讨过于注重妇女与宗族的关系，"学者应当超越父系家族的藩篱"。[3] 有鉴于此，笔者以为，性别史研究或许可以尝试从社会视角上升至国家视角，进而观察国家制度建构中的性别意识体现。探讨秦汉军事活动中的军人亲属，特别其中女性的表现与作用，不仅可以了解她们当时的相关权利、地位，而且对于界定男子、两性角色特征，以至整个军制设计理念都是有益的。

本节主要从"女子从军"、亲属随军及亲属连坐变化三个方面依次探讨，论述依需要有时则适当延伸至战国、三国时期。

## 一　也说"女子从军"——从城守史料切入

古代女子从军，是中国军事史上引人注目的现象，也是值得重视的社会文化存在。已有学者就此做过综合性研究，特别对唐代以后各种"女军"多有梳理分析。[4] 战国秦汉时期存在女子从军，学界多从此说。[5] 少

---

[1]　关于秦汉"军役之路"的交通史考察，参见王子今《秦汉交通史稿》（增订版）第十三章，中国人民大学出版社 2013 年版，第 416—425 页。

[2]　主要有刘增贵《汉代婚姻制度》，华世出版社 1980 年版；彭卫《汉代婚姻形态》，三秦出版社 1988 年版，中国人民大学出版社 2010 年版（以下引用取后者）；王子今《古史性别研究丛稿》，社会科学文献出版社 2004 年版；彭卫《汉代性别史三题》，《东岳论丛》2005 年第 3 期；彭卫《汉代女性的工作》，《史学月刊》2009 年第 7 期；翟麦玲、张荣芳《秦汉法律的性别特征》，《南都学坛》（人文社会科学学报）2005 年第 4 期，等等。

[3]　李贞德、梁其姿主编：《台湾学者中国史研究论丛·妇女与社会》"导言"，中国大百科全书出版社 2005 年版，第 1—10 页；李贞德主编：《中国史新论　性别史分册》，"中央研究院"、联经出版事业公司 2009 年版，第 1—15 页。

[4]　王子今：《中国女子从军史》，军事谊文出版社 1998 年版。

[5]　蒙文通：《儒学五论》之《秦代之社会》（路明书店 1944 年初版），广西师范大学出版社 2007 年版，第 98—100 页；顾颉刚：《史林杂识初编》"女子当兵和服徭役"条，中华书局 1963 年版，第 92—95 页；吕思勉：《吕思勉读史札记》"女子从军"条，上海古籍出版社 2005 年版，第 323—325 页；王子今：《战国秦汉时期的女军》，收入所著《古史性别研究丛稿》，第 86—100 页。近有学者更提出"战国时代的秦，妇女从徭役，也服兵役；秦统一后，女子不见从军的记载；汉景帝改革傅籍制度，妇女又免去更卒之役"的制度发展线索。张荣强：《〈二年律令〉与汉代课役身分》，收入所著《汉唐籍帐制度研究》，商务印书馆 2010 年版，第 54 页。

## 第五章 军事生活的制度史考察：性别、时序与军政运作

数学者对相关现象进行考察同时，则持谨慎态度。[①] 这里选择从国家视角、制度层面，对基本史料重做审视。

论战国女子从军，常举《商君书·兵守》"壮男为一军；壮女为一军；男女之老弱者为一军。此之谓三军也"。"壮女为一军"，似为颇有力之论据。不过，军队依性别、身体强弱差别编组立军，较为特别，故有必要完整引述如下：

> 守城之道，盛力也。故曰客，治簿檄，三军之多，分以客之候车之数。三军：壮男为一军；壮女为一军；男女之老弱者为一军。此之谓三军也。壮男之军，使盛食，厉兵，陈而待敌。壮女之军，使盛食，负垒，陈而待令，客至而作土以为险阻及耕格阱，发梁撤屋，给从从之，不洽而燔之，使客无得以助攻备。老弱之军，使牧牛马羊彘，草木之可食者，收而食之，以获其壮男女之食。[②]

首句"守城之道"，与篇题《兵守》对应，揭示出行动背景，即这只是守城时举措。"壮男""壮女""男女之老弱"三军，实际是守御一方针对"客"即来敌的应对。[③] 下文交代三军的各自任务："壮男之军"，要使其饱食，[④] 磨好兵器，编列成队，以待来敌。"壮女之军"同样"盛食"，却无"厉兵"一项，主要是"负垒""待令"。即背靠垒壁，[⑤] 待"客至"则"作土以为险阻及耕格阱，发梁撤屋，给从从之，不洽而燔

---

[①] 彭卫：《汉代女性的工作》"13.兵战"条，第85—87页；翟麦玲：《试释"女子乘亭鄣"中"女子"的身份》，《中国史研究》2008年第1期。

[②] 高亨：《商君书注译》，中华书局1974年版，第101页。"及耕格阱""给从从之，不洽而燔之"句文字辨析，又参见孙诒让《札迻》卷五，雪克、陈野点校，齐鲁书社1989年版，第146—147页。

[③] 高亨：《商君书注译》，第101页。按：《春秋公羊传》"庄公二十八年"有"伐者为客""伐者为主"语，何休注："伐人者为客，读伐长言之"，"见伐者为主，读伐短言之"。此虽属齐语习惯，仍可为一旁证。

[④] "盛食"，高亨译作"需装好干粮"（《商君书注译》，第101页），《商君书新注》作"准备充足的食物"（陕西人民出版社1975年版，第124页），似皆未达一间。王念孙《广雅疏证》卷三下《释诂》"蓐臧"条引《商君书》文，言"两军相攻，或竟日未已，故必厚食乃不饥也"（中华书局2004年影印本，第92页下栏），蒋礼鸿《商君书锥指》作"饱食也"（中华书局1986年版，第74页）。所说近是。

[⑤] 也有认为"垒当读为虆"，"负垒"指背负盛土笼。高亨：《商君书注译》，第101—102、230—231页。

309

之，使客无得以助攻备"。与前者对照，"壮女之军"不配发兵器，仅构筑防御工事，设置陷阱，并毁掉可能"助"敌"战备"的设施。而"老弱之军"负责粮食后勤的筹集供给。① 上述旨在说明，在守城应敌这一特殊形势下，为击退来敌，保卫城池，应发动城中全体民众参与；而按性别、体质差别进行分工，可以各尽所能，更好提供支持。《通典》卷一五二《兵典》本注引"以城中壮男为一军，壮女为一军，老弱为一军，三军无令相过"，即置于"守拒法"筑城条下，亦可为证。② 至于《墨子·号令》"女子到大军，令行者男子行左，女子行右，无并行，皆就其守，不从令者斩"，则应同下文"皆就其守，不从令者斩。离守者三日而一徇，而所以备奸也"连读，仍然是参与守城事。

《墨子·备城守》诸篇，大体为战国后期秦人所作，③ 可与《商君书》互证发明。《备城门》云"守法：五十步丈夫十人，丁女二十人，老小十人计之，五十步四十人"，及"广五百步之队，丈夫千人，丁女子二千人，老小千人，凡四千人而足以应之，此守术之数也。使老小不事者，守于城上不当术者"。④ 上述在交代守御设施配置后叙述，开头亦点明乃"守法"也。按"丁""壮"义同，"丁女""丁女子"即《商君书》所言"壮女"。这里丈夫、丁女、老小的人员比例均是1∶2∶1。"丈夫"当是与敌接战的主体，进而使"丁女"成为城上守御的主要力量了。丈夫、丁女、老小的这种区分，可与《商君书》分作三军对照。⑤《备城门》末句云"使老小不事者，守于城上不当术者"。按"事""使"相通，指可供役使。⑥ 此条说明两点。一是老小本身细分，似又区分为"事"与"不

---

① 顾颉刚解释道，"是则战斗之事，壮男主之；劳动之事，壮女主之；饷糒之事，老、弱主之。壮女之工作，有筑土、撤屋、纵火等等，凡不直接参加战斗而可用种种方法以阻碍敌人之进展者，皆壮女一军之所有事也"。顾颉刚：《史林杂识初编》，第93页。
② 《通典》，王文锦等点校，中华书局1988年版，第3893页。
③ 李学勤：《秦简与〈墨子〉城守各篇》，收入所著《简帛佚籍与学术史》，江西教育出版社2001年版，第119—133页。
④ 岑仲勉：《墨子城守各篇简注》，中华书局1958年版，第24页。
⑤ 银雀山汉简《守法守令十三篇》残简"……者万人，老不事者五千人，婴儿五千人，女子负婴……"（七八〇），提到"女子负婴""老不事者""婴儿"（银雀山汉墓竹简整理小组编：《银雀山汉墓竹简〔壹〕》，文物出版社1985年版，第128页），及《史记》卷八二《田单列传》"令甲卒皆伏，使老弱女子乘城"（中华书局1982年点校本，第2455页），亦可参照。
⑥ "秦汉赋役史料中，'事'通常就是指力役。"张荣强：《孙吴户籍结句简中的"事"》，收入所著《汉唐籍帐制度研究》，第148页。

## 第五章 军事生活的制度史考察：性别、时序与军政运作

事"。而"不当攻队者守事不急，故使老小守之"，① 显示参与守城者，确为民众全体。既然"守于城上"的"老小不事者"，不能径视为兵，那么对其他人群似乎同样不宜简单定位。二是与"不事"相对，前面的丈夫、丁女等应即可事者。相对于从军，将他们行为视作从役似更合适。

在此基础上复读《商君书·去强》《境内》"强国知十三数：竟内仓口之数、壮男壮女之数、老弱之数……""四境之内，丈夫女子皆有名于上，〔生〕者著，死者削"，则我们不但会在"壮男壮女之数"后，注意到紧接有"老弱之数"的统计，而且对于丁女信息登录的用意会有更好把握。

蒙文通《儒学五论·秦代之社会》论战国"女子为军""男女无别"，影响颇大，有必要有所辨析。蒙文一据谯周《古史考》，以为"秦战胜而妇女老弱皆死，正以妇女老弱皆在行间，与于三军之役，则妇女亦以首功爵赏"。按：此原出《史记》卷八三《鲁仲连邹阳列传》《集解》引谯周曰"秦用卫鞅计，制爵二十等，以战获首级者计而受爵。是以秦人每战胜，老弱妇人皆死，计功赏至万数。天下谓之'上首功之国'，皆以恶之也"。谯周，蜀汉、西晋初年人，距秦较远。"秦人每战胜，老弱妇人皆死"说法又为首出，且表意不清，② 当审慎对待。③《墨子·杂守》提到斥候行动时，"田者男子以战备从斥，女子亟走入"。④ 前论守城时丁女不"厉兵"接战，今"男子以战备从斥"时，又女子不与，则很难想象她们与男子同在行间，参与攻战。

至于"妇女亦以首功爵赏"说，《墨子·号令》云"男子有守者爵，人二级，女子赐钱五千，男女、老小无分守者，人赐钱千，复之三岁，

---

① 孙诒让：《墨子间诂》卷一四，中华书局 1986 年版，第 531 页。
② 以致顾颉刚理解作"壮女军与老弱军亦皆因敌国之计首功而不能免"，角度全异。顾颉刚：《史林杂识初编》，第 94 页。而据前后文意，上述又可理解为，秦国以敌首"计而受爵"，故秦人为报功，将敌方妇人老弱的首也斩下冒充敌士兵。
③ 刘起釪指出，"像三国时谯周的《古史考》，晋初皇甫谧的《帝王世纪》，承用一些古史资料，更主要的是按照汉代《世经》和纬书等的编造，加以自己的臆说，提出了杜撰的古史体系"。陈高华、陈智超等：《中国古代史史料学》（修订本）第二章，天津古籍出版社 2006 年版，第 40 页。
④ 岑仲勉：《墨子城守各篇简注》，第 145 页。

311

（无有所与，不租税。）此所以劝吏民坚守胜围也"，① 明言只"男子有守者"得爵，每人两级，而女子计功，购赏为"赐钱五千"。睡虎地秦简《秦律十八种·军爵律》有"欲归爵二级以免亲父母为隶臣妾者一人，及隶臣斩首为公士，谒归公士而免故妻隶妾一人者，许之，免以为庶人。工隶臣斩首及人为斩首以免者，皆令为工。其不完者，以为隐官工"（五五、五六）。② 斩首者身份涉及"隶臣""工隶臣"。③ "隶臣"属"徒隶"范畴。工隶臣则是隶臣中作务于工官一类系统，从事器物制造者。律文言及二者时，却未提到"隶妾""工隶妾"这些往往与前述并称的身份。她们应很少有"以首功爵赏"的机会。

二据《御览》引《魏氏春秋》陈群奏语"典籍之文，妇女无分土名爵之制。在礼，妇因夫爵。秦违古法，非先王之令典"，以为"秦违古法，正谓秦之妇人有爵"，"秦爵二十级，皆以首功。妇人有爵，正以妇人服兵役有首功"。今检《太平御览》卷一九八《封建部一》，不仅文字稍有出入，且上引"秦违古法"下实脱"汉氏因之"。孙盛作《魏氏春秋》于东晋，而早此成书的《三国志》实已言及，内容且更为完整：

> 黄初中，文帝欲追封太后父母，尚书陈群奏曰："陛下以圣德应运受命，创业革制，当永为后式。案典籍之文，无妇人分土命爵之制。在礼典，妇因夫爵。秦违古法，汉氏因之，非先王之令典也。"④

陈群上奏缘起于"文帝欲追封太后父母"。"古法"即先秦礼典所记，"妇因夫爵"，"无妇人分土命爵之制"。所奏本言此不独在秦，即在汉代亦未

---

① 岑仲勉：《墨子城守各篇简注》，第104页。按：岑氏以"无有所与，不租税"两句为"复"之注文，并以括号括之，可商。《史记》卷八《高祖本纪》"复其民，世世无有所与"（第389页），《汉书》卷二五上《郊祀志上》"复，无有所与"（中华书局1962年点校本，第1234页），《汉书》卷九九中《王莽传中》"世世复，无有所与"（第4106页），《后汉书》卷一下《光武帝纪下》"世世复徭役，比丰、沛，无有所豫"（中华书局1965年点校本，第47页），及荆州谢家桥一号汉墓第1号竹牍"昌家复，毋有所与""郎中五大夫昌母、家属当复，毋有所与"（荆州博物馆：《荆州重要考古发现》，文物出版社2009年版，第191页图版；荆州博物馆：《湖北荆州谢家桥一号汉墓发掘简报》，《文物》2009年第4期），"复"与"无（毋）有所与（豫）"均并用，故后者不当视作注文窜入正文者。
② 睡虎地秦墓竹简整理小组编：《睡虎地秦墓竹简》，文物出版社1990年版，释文55页。
③ "欲归爵二级……"未言主语，对照下文，似指平民男子。
④ 《三国志》卷五《魏书·后妃传》，中华书局1982年点校本，第158页。

## 第五章 军事生活的制度史考察：性别、时序与军政运作

得到遵循。今曹丕延续秦汉做法，因太后而封太后亲属，违"妇因夫爵"之义；太后父外，太后母亦得封，复违"无妇人分土命爵之制"。故所谓"秦违古法"，实指秦、汉两代皆违古法；所"违"，主要指外戚恩泽得封汤沐邑一类。秦汉时期仍然是"妇因夫爵"的。《二年律令·置后律》有"女子比其夫爵"（三七二）语。[1] 女子无爵位。她们与爵位发生联系，只是以"上造妻"（八二）、"上造寡"（⑨2341）、[2]"关内侯寡"[3]这类爵妻、爵寡的身份形式出现。太后母即便获封君之号，也是因亲得封体现，不入军功爵制系统。因而，此例既不能说明"秦违古法，正谓秦之妇人有爵"，又不能说明"妇人有爵，正以妇人服兵役有首功"。

蒙文并引《后汉书》关西妇女持兵事为补证。按此引文仍有重要省略，《后汉书》卷七○《郑太传》作"关西诸郡，颇习兵事，自顷以来，数与羌战，妇女犹戴戟操矛，挟弓负矢"，[4] 实有"自顷以来，数与羌战"的背景。这里转换角度，先看羌人行动特征。《汉书》卷六九《赵充国传》云"将军计欲至正月乃击罕羌，羌人当获麦，已远其妻子"。师古曰："徙其妻子令远居而身来为寇也。"同传又说"从今尽三月，虏马羸瘦，必不敢捐其妻子于他种中，远涉河山而来为寇"。可知羌人并非全民皆兵，而是安置妻子于后方后，前来侵扰。郑太所处东汉时期，羌人多被汉帝国迁至西北塞内各边郡中，虽原有生计模式受到影响[5]，但军事行动方式应变化不大。处于"平等化、分枝化部落社会"的羌人尚且如此，则汉人更应如此。所谓"妇女犹戴戟操矛"，不仅有地域性旧俗沿袭，而且当为汉民族守御城郭，应对羌人来犯的权宜举动。

---

[1] 彭浩、陈伟、工藤元男主编：《二年律令与奏谳书——张家山二四七号汉墓出土法律文献释读》，上海古籍出版社2007年版，第236页。

[2] 张春龙：《里耶秦简所见的户籍和人口管理》，中国社会科学院考古研究所等编《里耶古城·秦简与秦文化研究——中国里耶古城·秦简与秦文化国际学术研讨会论文集》，科学出版社2009年版，第191页。相关例证颇多，不赘举。

[3] 刘国胜：《江陵毛家园一号汉墓〈告地书〉牍补议》，简帛网，2008年10月27日，http://www.bsm.org.cn/show_article.php?id=890。

[4] 《三国志》卷一六《魏书·郑浑传》裴注引张璠《汉纪》载郑太语董卓，言关西勇于战伐之习俗，作："关西诸郡，北接上党、太原、冯翊、扶风、安定，自顷以来，数与胡战，妇女载戟挟矛，弦弓负矢，况其悍夫；以此当山东忘战之民，譬驱群羊入虎狼，其胜可必。"第510页。

[5] 参见王明珂《游牧者的抉择：面对汉帝国的北亚游牧部族》第四章，广西师范大学出版社2008年版，第157—194页。

此外，战国晚期的魏律、秦律中，均出现"从军"一语，[①]显示当时已为固定用法，就是投入军队、当兵入伍。《盐铁论·取下》"昔商鞅之任秦也……从军旅者暴骨长城，戍漕者辐车相望"，"从军旅者"与"戍漕者"并举。戍卒守边尚且不属"从军"范畴，则讨论妇女参与军事活动时，此概念的使用应当谨慎。

那么，秦汉对妇女服役又如何规定呢？这里，首先应区别常规制度与临时行为。从制度上说，成年女子在战国秦汉需要服役。前引《商君书·去强》有"壮男壮女之数"。这种在"壮男"之外对女子丁壮与否的关注，应来自国家役使的考虑。如妇女不服役，自不必计丁。秦汉赋役中的"复"，可指免算，可指免役，亦可指免赋役。[②]《二年律令·具律》"女子庶人，毋筭（算）事其身，令自尚"（一二四），《亡律》"奴命曰私属，婢为庶人，皆复使及筭（算），事之如奴婢"（一六二），《复律》"□□工事县官者复其户而各其工。大数衛（率）取上手什（十）三人为复，丁女子各二人，它各一人，勿筭（算）繇（徭）赋（二七八）中，所谓"毋筭事其身""复使及筭""勿筭繇赋"，在免算之外，皆明确涉及女性免役的内容。前引谢家桥汉墓竹牍"郎中五大夫昌母、家属当复无有所与"，亦可为证。如果说《汉书》卷一二《平帝纪》"复贞妇，乡一人"，所指尚不明晰，那么《三国志》卷一六《魏书·杜畿传》"班下属县，举孝子、贞妇、顺孙，复其繇役，随时慰勉之"，则已有"复其繇役"的交代。

不过，女子从役与成年男子有别。秦汉男子傅籍后服正役与兵役，15岁以上未傅者及睆老服半役。"徭役"用语在使用上有广狭之分。力役之征，均可称"徭""役"。狭义上，"徭"属正役的一部分，"役"更偏重

---

[①] 参见《为吏之道》附"魏奔命律"、《秦律十八种·军爵律》《秦律杂抄》。睡虎地秦墓竹简整理小组编：《睡虎地秦墓竹简》，释文 55、81—82、175 页。

[②] 张荣强：《孙吴户籍结句简中的"事"》，《汉唐籍帐制度研究》，第 149 页。杨振红则认为"'复'复除的也是赋和役两项义务，而非两项中的任何一个单一项"。杨振红：《从出土"算""事"简看两汉三国吴时期的赋役结构——"算赋"非单一税目辨》，《中华文史论丛》2011 年第 1 期，第 49 页。

## 第五章　军事生活的制度史考察：性别、时序与军政运作

兵役。<sup>①</sup> 东汉，法律规定妇女不承担正役，甘肃武威旱滩坡东汉墓5号简"民占数以男为女辟更徭论为司寇"可证。<sup>②</sup> 而上限，有学者据《史》《汉》帝纪"男子二十而得傅""令天下男子年二十始傅"定于景帝二年，并解释说"特别指明男子傅籍，并未涉及妇女的事。这似乎表明，此后妇女不再承担正式徭役"。<sup>③</sup> 其实，傅籍自战国、秦已有，始傅年龄曾为17岁，<sup>④</sup> 同样不涉及妇女。景帝二年令只是将不同爵位傅籍年龄进行了整合，不能作为妇女服正役与否的分界。时代在景帝之前的《二年律令·徭律》已出现"发传送……事委输……免老、小未傅者、<sup>⑤</sup> 女子及诸有除者，县道勿敢繇（徭）使"（四一一至四一三）的规定。至少西汉初年，女子不但同样不服正役，且于委输等半役，亦多不亲为，当以缴算赋形式实现。<sup>⑥</sup>

不过，规定以外，国家往往因需要临时征发。故史书中除"会稽闻太守且至，发民除道"，而朱买臣"入吴界，见其故妻、妻夫治道"一类

---

① 参见杨振红《徭、戍为秦汉正卒基本义务说——更卒之役不是"徭"》，《中华文史论丛》2010年第1期。关于狭义"徭""更"关系，学界尚有分歧。杨振红以为"徭""更"两分，前者是正卒基本义务，后者15岁至睆老皆从事；张荣强则认为正役主要指更卒之役；本书第四章第一节。

② 武威地区博物馆：《甘肃武威旱滩坡东汉墓》，《文物》1993年第10期，第32页。

③ 张荣强：《〈二年律令〉与汉代课役身分》，《汉唐籍帐制度研究》，第53页。

④ 陈明光：《秦朝傅籍标准蠡测》，《中国社会经济史研究》1987年第1期。

⑤ 关于"小未傅者"身份，学界有两种看法：一是断作"小、未傅者"，指两种身份；二是视作一种身份，指未傅籍者中年龄小于十五岁者。分别参见张荣强《〈二年律令〉与汉代课役身分》，《汉唐籍帐制度研究》，第41页；杨振红《徭、戍为秦汉正卒基本义务说——更卒之役不是"徭"》，第334页；凌文超《汉晋赋役制度识小》"小未傅"条，武汉大学简帛研究中心主办《简帛》（第六辑），上海古籍出版社2011年版，第475—477页。按：前论守城引《商君书》《墨子》史料，女子与老、小往往一并叙述，例证颇多。而这里出现诸身份，处同一使役范畴，与前述对照，应当也是三种较为合适。睡虎地秦简《秦律十八种·仓律》记以平民赎取隶臣妾的规定："隶臣欲以人丁粼者二人赎，许之。其老当免老、小高五尺以下及隶妾欲以丁粼者一人赎，许之。"秦及西汉前期，未傅籍者可视作"小"。故"小未傅者"当视作一种身份。考虑到"免老"在《二年律令》《汉旧仪》中仅用以称呼男性（参见韩树峰《松柏汉墓53号木牍考——以成年男女性别比例失调为中心》，收入《国学的传承与创新：冯其庸先生从事教学与科研六十周年庆贺学术文集》，上海古籍出版社2013年版，第1003—1016页），这里使用"小未傅者"，或旨在强调是未成年中的男性群体。"秦及汉初存在以'傅'划分大、小的方式，'小'（或言广义一面）包括15岁以上的未傅籍群体"。参见本书第四章第一节。

⑥ 相关又可参看林炳德《秦汉时期的庶人》，卜宪群、杨振红主编《简帛研究二〇〇九》，广西师范大学出版社2011年版，第318—320页。此外，秦汉成年男子所从事的更役，大女亦无须充任。陈伟：《简牍资料所见西汉前期的"卒更"》，《中国史研究》2010年第3期。

记载外，① 也多有对非常制徭役征派的议论与批评。工程建设如秦筑长城，"妇女不得剡麻考缕，羸弱服格于道"。② 西汉惠帝时两次动员长安六百里内男女14万人建造都城，每次劳作30日。③ 战时劳力紧张，更征发女子从事转输等重役。④

彭卫曾对相关文献、特别文物图像资料有详细考察，并将"女子从军"从广义、狭义两层面做了深入阐释。翟麦玲对刑徒、谪兵中是否有女子参军也有所分析。⑤ 而这里的讨论，则更侧重对"女子从军"说传统史据的重新检讨。要言之，战国、秦、两汉时期，妇女在制度上始终不服兵役，亦不服正役。然因妇女需交算赋，并非小役不与，故国家因需要，常会临时征发妇女从役，甚至参与军事活动。

## 二 军人与亲属的异处与共居

军事活动除女子参战的问题外，还涉及军人与亲属的关系。军队中何时、何种情况下出现有军人亲属，二者是异处还是共居？这是有关军事生活的基本问题，也是军队形态的外在反映。

关于赴京为卫，元帝初元三年（前46）六月诏云："惟蒸庶之饥寒，远离父母妻子，劳于非业之作，卫于不居之宫，恐非所以佐阴阳之道也。其罢甘泉、建章宫卫，令就农。"⑥ 此称"远离父母妻子"，家属不跟从，政府亦无解决安置一事。至于屯戍兵役，在内郡作郡县卒、到京师作卫士、到边郡做戍卒或均属此范畴。⑦ 戍边确与作卫士类似，战国以来即只身前往，且路途艰险，困苦重重。《尉缭子·兵令下》记"兵戍边一岁，遂亡不候代者，法比亡军。父母妻子知之，与同罪；弗知，赦之"，同篇另则说得更清楚："卒后将吏而至大将所一日，父母妻子尽同罪。卒逃归

---

① 《汉书》卷六四上《朱买臣传》，第2793页。
② 《淮南子·人间》。何宁：《淮南子集释》卷一八，中华书局1998年版，第1290页。
③ 《汉书》卷二《惠帝纪》，第89—90页。
④ 《史记》卷一一二《平津侯主父列传》称"丁男被甲，丁女转输"（第2958页），《后汉书》卷四三《何敞传》又表述作"男子疲于战陈，妻女劳于转运"（第1481页），《三国志》卷四一《蜀书·杨洪传》则作"男子当战，女子当运"（第1013页），《列女传·仁智·鲁漆室女》也使用"男子战斗，妇女转输，不得休息"语。相关讨论又参见杨振红《从出土"算"、"事"简看两汉三国吴时期的赋役结构——"算赋"非单一税目辨》，第53—54页。
⑤ 参见翟麦玲《试释"女子乘亭鄣"中"女子"的身份》，彭卫《汉代女性的工作》。
⑥ 《汉书》卷九《元帝纪》，第284页。
⑦ 杨振红：《徭、戍为秦汉正卒基本义务说——更卒之役不是"徭"》，第348页。

## 第五章 军事生活的制度史考察：性别、时序与军政运作

至家一日，父母妻子弗捕执及不言，亦同罪。"① 西汉昭帝时，贤良文学在盐铁会议上批评边戍之役："今山东之戎马甲士戍边郡者，绝殊辽远，身在胡、越，心怀老母。老母垂泣，室妇悲恨"，"故圣人怜其如此，闵其久去父母妻子，暴露中野，居寒苦之地"。又有所谓"今近者数千里，远者过万里，历二期。长子不还，父母愁忧，妻子咏叹"。② 因戍边而与亲属分隔辽远，当时被视作颇违人情之事。

然而，武帝以来的河西屯戍活动中，我们却见有大量吏卒亲属的居处记录。居延汉简所见相关簿籍标题简及结句简即有：

"卒家属名籍"（203·15）③
"省卒家属名籍"（58·16）（133·8）④
"戍卒家属当廪"（122·1）
"卒家属见署名籍"（194·3，194·13）
"卒家属在署名籍"（185·13）
"戍卒家属居署名☐"（E.P.T65:134）⑤
"家属妻子居署省名籍"（E.P.T40:18）
"卒家属廪名籍"（276·4A）
"戍卒家属在署廪名籍"（191·10）

王子今检讨前人所论，指出"汉代西北边塞简牍资料中这种女性，并非都是'下级军吏的家属'、'下级军吏的妻子家属'，数量更多的是士兵'家属'，即'卒妻'"。⑥ 陕西历史博物馆藏武都汉简有"妻子从者百九十九人

---

① 李解民：《尉缭子译注》，河北人民出版社1992年版，第141—142页。
② 《盐铁论·备胡》《繇役》。王利器校注：《盐铁论校注》（定本）卷七、卷九，中华书局1992年版，第446—447、520页。
③ 谢桂华、李均明、朱国炤：《居延汉简释文合校》，文物出版社1987年版，第316页。
④ "省"不与"卒"连读，"相当于今天的省亲"。"'省卒亲属'，应指省亲的戍卒家属，非指省卒的家属"。李天虹：《居延汉简簿籍分类研究》第三章，科学出版社2003年版，第69页。
⑤ 甘肃省文物考古研究所等编：《居延新简——甲渠候官》，中华书局1994年版，第189页。
⑥ 王子今：《汉代军队中的"卒妻"身份》［原刊《南都学坛》（人文社会科学学报）2009年第1期］，修订稿收入所著《秦汉称谓研究》"三 称谓与家庭结构"，中国社会科学出版社2014年版，第271—283页。

用粟二百卅石四""妻子从者百七十八人用粟二百七十四石五斗"（12A、B）等简文。① 按河西汉塞每隧戍守吏卒3人至5人，约略推算，可知家属及私从规模的可观。森鹿三研究居延戍卒家属廪名籍曾指出，候官下辖"每个部每个月都配给了隧卒家属将近一百石谷物"，估算下来，"隧卒几乎都有家属"。② 而出入边地关卡的亲属记录，则以戍吏为多，如：

"竟宁元年正月吏妻子出入关致籍"（E. P. T51∶136）
"▨鸿嘉五年吏妻子及葆出入关名籍"（73EJT21∶35A、B）③

家属符目前所发现者多为基层戍吏所持，如：

"橐佗延寿隧长孙时符"（29·1）
"橐佗吞胡隧长张彭祖符"（29·2）
"橐他通望隧长成褒建平三年五月家属符"（73EJT3∶89）
"橐他勇士隧长井临建平元年家属符"（73EJT6∶42）
"橐他石南亭长符"（73EJT9∶87）
"橐佗圣宜亭长张谭符"（73EJT9∶275）④
"橐佗野马隧吏妻子与金关关门为出入符"（73EJT21∶136）⑤
"广地候上利隧长家属建始四年正月己丑符"（73EJT28∶9A）
"初元四年正月癸酉橐佗殄虏隧长符"（73EJT30∶62）
"初元四年正月庚申橐佗驰马亭长孙猛符"（73EJT31∶40）⑥

---

① 王子今、申秦雁：《陕西历史博物馆藏武都汉简》，《文物》2003年第4期，第48—49页。
② 森鹿三：《論居延出土的卒家屬廩名籍》（原刊《東洋學研究——居延漢簡篇》，同朋舍1975年版），收入《简牍研究译丛》第一辑，金立新译，中国社会科学出版社1983年版，第108—109页。又，管东贵：《汉代边塞眷廪的范围与分级》，李亦园、乔健编：《中国的民族、社会与文化——芮逸夫教授八秩寿辰论文集》，食货出版社1981年版，第205—222页；施伟青：《汉代居延随军戍卒家庭人口的若干问题》，《中国社会经济史研究》1998年第3期。
③ 甘肃简牍保护研究中心等编：《肩水金关汉简（贰）》，中西书局2012年版，下册，第12页。前者背面作"鸿嘉五年吏妻子出入关及葆名籍"。
④ 甘肃简牍保护研究中心等编：《肩水金关汉简（壹）》，中西书局2011年版，中册，第72、130、207、226页。
⑤ 甘肃简牍保护研究中心等编：《肩水金关汉简（贰）》，中西书局2012年版，下册，第21页。
⑥ 甘肃简牍博物馆等编：《肩水金关汉简（叁）》，中西书局2013年版，中册，第125、179、215页。

◎　第五章　军事生活的制度史考察：性别、时序与军政运作　◎

相对戍卒来自边郡、内郡者皆有，低级戍吏则主要从河西边郡选用。① 制度上的允许，与居官去家较近，应是戍吏亲属出入关多见、流动性较强的主要原因。

至于妻子父母的居住场所，也很值得注意。居延汉简提到戍卒家属，往往称"见署""在署"或"居署"。三者表意各有侧重，然含义基本一致，指统计时居处在"署"。而"署"过去一般理解作"署衙""岗位"，更详细表述为"在居延汉简中更多的是指候官以下的塞、部、燧，特别是燧等基层军事防御单位"。② 不过，据西北汉简发掘时勘察可知，各隧面积很小，隧中房址数量有限，主要供吏卒生活，是无法容纳大量亲属入居的。③ 并且，目前所见卒家属廪名籍，口粮基本皆家属自领，而极少见吏卒代家属领取。至于家属代领吏卒廪食，仅见以下几简：

　　　　第十燧候长赵彭　　十一月食一斛五斗　　十月丙寅妻取尸（E. P. T65：11）
　　　　第二十隧长陈尚　　十一月食一斛五斗　　三十　十月乙丑母取尸（E. P. T65：13）
　　　　第二十五隧长晏戎　　十一月食一斛五斗三升　十月乙丑妻□取尸（E. P. T65：97）
　　　　甲沟第二十八隧卒王歆　　食一斛五斗　　黍十　十月□□嫂之取尸（E. P. T65：16）
　　　　甲沟第三十二隧长张护　　十一月食□斛□斗　十月甲子嫂难取尸（E. P. T65：12）④

上述均属居延新简，同出 65 号探方，且不少编号临近。再考虑文书格式

---

① 据统计，隧长从各都尉府所属诸县中选用，而候长则从全郡范围内选用。于振波：《居延汉简中的燧长和候长》，《史学集刊》2000 年第 2 期，第 11—12 页。
② 参见沈刚《居延汉简语词汇释》"署"条引诸家说，科学出版社 2008 年版，第 263 页。
③ 参见中国社会科学院考古研究所编《居延汉简甲编》"额济纳河流域障隧述要"，中华书局 1980 年版，下册，第 298—319 页；魏坚主编《额济纳汉简》"额济纳旗汉代居延遗址调查与发掘述要"，广西师范大学出版社 2005 年版，第 1—21 页；吴礽骧《河西汉塞调查与研究》第五章，文物出版社 2005 年版，第 132—169 页。
④ 甘肃省文物考古研究所等编：《居延新简——甲渠候官》，第 185、187 页。

近似，内容又均为10月预领11月口粮，它们很可能属一个简册。其中，"七"作"桼"，"廿""卅"作"二十""三十"，"甲渠"作"甲沟"，多为新莽简书写习惯。① 新莽时制度屡有更革，具一定特殊性。而除这几枚简外，大量吏卒廪食简也基本为自取或同隧隧卒代领，不见家属代领，亦可注意。吏卒家属可能并不与吏卒居处在一起。部隧戍吏俸禄一般由部派官吏前往候官集中领取。他们领回后，再通知部内戍吏赴部领取。② 后种领取也基本为自取，或同隧隧卒代领，只"☒☒月禄帛三丈三尺　八月癸卯妻取卩"（E. P. T6∶6）、"☒十月奉钱六百　十一月庚申母细君取居延尉史辟兵赋卩"（E. P. T50∶86）两简出现亲属代领。又，边塞在节庆会发放补贴。甲渠候官F22即出土有格式"不侵隧长石野　腊钱八十　十二月壬戌妻君宁取"的部吏领腊钱名籍残册（E. P. F22∶205—218）。有学者指出"前来领取腊钱的人，绝大多数是各燧长的家属，或母亲，或妻子，只有个别属于自己领取"。③ 从生活物资角度，俸禄与必需品的廪食有所不同，而腊日作为汉代重要节日常会放假，吏卒多会借此同"居署"亲属团聚，故家属多代为领取腊钱可以理解。居延汉简有一则简文"☒北书一封家属所☒"（62·22）。④ 据编号，出于金关（A32），⑤ 应是自肩水金关以南，向北发往戍卒家属聚居之所的。上举卒家属名籍多为候官下以部为单位的统计，如简122·1原作"第十七部建平四年十二月戍卒家属当廪☒"，简203·15作"●右城北部卒家属名籍凡用谷九十七石八斗"，简E. P. T40∶18作"●第廿三部建平三年七月家属妻子居署省名籍"，分别提到十七部、城北部、廿三部，显示卒家属应该是以部为单位

---

① 参见森鹿三《居延出土的王莽简》（原刊《東方學報》33，1963年），收入《简牍研究译丛》第一辑，姜镇庆译，中国社会科学出版社1983年版，第1—20页；马先醒《新莽年号与新莽年号简》《简牍文字中七、十、三、四、卅、卌等问题》，《简牍学报》第一期，兰台出版社1974年版，第30—46页；高大伦《居延王莽简补正》，四川大学历史系编《徐中舒先生九十寿辰纪念文集》，巴蜀书社1990年版；李均明《新莽简时代特征琐议》（原刊《文物春秋》1989年第4期），收入所著《初学录》，兰台出版社1999年版，第357—363页；饶宗颐、李均明《新莽简辑证》，新文丰出版公司1995年版；李均明《居延汉简——居延编》，新文丰出版公司2004年版。

② 参见本书第五章第二节。

③ 汪桂海：《汉代的腊节》（原刊《中国历史文物》2007年第3期），收入所著《秦汉简牍探研》，文津出版社2009年版，第256页。

④ 谢桂华、李均明、朱国炤：《居延汉简释文合校》，第109页。

⑤ 中国社会科学院考古研究所编：《居延汉简甲乙编》附表一"居延汉简出土地点表"，下册，第324页。

第五章　军事生活的制度史考察：性别、时序与军政运作

进行集中。总之，这里出现的"署"，并非吏卒的驻守岗位，而是用以指称吏卒家属集中居住的区域。署所很多情况下以部为单位，与所属的延展烽燧线距离不远，从而使家属同吏卒可以时常发生联系。

除居延屯戍区外，同样曾设置屯田、驻留吏士的西域，也是军人与家属共居的。新莽后与匈奴关系恶化，戊己校尉刁护属下史陈良等"杀校尉刁护及子男四人、诸昆弟子男，独遗妇女小儿"，"尽胁略戊己校尉吏士男女二千余人入匈奴"。三年后，匈奴重新与王莽政权和亲，单于尽收陈良等四人"及手杀刁护者芝音妻子以下二十七人，皆械槛车付使者"。① 刁护四子及兄弟子皆被杀，只"妇女小儿"得活，可见此戊己校尉赴任，基本举家随往。而由"吏士男女二千余人""芝音妻子以下二十七人"知，校尉的下属官吏及士兵也多有亲属跟从。"光武初，康率傍国拒匈奴，拥卫故都护吏士妻子千余口，檄书河西，问中国动静"，② 也谈到西域都护曾统士众，有"吏士妻子千余口"。1930年、1934年，黄文弼在今罗布泊北岸孔雀河下游，掘获汉简71枚，习称罗布淖尔汉简，其中有"右六人其二亡士四士妻子"（35）内容简文。③ 这些与逃亡兵士一同行动的，有他们的妻子儿女在内。

东汉明帝以下，多次颁诏，令死罪系囚减罪一等，戍边诣军为兵。而妻子自随，占著边县：

[永平八年（65）十月]诏三公募郡国中都官死罪系囚，减罪一等，勿笞，诣度辽将军营，屯朔方、五原之边县；妻子自随，便占著边县；父母同产欲相代者，恣听之。其大逆无道殊死者，一切募下蚕室。亡命者令赎罪各有差。凡徙者，赐弓弩衣粮。

（永平）九年（66）春三月辛丑，诏郡国死罪囚减罪，与妻子诣五原、朔方占著，所在死者皆赐妻父若男同产一人复终身；其妻无父兄独有母者，赐其母钱六万，又复其口算。

[永平十六年（73）]九月丁卯，诏令郡国中都官死罪系囚减死

---

① 《汉书》卷九六下《西域传下》，第3926—3927页。此事又见《汉书》卷九四下《匈奴传下》，第3823页。
② 《后汉书》卷八八《西域传》，第2923页。
③ 林梅村、李均明编：《疏勒河流域出土汉简》"附录"，文物出版社1984年版，第100页。

罪一等，勿笞，诣军营，屯朔方、敦煌；妻子自随，父母同产欲求从者，恣听之；女子嫁为人妻，勿与俱。谋反大逆无道不用此书。

［建初七年（82）九月］诏天下系囚减死一等，勿笞，诣边戍；妻子自随，占著所在；父母同产欲相从者，恣听之；有不到者，皆以乏军兴论。及犯殊死，一切募下蚕室。其女子宫；系囚鬼薪、白粲已上，皆减本罪各一等，输司寇作。

［元和元年（84）八月］郡国中都官系囚减死一等，勿笞，诣边县；妻子自随，占著在所。其犯殊死，一切募下蚕室；其女子宫。系囚鬼薪、白粲以上，皆减本罪一等，输司寇作。亡命者赎，各有差。

［元初二年（115）十月］诏郡国中都官系囚减死一等，勿笞，诣冯翊、扶风屯，妻子自随，占著所在；女子勿输。亡命死罪以下赎，各有差。①

学界一般据此认为，妻子随边事主要集中发生在明、章、安三帝时。然仔细对照可注意到，范晔《后汉书》在引录诏令时会有所处理，特别所颁诏令与之前所下内容基本相同时，常有节略。②进一步梳理则知，诏书凡言死罪系囚减死一等，诣某城戍或徙边者，如《后汉书》卷三《章帝纪》"夏四月丙子，令郡国中都官系囚减死一等，诣金城戍"，同书卷六《冲帝纪》"令郡国中都官系囚减死罪一等，徙边；谋反大逆，不用此令"，虽未及妻子，但作为晚于上述颁布而有节略者，实际应同样包括相关内容。倘纳入这类史料，妻子随边的发生至少有：

明帝永平八年（65）十月　　延光三年（124）九月③
永平九年（66）三月　　　　顺帝永建元年（126）十月④

---

① 《后汉书》卷二《明帝纪》，第111—112页；同书卷三《章帝纪》，第143、147页；同书卷五《安帝纪》，第224页。

② 李开元在分析"高帝五年诏"时，也表达过近似的看法。《汉帝国的建立与刘邦集团：军功受益阶层研究》第一章，生活·读书·新知三联书店2000年版，第36页。

③ 《后汉书》卷五《安帝纪》"乙巳，诏郡国中都官死系囚减罪一等，（诏）〔诣〕敦煌、陇西及度辽营"，第240页。

④ 《后汉书》卷六《顺帝纪》"冬十月辛巳，诏减死罪以下徙边；其亡命赎，各有差"，第253页。

## 第五章 军事生活的制度史考察：性别、时序与军政运作

| | |
|---|---|
| 永平十六年（73）九月 | 永建五年（130）十月① |
| 章帝建初七年（82）九月 | 冲帝建康元年（144）十一月② |
| 元和元年（84）八月 | 桓帝建和元年（147）十一月③ |
| 章和元年（87）四月④ | 和平元年（150）十一月⑤ |
| 章和元年（87）八月⑥ | 永兴元年（153）十一月⑦ |
| 和帝永元八年（96）八月⑧ | 永兴二年（154）十一月前⑨ |
| 安帝元初二年（115）十月 | |

自明帝延续至桓帝，实际贯穿整个东汉一朝。

而从前后诏书所示，又可推知以下几点。（1）徙边从军者主要是"死罪系囚"，量刑更重的谋反大逆无道一类"殊死"者不在此列，量刑更轻的系囚鬼薪白粲已上、亡命、吏有罪、吏聚为盗贼者亦各有减刑，不在此列。东汉政府对从军罪徒的范围，实有所限定。（2）死罪系囚减死从军，诏书始下称"募"，语气尚有劝励；稍后直接命令，强制色彩明显，甚至对不到者，予以严惩："有不到者，皆以乏军兴论。"措施由临时性逐渐制度化。（3）迁往之地，也即军队集中屯驻处，因具体军事形势需要而进行调整。初始为与度辽将军营关涉的朔方、五原郡，后及敦煌、冯翊、扶风、陇西、北地、上郡、安定等多个西北边郡。方向上呈现由北向西的扩展。减罪刑兵开始广布帝国的北界西疆。（4）妻子自随、著籍边县，开始时尚可由其他亲属代行："父母同产欲相代者，恣听之。"然很快便成为固定性配套措施，相关规定调整为："父母同产欲求从者，

---

① 《后汉书》卷六《顺帝纪》"冬十月丙辰，诏郡国中都官死罪系囚皆减罪一等，诣北地、上郡、安定戍"，第257页。

② 《后汉书》卷六《冲帝纪》"令郡国中都官系囚减死罪一等，徙边；谋反大逆，不用此令"，第276页。

③ 《后汉书》卷七《桓帝纪》"减天下死罪一等，戍边"，第291页。

④ 《后汉书》卷三《章帝纪》"夏四月丙子，令郡国中都官系囚减死一等，诣金城戍"，第156页；同书卷四六《郭躬传》"赦天下系囚在四月丙子以前减死罪一等，勿笞，诣金城"，第1544页。

⑤ 《后汉书》卷七《桓帝纪》"冬十一月辛巳，减天下死罪一等，徙边戍"，第296页。

⑥ 《后汉书》卷三《章帝纪》"壬子，诏郡国中都官系囚减死罪一等，诣金城戍"，第158页。

⑦ 《后汉书》卷七《桓帝纪》"十一月丁丑，诏减天下死罪一等，徙边戍"，第298页。

⑧ 《后汉书》卷四《和帝纪》"诏郡国中都官系囚减死一等，诣敦煌戍"，第182页。

⑨ 《后汉书》卷七《桓帝纪》"减天下死罪一等，徙边戍"，第300页。

恣听之。"对于后种，政府并规定"女子勿输""女子嫁为人妻，勿与俱"，即犯人女儿已出嫁者，则不强制前往。前后具体规定都旨在保护相关个体家庭的完整性。（5）政府对从边妻子的安置及生活保障会有进一步规定。仅从留存的节录诏书即知，如妻子不幸亡于边地，妻父或同产兄弟可有一人终身免除赋役。而如妻子无父兄独有老母者，政府则予亡妻之母 6 万钱，并免纳算钱。

两汉边地屯戍中军人与亲属共处之情形，在战事频繁、屯驻广布的三国时期进一步扩大与普遍化。除曹魏因北方人口锐减、地域广大，不得不特行"人役户居各在一方"，"兵士须和他的室家所在的地方隔开"外，[①]孙吴、蜀汉的军人亲属，多随军屯驻。[②] 这背后实际凸显的，是两汉至三国军队形态的变化。两汉于边地所行屯兵，至三国扩大为军队组织的主要形式之一。

《华阳国志·巴志》有则有趣记载，桓帝永兴二年（154）"又有女服贼千有余人，布散千里"。对"女服贼"的理解，更始入长安相关史料可参考。《后汉书》卷一上《光武帝纪上》记"三辅吏士东迎更始，见诸将过，皆冠帻，而服妇人衣，诸于绣镼，莫不笑之"。李贤注引《前书音义》"诸于，大掖衣也，如妇人之袿衣"。《东观汉记》作"衣妇人衣，诸于绣拥裯，大为长安笑"。《东观汉记》并提到更始时骑都尉期会，"被服威仪，不似衣冠，或绣面衣、锦袴、诸于、襜褕，骂詈道路，为百姓之所贱"。[③] 前两则记更始军入长安，将吏多著妇女衣裳，大为京城守卒、百姓所笑。后一则记更始骑都尉日常"期会"时，仍然衣著搭配凌乱、妇人之衣未卸，"为百姓之所贱"。这些除说明更始军容不整，军纪不肃外，更反映更始将帅出身的低微，进而对从官为吏的规范素养全然无知。他们往日穷困常着妇人衣，以至见到富家丝绸绣衣，也就不分男女服装而一概穿上。故所谓"女服贼"，乃指生活困厄以至日常会着"妇人衣"的

---

[①] 参见周一良《魏晋兵制上的一个问题》，收入所著《魏晋南北朝史论集》，北京大学出版社 1997 年版，第 3—9 页；高敏《论曹魏士家制度的形成与演变》（原刊《历史研究》1989 年第 5 期），收入所著《魏晋南北朝兵制研究》，大象出版社 1998 年版，第 44—67 页。

[②] 周一良：《魏晋兵制上的一个问题》，第 10—12 页；高敏：《孙吴世袭领兵制度探讨》，《北朝研究》1990 年上半年刊；《三国兵制杂考》，《河南大学学报》（哲学社会科学版）1990 年第 1 期，均收入所著《魏晋南北朝兵制研究》，第 68—120 页。

[③] 刘珍等撰，吴树平校注：《东观汉纪校注》卷一、卷八，中华书局 2008 年版，第 5、262 页。

底层民众。

### 三 军人家属的连坐变化

军人立功疆场或犯法受刑,直接关系亲属成员的境遇变化。而国家对军人亲属在施与恩泽、特加恤抚之外,又往往通过律令中的连坐规定,对军人进行制约。文献中,除《汉书》卷二《惠帝纪》"故吏尝佩将军都尉印将兵及佩二千石官印者,家唯给军赋,他无有所与",《三国志》卷一《魏书·武帝纪》"死者家无基业不能自存者,县官勿绝廪,长吏存恤抚循"等规定外,军人违法对家属的牵连,尤其值得注意。

先看时代稍早的有关规定:

表5—1　　　　　　　　战国城守犯罪连坐表

|  | 违犯事由 | 连坐及量刑 | 出处 |
| --- | --- | --- | --- |
| 1 | 有罪自死罪以上 | 逮父母、妻子、同产 | 《墨子·旗帜》 |
| 2 | 反城弃父母去者 | 父母、妻子、〔同产皆断〕① | 《墨子·旗帜》 |
| 3 | 归敌者 | 父母、妻子、同产皆车裂;先觉之,除 | 《墨子·号令》 |
| 4 | 诈为自贼伤以辟事者 | 族之 | 《墨子·号令》 |
| 5 | 欲以城为外谋者 | 父母、妻子、同产断;左右知,不捕告,皆与同罪;有能捕告之者封之以千家之邑;若非其左右及他伍捕告者,封之二千家之邑 | 《墨子·号令》 |
| 6 | 举矢书若以书射寇,身枭城上 | 父母、妻子皆断;有能捕告之者,赏之黄金二十斤;非时而行者,唯守及掺太守之节而使者 | 《墨子·号令》 |
| 7 | 以私怨害城若吏事者 | 父母、妻子皆断 | 《墨子·号令》 |

---

① 此句有脱漏,补字据岑仲勉《墨子城守各篇简注》,第109页。

续表

| | 违犯事由 | 连坐及量刑 | 出处 |
|---|---|---|---|
| 8 | 以城为外谋者 | 三族；<br>有能得若捕告者，以其所守邑小大封之；<br>守还授其印，尊宠官之，令吏大夫及卒民皆明知之 | 《墨子·号令》 |
| 9 | 去其署者，身斩① | 父母妻子罪…… | 《守法守令十三篇》简七八七 |

从中可见规定的细致及连坐的普遍化。其中，第5、8条情况接近，"父母、妻子、同产皆断"与"三族"对应。这对聚讼不已的"三族"认识或有帮助。② 据表5—1，连坐如分层级，先涉及父母、妻子；扩展则至同产。家庭之外，守城时主要涉及左右同伍之人。本人及家属量刑，从斩首、枭首以至车裂，刑罚严酷；但对能"先觉""捕告"者，则不予论罪，反行奖赐。法令量刑的悬殊差别，意在使"公义"凌驾私情之上，实现对军中人员的有效统领。

汉代律令对守城违反者及家属的惩处规定，则见有：

> 以城邑亭障反，降诸侯，及守乘城亭障，诸侯人来攻盗，不坚守而弃去之，若降之，及谋反者，皆要（腰）斩。其父母、妻子、同产，无少长皆弃市。其坐谋反者，能偏（徧）捕，若先告吏，皆除坐者罪。（一、二）③

> ●捕律亡入匈奴外蛮夷守弃亭鄣逢隧者不坚守降之及从塞徼外来绛而贼杀之皆要斩妻子耐为司寇作如（九八三）④

---

① 整理者注引《墨子·号令》"擅离署，戮"。银雀山汉墓竹简整理小组编：《银雀山汉墓竹简〔壹〕》，释文130页。
② 研究梳理参见拙文《走马楼简"吏民簿"所见孙吴家庭结构研究》，卜宪群、杨振红主编《简帛研究二〇〇七》，广西师范大学出版社2010年版，第258—260页。
③ 彭浩、陈伟、工藤元男主编：《二年律令与奏谳书——张家山二四七号汉墓出土法律文献释读》，上海古籍出版社2007年版，第88页。
④ 甘肃省文物考古研究所编：《敦煌汉简》，中华书局1991年版，下册，第257页。

## 第五章　军事生活的制度史考察：性别、时序与军政运作

前则属《二年律令·贼律》，区分为两种情形：一是主动行为，又分"反""降"两种；二是应对性被动行为，分"不坚守弃去之""（不坚守）降之"二种。触犯者皆腰斩，父母、妻子、同产不论年纪，皆处弃市。后则出自敦煌马圈湾汉代烽燧遗址，据探方编号（T12），大体属宣帝时期。[①] 简文题《捕律》。它提到"亡人""弃亭鄣逢（烽）隧者""不坚守降之""从塞徼外来绛（降）而贼杀之"，同样皆处腰斩。不过西汉后期，连坐范围已有收缩，对亲属责罚仅及妻子，量刑也相对较轻。所谓"耐为司寇作如"，应指耐为司寇、作如司寇。[②] 从父母、妻子、同产到仅及妻子，从弃市到徒刑，军人亲属的境遇有所改变。

东汉末年动乱，相关规定复出现新变化：

> 时天下草创，多逋逃，故重士亡法，罪及妻子。亡士妻白等，始适夫家数日，未与夫相见，大理奏弃市。毓驳之曰……太祖曰："毓执之是也。又引经典有意，使孤叹息。"[③]

> 鼓吹宋金等在合肥亡逃。旧法，军征士亡，考竟其妻子。太祖患犹不息，更重其刑。金有母妻及二弟皆给官，主者奏尽杀之。柔启曰："……柔恐自今在军之士，见一人亡逃，诛将及己，亦且相随而走，不可复得杀也。此重刑非所以止亡，乃所以益走耳。"太祖曰："善。"即止不杀金母、弟，蒙活者甚众。[④]

学者据此指出"军队士卒逃亡，事连其妻。西汉时是否有此项法令，尚难断言。东汉后期，曹操对'军征士亡，考竟其妻子'的士亡法，'更重其刑'，强化了对军队的控制"，[⑤] 深化了相关认识。程树德将此内容归入汉律"从军逃亡"条，并提示"按唐律，从军征讨亡，在捕亡"。[⑥] 而在此基础上，下列问题也值得注意。

首先，士亡连及妻子一类法令，实际早在西汉之前的战国已出现。前

---

[①] 甘肃省文物考古研究所编：《敦煌汉简》"附录二　敦煌马圈湾汉代烽燧遗址发掘报告"，下册，第54页。
[②] 《汉书》卷二三《刑法志》，第1099页。
[③] 《三国志》卷二二《魏书·卢毓传》，第650页。
[④] 《三国志》卷二四《魏书·高柔传》，第684页。
[⑤] 彭卫：《汉代婚姻形态》第七章，第267页。
[⑥] 程树德：《九朝律考》卷一《汉律考五》，中华书局2003年版，第124—125页。

327

引《尉缭子·兵令下》"兵成边一岁，遂亡不候代者，法比亡军。父母妻子知之，与同罪；弗知，赦之"，"卒后将吏而至大将所一日，父母妻子尽同罪。卒逃归至家一日，父母妻子弗捕执及不言，亦同罪"，皆为例证。上述谈到四种情形："亡军"；"成边一岁，遂亡不候代者"；"卒后将吏而至大将所一日"；"卒逃归至家一日"。第2、4两种对亲属行为又分为知与不知，及执捕检举与否。当时不仅连及妻子，父母亦须连坐。

其次，曹操对士亡法的"更重其刑"，并不仅仅指在"考竟其妻子"基础上的处罚加重。因为前条《卢毓传》表述作"时天下草创，多逋逃，故重士亡法，罪及妻子"，并举逃亡兵士之妻，即便刚入嫁、尚未与丈夫见面，亦须连坐为例。而且，此处罚最终因卢毓的积极干预，还得到了制止。由此，对士妻执行严格连坐，当是在加重刑罚之后。而在调整之前，相应规定较此为轻。

至于后则《高柔传》"旧法，军征士亡，考竟其妻子"，应是曹操"重士亡法"后的情况，即恢复了旧法。此则紧接说"太祖患犹不息，更重其刑"。在罪及妻子情况下，曹魏依然无法遏止兵士逋逃，于是进一步加重刑罚。这一次，量刑调整涉及两个方面。一是亲属。逃亡鼓吹宋金的妻子不仅因而连坐，对供役官府的"母"与"二弟"，"主者奏尽杀之"，与末尾"止不杀金母、弟"语对应。这是在妻子基础上，连及父母、同产。二是同伍兵士。高柔就此上书时，除建言"宜贷其妻子"外，还特别表达"柔恐自今在军之士，见一人亡逃，诛将及己，亦且相随而走，不可复得杀也"的担心。而对"更重其刑"的举措，高柔亦恐出现事与愿违的结果："此重刑非所以止亡，乃所以益走耳。"末尾在"止不杀金母、弟"后，复有"蒙活者甚众"语，亦可对应。得"蒙活者"，应主要指连坐的同伍兵士。

曹魏加重"士亡"处罚后，虽较东汉末年的原本规定严苛许多，但与《墨子·号令》《尉缭子·兵令》对照来看，它的多次加重不过始接近战国时的规定罢了。这些调整依然遭到大臣的明确反对，反映当时观念、风气的转移。《高柔传》"金有母妻及二弟皆给官"的记述，固然显示曹魏时期对兵士家庭成员人身役使的加深。然而，从战国、秦汉的整个发展趋势看，有关连坐的法律规定，无论在范围还是量刑上，都向转轻的方向发展。在曹魏士家制度下，兵士亲属身份上的依附关系增强；但在连带责任方面，规定整体上的松弛确是存在。它与人身役使的发展并不完全同步。

女子参战与亲属随军，是认识秦汉社会人口迁移与人口流动中"军役之路"的重要构成内容。战国至秦、汉，妇女不服正役、兵役。所谓"女子从军"，实际是临时征发妇女从役，且在守城时较多出现。参考"从军"一语具体所指，不宜将其与"女子"简单组合。民众行繇、戍边，亲属多不跟从。西汉中期以后，西北边地屯戍则多有妻子从者随往。至东汉，更出现罪徒减死从军，妻子自随、占籍边县的规定。军人与亲属共居至汉末三国扩大与普遍化，反映军队组织与形态的变化。战国秦汉以来，军人亲属的身份依附性加强，但连坐范围及量刑则缩小、减轻。曹魏"士亡法"数"重其刑"，虽然不过恢复至战国水平，但仍遭朝中大臣的坚决反对。这显示，国家对军人亲属的连坐责罚与人身役使，发展并不同步。

## 第二节　节奏与效率：河西汉塞军人的生活时间表

西汉武帝末年迄东汉前叶，汉帝国为抵御匈奴、沟通西域曾在河西边塞开展百余年的屯戍活动，对汉帝国的巩固、发展及当时东方的国际形势产生了深远影响。得幸 20 世纪以来敦煌、居延汉简的陆续发现，这一军事防御组织设立与展开之图景终得以呈现若干。关于这些简牍的整理利用，日本学者偏重从文书学角度着眼，对简牍进行集成式研究。此以藤枝晃倡导、永田英正的实际推动为代表。[①] 相对而言，中国学者以历史专题为导向的讨论更多一些。数十年来，两者对历史认知的推进皆有贡献，实际正可互补共进。需要提到的是，中国学者从着手伊始，其实同样注意相关考古信息的利用。[②] 如今，居延、敦煌汉简的研究无论是集成式的文书

---

[①]　参见永田英正《居延汉简研究》及书前藤枝晃序，张学锋译，广西师范大学出版社 2007 年版。

[②]　王国维在当时有限条件下，虽权且按简牍内容分组，但对每支敦煌汉简的出土地点与简牍尺寸均详加记录，予以充分重视。马衡曾考虑用坑位来编次居延汉简。而陈梦家研究居延汉简，每项专题讨论更是建立在出土地点与年历编排基础之上，他还明确指出整理汉简需注意："第一，出土地问题"，"第二，关于年历的问题"，"第三，关于编缀成册和简牍的尺度、制作的问题"，"第四，关于分年代、分地区、分事类研究与综合研究相互结合的问题"。另则附记亦提到，"关于汉简如何分期，除出土地外，还应从整个年历谱的排定、编册的复原等等，始能作好"。罗振玉、王国维：《流沙坠简》，中华书局 1993 年版；陈梦家：《汉简考述》（原刊《考古学报》1963 年第 1 期），《汉简所见居延边塞与防御组织》（原刊《考古学报》1964 年第 1 期），均收入《汉简缀述》，中华书局 1980 年版，第 2、70 页。

学探讨,① 还是语词考释,简牍所反映政治、军事、经济、文化艺术等方面的研究,均得到了较全面展开。在此基础上,我们对两汉河西边塞军务运作与军人生活的日常情态之了解,有了进一步期待。

日常生活作为社会生活史的重要组成,在近年"眼光向下"的史学研究中受到学界日益重视。在"社会结构"之下,它更关注个体的"人"之存在,关注普通群体日常行为与平凡生活中所呈现的历史意义。这一兴起于20世纪70年代中期的西方史学观察,② 在中国古史研究中愈益获得体认,得到实践。③

本节选择两汉时期河西边塞的屯戍军人为对象,以时间为基本线索,利用上述西北汉简,在以往研究梳理军人日常"生活"之外,从另一个角度,措意于他们生活的"日常"。半世纪前,杨联陞作《帝制中国的作息时间表》,④ 分两部分对中国两千年来皇帝、官员的办公时间与假日,农人、商人等普通社会群体的营业与劳动时间,做了通贯而简要的考察,于汉代有所涉及。本节将尝试开展更细致的工作,思考在边塞守卫的常态情形下,军人的作息时间与工作节奏呈现怎样的面貌?平时各级防御组织间的军务处理与文书传递,表现出怎样的时间样态,又体现出何种效率?日常劳作从事哪些工作,工作定额的具体情况又是怎样的?

## 一 作息时间:办公与当直

边地军人的作息涉及办公时间与日常轮直等问题,而他们的工作节奏在依据不同时段而制作、使用、呈送的簿籍中多有呈现。先看第一个

---

① 此方面的最新工作参看李天虹《居延汉简簿籍分类研究》,科学出版社2003年版。
② 格奥尔格·伊格尔斯:《二十世纪的历史学:从科学的客观性到后现代的挑战》第九章"从宏观的到微观的历史学:日常生活史",何兆武译,辽宁教育出版社2003年版,116—135页;刘新成:《日常生活史:一个新的研究领域》,《光明日报》2006年3月20日。
③ 胡悦晗、谢永栋:《中国日常生活史研究述评》,《史林》2010年第5期,第174—182页。
④ Lien—sheng Yang, Schedules of Work and Rest in Imperial China, *Harvard Journal of Asiatic Studies*, Vol. 18, No. 3/4 (Dec., 1955), pp. 301—325;收入所著《中国制度史研究》,彭刚、程钢译,江苏人民出版社2007年版,第17—38页;又收入所著《国史探微》,辽宁教育出版社1998年版,第44—65页。相关评述及推进参见葛兆光《严昏晓之节——古代中国关于白天与夜晚观念的思想史分析》,《台大历史学报》32,2003年,第33—55页;又见所著《思想史研究课堂讲录:视野、角度与方法》第十讲《在法律史、社会史与思想史之间——以传统社会中白天与黑夜的时间分配为例》,生活·读书·新知三联书店2005年版,第242—265页。

## 第五章 军事生活的制度史考察：性别、时序与军政运作

问题。

关于汉代官吏的办公时间，以往关注很少。[①]《说文·申部》："申：……吏以餔时听事，申旦政也。"段注："餔者，日加申时食也。申旦政者，子产所谓'朝以听政，夕以修令'；公父文伯之母所谓'卿大夫朝考其职，夕序其业。士朝而受业，夕而习复也。'"[②] 上述所记餔时对应申时，属东汉十二时系统。按十二时制在西汉虽已出现，但只为历法家等少数人所使用。[③] 大体至东汉章帝颁行四分历，十二时制才在官方系统得到相当推行。[④] 而所谓"旦政"多对应"朝以听政"，指在清晨厘务。许慎解字揭示了东汉官吏分别在早间与下午正式办公的情形。而段注联系先秦卿大夫处理政务的时间，在体现相关制度承续性同时，于清早时段称"朝"也值得注意。钩稽史料，东汉时期有关例证其实尚有一些。《潜夫论·爱日》云"万官挠民，令长自炫，百姓废农桑而趋府庭者，非朝餔不得通，非意气不得见"。[⑤] 这里，王符批评了地方官员扰民自恃，百姓赴县衙署办事时，非"朝餔"时段、馈赠礼物而不能获得接待的情况。而平日"得通"的"朝餔"，应当是官员办理公务的常规时间。高诱《淮南子叙》自云"除东郡濮阳令"，"于是以朝餔事毕之闲，乃深思先师之训，参以经传道家之言，比方其事，为之注解"。[⑥] 可知这部《淮南子注》是高诱在任东郡濮阳县令时，于"朝餔"理事之外的空闲时间完成的。又，《太平御览》卷二六四《职官部六二》引《钟离意别传》云"太守窦翔召意署功曹吏，意乃为府立条式，威仪严肃，莫不靖恭。后日，窦君与意相见曰：'功曹须立严科，太守观察朝餔'"，[⑦] 及《祎别传》言蜀汉费祎"常以朝餔听事，其间接纳宾客，饮食嬉戏，加之博弈，每尽人之欢，事亦不废"。[⑧] 所谓"太守观察朝餔"，"常以朝餔听事"，亦与前举含

---

[①] 学者提到"平常他（按：指汉代官员）只在清早和傍晚正式办公"，极具启发，但未展开论证。杨联陞：《帝制中国的作息时间表》，《国史探微》，第46页。
[②] 许慎撰，段玉裁注：《说文解字注》，上海古籍出版社1988年影印本，第746页下栏。
[③] 于豪亮：《秦简〈日书〉记时记月诸问题》，《于豪亮学术文存》，中华书局1985年版，第159—160页。
[④] 任杰：《秦汉时制探研》，《自然科学史研究》2009年第4期，第459—461页。
[⑤] 王符著，汪继培笺，彭铎校正：《潜夫论笺校正》卷四，中华书局1985年版，第214页。
[⑥] 何宁：《淮南子集释》"序目"，中华书局1998年版，第6页。
[⑦] 李昉等：《太平御览》，中华书局1960年影印本，第1237页下栏。
[⑧] 《三国志》卷四四《蜀书·费祎传》裴注引，中华书局1982年点校本，第1061页。

义相同。① 至南朝萧梁，官府置鼓尚有"朝晡鼓"的称谓，萧绎《纂要》即云"施于府寺曰朝晡鼓"。② 联系前论，这里"朝铺""朝晡"分指朝时、铺时。

秦至东汉初年普遍使用的时制与上述阶段有异，而主要为十六时。③ 不过，此时制具体时段的划分与命名，可能采取了夏至日昼十一、夜五各自均分的方式，不同季节随时调整，④ 目前完全揭示尚有难度。不过，新近公布悬泉汉简Ⅵ92DXT1222②:19木牍，记录了某年"十月十二月"一日夜时称32个。⑤ 据出土层位，大体属王莽至东汉初期。⑥ 这是依季节变化而在冬季使用的时制，符合太初历系统且时称衔接完整，可以初步建立起当时冬季时制同今时的对应关系：

表5—2　　　　　悬泉木牍三十二时（冬季）与今时对应表

| 平旦 | 日出 | 二干 | 早食 | 食时 | 食坐 | 日未中 | 日中 |
|---|---|---|---|---|---|---|---|
| 6:00—6:45 | 6:45—7:30 | 7:30—8:15 | 8:15—9:00 | 9:00—9:45 | 9:45—10:30 | 10:30—11:15 | 11:15—12:00 |
| 日失 | 早铺 | 铺时 | 铺坐 | 下铺 | 夕时 | 日未入 | 日入 |
| 12:00—12:45 | 12:45—13:30 | 13:30—14:15 | 14:15—15:00 | 15:00—15:45 | 15:45—16:30 | 16:30—17:15 | 17:15—18:00 |

---

① 《后汉书》卷二六《赵憙传》言寓京藩王面见皇帝，亦有"朝晡入临"语，中华书局1965年点校本，第915页。

② 徐坚等：《初学记》卷一六《乐部下鼓七》，中华书局1962年版，第399页。

③ 于豪亮：《秦简〈日书〉记时记月诸问题》，《于豪亮学术文存》，第157—162页；陈久金：《中国古代时制研究及其换算》，《自然科学史研究》1983年第2期；宋会群、李振宏：《秦汉时制研究》（原刊《历史研究》1993年第6期），收入李著《居延汉简与汉代社会》，中华书局2003年版，第181—200页；李解民：《秦汉时期的一日十六时制》，李学勤主编：《简帛研究》（第二辑），法律出版社1996年版，第80—88页；尚民杰：《从〈日书〉看十六时制》，《文博》1996年第4期；尚民杰：《居延汉简时制问题探讨》，《文物》1999年第11期；张德芳：《悬泉汉简中若干"时称"问题考察》，《出土文献研究》（第六辑），上海古籍出版社2004年版，第190—216页；张德芳：《简论汉唐时期河西及敦煌地区的十二时制和十六时制》，《考古与文物》2005年第2期；李天虹：《秦汉时分纪时制综论》，《考古学报》2012年第3期。

④ 任杰：《秦汉时制探研》，第456—459页；吕加浩：《汉代时制初探——以悬泉置出土时称木牍为中心的考察》，张德芳主编：《甘肃省第二届简牍学国际学术研讨会论文集》，上海古籍出版社2012年版，第111—118页。

⑤ 图版及释文参见张德芳：《悬泉汉简中若干"时称"问题考察》，第190—191页；张德芳：《简论汉唐时期河西及敦煌地区的十二时制和十六时制》，第69页。

⑥ 胡平生、张德芳：《敦煌悬泉汉简释粹》"前言"及"凡例"，上海古籍出版社2001年版，第1—2页。又承张俊民告知，此木牍时代或可早至西汉宣元时期。

### 第五章 军事生活的制度史考察：性别、时序与军政运作

续表

| 昏时 | 定昏 | 夜食 | 人定 | 几少半 | 夜少半 | 夜过少半 | 夜几半 |
|---|---|---|---|---|---|---|---|
| 18:00—18:45 | 18:45—19:30 | 19:30—20:15 | 20:15—21:00 | 21:00—21:45 | 21:45—22:30 | 22:30—23:15 | 23:15—0:00 |
| 夜半 | 过半 | 夜大半 | 大晨 | 鸡前鸣 | 中鸣 | 后鸣 | 几旦 |
| 0:00—0:45 | 0:45—1:30 | 1:30—2:15 | 2:15—3:00 | 3:00—3:45 | 3:45—4:30 | 4:30—5:15 | 5:15—6:00 |

资料来源：任杰：《秦汉时制探研》，第 456 页。

关于边地军事机构的办公情况，可以获得的直接材料有限，这里通过居延汉简"诣官"簿做些尝试。永田英正早前曾通过"诣官"簿的集成，探讨候官一级组织的军务运作。[①] 这类簿书实际属候官所辖部、隧戍吏被召或因事，而赴候官会办事务的报到登记簿。格式为：职务—姓名—事宜—"诣官"—某月—某日—某时入。它初步按月编册，然后进一步汇总。部隧吏卒诣官时间固然源自启程时刻，但因距离并不十分遥远，所以应是在充分估计抵达大致时间下进行的，一定程度可反映候官一级的办公状况。现以甲渠候官为对象，居延汉简部分从永田英正已集成者选取；永田英正未及利用的居延新简等符合要求者，亦予补入。具体情况如下表所示，因时制随季节变化，这里对诣官月份做明确标注。

表 5—3　　居延甲渠候官部吏诣官月时表

| | 平旦 | 日出 | 蚤食 | 食时 | 食坐 | 日中 | 铺时 | 铺坐 | 下铺 | 日入 | 合计 |
|---|---|---|---|---|---|---|---|---|---|---|---|
| 正月 | | | B（将卒廪）；23S（行塞还） | | | 吞北S（召）；B；5S（诣门下白言事） | | | 22S（调） | B | 7 |
| 二月 | B | | | B | | | | | B | | 3 |

---

[①] 永田英正：《试论居延汉简所见的候官——以破城子出土的"诣官"簿为中心》（原刊《史林》56-5，1973 年），收入《简牍研究译丛》第一辑，孙言诚译，中国社会科学出版社 1983 年版，第 197—222 页。

续表

| | 平旦 | 日出 | 蚤食 | 食时 | 食坐 | 日中 | 餔时 | 餔坐 | 下餔 | 日入 | 合计 |
|---|---|---|---|---|---|---|---|---|---|---|---|
| 三月 | 23H（受奉） | | 2S（将卒）；木中S＋居延T（还） | B | B | | 17HS（府记尉檄） | | B | | 7 |
| 四月 | | | 36S（取急） | 10守H（谒） | 收房S（将卒廪） | 10H（召） | B | | | | 5 |
| 五月 | | | 17H（送省卒） | 21S（取宁）；箕山S（愿见） | | | B（还）；B | | 4H＋HS（迹还）；临桐S（迹）；兼7S、4S（召） | | 8 |
| 六月 | 1S（将卒廪）；14S同；万岁S同；HS（召） | | B；4H；B（尉功算）；8S（召） | 饼庭H | B（召） | B；B | B | 武成S（受布） | 三墢S（召）；8S（召）；9S（召） | | 17 |
| 七月 | | | 13S（召）；吞远H（上功射）；H同；饼庭H（将吏） | 6S（自言） | | | | | | | 5 |

334

## 第五章 军事生活的制度史考察：性别、时序与军政运作

续表

| | 平旦 | 日出 | 蚤食 | 食时 | 食坐 | 日中 | 餔时 | 餔坐 | 下餔 | 日入 | 合计 |
|---|---|---|---|---|---|---|---|---|---|---|---|
| 八月 | 城北S（自系）；临之S（买药封符）；惊虏S（召）；4HS（召） | | 28S（将省卒） | B（习字简） | 17H（射） | 吞远士吏（召） | | 士吏（召吏还） | B | | 10 |
| 九月 | | 当曲S（府辟火）① | 4H（为社市） | | | | | | B；B | | 4 |
| 十月 | | | 7S；当曲S（邮书）；B | | | | | | 万岁士吏（对府还）；37S（封符载食） | | 5 |
| 十一月 | 察微S（省卒）；B（吏奉）；B | | H（上功）；B（还负钱） | | 13S卒（自系）；临桐S（初除谒） | | | | B | | 8 |
| 十二月 | | | B；17H（召） | 吞远S（召） | | | | | B（受奉）；B | | 5 |
| 闰月 | | | | | | | | | B | | 1 |

---

① 简文作"当曲隧长武持府所辟火报诣官九月丁未日出入"（59·36）。"辟火"指对有关烽火事的调查。李均明：《汉简"辟火"解》（原刊《文史》第二十辑，中华书局1983年版），收入所著《初学录》，兰台出版社1999年版，第378—380页。

续表

| | 平旦 | 日出 | 蚤食 | 食时 | 食坐 | 日中 | 铺时 | 铺坐 | 下铺 | 日入 | 合计 |
|---|---|---|---|---|---|---|---|---|---|---|---|
| 不明 | 万岁 HS（召）； B； B； B | | B； B； B； B； B | B | B | B； B； B； | B； B； B | B； B | B； B； B； B； B； B； B； B | | 26 |
| 计 | 17 | 1 | 29 | 9 | 7 | 10 | 3 | 9 | 25 | 1 | 111 |

注：H = 候长；HS = 候史；S = 隧长；T = 亭长；B = 不明；数字 = 序数隧；（）中 = 事由。

资料来源：永田英正：《试论居延汉简所见的候官——以破城子出土的"诣官"簿为中心》，第 201-206 页；甘肃省文物考古研究所等编：《居延新简——甲渠候官》，中华书局 1994 年版。

上述共搜集到 111 例。其中，六月、八月的登记记录稍多，具体诣官时间涉及 10 个时称：平旦、日出、蚤食（早食）、食时、食坐、日中、铺时、铺坐、下铺、日入。以往多将食坐视作食时，铺坐视作铺时。据此，二者在更细致划分时分别较食坐、铺坐偏后一个时段。诣官而入的最早时间为平旦，可以确定月份者分别出现在二、三、六、八、十一月。夏季时，平旦应较表中所示冬季更早一些。西汉武帝太初元年（前 104）颁太初历，夏正建寅，正月岁首，正以"平旦为朔"。① 班固撰《食货志》，追叙先秦时"春，将出民，里胥平旦坐于右塾，邻长坐于左塾，毕出然后归"。② 汉代"郊泰畤，皇帝平旦出竹宫，东向揖日"，③ 亦以此时。候官一天的办公从平旦开始，或是渊源有自。甲渠候官方面的最晚诣官记录为"日入"，简文作"☒正月戊寅日入入"（482·20）。④ 时间在正月。此外，居延汉简还有一枚作"☒☒昏时入"（454·28），出土地点在 P9 博罗松治，⑤ 或为卅井候官的"诣官"簿。

---

① 《后汉书》卷三《章帝纪》注引《尚书大传》，同书卷二五《鲁恭传》注引《三礼义宗》，第 152、881 页。
② 《汉书》卷二四上《食货志上》，中华书局 1962 年点校本，第 1121 页。
③ 《汉书》卷六《武帝纪》臣瓒注引《汉仪注》，第 185 页。
④ 谢桂华、李均明、朱国炤：《居延汉简释文合校》，文物出版社 1987 年版，下册，第 579 页。
⑤ 中国社会科学院考古研究所编：《居延汉简甲乙编》附表一"居延汉简出土地点表"，中华书局 1980 年版，下册，第 323 页。

## 第五章　军事生活的制度史考察：性别、时序与军政运作

进一步来看，早食、下铺诣官最多，分别为 29 例与 25 例。其次为平旦，有 17 例。这与前论东汉地方长官的办公时间，可以对照。不过，日中、食时、铺坐诣官者有 10、9、9 例，而其他时段也多有诣官，边地候官是否如内地仅在朝铺时段办公尚难遽定。不过，长官甲渠候在躬亲之外，某些时段却不排除事务由当直属吏代为处理的可能。而观察诣官事由记录还可看到，候官对诣官者于当天何时段报到似少严格规定。如召诣官者，在平旦、早食、食时、食坐、日中、铺时、下铺抵达者均有。诣官取廪、受奉者也是在平旦、早食、日中、下铺等多个时段报到登记。

汇聚起来的文书主要由候官属吏处理。他们的事务更为繁忙。仅仅日常办公时间的协理恐怕是不够的，西汉"程不识正部曲行伍营陈，击刁斗，士吏治军簿至明"，[1] 从一个侧面显示了军务规程严格操作下军吏工作的辛劳。而除了埋首策牍之外，候官属吏往往还需"直符"。

"直符"，犹后世值班。[2] 需补充，"直符"者，除"由尉史任之"外，[3] 主要还有令史：

(1) 建始二年十月乙卯朔丙子令史弘敢言之迺乙亥直符仓库户
　　封皆完毋盗贼发者敢言之（E. P. T52:100）[4]

令史、尉史是居延边塞仅存于候官一级的吏员，且为候属吏中之常驻候官者。他们持符巡视，主要检查候官内的物资设施。"直符"人员一日一更，当直的工作时间是一日一夜：

(2) 建平三年七月己酉朔甲戌尉史宗敢言之迺癸酉直符一日一
　　夜谨行视钱财物臧内户封皆完毋盗贼发者即日平旦付
　　令史宗敢言之（E. P. T65:398）

---

[1]《史记》卷一〇九《李将军列传》，中华书局 1982 年点校本，第 2870 页。
[2] 参见沈刚《居延汉简语词汇释》"直符"条引诸家说，科学出版社 2008 年版，第 155—156 页。
[3] 陈梦家：《汉简所见太守、都尉二府属吏》，《汉简缀述》，第 103 页。
[4] 甘肃省文物考古研究所等编：《居延新简——甲渠候官》，中华书局 1994 年版，上册，第 100 页。

简（2）同时显示"直符"者与下一更直者的具体交接时间在次日"平旦"。① 这也是候官一天中开始办公的时间。将所持符交付接任者后，"直符"者还需及时上交值班报告，写明昨日巡视的状况。上述直符简应即相应报告的实物。

候官以下的部隧吏卒，主要负责"惊烽火明天田谨迹候候望"（278·7A），即按时传递烽火信号，平治天田，巡查往来人员踪迹，候望敌虏。先说日迹。② 汉代边塞的日迹巡视大体分两个群体，工作范围有别。一是部的候长、候史及士吏。正常情况下，候长、候史每日按计划巡视，要在一个月中将部界内全部隧所巡视一遍。③ 近年发现四面书写的"■第十候史日迹梼"（99ES16SF2:4），即是候史日迹所使用的日迹筹。居延新简有：

（3）将军令月生民皆布在田野以塞候望为耳目檄到恭等令隧长
　　旦蚤迹士吏候长常以日中迹（E. P. F22:167）

明确提到士吏、候长日迹通常在一天的日中。按此简出土于甲渠候官F22房址内，与编号相邻简E. P. F22:166、168 构成一组册书，时代为"建武叁年六月"。而在F22西侧，与其紧邻的T49、T48，④ 还见有：

（4）第六日中梼（E. P. T48:131、E. P. T49:1、E. P. T49:2）
（5）第六日中迹梼（E. P. T49:24、E. P. T49:25、E. P. T49:26）

据两探方所出其他简牍，⑤ 上述时代在西汉元帝至东汉和帝初年。它们形

---

① 这类书写有"即日平旦"的"直符"简尚有 E. P. T43:99、E. P. T51:413、E. P. T52:266、E. P. T65:451。
② 较新研究及推进参见张俊民《汉代边境防御制度初探——以出土汉简日迹为中心的考察》，卜宪群、杨振红主编《简帛研究二〇〇四》，广西师范大学出版社 2006 年版，第 279—294 页；赵宠亮《行役戍备：河西汉塞吏卒的屯戍生活》第二、三章，科学出版社 2012 年版，第 82—87、118—121 页。
③ 汪桂海：《简牍所见汉代边塞徼巡制度》（原刊《中国边疆史地研究》2006 年第 3 期），修订稿收入所著《秦汉简牍探研》，文津出版社 2009 年版，第 154 页。
④ 据《甲渠候官遗址发掘探方分布图》，甘肃省文物考古研究所等编《居延新简——甲渠候官》附录。
⑤ 两探方纪年简最早为永光四年（E. P. T48:1、E. P. T48:2），最晚永元二年（E. P. T49:41A）。

## 第五章 军事生活的制度史考察：性别、时序与军政运作

制及捆束方式大体一致。① 这类筹均提到"日中"时称，可能即候长、候史所使用者。

另一群体是每隧的隧长、隧卒，只负责烽隧周边区域的天田巡查。新出四面书写的"■甲渠第七隧长日迹梼"（2000ES7SH1∶25）、"■第七隧卒日迹梼"（2000ES9SF1∶1）、"驿北亭卒日迹梼"（73EJT23∶286），为他们所使用者。简（3）中提到隧长的日迹时间与候长有异，是在"旦蚤"，即平旦至早食时段进行。敦煌、居延汉简显示，为保证戍卒巡徼的工作质量，相邻烽隧的每日当直者还需至界上另外刻符或刻券，以为凭证：

（6）十二月戊戌朔博望隧卒旦徼迹西与青堆隧卒会界上刻券～≠
    十二月戊戌朔青堆隧卒旦徼迹东与博望隧卒会界上刻券～
    显明（1392）

（7）四月威胡隧卒旦迹西与玄武隧迹卒会界上刻券（2296）

（8）☐平旦徼迹☐（2273A）
    ☐五☐　　☐（2273B）②

（9）第☐☐☐☐回旦符（截面为半圆形）（E. P. T49∶70A）
    弛刑朝文山迹持出入（E. P. T49∶70B）

（10）回第六平旦迹符（E. P. T49∶69）

简（6）即敦煌边塞博望隧卒与青堆隧卒在界上所刻券书，正背皆书，内容记录角度相反。原当制作两件，此为其一。对照图版，此简下端有纵裂断口。简文尾端的"～"，乃分界墨线"━"。墨线下文字书体有别，应是后填上的。"显明"当为青堆隧卒的名字，而"≠"作"ㄜ"，或是屯字，为博望隧卒之名。简（7）对照图版，四边似均有墨栏痕迹，简之左侧从上到下有20个刻齿。③ 其中，第一刻齿较大，位于"月"字左侧，

---

① 释文提到简 E. P. T49∶1、E. P. T49∶2、E. P. T49∶25 上端皆有穿孔。对照图版，简 E. P. T48∶131 上端实际同样存在穿孔，简 E. P. T49∶24、E. P. T49∶26 虽无穿孔，但上端两侧修有契口，部分尚有绳束残留。

② 甘肃省文物考古研究所编：《敦煌汉简》，中华书局1991年版，第272、309、308页。

③ 有研究引张凤《汉晋西陲木简汇编》（二编）作"右侧"，引误。李均明、刘军：《简牍文书学》，广西教育出版社1999年版，第424页。

有学者且指出"在大刻齿内有十三日小字",① 正与"四月"衔接。此简书写格式基本同简（6），均提及刻券是在"旦徼"之时。简（8）残文的书式与上相同，更具体作"平旦徼迹"。简（10）对照图版，大体存左下端部分。作为封检残件，所封物称"平旦迹符"，也交代了同样的时称。② 简（9）性质与简（10）接近，存字作"旦符"。可以看到，日迹会界上刻券的时间选择大体同前论"直符"吏的交接，一般也在平旦。

其次，烽隧日常还进行击鼓与举表。击鼓如甲渠塞吞远隧"有鼓一……尉卿使诸吏旦夕击鼓"（E. P. F22：331），提到"旦夕"各进行一次。敦煌汉简中见到早间记录：

(11) 己酉卒齐候大晨时鼓　　平旦☐（1386）
(12) ☐☐☐晨时鼓一通／日食时表一通／日中时表一通／☐
　　　（2262）

举表则如：

(13) 阳朔三年十二月壬辰朔癸巳　第十七候长庆敢言之官移府
　　　举书曰十一月丙寅☐
　　　渠饼庭隧以日出举坞上　一表一☐下餔五分通府府去饼庭
　　　隧百五十二里二百☐（28·1）

简（13）提及饼庭隧在"日出举坞上一表"，经沿途信号传递终抵都尉府的情形。依永田英正破城子出土简牍集成，可以归入"Ⅱ勤务"类丙种"信号传递记录簿"。③

而更多的还是接旁隧信号后的应时举表：

(14) ☐东中时表六通，日西中时表四通，日下餔时表二通。
　　　（74. E. J. T23：931）

---

① 张凤：《汉晋西陲木简汇编》（二编），有正书局1931年版，收入《汉简文献研究四种》，北京图书馆出版社2007年影印本，下册，第647页。
② 居延新简还见有"☐☐官平旦符"（E. P. T48：57），简文残缺，性质不明，暂不纳入讨论。
③ 永田英正：《居延汉简研究》第一章，张学锋译，第83—84页。

## 第五章　军事生活的制度史考察：性别、时序与军政运作

（15）十一月丁巳
　　　平旦表四　　日食坐时表四☐　　日餔时表三
　　　日出时四　　日东中时表三　　日下餔时☐
　　　日蚤食时表七　　日中时表四
　　　日食时表三　（74. E. J. T23：972）①

（16）　　食表一通　　　日未中表一通　　日蚤食时表一通
　　☐　☐时表一通　　日餔时表一通
　　　　　　　　　　　六月己亥十通　　日食时表一通　☐
　　　　☐中表一通　　日下餔时表一通　日未中表一通
　　　　☐表一通　　　日夕表一通　　　日中表一通
　　　　　　　　　　　　　　　　　　　　（73EJT9：267A）②

简（14）（15）（16）新中国成立后出土于肩水金关，皆属一日内举表次数的汇总记录。所见时段从平旦延续至夕时。举表的时段间隔在不同简中的记录疏密有别，同一时段在不同情况下的举表次数亦有差异，少则1通，多至7通。事务密集时，连续数个时段内举表多次。这要求守望戍卒时刻关注左右邻隧动静，不得有片刻懈怠。

而进入夜间，亭隧间的信息传递依旧，如：

（17）乙夜一火　　丙夜一火　　丁夜一火
　　　和木辟　　　和临道　　　和木辟
　　　卒光　　　　卒章　　　　卒通　　　（88·19）

简（17）出土于居延地区 A10 瓦因托尼。此地早期乃通泽第二亭，后来发展为殄北候官第二隧。③ 按汉代已实行"五夜"，即五更之制，卫宏《汉旧仪》曰："昼漏尽，夜漏起，省中用火，中黄门持五夜：甲夜，乙

---

① 薛英群、何双全、李永良注：《居延新简释粹》，第 76、97—98 页。按《释粹》所标"☐"，除表示上下断缺外，亦用于指"行文中因字迹漫漶未能确定字数者"。

② 甘肃简牍保护研究中心等编：《肩水金关汉简（壹）》，中西书局 2011 年版，下册，第 119 页。按第一列"未"字，上册、中册皆释作"失"（均为第 225 页）。对照红外线图版，当作"失"字。

③ 陈梦家：《汉简考述》，《汉简缀述》，第 32 页。对照图版，上端微残，下端亦断裂，且存残字，但漫漶难辨。

341

夜，丙夜，丁夜，戊夜也。"① 这枚简记录了木辟、临道之间某亭隧宿直候望的隧卒光、章、通三人，在当晚的乙夜、丙夜、丁夜接临近亭隧信号后分别举火。亭隧戍卒在夜间似乎是依夜（更）轮直的，这不由使人想起《新书·解縣》"斥候者望烽燧而不敢卧，将吏戍者或介冑而睡"的描述。② 在边塞的长夜里，有的是烽火辉映的景象，是隧卒辛劳的身影。

此外，一些地区月中每旬旬末的夜间，常规性举火一通：

(18) ☐界亭常月十日廿日晦日夜举苣火各一通从☐
　　　(2000ES7SH1∶4)③

而《汉旧仪》"宿卫郎官分五夜谁呵，呵夜行者谁也"形式的宿直巡查，④ 在边塞烽隧似也有实行，如居延汉简提到：

(19) 戍卒三人以候望为职戍卒济阴郡定陶羊于里魏贤己卯夜直候谁夜半时纪不谁德使戍卒除（183·7）

一些劳务因需要，可能还需戍卒夜以继日进行：

(20) ☐四面日夜作治未成☐☐☐（E.P.T50∶223）
(21) 日夜缮为☐（1470）

至于邮路沿线的亭隧，还要随时承接往来邮书。无论昼夜何时，邮书送抵便即刻启程，以时行 10 里的速率传递。⑤ 如果将这一习知史实纳入

---

① 萧统编，李善注：《文选》卷五六《铭》"陆佐公《新刻漏铭》""六日无辨，五夜不分"下李善注引，中华书局 1977 年影印本，第 776 页下栏。对"五夜"的讨论，还可参见陈梦家《汉简年历表叙》（原刊《考古学报》1965 年第 2 期），收入《汉简缀述》，第 256—257 页。
② 贾谊撰，阎振益、钟夏校注：《新书校注》卷三，中华书局 2000 年版，第 128 页。《汉书》卷四八《贾谊传》作"斥候望烽燧不得卧，将吏被介冑而睡"，第 240 页。
③ 孙家洲主编：《额济纳汉简释文校本》，文物出版社 2007 年版，第 68 页。
④ 《史记》卷六《秦始皇本纪》《索隐》引，第 281 页。
⑤ 邮书传递是戍卒重要而基本的工作之一。陈梦家、陈直、李振宏等前辈学者已论述很多，论著目录可参见甘肃省文物考古研究所、甘肃简牍保护研究中心编《甘肃简牍百年论著目录》（甘肃文化出版社 2008 年版）相关部分。

◎ 第五章 军事生活的制度史考察：性别、时序与军政运作 ◎

视野，烽燧吏卒的工作显得更为紧张，节奏更为急迫，作息也更为辛苦。

## 二 工作节奏：籍帐制作的周期性

在考察汉塞军吏一天作息状况后，下面将时段逐步拉长，从文书行政最基本的簿籍制作周期着手，观察吏卒们在每日、月、季、年的工作节奏与军务效率。

军吏对每日情形随时记录。除前论"直符"、日迹会符简外，失亡、死亡与病卒名籍在编制时，出现"'昨日'、'即日'等时间概念，表明不是在月底的一综汇编，而是随时性的"。[①] 这类记录在病愈视事、初除视事、初除诣官报到及邮书发件时，也常使用：

（22）五凤二年八月辛巳朔乙酉甲渠万岁燧长成敢言之乃七月戊
寅夜随坞陛伤
要有瘳即日视事敢言之（6·8）

（23）始建国三年三月乙酉朔己丑第十候史褒敢
言之初除即日视事敢言之（99ES16ST1：10）

（24）燧长儿奴换补察虏燧长即日遣奴之官书到（E. P. T65：95）

类似后代的"到簿"与点检在河西汉塞的军务文书中似也有体现：

（25）掾谭言新除第二十九燧长郑庆月五日壬子昏时受遣癸丑当
到（E. P. F22：357）

（26）中到课言谨案良等丙申日中受遣即日到官敢言之
（E. P. F22：369）

简（25）记甲渠候属吏谭言事，提到新除任二十九燧燧长郑庆于当月五日壬子昏时受遣诣官，当在次日癸丑抵达。简（26）是上报文书，名良者等人在丙申日日中受遣，于当日抵达候官，符合相应规定。又：

（27）燧长常业代休燧长薛隆乃丁卯铺时到官不持府符 ●谨验问

---

[①] 李振宏：《屯戍管理制度研究》，《居延汉简与汉代社会》，第45页。

343

隆（E. P. F22: 170）

（28）辞今月四日食时受府符诸候官行到遮虏河水盛浴渡失亡符水中案隆丙寅（E. P. F22: 171）

（29）受符丁卯到官敢言之（E. P. F22: 172）

三枚简同出甲渠候官 F22，编号相连，内容衔接；对照图版，笔迹又出自一人，属同组简册。① 燧长薛隆于丙寅食时在都尉府取得符后，赴甲渠候官报到。路途中，他在遮虏燧渡水失符，并于次日丁卯铺时最终抵达候官。由于府符丢失，他受到了候官验问。然而，从候官仅验问为何亡失府符来看，一路的奔波使得他在到官时间上是符合要求的。

对于部燧吏卒在署与否的点检也经常进行，如：

（30）第十五燧长王赏不在署廿八日出长未还　　一人高同车子未到
　　　　　　　　　　　　　　　　　　　一人王朝廿八日从候长未还
　　　　　　　　　　　　　　　　　　　一人见（206·27）

上级巡查第十五燧时，燧长王赏及跟随候长的燧卒王朝皆于本月二十八日外出未归，应在燧上执务的新戍卒高同车子尚未到达，当时只有一名燧卒在署戍守。

日常记录汇总形成月簿，秦汉简牍文书学多称"月言簿"，② 吴简中相关赋税收支文书也被称作"月旦见簿"，简称"旦簿"。③ 考虑到自名月言簿者较少，而此类簿籍亦有月底呈送者，这里暂称月簿。月簿的制作与上

---

① 简文分析参见汪桂海《有关汉代符制的几个问题》[原刊《简牍学研究》（第三辑），甘肃人民出版社 2002 年版]，收入所著《秦汉简牍探研》，第 89 页。

② 李均明、刘军：《简牍文书学》，第 297—301 页；李均明：《秦汉简牍文书分类辑解》，文物出版社 2009 版，第 277—280 页。

③ 王素：《长沙吴简中的"月旦簿"与"四时簿"》，《文物》2010 年第 2 辑；邓玮光：《对三州仓"月旦簿"的复原尝试——兼论"纵向比较复原法"的可行性》，《文史》2014 年第 2 辑；邓玮光：《对中仓黄龙三年十月旦簿的复原尝试》，未刊稿。后文提到"笔者曾推测'某月旦簿实际统计的是某月前一月的情况，在前月的月底写毕，于某月月旦提交'。但简 9 既属于'十月旦簿'，又出现'右十月新入'的字样，表明'十月旦簿'记载就是十月的情况"。这一认识值得注意。

## 第五章 军事生活的制度史考察：性别、时序与军政运作

呈是在当月、前月、还是后月？月俸、廪食的发放由何部门何种官吏负责？领取是有组织的，还是个人前往？是否可以代领？领取时间上是否有严格规定？进而，负责官吏在一月中哪个时段更为忙碌？这些都是值得关心的问题。

与当日平旦交接昨日工作类似，在当月首日往往形成对上月物资存余的总结，如：

（31）●甲渠候官建始四年十月旦见铁器簿（E. P. T52:488）
（32）九月旦，见粟七千一百一十八石四斗六升少。（Ⅱ 0214
　　　（2）:147）①

以及人员配备的基本点：

（33）☒山䚟得二人送囚昭武☒□四月旦见徒复作三百七十九人
　　　☒卅八人署厨传舍狱城郭官府☒六十人付肩水部部遣吏迎
　　　受（34·9, 34·8A）
（34）建昭二年十二月戊子朔戊子吞远候长汤敢言之主吏七人卒
　　　十八人其
　　　十一人省作校更相伐　不离署埭上不乏人敢言之（127·
　　　27）

而于月初首日上交的簿籍，并不一定自命月旦簿：

（35）□候史尚以月旦封移迹簿候官远者☒（E. P. T59:190）
（36）元延四年九月戊寅朔戊寅不侵候☒
　　　谨移八月邮书课一编敢言之
　　　□□命第七吏即日下餔时起（E. P. T40:147A、B）

虽然例以月旦移书，但这里所涉及簿籍只称迹簿与邮书课。

都尉府等上级机构还充分利用月旦期会，在汇总文书同时，接见部

---
① 胡平生、张德芳：《敦煌悬泉汉简释粹》，第 76 页。

345

吏，处理军务：

(37) ☐免言缺劾皆以七月旦为日全月禄食谨具封月旦行诣府●奏封（E. P. T59：128）
(38) 遣尉史承禄便七月吏卒病九人饮药有廖名籍诣府会八月旦●一事一封　七月庚子尉史承禄封（311·6）

对边塞军吏而言，月旦除文案工作紧张忙碌外，不少常规性军务交接与开展亦在此时。如戍卒的罢归：

(39) 晦日平旦须集移府迎卒罢日促毋失期如律（E. P. T56：115）

简文提到因戍卒罢日临近，下级应在月末最后一日"平旦"将相关文书移送都尉府。关于戍卒的罢日交代，下枚简有进一步揭示：

(40) 宪等卒当以四月旦交代故事候长将当罢卒诣官（E. P. T65：37）

汉代"故事"，每部当罢戍卒一般由候长带领赴候官报到。"宪等"就属于这样的罢卒，他们依程序当于"四月旦""交代"。

又如省卒的抽调。省卒作为边塞普遍存在的一种临时劳作形式，往往依需要而行，"征调不以时"。① 然而，不少安排始自月旦，如：

(41) ☐　六月旦省伐茭赤岸☐（E. P. T40：53）
(42) 　十一月癸亥尽辛卯积廿九日卒朱明迹
　　　　　☐　　　　　　　　　　☐
　　其三人梁充董安国孙地余省作佼不迹（E. P. T52：433）

---

① 于豪亮：《居延汉简中的"省卒"》，《于豪亮学术文存》，第213—217页；秦照芬：《省卒性质辨析》，《简牍学报》第十四辑，1992年；李振宏：《汉简"省卒"考》，《史学月刊》1993年第4期。

◎ 第五章 军事生活的制度史考察：性别、时序与军政运作 ◎

简（42）提到有"省作佼"。按边塞多见伐茭记录，佼、茭声旁一样，例可相通，佼即茭。这枚简记录了某年的整个十一月中，该隧由一名隧卒承担了全部日迹工作，而另外三人的省作伐茭，从月旦一直持续到了晦日。下列简文记录更为具体：

(43)　　　　　　　　　　　☐月……当曲隧以南尽临木道
　　　　　　　　　　　　　上行书不省
　☐第十六隧卒二百☐☐　　●右部隧十八所卒六十三人不省
　　　　　　　　　　　　　列隧☐☐及承隧五十八所＝三
　　　　　　　　　　　　　人今省所一人为五十
　　　　　　　　　　　　　八人赍衣装作旦诣殄北发鄣
　　　　　　　　　　　　　除僵落沙会八月旦
　　　　　　　　　　　　　（99ES17SH1:7）①

(44)　☐史尉史分将诣殄北第七隧会八月晦日平旦廪廪已诣作所
　　　☐卒常会晦日旦殄北第七隧廪以月旦交代罢（E.P.T5:18）

简（43）出土于甲渠候官第十七隧，提到不抽调省卒的部隧 18 所，抽调者 58 所，合计共 76 所。据学者研究，"甲渠候官所属烽隧的常规数量当在 70 座左右"。② 联系出土地点，并考虑到省作地点位于临近甲渠的殄北，所记或是甲渠候官下属部隧。简文提到上级选择从戍卒 3 人的 58 个隧，每隧抽调 1 人，集中前往另一候官地殄北除沙，领导部门应为候官之上的居延都尉府。③ 而相应时间的交代也较明确，要在八月一日的平旦赶赴。简（44）记戍卒到殄北第七隧领取廪食，随后赴工作地点劳作，应也属省作性质。他们由"☐史尉史分将"，也是由候官具体组织的。这些戍卒在八月晦日平旦期会取廪，然后在长官率领下于次日"月旦交代"，开始相应的工作。

---

① 对照图版，"赍"字不清。按"赍""斋"形近，常互相借用，汉简中"赍"常写作"斋"。此为"赍"义，指自身携带。
② 李均明：《汉代甲渠候官规模考（上）》，《文史》第三十四辑，中华书局 1992 年版，第 44 页。
③ 额济纳汉简 99ES16SF3:1ABC 提到"府调卒隧一人诣殄北除沙常会月☐"，也证实这一点。孙家洲主编：《额济纳汉简释文校本》，第 16 页。

347

如上所显示，月旦之外，前月晦日往往也是戍吏忙碌的日子。"晦日平旦"也常期会完成部分准备工作。一些簿籍有时提前到晦日就制作上呈了：

（45）始建国五年九月丙午朔乙亥第二十三隧长宏敢言之谨移所自占书功劳墨将名籍一编敢言之（E. P. T5∶1）

（46）元康元年八月癸卯朔壬申□□隧长则敢言之谨移卒病死爰书☑
□敢言之（甲附 19）

更多情况下，籍帐呈送的时间可以前后有所浮动。如著名的《永元器物簿》是广地南部候长制作的三份月言簿与两份四时言簿的合编。其中，"永元五年六月言簿""永元七年正月尽三月四时言簿"分别在六月与三月的第一日制作，而永元五年七月、六年七月言簿、"永元七年四月尽六月四时言簿"则分别在七月与六月的第二日完成。① 又如月簿的重要类别廪名籍，一般由候长、隧长呈报候官。目前所见呈报日期如下：

表 5—4　　　　　　　　　　廪名籍呈报日期表

| 廪名籍年月别 | 上报月朔 | 上报日期 | 简号 |
| --- | --- | --- | --- |
| 元延三年（前 10）五月 | 四月丙戌 | 甲寅（第 29 日） | 75·9 |
| 建平三年（前 4）七月 | 二月壬子 | 辛巳（第 30 日） | E. P. T65∶410 |
| 建平三年（前 4）七月 | 六月庚辰 | 戊申（第 29 日） | E. P. T43∶6 |

资料来源：据李天虹《居延汉简簿籍分类研究》，第 63 页，而有所调整。

上述多是在当月月底呈报。不过，元年三年四月为大月，甲寅为当月的倒数第二日；建平三年二月为大月，六月为小月，辛巳、戊申则均为当月晦日。② 上报日期实际不严格遵循在晦日，而是稍有浮动。

再看日迹簿。李振宏指出，"必须由各部候长候史亲自到候官移交，

---

① 简文参见谢桂华、李均明、朱国炤《居延汉简释文合校》，第 211—213 页。
② 张培瑜：《三千五百年历日天象》"天象·合朔满月表"，大象出版社 1997 年版，第 94—95 页。

移报日迹簿的具体时间必须在当月的月底或下月的月初"。① 李天虹进一步提到"迹簿大都由候史写定，而由候长移报候官"，"除上报外，可能还要在部存档"。② 李著对迹簿的呈报日期亦有排比，这里稍作调整：

表5—5　　　　　　　　　　日迹簿呈报日期表

| 迹簿月别 | 呈报月朔 | 呈报日期 | 简号 |
| --- | --- | --- | --- |
| 十月 | 十月丙戌 | 癸丑（第28日） | E. P. T51∶207 |
| 四月 | 五月乙亥 | 丁丑（第3日） | E. P. T57∶87A、B |
| ［五月］③ | ［五月］壬子 | 壬子（第1天） | E. P. F22∶705 |
| 无 | 二月丁酉 | 乙丑（第29日） | 267·15 A、B |
| 无 | 八月戊申 | 丁丑（第30日） | E. P. T48∶1 |
| 残 | 庚寅（月残） | 己未（第30日） | E. P. T51∶200 |

资料来源：李天虹：《居延汉简簿籍分类研究》第五章，第129页。

可以看到，前月日迹簿的呈报既有在月初的1、3日，亦有在上月末的28、29与30日，同样灵活。

至于俸禄的发放领取，情况就更多样了。④ 领取时间在月前、月中、月后者皆有，拖欠俸禄的记录亦较多见。⑤ 有部、隧组织人员集中前往领取的，亦有个人领取的，且俸禄领取多有代领。下面举之前较少讨论的刻齿券书为例：

　　（47）　　　　　　　　　候长□□三月千二百
　　　　　　　　　　　　　　候史□□三月九百

---

① 李振宏：《屯戍管理制度研究》，《居延汉简与汉代社会》，第49页。
② 李天虹：《居延汉简簿籍分类研究》第五章，第127页。
③ 原注："五月"原简残，据陈垣《二十史朔闰表》补。
④ 参见陈梦家《汉简所见奉例》（原刊《文物》1963年第5期），收入《汉简缀述》，第135—147页；永田英正《居延汉简集成之二——破城子出土的定期文书（二）》第四类"现钱出纳"乙类"吏受奉名籍"（原刊《東方學報》47，1974年，第243—300页），收入《简牍研究译丛》第二辑，谢桂华译，中国社会科学出版社1987年版，第111—118页；李天虹《居延汉简簿籍分类研究》第二章第三节"受俸名籍"，第30—41页。
⑤ 参见佐元康夫《居延汉简月俸考》（原刊《古史春秋》5，1989年），收入刘俊文主编《日本中青年学者论中国史》（上古秦汉卷），徐世虹译，上海古籍出版社1995年版，第549—560页。

　　　　出二月三月奉钱八千□百　　不侵隧长□□二月三月六百

　　　　　　　　　　　　　　　　当曲隧长□□二月三月千二百

　　　　　　　　　　　　　　　　　　　　　（以上为第一栏）

　　　　止害隧长赦之二月三月千

　　　　驷望隧长□二月三月千二百

　　　　止北隧长革二月三月千二百

　　　　察微隧长破奴二月三月千二百　　　　（以上为第二栏）

　　　　建昭三年五月丁亥朔己丑尉史弘付

　　　　不侵候长政／候君临（以上为第三栏，此简中部左侧有刻

　　　　　　齿）（E. P. T51: 234）

此为甲渠候官向所辖不侵部给付该部戍吏二、三月俸钱的券书凭证。出土地点甲渠候官 T51 同出有另两枚类似券书，格式接近：

（48）　　出六月奉钱四千二百　　（略）

　　　　　永光五年五月甲辰朔壬申候君付长霸候史延□

　　　　　　执胡隧长李敞　　就钱廿一（简上部右侧有刻齿）

　　　　　　（E. P. T51: 239）

（49）出临木部吏九月奉钱六千　　（略）　　（此简上端右侧

　　　　有刻齿）

　　　　建昭五年十月丙寅甲渠尉史强付终古隧长昌守阁卒建知付

　　　　　状（E. P. T51: 409）

　　　由上，部隧戍吏俸禄一般由部派官吏前往候官集中领取。简（47）为不侵候长亲自前往，简（48）执胡隧属诚北部，为候长、候史前往，简（49）派去领俸者则为临木部终古隧长。他们领回后，再通知部内戍吏赴部领取。月俸的发放有时由甲渠候亲自办理，如简（46）；更多则为属吏尉史交付，如简（47）（49）。交付遵循一定程序，如简（47）尉史交付时，有甲渠候在场监督执行；简（49）尉史交付时，有守阁卒建作为知情人被记录在案。候官的出奉时间可以在月前，如简（48）六月俸钱，在五月甲辰，即 5 月 29 日交付；可以在月后，如简（49）九月俸钱，在十月月丙寅，即 10 月 25 日交付；甚至更为延迟，如简（47）二、

## 第五章 军事生活的制度史考察：性别、时序与军政运作

三两月俸钱，要到五月己丑，即 5 月 3 日才予给付。

边塞在节庆会发放一些补贴，甲渠候官 F22 出土有格式"不侵隧长石野　腊钱八十　十二月壬戌妻君宁取"的领腊钱部吏名籍残册（E. P. F22：205—218）。据学者统计，腊钱领取时间"提前一日者三例，提前二日者一例，错后二日者一例，错后三日者一例，错后七日者两例，错后八日者一例，腊日当天领取者四例，领取日期不明者一例"。[①] 可见补贴领取同俸钱领取类似，并无统一时间规定。这也意味着发放者一月中需随时应对办理。

在月簿基础上，官吏每季度汇总，进一步制作四时簿。几份四时簿可汇编在一起，如前举《永元器物簿》后半部分即是，且可与月言簿合编。又：

(50)　　神爵三年正月尽五年
　　　　　☒
　　三月吏四时名籍 （E. P. T56：193）

居延所出这枚楬题"吏四时名籍"，所记时段为"神爵三年正月尽五年三月"，计 27 个月 9 个季度，即由 9 份四时名籍合编而成。神爵三年、四年四时名籍在五年保存良好并被利用，也有助于增进对汉代文书存档制度的认识。[②]

至于年度簿籍，以往结合上计问题已讨论很多。秦汉时期因黄河流域所产主谷—粟—成熟的时间因素，是"计断九月"的。[③] 不过，居延、敦煌简所见年籍，年度起讫实际分为两种：十月至次年九月，正月至十二月。这里参考现代财政学习惯称前者为"九月制"，后者为"十二月制"。明确属九月制簿籍有：

　　戍吏日迹增赐劳名籍 （145·37、159·14、E. P. T59：339、

---

[①] 汪桂海：《汉代的腊节》，《秦汉简牍探研》，第 247 页。
[②] 汉代文书保管参见汪桂海《汉代官文书制度》第五章第三节，广西教育出版社 1999 年版，第 216—232 页。
[③] 张荣强：《从计断九月到岁终为断——汉唐间财政年度的演变》，收入所著《汉唐籍帐制度研究》，商务印书馆 2010 年版，第 187—221 页。

1859）；
　　肩水候官"吏卒廩食名"（13·1）；
　　"戍卒簿"（5·14）；
　　"吏已得奉一岁集赋"（126·42A、B）；
　　"大司农部丞簿录簿算及诸簿十月旦见"（82·18A、B）；
　　"吞远仓过□出入簿"（甲附9A、B）；
　　"诸官往来书"（E.P.T51:628A、B）；
　　"戍卒折伤牛车出入簿"（E.P.T52:394）；
　　"诣官廩书"（E.P.T58:112A、B）。

属十二月制簿籍有：

　　"吏病及视事书卷"（8·1A、B，46·17A、B）；
　　"檄算"（E.P.T52:378）；
　　"吏除遣及调书□□"（E.P.T50:180A、B）；
　　"府移大司农部掾条"（E.P.T52:470A、B）；
　　"府移丞相御史刺史条"（E.P.T56:77A、B）；
　　"邮书驿马课"（E.P.F25:12A、B）。

"九月制"主要涉及大司农在边塞机构的农粮簿、谷物出纳的廩食簿籍、俸钱出纳簿、戍吏增赐功劳簿及戍卒簿，等等。这些多为对吏卒、钱粮的管理，很多项目或与上计多有联系。而"十二月制"主要涉及对戍吏病、视事、除遣、调补的人事文书管理；对檄书，邮书，都尉府转发的丞相、御史、刺史、大司农部掾条教通告的政务文书汇总。[①] 两种年簿的制作，使戍吏在一年中的忙碌时段不止一端。[②]

---

① "条""录"类簿籍的讨论，参见李均明《简牍文书"条"，与"录"考述》（原刊大庭脩编集《汉简研究の现状と展望—汉简研究国际シンポジウム92'报告书》，关西大学出版部1993年版），收入所著《初学录》，第128—137页。

② 本节初稿2011年8月曾提交"甘肃省第二届简牍学国际学术研讨会"，并在会上宣读。参见马智全、肖从礼《甘肃省第二届简牍学国际学术研讨会会议综述》，张德芳主编《甘肃省第二届简牍学国际学术研讨会论文集》，上海古籍出版社2012年版，第683—692页。杨际平《评〈汉唐籍帐制度研究〉》（《中国史研究》2011年第4期，2011年11月出版）一文，也注意到簿籍的"九月制""十二月制"问题。不过，原因分析与笔者不同，请参看。

### 三　劳作定额：日常工作的种类与效率

在边地漫长的守卫岁月里，除外敌入侵等紧急战备状况外，吏卒在日常更多时候是在巡视侦查、维修设施与运储物资。他们平日劳作涉及哪些工作？劳作定额如何？相应的强度与效率又有怎样体现？这些问题以往缺少整体性关注，下面进行分析。

（一）日迹。前面就此已有讨论。而"九月制"簿籍还提到有"戍吏日迹增赐劳名籍"，多记各部候长、候史从十月旦至次年九月一个年度中的日迹情况，用来向上级申请增加劳绩。居延新简一枚日迹簿还记录了一名候史每月的日迹详情：

(51)　　甲渠候史公乘徐惠倩日迹簿　　（以上为第一栏）
　　　　　神爵四年二月丙申视事初迹尽晦廿九日　七月廿九日
　　　　　三月廿九日　　　　　　　　　　　　　八月卅日
　　　　　四月甲午迹尽丁未十四日　　　　　　　九月廿九日
　　　　　四月戊申疾尽五月丙子廿九日不迹　　　凡迹积二百六日
　　　　　五月丁丑有瘳视事迹尽晦十六日
　　　　　六月卅日　　　　　　（以上为第二栏，末一字倒
　　　　　　书）（E. P. T53：38）

按神爵四年（前58）二月乙未朔，公乘徐惠倩自是月第二日担任甲渠候史，至九月年度汇总，除四五月间29天因病不迹外，每日均需日迹。边塞戍吏一般有休假，重要节日也常有节假,[①] 但相关日迹工作似未耽搁，值得注意。考虑到部中事务较多，日常中他们还需及时与上级候官、下级烽隧联络，工作并不轻松。日迹如时间较长，"久视天田"，还会发生"目玄"：

---

[①]　邢义田：《汉代边塞军队的给假、休沐与功劳制——读〈居延新简〉札记之二》[原刊李学勤主编《简帛研究》（第一辑），法律出版社1993年版，第192—205页]，修订稿收入所著《治国安邦：法制、行政与军事》，中华书局2011年版，第568—584页；赵沛、王宝萍：《西汉居延边塞休吏制度》，《文博》1994年第1期，第58—63页；赵兰香：《汉代西北边塞吏卒与内郡官吏的休假制度异同考述》，《简牍学研究》（第四辑），甘肃人民出版社2004年版，第168—173页；赵宠亮：《西北汉简所见边塞戍所的请销假制度》，《文博》2010年第1期。

(52) 日迹行廿三里久视天田中目玄有亡人越塞出入☒
　　 它部界中候长候史直日迹卒坐匿不言迹☒（E. P. T51：411）

　　至于另一群体的隧长、隧卒，工作开展则更为灵活。三人负责的，一月均分，每人10日。二人负责的，每人15日。个别烽隧且有三人每日更迹，三日一轮，以至月终的。由于省作抽调的经常出现，如仅留守一人，则由该人完成一月日迹，简（42）即是。居延隧卒一般负责的天田距离，可参考下列记录：

(53) ☒北去第八隧北界
　　 ●南去其隧一里百五十步
　　 ●南去其隧一里百五十步
　　 ●北去第九隧一里百五十步
　　 ●葆天田四里百五十步
　　 （下端左右两角各有一孔，上下左设黑边线，行间设朱砂栏）（2000ES9SF4：47）

(54) ☒十五步凡葆天田四里八十七步半步☒（E. P. T51：532）

简（53）（54）所示距离接近，分别约为4.5与4.292里。而天田宽度与距隧远近，据新近考古调查也略可得知："额济纳旗境内发现的天田有两段，分别位于甲渠塞的西侧和卅井塞的南侧。天田一般宽约9米余（约合汉尺四丈），距离烽隧10余米至50余米不等。"[①] 敦煌汉塞日迹的巡视距离，下面记录提到：

(55) 八人迹八月丁亥尽乙卯廿九日积六百卅三里百七十四步
　　 （1646）
(56) 六人迹八月丁亥尽　廿九日四百五十五里八十步　其五人
　　 人行八十里
　　　　　　　　　　　　　　　一人五十五里六十步迹还一

---

① 魏坚、昌硕：《居延汉代烽燧的调查发掘及其功能初探》，孙家洲主编：《额济纳汉简释文校本》，第117—118页。

## 第五章 军事生活的制度史考察：性别、时序与军政运作

反负马矢六石（1706）

简（55）每人每日日迹平均距离约为 2.732 里。简（56）中五人每日平均约行 2.759 里，另外一人约 1.903 里。

（二）画天田。又作"画沙"（306·21）、"画沙田"（E.P.T51：64）。河西边塞多风沙，戍卒需经常"耕画""鉏治"（1552），以使天田平整。敦煌汉简记录画天田工作：

(57) 卅二人画天田卅二里　率人画三步　凡四编（1674）
(58) 六人画沙中天田六里　　率人画三百步（1714）

简（57）32 人画 32 里天田，"率人画三步"恐有脱字，似当作"率人画三［百］步"。简（58）记 6 人工作，每人画天田也是 300 步，即 1 里。至少在居延甲渠候官一带，当地天田尚立有"柃柱"（E.P.T40：132、E.P.T57：108、E.P.T59：23、E.P.W1：63），柃柱间系有绳索，即"县索"（52·20、264·40、E.P.T51：403）。布设这些设施也是他们的分内工作：

(59) ☐葆塞天田延袤三里七十☐☐
　　　☐用柃柱五百一十七枚☐
　　　☐用绞千七百五十二丈☐（99ES17SH1：12）

（三）伐茭。《说文·艹部》"茭，干刍也"。《书·费誓》"鲁人三郊三遂，峙乃刍茭，无敢不多，汝则有大刑"，孔传"郊遂多积刍茭，供军牛马"。茭，晾干后以作牛马饲料的植物统称，[1]"它与秦简中的'刍槁'名异而实同"。[2] 边塞劳作常见伐茭：

(60) 安世隧卒　二十八日作｜二十九日作｜八月晦日作｜九月

---

[1] 王子今：《汉代河西的"茭"——汉代植被史考察札记》，《甘肃社会科学》2004 年第 5 期；谢桂华：《茭钱试解》，《历史研究》2006 年第 2 期。
[2] 谢桂华：《茭钱试解》，第 172 页。

旦伐茭｜月二日□茭

尹咸　　三十五束　｜三十七束　｜三十五束　｜三十

五束　｜三十□束

●□二十　｜（505·24）

（61）□●卒□□八日　八月廿九日　凡卅七日日七十束十三日

日八十束（E. P. T65：309）

（62）其一人养

定作八人艻茭五百☒（403·16）

（63）定作廿人茭二千束（522·3）

（64）其四人养　　右解除八人

☒一人作长　　定作廿七人伐茭千二百一十五束率人伐卌□

（E. P. T40：154）

（65）甲戌日五人作　　　　　率人五十五束　　　　日得二

人百七十五束（1399）

（66）王宾茭千廿束　　六人率人茭百七十束（1401）

简（60）安世隧卒连续五日工作，每日工作量在45—47束。简（62）平均每人为45束。敦煌简（65）为55束。简（62）提到"艻茭"，"艻"乃"艾"的变体，为刈割之义。① 此简记每人平均60余束。简（61）记37天每日70束，另有13天每天80束。人均工作量更高的如简（63）100束，简（66）170束。至于居延简E. P. T40：6A提到终古隧长房"七月十日使晏伐茭七百束"，更远远领先他人。不过，简文言"七月十日使"，可能未必是当天完成。敦煌简中有对所买茭尺寸的记录：

（67）为买茭茭长二尺束大一韦马毋谷气以故多物故（164）

长度为2尺，每束的规格为1围，为了解戍卒伐茭的整体工作量，提供了进一步参考。②

---

① 裘锡圭：《汉简零拾》"十五 守御器杂考"，《文史》第十二辑，中华书局1981年版，第28—29页。

② 简文分析还可参见王子今《汉代河西的"茭"——汉代植被史考察札记》，第99页。

356

## 第五章　军事生活的制度史考察：性别、时序与军政运作

对所伐茭进一步码放贮存，有专门的"茭积别簿"（E. P. T5：9）、"伐茭积作簿"（E. P. T50：138）等。而对储存规格亦有一定要求：

（68）　　　　　　　　　　　　受步广卒九人自因平望卒
　　　　平望伐茭千五百石　　　四韦以上－廿束为一石率曰　☒
　　　　　　　　　　　　　　　千五百石奇九十六石－运积
　　　　　　　　　　　　　　　蒙　（1151）

对照图版，第二行"上"下符号"－"，乃第一行"广"字左侧笔画，可删去。"四韦以上　廿束为一石"的标准，反映了敦煌地区的一些情况。

（四）伐慈其、蒲、苇。慈其，学者曾疑为"茈蕠"，属可食的蕨类野菜，[①] 其实可能仅属饲草范畴。[②] 简文"慈其索一大二韦半长四丈"（E. P. T51：310）显示，当时还多用以编绳。获取慈其的劳作有：

（69）　一人☒慈其七束
　　　　廿人艾慈其百　束率人八束（33·24）
（70）　　　　　其十二人养
　　☒第四部　　　　　　　　　　　　　☒
　　　　凡见作七十二人得慈其九百☒☒
　　　　（E. P. S4. T2：75）

简（69）一次性参加者21人，其中1人伐取7束，其他20人人均伐取8束。简（70）是甲渠第四部的劳作记录，84人中72人伐慈其，每人伐取约12.500—13.875束。

蒲作为习见水草，边地获取后主要用作编席。目前所见伐蒲简文有：

（71）廿三日戊申卒三人　　伐蒲廿四束大二韦　率人伐八束
　　　　　　　　　　　　　与此三百五十一束（161·11）

---

[①] 于豪亮：《居延汉简释丛》"慈其"条，《于豪亮学术文存》，176页。
[②] 王子今：《汉代河西的"茭"——汉代植被史考察札记》，100页。

357

(72) ☑□□候长张悾　　伐蒲三十束（E. P. T59∶95）

简（71）戍卒三人一日伐蒲，共得24束，人均8束。每束大小为2围的规格。简（72）提到候长张悾的伐蒲工作量是30束。

苇，即芦苇，用途广泛。边地多以制作"苇席"（E. P. T5∶28）、"苇笤"（68·95、E. P. T2∶38A）、扫帚、刷墙帚、[①] 苣、[②] 积薪、[③] 及塞墙垫充物等。[④] 日作簿涉及伐苇工作量者有：

(73)　　　　　　　　　其一人作长　右解除七人　定作十七
　　　　　　　　　　　　　　　人伐苇五百□
　　十一月丁巳卒廿四人　三人养　　　　　率人伐卅
　　　　　　　　　　　一人病　　　　　　与此五千五百廿束
　　　　　　　　　　　二人积苇（133·21）

(74)　　　　　　　　　一人病
　　丁酉卒六人　　　　其一人养
　　　　　　　　　　　四人伐苇百廿束（317·31）

简（73）（74）日作簿记录17人伐苇510束与4人伐120束，人均工作量相同。每人每天30束。简（73）记获苇总量至5520束之多。

（五）除沙。前引简（44）（43）均记录由都尉府领导、候官具体组织，抽调戍卒前往殄北从事除沙活动。"除沙"一般理解为清除淤沙。关于除沙工作量，亦有简文涉及：

(75) 三月甲辰卒十四人（以上为第一栏）

---

[①] 甘肃省文物考古研究所编：《敦煌汉简》附录《敦煌马圈湾汉代烽燧遗址发掘报告》"三　出土器物"之"四　草器"，第60页。

[②] 李天虹：《居延汉简簿籍分类研究》第四章，第115页；上官绪智、黄今言：《汉代烽火中的信息器具与烽火品约置用考略》，《社会科学辑刊》2004年第5期。

[③] 吴礽骧：《汉代烽火制度探索》，初师宾：《居延烽火考述——兼论古代烽号的演变》，均收入甘肃文物工作队、甘肃博物馆编《汉简研究文集》，甘肃人民出版社1984年版，第251、375页。

[④] 罗哲文：《临洮秦长城、敦煌玉门关、酒泉嘉峪关勘察简记》，《文物》1964年第6期，第49—51页。

第五章　军事生活的制度史考察：性别、时序与军政运作

> 其一人养
> 定作十三人除沙三千七百七十石率人除二百九十石（以上为第二栏）
> 与此七万六千五百六十石（以上为第三栏）
> 　　（E. P. T51：117）

三月甲辰这天，13 人参与除沙，人均除沙 290 石，合计 3770 石。加上甲辰当日劳动，已完成的除沙量达 76560 石。如人员不变，工作定额相对稳定，他们在当地大致已工作了 20 天。

（六）治墼。由于修筑及维护鄣坞亭隧的需要，士卒平日制作大量土墼。① 居延新简有作：

> （76）●右堠南隧南到常固隧廿里百六十四步（以上为第一栏）
> 其百一十五步沙不可作垣松墼
> 十三里百七十步可作墐墼用积徒□千五百七十人去薪塞外三里
> 六里百八十九步可作墼用积徒千□百七十五人（以上为第二栏）
> 堠南隧　千秋隧　河上隧
> 故北隧　益北隧　胜胡隧
> 故南隧　益地隧（以上为第三栏）（E. P. T57：77）

堠南隧与南边的常固隧相距 22 里 164 步，其中 115 步的 "沙" 质地不佳，不适宜做砖修墙，另外 13 里 170 步可以做 "墐墼"，6 里 189 步可以做墼。这里 "沙" 应指沙土，多数可用来制作土墼。然因质地差异，可制作墼的种类与用途并不唯一。墼的形制有简文记录：

> （77）墼广八寸厚六寸长尺八寸一枚用土八斗水二斗二升

---

① 陈槃：《汉晋遗简识小七种》之《汉晋剩义再续》"墼"条，《历史语言研究所专刊》之六十三，1975 年，叶一〇三背、一〇四正；吴荣曾：《说瓾甓与墼》（原刊《考古》1959 年第 11 期），修订稿收入所著《先秦两汉史研究》，中华书局 1995 年版，第 342 页。

(187·6，187·25)

这种墼需用土 8 斗，水 2.2 斗。依 1 汉尺折合今制 0.231 米计，所制墼尺寸为 0.4158×0.1848×0.1386 米。目前所见土墼出土于敦煌马圈湾者，有两种尺寸：一种规格为"0.40×0.19×0.14 米，土质较纯净"；另一种为"0.38×0.17×0.12 米，土墼内羼和苇筋"。① 出土于居延甲渠候官第十六隧者，为 0.37×0.17×0.12 米。② 简（75）所记与马圈湾第一种较为接近。又，陈梦家早年曾排比贝格曼、斯坦因报告所记墼的尺寸。③ 现在看来，A10、T194 所出尺寸也与马圈湾第一种更为接近，而 A1、A2、A3、P9、T155、T158、A36、A43 所出与马圈湾第二种、甲渠塞第十六隧者接近。

居延地区治墼的每日定额大致是 80 枚。这在与"日作簿"相对的"卒作簿"中，④ 常见记录，作"治墼八十"[27·8、27·12、（61·7，286·29）、89·22 等]、"八十"（188·28）。

而在敦煌地区，除"☐作墼日作八十墼"（1539）之外，尚见有：

（78）壬戌四人作墼二百六十　　率人六十五　　一人病
　　　与此四千四百六十五（1732）
（79）丙辰四人作墼二百八十
　　　率人七十☐☐☐
　　　积☐☐☐六百二十（1622）
（80）丁未六人作墼四百廿　　率人七十　　初作（1731）

简（78）当日每人制作 65 枚，简（79）（80）每人制作 70 枚。敦煌汉简还发现一组骑士简册，骑士 10 人一组从事治墼。他们的效率明显较高：

---

① 甘肃省文物考古研究所编：《敦煌汉简》附录《敦煌马圈湾汉代烽燧遗址发掘报告》"贰 遗址形制与分期"，第 52 页。
② 魏坚、昌硕：《居延汉代烽燧的调查发掘及其功能初探》，孙家洲主编：《额济纳汉简释文校本》，第 118 页。
③ 陈梦家：《汉简考述》，《汉简缀述》，第 6—7 页。
④ 关于"卒作簿"概念参见永田英正《居延汉简研究》，张学锋译，第 87—88 页。

## 第五章 军事生活的制度史考察：性别、时序与军政运作

"人作百五十"（2157—2160、2164、2166），① 大体为前面工作者的两倍。大庭脩对此残册有所讨论，认为是"驻守在平望候官的骑兵部队，平时以单位从事上述工作"。②

此外，敦煌简中还见有"积墼"记录：

（81）二人积墼五千五百六十率人积二千七百八十墼（1627）

以往认识多将"积墼"与"作墼""治墼""案墼"视作一事，疑义未安。居延简中有"积苇"记录，与"伐苇"相对，如简 133·21 分别提到"二人积苇"与"定作十七人伐苇五百□"。而"积茭"记录更为多见，如"□山亭部二积茭千六百□"（270·16）、"●右陷陈亭部一积茭千石□"（E.P.T50：114）、"第四积茭四百一石廿五斤　建昭二年□□"（E.P.T50：162）；同样亦与"伐茭"相别，如"第廿二积茭千石永始二年伐"（4·35）。联系前面"茭积别簿"的讨论，"积苇""积茭"应指对已伐苇、茭的堆放封存。而构词方式与此类似的"积墼"，应指对所制土墼的码放贮存。简（81）提到 2 人从事"积墼"工作，共完成了5560 枚，平均每人"积墼"2780 枚。筑造或修缮鄣隧，除"丈五尺厚四尺　用墼三千三百□□"（E.P.T59：83A）等简文有提及外，当时还见有所谓"垒亭簿"：

（82）长更生垒亭簿
　　　五月庚辰初垒亭尽甲辰廿□
　　　二百九十　／五月乙巳作□（54·23A）
　　　肩水成亭二所下广二丈八尺□
　　　六月簿余谷百六十石□（54·23B）

此可能涉及亭隧的垒筑，工作时间从五月庚辰至甲辰，持续达 25 天之久。

（七）作樌格。边地塞墙修筑除一般垒筑土墙外，往往依所处地形环境

---

① 肩水金关汉简新见"□墼千六百卅率人百卅八奇□"（73EJT21：150）。如属"治墼"，人均工作量与之较为接近。

② 大庭脩：《汉简研究》，徐世虹译，广西师范大学出版社 2001 年版，第 83 页。

361

而灵活使用多种方案。西汉元帝时，中郎侯应曾言"起塞以来百有余年，非皆以土垣也，或因山岩石，木柴僵落，溪谷水门，稍稍平之，卒徒筑治，功费久远，不可胜计"。① "土垣"以外，以往研究者多留意"因山岩石"等形式，而较少关注所谓"木柴僵落"。唯陈梦家有较深入分析，称此类为"临时修筑的木栅"，并认为"僵落以木柴并举，不尽竹连。所谓木栅实系代替土垣的建筑"，且举《太白阴经》卷四、《通典》卷一五二《守拒法》记载以证。② 居延汉简中出现有修做"橿格"的内容：

（83）二里五十步可作橿格下广丈二尺上广八尺高丈二尺积卌六万八千尺人功百五十六尺用积徒三千人人受衺尺三寸（E. P. T58：36）

按僵、橿皆从畺得声，例可相通，而落、格亦可通假。③ "僵落"可写作"橿格"。汉代长城城墙基宽"窄的只有 2—3 米，宽的可达 6—7 米，甚至近 10 米"，"一般高度当在 2.5—3 米左右"。④ 简文所记橿格"下广丈二尺"，与基宽较窄者相合；而"高长丈八尺"，正在 2.5 米至 3 米之间；联系"二里五十步"的修筑距离，所谓"橿格"应即文献中的"僵落"。

据简文，橿格截面为上底 8 尺、下底 12 尺、高 12 尺的梯形，截面面积为 120 平方尺。所记长度为 2 里 50 步，合 3900 尺。两者相乘的体积数正合"积卌六万八千尺"。这种"橿格"应当并非完全使用木材，而可能是"以泥土、树枝、木栏为之"。⑤ 斯坦因早年考察敦煌汉代边塞遗址，曾提到"把一薄层流沙清除之后，就看见了用苇秆捆在一定的间隔，同泥层交互砌成的一道正规的城墙。全部经过盐卤渗透之后，坚固异常。墙外面，同内部成捆的苇秆成直角形，还放有别的苇秆，捆扎得很仔细，形

---

① 《汉书》卷九四下《匈奴传下》，第 3804 页。
② 陈梦家：《汉武边塞考略》，《汉简缀述》，第 207 页。
③ 高亨纂著，董治安整理：《古字通假会典》，齐鲁书社 1989 年版，第 883 页。
④ 孙机：《汉代物质文化资料图说》（增订本）"40－塞防设施"，上海古籍出版社 2008 年版，第 183 页。
⑤ 《中国简牍集成〔标注本〕》第十一册，谢桂华、李均明、张俊民撰，敦煌文艺出版社 2001 年版，第 103 页。

## 第五章　军事生活的制度史考察：性别、时序与军政运作

如束柴，砌成堤形，苇秆束一致长八尺，厚约八寸"，[1] 以往重视不多，可为参考。这里，"用积徒三千人"指3000个出工单位。[2] 计算可知，每个单位的平均工作量为156立方尺，对应塞墙长度为1尺3寸。

还需提到的是，边塞部城等军事设施外围，常周绕虎落以防卫。简文多作"强落"（239·22、E.P.T59∶15）、"强落"（74.E.J.T：613）。用字与"櫌格"接近，形制则有差别。居延甲渠候官发掘中，曾发现在"坞四周3米以内的地面，埋设四排尖木桩，完整者高33、间距70厘米左右，三角形排列"，报告执笔者认为"即史书和汉简所谓的'虎落'、'强落'"。[3]

（八）取薪。《肩水金关汉简（贰）》见有组织大量戍卒取薪的记录：

　　　　　　　　　　肩水卒卅七人　五人病·　定作九十五人
（84）十一月辛巳　橐他卒六十五人　一人作长·取薪增落广六
尺榑两行马善并高四尺五寸袤廿丈率人二尺一寸有奇
　　　　　　　　　　凡卒百一十二人　一人木工　六十
九人取薪二百七石率人三石薪去□□□往来卅八里
　　　　　　　　　　其十人养·（73EJT24∶297）[4]

来自两个候官的69人参与了取薪，人均3石，往返路程48里。同简还提到"取薪增落"，人均负责长度合2尺1寸有余。所"增"之"落"，或亦与"櫌格""僵落"有关。

（九）治绳。绳在边地多用枲麻等制成。作为"书绳"，用以编简成

---

[1] 斯坦因：《斯坦因西域考古记》，向达译，中华书局1936年版，第119—120页。又，敦煌中部都尉下辖烽隧及塞墙构筑亦有"用湖沼中碱化的泥土，间以柴木筑成的"。林梅村、李均明编：《疏勒河流域出土汉简》之《疏勒河流域汉代边塞遗址概述》，文物出版社1984年版，第20页。

[2] 治壍、作櫌格称"积徒"，下文垦田则称"积卒"。秦汉时期，"徒"所指有宽泛一面，可为"徒隶"这类罪犯的省称，可指服役的自由民，也可指兵卒。参据相关简文，这里"积徒"之"徒"指戍卒，"积徒""积卒"，含义近似。

[3] 甘肃居延考古队：《居延汉代遗址的发掘和新出土的简册文物》，《文物》1978年第1期，第2页。最新探讨参见孙家洲《虎落遗物考释》，收入张德芳、孙家洲主编《居延敦煌汉简出土遗址实地考察论文集》，上海古籍出版社2012年版，第85—89页。

[4] 甘肃简牍保护研究中心等编：《肩水金关汉简（贰）》，中西书局2012年版，下册，第159页。

册、捆扎封检。作为"檠绳""檠弩绳",或用作校正弓弩。① 更广泛使用还在编席、束物。涉及治绳劳作量的简文有:

(85) ●凡积九十人
其十人养　　　　　　与此三千二百丈
定作十六人得绳千六百丈率人廿丈(143·3,217·24)
(86)　　　　　　一人养　六人伐兹其
己卯卒十人
定作九人　三人绳得绳百一十丈合百八十丈
(下部左行最后五字为后书,淡墨)
(E. P. T52:29)

简(85)10 人负责炊事,16 人从事治绳。"凡积九十人",是治绳者连续 5 天工作单位的合计。"率人廿束",累计 5 日,治绳总量正好为 1600 丈。简(86)记己卯一日有 9 人劳作,其中 3 人治绳 110 丈,平均每人约 36.667 丈。

(一〇)负物、谪运。制作出的物资依需要会进一步输送各处。相关运输有专门簿籍进行记录,如居延发现有"●第十一部建始二年五月负卒日作簿"(113·3),敦煌汉简中又见有:

(87) 三人负麻人反十八束反复卅里人再反六十里(1650)
(88) 三人负粟步昌人二反致六橐反复百八十八里百廿步率人行
六十二里二百卌步(1693)

简(87)三人运麻,大致每人往返运送 1 次,负麻 6 束。三人行程合计 30 里,平均每人运送距离 10 里。简(88)三人往步昌运粟 6 橐,大致每人运送 2 次,每次 1 橐。三人行程合计 188 里 120 步,平均每人运送距离 62 里 240 步。此外,一些简文还提到"茭""马矢"等物资的相关负载量,如"☐茭二日日一反反儋八束凡"(142·18),及简(56)中"一人五十五里六十步迹还一反负马矢六石"。

---

① 沈刚:《居延汉简语词汇释》"檠弩绳"条,第 283 页。

除负卒劳作外，更主要的是车载输送，如：

（89）　　　　　　　　　其一人作长　二人伐木
　　　　　　　　　　　　三人卒养　　六人积茭
　　　八月甲辰卒廿九人　□□　□□□四人　□□　十四人运茭
　　　四千六十率人二百九十☑
　　　　　　　　　　　　定作廿五人　二人缀络具
　　　　　　　　　　　　□□□功
　　　　　　　　　　　　　　　　（30·19A）

（90）八月十二日癸卯郭卒仲常载茭二百卅束　　☑
　　　（E. P. T52:182）

简（89）"日作簿"中 14 人运茭 4600，平均每人为 290。简（90）郭卒仲常所载茭为 230 束。边塞内部的物资运输不少属于谪运。谪，简文多作"適"，① 即戍吏因行政过失受到处分，以罚作形式运送相应物资：

（91）万岁候长田宗　坐发省治大司农茭卒不以时遣吏将诣官失
　　　期適为驿马载三墼茭五石致止害（61·3，194·12）
（92）第十候长傅育　坐发省卒部五人会月十三日失期毋状今適
　　　载三泉茭二十石致城北
　　　　　　　　　隧给驿马会月二十五日毕（E. P. T59:59）
（93）第十候史杨平　罢卒在正月四日到部私留一日適运茭五百
　　　束致候官会八月旦（285·10）
（94）教廿七日以候长素精进故财適五百束
　　　以记过候长罚便诣部（E. P. F22:574A）
（95）第十候长秦忠　　坐部十二月甲午留薪適载纯赤堇三百丈
　　　致☑（262·31）
（96）☑　坐劳边使者过郡饮適盐卌石输官（E. P. T51:323）

---

① 对边塞地区"谪"的讨论，参见李均明《居延汉简"適"解》（原刊《文史》第三十二辑，中华书局1990年版），收入所著《初学录》，第388—389页；徐世虹《额济纳汉简法律用语零拾》，孙家洲主编《额济纳汉简释文校本》，第237页；张俊民《敦煌悬泉汉简所见"適"与"適"令》，《兰州学刊》2009年第11期。

(97) ☐ 蓬为解毋状当教以新除故请财適三百里以戒后
（E. P. T5:6）

上述多记戍吏身份，谪罚事由，运送物品名称、数量，起讫地点等。简（92）（93）提到完成期限，简（97）言及谪罚距离。运送物品以茭居多，有以重量计算，如（91）（92）分别为 5 石、20 石；有以件数计，如（93）为 500 束，（92）所载不明，但数量也是 500 束。运输量较一般载运为重。简（95）所载"纯赤菫"是烽表所用一种大红色帛，[①] 一次运送数量为 300 丈。简（96）为载盐 40 石。按汉代有大、小石之制，小石等于大石的十分之六。汉代车辆载重量一般为 25 大石，[②] 这里所载盐 40 石接近每车可载小石的上限，疑指小石。这些运送既有运往候官的，亦有由隧及隧的直接物资调拨，呈现着管理上的灵活。

（一）涂屋、亭。戍卒有以白灰、草泥、马矢涂刷屋、亭的劳作，[③] 是边塞维护军事建筑设施的重要内容：

(98) 一人草涂关内屋上广丈三尺五寸长三丈积四百五尺
　　　（1605）

(99) 二人苇人一反还迎草涂内屋广丈三尺五寸积四百五尺率人
　　　二百二尺五寸（1669）

(100) 一人马矢涂亭户前地二百七十尺（1747）

(101) 三人马矢涂坞上内地广七尺长十丈四积七百廿八尺率二
　　　百卅尺☐☐（1760）

(102) 四人马矢涂☐☐长四丈九尺广六尺积二百九十四尺
　　　（1767）

(103) ☐☐☐涂亭东☐高四丈二尺广丈六尺积六百七十二尺率
　　　人二百廿三尺☐☐（1777）

在居延新简、敦煌马圈湾汉简、额济纳汉简发掘时多次发现坞壁房屋反复

---

[①] 沈刚：《居延汉简语词汇释》"纯赤菫"条，第 127 页。
[②] 裘锡圭：《汉简零拾》，第 8—10 页。
[③] 参见赵宠亮《行役戍备：河西汉塞吏卒的屯戍生活》第二章，第 91 页。

## 第五章 军事生活的制度史考察：性别、时序与军政运作

涂草泥并粉刷的情况，[1] 应即简（98）（99）所谓"草涂"。至于简（100）（101）（102）中的"马矢涂"，马圈湾报告执笔者指出："这种草泥使用的草屑，是以马粪中的未消化物经晾干后取得的，细碎短小，拌合的草泥黏结性强，泥皮平整、美观。在汉简资料中，有所谓'马矢涂'，即指此。"[2] 而执笔者紧接所言"这种方法，不仅使用于墙壁，亦使用于室内地面"，与简（99）"草涂内屋"的劳作可以对照。不过，简（100）（101）"马矢涂亭户前地""马矢涂坞上内地"等操作显示，所涂位置不止限于室内。[3] 简（98）（99）均为涂屋，面积均为405平方尺，不过同等工作量后者是两人承担。简（100）（103）均为涂亭，前者具体为"亭户前地"，一人工作，工作量270平方尺；后者人数不明，每人平均约223平方尺。简（101）"长十丈四"，《释文》作"长十四丈"；"二百卅尺"作"二百卌尺"。[4] 按此图版无，以3人积728平方尺计算，《释文》所释或近之。

（一二）置井、积冰。居延烽隧沿额济纳河伸展，但用水多依靠掘井。当地军事组织的命名，候官如"卅井"，部如"井东"（435·16），隧如"渠井隧"（3·14）、"当井隧"（146·77、183·6、73EJT1：36等）、"井东隧"（459·2）等，与用井有关。居延简还见有：

（104）寞井用人百卌七人凡☐（283·55）

提到为掘治新井而调用人数（或人次）有147人之多。而无井的亭隧，冬季往往还需储冰应对：

（105）☐言之其毋井者各积冰亭十石（534·9）

简文对相关亭隧需储冰额度有所提及：每亭各积冰10石。

---

[1] 甘肃居延考古队：《居延汉代遗址的发掘和新出土的简册文物》，第2页；甘肃省文物考古研究所编：《敦煌汉简》附录《敦煌马圈湾汉代烽燧遗址发掘报告》"贰 遗址形制与分期"，第52页；魏坚：《额济纳旗汉代居延遗址调查与发掘述要》，魏坚主编：《额济纳汉简》，广西师范大学出版社2005年版，第9页。

[2] 甘肃省文物考古研究所编：《敦煌汉简》附录《敦煌马圈湾汉代烽燧遗址发掘报告》"贰 遗址形制与分期"，第52页。

[3] 相关讨论还可参见陈梦家《汉代烽燧制度》，《汉简缀述》，第154—158页。

[4] 吴礽骧、李永良、马建华释校：《敦煌汉简释文》，甘肃人民出版社1991年版，第185页。

(一三)垦田。居延、敦煌边塞除戍卒守卫候望外,很多以田卒身份从事屯田:

> (106) 第四长安亲,正月乙卯初作尽八月戊戌,积而二百〔廿〕四日,用积卒二万七千一百卌三人,率日百廿一人,奇卌九人。垦田卌一顷卌四亩百廿四步,率人田卅四亩,奇卅亩百廿四步得。谷二千九百一十三石一斗一升,率人得廿四石,奇九石。(72. E. J. C: 1)①
>
> (107) ☑□玉门屯田吏高年猨田七顷给□弛刑十七人(2434)

简(106)1972年考古调查时采集于大湾,为肩水都尉府所辖屯田卒的垦田记录。简文显示"正月乙卯至八月戊戌计224天,共用劳动力27143人,平均每天121人多。共垦田41顷44亩24步,平均每人共垦田34亩。41顷44亩24步土地得谷2913石1斗一升,平均每人可得24石,当为全年的成果",②为我们了解田卒垦种的工作定额及相应效率,多有帮助。简(107)出土于敦煌,记录玉门都尉府治下的屯田情况。屯田吏高年似将田地分拨弛刑者耕种。如推测不错,17人垦种7顷土地,平均每人垦田约41.176亩。

## 四 余论

边塞军人在繁忙办公、勤苦戍守、紧张劳作之外,他们的日常生活亦有松弛一面。吏卒有较固定假日,汉简中出现有"当休"(E. P. T68: 46、2239)、"更休"(E. P. T65: 75、E. P. T65: 305B)一类记录。两汉时期的节日种类已较丰富,③其中不少在边地也在使用。如《永光五年历谱》等大量边地所出历谱中对八节(二至、二分、四立)、二祀(伏、腊)的记录,已引起学者注意。④吏卒在这些节日时多有机会得到休整,如前面提

---

① 薛英群、何双全、李永良注:《居延新简释粹》,第87—88页。
② 薛英群、何双全、李永良注:《居延新简释粹》,第88页。
③ 尚秉和:《历代社会风俗事物考》卷三九《岁时伏腊》,母庚才、刘瑞玲点校,中国书店2001年版,第413—427页;彭卫、杨振红:《中国风俗通史·秦汉卷》第十章《节日风俗》,上海文艺出版社2002年版,第620—651页。
④ 陈梦家:《汉简年历表叙》,《汉简缀述》,第234—237页。

## 第五章　军事生活的制度史考察：性别、时序与军政运作

到的腊节时，不但一般放假，而且还会向戍吏发放腊钱。吏卒外出劳作时，一般每工作几天，就可休息一日。在"卒作簿"中，"休"的记录是很常见的，[1] 或已形成一定的制度规范，如"●诘尊省卒作十日辄休一日于独不休尊何解□☒"（E. P. T59∶357）。而戍吏因病、因事还可另外请假，探病理丧，[2] 诣官就医。[3]

河西汉塞军事组织的日常办公时间，大体从平旦延续至下餔，甚至日入。候官一级机构的接待工作在上、下午各会形成一次高峰。属吏协助长官厘务，承担着每日办公中绝大部分具体工作。除此以外，他们还需"直符"检视府库。更直一日一夜，次日平旦交接。烽隧吏卒每日巡查天田，候长、候史及士吏的工作时间是在日中，隧长、隧卒则在平旦、夜食。后者还需临界期会，刻符时间即在平旦。此外，他们昼夜需定时、应时击鼓，举表，举火，报送信号，传递指令。邮路沿线者，更需为传递文书时刻待命。边塞军政多依文书实现，各类事务随时记录书写，类似后代的到簿与点检则保证了各级组织的人员纪律与办事效率。戍吏一般在月初、月末的月旦、晦日等几日最为忙碌。月簿、四时簿的上报多在此时，但上报时间实际常存在一定浮动。钱粮的发放领取时间更不严格，相关办理部门需随时处理相应事务。年度簿籍存在"九月制"与"十二月制"。在日常戍守的更多岁月里，吏卒主要进行巡视侦查，维修设施与运储物资，涉及日迹，画天田，除沙，作櫃格，伐茭、慈其、蒲、苇，治绳，治墼，涂屋，亭，负物，取薪，谪运，置井，积冰，垦田等一系列劳务。劳作的时间、任务、定额相对明确。较高劳动强度背后也体现着较高效率。辛勤工作之余，他们获得相应的休沐，各类节日也在一定时间、场合放松着他们的神经，舒缓着他们的心绪。边塞军人有着自己的娱乐休闲，[4] 有着自己的情感诉求，在这紧张与舒缓的张弛之间，实现着个人义务与帝国安全。

---

[1] 如敦煌汉简 814、869、1027、1028、1029、1030、1031、1032 等。
[2] 邢义田：《汉代边塞军队的给假、休沐与功劳制——读〈居延新简〉札记之二》；赵宠亮：《西北汉简所见边塞戍所的请销假制度》，第 16—20 页。
[3] 如敦煌汉简 "☒四月壬辰病持诣官就医出入廿日不得卒"（2038）。
[4] 赵宠亮：《行役戍备：河西汉塞吏卒的屯戍生活》第六章第二节"游艺生活"，第 319—327 页。

## 第三节　音声与军政：论秦汉军鼓及相关问题

中国古代军事活动中，常以"金鼓"为进退节制与信息传递之具。"金"指钲、铙，"鼓"指鼓、鼙。① 秦汉军鼓的使用是秦汉军事制度的重要方面，也是认识秦汉时期军队组织管理及军事文化的重要途径。由于资料有限且较为零散，相关探讨很少。② 今主要从秦汉军鼓的特征、分类，军鼓乐的相关人员身份，作战、城守、日常管理中鼓的使用几方面展开，以期增进对相关方面的认识。

### 一　"金鼓"辨正——以简牍、图像为中心

战国秦汉军队的信息指挥用具，为旗、鼓、金三类。《管子·兵法》云：

> 三官不缪，五教不乱，九章著明，则危危而无害，穷穷而无难，故能致远以数，纵强以制。三官：一曰鼓。鼓所以任也，所以起也，所以进也。二曰金。金所以坐也，所以退也，所以免也。三曰旗。旗所以立兵也，所以利兵也，所以偃兵也。此之谓三官。有三令而兵法治也。③

"五教"是五种教习、训练兵卒的方法，"九章"是九种环境下的行军。而"三官"——鼓、金、旗——作为军事调动时三种号令指挥，则居二

---

① "金鼓"有时或被理解作其一种。《汉书》卷五七上《司马相如传上》："拟金鼓，吹鸣籁。"颜注："金鼓谓钲也。"中华书局1962年点校本，第2542页。《释名·释兵》："金鼓。金，禁也，为进退之禁也。"刘熙撰，毕沅疏证，王先谦补：《释名疏证补》，中华书局2008年版，第247页。

② 以往研究，多在器物研究的乐器条目下统而论之。代表性如林巳奈夫《漢代の文物》"九　樂器"，京都大学人文科学研究所1976年版，第422—424页；萧亢达：《汉代乐舞百戏艺术研究》，文物出版社1991年版，第71—89页，2010年修订版（下文引用据后者）；李纯一：《中国上古出土乐器综论》，文物出版社1996年版，第1—29页；王子初：《中国音乐考古学》，福建教育出版社2003年版，第305—364页。而专论很少，如孙机《汉代物质文化资料图说》（增订本）"39 旌旗、符节、金鼓、骑吹"，上海古籍出版社2008年版（文物出版社1990年初版），第176—180页；王子初：《音乐考古》，文物出版社2006年版，第69—77、130—147页。

③ 黎翔凤撰，梁运华整理：《管子校注》卷六，中华书局2004年版，第319页。

## 第五章 军事生活的制度史考察：性别、时序与军政运作

者之前。所谓"有三令而兵法治也"。而"鼓所以任也，所以起也，所以进也"，① 作为指挥作战、发起进攻的号令所出，又居"三官"之首。《司马法·严位》"凡鼓：鼓旌旗，鼓车，鼓马，鼓徒，鼓兵，鼓首，鼓足，七鼓兼齐"，所言军鼓七种指挥功能，第一种即为指挥旌旗。《吴子·治兵》还见有"闻鼓声合，然后举旗"的说法，也是先"鼓"后"旗"。

金鼓分类，较早见《周礼·地官·鼓人》"鼓人掌教六鼓四金之音声。以节声乐。以和军旅。以正田役。教为鼓。而辨其声用。以雷鼓鼓神祀。以灵鼓鼓社祭。以路鼓鼓鬼享。以鼖鼓鼓军事。以鼛鼓鼓役事。以晋鼓鼓金奏。以金錞和鼓。以金镯节鼓。以金铙止鼓。以金铎通鼓"②，习惯多称作"六鼓四金"。所叙顺序为前"鼓"后"金"，"金"主要辅助"鼓"，作节制之用。先秦"国之大事，在祀与戎"，"六鼓"按重要性由高到低排列，也是祀事在前，戎事在后。③ 郑注并提示各鼓形制、尺寸差异。雷鼓、灵鼓、路鼓为八、六、四面，至"鼓军事"之"鼖鼓"以下，始为两面。④ "四金"是錞、镯、铙、铎。錞即錞于。铙出现较早，体短而阔，无舌，有小大之分。中空短柄在插入木柄后，或手执、或口朝上置于座上。铎有舌，是大铃的一种。⑤ 至于镯，郑注："镯，钲也，行如小钟，军行鸣之，以为鼓节。"⑥ 今人钱玄更言："按《周礼》无'钲'字，即用'镯'字。"⑦《周礼·夏官·大司马》记田猎时，"车徒皆作鼓行。鸣镯。车徒皆行。及表乃止"，"车徒皆作鼓进。鸣镯。车骤徒趋。及表

---

① 江瀚云："任"，当也。《春秋传》所云，"一鼓作气"也。郭沫若、闻一多、许维遹：《管子集校》，科学出版社1956年版，第254页。

② 《周礼注疏》卷一二，阮元校刻：《十三经注疏》，中华书局1980年影印本，第720页中、下栏至721页上栏。

③ 祀事的"神""社""鬼"，由高到低对应天神、地祇、宗庙。戎事依性质、程度，则先军后役。"金奏"指镈钟类乐器演奏，故在最后。

④ 《说文·鼓部》"鼖，大鼓谓之鼖。鼖，八尺而两面，以鼓军事。从鼓贲省声"。《尔雅·释乐》"大鼓谓之鼖，小鼓谓之应"。

⑤ 錞于、铙、铎的考述，参见马承源主编《中国青铜器》第七节，上海古籍出版社1988年版，第280—283、292—293、296—298页；朱凤瀚《中国青铜器综论》第四章，上海古籍出版社2009年版，第333—343、381—387页。

⑥ 《说文·金部》"镯，钲也。从金，蜀声。军法：司马执镯"。

⑦ 钱玄：《三礼通论》，南京师范大学出版社1996年版，第262页。按《汉语大词典》《汉语大字典》等辞书多解释"镯"为"钟状的铃"，易生歧义。铃形小而有舌，"镯"如为"钲"，则形大而无舌。

乃止",及"乃鼓。退。鸣铙且却。及表乃止",有助于增进对"以金镯节鼓,以金铙止鼓"的认识。

秦汉军事用金鼓,较早材料见秦始皇陵兵马俑坑1号坑。T10 五过洞、T2 二过洞车舆所存鼓迹处,各发现有三件鼓环,对应两枚军鼓。① 以标本 T10G5:01242 为例,鼓环为"环首、柄作方键形,柄上有长方形穿,穿内横贯一长方形铜片"。此外,九过洞车前及五过洞车的右前角各出土有一件甬钟。② 又,尹湾汉简《武库永始四年兵车器集簿》中具体提到:

  武库永始四年兵车器集簿（1）
  乘舆鼓＝鼙八百廿四（35）
  乘舆木枹千（?）三百廿五（36）
  乘舆钲车鼓车武靡手车十八乘（37）
  乘舆鼓二百一十五（42）
  乘舆淳于钲铎卌四（43）（以上为第二栏）
  乘舆鼓上桦卌五（45）
  乘舆鼓枹百廿七（47）
  乘舆鼓柎五十六（48）
  乘舆木钲椎? 廿一（51）
  ●右乘舆兵车器五十八物十一万四千六百九十三（58）
  鼓鼙四千七百廿五（128）
  鼓柎百廿（130）
  鼓枹四千二百卌三（131）
  鼓枑八百卌三（132）
  淳于钲铙铎千八十（133）
  鼙柎卌四（137）

---

① 陕西省考古研究所始皇陵秦俑坑考古发掘队编著:《秦始皇陵兵马俑坑一号坑发掘报告（1974—1984）》,文物出版社 1988 年版,上册,第 229、231 页。
② 陕西省考古研究所始皇陵秦俑坑考古发掘队编著:《秦始皇陵兵马俑坑一号坑发掘报告（1974—1984）》,上册,第 229—230 页;下册,第 175 页。按:王学理改名作"铎"（《指挥系统与指挥权——秦俑阵营里透漏的信息》,《文博》1988 年第 3 期）。不过,此两器内部均既无舌又无纳舌装置。另有意见将其定为钲（李纯一:《中国上古出土乐器综论》,第 314 页）,未见解释。这里暂从原整理者意见。"四金"之外,"金鼓"之"金"可能还涉及甬钟。

## 第五章 军事生活的制度史考察：性别、时序与军政运作

　　钲淳于椎六百一十四（139）（以上正面）
　　将军兵车比二千石将□鼓车一十六乘（157）
　　钲车八乘（159）
　　鼓车六乘（160）
　　鼓上饬十（221）
　　●右库兵车种（？）百八十二物二千三百一十五万三千七百九十四（236）
　　●凡兵车器种二百卌物三〈二〉千三百廿六万八千四百八十七（237）（背面）①

此为尹湾汉墓 M6 所出 6 号木牍。据篇题，年代为西汉成帝永始四年（前13）。木牍两面书写，正面 6 栏、背面 5 栏。据笔者重新统计，每栏实际为 21—26 行，每行 2—25 字。记录分乘舆兵、车器与库兵、车器两类。每类及全篇结尾皆有集计，共 140 种，23268487 件。②李均明已对此木牍做有较全面分析，并认为所记武库性质"有可能是汉朝设于东南地区的大武库"。③

　　而从上所摘引涉及"金鼓"内容的简文，我们又可获知以下几点认识。军事上使用的鼓、钲等器物，当时可直接称为"兵器"；鼓车、钲

---

①　连云港市博物馆、东海县博物馆、中国文物研究所、中国社会科学院简帛研究中心编：《尹湾汉墓简牍》，中华书局 1997 年版，第 103—118 页。按简文后括号内数字为第一栏第一行以下的顺序号。

②　连云港市博物馆、东海县博物馆、中国文物研究所、中国社会科学院简帛研究中心编：《尹湾汉墓简牍》"前言"，第 2 页。

③　李均明：《尹湾汉简出土"武库永始四年兵车器集簿"初探》，收入连云港市博物馆、中国文物研究所编《尹湾汉墓简牍综论》，科学出版社 1999 年版，第 86—120 页。相关探讨又参见张显成《尹湾汉简释读短札——读〈武库永始四年兵车器集簿〉》，《古籍整理研究学刊》1999 年第 4 期，修订稿题《尹湾汉简〈武库永始四年兵车器集簿〉名物释读札记》，李学勤、谢桂华主编《简帛研究二〇〇一》，广西师范大学出版社 2001 年版，第 437—442 页；李斌《从尹湾〈武库永始四年兵车器集簿〉看汉代兵种构成》，《中国历史文物》2002 年第 5 期；李成珪《前汉长安武库收藏目录之发现——关于尹湾简牍〈武库永始四年兵车器集簿〉之探讨》，长沙市文物考古研究所编《长沙三国吴简暨百年来简帛发现与研究国际学术研讨会论文集》，中华书局 2005 年版，第 411—437 页；谢绍鹢《江苏尹湾汉简所见的武库与使节辨析》，《西域研究》2009 年第 2 期。

373

车，则归属"车器"。① 关于"乘舆鼓₌鼙八百廿四"（35），李均明注意到下文复提到"乘舆鼓二百一十五"（42），并结合山东沂南画像砖、河南新野画像砖，指出前者应是"配套使用的大鼓与小鼓"。② 由此，鼓具体分作成套的"鼓、鼓鼙"及单独使用的鼓、鼙。敲击用具有"木枹""鼓枹"，③ 承鼓的阑足有"鼓柎""鼙柎"。此外，又见有"鼓上华""鼓上饬"。"鼓上华"，李文已释。而"饬""饰"通假。④ "鼓上饬"即"鼓上饰"，同为鼓上所使用的装饰。

与鼓相对的"金"，《兵车器集簿》所见主要是淳于、钲、铙、铎。这与《周礼·地官·鼓人》所记"四金"的叙述顺序颇为近似。唯"镯"，《兵车器集簿》作"钲"，可一定程度印证前引钱说。淳于即錞于，有意见认为"战国晚期以后的北方地区，錞于确实不再流行，故而出现上引《北史》所言人多不识錞于的情况"。⑤ 按《北史》所载，本自《周书》卷二六《斛斯征传》"自魏孝武西迁，雅乐废缺，征博采遗逸，稽诸典故，创新改旧，方始备焉。又乐有錞于者，近代绝无此器，或有自蜀得之，皆莫之识"。北朝距东汉已二百年，不能简单推之以说明两汉情形。尹湾汉简出土地西汉属东海郡、徐州刺史部，仍位于北方地区。而《兵车器集簿》中无论乘舆兵器，还是库兵器，涉及金属敲击的军乐多以"淳于"居首，显示其地位依然重要且使用普遍。西安六村堡西汉手工业遗址出土有题"严鼓击钝（錞）于左臂"（85）的乐俑范残件。⑥ 此外，时代西汉初期的山东淄博齐王墓3号陪葬坑，发掘者指出性质属"兵器仪仗坑"。其中埋藏铜镞、木弓、弩机、箭杆、弹丸等5000余件，同时就出土有一件錞于。时代西汉吕后的山东章丘洛庄汉墓，其中14号陪葬坑

---

① 悬泉汉简新见"□六月余大将军衡鼓车㭒带二完（ⅠT0110①:34）"，"传马一匹骊牝齿十一岁高六尺名曰温骊十月庚午送大鼓车□□□□病中不能饮食使□□□（ⅡT0216①:13）"（牛路军、张俊民：《悬泉汉简所见鼓与鼓令》，《敦煌研究》2009年第2期）。前者并可与这里"将军兵车比二千石将□鼓车一十六乘"（157）联系思考。
② 李均明：《尹湾汉简出土"武库永始四年兵车器集簿"初探》，第110页。
③ 居延汉简有"卅井吞虏隧鼓枎各一"（1976年甘肃文物队居延调查所得）。"枹"又写作"枎"。简文参见初师宾《汉边塞守御器备略》，甘肃省文物工作队、甘肃省博物馆编《汉简研究文集》，甘肃人民出版社1984年版，第171页。
④ 高亨纂著，董治安整理：《古字通假会典》，齐鲁书社1989年版，第416页。
⑤ 朱凤瀚：《中国青铜器综论》第四章，第383页。
⑥ 熊长云：《孚堂藏秦汉陶范所涉名物丛考》，收入《孚堂藏秦汉陶范题刻》，中华书局，待刊。

## 第五章　军事生活的制度史考察：性别、时序与军政运作

也出土有一件錞于，① 均可作为例证。

至于敲撞金属军乐的用具，《兵车器集簿》提到有"乘舆木钲椎？廿一（51）""钲錞于椎六百一十四（139）"。与"枹"相对，称作"椎"。并且在使用"椎"上，更多被提及的是"钲"及"錞于"。按錞于上端多有钮，一般悬挂起来敲打。② 而钲如何使用，需要考虑。以往有意见认为"钲的使用方法当与铙相类，亦是使其口向上敲击发音的"，并据李纯一意见，特别提到"钲从其铭文走向判断其使用方法并不合宜"。③ 仅据铭文走向判断使用方法，确需审慎。不过，目前所见两周铜钲，实际多有柄端有环、以供悬挂者。④ 这一情形同样不宜忽视。至于汉代铜钲，"三年平周钲"、"新莽候骑钲"只有铭文流传，形制不详。⑤ 山东章丘洛庄汉墓14号陪葬坑出土有一件铜钲，甬为空心圆筒状，一侧有小圆孔；⑥ 河南襄城所出新莽天凤四年铜钲，柄中部有半圆形环；⑦ 新莽地皇二年候骑钲，"甬与钲身连接处有可用于穿系悬挂的钮"；⑧ 湘西土家族苗族自治州博物馆藏东汉"凤凰牯牛坪钲"，甬首端附十字形环钮。⑨ 四器应均可系绳，进行悬挂。联系尹湾汉简《兵车器集簿》中，相对"鼓柎""鼙柎"，却暂未发现固定与安置金属乐器的阑足、器座，这里与錞于一并叙述的钲，很可能也是悬挂起来进行敲击。前举章丘洛庄发现有"铜錞于、钲、铃乐器架"一套，架子的"梁上等距离嵌入三个铁吊环，自南向北分别悬

---

① 济南市考古研究所等：《山东章丘市洛庄汉墓陪葬坑的清理》，《考古》2004年第8期。
② 早期论说见洪迈《容斋随笔》卷一一"古錞于"条，孔凡礼点校，中华书局2005年版，第348—349页。
③ 朱凤瀚：《中国青铜器综论》第四章，第376页；李纯一：《无者俞器为钲说》，《考古》1986年第4期。
④ 相关资料参见高至喜《两周铜钲研究》，《考古学报》2006年第3期。
⑤ 薛尚功：《历代钟鼎彝器款识法帖》，中华书局1986年影印本，第105页上栏；罗振玉：《贞松堂集古遗文》，北京图书馆出版社2003年影印本，第297页。
⑥ 济南市考古研究所等：《山东章丘市洛庄汉墓陪葬坑的清理》，第9页。又，孙机提到"山东临淄齐王墓3号陪葬坑出土一钲"[《汉代物质文化资料图说》（增订本），第179页]。按原发掘简报中称"甬钟"。且据所绘线图，属"甬钟"可能性大，故这里暂不纳入讨论。
⑦ 姚垒：《襄城县出土新莽天凤四年铜钲》，《中原文物》1981年第2期。
⑧ 呼啸：《新见王莽地皇二年侯骑钲考论》，《秦汉研究》（第五辑），陕西人民出版社2007年版，第178—182页；《新见王莽地皇二年侯骑钲》，《上海文博论丛》2011年第3期。
⑨ 此钲"1976年9月出土于湘西凤凰县竿子坪乡牯牛坪村，同时出土的还有铜壶、东汉五铢钱等物，铜钲共2件，此为其中之一"。《中国音乐文物大系Ⅱ　湖南卷》，大象出版社2006年版，第149页。

挂着镎于、钲和铃各一件"，① 亦可为证。

　　汉代画像中乐舞题材丰富，而直接反映军鼓的材料却不多。② 战国铜器花纹有一类"水陆攻战图"，③ 出现有军鼓。如山彪镇铜鉴花纹有三座建鼓，④ 均位于战船船尾，用以指挥作战。建鼓上端植有羽旌，有的还横置击鼓者随身携带的戟；下端为半圆形鼓跗，⑤ 自鼓跗各有一向上挑起的圆形物。学界一般有两种意见，一种认为是丁宁，即钲一类金属乐器。⑥ 另一种则认为是小鼓。⑦ 前者举《左传·宣公四年》"伯棼射王汰辀，及鼓跗，著于丁宁"。而潞城潞河战国墓所出铜匜，刻画有鼓下置钲者，⑧ 与《左传》记载相合。⑨ 问题似乎已经解决。

　　不过，潞河战国墓铜匜所刻画鼓下为何物，还可以讨论。⑩ 而山彪镇水陆攻战图中人物、兵器、用具刻画，无疑较铜匜又更为写实。这种情形下，唯独构图之中的"丁宁"均改绘作较为抽象难辨的圆形，使人略感疑惑。从其他画像看，不仅钟镈，即便形体不大的铃、铎一类，在与鼓出现在同一画面时也是较为写实的。⑪ 而在汉代画像中，建鼓周围所置除

---

　　① 济南市考古研究所等：《山东章丘市洛庄汉墓陪葬坑的清理》，第 9 页及图版陆—3。
　　② 孙机：《汉代物质文化资料图说》（增订本）"39 旌旗，符节，金鼓，骑吹"，第 176—180 页。
　　③ 目前发现四种，资料介绍及分析参见李零《中国的水陆攻战图和亚述的水陆攻战图》，收入所著《入山与出塞》，文物出版社 2004 年版，第 364—377 页。
　　④ 郭宝钧：《山彪镇与琉璃阁》，科学出版社 1959 年版，山彪镇 M1:56 铜鉴花纹。
　　⑤ 先秦鼓座偶见于湖北、安徽等地，资料不多，近年发现有春秋晋国蟠螭纹青铜鼓座，形制上均与此十分相似。参见安徽省文物工作队《安徽舒城九里墩春秋墓》，《考古学报》1982 年第 2 期；擂鼓墩二号墓清理发掘组《随州市擂鼓墩二号墓出土一批重要文物》，《江汉考古》1981 年第 1 期；湖北省博物馆、随州市博物馆《湖北随州擂鼓墩二号墓发掘简报》，《文物》1985 年第 1 期；《保利艺术博物馆藏青铜器》，保利艺术博物馆 2006 年版，第 25 页。
　　⑥ 郭宝钧：《山彪镇与琉璃阁》，第 23 页。杨泓、李零、孙机等多赞同此说。
　　⑦ 萧亢达：《汉代乐舞百戏艺术研究》，第 61—62 页。
　　⑧ 山西省考古研究所等：《山西省潞城县潞河战国墓》，《文物》1986 年第 6 期，M7:156—6。
　　⑨ 朱凤瀚：《中国青铜器综论》第四章，第 397 页。
　　⑩ 李纯一将此类形制者多归入"铙"。参见所著《中国上古出土乐器综论》，第 321—323 页。
　　⑪ 南阳市博物馆、方城县文化馆：《河南方城东关汉画像石墓》，《文物》1980 年第 3 期，第 71 页图六。

## 第五章 军事生活的制度史考察：性别、时序与军政运作

钲、铃外，更多是小鼓，数量一至四者不等，具体图像正为圆形。① 考古资料可以进一步证实这一认识。前举洛庄汉墓同时出土有建鼓一套。发掘执笔者指出，"在大鼓的南北侧分别有2件小鼓"，"每件小鼓上均镶嵌着1件铜榫形插件，以与大鼓插件相接。另外，还发现铜销钉2件，其大小正好插入铜插件的旁孔中，它们是用于固定插件的"。② 至于周围小鼓与建鼓形成组合，除通过悬挂、榫卯固定外，还有另伸支架以承托者。如常见的沂南汉画像石戏车。③ 大鼓下另有支架，承托有小鼓一枚。此画像设计较为立体，更多图像还是二维视角的刻画：由建鼓中部或鼓跗伸出两个支架，其上各承托一圆形物。④ 将这些与置于地上的鼙鼓，⑤ 及大鼓周围所悬挂小鼓比较，彼此是相像的。而支架承托小鼓的这种造型，又与水陆攻战图中所见军鼓图像，颇为类似。如再参考前引尹湾汉简《兵车器集簿》所提示的三点信息：（1）相对"乘舆鼓"，出现有"乘舆鼓、鼓鼙"；（2）钲暂未见到用以安插的器座，似多悬挂使用；（3）乘舆车与库车中，鼓车、钲车均各为一类，即钲并非简单安装到鼓架上，组合使用。军鼓在配套组合时，更多是形成"鼓、鼓鼙"一类组合鼓的情形，同样值得关注。

### 二 鼓下卒、鼓史及歌人身份考析

文献常见"鼓下"一语，实指军门所立建鼓处。《后汉书》卷一七《岑彭传》"光武知其谋，大怒，收（韩）歆置鼓下，将斩之"。李贤注："中军将最尊，自执旗鼓。若置营，则立旗以为军门，并设鼓，戮人必于其下。"⑥ 西北汉简中见有"鼓下卒"、鼓下"徒"，及"鼓下官奴"等身份：

---

① 孙机：《汉代物质文化资料图说》（增订本）"96 乐器 I 打击乐器"，第435页；萧亢达：《汉代乐舞百戏艺术研究》，第61—62、71页；李均明：《尹湾汉简出土"武库永始四年兵车器集簿"初探》，第110页。
② 济南市考古研究所等：《山东章丘市洛庄汉墓陪葬坑的清理》，第9页。
③ 曾昭燏、蒋宝庚、黎忠义：《沂南古画像石墓发掘报告》，文化部文物管理局1956年版，图版98。
④ 汤池主编：《中国画像石全集》第四卷《江苏、安徽、浙江汉画像石》，山东美术出版社2000年版，第12页；萧亢达：《汉代乐舞百戏艺术研究》，第65—66页。
⑤ 萧亢达：《汉代乐舞百戏艺术研究》，第65页。
⑥ 中华本校勘记："中〔军〕将（军）最尊 据《刊误》改。"《后汉书》，中华书局1965年点校本，第672页。

应皆署鼓下为罢卒治车至五月甲子罢食食起应乃遂成出就事与遂成所持刀（19·33A）

乙卯鼓下卒十人徒一人（513·29）

戊午鼓下卒十人徒二人（509·16）①

□县泉佐赏受鼓下赵子春（ⅡT0114②:43）②

以食鼓下官奴庆等十五人，迎护羌使者……（I0116②:7）③

陈梦家就居延简"鼓下卒"称"凡此或为屯戍军中的鼓卒，与报警之鼓恐有分别"，后有学人以为"具体所指似为一处所或机构"。④ 简19·33A作"皆署鼓下"。简513·29、509·16，均出土于大湾（A35），⑤ 编号临近，可能属同一简册。"戊午"为"乙卯"后第三日。官方每日对相关群体似尚有所点检。鼓下卒、徒是否存在轮直情形，也值得考虑。

军中专司军鼓者称鼓吏，长沙走马楼吴简见有：

孙方吏士卌五人嘉禾二年十一月直其一人三斛卌二人人二斛二人皷（鼓）史人一斛五斗其（贰·3880）

嘉禾元年十一月直其六十九人人二斛八人鼓史人一斛五斗□讶奉（俸）米四斛其□☒（贰·7495）

嘉禾元年四月全残□□其一人全直（？）四斛六十人凌人一斛十人皷（鼓）史人五斗嘉禾元（贰·9079）⑥

《潜夫论·救边》提到"今数州屯兵十余万人，皆廪食县官，岁数百万

---

① 谢桂华、李均明、朱国炤：《居延汉简释文合校》，文物出版社1987年版，第31、623、615页。

② 牛路军、张俊民：《悬泉汉简所见鼓与鼓令》，第51页。

③ 胡平生、张德芳：《敦煌悬泉汉简释粹》，上海古籍出版社2001年版，第226页。

④ 以上参见赵宠亮《居延新简〈女子齐通耐所责秦恭鼓事〉残册复原与研究》，武汉大学简帛研究中心主办《简帛》（第五辑），上海古籍出版社2010年版，第412页。

⑤ 谢桂华、李均明、朱国炤：《居延汉简释文合校》，第867、871页。

⑥ 长沙简牍博物馆、中国文物研究所、北京大学历史学系 走马楼简牍整理组编著：《长沙走马楼三国吴简·竹简〔贰〕》，文物出版社2007年版，第796、870、902页。按简贰·9079首字低格书写。

## 第五章 军事生活的制度史考察：性别、时序与军政运作

斛，又有月直"。① 上引当为嘉禾元年（232）、二年（233）军队吏士领取月直简。依获粮数量，"鼓史"在军中地位低于一般兵士。《续汉书·百官志五》刘昭注补引《汉官仪》提到地方社会上的鼓吏形貌，可供参考："鼓吏赤帻行縢，带剑佩刀，持楯被甲，设矛戟，习射。"而《后汉书》卷八〇下《文苑列传·祢衡》载曹操"闻衡善击鼓，乃召为鼓史，因大会宾客，阅试音节，诸史过者，皆令脱其故衣，更著岑牟单绞之服"。李贤注引《通史志》"岑牟，鼓角士胄也"。当时"鼓角士"，尚有专门盔胄。

军队中除鼓下吏、鼓史外，还见有"歌人"身份：

出歌人伯史名（511·23A）
■右歌人十九人（511·23B）②

王子今较早关注这则材料，并进行了深入全面的分析。③ 特别作者在讨论"歌人"和边塞军人生活的关系时，注意与"出入名籍"结合来考虑相关劳军性质，并留心南北朝以后出现的"营妓""营倡"身份，给人启示颇多。④ 这里在此基础上略作探讨。按简511·23背面作"右歌人十九人"，字首并加方形墨点，作为"提示小结与合计"，⑤ 属木简正面。此简正、背面的标识似可对调。而简文"出歌人伯史名"中，"歌人"之下紧接书写有"伯史"语，需要注意。这实际交代了两种身份。此简之前，或另有"右伯史若干人"的小计。关于"伯史"身份，《续汉书·百官志三》"少府"条记"尚书"，本注曰"左丞主吏民章报及驺伯史"。"驺伯史"，当断作"驺、伯史"，是两类群体。汉代"驺"有"驾驺""驺骑"两

---

① 王符著，汪继培笺，彭铎校正：《潜夫论笺校正》卷五，中华书局1985年版，第267页。
② 谢桂华、李均明、朱国炤：《居延汉简释文合校》，第619页。
③ 王子今：《居延汉简"歌人"考论》，收入所著《古史性别研究丛稿》，社会科学文献出版社2004年版，第243—253页。
④ 王子今：《居延汉简"歌人"考论》，第251—252页。又，陈直、沈颂金推测这里"歌人"为秋射服务，但未展开分析。《汉书新证》，中华书局2008年版，第377页；《二十世纪简帛学研究》，学苑出版社，2003年，第267页。
⑤ 李均明、刘军：《简牍文书学》，广西教育出版社1999年版，第73—74页。

379

种。① 尚书左丞所主"驺",或是"驺骑"一类。而"伯史",文献更多写作"伯使"。蔡质《汉官典职仪式选用》提到"尚书郎伯使二人……伯使从至止车门还"。② "伯使"为官府驱使以供服务之人。而应劭《汉官仪》的记载值得注意:"伯使,主为诸侯官驱,使避路于道陌中,故言伯使。"③ 《中国历代官制大辞典》"伯使"条"吏名,汉朝置。掌为诸官驱使清路"的解释,④ 或据此而来。这与高级官员出行时,仪仗队列中的"伍伯""辟车"有类似的地方,⑤ 且名称上也较相近。由此而言,"伯使""伯史"主要为官府驱使,而充当出行仪仗者。简文"歌人"与"伯史"连称,对判断前者身份当有帮助。

《汉书》卷七六《韩延寿传》又记:

> 延寿在东郡时,试骑士,治饰兵车,画龙虎朱爵。延寿衣黄纨方领,驾四马,傅总,建幢棨,植羽葆,鼓车歌车。……歌者先居射室,望见延寿车,噭咷楚歌。延寿坐射室,骑吏持戟夹陛列立。

"鼓车歌车",孟康曰:"如今郊驾时车上鼓吹也。"在韩延寿主持的东郡都试中,"歌车"与"鼓车"并举。因韩氏后以仪式僭越而被定罪,这类用车应是出现在更高等级的军队校阅中。"歌车",推想当是歌者立于特制车上讴歌。"鼓车"亦属军用车种。除前举尹湾《兵车器集簿》外,《后汉书》卷七六《循吏列传·序》云"建武十三年(37),异国有献名马者,日行千里,又进宝剑,贾兼百金,诏以马驾鼓车,剑赐骑士"。它国所献千里马被用驾鼓车,而"鼓车"又特别与"骑士"对举,正反映了这种性质。《汉书》卷五三《武五子传》记燕剌王刘旦觊觎帝位,"遂招来郡国奸人,赋敛铜铁作甲兵,数阅其车骑材官卒,建旌旗鼓车",

---

① 阎步克:《从爵本位到官本位:秦汉官僚品位结构研究》下编第四章,生活·读书·新知三联书店2009年版,第375—376页。
② 孙星衍等辑:《汉官六种》,周天游点校,中华书局1990年版,第206页。校勘记:"诸引中唯《后汉书·钟离意传》注引作'伯使一人。'"第213页。
③ 孙星衍等辑:《汉官六种》,周天游点校,第155页。
④ 吕宗力:《中国历代官制大辞典》,北京出版社1994年版,第435页。
⑤ 《续汉书·舆服志上》:"璅弩车前伍伯,公八人,中二千石、二千石六百石皆四人,自四百石以下至二百石皆二人。黄绶,武官伍伯,文官辟车。铃下、侍阁、门兰、部署、街里走卒,皆有程品,多少随所典领。驿马三十里一置,卒皆赤帻绛韝云。"第3651页。

## 第五章 军事生活的制度史考察：性别、时序与军政运作

《后汉书》卷二二《景丹传》李贤注引《续汉书》"南巒贼迎击上营，得上鼓车辎重数乘"。而"歌者先居射室""嗷呲楚歌"，则体现"歌者"在内郡都试中不可或缺的角色特征。前引"歌人"简出土于大湾（A35），即肩水都尉府所在地。作为张掖郡部都尉，肩水都尉在当时军事检阅等活动中使用"歌人"，是可能的。①

关于汉魏时演奏军乐的"鼓吹""横吹"，学界已有较好讨论，②这些乐音即便已纳入官方礼乐系统，原本的"军乐"特征，仍很大程度得到保留。《续汉书·礼仪志中》刘昭注补引蔡邕《礼乐志》"汉乐四品：……三曰《黄门鼓吹》，天子所以宴乐群臣，《诗》所谓'坎坎鼓我，蹲蹲舞我'者也。其短箫、铙歌，军乐也"。这里，《黄门鼓吹》虽已被作为"宴乐群臣"之用，但"短箫、铙歌，军乐也"的特性，还是被特别提及。西汉哀帝时，官方礼乐中"郑声"一类淫侈乐音充斥，于是有"罢乐府官"之举："郊祭乐及古兵法武乐，在经非郑卫之乐者，条奏，别属他官。"③"郊祭乐"外，主要保留的就是"古兵法武乐"。丞相孔光、大司空何武奏言并提到具体情形："郊祭乐人员六十二人，给祠南北郊。大乐鼓员六人，《嘉至》鼓员十人，邯郸鼓员二人，骑吹鼓员三人，江南鼓员二人，淮南鼓员四人，巴俞鼓员三十六人，歌鼓员二十四人，楚严鼓员一人，梁皇鼓员四人，临淮鼓员三十五人，兹邡鼓员三人，凡鼓十二，员百二十八人，朝贺置酒陈殿下，应古兵法。""别属他官"而得到保留的鼓乐，均属"朝贺置酒陈殿下，应古兵法"者。而相关的鼓吹、歌者具有武吏身份。《宋书》卷一八《礼志五》提到"黄门鼓吹、及钉官仆射、黄门鼓吹史主事、诸官鼓吹……给绛褠，武冠"。又，《后汉书》卷五《安帝纪》提到"壬午，诏太仆、少府减黄门鼓吹，以补羽林士"。安帝为示俭约，特减黄门鼓吹。而前者"补羽林士"，与原本身份特征或有关系。

由上而言，居延汉简所见"歌人"，由张掖郡肩水都尉府直接统领，是军队中供长官驱使，主要在列阵、校阅等场合充任仪仗、参与仪式的群体。

---

① 陈直考察《韩延寿传》，云"居延汉简甲编八七页，有简文云：'右歌人十九人。'盖为张掖太守举行秋射时之歌者，与本传文正合"。《汉书新证》，第396页。
② 杨泓：《中国古兵器论丛》（增订本）"拾贰 汉魏六朝的军乐——'鼓吹'和'横吹'"，第386—396页。
③ 《汉书》卷二二《礼乐志》，第1073页。

## 三 征行、城守与军鼓使用

军鼓如何使用？在征行、城守、驻屯候望及传舍管理中又如何发挥作用呢？

《吴子·治兵》提及兵众动员："乡里相比，什伍相保。一鼓整兵，二鼓习陈，三鼓趋食，四鼓严辨，五鼓就行。闻鼓声合，然后举旗。"大体分单击与合擂。单击有五轮，分别进行操持兵器、演习阵法、迅速就食、就绪装备、集合整队。之后军鼓合擂，树起旗帜。对于已组军队，统帅借助军鼓，进行全方面指挥。前引《司马法·严位》"七鼓兼齐"，即涉及信号、兵种、器械、人员朝向及步伐等多种。

至于进一步指挥，孙武操练吴王宫中姬妾提到："约束既布，乃设铁钺，即三令五申之。于是鼓之右"，"复三令五申而鼓之左"。[①] 青海大通上孙家寨115号汉墓木简见有"闻鼓音，左部前曲左右官后，遂皆左间，客□"（329）、[②]"鼓音，左部前曲左"（330）、"前，复闻鼓音"（332）、"□右官，鼓之，右部前"（384）内容的残简，[③] 亦有体现。在诸妇人"大笑"不听指挥，孙武"斩队长二人以徇"加以整肃后，"于是复鼓之。妇人左右前后跪起皆中规矩绳墨，无敢出声"。列阵后按鼓声操练，有"规矩绳墨"的严格规范。前、后、左、右进退外，基本内容还包括原地跪、起。[④]

两军对阵时，《尉缭子·勒卒令》提到"金、鼓、铃、旗四者各有法。鼓之则进，重鼓则击。金之则止，重金则退"。《史记》卷九二《淮阴侯列传》云"平旦，信建大将之旗鼓，鼓行出井陉口，赵开壁击之，大战良久"，当属"鼓之则进"。杨泓论古代车战，还提示"车上的指挥

---

[①] 《史记》卷六五《孙子吴起列传》，第2161页。《尉缭子·勒卒令》提到"一鼓一击而左，一鼓一击而右"。

[②] 李零指出，简文所见汉代军队编制，"官"分左右，二"官"为"曲"，统100人，官长称"官吏卒长""五百将""五百"（《青海大通县上孙家寨汉简性质小议》，《考古》1983年第6期）。这里"左右官"当均属"左部前曲"。

[③] 李均明、何双全编：《散见简牍合辑》，文物出版社1990年版，第35、38页。标点为笔者所加。

[④] 《周礼·夏官·大司马》"质明弊旗，诛后至者，乃陈车徒。如战之陈。皆坐。……司马振铎，群吏作旗，车徒皆作。……三鼓摝铎。群吏弊旗。车徒皆坐。又三鼓，振铎、作旗，车徒皆作"，及冲锋、后撤"及表乃止。坐作如初"中，多次出现的"坐""作"，应即指"跪""起"一类行动。

382

系统。它们安置在主将和各级将领的车上",其中"一种是指挥进攻的鼓。其余的战车都是跟着主将的鼓声向前冲锋的,所以在战斗开始以后,主将不论遇到什么情况,都要保持鼓声不停"。[1]《尉缭子·勒卒令》又云"一步一鼓,步鼓也。十步一鼓,趋鼓也,音不绝,骛鼓也。商,将鼓也。角,帅鼓也,小鼓,伯鼓也。三鼓同,则将、帅、伯其心一也。奇兵则反是。鼓失次者有诛,喧哗者有诛,不听金、鼓、铃、旗者有诛"。这又反映两点:一是军鼓依敲击频率,来指挥军队齐步、快步或是跑步前进。所谓"步鼓""趋鼓""骛鼓"也;二是军鼓还凭所发音调、音色,体现命令发出者身份。[2]

夜战时,军鼓作用更为重要。《孙子·军争》云"夜战多火鼓,昼战多旌旗",《吴子·应变》云"凡战之法,昼以旌旗旛麾为节,夜以金鼓笳笛为节",银雀山汉简《孙膑兵法·势备》也提到"权者,昼多旗,夜多鼓,所以送战也"(三六二)。[3] 李陵领步卒与匈奴大战后,欲退往遮虏鄣,有"夜半时,击鼓起士,鼓不鸣"的描述。[4] 班超发于寘击莎车,龟兹亦发兵助莎车。班超召将校及于寘王谋议,又有"今兵少不敌,其计莫若各散去。于寘从是而东,长史亦于此西归,可须夜鼓声而发"的计谋。[5] 而夜间警戒更依靠击鼓。《周礼·地官·司徒》"凡军旅。夜鼓鼜。军动则鼓其众。郑注:"鼜,夜戒守鼓也。"郑玄语与《说文》同。《说文·鼓部》云"鼜,夜戒守鼓也。礼,昏鼓四通为大鼓,夜半三通为戒晨,旦明五通为发明"。昏、夜半、旦明击鼓之"礼",更早见《司马法》。《周礼·地官·鼓人》注引《司马法》"昏鼓四通为大鼜,夜半三

---

[1] 杨泓:《中国古兵器论丛》(增订本)"贰 战车与车战",中国社会科学出版社2007年版,第123页。

[2] 实际作战时,除中军所建大鼓外,其他军官也持有不同类型军鼓。《周礼·夏官·大司马》有"王执路鼓。诸侯执贲鼓。军将执晋鼓。师帅执提。旅帅执鼙。卒长执铙。两司马执铎。公司马执镯"的说法,旅帅以上皆持鼓。这里,《尉缭子·勒卒令》"帅鼓"下则出现"伯鼓",略有不同。

[3] 银雀山汉墓竹简整理小组编:《银雀山汉墓竹简〔壹〕》,文物出版社1985年版,释文63页。按:"送战即致战,谓致己方欲战之志于敌人",张震泽:《孙膑兵法校理》,中华书局1984年版,第84—85页。

[4] 《汉书》卷五四《李广传附孙陵传》,第2455页。

[5] 《后汉书》卷四七《班超传》,第1580页。

通为晨戒，旦明五通为发晌"。唯文字稍异。① 至于夜间警戒守备所用军鼓形制，则属大鼓。《周礼·春官·镈师》"凡军之夜，三鼜皆鼓之，守鼜亦如之"。郑注："守鼜，备守鼓也。鼓之以鼛鼓。"稍晚《宋书》卷一九《乐志一》记载略异："长丈二尺者曰鼖鼓，凡守备及役事则鼓之。今世谓之下鼜。"②

除征行、作战外，城守时对军鼓的使用也值得注意。《墨子·备城门》《备梯》《旗帜》《号令》《杂守》诸篇多有涉及。按内容可分三类：敌人来犯时的报警通告；攻城时的号令指挥；城内安全警戒。

报警性信息传递，首先涉及距离较远的邮亭传应。《墨子·杂守》云："亭一鼓，聋锭。寇烽、惊烽、乱烽、传火，以次应之，至主国止，其事急者引而上下之。烽火以举，辄五鼓传，又以火属之，言寇所从来者少多，毋弇逮。"此言举烽之后，又要击鼓五下，用鼓传之。并用火报告寇数多少。③ 具体到所在城池守卫，则一般派出斥候侦查、瞭望。《墨子·杂守》又云："候出置田表，斥坐郭内外，立旗帜，卒半在内，令多少无可知。"斥候主要在外郭驻扎，设置田表，树立旗帜。"即见寇，鼓，传到城止。守表者三人，更立捶表而望，守数令骑若吏行旁视，有以知其所为。其曹一鼓"。④ 此指斥候见寇至击鼓，以鼓声传递到城中为止。而所置表一般有三人守护，守表者同时掌有一鼓。守城主官会数派骑、吏行旁巡视。及寇抵城下，击鼓而集结兵员，《墨子·号令》云："寇至，楼鼓五，有周鼓，杂小鼓乃应之，小鼓五后从军，断。"城楼上击鼓五次，随后四周击鼓以应和，从军者要在鼓声响起后迅速集结。如小鼓五击后才赶到集合地点，有罪。⑤ 同篇还提到"闻城鼓声而伍后上署者，断"，可对照参考。而在敌人攻城过程中，依照对方前进或退却情形，《墨子·旗帜》记守城者击鼓以不等次数，并与旗、火配合使用。相关可制表如下：

---

① 《周礼·夏官·掌固》亦提到"夜三鼜以號戒"，郑注引杜子春曰"读鼜为造次之造，谓击鼓行夜戒守也"。
② 《说文·鼓部》"鼖，大鼓也"，段注引《毛传》"鼖，大鼓也，一丈二尺"，《广韵·平豪》"鼛，役事车鼓，长丈二尺"。
③ 岑仲勉：《墨子城守各篇简注》，中华书局1958年版，第143页。
④ 按："其曹一鼓"下有"望见寇，鼓，传到城止"，岑仲勉以"望见寇三句复出前文，应是后来之注"，《墨子城守各篇简注》，第146页。
⑤ 岑仲勉指出"此只五鼓而不帜，犹未攻城也"。《墨子城守各篇简注》，第108页。

## 第五章　军事生活的制度史考察：性别、时序与军政运作

表 5—6　　　　　　　　　敌人攻、退城池信号示意表

| 敌所在城池区域① | 敌进（昼） | 敌进（夜） | 敌退（昼） | 敌退（夜） |
| --- | --- | --- | --- | --- |
| 前池外廉 | 鼓3、帜1 | 鼓3、火1 | 帜1 | 火1 |
| 水中周 | 鼓4、帜2 | 鼓4、火2 | 帜2 | 火2 |
| 藩 | 鼓5、帜3 | 鼓5、火3 | 帜3 | 火3 |
| 冯垣 | 鼓6、帜4 | 鼓6、火4 | 帜4 | 火4 |
| 女垣 | 鼓7、帜5 | 鼓7、火5 | 帜5 | 火5 |
| 大城 | 鼓8、帜6 | 鼓8、火6 | 帜6 | 火6 |
| 乘大城半以上 | 鼓无休、（帜6） | 鼓无休、（火6） | （帜6） | （火6） |

资料来源：岑仲勉：《墨子城守各篇简注》，中华书局1958年版，第92页。

与野战进攻击鼓、退却鸣金相比，城守则对方进攻时击鼓，退却时去鼓。军鼓作用同样突出。

在敌人攻城时，守军更依靠军鼓来组织相关抵抗。《墨子·备城门》"人擅苣，长五节；寇在城下，闻鼓音、燔苣，复鼓，内苣爵穴中，照外"。"爵穴"是城堞上的一种孔穴。因大小仅可容雀，故而得名。此记敌人夜至城下，城上守军，人持苣火。听鼓令点燃苣火。鼓声复响，纳苣火于爵穴中，照现敌人活动。待敌人实际攻城时，《墨子·备梯》云"为爵穴、煇傶，施答其外，机、冲、栈、城，广与队等，杂其间以镞、剑，持冲十人，执剑五人，皆以有力者；令案目者视适，以鼓发之，夹而射之，重而射之，技机藉之，城上繁下矢、石、沙、灰以雨之，薪火、水汤以济之"。"机、冲、栈、城"是四种防范以梯攻城的守御器具，据岑说，"机、技机也，冲、冲撞之器，栈、行栈，城、行城"。② 这些装备根据敌人进攻区域，布置出相应宽度，严阵以待；根据攻城者情形，选择"左右夹射，或重叠发射，或用技机投掷"，而均"以鼓发之"。同篇还提到"县火，四尺一钩樴。……两载之间一火，皆立而待鼓，而然火，即具发之。……则令吾死士左右出穴门击溃师，令贲士、主将皆听城鼓之音而

---

① 岑仲勉注："前池，城前之池，廉，边也"，"'周'与'洲'粤同音，池内浮起之地曰水中洲。藩者藩篱，冯垣在女垣外，女垣即外堞。"《墨子城守各篇简注》，第92页。
② 岑仲勉：《墨子城守各篇简注》，第45页。

出，又听城鼓之音而入"。"櫼同杙，钩杙即杙之钩曲者，所以悬火具"。①这里，应战火具依敌人进攻线对应布置，燃火使用也依统一指挥，所谓"立而待鼓"。至于敢死锐卒突袭敌人及返回，亦依"城鼓之音"而动。

至于战时城内安全警戒，《墨子·号令》云"卒有惊事，中军疾击鼓者三，城上道路、里中巷街皆无得行，行者斩"。发生紧急情况，中军快速击鼓三下，城内道路、街巷皆不得通行。同篇还提到"屯陈、垣外术衢街皆为楼，高临里中，楼一鼓，聋锭；即有物故，鼓，吏至而止，夜以火指；鼓所立、勿鸡足置"。② 有事则击鼓，以待吏来。吏到始停止击鼓。夜间较难辨清情形，特用火指示。此外，关于晨、暮击鼓开闭诸城门，《墨子·号令》记录细致："莫，鼓击门闭一阅，守时令人参之，上逋者名"，"昏鼓，鼓十，诸门亭皆闭之"，"晨暮，卒鼓以为度"。

## 四　驻屯候望、传置送迎中的鼓与鼓令

军队驻屯，立起营垒。军营所设门，习称旌门，而门内常置军鼓。《周礼·夏官·大司马》"以旌为左右和之门。群吏各帅其车徒。以叙和出"。郑注："军门曰和，今谓之垒门，立两旌以为之。"《国语·齐语》

图 5—1　巴蜀铜印

资料来源：王仁湘：《巴蜀徽识研究》，《中国考古学会第七次年会论文集（1989）》，文物出版社 1992 年版，第 228 页图六：3

---

① 岑仲勉：《墨子城守各篇简注》，第 47 页。
② "立勿鸡足置"原在"屯道"句上，孙诒让等原以"夜以火指鼓所"为一句（《墨子间诂》，中华书局，1986 年，第 619 页），岑仲勉做上述移动，并重新句读（《墨子城守各篇简注》，第 136 页）。按此调整下"鼓"字含义仍难疏通。岑说存疑。

## 第五章 军事生活的制度史考察：性别、时序与军政运作

载鲍叔语"执枹鼓立于军门，使百姓皆加勇焉，弗若也"。韦昭注："军门立旗为军门，若今牙门矣。""旗"即"旃"字异写。"执枹鼓立于军门"又见《史记》卷一〇四《田叔列传》田仁荐任安语："提桴鼓立军门，使士大夫乐死战斗，仁不及任安。"王仁湘研究巴蜀徽识，列举有一枚犍为金井所出铜印章。因图案中有悬挂的一组铎形器物，王氏将其归入"铎形"组合。① 而画面主体部分，正呈现旃门与建鼓的形象。②

与军门建鼓相映，则有"卧鼓"典故。《后汉书》卷一三《隗嚣传》"然后远师振旅，櫜弓卧鼓"。《后汉书》卷七九下《儒林传下·谢该》少府孔融上书荐之曰"……王师电鸷，群凶破殄，始有櫜弓卧鼓之次，宜得名儒，典综礼纪"。李贤注引《毛诗》"载櫜弓矢"，称"言今太平，櫜弓卧鼓，不用征伐，故须贤人也"。又，《后汉书》卷二〇《祭遵传附从弟肜传》范晔论曰"祭肜武节刚方，动用安重，虽条侯、穰苴之伦，不能过也。……至乃卧鼓边亭，灭烽幽障者将三十年"。虽然乐舞中鼛鼓使用较为灵活。③ 汉代鼓类更有名"搏拊"者，④ 无论手拍、杖击，鼓面皆向上方。⑤ 但军用鼓类应主要以横向敲击为主，特别号令所在的中军大鼓，更是如此。故卧放军鼓，成为战事止息之喻。

至于屯戍候望中的军鼓使用，陈梦家早年已论及："汉简鼓、表并用，似限于报时报平安。"不过，他又广征《史记》卷四《周本纪》、《墨子·备城门》、司马相如《子虚赋》及《太平御览》引晋人蔡谟书信，提示军鼓也有候望报警功能。⑥ 后来学者虽有进一步论证，但仅主张

---

① 王仁湘：《巴蜀徽识研究》，第226—228页。
② 巴蜀符号的其他相关问题的分析参见孙华《巴蜀符号初论》，《四川文物》1984年第1期。
③ 战国楚墓所出材料较丰富，参见贾峨《再谈信阳楚墓悬鼓及鼓簨的复原问题》，《文物》1964年第9期；湖北省文物管理委员会《湖北省江陵出土虎座鸟架鼓两座楚墓的清理简报》，《文物》1964年第9期；随县擂鼓墩一号墓考古发掘队《湖北随县曾侯乙墓发掘简报》，《文物》1979年第7期。
④ 冯汉骥：《论盘舞》，《文物参考资料》1957年第8期。另有学者将其命名作"节"，萧亢达：《汉代乐舞百戏艺术研究》，第72—73页。
⑤ 曾昭燏、蒋宝庚、黎忠义：《沂南古画像石墓发掘报告》，图版85、100。
⑥ 陈梦家：《汉代烽燧制度》，收入所著《汉简缀述》，中华书局1980年版，第163页。

387

前一认识,以为"确与'报警之鼓'无关"。① 按居延、肩水金关守御器簿中多次出现军鼓。② 它们与其他守御器列在一起,显然不能仅用"报时报平安"解释。东汉安帝时爆发严重羌乱。羌人东进,曾到达洛阳以北的河内郡。《后汉书》卷八七《西羌传·东号子麻奴》记"元初元年(114)春,遣兵屯河内,通谷冲要三十三所,皆作坞壁,设鸣鼓"。屯驻河内官军在修建大量坞堡外,史文特及"设鸣鼓"一事,显示军鼓在相关防御中的重要。悬泉汉简还出现有"举烽烟击鼓举烽烟旦屠□□"(ⅠT0309③:283),③ 可与前论《墨子·杂守》"烽火以举,辄五鼓传,又以火属之"相对照。其实,军鼓这类功能,先秦时已普遍使用。"烽火戏诸侯"的著名典故,《史记》卷四《周本纪》实作:"幽王为燧燧大鼓,有寇至则举烽火。……为数举烽火。""燧燧"之外,明确提到有"大鼓"。《吕氏春秋·慎行论·疑似》更作:

  周宅酆、镐近戎人,与诸侯约,为高葆祷于王路,置鼓其上,远近相闻,即戎寇至,传鼓相告,诸侯之兵皆至,救天子。戎寇当至,幽王击鼓,诸侯之兵皆至,褒姒大说喜之。幽王欲褒姒之笑也,因数击鼓,诸侯之兵数至而无寇。至于后戎寇真至,幽王击鼓,诸侯兵不至,幽王之身乃死於丽山之下,为天下笑。④

"置鼓其上""传鼓相告""幽王击鼓""因数击鼓"等仅及军鼓的记叙,凸显了鼓的作用。这里数言幽王亲自击鼓,以召诸侯援兵情形。细按文意,并参《周本纪》,当时遇紧急军情首先敲击军鼓,然后通过烽隧传递信号。联系"传鼓相告"语,收到信号烽隧向邻旁传递时,亦不排除同

---

  ① 初师宾:《汉边塞守御器备考略》,吴礽骧:《汉代蓬火制度探索》,均收入甘肃省文物工作队、甘肃省博物馆编《汉简研究文集》,甘肃人民出版社1984年版,第171—178、242—243页;赵宠亮:《居延新简〈女子齐通耐所责秦恭鼓事〉残册复原与研究》,第409—412页。

  ② 简506·1、E. P. T49:13B、74. E. J. T37:1537—1558。参见谢桂华、李均明、朱国炤《居延汉简释文合校》,第608页;甘肃省文物考古研究所等编《居延新简——甲渠候官》,中华书局1994年版,上册,第61页;薛英群、何双全、李永良注《居延新简释粹》,兰州大学出版社1988年版,第74页。

  ③ 牛路军、张俊民:《悬泉汉简所见鼓与鼓令》,第52页。

  ④ 许维遹撰,梁运华整理:《吕氏春秋集释》卷二二,中华书局2009年版,第607—608页。

## 第五章　军事生活的制度史考察：性别、时序与军政运作

时击鼓的可能。将此与《墨子》城守诸篇所见军鼓使用相联系，当时屯戍候望中的报警通告、号令指挥，以及日常安全警戒，应当都离不开军鼓的作用。

悬泉汉简还见有驿置依所到官员等级，击鼓以不同次数的鼓令残册：

> 使者持节击廿五鼓□（ⅡT0314②:222）
> 使者不持节击十五鼓（ⅡT0314②:326）
> 长史到击八鼓数之（ⅡT0314②:337）
> 守丞到击六鼓数之（ⅡT0314②:349）
> 候丞县丞尉秩三百击三鼓□（ⅡT0113③:101）
> 官到鼓不趋鼓适二百里　不受教白有所办除适事百里（ⅡT0114④:314）[1]

目前所见，分使者持节，使者不持节，长史，守丞，候丞、县丞、县尉五个等级。经过悬泉置之官吏，多为中央奉命出行者及郡、县佐官而非主官的一类长吏。而从长史到达击鼓八通，而守丞到达击鼓六通；[2] 县级佐官中，候丞居前而县丞、尉居后的表述看，兼具军政、行政功能的传置，所用鼓令的军事色彩更为突出。更始时，光武入河北，突遇王郎邯郸称帝，反遭逐捕，不得不由幽州星夜南下。当时路途中，曾经发生这样一事：

> 光武乃自称邯郸使者，入传舍。传吏方进食，从者饥，争夺之。传吏疑其伪，乃椎鼓数十通，绐言邯郸将军至，官属皆失色。光武升车欲驰。既而惧不免，徐还坐，曰："请邯郸将军入。"[3]

刘秀当时冒称邯郸使者，前往一传舍饮食。因随行者饥饿已久，用食争抢失态，从而引起传吏怀疑。传吏为验身份，假称邯郸将军将到。与此呼应，特有"椎鼓数十通"之举。验之悬泉鼓令残册，长史以下诸吏抵达，击鼓皆在十通以下。使者不持节则为十五通，仅属"椎鼓十余通"者。

---

[1] 牛路军、张俊民：《悬泉汉简所见鼓与鼓令》，第52—53页。
[2] 两简末尾皆有"数之"语，发表者认为指重复数次。
[3] 《后汉书》卷一上《光武帝上》，第12页。

389

唯独持节使者到来，击鼓二十五通，恰合"椎鼓数十通"之意。王郎僭称天子于邯郸，"邯郸将军"为"天子"所派，将在外专制一方，得行专杀之权，实与持节使者为同一级别。故"冒称"而未有持节的刘秀"官属皆失色"，出现"光武升车欲驰"的举动，"既而惧不免"的恐忧。一句略显含糊的击鼓描述，或许仍然传达了传置鼓制的基本内涵。

　　"金鼓"作为进退节制与信息传递之具，在军事实践中使用广泛。旗、金、鼓三类指挥用具中，鼓的作用较为突出。战国秦汉"金鼓"的分类及使用，参尹湾汉简《武库永始四年兵车器集簿》，并结合考古文物资料，有望获得更深入认识。图像资料中，建鼓与鼙鼓形成的"鼓、鼓鼙"组合，引人注目。与军鼓相关群体有鼓下卒、鼓史等。居延汉简所见"歌人"，是军中供长官驱使，主要在列阵、校阅等场合充任仪仗、参与仪式的群体。无论训练作战、城守备御，还是驻屯候望、传置送迎，军鼓及相关鼓令作用重要。夜间用鼓、"卧鼓"典故及《光武纪》"椎鼓数十通"的含义所在，均可在鼓制的探讨中，得以揭示。

# 结　　语

至此，我们对秦汉军制演变的考察告一段落。一方面，本书立足前人已有的丰富研究，对涉及此时期军事制度的诸多重要问题，进行了认真分析，不仅在细节方面扩展、深化，而且在问题的整体把握上，尝试前进，力图提出新的论证思路与历史解释。另一方面，探讨回归史料本身，充分利用现今所见文献、特别考古文物资料，努力从历史脉络之中发现问题，进行一些开拓性探讨。这里就正文五章所开展工作进行小结，交代得出的初步认识，并在此基础上，对军制演变特征及两汉历史变化提几点不成熟的看法。

秦汉军事制度与秦汉帝国的建立、政治制度的发展及社会变迁密切相关。

关于武官制度的演进，首先涉及战国秦文武分职背景下相邦、左右丞相、将、尉的出现。战国秦题铭多见"大良造庶长"，可连读，为"大良造"之全称。惠文王前元四年（前334）是秦职官发展的重要时期，始置"相邦"。职官顶端，由爵官不分、以爵统摄，逐步向爵官两立、以官定位发展。相邦之外，秦新设左、右丞相，以右相为尊，书写遵循右先左后的顺序。秦末汉初，还曾出现相国、丞相并置的情形。将、尉等高级军职在经历爵、官转移的同时，逐步发展为常设武职，进而引起文武分职的发生。

阎步克在《品位与职位——秦汉魏晋南北朝官阶制度研究》《中国古代官阶制度引论》中提出了著名的"中国官阶发展的五阶段"与"职阶转化律"理论。深受这一理论影响，上述所做尝试，主要是就先秦"爵本位""爵—食体制"，怎样向战国秦汉"军爵与禄秩支撑的'爵—秩体制'"发展演变，在某一侧面上的具体思考。而在职位向品位的"职阶转化"大背景下，关注在上述发展过程中，以爵位为重到新职名出现的变动情形。

其次，我们分析了太尉、将军制度的演变线索。秦玺印制度存在由"玺"到"印"的前后变化，而高级武职则有"邦尉"到"大尉"的称谓调整。"邦"既指秦国，抑或曾指以内史为中心横向扩展建立的郡。武帝以降，西汉最高武职出现太尉罢置与诸将军的常设化。与此相伴，武职用印中，将军及幕府吏员类开始占有较大比重。光武中兴，"省官并职"，"务从节约"。对于东汉将军系统的认识，目前仍当遵从《续汉书·百官志》的记载。以往断为东汉的相关属官属吏用印，除个别见于汉末，更多应当归入魏晋时期。

再次，我们以宿卫体系确立与中郎将、校尉系统发展为中心，讨论了中央宿卫武官。秦依照殿省、宫城格局，由内而外已形成四重宿卫体系。军事力量分别由宦者、宦皇帝者、番上兵士及京师地区兵士组成。两汉宫省中出现的"掖门"，主要指宫门司马门旁边的宫门掖门。郎中令实际并不负责掖门宿卫。武帝以降，京师宿卫中的郎吏以郎中为主到以中郎为重，中郎将系统逐渐占据主体并整合诸郎。而校尉系统也日益发展。在"中外朝"背景下，这些武职的发展与皇权扩张关系密切。光武中兴时期，中郎将、校尉系统继续活跃，至汉末呈现进一步变化。

最后，我们将视野转向地方，从"内史—内郡—边郡"的角度，考察地方武官制度的演进。秦汉帝国建立初期，军国体制特征突出，地方武官设置普遍。内史、诸郡武职，在类别与秩级上基本一致。内郡、边郡的差别则不突出。秦及汉初的地方军事组织，呈现出一种中外平等格局。随着帝国由"军国体制"向"日常行政体制"转变，京师、诸郡武官系统的差异不断发展。京师、内郡军事组织逐步减少或退出日常职官序列，边郡军事组织多得保留并有进一步演进，军事组织由此呈现"边地化"趋势。光武中兴时期，"省官并职"，"务从节约"。内外之别与地方武官系统的演进，使京师、内郡、边郡军事组织的彼此差异继续发展。

军队构成及其变化是军制研究的重要方面。而中央、地方的军队发展，又在相关历史时期呈现各自特征。西汉初，京师宿卫称"南北军"，及至东汉，则更多使用"禁兵"一语。从"南北军"到"禁兵"，实际体现了京师宿卫的统合与演变。伴随殿中宿卫期门从"中从骑""常侍骑""武骑常侍"发展而来；羽林则以苑囿厩监为基础，围绕武帝时政治中心建章宫进行组建，皇权增长，"南北军"开始向"禁兵"过渡。由

## 结 语

"爪牙"将军统领宿卫,到"省禁"宦者参与禁兵争夺,东汉京师宿卫呈现进一步整合。两汉禁兵多有募兵,宿卫以外的征、戍已很多见,体现军事行动的王师性质。不过,皇权扩张并不意味着禁兵日强。伴随官显职闲、兵员缩减及素质下降,汉末动乱中的中央禁兵未能担负起拱卫皇权的重任。

秦汉地方在戍卒群体中,选拔保持有常备兵。在郡作为横向派生的军事、行政区出现后,这些地方兵在训练、调动上呈现郡兵性质。郡兵活动一般受郡界限制。根据动乱的范围、性质,政府采取不同等级的应对措施。从地域整合角度,"州"一级的军事作用愈受重视。不过西汉后期,刺史、州牧的制度反复,并未涉及州军事职能的增减。州的相关权力,实际在新莽后始得发展。更始、东汉受王莽政权影响,州军事权力大增,但地方兵性质仍然多属郡兵。东汉初虽罢郡国兵,但地方后来仍保留一定规模的常备兵。东汉地方作战,常出现属吏捍救主官而死敌者,是军事文化中"二重君臣关系"及"以义正身"的体现。

秦汉帝国的建立伴随"新地"推展和确立的过程。政府在派遣"新地吏"同时,往往推行徙民实边、行役戍边政策。在后来的发展中,实边较戍边更为边策所重。其原因既涉及财政、舆论,也有对防御效能的考虑。两汉时期,内地与边郡之间的差别有所扩大,影响到朝廷内外政策的差异。边郡军事负担甚巨,而且因军队屯驻造成经济残破与社会动荡。边郡维持运转,常需邻郡供给、中央调控、募民输粟及军士屯田。"文景之治""光武中兴"中轻徭薄赋的惠政,与边政状况直接相关。

边兵构成中,胡骑的使用引人瞩目。秦迄西汉,随着胡人内附渐多,政府相关管理存在臣邦向属国的调整变化。西汉后期以降,胡兵在边郡的作用变得日益重要,且以凉州较为突出。东汉王师出征,军队构成亦多出现胡兵为主的情形。汉廷对胡骑使用的原因,除以往总结外,既有技术因素,又有财政考虑。

伴随族群边界移动,两汉北边防线不断变化、调整。武帝时有塞外筑城的推进,东汉一世又多弃郡内徙的收缩。西汉、东汉建立前期,北边之东北防线,实际多在汉长城以南的战国秦长城中段—句注—飞狐—常山—居庸一线。而东汉北边之西北防线变动,则主要向渭水一线收缩,最终三辅蜕为边地。后种情形的发生,有着深刻的社会背景,个中因由实在萧墙之内。

关于秦汉军队组建背景，即社会身份结构的变动情况，以爵制、刑罚身份尤为重要。这涉及爵制、法制与军制的关系。二十等爵与刑罚序列在秦及汉初形成自身特征。秦汉间集兵方式由征兵向募兵演变发展，正因早期的军队组建背景较之后有别。

秦汉爵制并非一次形成。商鞅创制到二十等爵确立，有一个逐步发展的过程。二十等爵是在卿大夫士爵序列上进一步叠加侯爵，实际糅合了内爵、外爵两套系统。秦及汉初，"侯卿大夫士"与"官、民"两种爵制分层均存，重爵取向下前种分层更为发达。徭役与爵制关系密切。伴随"爵—秩体制"中重官取向的发展，附丽爵制的权益要素脱离，后一分层渐为主导。东汉爵制分层的随后演进中，卿爵衰落，吏爵式微与民爵等齐化，使外爵性质的列侯、关内侯功能突出。爵制结构向外爵的这一转向，为认识五等爵复兴的魏晋爵制改革提供了线索。

秦及汉初，终年服役的罪犯群体"徒"，具有国家法定的社会等级身份特征。司寇籍附县乡，为编户民，可单独立户，在各类权益上与不入户籍，不居民里，簿籍另立的徒隶多有不同。隶臣妾又与同属徒隶的城旦舂、鬼薪白粲在服役方式、廪食管理、辖配官司、军事参与等方面存在诸多差异。司寇，隶臣妾，城旦舂、鬼薪白粲由高到低大体构成当时刑罚序列的相应等级。而赏罚之间，学者尝试将爵制、刑罚序列进一步衔接，则需思考"適戍"等"贱民"与相关序列的关系，隶属私人的奴婢群体与隶属官府的徒隶的关系问题。战国、秦及汉初是身份低于平民群体数量较多，官私拥有奴婢较为普遍化的历史时期。

秦汉时期，与军事征发关系最密切者，是"徭戍"与"军兴"。秦汉的力役之征，以"徭戍"称之。"徭"有广、狭义之分。广义"徭"包括"奴徭"、"吏徭"等人身役使，特别对"小"年龄群体的役使，较后代突出。当时或存在以"傅"划分大、小的方式，广义的"小"包括15岁以上的未傅籍群体。"行徭"一称，或反映了"徭"多受差使而外出服役的特征。狭义的"徭"及"戍"，集中指国家正役。秦及汉初，男子傅籍后一般每年服役30天，主要以"月为更卒"行徭，也因需临时兴发。秦汉"更"又可与"冗"相对，泛指轮番供役。《二年律令·史律》史、卜、祝等以"若干更"形式"践更"，与唐代"色役"番上服役一类或有类似处。秦及汉初"徭"的征派，与二十等爵关系密切。不更以下的士爵、无爵者有"睆老"，需服半役，是徭役的主要承担者。一些情况

## 结 语

下,"徭"可以折抵,又可因赏罚而减加。对"徭"的记录称"徭计",秦代制簿的基础单位是乡。

"徭戍"之"戍",侧重赴边守御,是兵役的主要实现方式。里耶秦简所见"屯戍",只是戍卒身份中的一种。"更戍"与"冗戍"对称,前者分番行戍,后者行戍期限较长。"罚戍"、"適戍"为一组,前者与"赀戍"近似,因罪戍边;后者或因身份低贱,而被征发。秦时戍卒类别多样,较后代为繁,相关人力役使,最初更注重制度统筹与身份考虑。

与日常性"徭""戍"相别,战时征发、调集称"军兴",与"从军"关系密切。从秦汉《兴律》到唐代《擅兴律》,军兴内容逐步被纳入其中,并成为主体,前后存在一个发展的过程。张家山汉简《奏谳书》有涉及"发屯"的案例。蛮夷大男子因逃亡而被处以腰斩重刑。相关量刑,对理解汉代《兴律》多不载军兴内容,或有启发。当时有关军兴的规定,仍属军法范畴。

最后,有关军事生活的制度史考察,选取了性别与家庭、节奏与效率、音声与军政三个主题,对军人实践及军政运作实态开展更细致工作,以使前述研究更为立体丰富。

女子参战与亲属随军,是认识秦汉社会人口迁移与人口流动中"军役之路"的重要构成内容。战国至秦、汉,妇女不服正役、兵役。所谓"女子从军",实际是临时征发妇女从役,且在守城时较多出现。参考"从军"一语具体所指,不宜将其与"女子"简单组合。民众践更、戍边,亲属多不跟从。西汉中期以后,西北边地屯戍则多有妻子从者随往。至东汉,更出现刑徒减死从军,妻子自随,占籍边县的规定。军人与亲属共居至汉末三国扩大与普遍化,反映军队组织与形态的变化。战国秦汉以来,军人亲属的身份依附性加强,但律令规定的连坐范围及量刑则缩小、减轻。曹魏"士亡法"数"重其刑",虽然不过恢复至战国水平,但仍遭朝中大臣的坚决反对。这显示,国家对军人亲属的连坐责罚与人身役使,发展并不同步。

汉代河西边塞的办公时间,从平旦延续至下铺,甚至日入。候官事务在上下午多形成两次波峰。属吏不但办公时间辛劳,还需日夜更直。与迹卒刻符类似,更直的交接多在平旦。隧卒昼夜举表、举火,时刻待命传送邮书。戍吏随时记录军务,每月"月旦""晦日"前后最为忙碌。月簿、四时簿的上报日期存在一定浮动,钱粮的领取时间更不严格,而年度簿籍

395

还存在"九月制"与"十二月制"。吏卒日常从事各种劳务，劳作定额相对明确，工作的效率与强度也较高。休沐节假构成吏卒生活节奏的另一方面。边塞军人在张弛之间，实现着个人义务与帝国安全。

"金鼓"作为进退节制与信息传递之具，在军事实践中使用广泛。旗、金、鼓三类指挥用具中，鼓的作用较为突出。战国秦汉"金鼓"的分类及使用，参尹湾汉简《武库永始四年兵车器集簿》，并结合考古文物资料，有望获得更深入认识。图像资料中，建鼓与鼛鼓形成的"鼓、鼓鼛"组合，引人注目。与军鼓相关群体有鼓下卒、鼓史等。居延汉简所见"歌人"，是军中供长官驱使，主要在列阵、校阅等场合充任仪仗、参与仪式的群体。无论训练作战、城守备御，还是驻屯候望、传置送迎，军鼓及相关鼓令作用重要。夜间用鼓、"卧鼓"典故及《光武纪》"椎鼓数十通"的含义所在，均可在鼓制的探讨中，得以揭示。

结合上述系列考察，我们就秦汉军制演变特征及两汉历史变化，谈一点思考。

秦汉首次建立起大一统"集权君主制"帝国，军事制度对帝国体制的构建影响直接。秦、西汉早期的军事组织体系，呈现出京师与诸郡平等，内、边郡差别不甚突出的横向派生格局，直接反映了军国体制的相关特征。

西汉武帝以降，军国体制向日常行政体制发展。京师、诸郡军事组织的中外格局日益凸显。而随着"边地化"的发展，内郡、边郡间相关差别也更为突出。

秦及汉初，京师四重宿卫已经确立，但重心在外不在内。随着期门、羽林的组建，将军、宦者参与掌控宿卫力量，在"禁兵"名下，中央军备由内而外实现进一步统合。内郡兵、边兵则随着州一级军事权力增长，胡族内附并参与军队组建，而在各自系统内演进。这些都进一步加剧了京师、内郡、边郡军制，由内而外的层级差异。

秦汉帝国初期，最重要的等级序列是社会身份。上端为二十等爵，下端以徒隶、司寇的刑罚序列，及相平行的私奴婢、隶所组成。国家通过律令，从制度上实现对人群的广泛役使与军事征调。二十等爵以侯卿大夫士四分层为主，逐渐向官民爵分层为主发展。卿爵衰落、民爵等齐化，使爵制的身份秩序意义日益消失。与此类似，汉文帝刑罚改革后，身份刑向劳

## 结 语

役刑过渡，刑期开始"有年而免"。旧有的刑罚序列亦无法维持。帝国建立时曾主要依靠的社会身份秩序，呈现弱化、消亡特征。

中央一级，最高武职由太尉向中朝将军发展，中郎将、校尉系统活跃，禁兵外出征、戍日益普遍。在地方边郡，汉廷设置领护武职，组建营兵，直接加强对边郡掌控。皇权在两汉之间有所扩张。不过，在此背景下，帝国军力尤其中央禁兵则走向反面，逐渐衰弱。

西汉、东汉社会，深处军国体制向日常行政体制过渡、演变的历史背景之下。曾经贯通上下，作用重要的社会身份序列逐步弱化、消亡。而"京师—内郡—边郡"则从中外平等走向内外有别，并日益发展。

# 参考文献

## 一　基本文献

《十三经注疏》，阮元校刻，中华书局 1980 年影印本。
《周礼正义》，孙诒让撰，王文锦、陈玉霞点校，中华书局 1987 年版。
《大戴礼记解诂》，王聘珍撰，王文锦点校，中华书局 1983 年版。
《春秋左传注》（修订本），杨伯峻，中华书局 1990 年版。
《说文解字》，许慎撰，徐铉校定，中华书局 1963 年影印本。
《说文解字注》，许慎撰，段玉裁注，上海古籍出版社 1988 年影印本。
《说文解字义证》，桂馥，中华书局 1987 年影印本。
《广雅疏证》，王念孙，中华书局 2004 年影印本。
《史记》，司马迁，中华书局 1982 年点校本；2013 年修订本。
《汉书》，班固，中华书局 1962 年点校本。
《后汉书》，范晔，中华书局 1965 年点校本。
《三国志》，陈寿，中华书局 1982 年点校本。
《晋书》，房玄龄等，中华书局 1974 年点校本。
《宋书》，沈约，中华书局 1974 年点校本。
《魏书》，魏收，中华书局 1974 年点校本。
《新唐书》，欧阳修、宋祁，中华书局 1975 年点校本。
《资治通鉴》，司马光，中华书局 1956 年点校本。
《古本竹书纪年辑证》（修订本），方诗铭、王修龄，上海古籍出版社 2005 年版。
《逸周书汇校集注》，黄怀信、张懋镕、田旭东，李学勤审定，上海古籍出版社 1996 年版。
《国语集解》，徐元诰撰，王树民、沈长云点校，中华书局 2002 年版。

## 参考文献

《战国策集注汇考》，诸祖耿，江苏古籍出版社 1985 年版。
《七国考订补》，董说原著，缪文远订补，上海古籍出版社 1987 年版。
《东观汉记校注》，刘珍等撰，吴树平校注，中华书局 2008 年版。
《八家后汉书辑注》，周天游辑注，上海古籍出版社 1986 年版。
《西京杂记》，葛洪撰，周天游校注，三秦出版社 2006 年版。
《三辅决录·三辅故事·三辅旧事》，赵岐等撰，张澍辑，陈晓捷注，三秦出版社 2006 年版。
《三秦记辑注·关中记辑注》，刘庆柱辑注，三秦出版社 2006 年版。
《汉官六种》，孙星衍等辑，周天游点校，中华书局 1990 年版。
《两汉纪》，荀悦、袁宏撰，张烈点校，中华书局 2002 年版。
《华阳国志校补图注》，常璩著，任乃强校注，上海古籍出版社 1987 年版。
《史记会注考证附校补》，司马迁撰，泷川资言考证，水泽利忠校补，上海古籍出版社 1986 年版。
《史记汉书诸表订补十种》，梁玉绳等，中华书局 1982 年版。
《史记志疑》，梁玉绳，中华书局 1981 年版。
《史记探源》，崔适著，张烈点校，中华书局 1986 年版。
《汉书辨疑》，钱大昭，中华书局丛书集成初编本 1985 年版。
《汉书补注》，王先谦，中华书局 1983 年影印本。
《汉书注校补》，周寿昌，收入张舜徽主编《二十五史三编》，岳麓书社 1994 年版。
《后汉书集解》，王先谦，中华书局 1984 年影印本。
《后汉书三国志补表三十种》，熊方等，刘祜仁点校，中华书局 1984 年版。
《水经注校证》，郦道元著，陈桥驿校证，中华书局 2007 年版。
《三辅黄图校释》，何清谷，中华书局 2005 年版。
《括地志辑校》，李泰等著，贺次君辑校，中华书局 1980 年版。
《元和郡县图志》，李吉甫撰，贺次君点校，中华书局 1983 年版。
《雍录》，程大昌撰，黄永年点校，中华书局 2002 年版。
《河南志》，徐松辑，高敏点校，中华书局 2012 年版。
《西汉会要》，徐天麟，中华书局 1955 年版。
《唐律疏议》，长孙无忌等撰，刘俊文点校，中华书局 1983 年版。

《唐六典》，李林甫等撰，陈仲夫点校，中华书局1992年版。
《通典》，杜佑撰，王文锦等点校，中华书局1988年版。
《唐大诏令集》，宋敏求，中华书局2008年版。
《天一阁藏明钞本天圣令校证（附唐令复原研究）》，天一阁博物馆、中国社会科学院历史所天圣令整理课题组校证，中华书局2006年版。
《文献通考》，马端临，中华书局1986年影印本。
《管子校注》，黎翔凤撰，梁运华整理，中华书局2004年版。
《孙膑兵法校理》，张震泽，中华书局1984年版。
《尉缭子译注》，李解民译注，河北人民出版社1992年版。
《墨子间诂》，孙诒让，中华书局1986年版。
《墨子城守各篇简注》，岑仲勉，中华书局1958年版。
《商君书锥指》，蒋礼鸿，中华书局1986年版。
《商君书注译》，高亨，中华书局1974年版。
《商君书新注》，《商君书新注》编辑组，陕西人民出版社1975年版。
《韩非子集解》，王先慎撰，钟哲点校，中华书局1998年版。
《吕氏春秋集释》，许维遹撰，梁运华整理，中华书局2009年版。
《新语校注》，王利器，中华书局1986年版。
《新书校注》，贾谊撰，阎振益、钟夏校注，中华书局2000年版。
《淮南鸿烈集解》，刘文典撰，冯逸、乔华点校，中华书局1989年版。
《淮南子集释》，何宁，中华书局1998年版。
《春秋繁露义证》，苏舆撰，钟哲点校，中华书局1992年版。
《盐铁论校注》（定本），王利器校注，中华书局1992年版。
《新序校释》，刘向编著，石光瑛校释，陈新整理，中华书局2001年版。
《白虎通疏证》，陈立撰，吴则虞点校，中华书局1994年版。
《潜夫论笺校正》，王符著，汪继培笺，彭铎校正，中华书局1985年版。
《论衡校释》（附刘盼遂集解），黄晖，中华书局1990年版。
《政论校注　昌言校注》，崔寔、仲长统撰，孙启治校注，中华书局2012年版。
《颜氏家训集解》（增补本），王利器，中华书局1993年版。
《五行大义校注》（增订版），中村璋八，汲古书院1998年版。
《初学记》，徐坚等，中华书局2004年版。
《北堂书钞》，虞世南，中国书店1989年影印本。

《艺文类聚》，欧阳询撰，汪绍楹校，上海古籍出版社1999年版。
《太平御览》，李昉等，中华书局1960年影印本。
《玉海》，王应麟，江苏古籍出版社、上海书店1987年影印本。
《全上古三代秦汉三国六朝文》，严可均辑，中华书局1958年版。
《全汉赋》，费振刚、胡双宝、宗明华辑校，北京大学出版社1993年版。
《文选》，萧统编，李善注，中华书局1977年影印本。

## 二 考古文物资料

中国社会科学院考古研究所编：《殷周金文集成》（修订增补本），中华书局2007年版。
吴振烽：《商周青铜器铭文暨图像集成》，上海古籍出版社2012年版。
《首阳吉金——胡盈莹、范季融藏中国古代青铜器》，上海古籍出版社2008年版。
《保利艺术博物馆藏青铜器》，保利艺术博物馆2006年版。
王辉：《秦铜器铭文编年集释》，三秦出版社1990年版。
王辉：《秦出土文献编年》，新文丰出版公司2000年版。
王辉、程学华：《秦文字集证》，艺文印书馆2010年版。
瞿中溶：《集古官印考》十七卷、《集古虎符鱼符考》一卷，收入《续修四库全书》《子部·谱录类》，上海古籍出版社1996年影印本。
罗福颐编：《汉印文字征》，文物出版社1978年版。
罗福颐主编：《秦汉南北朝官印征存》，文物出版社1987年版。
孙慰祖主编：《古封泥集成》，上海书店1994年版。
小鹿（周晓陆）：《古代玺印》，中国书店1998年版。
周晓陆、路东之：《秦封泥集》，三秦出版社2000年版。
傅嘉仪：《秦封泥汇考》，上海书画出版社2007年版。
杨广泰：《新出封泥汇编》，西泠印社2010年版。
洪适：《隶释 隶续》，中华书局1986年影印本。
永田英正编：《漢代石刻集成［圖版·釋文篇］》，同朋舍1994年版。
薛尚功：《历代钟鼎彝器款识法帖》，中华书局1986年影印本。
罗振玉：《贞松堂集古遗文》，北京图书馆出版社2003年影印本。
《罗雪堂先生全集》七编2，台湾大通书局1976年版。
睡虎地秦墓竹简整理小组编：《睡虎地秦墓竹简》，文物出版社1990

年版。

湖南省文物考古研究所：《里耶发掘报告》，岳麓书社 2007 年版。

湖南省文物考古研究所：《里耶秦简〔壹〕》，文物出版社 2012 年版。

陈伟主编，何有祖、鲁家亮、凡国栋撰著：《里耶秦简牍校释（第一卷）》，武汉大学出版社 2012 年版。

朱汉民、陈松长主编：《岳麓书院藏秦简（壹）》，上海辞书出版社 2010 年版。

朱汉民、陈松长主编：《岳麓书院藏秦简（叁）》，上海辞书出版社 2013 年版。

张家山二四七号汉墓竹简整理小组：《张家山汉墓竹简〔二四七号墓〕》，文物出版社 2001 年版。

张家山二四七号汉墓竹简整理小组：《张家山汉墓竹简〔二四七号墓〕》（释文修订本），文物出版社 2006 年版。

彭浩、陈伟、工藤元男主编：《二年律令与奏谳书——张家山二四七号汉墓出土法律文献释读》，上海古籍出版社 2007 年版。

冨谷至编：《江陵張家山二四七號墓出土漢律令の研究　譯注篇》，朋友书店 2006 年版。

吴九龙：《银雀山汉简释文》，文物出版社 1985 年版。

银雀山汉墓竹简整理小组编：《银雀山汉墓竹简〔壹〕》，文物出版社 1985 年版。

连云港市博物馆、东海县博物馆、中国文物研究所、中国社会科学院简帛研究中心编：《尹湾汉墓简牍》，中华书局 1997 年版。

中国社会科学院考古研究所编：《居延汉简甲乙编》，中华书局 1980 年版。

谢桂华、李均明、朱国炤：《居延汉简释文合校》，文物出版社 1987 年版。

甘肃省文物考古研究所、甘肃省博物馆、文化部古文献研究室、中国社会科学院历史研究所编：《居延新简——甲渠候官与第四燧》，文物出版社 1990 年版。

甘肃省文物考古研究所等编：《居延新简——甲渠候官》，中华书局 1994 年版。

《中国简牍集成〔标注本〕》第十一册，谢桂华、李均明、张俊民撰，敦煌文艺出版社 2001 年版。

魏坚主编：《额济纳汉简》，广西师范大学出版社 2005 年版。

孙家洲主编：《额济纳汉简释文校本》，文物出版社 2007 年版。

薛英群、何双全、李永良注：《居延新简释粹》，兰州大学出版社 1988 年版。

甘肃简牍保护研究中心等编：《肩水金关汉简（壹）》，中西书局 2011 年版。

甘肃简牍保护研究中心等编：《肩水金关汉简（贰）》，中西书局 2012 年版。

甘肃简牍保护研究中心等编：《肩水金关汉简（叁）》，中西书局 2013 年版。

张凤：《汉晋西陲木简汇编》（二编），有正书局 1931 年版，收入《汉简文献研究四种》，北京图书馆出版社 2007 年影印本。

林梅村、李均明编：《疏勒河流域出土汉简》，文物出版社 1984 年版。

甘肃省文物考古研究所编：《敦煌汉简》，中华书局 1991 年版。

吴礽骧、李永良、马建华释校：《敦煌汉简释文》，甘肃人民出版社 1991 年版。

胡平生、张德芳：《敦煌悬泉汉简释粹》，上海古籍出版社 2001 年版。

李均明、何双全编：《散见简牍合辑》，文物出版社 1990 年版。

陈松长编著：《香港中文大学文物馆藏简牍》，香港中文大学文物馆 2001 年版。

甘肃文物工作队、甘肃博物馆编：《汉简研究文集》，甘肃人民出版社 1984 年版。

长沙文物考古研究所、中国文物研究所编：《长沙东牌楼东汉简牍》，文物出版社 2006 年版。

长沙市文物研究所、中国文物研究所、北京大学历史学系走马楼简牍整理组编著：《长沙走马楼三国吴简·竹简〔壹〕》，文物出版社 2003 年版。

长沙简牍博物馆、中国文物研究所、北京大学历史学系走马楼简牍整理组编著：《长沙走马楼三国吴简·竹简〔贰〕》，文物出版社 2007 年版。

长沙简牍博物馆、中国文物研究所、北京大学历史学系走马楼简牍整理组编著：《长沙走马楼三国吴简·竹简〔叁〕》，文物出版社 2008 年版。

长沙简牍博物馆、中国文物研究所、北京大学历史学系走马楼简牍整理组编著：《长沙走马楼三国吴简·竹简〔肆〕》，文物出版社 2012 年版。

长沙简牍博物馆、中国文化遗产研究院、北京大学历史学系、故宫研究院古文献研究所走马楼简牍整理组编著：《长沙走马楼三国吴简·竹简〔柒〕》，文物出版社 2013 年版。

中国社会科学院考古研究所：《中国考古学·秦汉卷》，中国社会科学出版社 2010 年版。

吴礽骧：《河西汉塞调查与研究》，文物出版社 2005 年版。

郭宝钧：《山彪镇与琉璃阁》，科学出版社 1959 年版。

陕西省考古研究所始皇陵秦俑坑考古发掘队编著：《秦始皇陵兵马俑坑一号坑发掘报告（1974—1984）》，文物出版社 1988 年版。

中国社会科学院考古研究所编著：《汉长安城未央宫（1980－1989 年考古发掘报告）》，中国大百科全书出版社 1996 年版。

徐州博物馆等：《徐州北洞山西汉楚王墓》，文物出版社 2003 年版。

广州市文物管理委员会等：《西汉南越王墓》，文物出版社 1991 年版。

荆州博物馆：《荆州重要考古发现》，文物出版社 2009 年版。

曾昭燏、蒋宝庚、黎忠义：《沂南古画像石墓发掘报告》，文化部文物管理局 1956 年版。

汤池主编：《中国画像石全集》第四卷《江苏、安徽、浙江汉画像石》，山东美术出版社 2000 年版。

《中国音乐文物大系 II　湖南卷》，大象出版社 2006 年版。

## 三　论著

Denis Twitchett and Michael Loewe, *The Cambridge History of China*：Volume Ⅰ：*The Ch'in and Han Empires*, 221 B. C – A. D. 220, Cambridge University Press, 1986.

Mark Edward Lewis, *Sanctioned Violence in Early China*, State University of New York Press, 1990.

安作璋、熊铁基：《秦汉官制史稿》，齐鲁书社 2007 年版。

滨口重国：《秦漢隋唐史の研究》，东京大学出版会 1966 年版。

陈梦家：《汉简缀述》，中华书局 1980 年版。

陈梦家：《西周年代考·六国纪年》，中华书局 2005 年版。

陈槃：《汉晋遗简识小七种》，《历史语言研究所专刊》之六十三，

1975 年。

陈苏镇：《〈春秋〉与"汉道"：两汉政治与政治文化研究》，中华书局 2011 年版。

陈垣：《二十史朔闰表》，中华书局 1962 年版。

陈直：《汉书新证》，中华书局 2008 年版。

陈直：《居延汉简研究》，中华书局 2009 年版。

程树德：《九朝律考》，中华书局 2003 年版。

大庭脩：《汉简研究》，徐世虹译，广西师范大学出版社 2001 年版。

杜正胜：《编户齐民——传统政治社会结构之形成》，联经出版事业公司 1990 年版。

方诗铭：《曹操·袁绍·黄巾》，上海社会科学院出版社 1996 年版。

冨谷至：《秦汉刑罚制度研究》，柴生芳、朱恒晔译，广西师范大学出版社 2006 年版。

高步瀛：《文选李注义疏》，曹道衡、沈玉成点校，中华书局 1985 年版。

高亨纂著，董治安整理：《古字通假会典》，齐鲁书社 1989 年版。

高恒：《秦汉简牍中法制文书辑考》，社会科学文献出版社 2008 年版。

高明：《中国古文字学通论》，北京大学出版社 1996 年版。

工藤元男：《睡虎地秦简所见秦代国家与社会》，广濑薰雄、曹峰译，上海古籍出版社 2010 年版。

谷霁光：《府兵制度考释》，中华书局 2011 年版。

顾颉刚：《史林杂识初编》，中华书局 1963 年版。

顾炎武著，黄汝成集释：《日知录集释》（全校本），栾保群、吕宗力校点，上海古籍出版社 2006 年版。

韩树峰：《汉魏法律与社会——以简牍、文书为中心的考察》，社会科学文献出版社 2011 年版。

何兹全：《中国古代社会》，北京师范大学出版社 2001 年版。

贺昌群：《贺昌群文集》第一卷《史学丛论》，商务印书馆 2003 年版。

洪迈：《容斋随笔》，孔凡礼点校，中华书局 2005 年版。

后晓荣：《秦代政区地理》，社会科学文献出版社 2009 年版。

黄今言：《秦汉赋役制度研究》，江西教育出版社 1988 年版。

黄今言：《秦汉军制史论》，江西人民出版社 1993 年版。

黄今言：《秦汉史丛考》，经济日报出版社 2008 年版。

蓝永蔚：《春秋时期的步兵》，中华书局1979年版。
劳榦：《居延汉简考释之部》三《居延汉简考证》，《历史语言研究所专刊》之四十，1960年。
李纯一：《中国上古出土乐器综论》，文物出版社1996年版。
李均明、刘军：《简牍文书学》，广西教育出版社1999年版。
李均明：《秦汉简牍文书分类辑解》，文物出版社2009年版。
李开元：《汉帝国的建立与刘邦集团：军功受益阶层研究》，三联书店2000年版。
李力：《"隶臣妾"身份再研究》，中国法制出版社2007年版。
李力：《張家山247號墓漢簡法律文獻研究及其述評（1985.1—2008.12）》，东京外国语大学アジア・アフリカ言語文化研究所2009年版。
李天虹：《居延汉简簿籍分类研究》，科学出版社2003年版。
李天石：《中国中古良贱身份制度研究》，南京大学出版社2004年版。
李学勤：《东周与秦代文明》，上海人民出版社2007年版。
李学勤：《简帛佚籍与学术史》，江西教育出版社2001年版。
李玉福：《秦汉制度史论》，山东大学出版社2002年版。
李贞德、梁其姿主编：《台湾学者中国史研究论丛·妇女与社会》，中国大百科全书出版社2005年版。
李贞德主编：《中国史新论 性别史分册》，"中央研究院"、联经出版事业公司2009年版。
李振宏：《居延汉简与汉代社会》，中华书局2003年版。
栗原朋信：《秦漢史の研究》，吉川弘文館1960年版。
廖伯源：《简牍与制度：〈尹湾汉墓简牍〉官文书考证》（增订版），广西师范大学出版社2005年版。
廖伯源：《使者与官制演变：秦汉皇帝使者考论》，文津出版社2006年版。
林剑鸣：《秦史稿》，中国人民大学出版社2009年版。
刘国忠：《〈五行大义〉研究》，辽宁教育出版社1999年版。
刘乐贤：《简帛数术文献探论》（增订版），中国人民大学出版社2012年版。
刘瑞、刘涛：《西汉诸侯王陵墓制度研究》，中国社会科学出版社2010

年版。

刘增贵：《汉代婚姻制度》，华世出版社1980年版。

柳春藩：《秦汉封国食邑赐爵制》，辽宁人民出版社1984年版。

罗振玉、王国维编著：《流沙坠简》，中华书局1993年版。

吕利：《律简身份法考论——秦汉初期国家秩序中的身份》，法律出版社2011年版。

吕思勉：《吕思勉读史札记》，上海古籍出版社2005年版。

吕思勉：《秦汉史》，上海古籍出版社2005年版。

吕宗力：《中国历代官制大辞典》，北京出版社1994年版。

马承源主编：《中国青铜器》，上海古籍出版社1988年版。

马非百：《秦集史》，中华书局1982年版。

马怡、唐宗瑜编：《秦汉赋役资料辑录》，山西人民出版社1990年版。

蒙文通：《儒学五论》，路明书店1944年初刊；广西师范大学出版社2007年版。

籾山明：《中国古代诉讼制度研究》，李力译，上海古籍出版社2009年版。

彭卫、杨振红：《中国风俗通史·秦汉卷》，上海文艺出版社2002年版。

彭卫：《汉代婚姻形态》，三秦出版社1988年版；中国人民大学出版社2010年版。

平势隆郎：《新編史記東周年表》，东京大学出版会1995年版。

钱大昕：《廿二史考异》（附：《三史拾遗》《诸史拾遗》），方诗铭、周殿杰校点，上海古籍出版社2004年版。

钱剑夫：《秦汉赋役制度考略》，湖北人民出版社1984年版。

钱穆：《国史大纲》，商务印书馆1994年版。

钱玄：《三礼通论》，南京师范大学出版社1996年版。

裘锡圭：《古代文史研究新探》，江苏古籍出版社1992年版。

尚秉和：《历代社会风俗事物考》，母庚才、刘瑞玲点校，中国书店2001年版。

沈刚：《居延汉简语词汇释》，科学出版社2008年版。

沈家本：《历代刑法考》（附寄簃文存），邓经元、骈宇骞点校，中华书局1985年版。

沈颂金：《二十世纪简帛学研究》，学苑出版社2003年版。

守屋美都雄：《中国古代的家族与国家》，钱杭、杨晓芬译，上海古籍出版社2010年版。

斯坦因：《斯坦因西域考古记》，向达译，中华书局1936年版。

孙机：《汉代物质文化资料图说》（增订本），上海古籍出版社2008年版。

孙慰祖：《封泥发现与研究》，上海书店出版社2002年版。

孙诒让：《札迻》，雪克、陈野点校，齐鲁书社1989年版。

孙毓棠：《孙毓棠学术论文集》，中华书局1995年版。

谭其骧主编：《中国历史地图集》第二册《秦·西汉·东汉时期》，中国地图出版社1982年版。

陶安あんど：《秦漢刑罰体系の研究》，创文社2009年版。

田余庆：《拓跋史探》（修订本），三联书店2011年版。

汪桂海：《汉代官文书制度》，广西教育出版社1999年版。

汪师韩：《文选理学权舆》，中华书局丛书集成初编本1985年版。

王夫之：《读通鉴论》，中华书局1975年版。

王国维：《观堂集林》（外二种），河北教育出版社2001年版。

王明珂：《华夏边缘：历史记忆与族群认同》，社会科学文献出版社2006年版。

王明珂：《游牧者的抉择：面对汉帝国的北亚游牧部族》，广西师范大学出版社2008年版。

王念孙：《读书杂志》，江苏古籍出版社1985年影印本。

王应麟著，翁元圻等注：《困学纪闻》（全校本），栾保群、田松青、吕宗力校点，上海古籍出版社2008年版。

王应麟：《汉制考　汉艺文志考证》，张三夕、杨毅点校，中华书局2011年版。

王子今：《古史性别研究丛稿》，社会科学文献出版社2004年版。

王子今：《秦汉边疆与民族问题》，中国人民大学出版社2011年版。

王子今：《秦汉称谓研究》，中国社会科学出版社2014年版。

王子今：《秦汉交通史稿》，中共中央党校出版社1994年版；中国人民大学出版社2013年增订版。

王子今：《中国女子从军史》，军事谊文出版社1998年版。

西嶋定生：《中国古代帝国的形成与结构——二十等爵制研究》，武尚清译，中华书局2004年版。

## 参考文献

萧亢达：《汉代乐舞百戏艺术研究》，文物出版社 2010 年版。

小嶋茂稔：《漢代國家統治構造和展開——後漢國家史序說》，汲古書院 1989 年版。

辛德勇：《秦汉政区与边界地理研究》，中华书局 2009 年版。

熊铁基：《秦汉军事制度史》，广西人民出版社 1990 年版。

严耕望：《唐代交通图考》，《历史语言研究所专刊》之八十三，1985 年。

严耕望：《中国地方行政制度史——秦汉地方行政制度》，上海古籍出版社 2007 年版。

阎步克：《从爵本位到官本位：秦汉官僚品位结构研究》，三联书店 2009 年版。

阎步克：《品位与职位——秦汉魏晋南北朝官阶制度研究》，中华书局 2002 年版。

阎步克：《士大夫政治演生史稿》，北京大学出版社 1996 年版。

杨泓：《中国古兵器论丛》（增订本），中国社会科学出版社 2007 年版。

杨鸿年：《汉魏制度丛考》，武汉大学出版社 2005 年版。

杨宽：《战国史》，上海人民出版社 2003 年版。

杨宽：《战国史料编年辑证》，上海人民出版社 2001 年版。

杨树达：《词诠》，中华书局 2004 年版。

杨振红：《出土简牍与秦汉社会》，广西师范大学出版社 2009 年版。

伊格尔斯：《二十世纪的历史学：从科学的客观性到后现代的挑战》，何兆武译，辽宁教育出版社 2003 年版。

永田英正：《居延汉简研究》，张学锋译，广西师范大学出版社 2007 年版。

于豪亮：《于豪亮学术文存》，中华书局 1985 年版。

余太山：《两汉魏晋南北朝与西域关系史研究》，商务印书馆 2011 年版。

余英时：《汉代的贸易与扩张》，邬文玲等译，上海古籍出版社 2005 年版。

张金光：《秦制研究》，上海古籍出版社 2004 年版。

张金龙：《魏晋南北朝禁卫武官制度研究》，中华书局 2004 年版。

张培瑜：《三千五百年历日天象》，大象出版社 1997 年版。

张荣强：《汉唐籍帐制度研究》，商务印书馆 2010 年版。

张亚初、刘雨：《西周金文官制研究》，中华书局 1986 年版。

张泽咸:《唐五代赋役史草》,中华书局 1986 年版。

张政烺:《文史讲义》,中华书局 2012 年版。

章太炎:《太炎文录初编》,收入《章太炎全集》(四),上海人民出版社 1985 年版。

赵宠亮:《行役戍备:河西汉塞吏卒的屯戍生活》,科学出版社 2012 年版。

赵翼著,王树民校证:《廿二史札记校证》(订补本),中华书局 1984 年版。

重近启树:《秦漢税役制度の研究》,汲古书院 1999 年版。

《中国大百科全书·中国历史》(缩印本),中国大百科全书出版社 1997 年版。

周良霄:《皇帝与皇权》(增订本),上海古籍出版社 2006 年版。

周振鹤、李晓杰:《中国行政区划通史·总论、先秦卷》,复旦大学出版社 2009 年版。

周振鹤:《西汉政区地理》,人民出版社 1987 年版。

朱凤瀚:《中国青铜器综论》,上海古籍出版社 2009 年版。

朱绍侯:《军功爵制考论》,商务印书馆 2008 年版。

## 四 论文

Lien–sheng Yang, Schedules of Work and Rest in Imperial China, *Harvard Journal of Asiatic Studies*, Vol. 18, No. 3/4, 1955, pp. 301–325, 收入所著《中国制度史研究》,彭刚、程钢译,江苏人民出版社 2007 年版,第 17—38 页,又收入所著《国史探微》,辽宁教育出版社 1998 年版,第 44—65 页。

安徽省文物工作队:《安徽舒城九里墩春秋墓》,《考古学报》1982 年第 2 期。

安忠义:《汉武帝时期骑兵的兴起与军制改革》,《烟台师范学院学报》(哲学社会科学版) 2005 年第 4 期。

安忠义:《先秦骑兵的诞生及演变》,《考古与文物》2002 年第 4 期。

白建钢:《青海木简与汉代军队》,《文博》1986 年第 1 期。

卜宪群:《秦汉之际乡里吏员杂考——以里耶秦简为中心的探讨》,《南都学坛》2006 年第 1 期。

## 参考文献

蔡万进：《里耶秦简研读三题》，《湖南大学学报》（社会科学版）2007年第1期。

蔡万进：《秦"所取荆新地"与苍梧郡设置》，《郑州大学学报》（哲学社会科学版）2008年第5期。

曹旅宁：《释"徒隶"兼论秦刑徒的身份及刑期问题》，《上海师范大学学报》（哲学社会科学版）2008年第5期。

曾代伟、王平原：《〈蛮夷律〉考略——从一桩疑案说起》，《民族研究》2004年第3期。

常彧：《汉画像石中"胡汉交战"图与两汉的突骑——两汉骑兵变革与中国古代骑兵分类》，《国学研究》第二十八卷，北京大学出版社2011年版，第77—103页。

晁华山：《西汉称钱天秤与法马》，《文物》1977年第11期。

陈剑：《读秦汉简札记三篇》，《出土文献与古文字研究》第四辑，上海古籍出版社2011年版，第358—380页。

陈絜：《里耶"户籍简"与战国末期的基层社会》，《历史研究》2009年第5期。

陈久金：《中国古代时制研究及其换算》，《自然科学史研究》1983年第2期。

陈力：《试论秦国之"属邦"与"臣邦"》，《民族研究》1997年第4期。

陈连庆：《东汉时期的少数民族士兵》，收入《中国古代史研究——陈连庆教授学术论文集》，吉林文史出版社1991年版，第443—457页。

陈连庆：《西汉与新莽时期的少数民族士兵》，《史学集刊》1984年第2期，收入《中国古代史研究——陈连庆教授学术论文集》，吉林文史出版社1991年版，第280—294页。

陈梦家：《汉简考述》，《考古学报》1963年第1期，收入《汉简缀述》，中华书局1980年版，第1—36页。

陈梦家：《汉简年历表叙》，《考古学报》1965年第2期，收入《汉简缀述》，中华书局1980年版，第229—274页。

陈梦家：《汉简所见奉例》，《文物》1963年第5期，收入《汉简缀述》，中华书局1980年版，第135—147页。

陈梦家：《汉简所见居延边塞与防御组织》，《考古学报》1964年第1期，收入《汉简缀述》，中华书局1980年版，第37—96页。

陈明光:《秦朝傅籍标准蠡测》,《中国社会经济史研究》1987年第1期。

陈松长:《岳麓书院藏秦简中的郡名考略》,《湖南大学学报》(社会科学版) 2009年第2期。

陈松长:《岳麓书院藏秦简中的行书律令初论》,《中国史研究》2009年第3期。

陈松长:《岳麓书院所藏秦简综述》,《文物》2009年第3期。

陈苏镇:《东汉的"义学"与"名教"》,《中国历史博物馆馆刊》1996年第2期,收入所著《两汉魏晋南北朝史探幽》,北京大学出版社2013年版,第317—337页。

陈伟:《〈二年律令〉"偏(颇)捕(告)"新诠》,收入权仁瀚等编《东亚资料学的可能性探索》,广西师范大学出版社2010年版;又收入所著《燕说集》,商务印书馆2011年版,第345—352页。

陈伟:《简牍资料所见西汉前期的"卒更"》,《中国史研究》2010年第3期。

陈伟:《秦苍梧、洞庭二郡刍论》,《历史研究》2003年第5期。

陈伟:《也谈董仲舒上言"又加"句的解读问题》,收入中国社会科学院历史研究所、日本东方学会、大东文化大学编《第一届中日学者中国古代史论坛文集》,中国社会科学出版社2010年版,第190—195页;又载简帛网,2010年8月9日,http://www.bsm.org.cn/show_article.php?id=1282。

陈伟:《岳麓书院秦简〈徭律〉的几个问题》,《文物》2014年第9期。

陈晓捷、周晓陆:《新见秦封泥五十例考略——为秦封泥发现十周年而作》,《碑林集刊》第11辑,2005年,第311—321页。

陈勇:《郎中骑考》,《文史》2005年第3辑。

陈治国:《秦相邦与丞相之关系及相关问题辨析》,《咸阳师范学院学报》2009年第1期。

程少轩:《肩水金关汉简(叁)数术类简牍初探》,未刊稿。

程少轩:《肩水金关汉简"元始六年(居摄元年)历日"复原》,清华大学出土文献研究与保护中心编、李学勤主编:《出土文献》(第五辑),中西书局2014年版。

初昉 师宾:《再释"秦胡"——兼与胡小鹏诸先生商榷》,张德芳主编:《甘肃省第二届简牍学国际学术研讨会论文集》,上海古籍出版社2012

参考文献

年版，第17—27页。

初师宾：《汉边塞守御器备考略》，收入甘肃省文物工作队、甘肃省博物馆编《汉简研究文集》，甘肃人民出版社1984年版，第142—222页。

初师宾：《居延烽火考述——兼论古代烽号的演变》，收入甘肃文物工作队、甘肃博物馆编《汉简研究文集》，甘肃人民出版社1984年版，第335—398页。

初世宾、张东辉：《汉简"应书"辨疑》，《简牍学研究》（第一辑），甘肃人民出版社1997年版，第111—117页。

大庭脩：《汉代的啬夫》，《東洋史研究》14－1/2，1955年，收入《简牍研究译丛》（第一辑），姜镇庆译，中国社会科学出版社1983年版，第171—196页；又见所著《秦汉法制史研究》第四篇第四章，林剑鸣等译，上海人民出版社1991年版，第401—423页。

单育辰：《秦简"柀"字释义》，《江汉考古》2007年第4期。

董珊：《读珍秦斋秦铜器札记》，《珍秦斋藏金〔秦铜器编〕》，澳门基金会2006年版，第213—226页。

董珊：《论春平侯及其相关问题》，《考古学研究（六）：庆祝高明先生八十寿辰暨从事考古研究五十年论文集》，科学出版社2006年版，第450—452页。

饭田祥子：《後漢辺郡支配に関する一考察—放棄と再建を手がかりとして—》，《名古屋大學東洋史研究報告》30，2006年，第49—77页。

冯汉骥：《论盘舞》，《文物参考资料》1957年第8期。

甘肃居延考古队：《居延汉代遗址的发掘和新出土的简册文物》，《文物》1978年第1期。

高村武幸：《关于汉代材官、骑士的身份》，杨振红译，卜宪群、杨振红主编：《简帛研究二○○四》，广西师范大学出版社2006年版，第449—463页。

高恒：《秦律中"隶臣妾"问题的探讨》，《文物》1977年第7期。

高恒：《秦律中的徭、戍问题——读云梦秦简札记》，《考古》1980年第6期。

高敏：《从云梦秦简看秦的赐爵制度》，收入所著《云梦秦简初探》（增订本），河南人民出版社1981年版，第155—169页。

高敏：《从张家山汉简〈二年律令〉看西汉前期的土地制度——读〈张家

山汉墓竹简〉札记之三》,《中国经济史研究》2003 年第 3 期,收入所著《秦汉魏晋南北朝史论考》,中国社会科学出版社 2004 年版,第 126—135 页。

高敏:《论曹魏士家制度的形成与演变》,《历史研究》1989 年第 5 期,收入所著《魏晋南北朝兵制研究》,大象出版社 1998 年版,第 44—67 页。

高敏:《论两汉赐爵制度的历史演变》,《文史哲》1978 年第 1 期,修订稿收入所著《秦汉史论集》,中州书画社 1982 年版,第 33—57 页。

高敏:《论秦律中的啬夫一官》,《社会科学战线》1979 年第 1 期。

高敏:《秦的赐爵制度试探》,《郑州大学学报》1977 年第 3 期,修订稿收入所著《秦汉史论集》,中州书画社 1982 年版,第 1—32 页。

高敏:《秦汉的徭役制度》,《中国经济史研究》1987 年第 1 期。

高敏:《秦汉徭役制度辨析（上）》,《郑州大学学报》（哲学社会科学版）1985 年第 3 期。

高敏:《秦汉徭役制度辨析（下）》,《郑州大学学报》（哲学社会科学版）1986 年第 4 期。

高敏:《三国兵制杂考》,《河南大学学报》（哲学社会科学版）1990 年第 1 期,收入所著《魏晋南北朝兵制研究》,大象出版社 1998 年版,第 96—120 页。

高敏:《孙吴世袭领兵制度探讨》,《北朝研究》1990 年上半年刊,收入所著《魏晋南北朝兵制研究》,大象出版社 1998 年版,第 68—95 页。

高明:《古体汉字义近形旁通用例》,香港中文大学中国文化研究所主编:《中国语文研究》第 4 期,1982 年,收入所著《高明论著选集》,科学出版社 2001 年版,第 31—61 页。

高至喜:《两周铜钲研究》,《考古学报》2006 年第 3 期。

葛兆光:《严昏晓之节——古代中国关于白天与夜晚观念的思想史分析》,《台大历史学报》第 32 期,2003 年,第 33—55 页,又见所著《思想史研究课堂讲录:视野、角度与方法》第十讲《在法律史、社会史与思想史之间——以传统社会中白天与黑夜的时间分配为例》,三联书店 2005 年版,第 242—265 页。

管东贵:《汉代边塞眷廩的范围与分级》,李亦园、乔健编:《中国的民族、社会与文化——芮逸夫教授八秩寿辰论文集》,食货出版社 1981 年版，第205—222页。

管东贵：《汉代屯田的组织与功能》，《历史语言研究所集刊》第四十八本第四分，1977年。

广濑薰雄：《〈二年律令·史律〉札记》，《楚地简帛思想研究（二）》，湖北教育出版社2005年版，第422—433页。

郭洪伯：《张家山汉简〈二年律令·秩律〉编连商兑》，卜宪群、杨振红主编：《简帛研究二〇一二》，广西师范大学出版社2013年，第90—93页。

郭永秉、广濑薰雄：《绍兴博物馆藏西施山遗址出土二年属邦守蓐戈研究——附论所谓秦廿二年丞相戈》，《出土文献与古文字研究》（第四辑），上海古籍出版社2011年版，第112—127页。

郭永秉：《张家山汉简〈二年律令〉和〈奏谳书〉释文校读记》，《语言研究集刊》第六辑，上海辞书出版社2009年版，收入所著《古文字与古文献论集》，上海古籍出版社2011年版，第237—238页。

韩树峰：《耐刑、徒刑关系考》，《史学月刊》2007年第2期。

韩树峰：《秦汉律令中的完刑》，《中国史研究》2003年第4期。

韩树峰：《秦汉徒刑散论》，《历史研究》2005年第3期，修订稿收入所著《汉魏法律与社会——以简牍、文书为中心的考察》，社会科学文献出版社2011年版，第49—76页。

韩树峰：《松柏汉墓53号木牍考——以成年男女性别比例失调为中心》，收入《国学的传承与创新：冯其庸先生从事教学与科研六十周年庆贺学术文集》，上海古籍出版社2013年版，第1003—1016页。

韩养民：《秦太尉小考》，《西北大学学报》（哲学社会科学版）1980年第2期。

韩养民：《秦置相邦丞相渊源考》，《人文杂志》1982年第2期。

何晋：《秦称"虎狼"考》，《文博》1999年第5期。

何有祖：《里耶秦简牍缀合（二）》，简帛网，2012年5月14日，http：//www.bsm.org.cn/show_article.php?id=1695。

何有祖：《里耶秦简牍缀合（七则）》，简帛网，2012年5月1日，http：//www.bsm.org.cn/show_article.php?id=1679。

何有祖：《里耶秦简牍缀合（四）》，简帛网，2012年5月21日，http：//www.bsm.org.cn/show_article.php?id=1700。

何有祖：《里耶秦简牍缀合（五）》，简帛网，2012年5月26日，http：//www. bsm. org. cn/show_ article. php？ id=1704。

何有祖：《张家山汉简〈具律〉缀合一则》，简帛网，2010年10月4日，http：//www. bsm. org. cn/show_ article. php？ id=1316。

何兹全：《汉魏之际封建说》，《历史研究》1979年第1期，收入《何兹全文集》第1卷《中国社会史论》，中华书局2006年版，第289—306页。

何兹全：《魏晋的中军》，《历史语言研究所集刊》第十七本，1948年，收入所著《读史集》，上海人民出版社1982年版，第242—268页。

贺昌群：《汉初之南北军》，《中国社会经济史集刊》第5卷第1期，1937年，收入《贺昌群文集》第一卷《史学丛论》，商务印书馆2003年版，第288—296页。

呼啸：《新见王莽地皇二年侯骑钲》，《上海文博论丛》2011年第3期。

呼啸：《新见王莽地皇二年侯骑钲考论》，《秦汉研究》（第五辑），陕西人民出版社2007年版，第178—182页。

胡大贵：《关于秦代谪戍制的几个问题》，《西南师范大学学报》（人文社会科学版）1991年第1期。

胡大贵：《庶长考》，《四川师范大学学报》1990年第4期。

胡平生：《居延汉简中"功"与"劳"》，《文物》1995年第4期。

胡平生：《里耶秦简8—455号木方性质刍议》，武汉大学简帛研究中心主办：《简帛》（第四辑），上海古籍出版社2009年版，第17—25页。

胡小鹏、安梅梅：《"秦胡"研究评说》，《敦煌研究》2005年第1期。

胡悦晗、谢永栋：《中国日常生活史研究述评》，《史林》2010年第5期。

湖北省博物馆、随州市博物馆：《湖北随州擂鼓墩二号墓发掘简报》，《文物》1985年第1期。

湖北省文物管理委员会：《湖北省江陵出土虎座鸟架鼓两座楚墓的清理简报》，《文物》1964年第9期。

湖南省文物考古研究所等：《湖南龙山里耶战国—秦代古代一号井发掘简报》，《文物》2003年第1期。

湖南省文物考古研究所等：《湘西里耶秦代简牍选释》，《中国历史文物》2003年第1期。

湖南省文物考古研究所等：《湖南张家界古人堤简牍释文与简注》，《中国历史文物》2003 年第 2 期。

湖南省文物考古研究所等：《湖南张家界古人堤遗址与出土简牍概述》，《中国历史文物》2003 年第 2 期。

湖南省文物考古研究所等：《沅陵虎溪山一号汉墓发掘简报》，《文物》2003 年第 1 期。

华泉、钟志诚：《关于凤凰山一六八号汉墓天秤衡杆文字的释读问题》，《文物》1977 年第 1 期。

黄海烈：《里耶秦简与秦地方官制》，《北方论丛》2005 年第 6 期。

黄今言：《汉代期门羽林考释》，《历史研究》1996 年第 2 期，收入所著《秦汉史丛考》，经济日报出版社 2008 年版，第 227—238 页。

黄朴民：《建国以来的中国古代军事史研究》，《史学理论研究》2009 年第 3 期。

黄朴民：《中国军事史研究的困境与转机》，《史学月刊》2005 年第 11 期。

黄朴民、谢宝耿：《中国军事史研究：史学研究新的生长点——黄朴民教授访谈》，《学术月刊》2003 年第 12 期。

黄盛璋：《秦兵器分国、断代与有关制度的研究》，《古文字研究》第二十一辑，中华书局 2001 年版，第 227—285 页。

黄盛璋：《秦封宗邑瓦书及其相关问题考辨》，《考古与文物》1991 年第 3 期。

黄盛璋：《云梦秦简辨正》，《考古学报》1979 年第 1 期，收入所著《历史地理与考古论丛》，齐鲁书社 1982 年版，第 1—45 页。

黄文杰：《秦系简牍文字译释商榷》，《中山大学学报》1996 年第 3 期，收入所著《秦至汉初简帛文字研究》第五章，商务印书馆 2008 年版，第 136—141 页。

黄致远、黄今言：《东汉太尉系年录》，《江西师范大学学报》（哲学社会科学版）2010 年第 6 期。

济南市考古研究所等：《山东章丘市洛庄汉墓陪葬坑的清理》，《考古》2004 年第 8 期。

家械：《东汉王符的救边论》，《行健月刊》第 4 卷第 3 期，1934 年。

贾峨：《再谈信阳楚墓悬鼓及鼓簴的复原问题》，《文物》1964 年第 9 期。

蒋非非：《〈史记〉中"隐宫徒刑"应为"隐官、徒刑"及"隐官"原义辨》,《出土文献研究》（第六辑），上海古籍出版社 2004 年版，第 136—139 页。

蒋非非：《秦代谪戍、赘婿、闾左新考》，《北京大学学报》（哲学社会科学版）1995 年第 5 期。

蒋家骅：《秦蜀侯非秦人考辨》，《西南民族大学学报》1981 年第 1 期。

荆州博物馆：《湖北荆州谢家桥一号汉墓发掘简报》，《文物》2009 年第 4 期。

景明晨、刘晓华：《咸阳发现汉齐郡太守虎符》,《文博》1990 年第 6 期。

久村因：《郎中將と中郎將—漢代郎官の一側面について—》，收入山本博士还历记念东洋史论丛编纂委员会编《山本博士還曆記念東洋史論叢》，山川出版社 1972 年版，第 381—396 页。

劳榦：《汉代兵制及汉简中的兵制》,《历史语言研究所集刊》第十本，1948 年。

劳榦：《论汉代的卫尉与中尉兼论南北军制度》,《历史语言研究所集刊》第二十九本下，1958 年。

劳榦：《秦汉九卿考》,《大陆杂志》第 15 卷第 11 期，1957 年。

擂鼓墩二号墓清理发掘组：《随州市擂鼓墩二号墓出土一批重要文物》，《江汉考古》1981 年第 1 期。

黎明钊：《里耶秦简：户籍档案的探讨》,《中国史研究》2009 年第 2 期。

黎明钊：《士吏的职责与工作：额济纳汉简读记》,《中国文化研究所学报》第 48 期，2008 年。

李斌：《从尹湾〈武库永始四年兵车器集簿〉看汉代兵种构成》,《中国历史文物》2002 年第 5 期。

李炳泉：《两汉"西域副校尉"略考》,《史学月刊》2008 年第 12 期。

李炳泉：《西汉中垒校尉"外掌西域"新证》,《西域研究》2004 年第 3 期。

李成珪：《前汉长安武库收藏目录之发现——关于尹湾简牍〈武库永始四年兵车器集簿〉之探讨》，长沙市文物考古研究所编：《长沙三国吴简暨百年来简帛发现与研究国际学术研讨会论文集》，中华书局 2005 年版，第 411—437 页。

李成珪：《秦·漢의 형벌체계의 再檢討·雲夢秦簡과〈二年律令〉의 司寇를 중심으로》,《東洋史學研究》81，2003 年。

418

## 参考文献

李纯一：《无者俞器为钲说》，《考古》1986 年第 4 期。

李芳芝：《沁阳县出土一方关内侯金印》，《中原文物》1980 年第 4 期。

李解民：《秦汉时期的一日十六时制》，李学勤主编：《简帛研究》（第二辑），法律出版社 1996 年版，第 80—88 页。

李均明：《汉代甲渠候官规模考（上）》，《文史》第三十四辑，中华书局 1992 年版，第 26—36 页。

李均明：《汉代甲渠候官规模考（下）》，《文史》第三十五辑，中华书局 1992 年版，第 81—87 页。

李均明：《汉简"辟火"解》，《文史》第二十辑，中华书局 1983 年版，收入所著《初学录》，兰台出版社 1999 年版，第 378—380 页。

李均明：《简牍文书"条"与"录"考述》，大庭脩编集：《漢簡研究の現状と展望——漢簡研究国際シンポジウム'92 報告書》，关西大学出版部 1993 年版，收入所著《初学录》，兰台出版社 1999 年版，第 128—137 页。

李均明：《居延汉简"適"解》，《文史》第三十二辑，中华书局 1990 年版，收入所著《初学录》，兰台出版社 1999 年版，第 388—389 页。

李均明：《新莽简时代特征琐议》，《文物春秋》1989 年第 4 期，收入所著《初学录》，兰台出版社 1999 年版，第 357—363 页。

李均明：《尹湾汉简出土"武库永始四年兵车器集簿"初探》，收入连云港市博物馆、中国文物研究所编《尹湾汉墓简牍综论》，科学出版社 1999 年版，第 86—120 页。

李均明：《张家山汉简所反映的二十等爵制》，《中国史研究》2002 年第 2 期。

李力：《论"徒隶"的身份——从新出里耶秦简入手》，《出土文献研究》（第八辑），上海古籍出版社 2007 年版，第 33—42 页，收入所著《張家山 247 號墓漢簡法律文獻研究及其述評（1985.1—2008.12）》，东京外国语大学アジア・アフリカ言语文化研究所 2009 年版，第 425—434 页。

李零：《〈商君书〉中的土地人口政策与爵制》，《古籍整理与研究》1991 年第 6 期，收入所著《待兔轩文存：读史卷》，广西师范大学出版社 2011 年版，第 181—192 页。

李零：《秦简的定名与分类》，武汉大学简帛研究中心主办：《简帛》（第六辑），上海古籍出版社 2011 年版，第 1—12 页。

李零：《青海大通县上孙家寨汉简性质小议》，《考古》1983 年第 6 期。

李零：《中国的水陆攻战图和亚述的水陆攻战图》，收入所著《入山与出塞》，文物出版社 2004 年版，第 364—377 页。

李天虹：《秦汉时分纪时制综论》，《考古学报》2012 年第 3 期。

李学勤：《初读里耶秦简》，《文物》2003 年第 1 期。

李学勤：《马王堆帛书〈刑德〉中的军吏》，李学勤主编：《简帛研究》（第二辑），法律出版社 1996 年版，第 156—159 页。

李学勤：《秦孝公、惠文王时期铭文研究》，《中国社会科学院研究生院学报》1995 年第 5 期。

李学勤：《试说张家山汉简〈史律〉》，《文物》2002 年第 4 期。

李学勤：《战国秦四年瓦书考释》，《联合书院三十周年纪念论文集》，1987 年，收入《李学勤学术文化随笔》，中国青年出版社 1999 年版，第 333—344 页。

李学勤：《张家山汉简研究的几个问题》，《郑州大学学报》（哲学社会科学版）2002 年第 3 期。

李烨：《"秦胡"别释》，《内江师范学院学报》2012 年第 5 期。

李银德：《徐州出土西汉印章封泥概述》，西泠印社、中国印学博物馆编：《青泥遗珍——战国秦汉封泥文字国际学术研讨会论文集》，西泠印社出版社 2010 年版，第 9—29 页。

李迎春：《20 世纪以来秦汉郡县属吏研究综述》，《石家庄学院学报》2009 年第 1 期。

李玉福：《论秦汉时代的谪发兵制和刑徒兵制》，《政法论丛》2002 年第 6 期。

李玉福：《战国时代两种相制简论》，《史学月刊》1986 年第 3 期。

李昭君：《两汉县令、县长制度探微》，《中国史研究》2004 年第 1 期。

李昭毅：《楚汉之际刘邦集团亲卫组织成员的动向及其职能考述——以郎和郎将为中心》，《早期中国史研究》第二卷第一期，2010 年。

李昭毅：《试释〈二年律令·秩律〉所见卫尉五百将、卫尉士吏和卫官校长》，《早期中国史研究》第三卷第二期，2011 年。

李振宏：《汉简"省卒"考》，《史学月刊》1993 年第 4 期。

梁云：《秦戈铭文考释》，《中国历史文物》2009 年第 2 期。

## 参考文献

廖伯源:《从汉代郎将职掌之发展论官制演变》,《历史语言研究所集刊》第六十五本第四分,1994年,修订稿收入所著《秦汉史论丛》(增订本),中华书局2008年版,第37—103页。

廖伯源:《汉初郡长吏考》,《国学学刊》2009年第1期。

廖伯源:《汉初县吏之秩阶及其任命》,《社会科学战线》2003年第3期,收入中国社会科学院简帛研究中心编《张家山汉简〈二年律令〉研究文集》,广西师范大学出版社2007年版,第20—34页。

廖伯源:《汉代地方官吏之籍贯限制补证》,收入所著《简牍与制度:〈尹湾汉墓简牍〉官文书考证》(增订版),广西师范大学出版社2005年版,第71—100页。

廖伯源:《试论西汉诸将军之制度及其政治地位》,《徐复观先生纪念论文集》,学生书局1986年版,收入所著《历史与制度——汉代政治制度试释》,台湾商务印书馆1998年版,第138—203页。

廖伯源:《西汉皇宫宿卫警备杂考》,《东吴文史学报》第5号,1986年,收入所著《历史与制度——汉代政治制度试释》,台湾商务印书馆1998年版,第1—35页。

林炳德:《秦汉时期的庶人》,卜宪群、杨振红主编:《简帛研究二〇〇九》,广西师范大学出版社2011年版,第318—320页。

林剑鸣:《秦代中央官制简论》,《西北大学学报》(哲学社会科学版)1983年第1期。

凌文超:《汉初爵制结构的演变与官、民爵的形成》,《中国史研究》2012年第1期。

凌文超:《汉晋赋役制度识小》,武汉大学简帛研究中心主办:《简帛》(第六辑),上海古籍出版社2011年版,第475—490页。

刘国胜:《江陵毛家园一号汉墓〈告地书〉牍补议》,简帛网,2008年10月27日,http://www.bsm.org.cn/show_article.php? id=890。

刘乐贤:《额济纳汉简术数资料考》,《历史研究》2006年第2期。

刘乐贤:《秦汉文献中的"䢿"与"乃者"》,《出土文献与古文字研究》(第一辑),复旦大学出版社2006年版,第199—209页。

刘敏:《秦汉时期的"赐民爵"及"小爵"》,《史学月刊》2009年第11期。

刘敏:《张家山汉简"小爵"臆释》,《中国史研究》2004年第3期。

刘庆柱、李毓芳：《西安相家巷遗址考古与秦封泥相关问题》，西泠印社、中国印学博物馆编：《青泥遗珍——战国秦汉封泥文字国际学术研讨会论文集》，西泠印社出版社 2010 年版，第 3—8 页。

刘庆柱、李毓芳：《西安相家巷遗址秦封泥考略》，《考古学报》2001 年第 4 期。

刘芮方：《秦庶长考》，《古代文明》2010 年第 3 期。

刘瑞：《秦"属邦"、"臣邦"与"典属国"》，《民族研究》1999 年第 4 期。

刘瑞：《秦、西汉的"内臣"与"外臣"》，《民族研究》2003 年第 3 期。

刘翔：《"相国"、"丞相"官称考》，《人文杂志》1987 年第 4 期。

刘新成：《日常生活史：一个新的研究领域》，《光明日报》2006 年 3 月 20 日。

刘欣宁：《里耶户籍简牍与"小上造"再探》，简帛网，2007 年 11 月 20 日，http：//www.bsm.org.cn/show_article.php?id=751。

刘增贵：《门户与中国古代社会》，《历史语言研究所集刊》第六十八本第四分，1997 年。

刘昭瑞：《居延新出汉简所见方术考释》，《文史》第四十三辑，中华书局 1997 年版。

陆德富：《寺工续考》，《考古》2012 年第 9 期。

罗丰：《什么是华夏的边缘——读王明珂：〈华夏边缘：历史记忆与族群认同〉》，《中国史研究》2008 年第 1 期。

罗新：《试论曹操的爵制改革》，《文史》2007 年第 3 辑。

罗新：《王化与山险——中古早期南方诸蛮历史命运之概观》，《历史研究》2009 年第 2 期。

罗哲文：《临洮秦长城、敦煌玉门关、酒泉嘉峪关勘察简记》，《文物》1964 年第 6 期。

马孟龙：《张家山汉简三三六号汉墓〈秩律〉残简相关问题阐释》，《江汉考古》2014 年第 6 期。

马怡：《里耶秦简选校》，《中国社会科学院历史研究所学刊》第四集，商务印书馆 2007 年版，第 133—186 页。

蒙文通：《巴蜀史的问题》，《四川大学学报》1959 年第 5 期。

孟宪实：《西汉戊己校尉新论》，《广东社会科学》2004 年第 1 期。

## 参考文献

米田贤次郎：《秦汉帝国的军事组织》，《古代史講座》5，学生社 1962 年版，收入《简牍研究译丛》（第二辑），余太山译，中国社会科学出版社 1987 年版，第 164—189 页。

南阳市博物馆、方城县文化馆：《河南方城东关汉画像石墓》，《文物》1980 年第 3 期。

聂新民、刘云辉：《秦置相邦丞相考异》，《人文杂志》1984 年第 2 期。

牛路军、张俊民：《悬泉汉简所见鼓与鼓令》，《敦煌研究》2009 年第 2 期。

彭适凡：《秦始皇十二年铜戈铭文考》，《文物》2008 年第 5 期。

彭卫：《汉代女性的工作》，《史学月刊》2009 年第 7 期。

彭卫：《汉代性别史三题》，《东岳论丛》2005 年第 3 期。

琴载元：《反秦战争时期南郡地区的政治动态与文化特征——再论"亡秦必楚"形势的具体层面》，西北师范大学历史文化学院、甘肃简牍博物馆编：《简牍学研究》（第五辑），甘肃人民出版社 2014 年版，第 129—140 页。

琴载元：《秦 통치시기 楚地 의 形勢 와 南郡 의 地域性》，《中國古中世史研究》第 31 辑，2014 年，第 167—215 页，中文修订稿见简帛网，2015 年 1 月 31 日，http：//www.bsm.org.cn/show_article.php?id=2151。

秦照芬：《省卒性质辨析》，《简牍学报》第十四辑，1992 年。

裘锡圭：《汉简零拾》，《文史》第十二辑，中华书局 1981 年版。

裘锡圭：《啬夫初探》，收入所著《古史文史研究新探》，江苏古籍出版社 1992 年版，第 430—523 页。

裘锡圭：《战国时代社会性质试探》，《社会科学战线》编辑部编：《中国古史论集》，吉林人民出版社 1981 年版，收入所著《古代文史研究新探》，江苏古籍出版社 1992 年版，第 287—429 页。

曲柄睿：《汉代宫省宿卫的四重体系》，《古代文明》2012 年第 3 期。

曲柄睿：《秦汉郎中令与卫尉的权力分野——以〈史记·吕太后本纪〉所载刘章击杀吕产事为切入点》，《北京大学研究生学志》2011 年第 1 期。

任杰：《秦汉时制探研》，《自然科学史研究》2009 年第 4 期。

任仲爀：《秦汉律中的庶人》，《中國古中世史研究》第 22 辑，2009 年，收入卜宪群、杨振红主编《简帛研究二〇〇九》，广西师范大学出版社 2011 年版，第 274—314 页。

任仲爀：《秦汉律의 耐刑 — 士伍로의 수렴시스템과 관련하여》，《中國古中世史研究》第 19 辑，2008 年。

容肇祖：《东汉时关于边事之舆论》，《大公报·史地周刊》第 84 卷，1936 年。

森鹿三：《论居延出土的卒家属廪名籍》，《東洋學研究——居延漢簡篇》，同朋舍 1975 年版，收入《简牍研究译丛》（第一辑），金立新译，中国社会科学出版社 1983 年版，第 100—112 页。

山西省考古研究所等：《山西省潞城县潞河战国墓》，《文物》1986 年第 6 期。

上官绪智、黄今言：《汉代烽火中的信息器具与烽火品约置用考略》，《社会科学辑刊》2004 年第 5 期。

尚民杰：《从〈日书〉看十六时制》，《文博》1996 年第 4 期。

尚志儒：《秦相的设置及相关问题》，《文博》1997 年第 2 期。

施丁：《秦汉郡守兼掌军事略说》，《文史》第十三辑，中华书局 1982 年版，第 61—71 页。

施伟青：《汉代居延随军戍卒家庭人口的若干问题》，《中国社会经济史研究》1998 年第 3 期。

施谢捷：《〈秦汉南北朝官印征存〉释文订补》，《文教资料》1995 年第 2 期。

施谢捷：《东周兵器铭文考释（三则）》，《南京师大学报》2002 年第 2 期。

石岡浩：《秦漢代の徒隷と司寇——官署に隷属する有職刑徒》，《史學雜誌》121‑1，2012 年，第 1—39 页。

石继承：《加拿大苏氏藏秦戈铭文补释》，《中国国家博物馆馆刊》2011 年第 5 期。

时瑞宝：《西汉鲁王虎符》，《考古与文物》1988 年第 3 期。

始皇陵秦俑坑考古发掘队：《秦始皇陵东侧第二号兵马俑坑钻探试掘简报》，《文物》1978 年第 5 期。

史云贵：《外朝化与边缘化：中国古代光禄勋研究——以秦汉魏晋为主体》，《求索》2006 年第 1 期。

柿沼阳平：《日本秦简研究现状·对外关系》，武汉大学简帛研究中心主办：《简帛》（第六辑），上海古籍出版社 2011 年版，第 182—185 页。

## 参考文献

宋会群、李振宏:《秦汉时制研究》,《历史研究》1993 年第 6 期,收入李著《居延汉简与汉代社会》,中华书局 2003 年版,第 181—200 页。

宋艳萍、邢学敏:《里耶秦简"阳陵卒"简蠡测》,卜宪群、杨振红主编:《简帛研究二〇〇四》,广西师范大学出版社 2006 年版,第 121—134 页。

随县擂鼓墩一号墓考古发掘队:《湖北随县曾侯乙墓发掘简报》,《文物》1979 年第 7 期。

孙华:《巴蜀符号初论》,《四川文物》1984 年第 1 期。

孙机:《进贤冠与武弁大冠》,《中国历史博物馆馆刊》总 13/14 期,1989 年,收入所著《中国古舆服论丛》(增订本),文物出版社 2001 年版,第 161—183 页。

孙家洲:《汉初以丞相、相国统兵考》,《军事历史》1998 年第 6 期。

孙家洲:《虎落遗物考释》,收入张德芳、孙家洲主编《居延敦煌汉简出土遗址实地考察论文集》,上海古籍出版社 2012 年版,第 85—89 页。

孙慰祖:《〈秦汉南北朝官印征存〉注释补正》,《中国历史文物》2003 年第 3 期。

孙闻博:《"户籍臧乡"与"副上县廷"——秦汉户籍的管理与使用》,武汉大学历史学院主编:《珞珈史苑》(2012 卷),武汉大学出版社 2012 年版,第 98—115 页。

孙闻博:《里耶秦简"守"、"守丞"新考——兼谈秦汉的守官制度》,卜宪群、杨振红主编:《简帛研究二〇一〇》,广西师范大学出版社 2012 年版,第 66—75 页。

孙闻博:《秦汉简牍中所见特殊类型奸罪研究》,《中国历史文物》2008 年第 3 期。

孙闻博:《秦汉县乡聚落形态考论》,《国学研究》第二十九卷,北京大学出版社 2012 年版,第 215—232 页。

孙闻博:《秦县的列曹与诸官——从〈洪范五行传〉一则佚文说起》,武汉大学简帛研究中心主办:《简帛》(第十一辑),上海古籍出版社 2015 年版。

孙闻博:《说东牌楼汉简〈桂阳大守行丞事南平丞印缄〉》,《文物》2010 年第 10 期。

孙闻博:《西汉加官考》,《史林》2012 年第 5 期。

孙闻博：《走马楼简"吏民簿"所见孙吴家庭结构研究》，卜宪群、杨振红主编：《简帛研究二〇〇七》，广西师范大学出版社 2010 年版，第 246—261 页。

孙闻博：《走马楼吴简所见"乡"的再研究》，《江汉考古》2009 年第 2 期。

孙言诚：《秦汉的徭役和兵役》，《中国史研究》1987 年第 3 期。

孙毓棠：《汉代的农民》，《中国社会经济论丛》第一辑，云南全省经济委员会，1943 年，收入《孙毓棠学术论文集》，中华书局 1995 年版，第 34—48 页。

孙正军：《东晋南朝的东西省》，《中国中古史研究：中国中古史青年学者联谊会会刊》（第三卷），中华书局 2013 年版，第 116—128 页。

谭其骧：《秦郡新考》，《浙江学报》第 2 卷第 1 期，1947 年，收入所著《长水集》（上），人民出版社 1987 年版，第 1—12 页。

陶安、陈剑：《〈奏谳书〉校读札记》，《出土文献与古文字研究》（第四辑），上海古籍出版社 2011 年版，第 381—419 页。

藤枝晃：《汉简职官表》，《東方學報》25，1954 年，收入《简牍研究译丛》（第一辑），孙言诚译，中国社会科学出版社 1983 年版，第 129—170 页。

天长市文物管理所、天长市博物馆：《安徽天长西汉墓发掘简报》，《文物》2006 年第 11 期。

田余庆：《论轮台诏》，《历史研究》1984 年第 2 期，修订稿收入所著《秦汉魏晋史探微》（重订本），中华书局 2004 年版，第 30—62 页。

万尧绪：《汉初中大夫令考辨》，《鲁东大学学报》（哲学社会科学版）2012 年第 1 期。

汪桂海：《汉代的腊节》，《中国历史文物》2007 年第 3 期，收入所著《秦汉简牍探研》，文津出版社 2009 年版，第 243—257 页。

汪桂海：《简牍所见汉代边塞徼巡制度》，《中国边疆史地研究》2006 年第 3 期，修订稿收入所著《秦汉简牍探研》，文津出版社 2009 年版，第 148—168 页。

汪桂海：《有关汉代符制的几个问题》，《简牍学研究》（第三辑），甘肃人民出版社 2002 年版，收入所著《秦汉简牍探研》，文津出版社 2009 年版，第 88—97 页。

## 参考文献

王爱清、王光伟:《试论张家山汉简中的"私属"》,《乌鲁木齐职业大学学报》2004年第2期。

王爱清:《"私属"新探》,《史学月刊》2007年第2期。

王锋钧:《御俑陶范》,《文博》2001年第5期。

王国维:《记新莽四虎符》,收入所著《观堂集林》(外二种),河北教育出版社2001年版,第563—564页。

王辉、尹夏清、王宏:《八年相邦薛君、丞相殳漆豆考》,《考古与文物》2011年第2期。

王辉:《秦封泥等出土文字所见内史及其属官》,西泠印社、中国印学博物馆编:《青泥遗珍——战国秦汉封泥文字国际学术研讨会论文集》,西泠印社出版社2010年版,第47—56页。

王辉:《珍秦斋藏王八年内史操戈考》,《故宫博物院院刊》2005年第3期。

王人聪:《论西汉田字格官印及其年代下限》,《秦汉魏晋南北朝官印研究》,香港中文大学文物馆1990年版,收入所著《古玺印与古文字论集》,香港中文大学文物馆2000年版,第79—84页。

王仁湘:《巴蜀徽识研究》,《中国考古学会第七次年会论文集(1989)》,文物出版社1992年版,第213—235页。

王素:《长沙吴简中的"月旦簿"与"四时簿"》,《文物》2010年第2期。

王望生:《汉长安城发现西汉西河太守虎符》,《文物》2012年第6期。

王伟、孙兆华:《"积户"与"见户":里耶秦简所见迁陵编户户数》,《四川文物》2014年第2期。

王伟:《〈秦律十八种·徭律〉应析出一条〈兴律〉说》,《文物》2005年第10期。

王昕:《张家山汉简军制释名三则》,《出土文献研究》(第六辑),上海古籍出版社2004年版,第142—143页。

王学理:《指挥系统与指挥权——秦俑阵营里透漏的信息》,《文博》1988年第3期。

王倚平:《古印中一枝奇葩——湖北省博物馆馆藏汉印》,《江汉考古》2003年第2期。

王子今、申秦雁:《陕西历史博物馆藏武都汉简》,《文物》2003年第

4 期。

王子今：《汉代"亡人""流民"动向与江南地区的经济文化进步》，《湖南大学学报》2007 年第 5 期，修订稿收入所著《秦汉边疆与民族问题》，中国人民大学出版社 2011 年版，第 153—165 页。

王子今：《汉代北边"亡人"：民族立场与文化表现》，《南都学坛》2008 年第 2 期，修订稿收入所著《秦汉边疆与民族问题》，中国人民大学出版社 2011 年版，第 431—448 页。

王子今：《汉代北边"亡人"与民族文化交融》，《河套文化论文集（三）》，内蒙古人民出版社 2008 年版。

王子今：《汉代河西的"茭"——汉代植被史考察札记》，《甘肃社会科学》2004 年第 5 期。

王子今：《汉代军队中的"卒妻"身份》，《南都学坛》2009 年第 1 期，修订稿收入所著《秦汉称谓研究》，中国社会科学出版社 2014 年版，第 271—283 页。

王子今：《汉王朝军制中的"越骑"部队》，《史学月刊》2010 年第 2 期，修订稿收入所著《秦汉边疆与民族问题》，中国人民大学出版社 2011 年版，第 357—369 页。

王子今：《漢代西北邊境關於"亡人"的行政文書》，《中國古中世史研究》第 20 辑，2008 年，收入所著《秦汉称谓研究》，中国社会科学出版社 2014 年版，第 476—487 页。

王子今：《胡越骑：汉军中的少数民族军人》，《秦汉称谓研究》，中国社会科学文献出版社 2014 年版，第 328—357 页。

王子今：《居延汉简"歌人"考论》，收入所著《古史性别研究丛稿》，社会科学文献出版社 2004 年版，第 243—253 页。

王子今：《居延简文"临淮海贼"考》，《考古》2011 年第 1 期，增订稿题《汉代的"海贼"》收入所著《秦汉称谓研究》，中国社会科学出版社 2014 年版，第 487—506 页。

王子今：《两汉军队中的"胡骑"》，《中国史研究》2007 年第 3 期，修订稿收入所著《秦汉边疆与民族问题》，中国人民大学出版社 2011 年版，第 332—347 页。

王子今：《论西汉北边"亡人越塞"现象》，《暨南史学》第 5 辑，暨南大学出版社 2007 年版，修订稿收入所著《秦汉边疆与民族问题》，中国人民大学出版社2011年版，第83—95页。

王子今：《论元康四年"诏复家"事兼及西汉中期长安及诸陵人口构成》，井上彻、杨振红编：《中日学者论中国古代城市社会》，三秦出版社2007年版，第68—94页。

王子今：《略论秦汉时期朝鲜"亡人"问题》，《社会科学战线》2008年第1期，修订稿收入所著《秦汉边疆与民族问题》，中国人民大学出版社2011年版，第135—152页。

王子今：《秦"小子军"考议》，《人文杂志》2009年第5期，修订稿收入所著《秦汉称谓研究》，中国社会科学出版社2014年版，第142—153页。

王子今：《试说里耶户籍简所见"小上造"、"小女子"》，清华大学出土文献研究与保护中心编：《出土文献》（第一辑），中西书局2010年版，第221—231页，收入所著《秦汉称谓研究》，中国社会科学出版社2014年版，第84—97页。

王子今：《晚年汉武帝与"巫蛊之祸"》，《固原师专学报》（社会科学版）1998年第5期。

王子今：《西汉长安居民的生存空间》，《人文杂志》2007年第2期。

王子今：《张家山汉简〈二年律令·史律〉"学童"小议》，《文博》2007年第6期，修订稿收入所著《秦汉称谓研究》，中国社会科学出版社2014年版，第713—721页。

王子今、吕宗力：《论长安"小女陈持弓"大水讹言事件》，《史学集刊》2011年第4期。

魏斌：《古人堤简牍与东汉武陵蛮》，《历史语言研究所集刊》第八十五本第一分，2014年。

魏坚、昌硕：《居延汉代烽燧的调查发掘及其功能初探》，孙家洲主编：《额济纳汉简释文校本》，文物出版社2007年版，第115—125页。

吴良宝：《十四年上郡守匽氏考》，简帛网，2012年5月22日，http：//www. bsm. org. cn/show_ article. php？id=1702。

吴礽骧：《汉代蓬火制度探索》，收入甘肃省文物工作队、甘肃省博物馆编《汉简研究文集》，甘肃人民出版社1984年版，第223—257页。

吴荣曾：《汉碑中有关农民起义的一些史料》，《文物》1960年第8期，收入所著《先秦两汉史研究》，中华书局1995年版，第328—329页。

吴荣曾：《隶臣妾制度探讨》，收入吴荣曾、汪桂海主编《简牍与中国古代史研究》，北京大学出版社 2012 年版，第 21—32 页。

吴荣曾：《说瓴甓与墼》，《考古》1959 年第 11 期，修订稿收入所著《先秦两汉史研究》，中华书局 1995 年版，第 337—346 页。

吴荣曾：《西汉骨签中所见的工官》，《考古》2000 年第 9 期，收入所著《读史丛考》，中华书局 2014 年版，第 155—172 页。

吴荣曾：《西汉王国官制考实》，《北京大学学报》1990 年第 3 期，收入所著《先秦两汉史研究》，中华书局 1995 年版，第 285—309 页。

吴荣曾：《胥靡试探——论战国时的刑徒制》，《中国史研究》1980 年第 3 期，收入所著《先秦两汉史研究》，中华书局 1995 年版，第 148—161 页。

吴镇烽：《陕西历史博物馆馆藏封泥考（下）》，《考古与文物》1996 年第 4 期。

武威地区博物馆：《甘肃武威旱滩坡东汉墓》，《文物》1993 年第 10 期。

咸阳市文物考古研究所：《咸阳石油钢管钢绳厂秦墓清理简报》，《考古与文物》1996 年第 5 期。

谢桂华：《荚钱试解》，《历史研究》2006 年第 2 期。

辛德勇：《〈汉书〉赵佗"处粤四十九年"说订讹》，《文史》2009 年第 4 辑，收入所著《纵心所欲——徜徉于稀见与常见书之间》，北京大学出版社 2011 年版，第 149—158 页。

邢义田：《"秦胡"小议——读新出居延汉简札记》，《傅乐成教授纪念论文集——中国史新论》，台湾学生书局 1985 年版，又收入所著《秦汉史论稿》，东大图书公司 1987 年版，第 317—332 页，修订稿收入所著《地不爱宝：汉代的简牍》，中华书局 2011 年版，第 68—83 页。

邢义田：《从简牍看汉代的行政文书范本——"式"》，《严耕望先生纪念论文集》，稻乡出版社 1998 年版，第 387—404 页，修订稿收入所著《治国安邦：法制、行政与军事》，中华书局 2011 年版，第 450—472 页。

邢义田：《汉代边塞军队的给假、休沐与功劳制——读〈居延新简〉札记之二》，李学勤主编：《简帛研究》（第一辑），法律出版社 1993 年版，第 192—205 页，修订稿收入所著《治国安邦：法制、行政与军事》，中华书局 2011 年版，第 568—584 页。

## 参考文献

邢义田：《张家山汉简〈二年律令〉读记》，《燕京学报》新 15 期，2003 年，修订稿收入所著《地不爱宝：汉代的简牍》，中华书局 2011 年版，第 144—199 页。

熊长云：《孚堂藏秦汉陶范所涉名物丛考》，收入《孚堂藏秦汉陶范题刻》，中华书局，待刊。

徐冲：《汉唐间的君臣关系与"臣某"形式》，收入所著《中古时代的历史书写与皇帝权力起源》附录二，上海古籍出版社 2012 年版，第 270—294 页。

徐世虹：《额济纳汉简法律用语零拾》，孙家洲主编：《额济纳汉简释文校本》，文物出版社 2007 年版，第 232—239 页。

许玉林、王连春：《辽宁宽甸县发现秦石邑戈》，《考古与文物》1983 年第 3 期。

严耕望：《秦汉郎吏制度考》，《历史语言研究所集刊》第二十三本上，1952 年，收入《严耕望史学论文选集》，中华书局 2006 年版，第 283—338 页。

阎步克：《汉代乐府〈陌上桑〉中的官制问题》，《北京大学学报》（哲学社会科学版）2004 年第 2 期，第 54—55 页。

阎步克：《史官主书主法之责与官僚政治之演生》，《国学研究》第四卷，北京大学出版社 1997 年版，收入所著《乐师与史官：传统政治文化与政治制度论集》，三联书店 2001 年版，第 33—82 页。

阎步克：《文穷图见：王莽保灾令所见十二卿及州、部辨疑》，《中国史研究》2004 年第 4 期。

阎步克：《也谈辛延年〈羽林郎〉中的"金吾子"》，《中国文化研究》2004 年春之卷。

阎步克：《由〈悬泉月令诏条〉再论新莽之五部大区建置》，《国学研究》第三十卷，北京大学出版社 2012 年版，第 1—26 页。

杨天宇：《论王莽与今古文经学》，《文史》2000 年第 4 辑。

杨振红：《从出土"算"、"事"简看两汉三国吴时期的赋役结构——"算赋"非单一税目辨》，《中华文史论丛》2011 年第 1 期。

杨振红：《秦汉官僚体系中的公卿大夫士爵位系统及其意义——中国古代官僚政治社会构造研究之一》，《文史哲》2008 年第 5 期。

杨振红：《秦汉简中的"冗"、"更"与供役方式——从〈二年律令·史律〉谈起》，卜宪群、杨振红主编：《简帛研究二〇〇六》，广西师范大学出版社 2008 年版，第 81—89 页。

杨振红：《松柏西汉墓簿籍牍考释》，《南都学坛》2010 年第 5 期。

杨振红：《徭、戍为秦汉正卒基本义务说——更卒之役不是"徭"》，《中华文史论丛》2010 年第 1 期。

姚垒：《襄城县出土新莽天凤四年铜钲》，《中原文物》1981 年第 2 期。

叶其峯：《魏晋南北朝时期的将军及有关武职官印》，收入王人聪、叶其峯《秦汉魏晋南北朝官印研究》，香港中文大学文物馆 1990 年版，第 164—206 页。

尹在硕：《睡虎地秦简和张家山汉简反映的秦汉时期后子制和家系继承》，《中国历史文物》2003 年第 1 期。

鹰取祐司：《秦漢時代の刑罰と爵制的身分序列》，《立命館文学》第 608 号"松本英纪教授退职记念论集"，2008 年，收入周东平、朱腾编《法律史译评》，朱腾译，北京大学出版社 2013 年版，第 1—27 页。

永田拓治：《長沙呉簡にみえる公乘・士伍について》，《長沙呉簡研究報告》2008 年特刊，2009 年。

永田英正：《居延汉简集成之二——破城子出土的定期文书（二）》，《東方學報》47，1974 年，第 243—300 页，收入《简牍研究译丛》（第二辑），谢桂华译，中国社会科学出版社 1987 年版，第 111—118 页。

永田英正：《试论居延汉简所见的候官——以破城子出土的"诣官"簿为中心》，《史林》56-5，1973 年，收入《简牍研究译丛》（第一辑），孙言诚译，中国社会科学出版社 1983 年版，第 197—222 页。

游逸飞：《汉初楚国无郡论——传世文献与考古发掘的辩证》，未刊稿。

游逸飞：《里耶秦简 8—455 号木方选释》，武汉大学简帛研究中心主办：《简帛》（第六辑），上海古籍出版社 2011 年版，第 87—104 页。

游逸飞：《太史、内史、郡——张家山〈二年律令·史律〉所见汉初政区关系》，《历史地理》第 26 辑，2012 年。

游逸飞：《严耕望〈两汉太守刺史表〉订正》，《早期中国史研究》（第一卷），早期中国史研究会 2009 年版，第 1—10 页。

于振波：《〈香港中文大学文物馆藏简牍〉札记之———关于奴婢之廪食标准》，简帛网，2006 年 2 月 25 日，http：//www.bsm.org.cn/show_article.php?id=235。

## 参考文献

于振波：《居延汉简中的燧长和候长》，《史学集刊》2000年第2期。
于振波：《秦律令中的"新黔首"与"新地吏"》，《中国史研究》2009年第3期。
于振波：《说"县令"确为秦制——读里耶秦简札记》，《中国历史文物》2006年第3期。
于振波：《张家山汉简中的名田制及其在汉代的实施情况》，《中国史研究》2004年第1期。
余嘉锡：《太史公书亡篇考》，收入《余嘉锡论学杂著》，中华书局2007年2版，第31—35页。
臧知非：《"谪戍制"考析》，《徐州师范学院学报》（哲学社会科学版）1984年第3期。
臧知非：《试论汉代中尉、执金吾和北军的演变》，《益阳师专学报》1989年第2期。
翟麦玲、张荣芳：《秦汉法律的性别特征》，《南都学坛》2005年第4期。
翟麦玲：《试释"女子乘亭鄣"中"女子"的身份》，《中国史研究》2008年第1期。
张焯：《汉代北军与曹魏中军》，《中国史研究》1994年第3期。
张春龙：《里耶秦简所见的户籍和人口管理》，中国社会科学院考古研究所等编：《里耶古城·秦简与秦文化研究——中国里耶古城·秦简与秦文化国际学术研讨会论文集》，科学出版社2009年版，第188—195页。
张春龙：《里耶秦简中迁陵县学官和相关记录》，清华大学出土文献研究与保护中心编：《出土文献》（第一辑），中西书局2010年版，第232—234页。
张春龙：《里耶秦简中迁陵县之刑徒》，《古文字与古代史》（第三辑），"中研院"历史语言研究所2012年版，第453—464页。
张春龙、龙京沙：《湘西里耶秦简8—455号》，武汉大学简帛研究中心主办：《简帛》（第四辑），上海古籍出版社2009年版，第11—16页。
张德芳：《简论汉唐时期河西及敦煌地区的十二时制和十六时制》，《考古与文物》2005年第2期。
张德芳：《悬泉汉简中若干"时称"问题考察》，《出土文献研究》（第六辑），上海古籍出版社2004年版，第190—216页。
张鹤泉：《东汉时期的屯驻营兵》，《史学集刊》2006年第3期。

张金光：《普遍授田制的终结与私有地权的形成——张家山汉简与秦简比较研究之一》，《历史研究》2007年第5期。

张金光：《说秦汉徭役制度中的"更"——汉牍〈南郡卒编更簿〉小记》，《鲁东大学学报》（哲学社会科学版）2011年第2期。

张俊民：《敦煌悬泉汉简所见"適"与"適"令》，《兰州学刊》2009年第11期。

张俊民：《悬泉汉简所见文书格式简》，卜宪群、杨振红主编：《简帛研究二〇〇九》，广西师范大学出版社2011年版，第121—128页。

张懋镕：《试论秦代封泥与汉初封泥的区分》，西泠印社、中国印学博物馆编：《青泥遗珍——战国秦汉封泥文字国际学术研讨会论文集》，西泠印社出版社2010年版，第121—124页。

张全民：《"白徒"初探》，《社会科学战线》1997年第5期。

张荣芳、高荣：《简牍所见秦代刑徒的生活及服役范围》，《秦汉史论丛》（第七辑），西北大学出版社1999年版，收入张著《秦汉史与岭南文化论稿》，中华书局2005年版，第1—15页。

张显成：《尹湾汉简〈武库永始四年兵车器集簿〉名物释读札记》，李学勤、谢桂华主编：《简帛研究二〇〇一》，广西师范大学出版社2001年版，第437—442页。

赵伯雄：《〈周礼〉胥徒考》，《中国史研究》2000年第4期。

赵宠亮：《居延新简〈女子齐通耐所责秦恭鼓事〉残册复原与研究》，武汉大学简帛研究中心主办：《简帛》（第五辑），上海古籍出版社2010年版，第403—414页。

赵宠亮：《西北汉简所见边塞戍所的请销假制度》，《文博》2010年第1期。

赵化成：《北大藏西汉竹书〈赵正书〉简说》，《文物》2011年第6期。

赵科学：《"毋忧案是桩冤案"辨析——张家山汉简〈奏谳书〉研究之二》，《江汉考古》2007年第3期。

赵兰香：《汉代西北边塞吏卒与内郡官吏的休假制度异同考述》，《简牍学研究》（第四辑），甘肃人民出版社2004年版，第168—173页。

赵沛、王宝萍：《西汉居延边塞休吏制度》，《文博》1994年第1期。

赵平安：《秦西汉误释未释官印考》，《历史研究》1999年第1期。

郑实：《啬夫考——读秦简札记》，《文物》1978年第2期。

仲山茂：《秦漢時代の"官"と"曹"——県の部局組織》，《東洋學報》82-4，2001年，第35—65页。

重近启树：《围绕秦汉兵制的若干问题》，佐竹靖彦主编：《殷周秦汉史学的基本问题》，中华书局2008年版，第253—261页。

周晓陆等：《秦封泥再读》，《考古与文物》2002年第5期。

周晓陆等：《于京新见秦封泥中的地理内容》，《西北大学学报》（哲学社会科学版）2005年第4期。

周晓陆等：《在京新见秦封泥中的中央职官内容——纪念相家巷秦封泥发现十周年》，《考古与文物》2005年第5期。

周一良：《魏晋兵制上的一个问题》，收入所著《魏晋南北朝史论集》，北京大学出版社1997年版，第3—14页。

周振鹤：《秦代洞庭、苍梧两郡悬想》，《复旦学报》（哲学社会版）2005年第5期。

朱绍侯：《西汉初年军功爵制的等级划分——〈二年律令〉与军功爵制研究之一》，《河南大学学报》2002年第5期，收入中国社会科学院简帛研究中心编《张家山汉简〈二年律令〉研究文集》，广西师范大学出版社2007年版，第68—69页；又收入所著《军功爵制考论》，商务印书馆2008年版，第234—236页。

朱溢：《论西汉郎中令之演变》，《北大史学》第10辑，北京大学出版社2004年版，第52—68页。

庄春波：《也谈汉代官制的尚左与尚右》，《历史研究》1988年第3期。

邹本涛：《西汉南北军考辨》，《中国史研究》1988年第1期。

邹水杰：《简牍所见秦汉县属吏设置及演变》，《中国史研究》2007年第3期。

佐元康夫：《居延汉简月俸考》，《古史春秋》5，1989年，收入刘俊文主编《日本中青年学者论中国史》（上古秦汉卷），徐世虹译，上海古籍出版社1995年版，第536—571页。

董珊：《战国题铭与工官制度》，博士学位论文，北京大学中国语言文学系，2002年。

顾江龙：《汉唐间的爵位、勋官与散官——品位结构与等级特权视角的研究》，博士学位论文，北京大学历史学系，2007年。

王俊梅：《秦汉郡县属吏研究》，博士学位论文，中国人民大学历史学院，

2008年。
李迎春:《秦汉郡县属吏制度演变考》,博士学位论文,北京师范大学历史学院,2009年。
陈宁:《秦汉马政研究》,博士学位论文,北京师范大学历史学院,2010年。
李昭毅:《西汉前期京师侍卫与警备体系研究》,博士学位论文,台湾中正大学历史研究所,2011年。
王伟:《秦汉简牍所见刑罚研究》,博士学位论文,中国人民大学国学院,2013年。

# 后　　记

　　入学初识门庭，毕业非同学成。
　　涉世或始今日，立身却在生平。

　　本书是在我博士论文的基础上修改而成的。2002 年 10 月金秋，我开始了负笈京师的求学生活。如今忽忆起十余年前，甫入百年北师所读元白先生六言诗，更觉意味深长。

　　我于 2009 年复入北京大学历史学系攻读博士学位，专业方向是秦汉魏晋南北朝史。博士四年，我很珍惜，认真听课、读书，用心体会诸位师友的研究，其中甘苦，扪心自知。燕园风物从不及细睹，专业上的求知则道阻且长，自己愈加感到仅是门庭初识。

　　我的硕士论文关注县乡行政与基层社会，博士题目则选择了全新的秦汉军制。之所以贸然进入这一领域，主要是博士学习期间，在阅读各基本史料过程中，感到秦汉社会的历史发展实深受军制影响。能否从军制演变的探讨中对帝国确立的变革意义，西汉、东汉间的社会变动增进认识，是我感兴趣的方面。而探讨军制，治史最基本的职官、地理、年代、目录诸项无一可以绕开，正可以让自己老实读书，把最"笨"的功夫都下到，得到更全面的训练。当然，实际进行中，要想在有限史料与已有丰厚研究中寻求前进，困难真是很大。不过，成长的步履或许也能在这一旅程中蹒跚迈出吧。

　　论文写作得到诸多老师、同学的帮助。我的老师王子今教授从题目选择到具体写作，不断从各个方面给予建议、提示，使我受益良多。自本科跟随老师学习以来，老师勤进谨严的治学精神，积极乐观的人生态度，宽和诚恳的待人风范，给我以极大影响。这些年来，我在人生路途上的任何一点微小进步，都是与老师的关怀与帮助分不开的。老师"谦虚、努力、笃实、勤奋"的教诲，成为我做人、读书的指导。我愿用今后进一步的努力，报答老师的恩情。

本科至今，学业上还多得周晓陆、马怡、罗新、杨振红、侯旭东、张荣强、邬文玲、汪桂海、李梅田、杜水生等老师的指导与点拨。入燕园读书后，亦有幸得到刘浦江、辛德勇、荣新江、岳庆平、蒋非非、刘华祝等老师与北京师范大学杨共乐、中国人民大学孙家洲、"中研院"史语所邢义田等老师的帮助或勉励。宋超、孟彦弘、韩树峰等老师参加了我的博士开题。写作中段遇阻时，又得孟彦弘老师鼓励及建议。阎步克、陈苏镇、罗新、叶炜是我非常尊敬的四位魏晋史老师。这几年，我有机会聆听、参加了各位老师开设的课程及读书班。预答辩时，四位老师就论文初稿中存在的大至题目、章节，小至文字表述的问题，都提出了很多宝贵建议，使我有幸从中学到很多。五位匿名评审老师，亦就论文给出了许多中肯意见。虽难晓尊名，这份感恩，仍需怀有。正式答辩承蒙导师费心联系，阎步克、陈苏镇、罗新、彭卫、宋超诸位老师拨冗出席指导，阎步克老师任答辩委员会主席。会上诸位老师复提出很多意见并勉励有加，学生实感荣幸。修改书稿时，诸师话语，犹在耳畔。沉心向前，不敢迟疑。

论文中涉及里耶秦简、法制史有关问题，得到张春龙、陶安老师的不吝赐教。熊长云费心查找、提供了不少难寻文物资料，为相关撰写增色不少。琴载元帮助校对文稿，细致认真。平日与凌文超、赵宠亮、李迎春、曲柄睿、游逸飞交流切磋，相关受益在写作中深有体会。目录学、出土文献上的不少问题，又时时得本科老友冯先思耐心指教。论文中一些问题处理，还得到王伟、陈志远、曾磊、李斯、徐畅的襄助。论文得以按期完成，亦要感谢董涛、乔松林、孙兆华、汪华龙、唐星、焦天然、郭洪伯、印权斌、蒋澈的默默付出，王珊、陈侃理、赵凯、戴卫红、庄小霞、宋艳萍等友朋的鼓励与支持。能有上述经历，鄙人深觉幸运，并永铭在心。

2013年博士毕业后，我有幸到中国人民大学国学院工作。黄朴民、乌云毕力格、徐飞、黄克剑、沈卫荣、孟宪实、袁济喜、诸葛忆兵、杨庆中、梁涛、梁敬芝等学院领导、老师，在工作、生活各方面给予了我很多帮助，使我能较快融入这个大家庭，谨此致以由衷的谢意。2015年，人大国学院迎来十周年生日，本书忝列学院出版计划，责任编辑吴丽平先生认真负责，付出了艰辛劳动，感谢学院与出版社的老师。

## 后 记

　　王子今师曾让我们学习《裘锡圭自述》。裘先生在结尾处这样说到："今天处在学习和研究岗位上的青年们，你们现在的条件，总的来看，比我们的青年时代已经好得多了。你们一定要抓紧时间，克服困难，为祖国为人民作出与时代相称的好成绩来。"平实的话语给我以莫大的触动。是的，现实批判应该与对自我的批判结合起来。我愿意以此自警并不懈努力。

孙闻博<br>2014 年 12 月 28 日修订

　　本书幸获重印，今在允许范围内略作修订。感谢师友们的指正与帮助。

孙闻博<br>2017 年 8 月 21 日复订